ISBN 978-0-366-54611-4
PIBN 11346995

Die Eigentumslehre.

Die Eigentumslehre

nach

Thomas von Aquin und dem modernen Sozialismus

mit besonderer Berücksichtigung

der beiderseitigen Weltanschauungen.

Von

Franz Schaub,

Priester der Diöcese Speier.

———

Gekrönte Preisschrift.

———⊱⋄⊰———

Freiburg im Breisgau.
Herder'sche Verlagshandlung.
1898.
Zweigniederlassungen in Wien, Straßburg, München und St. Louis, Mo.

Das Recht der Übersetzung in fremde Sprachen wird vorbehalten.

Druck von C. Adelmann in Frankfurt a. M.

Vorwort.

Die vorliegende Schrift ist veranlaßt durch die von der theologischen Fakultät der Universität München für das Jahr 1892/93 gestellte Preis= aufgabe:

„Die Lehre des hl. Thomas von Aquin über das Eigen= tum soll mit den diesbezüglichen Anschauungen des modernen Sozialismus verglichen werden."

Der damaligen Bearbeitung wurde von der hohen Fakultät der Preis erteilt unter dem Ausdruck größten Lobes. Verschiedene Hindernisse (Vorbereitung für den Beruf, Verwendung in der Seelsorge u. a.) ver= zögerten eine erneute Inangriffnahme und den vollständigen Abschluß jener Arbeit. Von der gleichzeitig preisgekrönten Bearbeitung von Franz Walter (erschienen unter dem Titel: „Das Eigentum nach der Lehre des hl. Thomas von Aquin und des Sozialismus", Freiburg 1895) unter= schied sich die vorliegende Schrift bereits in ihrer ersten Gestalt dadurch, daß sie sich auf den modernen Sozialismus beschränkte, während Walter einen ausführlichern Überblick über die geschichtliche Entwicklung der Eigentumslehre auch des frühern Sozialismus gab.

In dem Für und Wider kommen zunächst die streitenden Parteien zu Wort und nur soweit notwendig und angemessen auch die übrige pro et contra handelnde Litteratur und andere zu ihnen in Beziehung stehende freundliche und feindliche Richtungen. Doch konstatiert der Ver= fasser dankbar, durch jene Litteratur — besonders genannt seien hier Cathrein, H. Pesch, A. M. Weiß; v. Böhm=Bawerk, Brentano, Herkner, W. Sombart — viel Anregung erfahren zu haben. Der Verfasser glaubt beiderseits (Thomas — Sozialismus) so weit in Schrift und Geist ein= gedrungen zu sein, daß er eine im wesentlichen einwandfreie systematische

Zusammenstellung geben konnte. Die jedesmal nachfolgende Beurteilung konnte nicht Satz für Satz vornehmen; vielmehr hatte sie, soweit möglich, in systematischer Folge die großen Gesichtspunkte herauszustellen, von denen aus genügend Licht auch auf untergeordnete Sätze fällt. Die Er= örterungen des hl. Thomas wurden, um die Authentizität möglichst mit der Bequemlichkeit für den Leser zu vereinigen, meistens in deutscher Übersetzung gegeben. Allein nicht nur hinsichtlich der originalen Sprache, sondern auch des Gegenstandes befindet sich der Sozialismus im Vorteil; ist es ja doch sein eigentliches, in moderner Zeit vielfach behandeltes Thema, während es für Thomas nur sekundärerweise in Betracht kommt. Im einzelnen sind die Ausführungen, Beweise und Anwendungen auf katholischer Seite selbstverständlich nicht bei Thomas stehen geblieben. Aber in den leitenden Grundsätzen, auf die es bei einer solchen Gegenüber= stellung vor allem ankommt, ist wie die Weltanschauung, so auch die Eigentumslehre die gleiche geblieben. Um so interessanter ist dann die Gegenüberstellung.

Die Hauptsätze der von Thomas vertretenen christlichen Weltan= schauung (S. 28 ff.) durften zwar als bekannt vorausgesetzt werden, konnten aber als Grundlage des Ganzen nicht gut fehlen. Auch im übrigen wird manches zu breit erscheinen. Teilweise ist dies dem Bestreben ge= schuldet, die Originale möglichst selbst reden zu lassen, teilweise der Not= wendigkeit, einem in allweg negierenden Gegner, wie dem Sozialismus, gegenüber auch Selbstverständliches zu wiederholen. Ebenso liegt die Schuld am Sozialismus, wenn die verschiedenartigsten Gebiete betreten werden mußten.

Bei den Werken des hl. Thomas war der Verfasser infolge beson= derer Umstände auf verschiedene Ausgaben angewiesen, so auf die Turiner Ausgabe (1890/91) der Summa theologica (zitiert: I, 1, 1 c; 1. 2. 1, 1 c; 2. 2. 1, 1 c; III, 1, 1 c; b = sed contra) und der Summa contra gentiles (cg. I, c. 1); auf die Lütticher Ausgabe (1857) der Kommentare über die paulinischen Briefe (in Rom. 1, 1 etc.); auf die römische Ausgabe (1570) der Kommentare zu den Sentenzen des Petrus Lombardus (1 sent. 1, 1, 1 c) und zur Ethik (1 eth. 1 a) und Politik (1 pol. 1 a) des Aristoteles; auf die Pariser Ausgabe (1660) der Kommentare zu den übrigen Schriften des Aristoteles, soweit sie benützt wurden; auf die Venetianer Ausgabe (1592) der übrigen Schriften des hl. Thomas: quaestiones disputatae (de malo, de veritate), quaestiones quodlibetales (quodl. 1, 1 c), opuscula (op. I, c. 1), Kommentare zum Evangelium nach Matthäus und Johannes (in Matth. 1, 1; in Ioan. 1, 1), sermones und catena aurea (caten. in Matth. 1, 1 etc.).

In erster Linie sind natürlich die völlig selbständigen Werke zu beachten, in letzter Linie die catena aurea; doch läßt diese den Zusammenhang der Lehre des hl. Thomas mit der christlichen Vergangenheit, der auch in den andern Werken deutlich hervortritt, noch schärfer erkennen. Vorsicht erfordert die Benützung der Kommentare zu den aristotelischen Schriften. Als Ansicht von Thomas hat hier zu gelten, was sich durch äußere (Übereinstimmung mit Stellen in andern Werken) oder sichere innere Kennzeichen als solche beglaubigt. Bei Wiedergabe von Kommentarstellen zur Ethik und Politik des Aristoteles wurde öfters auch die von A. Stahr besorgte Übersetzung dieser Schriften (Stuttgart 1860/63) herangezogen. — Verwendet wurden nur die zweifellos echten Schriften des hl. Thomas, also nicht der (größere) zweite Teil der Kommentare zur Politik des Aristoteles, die Teile der Schrift de regimine principum nach Anfang des zweiten Buches, verschiedene opuscula. Eine Ausnahme macht nur das zweifelhafte opusculum LXVII S. 206.

Der hohen theologischen Fakultät, besonders Msgr. Professor Dr. Bach, spricht der Verfasser seinen ergebensten Dank aus für die der Arbeit jederzeit entgegengebrachte Teilnahme. Auch den Vorständen der hiesigen Bibliotheken dankt der Verfasser für ihr stets freundliches Entgegenkommen. Bei dem großen Umfang der beiderseitigen Litteratur darf der Verfasser auf gütige Nachsicht rechnen.

München, im August 1898.

Der Verfasser.

Inhaltsübersicht.

Einleitung.

Erstes Kapitel.

Die Lehre des hl. Thomas von Aquin über das Eigentum und die katholische Kirche.

Zweites Kapitel.

Der moderne Sozialismus.

1. Begriffsbestimmung.

2. Geschichtliche Entwicklung der Theorie des modernen Sozialismus.

Erster Teil.

Die beiden Weltanschauungen.

Erster Abschnitt.

Die Weltanschauung des hl. Thomas von Aquin.

Erstes Kapitel.

Entwicklung und Zweck.

Zweites Kapitel.

SΓΌnde und ErlΓΆsung.   33β€”35.

Drittes Kapitel.

Der Mensch, ein sinnlich-vernΓΌnftiges Wesen.

Zweiter Abschnitt.

Die Weltanschauung des modernen Sozialismus.

Erstes Kapitel..

Kurze Orientierung.

Zweites Kapitel.

Das Fundament der sozialistischen Weltanschauung.

Drittes Kapitel.

Die materialistische Geschichtsauffassung.

I. Die materialistische Dialektik.

II. Die ökonomischen Verhältnisse.

III. Die Klassenkämpfe.

IV. Der Überbau.

1. Die rechtlichen, gesellschaftlichen und politischen Verhältnisse.

Dritter Abschnitt.

Vergleichende Kritik der beiden Weltanschauungen.

Erstes Kapitel.

Einwendungen gegen das thomistische System.

Zweites Kapitel.

Kritik der sozialistischen Weltanschauung.

I. Hypothese und Wissenschaft.

II. Die Einseitigkeit der Methode.

1. Die Induktion.

2. Die Dialektik.

Zweiter Teil.
Die thomistische und sozialistische Lehre über das Eigentum.

Erster Abschnitt.
Der sozialistische Kommunismus.

Erstes Kapitel.
Notwendigkeit des Sozialismus.

III. Kritische Würdigung.

Zweites Kapitel.

Notwendigkeit des Privateigentums. Unmöglichkeit des Sozialismus.

I. Das Privateigentum, eine Forderung des ius gentium.

II. Gründe für die Notwendigkeit des Privateigentums.

A. Wirtschaftlichkeit und Sozialismus.

1. Der notwendige Arbeitsaufwand. Normen der Verteilung.

2. Das Sparprinzip und die Unternehmungslust in der sozialistischen Wirtschaft.

B. Ordnung und Sozialismus.

1. Die Unklarheit der sozialistischen Theorie und die Schwierigkeiten der sozialistischen Praxis.

2. Die Organisation der sozialistischen Produktion. Die Bedarfsbestimmung.

Drittes Kapitel.

Die materiellen Güter. Reichtum und Armut.

I. Der Mensch und die materielle Güterwelt.

Kritische Würdigung.

II. Reichtum und Armut.

Kritische Würdigung.

Viertes Kapitel.

Der Erwerb des Eigentums.

I. Die sittlichen Grundsätze des Erwerbs.

1. Die Sorge um die zeitlichen Güter.

2. Die Habsucht.

3. Die Gerechtigkeit.

Sechstes Kapitel.

Gesellschaft und Staat und Eigentum nach Thomas.

I. Der Mensch ist ein gesellschaftliches Wesen.
Das Gemeinwohl.

II. Familie und Eigentum.   400.

III. Staat und Eigentum.

1. Notwendigkeit und Ziel des Staates und der Staatsregierung.

2. Das Sich-selbst-genügen des Staates.

3. Gerechtigkeit und Friede im Staate. Besteuerung und Mittelstandspolitik des Staates.

Kritische Würdigung.

Schluß.

Ideale und Illusionen.

Nachträge.

1. Zur theoretischen Entwicklung des Sozialismus.

2. Zur parteipolitischen Entwicklung des Sozialismus.

Einleitung.

Die Lehre des hl. Thomas von Aquin über das Eigentum und die katholische Kirche.

Ehe wir die thomistische und die sozialistische Eigentumslehre ein=
ander vergleichend gegenüberstellen, ist es notwendig, ihre Urheber zu
charakterisieren. Wie der moderne Sozialismus mit frühern kommu=
nistischen Systemen zusammenhängt, in bestimmter Richtung aber sich
von ihnen unterscheidet, so steht auch die Lehre des hl. Thomas nicht
isoliert da. Das Bild, das Thomas zeichnet, erhält erst den rechten
Hintergrund, wenn wir vernehmen, daß seine Aufstellungen nicht die
Privatmeinung eines einzelnen mittelalterlichen Gelehrten, sondern a l l =
g e m e i n k i r c h l i c h e L e h r e sind.

Kein Lehrer der nachpatristischen Zeit gelangte in der Kirche zu so
hohem A n s e h e n wie der hl. Thomas[1]. Die Autorität des im Leben
so bescheidenen und demütigen Ordensmannes als doctor angelicus ist
beispiellos. Der eben genannte Ehrentitel und andere ähnliche geben
davon Zeugnis. Wenn man die Zahl und die Art der Empfehlungen
von seiten der Päpste berücksichtigt, so scheint Thomas von Aquin nach
Augustinus als Lehrautorität den ersten Rang einzunehmen. Auch die

---

[1] „Geboren 1225 zu Roccasicca, in der Nähe von Aquino, aus gräflichem,
dem staufischen Kaiserhause verwandten Geschlechte. Er studierte im benachbarten
Montecasino, dann in Neapel, woselbst er 1243 gegen den Willen seiner Familie
in den Dominikanerorden trat. Eine zweijährige Gefangenschaft im elterlichen Schlosse
vermochte ihn nicht umzustimmen; wieder frei geworden, eilte er nach Neapel ins
Dominikanerkloster zurück und wurde zu Albertus Magnus nach Köln geschickt.
Letztern begleitete er dann nach Paris, und während er dort bei Albert Theologie
hörte, trat er selbst als Lehrer der Philosophie auf, wurde 1250 Priester und 1257
Doktor der Theologie, am gleichen Tage (23. Oktober) mit Bonaventura. Sofort
dozierte er Theologie zu Paris und der Reihe nach in verschiedenen Städten, zuletzt
in Neapel, ohne irgend eine Würde anzunehmen. Er starb auf der Reise zum Lyoner
Konzil zu Fossanuova am 7. März 1274." Al. Knöpfler, Lehrbuch der Kirchen=
geschichte, Freiburg 1895, S. 413 f.; vgl. K. Werner, Der hl. Thomas von Aquino.
3 Bde. I. Regensburg 1859.

Schaub, Eigentumslehre.

allgemeinen Konzilien hielten Thomas in besondern Ehren. Bekannt ist
die eifrige Pflege des Studiums seiner Werke sowohl in den meisten
Orden wie in den berühmtesten Akademien und Schulen.

Kurze Zeit hindurch schien es freilich, als ob man auf dieses
Studium keinen oder nur mehr geringen Wert lege, als ob sein System
für die Neuzeit veraltet und unbrauchbar geworden sei. Bezeichnender=
weise fiel diese Mißachtung oder vielmehr die Unkenntnis der Schriften
des englischen Lehrers in die Zeit daniederliegenden kirchlichen Lebens
und kirchlicher Wissenschaft. Sobald der kirchliche Geist neu gestärkt
wurde, wiesen ernste wissenschaftliche Männer alsbald auf das Studium
der Werke von Thomas nicht ohne Erfolg hin. Eine neue Epoche aber
trat für die thomistischen [1] Studien ein mit dem herrlichen Rundschreiben
A e t e r n i P a t r i s vom 4. August 1879.

Wer sich eingehender mit dem Studium der Schriften von Thomas
befaßt, wird diese Bestrebungen auch s a c h l i c h g e r e c h t f e r t i g t finden.
Hatten die kirchlichen Lehrer der frühern Zeit, Augustinus nicht aus=
genommen, sich mehr oder minder mit Einzelfragen beschäftigt, so war
es das Werk der Scholastik, „die reiche und fruchtbare Ernte, welche in
den ausgedehnten Werken der heiligen Väter sich zerstreut findet, sorgfältig
zusammenzustellen und zum Nutzen und Gebrauch der Nachwelt gleichsam
an einem Orte niederzulegen" [2].

„Unter den Lehrern der Scholastik ragt nun aber weit hervor d e r
F ü r s t u n d M e i s t e r a l l e r, Thomas von Aquin, der, wie Kajetan
bemerkt, weil er die alten heiligen Lehrer aufs höchste verehrte, darum ge=
wissermaßen den Geist aller besaß. Ihre Lehren sammelte und faßte
Thomas, wie die zerstreuten Glieder eines Körpers, in eins zusammen,
teilte sie nach einer wunderbaren Ordnung ein und vervollkommnete
sie vielfach derart, daß er mit vollem Recht als ein ganz besonderer
Hort und Schmuck der katholischen Kirche gilt. Ausgerüstet mit einem
gelehrigen und scharfsinnigen Geiste, einem leicht fassenden und
treuen Gedächtnisse, von höchst reinen Sitten, einzig die Wahrheit liebend,
an göttlicher und menschlicher Wissenschaft überreich, hat er der Sonne
gleich den Erdkreis durch die Glut seiner Tugenden erwärmt und mit
dem Glanz seiner Lehre erfüllt." [3]

Thomas wurde ein so großer Lehrer, weil er ein überaus lern=
begieriger Schüler war. In der H e i l i g e n S c h r i f t und bei den K i r c h e n=

---

[1] „Thomistisch" bezieht sich hier und im folgenden immer auf den hl. Thomas
selbst, nicht auf seine Schule.
[2] Rundschreiben Aeterni Patris, Herdersche Ausgabe, S. 28.
[3] A. a. O. S. 32.

vätern war er wie wenige zu Hanse. Sein persönlicher Lehrer ist
Albertus Magnus. In den größten Geistern der altheidnischen
und altchristlichen Zeit, **Aristoteles** und **Augustinus**, erkennt er auf
philosophischem — Aristoteles ist ihm „der Philosoph" — und theo=
logischem Gebiete seine kongenialen Lehrer[1]. „Auf den augustinischen
Stamm wird das aristotelische Pfropsreis gesetzt; aber es ist das christliche
Denken, die Weisheit der Schrift, welche die Lebenssäfte hergeben, die
Stamm und Reis durchziehen."[2] Natürliche Vernunft und übernatürliche
Offenbarung finden sich im thomistischen System ohne Widerspruch ver=
einigt. Hier ist nicht nur eine Fülle von Wahrheiten und Wahrheitskeimen
niedergelegt, die einzelnen Lehren sind auch wunderbar entfaltet und ver=
knüpft, klar präzisiert und nach allen Seiten beleuchtet nach der streng
scholastischen Methode, ohne die Einseitigkeit und Kleinlichkeit mancher
späterer Scholastiker.

Es fragt sich nun, ob auch die thomistische **Eigentumslehre** im be=
sondern **katholische Lehre** ist. Diese Frage muß unbedingt bejaht
werden. Wie überall, so geschieht auch die Besprechung der einzelnen
Punkte der Eigentumslehre unter Zugrundelegung der Heiligen Schrift und
der Lehre der Väter. Die Lehre des Aristoteles wird nur insoweit heran=
gezogen, als es sich um philosophische Nachweise und die wissenschaftliche
Durchdringung und Systematisierung der kirchlichen Lehre handelt, und
geht im großen und ganzen nur soweit, als der heidnische Philosoph
sich in Übereinstimmung mit dem christlichen Lehrgehalt befindet. Wie
sehr auch die kirchlichen Gegner des Aquinaten einzelne seiner Aufstellungen
anfochten, in der Eigentumslehre stimmen sie sämtlich mit ihm überein.
Bei Johannes vom hl. Thomas, der in seinem Cursus theologicus[3] die
verschiedenen Anklagepunkte gegen die thomistische Doktrin zusammenstellt,
findet sich kein irgendwie auf das Eigentum bezüglicher Vorwurf. Auch
von spätern katholischen Schriftstellern ist ein bemerkenswerter Einwand
nicht bekannt[4]. Im Gegenteil, fast alle katholischen Moralisten seit Thomas
lehnen sich direkt an seine Lehre an, teilweise bieten sie nur eine weitere
Ausführung derselben. Doch wir brauchen hier nur auf das Zeugnis
der kompetenten kirchlichen Autorität zu verweisen. Die Bedeutung der

---

[1] „Es winken sich die Weisen aller Zeiten." — Nebenbei bemerkt, Aristoteles
ist auch ein hochgeschätzter Autor von Karl Marx, und Dante hinwiederum, der
große Schüler von Thomas, ein Lieblingsdichter von ihm.

[2] O. Willmann, Geschichte des Idealismus, Braunschweig 1896, II, 469.

[3] Cf. Cursus theologicus, in Iᵐ D. Thomae, Lugd. 1613, Isagoge, disp. I. II.

[4] Eine diesbezügliche Anklage, die Ratzinger in der 1. Auflage seiner „Volks=
wirtschaft" erhob, findet sich in der 2. Auflage nicht mehr.

Werke von Thomas für die Fragen der Gegenwart, insbesondere für die
soziale Frage, hebt schon das mehrerwähnte päpstliche Rundschreiben hervor:
„Auch die häusliche und selbst die bürgerliche Gesellschaft, welche, wie
wir alle wohl einsehen, durch das Gift verderblicher Meinungen in höchster
Gefahr schwebt, würde ohne Zweifel viel mehr Ruhe und Sicherheit ge=
winnen, wenn auf den Akademien und in den Schulen eine gesündere
und dem kirchlichen Glauben mehr entsprechende Lehre vorgetragen würde,
wie sie die Werke des hl. Thomas von Aquin enthalten.“ [1] Den besten
Beweis der Identität der thomistischen mit der katholischen Eigentums=
lehre liefert das Rundschreiben Rerum novarum (vom 15. Mai 1891),
worin die kirchliche Lehre unter ausdrücklicher Bezugnahme auf die Doktrin
von Thomas dargestellt wird [2].

Von protestantischer Seite hat man an dieser Eigentumslehre
Anstoß genommen. Man behauptet, Thomas und die katholische Kirche
neigten zum Kommunismus hin, und Professor Ritschl hat Thomas
sogar als intellektuellen Urheber der Sozialdemokratie hingestellt [3].
Diese wie die meisten Anklagen gegen Thomas beruhen entweder auf
oberflächlicher Kenntnis [4] seiner Lehre oder auf Mißverständnis derselben.
Gerecht urteilende Protestanten haben für den reichen in den Werken
von Thomas aufgespeicherten Gedankenschatz nur Worte des Lobes [5].

Ganz entgegengesetzt sieht man auf sozialistischer Seite in
Thomas, weil er das Privateigentum zu begründen sucht, „den sozu=
sagen ersten Manchestermann“ [6]. Sozialist und Individualist — sie
werden wohl beide teilweise recht haben, und die Wahrheit in der Mitte
liegen. Thomas könnte sich nur über die ihm gewordene Anerkennung
freuen. War es ja doch mit Aristoteles und den christlichen Lehrern sein
Bestreben, in Wissenschaft und Leben gleich entfernt von Extremen den
rechten Mittelweg zu finden.

Daß man im übrigen in der thomistischen Eigentumslehre eine
vielleicht historisch bemerkenswerte, aber längst überwundene Theorie
sieht, ist selbstverständlich. Manche Abschnitte dieser Lehre haben für den

---

[1] S. 44.   [2] Vgl. die Herdersche Ausgabe S. 34. 48.

[3] Vgl. v. Hertling, Zur Beantwortung der Göttinger Jubiläumsrede, Münster
und Paderborn 1887, S. 3 ff.

[4] Aus der Summa diabolica Luthers wird bei Uhlhorn eine Summa
angelica (vgl. G. Uhlhorn, Katholizismus und Protestantismus gegenüber der
sozialen Frage, Göttingen 1887, S. 20).

[5] Vgl. Contzen, Geschichte der volkswirtschaftlichen Litteratur im Mittelalter,
1872, S. 42. 45. 50. 52 ff.; Jhering, Der Zweck im Recht, Leipzig 1886, II, 116;
Leibniz, H. Ritter u. a.

[6] „Berliner Volkstribüne“ vom 16. Februar 1889, Nr. 7, Beiblatt.

Sozialisten vielleicht nur „pathologisches Interesse“. Wir aber sehen gerade
darin die Unbesieglichkeit des thomistischen Systems, daß man es heute
nach über 600 Jahren der mächtigsten modernen Ideenbewegung ohne
Scheu entgegenstellen kann.

Als eine glückliche Vorbedeutung betrachten wir es, daß der erste
katholische Sozialpolitiker Deutschlands gerade bei Thomas in die Schule
ging, als er gegenüber den sozialen Wirrnissen die christlichen Grund=
sätze feststellte. Es geschah dies in den sechs Predigten Kettelers
über „die großen sozialen Fragen der Gegenwart“, gehalten in der
Peterskirche zu Mainz im November und Dezember 1848, dem Jahr
des Kommunistischen Manifests. Auch die erste ausführliche Geschichte und
Kritik des modernen Sozialismus ist von jenem Standpunkt
aus geschrieben [1].

Zweites Kapitel.

Der moderne Sozialismus.

1. Begriffsbestimmung.

Für den Begriff des Sozialismus — wörtlich Gesellschaftlichkeit —
mangelt der deutschen Sprache ebenso das bezeichnende Wort wie für In=
dividualismus, Liberalismus, Anarchismus und andere moderne Schlag=
worte. Es kommt dies zum Teil daher, daß die meisten derartigen Bezeich=
nungen einen weiten Begriffsumfang zulassen, deshalb sehr dehnbar und
verschwommen sind und die verschiedensten Nuancen und Schattierungen auf=
weisen. Daher dann auch die Gefahr von Mißverständnissen, die mit dem
Gebrauch derartiger Worte verbunden ist. Entstanden ist das Wort Sozialis=
mus als Gegensatz zu Individualismus [2]. Diese bloß negierende
Gegenüberstellung läßt für den Gebrauch des Wortes Sozialismus einen
weiten Spielraum. Und so sehen wir denn auch bis in die siebziger, ja
achtziger Jahre hinein ein großes Schwanken in der Anwendung jenes
Wortes. Namentlich sind es die manchesterlichen Richtungen, welche alle
Bestrebungen, die irgendwie die bestehenden Zustände tadeln und zu ver=
bessern suchen, mit dem nach ihrer Auffassung schimpflichen Worte Sozialis=

---

[1] Nämlich das Werk von E. Jäger: Der moderne Sozialismus. Berlin 1873.

[2] Louis Pierre Leroux hat in einem Briefe an die Revue scolaire
den Nachweis versucht, daß sein Vater, der im Jahre 1871 zu Paris verstorbene
bekannte Philosoph und Sozialist Pierre Leroux, der Urheber des Wortes ist. Danach
wurde das Wort „Sozialismus“ 1832 erfunden und in die Gedankenwelt eingeführt
(vgl. „Neue Zeit“ XIV [1], 283). Bisher schrieb man L. Reybaud die Urheberschaft zu.

muß belegen. Von der Gegenseite wurde diese Bezeichnung freilich meistens als Ehrenname acceptiert. Man sprach so von Kathedersozialisten, von konservativen Sozialisten, von kirchlichen Sozialisten[1]. Heute würde man Sozialreformer sagen. Der Unterschied unter diesen ist nachgerade ein bedeutender; will ja selbst der ehemalige extreme Manchestermann bei der gesellschaftlichen Reform nicht unbeteiligt dastehen. Genug, das Wort Sozialismus, das man früher mit oder ohne kommunistischen Hintergrund denken konnte, hat eine bestimmtere Färbung in ersterm Sinne erhalten. Man versteht darunter, wenn nicht das Gegenteil ausdrücklich bemerkt wird, nur jene Richtungen, die eine radikale Eigentumsumgestaltung im Sinne des sozialistischen Kommunismus anstreben. Genauer ist das Ziel des letztern: Gemeinwirtschaft mit planmäßiger Produktion und Verteilung unter Oberleitung der (sozialistischen) Gesellschaft oder des Staates. Der Sozialismus ist demnach nur eine besondere Art des Kommunismus[2]. Es handelt sich bei ihm weder um „Verteilung", was auf den undenkbaren negativen Kommunismus hinauskäme, noch auch um eine derartige Konzentration der Kollektivwirtschaft, welche die gemeinsame Benützung aller Güter einschließt, wie manche Sozialisten am Anfang dieses Jahrhunderts wollten. Vielmehr will der Sozialismus gemeinsame Produktion und private Konsumtion. Das erstrebt auch der Anarchismus, aber im Gegensatz zur Zentralisation des Sozialismus unter Oberleitung voneinander unabhängiger, nur föderativ verbundener Gemeinden. Über die Art der Ausführung herrscht allerdings unter den verschiedenen Vertretern und Systemen des Anarchismus wieder Anarchie[3].

Die staatliche Oberleitung läßt verschiedene Formen des Sozialismus zu. Nach Plato herrscht eine Aristokratie der Bildung. Rodbertus (1805—1875)

---

[1] Vgl. besonders E. v. Laveleye, Die sozialen Parteien der Gegenwart. Deutsche Übersetzung von Eheberg, 1884. — Rud. Meyer spricht noch in seinem Werke „Kapitalismus fin de siècle" (S. 131) von „christlich-katholischem Sozialismus". — Ebenso herrscht in England und Frankreich noch Verwirrung. „So erblicken gewisse französische Politiker in einer progressiven Einkommensteuer bedenklichen Sozialismus. In diesem unbestimmtern Sinne des Wortes erklärte der bekannte englische Staatsmann Sir W. Harcourt wohl auch: ‚Wir sind alle Sozialisten.'" Herkner, Die Arbeiterfrage, 2. Aufl., Berlin 1897, S. 287.

[2] Die erste Vereinigung, der Marx und Engels angehörten, und in deren Auftrag sie das „Kommunistische Manifest" verfaßten und herausgaben, hieß „Bund der Kommunisten". — Vgl. auch Cathrein, Der Sozialismus, 5. Aufl., Freiburg 1892, S. 1 ff., bezw. dessen Moralphilosophie, 2. Aufl., Freiburg 1893, II, 117 ff.

[3] Deshalb die verschiedenartigen Ersatzbezeichnungen für Anarchismus: Kommunismus, Kollektivismus, Sozialismus, Individualismus 2c.

Geschlossenheit und Konsequenz und ist gegen Angriffe besser gewappnet als die übrigen Systeme. Was aber die Hauptsache ist, die Aufstellungen von Marx nehmen das unvergleichlich höhere aktuelle Interesse für sich in Anspruch. Im Gegensatz zu Robbertus, dessen Zukunftsstaat noch um ein halbes Jahrtausend von uns entfernt ist, steht nach Marx das Ende des Kapitalismus und der Ära des Privateigentums überhaupt nahe bevor. Seine Lehren werden von großen Parteien in beinahe allen zivilisierten Ländern vertreten. Mit Recht sagt darum Schäffle: „Der allein denkbare (und daher diskutierbare) Sozialismus ist und bleibt bis auf weiteres die zentralistisch organisierte, allgemeine und ausschließliche Kollektivproduktion der Sozialdemokratie."[1]

Neben dem Marxschen Sozialismus der Sozialdemokratie, der uns von nun an einfachhin als der moderne Sozialismus gilt, stand insbesondere in England und Amerika der Halb= oder Ackersozialis= mus längere Zeit im Vordergrund des öffentlichen Interesses. Er heißt so, weil er nur den Grund und Boden verstaatlichen will, das Kapital= vermögen, d. h. die übrigen Produktionsmittel, in Privatbesitz beläßt.

über die Philosophie Epikurs. Von dem Vorhaben, sich in Bonn als Dozent zu habilitieren, kam er ab infolge der Schwierigkeiten, welche die preußische Regierung seinem Freunde Bruno Bauer machte. Er war dann an dem um dieselbe Zeit von den liberalen Führern Camphausen und Hansemann gegründeten Oppositionsblatt, der „Rheinischen Zeitung" in Köln, zuerst (vom 1. Januar 1842 bis 31. März 1843) als Mitarbeiter, dann (Oktober 1842 bis 1. Januar 1843) als Chefredakteur thätig. Bald darauf wurde das Weitererscheinen des Blattes untersagt. Nach seiner Vermählung mit Jenny v. Westphalen ging Marx im Herbst 1843 nach Paris, wo er mit Rnge die „Deutsch=französischen Jahrbücher" herausgab, eine Zeitschrift, von der indes nur das erste Heft erschien. Wegen seiner Beteiligung an dem kleinen deutschen Wochenblatt „Vorwärts" auf Veranlassung der preußischen Regierung aus Frankreich ausgewiesen, siedelte er Anfang 1845 nach Brüssel über. Bei Ausbruch der Februar= revolution ging Marx, aus Belgien ausgewiesen, zunächst nach Paris, darauf nach Köln, wo unter seiner Leitung die „Neue Rheinische Zeitung" vom 1. Juni 1848 bis 19. Mai 1849 herauskam. Nach Unterdrückung der Zeitung ging Marx wieder nach Paris und von hier nach London, wo er nun endgültig seinen Wohnsitz aufschlug. Auf den Kontinent kam Marx noch mehrmals, aber, abgesehen vom Kongreß zu Haag (1872), nur aus ganz persönlichen Rücksichten. Das übrige im Text. Vgl. a. a. O. IV, 1130 ff., Art. „Marx" von Fr. Engels; daselbst findet sich auch ein ziemlich vollständiges Verzeichnis der Schriften von Marx. Die Tochter von Marx, Eleanor Marx=Aveling, die mit der Abfassung einer Biographie ihres Vaters beschäftigt war, starb (am 31. März 1898) durch Selbstvergiftung. — Wenn wir die glänzende geistige Begabung und den staunenswerten Fleiß von Marx bewundern, so stößt uns sein leidenschaftlich herrischer Charakter zurück. Alles und jeden, mit dem er in Wider= spruch geriet, überschüttete er mit beißendem Spott. Dagegen hing er mit inniger Liebe an seinen nähern Verwandten und Freunden.

[1] Schäffle, Die Aussichtslosigkeit d. Sozialdemokratie, 3. Aufl., Tübingen 1887, S. 5.

2. Geschichtliche Entwicklung der Theorie des modernen Sozialismus.

Die Theorie des modernen Sozialismus ist kein apartes System, das mit einemmal dem Haupte von Karl Marx entsprungen ist. Sie wurzelt einmal in praktischen Thatsachen, den Mißständen der kapitalistischen Wirtschaftsweise, und weiterhin in den theoretischen Bestrebungen, durch welche man diese Wirtschaftsweise verteidigte und bekämpfte. Von großem Einfluß war auf die Ausgestaltung der Theorie auch die deutsche Philosophie, namentlich Hegel und Feuerbach. Im übrigen ist sie in erster Linie Gedankenarbeit von Marx, in zweiter Linie von Engels.

Die Schäden und Auswüchse des modernen Wirtschaftslebens sind bekannt. Technisch hat die kapitalistische Periode[1] ohne Zweifel riesige Fortschritte zu verzeichnen. Ökonomisch brachte sie, wenn man den Menschen als Mittelpunkt der Wirtschaft betrachtet, ganz gewaltige Mißstände. Während der Nationalreichtum ungeheuer wuchs, darbte der größere Teil der Nation. Während die Produktivität bedeutend stieg, sank die Kaufkraft des Volkes relativ und absolut. Moralisch genommen ist eben der Kapitalismus die systematische Profitgier zur Häufung des Kapitals. Vermehrung des Kapitals war und ist noch großenteils der Moloch, dem der Mensch und seine Arbeit, dem Ehre, Pflicht und Gewissen geopfert wurden und werden. Seinen Ausgang nahm das System aus der kaufmännischen Praxis. Die Gewinnsucht, die von da aus die übrige Gesellschaft beeinflußte, wurde namentlich durch irdisch gerichtete Ideenströmungen von der neuheidnischen Richtung des Humanismus bis zum Materialismus des vorigen und gegenwärtigen Jahrhunderts geweckt und gefördert. Die Gegensätze, die bei diesem Ringen mit ökonomisch und moralisch ungleichen Mitteln entstehen mußten, wurden durch die Entdeckung und Kolonisierung neuer Weltteile, durch die weitere Ausbildung der Manufaktur, vorzüglich aber durch die Erfindung der Dampfmaschine noch verschärft. Dazu kam, daß die einseitige Privilegienwirtschaft, die Steuer= und Zollpolitik des absoluten Regimes in das andere Extrem, die vollständige Freiwirtschaft, umschlug,

---

[1] Die „kapitalistische Periode" ist durch folgende Momente charakterisiert:

1. Großenteils bestehende oder sich vollziehende Trennung des Besitzes der Produktionsmittel vom Arbeiter;

2. große Macht des Kapitalbesitzes infolge größerer Anhäufung und infolge der unbeschränkten Möglichkeit fruchtbringender Anlage;

3. Rücksichtslosigkeit der Kapitalisten in Erweiterung und Ausnützung ihrer ökonomischen Macht.

nur mit der einen, aber wichtigen Einschränkung, daß man gerade die Arbeiter, welche die Freiheit am notwendigsten brauchten, durch Koalitionsverbote der ökonomischen Übermacht des Kapitals auslieferte. Diese Thatsachen hätten genügt, die schärfste Opposition herauszufordern. Um so bitterer war es, wenn die politische Ökonomie zum Schaden auch noch den Spott hinzufügte und alle Einrichtungen des Systems der freien Konkurrenz als die wahrhaft naturgemäßen und den so geschaffenen Zustand als die beste aller Welten erklärte. In der That, die mit so vielen Verheißungen inaugurierte Freiwirtschaft und die sie verherrlichende Theorie boten an allen Ecken und Enden Anlaß zu herbster Kritik. Namentlich konnte der stets bemerklichere Sozialismus an die Arbeitstheorie, auf die der Liberalismus nicht wenig stolz war, unmittelbar anknüpfen. Wenn die Arbeit die einzige Quelle des Tauschwertes ist, so war nicht weit zu der Folgerung, daß dann der Arbeit aller Wert zufallen solle. Thompson und andere englische Sozialisten, dann im Anschluß an sie der Saint-Simonismus, Proudhon, Rodbertus und Marx konnten sich unbedenklich sofort auf den Boden der „Wissenschaft" stellen.

Für Marx ergab sich bei seinem Übergang zum Sozialismus mehr der umgekehrte Weg. Er wurde zuerst mit den französischen Sozialisten, dann mit den englischen Nationalökonomen und Sozialisten bekannt, schließlich untersuchte er selbst die Grundlagen des kapitalistischen Systems. Als Redakteur der „Rheinischen Zeitung" wurde Marx (1843) gelegentlich einer Polemik mit der Augsburger „Allgemeinen Zeitung" zu einem eingehendern Studium des Kommunismus veranlaßt. Er kennt damals „Schriften wie die von Leroux, Considérant und vor allem das scharfsinnige Werk Proudhons" [1]. Es ist die 1840 erschienene Schrift Proudhons Qu'est-ce que le droit de propriété? [2] gemeint. Nachdem Marx inzwischen mit Adam Smith, Ricardo, Fourier und Saint-Simon sich vertraut gemacht hatte, ist er noch 1845 voll des Lobes für Proudhon. Die beiden hatten in Paris oft ganze Nächte lang ökonomische Fragen diskutiert. Proudhon (1809—1865) ist der lebendige Widerspruch. Er bekämpft

---

[1] „Rhein. Zeitung", Nr. 7 vom 7. Januar 1843; vgl. G. Adler, Die Grundlagen der Marxschen Kritik der bestehenden Volkswirtschaft, Tübingen 1887, S. 191 f. 233.

[2] Auf die Frage: Qu'est-ce que la propriété? antwortet er: La propriété c'est le vol. — Schon ähnlich von Brissot de Warville 1780 in seiner Schrift Recherches philosophiques sur la propriété et le vol ausgesprochen. — Von Lassalle stammt die deutsche Version: „Eigentum ist Fremdtum." — Übrigens ist diese Wendung schon uralt und z. B. den Kirchenvätern für ungerecht erworbenen oder schlecht verwendeten Besitz geläufig.

das Eigentum als Benachteiligung der Schwachen durch den Starken, wie den Kommunismus als Ausbeutung des Starken durch den Schwachen, zu einer befriedigenden Synthese bringt er es nicht. Auf die Frage: „Was bist du denn?" erwidert er: „Ich bin Anarchist!" Adler nennt Proudhon den Vater des Anarchismus[1]. Bedeutend war sein Einfluß auf Bakunin, den erfolgreichsten Agitator des Anarchismus. Wenn manche Anarchisten, wie ihnen auf dem Londoner Sozialistenkongreß (1896) vorgehalten wurde, nichts weiter sind als die konsequentesten Manchesterleute, die Vertreter eines übertriebenen Individualismus, so ist Proudhon auch hierin vorbildlich. Schon in seinem Erstlingswerk war Proudhon auf die Wertlehre zu sprechen gekommen. Er kritisiert auf dem Kontinent zuerst den Gewinn des Kapitalisten als Aneignung unbezahlter Arbeit. Alle Übel unserer heutigen Gesellschaftsordnung haben in der Existenz des Mehrwerts ihren Grund. Ausführlicher findet sich die Werttheorie Proudhons dargelegt im zweiten Kapitel des ersten Bandes seines Système de contradictions économiques ou philosophie de la misère (1846).

Marx hatte sich unterdessen eingehender mit den Schriften der englischen Mehrwertstheoretiker[2] beschäftigt. Ihre Gedanken schienen ihm nicht nur origineller, sondern auch besser. An sie schließt er sich in der Folge bei Aufstellung seiner eigenen Werttheorie an. So bekämpfte er dann das zuletzt genannte Werk Proudhons mit einer eigenen Schrift „Misère de la philosophie" aufs schroffste. Die Schrift „entstand im Winter 1846/47 zu einer Zeit, wo Marx über die Grundzüge seiner neuen historischen und ökonomischen Anschauungsweise mit sich ins reine gekommen war"[3]. Jetzt lautet das Urteil über Proudhon: „Herr Proudhon schmeichelt sich, die Kritik sowohl der politischen Ökonomie als des Kommunismus gegeben zu haben, er steht tief unter beiden."[4] Die Schrift gegen Proudhon ist ähnlich maßlos wie die Lassalles gegen Schulze-Delitzsch. Marx glaubt sogar in Brays Labour's wrongs and labour's remedy. Leeds 1839, „den Schlüssel gefunden zu haben für die vergangenen, gegenwärtigen und zukünftigen Schriften des Herrn Proudhon"[5].

---

[1] Handwörterbuch 1, 252 ff., Art. „Anarchismus"; vgl. K. Diehl, P. L. Proudhon. Seine Lehre und sein Leben. Halle a. S. 1888.

[2] Vgl. A. Menger, Das Recht auf den vollen Arbeitsertrag, 2. Aufl., Stuttgart 1891, S. 51. 60. 82 f. 100 ff.; K. Marx, Das Elend der Philosophie, deutsch von E. Bernstein und K. Kautsky. Mit Vorwort und Noten von F. Engels, 2. Aufl., Stuttgart 1892, S. vi f. 45.

[3] Marx, „Elend" S. v.

[4] A. a. O. S. 110.

[5] A. a. O. S. 45.

Nicht viel günstiger spricht sich Marx unmittelbar nach dem Tode Proudhons (1865) aus[1].

Übrigens war Marx mit seiner eigenen Werttheorie damals (1847) noch nicht vollständig fertig. „In den vierziger Jahren hatte Marx seine Kritik der politischen Ökonomie noch nicht zum Abschluß gebracht. Dies geschah erst gegen Ende der fünfziger Jahre. Seine vor dem ersten Hefte: ‚Zur Kritik der politischen Ökonomie‘ (1859) erschienenen Schriften weichen daher in einzelnen Punkten von den seit 1859 verfaßten ab, enthalten Ausdrücke und ganze Sätze, die vom Standpunkt der spätern Schriften aus schief und selbst unrichtig erscheinen.“ [2]

Dagegen ist Marx mit seiner zweiten „Entdeckung“, der materialistischen Geschichtsauffassung, im „Elend der Philosophie“ schon so weit wie später. Auch hier hat Marx verschiedene Vorgänger. Die Reihenfolge (nach Zeit und Wichtigkeit für Marx) der hier in Betracht kommenden Autoren läßt sich ebensowenig wie dort genau feststellen. Mit Recht hat man[3] als Vorläufer des ökonomischen Materialismus schon die Physiokraten mit ihrer extrem-ökonomischen Auffassung bezeichnet, eine Auffassung, wie sie teilweise etwas abgeschwächt, teilweise noch verstärkt bei den Vertretern der klassischen Nationalökonomie und ihren Nachfolgern und bei den englischen und französischen Sozialisten in der ersten Hälfte dieses Jahrhunderts sich wiederfindet. Als direkten Vorgänger der eigentlich geschichtsphilosophischen Gedanken bezeichnet Paul Barth[4] Saint-Simon (1760—1825). Dieser ist selbst weniger Sozialist als politisch-radikal. Erst seine Schule greift auch das Eigentum an. Den Stellen, in denen der Einfluß der Ökonomie in der Geschichte besonders hervorgehoben wird, stehen aber bei Saint-Simon auch andere gegenüber, in denen die Macht der Ideen betont wird. Während ein Schüler von Saint-Simon, Aug. Comte, an die ideologische Reihe anknüpft, macht ein anderer Schüler, Louis Blanc (1811—1882), die entgegengesetzte Wendung. Der ökonomische Mechanismus, wie er in der Marxschen Geschichtsauffassung ausgesprochen wird, findet in den Werken von Louis Blanc („Geschichte der zehn Jahre 1830—1840“ und „Geschichte der französischen Revolution“) vor Marx den schärfsten Ausdruck. Formuliert hat Louis Blanc seine Ansicht nicht[5].

---

[1] A. a. O. S. xxiv ff.

[2] K. Marx, Lohnarbeit und Kapital. Mit einer Einleitung von F. Engels, Berlin 1891, S. 3.

[3] Vgl. H. Dietzel, Theoretische Sozialökonomik, Leipzig 1895, I, 105.

[4] Vgl. Paul Barth, Die Philosophie der Geschichte als Soziologie, Leipzig 1897, I, 303 ff.　　[5] A. a. O. S. 305 f.

Auch bei den Geschichtsschreibern der Restaurationszeit (Thierry, Gnizot, Mignet, Thiers)[1] wie in der Fourierschen Schule[2] wurde unter dem Einfluß der Saint-Simonisten der Einfluß der Ökonomie auf die Politik stark betont. Die hier erörterten Gedanken fanden durch den Geschichtschreiber des französischen Sozialismus, Lorenz von Stein, auch in Deutschland Eingang.

Nirgends aber finden sich die verschiedenen Ansichten theoretisch formuliert. Dies geschah erst durch Marx[3]. Wenn er deshalb auch seine materialistische Geschichtsauffassung nicht „entdeckt" hat, so wäre es doch thöricht, Marx die Originalität abstreiten zu wollen, weil er sich bei der Systematisierung der betreffenden Ansichten an andere anlehnt, ebenso thöricht, als wenn man Thomas von Aquin einen Vorwurf machen würde, weil er in seinen Schriften ältere Werke benützt. Welcher Schriftsteller wäre dann noch originell? Zurückzuweisen dagegen sind die Übertreibungen, deren sich Marx bei Aufstellung seiner Sätze schuldig machte.

In ihrer extremen Fassung erinnert die materialistische Geschichtsauffassung sofort an das andere Extrem, die Hegelsche Philosophie, durch die einseitig die Macht der Idee betont wird. Hier berühren sich die Extreme nicht nur logisch, sondern auch historisch. Die Erkenntnis der Thatsache, daß Marx vom Hegelschen Idealismus sich losgerungen und sein System im Gegensatz dazu formuliert hat, wirft schon einiges Licht auf die materialistische Geschichtsauffassung. Wenn Marx von Proudhon sagt: „Er will die Synthese sein, und er ist ein zusammengesetzter Irrtum"[4], so trifft ihn der andere Vorwurf, daß er der Mann der einseitigen Antithese ist. Seine Antipoden sind die selbst so verschiedenen Vertreter einseitiger Richtungen, Ricardo und Hegel. „Wenn der Engländer die Menschen in Hüte verwandelt, so verwandelt der Deutsche die Hüte in Ideen. Der Engländer ist Ricardo, der reiche Bankier und

---

[1] F. Engels, Ludwig Feuerbach, 2. Aufl., Stuttgart 1895, S. 47.

[2] Vgl. G. Adler, „Die Grundlagen" S. 217 ff. — Die Auffassung Fouriers selbst (1772—1837) ist extrem ökonomisch-materialistisch. Während er die Gesellschaft aufs bitterste bekämpfte, machte er zu einer Neuorganisation zum Teil höchst phantastische Vorschläge. „Seine Auffassung der menschlichen Triebe, die im schärfsten Widerspruch mit jener der Theologen und Moralphilosophen stand und steht, daß alle Triebe natürlich und darum nützlich und vernünftig, zum menschlichen Glück notwendig seien", wird in die Dogmatik des modernen Sozialismus aufgenommen (vgl. A. Bebel, Charles Fourier, Stuttg. 1890, S. 291).

[3] Vgl. über die Anfänge des Marxismus: P. v. Struve, Studien und Bemerkungen zur Entwicklungsgeschichte des wissenschaftlichen Sozialismus, in der „Neuen Zeit" XV[1], 68 ff. 228 ff. 269 ff.

[4] Marx, „Elend" S. 110.

ausgezeichnete Ökonom, der Deutsche ist Hegel, simpler Professor der
Philosophie an der Universität Berlin." [1] So sehr sich Marx zum Indi=
vidualismus Ricardos und zum Idealismus Hegels in Gegensatz stellte,
so übernahm er doch von Ricardo die rein ökonomische Auffassung, die
jedes moralische Empfinden und jede „ideologische Schrulle" ausschließt,
von Hegel die dialektische Methode, von beiden die scharfe Zuspitzung
der im vorhinein einseitig gedachten Probleme. Den entscheidenden Über=
gang vom Idealismus Hegels zum Materialismus vollzog Feuerbachs
Buch „Wesen des Christentums" (1841), das Marx mit Engels und
andern Junghegelianern enthusiastisch begrüßte [2].

Ungemein wichtig war für Marx fast von Anfang seiner Beschäftigung
mit Ökonomie und Sozialismus seine Freundschaft mit Friedrich
Engels [3], dem Mitbegründer des modernen Sozialismus. Bereits früh=
zeitig ebenso revolutionär gesinnt als Marx, war Engels 1842 nach
Manchester gekommen, um dort in einem Fabrikgeschäft, worin sein Vater
Teilhaber war, thätig zu sein. Schon vorher hatte er neben philosophischen
auch ökonomische Studien getrieben. In Manchester, dem Herzen des
bereits hochindustriellen England, lernte er das Arbeiterelend, den Owe=
nismus und Chartismus kennen. Die Frucht seiner Studien sind neben
kleinern Aufsätzen ein Artikel in den von Marx und Ruge herausgegebenen
„Deutsch=französischen Jahrbüchern" (1844), betitelt: „Umrisse zu einer
Kritik der Nationalökonomie" [4], und die für die Kenntnis der damaligen
Arbeiterverhältnisse klassische Schrift: „Die Lage der arbeitenden Klassen
in England" (1845). Schon vorher (1844) war Engels, auf der Heim=
reise von England, in Paris mit Marx persönlich bekannt geworden,
und von da datiert ihre lebenslängliche Freundschaft. Bereits damals
arbeiteten sie an einer gemeinsamen Schrift „Die heilige Familie" gegen
Bruno Bauer und Konsorten (1845). Wichtiger wurde die gemeinsame
Abfassung des „Kommunistischen Manifests" im Auftrag des „Bundes
der Kommunisten". Es erschien kurz vor der Februarrevolution (1848)

---

[1] A. a. O. S. 84.

[2] Vgl. Engels, „L. Feuerbach" S. 10 f. — Frühere materialistische Richtungen,
besonders franz. und engl. des vorigen Jahrhunderts, waren schon vorher von Einfluß.

[3] Geboren 1820 in Barmen als Sohn eines Fabrikanten. „Schon früh zeigte
sich in ihm ein revolutionärer Enthusiasmus, der ihm eine Beamtencarriere uner=
träglich erscheinen ließ. Er wurde Kaufmann (ein Jahr vor dem Abiturienten=
examen). . . . Sowohl in Bremen als Volontär (seit 1838) wie auch später in
Berlin als Einjährig=Freiwilliger und endlich in Manchester (1842—44) . . . betrieb
er philosophische Studien." Das übrige im Text. (Vgl. „Neue Zeit" IX[1], 227 ff.;
„Friedrich Engels. Sein Leben, sein Wirken und seine Schriften", Berlin 1895, S. 8 ff.)

[4] Abgedruckt in der „Neuen Zeit" IX[1], 236 ff.

und ist Programm= und bis heute wichtigste Agitationsschrift des mo=
dernen Sozialismus. Der Grundgedanke des Manifests ist die materia=
listische Geschichtsauffassung, die hier zum erstenmal ausführlicher zur
Darstellung kommt. Viele Sätze sind in die spätern Parteiprogramme
übergegangen. Erwähnt seien hier die beiden Obersätze: „Die Geschichte
aller bisherigen Gesellschaft ist die Geschichte von Klassenkämpfen", „Jeder
Klassenkampf ist aber ein politischer Kampf", und der Schlußsatz: „Prole=
tarier aller Länder, vereinigt euch" [1]. Von derselben Denkweise sind von
da an alle Schriften von Marx und Engels beherrscht. Die für das Ge=
samtsystem wichtigste Schrift ist die von Engels unter Mitarbeit von
Marx verfaßte Streitschrift „Herrn Eugen Dührings Umwälzung
der Wissenschaft" (1878). Im Gegensatz zu Marx, der von der
Philosophie zur Ökonomie übergegangen war, behandelte Engels anfangs
vorwiegend ökonomische, später vorwiegend philosophische Fragen.

Nachdem die Revolution von 1848, an der Marx und Engels in
Deutschland selbst persönlich teilnahmen, gescheitert war, und ebenso
die längere Zeit gehegte Hoffnung einer Neurevolution, widmete sich
Marx neben journalistischer Thätigkeit vorzüglich ökonomisch=geschichtlichen
Studien. Das Resultat derselben legte er zunächst in dem ersten Heft:
„Zur Kritik der politischen Ökonomie" (1859), vorzüglich aber in
dem groß angelegten, jedoch unvollendet gebliebenen Werke: „Das
Kapital. Kritik der politischen Ökonomie", nieder. Nur den ersten
Band konnte Marx selbst herausgeben (1867). Die Herausgabe des zweiten
und dritten Bandes (1885, 1894) besorgte mit vieler Mühe Engels.
Er mußte die verschiedensten Manuskripte zu einem Ganzen zusammen=
stellen [2]. „Das Kapital" will die geschichtliche Entwicklung, das Wesen
und die weitern (sozialistischen) Tendenzen des kapitalistischen Systems
darlegen. Der Kapitalismus steht nach Marx vor seinem rascher und
rascher nahenden Zusammenbruch. An seine Stelle tritt notwendig der
sozialistische Kommunismus. „Das Kapital" wurde vielfach von Freund
und Feind mißverstanden. Erst der dritte Band brachte größere Klarheit,
wenn auch nicht die befriedigende Lösung des gestellten Problems.

Engels war nach 1849 zunächst nach Manchester zurückgekehrt. Von
da siedelte er 1869 nach London über. Neben Privatstudien populari=
sierte er von da an in Aufsätzen und Gelegenheitsschriften die Marx=
Engelsschen Ideen. Nach dem Tode von Marx beschäftigte ihn haupt=

---

[1] Das kommunistische Manifest, Berlin 1891, S. 9. 16. 32.
[2] Mit der Herausgabe des vierten Bandes, die Geschichte der Mehrwerts=
theorie behandelnd, ist zur Zeit Kautsky beschäftigt.

sächlich die Herausgabe der gedruckten und ungedruckten Schriften von
Marx. Für die Marxisten war er das Parteiorakel.

Mit dem Tode von Engels (5. August 1895) ist der Sozialismus
in ein neues Stadium getreten, das der Epigonen, wie sich die sozia=
listischen Theoretiker selbst nennen. Auch hier kommen in erster Linie Deutsche
in Betracht, so K. Kautsky, E. Bernstein, K. Schmidt, F. Mehring u. a.
Sie suchen zunächst die gesamte Litteratur der Meister zu sammeln, ihre
Ideen zu erklären und zu verteidigen und namentlich die materialistische
Geschichtsauffassung auf die verschiedensten Geschichtsepochen anzuwenden.
Die Zeit schreitet fort, und die Sozialisten ändern sich mit ihr. Wie
des Robbertus Vorstellung von der ewig steigenden Grundrente vor den
Thatsachen kapitulieren mußte, so fangen selbst Marxisten an, manche
Punkte des Systems skeptischer zu betrachten. Besonders bemerkenswert
sind in dieser Beziehung zwei Artikelserien von E. Bernstein: „Probleme
des Sozialismus"[1] und „Der Kampf der Sozialdemokratie und die Re=
volution der Gesellschaft"[2], worin die Probleme des Zukunftsstaates
und der Übergangsperiode, die Konzentrations=, Verelendungs=, Krisen=
und Zusammenbruchstheorie einer vom Marxschen Standpunkt aus ver=
blüffenden Kritik unterzogen werden. Würde dieselbe durchdringen — und
ein großer Teil der deutschen Partei scheint schon dafür gewonnen zu
sein —, so würde das für den Marxismus eine unabsehbare Gedanken=
verschiebung bedeuten, es wäre der Übergang von der Revolution zur
Evolution, von der Internationale zum Staats= und Gemeindesozialismus,
vom Umsturz zur Reform.

3. Die parteipolitische Entwicklung des modernen Sozialismus [3].

Die sozialistische Theorie gewinnt ihre rechte Bedeutung erst im
Lichte der sozialistischen Parteibewegung. Auch wenn die Marxschen
Aufstellungen als unhaltbar erkannt sind — die große Anhängerschaft
beweist noch nicht ihre Richtigkeit —, sind sie so lange nicht zu ignorieren,
als das Heer der Unzufriedenen aller Länder sich auf ihren Boden stellt
und im sozialistischen Zukunftsstaat ihr Heil erwartet. Die beste Ent=

---

[1] „Neue Zeit" XV [1, 2].

[2] A. a. O. XVI[1]; letztere Serie, die jedenfalls noch eine längere Diskussion
hervorrufen wird, ist z. Zt. noch nicht abgeschlossen.

[3] Vgl. E. Jäger a. a. O.; Rud. Meyer (protestantisch=konservativ), Der Eman=
zipationskampf des vierten Standes, 2 Bde., Berlin 1874 (2. Aufl. 1882) und 1875;
F. Mehring (damals freisinnig), Die deutsche Sozialdemokratie, 1.—3. Aufl., Bremen
1877—79; derselbe (vor einigen Jahren zur Sozialdemokratie übergetreten), Geschichte
der deutschen Sozialdemokratie. Stuttgart 1897—1898; Herkner a. a. O. S. 468 ff.

kräftung der sozialistischen Aufstellungen sind praktische Reformen, aber die Bekämpfung der Theorie darf darüber nicht vernachlässigt werden, da hier zwischen Theorie und Praxis die engste Wechselwirkung besteht.

Mit der kommunistischen Anhängerschaft war es 1848 nicht so schlimm bestellt, als das kommunistische Manifest gruseln machte. Die Bewegung nahm in Frankreich, Deutschland und Österreich ein rasches Ende, und die mächtige Chartistenbewegung in England sank schon vorher in sich zusammen. Europa hatte wieder Ruhe. Deutschland trat in den nächsten Jahren in die Reihe der Industrieländer ein. Den Anstoß zur neuen Arbeiterbewegung gab die Londoner Industrieausstellung von 1862. Wie Napoleon III., so hatte das radikale deutsche Bürgertum zum Besuche derselben Arbeiterdelegationen unterstützt. Diese brachten neue Ideen mit nach Hause. Die damals in Deutschland mächtige Fortschritts= partei schenkte den Wünschen (allgemeines Stimmrecht u. a.) der Arbeiter, die sich in ihrem Gefolge befanden, kein Gehör. Der eben von der nämlichen Partei zurückgewiesene Lassalle (1825—1864), an den sich die Arbeiter wandten, setzte ihnen in einem „Offenen Antwortschreiben" (1. März 1863) seine Ideen auseinander. In politischer Beziehung muß das allgemeine Stimmrecht erobert, in ökonomischer das „eherne Lohngesetz" abgeschafft werden. Dazu sind aber die auf Selbsthilfe be= ruhenden Schulzeschen Genossenschaften vollständig untauglich, nur Pro= duktiv=Assoziationen mit Staatskredit können für die Arbeiter etwas Ersprießliches erreichen. Dieselben Gedanken, von denen Lassalle zum Teil recht skeptisch dachte, und die Marx abfällig kritisierte, variieren auch die weitern Schriften und Reden Lassalles [1]. Nach mehreren Ver= sammlungen wurde am 23. Mai 1863 der Allgemeine deutsche Arbeiterverein zu Leipzig gegründet. Trotz aufreibender Agitation blieb die Zahl der Mitglieder zu Lebzeiten Lassalles gering. Die nächsten Präsi= denten nach seinem Tode (31. August 1864) brachten den Verein in Verwirrung. Erst v. Schweitzer (1865—71) brachte durch geschickte Leitung, eine tüchtige Presse und Förderung des Gewerkschaftswesens den Verein in die Höhe, trotz vielfachen Kampfes mit den Internationalen Liebknecht und Bebel.

Kurz nach dem Tode Lassalles war in London (28. Sept. 1864) die Internationale Arbeiter=Assoziation (J. A.=A.) im An= schluß an die Bekanntschaft englischer und festländischer Arbeiter von

---

[1] Vgl. besonders „Zur Arbeiterfrage", Rede bei der am 16. April 1863 in Leipzig abgehaltenen Arbeiterversammlung; „Arbeiterlesebuch", Rede zu Frankfurt a. M. am 17. und 19. Mai 1863, und die Streitschrift „Herr Bastiat=Schulze von Delitzsch" (1864). — Eine neue Gesamtausgabe der Reden und Schriften Lassalles besorgte Ed. Bernstein, Berlin 1895.

1862 her gegründet worden. Der geistige Leiter der J. A.-A. war
Marx. Alle Schriften mit Ausnahme einer einzigen, insbesondere die
Jnauguraladresse und die Statuten, die für die Programme des inter=
nationalen Sozialismus vorbildlich wurden, sind von ihm verfaßt. Die
wichtigste Aufgabe der J. A.-A. war die Propaganda für die Marxschen
Ideen. Nachdem schon auf dem Kongreß zu Lausanne (1867) rein kom=
munistische Ideen besprochen worden waren, kamen sie zu Brüssel (1868)
zum Durchbruch. Zu Basel (1869) wurde dann die Abschaffung des
Grundeigentums beschlossen. Wie die Gründung Lassalles, so schien auch
die J. A.-A. nach außen viel bedeutender, als sie in Wirklichkeit war.
Im Innern gab es zudem viel Streit. Nach vielen Bemühungen gelang
es sogar dem Russen Bakunin, die romanischen Länder für seinen,
d. h. den Proudhon=Stirnerschen Anarchismus, zu gewinnen. Mit dem
Kongreß zu Haag (1872), auf dem sich die Marxisten und Bakunisten
auseinandersetzten und trennten, schließt die J. A.-A. ihre Thätigkeit.

Die Bourgeoisie hatte trotz ihres Schreckens von der Internationalen
nichts gelernt. Denn hätte man mehr reformiert als spekuliert, dann
brauchte man die spätere Entwicklung nicht zu fürchten. In neuer Form
lebte nämlich die Internationale mit dem Kongreß zu Paris (1889)
wieder auf. Trotz ihres größern Gepränges sind die folgenden Kongresse
(Brüssel 1891, Zürich 1893, London 1896) von geringerer Bedeutung
als die der alten J. A.-A. Den beiden letzten Kongressen verdarb
namentlich die Auseinandersetzung mit dem Anarchismus das Konzept.
Hauptergebnis der bisherigen Kongresse war eigentlich nur, wie man
auf dem nächsten Kongreß die Sache besser mache. Den Anarchismus wird
der Sozialismus trotz Ausschlußbestimmungen nicht los. Er folgt ihm wie der
Sozialismus dem Liberalismus und wird erst recht Verwirrung bringen,
wenn es einmal an die Verwirklichung der sozialistischen Ideen geht.

Was die einzelnen Länder angeht[1], so steht Deutschland in
Bezug auf marxistische Schärfe und Zahl der Parteigenossen an der Spitze
des Sozialismus. Anfangs standen zwar die von Liebknecht und Bebel
gewonnenen Anhänger der J. A.-A. in hartem Kampfe mit den nationalen Lassalleanern, besonders nach dem Eisenacher Kongreß (1869),
auf dem erstere sich als Sozialdemokratische Arbeiterpartei konstituierten.
Allein durch staatsanwaltliche Nachhilfe kam endlich doch zu Gotha (1875)

---

[1] Vgl. „Handwörterbuch" V, 719 ff. und Supplementband I, 706 ff., Art.
„Sozialdemokratie" von G. Adler; dann Artikel der „Neuen Zeit", der „Sozialistischen Monatshefte", des „Vorwärts", der „Sozialen Praxis", ferner für das
polnische Sprachgebiet die „Zukunft" VI, Nr. 22, für die Schweiz die „Schweizerischen
Blätter für Wirtschafts= und Sozialpolitik" V, Nr. 22 u. a.

die Vereinigung zu stande, zunächst mit einem von Marx aufs schärfste reprobierten Kompromißprogramm, da die Lassalleaner zähe an den Sätzen ihres Meisters festhielten. Bald folgte das Sozialisten= gesetz (1878). Anfangs war die Parteiorganisation vollständig lahm= gelegt, die Parteiführer ratlos. Nach und nach erholte sich die Partei. Die Agitation wurde viel eifriger und ungemein findig betrieben. Wichtig waren auch die im Ausland abgehaltenen Kongresse (Wyden, Schweiz, 1880; Kopenhagen 1883; St. Gallen 1887). Sogleich nach dem Fall des Sozialistengesetzes gab sich die Partei zu Halle (1890) eine neue Organisation und zu Erfurt (1891) ein neues Programm, das klipp und klar den Marxismus ausspricht und den Sozialisten anderer Länder zum Vorbild dient. Die Zahl der sozialistischen Stimmen war von Wahl zu Wahl progressiv gestiegen (1887: 763 000, 1890: 1 427 000, 1893: 1 786 738, von 10 638 292 Wahlberechtigten; 48 [von 397] so= zialistische Abgeordnete). Was die Mitgliederzahl der sozialistischen Ge= werkschaften angeht, so beträgt die der zentralisierten (1896) 335—350 000 Mitglieder (Generalkommission in Hamburg), die der lokal=organisierten (1897) 4—5000 Mitglieder (Zentralagitationsstelle in Berlin). Es be= stehen 65 politische (täglich: 38, wöchentlich dreimal: 16, zweimal: 6, ein= mal: 4; monatlich: 1), 56 gewerkschaftliche (wöchentlich dreimal: 1, zwei= mal: 1, einmal: 27, monatlich dreimal: 1, zweimal: 23, einmal: 3), je 2 Witz= und Unterhaltungsblätter und 2 Zeitschriften; Auflage des Zentral= organs „Vorwärts": 50 000 Exemplare. Große Zahl und hohe Auflage der Broschüren, die zum Teil mit den Hauptwerken (in Übersetzungen) einen Hauptbestandteil der ausländischen sozialistischen Litteratur ausmachen.

Die Schweiz, neben England die Zufluchtsstätte der sozialistischen Flüchtlinge, Druckereien und Kongresse, zeigt sich dem Sozialismus (schon 1865 Sektion der J. A.=A.) bis heute ungünstig. Seine Anhänger sind fast nur Deutschschweizer (großenteils eingewanderte Reichsdeutsche). Zwar nahm in der letzten Zeit die älteste Arbeiterorganisation, der Grütliverein (1895: 12 700 Mitglieder), eine mehr sozialdemokratische Färbung an, die eigentliche sozialdemokratische Parteiorganisation (seit Oktober 1888; z. Zt. 1000 eingeschriebene Mitglieder, 1500 Fr. Jahreseinnahmen) ist aber innerlich zerfahren und bezüglich der schon seit 1895 anhängigen Revision des Programms vollständig uneinig. Die neue Organisation (von 1897) soll in Kraft treten, wenn 20 000 Mitglieder beigetreten sind. Der Schweizer bevorzugt gegenüber dem marxistischen Zentralisationsprinzip die freiheitliche Selbstverwaltung und das Genossenschaftswesen. Während der „Schweizerische Arbeiterbund" (sozialistische, katholische ꝛc. Vereine) 174 000 Mitglieder umfaßt, hat der rein sozialdemokratische „Allgemeine

Schweizerische Gewerkschaftsbund" nur 12 900 Mitglieder (1897), der „Romanische Gewerkschaftsbund" 1700 Mitglieder. Die Partei besitzt 8 politische und 5 gewerkschaftliche Blätter, der „Basler Vorwärts" und seit 1. April 1898 „Das Volksrecht" (Zürich) erscheinen täglich.

Österreich. Nach verhältnismäßig bedeutenden Anläufen (1867, 1871, 1873, 1879) und raschem Niedergang (1869, 1871, Anfang der achtziger Jahre) machte die Sozialdemokratie besonders durch die Thätigkeit Dr. Viktor Adlers Ende der achtziger Jahre wieder Fortschritte. (Organisation und Programm Dezember 1888 in Hainfeld.) Namentlich die Maifeier (seit 1890), die Strikes (besonders 1895 und 1896), die Wahlrechtsbewegung (seit 1. Mai 1893) und die Wahlen zur 5. Kurie des Reichsrats (März 1897) wurden agitatorisch ausgenützt (ca. 600 000 Stimmen, 14 Abgeordnete: 7 für Böhmen, 3 für Mähren, 1 für Schlesien, 2 für Galizien, 1 für Graz; ferner 1 [von 5] ruthenischer Agrarsozialist als Hospitant). Die Mitgliederzahl der Gewerkschaften beträgt (Dez. 1896) 99 434, die der Bildungsvereine 33 400. Außer zahlreichen andern politischen und ge= werkschaftlichen Blättern erscheinen jetzt in Wien, Prag und Krakau je eine Tageszeitung. Wie überhaupt, so spielt besonders in der österreichischen Partei das jüdische Element eine große Rolle.

Die sozialistische Bewegung Ungarns, die bis ins Jahr 1868 zurückreicht, war bis Mitte der neunziger Jahre ziemlich bedeutungslos. In den letzten 2—3 Jahren scheint die Anhängerzahl gewachsen zu sein. So werden die gelegentlichen Arbeiteraufzüge in Budapest immer größer (13. März 1898: 20 000 Mann). Organisiert ist die Partei (Juni 1897) in 200 Städten und Gemeinden. Ihre nächste Thätigkeit wird der Kampf um das allgemeine Wahlrecht sein. Ähnlich wie in Österreich macht der Sozialismus auch in Ungarn unter den Studenten (Budapest) und Lehrern („Sozialistischer Lehrerverband") Fortschritte. Große Nahrung scheint die sozialistische Agitation unter den Industriearbeitern erhalten zu haben durch die seit April 1894 unter den elend gestellten Feldarbeitern immer bedrohlicher hervortretende agrarsozialistische Bewegung (Ernte= strike 1897) und die vollständig antisoziale Art, wie sich das Parlament und die Regierung bethätigen (keine Arbeiterschutzgesetze, dagegen Polizei= gesetz für die Feldarbeiter [Januar 1898] und Polizeimaßregeln [seit Anfang 1898] gegen den Sozialismus).

Auch in Kroatien besteht schon längere Zeit eine sozialdemokratische Partei, die auch in Bosnien, Herzegowina und Serbien zu agitieren sucht.

In Dänemark machte die sozialistische Bewegung seit Mai 1871 nicht geringe Fortschritte. Die Bestechung der Führer (1877) war ein harter Schlag für die Partei. Erst von 1881 und besonders 1884 wuchs die sozialistische Stimmenzahl bei den Folkethingswahlen in Stadt und Land (1881: 1689, 1884: 6805, 1892: 20000, 1895: 25019, 5. April 1898: 31878 St. [12 Abg., 1892: 9; ebenso Fortschritt der „Linken-Reformpartei"]. — Auflage des „Sozialdemokrat" 1881: 2—3000, 1884: 13000, 1898: 33000). Im ganzen bestehen 6 tägliche und 3 andere Blätter. In Dänemark ist es zuerst gelungen (in England noch nicht), die Gewerkschaften des ganzen Landes (70000 Mitgl.) zusammenzu-schließen. Der politischen Richtung nach sind fast alle sozialdemokratisch.

Schweden und Norwegen wurden seit Mitte der siebziger Jahre von Dänemark aus bearbeitet. Gelegentlich der Halbjahrtausendfeier der Kalmarischen Union wurde zu Stockholm (Juli 1897) auch ein engerer Zusammenschluß der Gewerkschaften der drei Länder beschlossen. Die norwegische Sozialdemokratie ist aber immer noch unbedeutend. Die beiden Parteiblätter haben eine Unterbilanz von 10000 Kronen. Die schwedische Partei ist etwas stärker. Sie besitzt auch unter den Landarbeitern An-hänger und sandte 1897 einen Vertreter ins Parlament.

England, das Musterland des „Kapital", die Heimat des Char-tismus und der großen Gewerkschafts- und Genossenschaftsbewegung, steht bis heute dem Marxismus kühl gegenüber, trotz aller Anstrengungen seiner Anhänger und seines Begründers selbst. An politischen sozialistischen Organisationen finden sich nur die marxistische Social Democratic Fede-ration (seit Anfang der achtziger Jahre, jetzt 5000 Mitgl.; eine anarchistische Abzweigung, die Socialist League, ist verschwunden) und die Independent Labour Party (seit 1893, jetzt ca. 40000 Mitgl.). Einen Kandidaten konnte nicht einmal die letztere Partei bei den Parlamentswahlen (Juli 1895) durchsetzen. Doch besitzt sie (März 1897) 218 Mitglieder in andern öffent-lichen Vertretungskörpern. Eine weit größere Bedeutung, wenn auch nicht der Mitgliederzahl (700), so doch dem Einfluß auf die öffentliche Meinung nach, kommt der Fabian Society zu. Sie sucht schrittweise, aber stetig (Musterbild: Fabius Cunctator) zur vollständig demokratischen Aus-gestaltung der politischen Einrichtungen und zu weitgehender Vergesell-schaftung der Industrie 2c. zu gelangen. Sie beeinflußt in diesem Sinne in den Zeitungen der verschiedensten politischen Richtungen und durch billige Broschüren (bis jetzt eine Million Exemplare) die öffentliche Meinung („Durchdringungspolitik"). Die Mitglieder der Gesellschaft gehören haupt-sächlich der Mittelklasse, einzelne auch der Oberklasse an. Ihr Einfluß macht sich bereits auch im Ausland (Deutschland, Österreich, Schweiz) deutlich bemerkbar. Der Staatssozialismus hat auch mit dem „neuen Trade-Unionismus" bei einem Teil der arbeitenden Bevölkerung Eingang gefunden, während die alten Gewerkschaften noch an der individualistischen

Politik festhalten. Weit entfernt, England zu erobern, scheint der Marxis=
mus neuestens hauptsächlich von dort aus eine allmähliche, aber wesent=
liche Umwandlung zum evolutionären Staatssozialismus zu erfahren.

Belgien. Die Gründung einer Sektion der J. A.=A. geschah 1866,
der belgischen Arbeiterpartei 1868. Der bakunistischen Minorität an=
gehörend, erlitt sie nach dem Kongreß zu Haag einen bedeutenden Rück=
gang. Erst seit 1879 machte der Sozialismus wieder größere Fortschritte.
Durch eine große Demonstration (April 1893) erzwang man das allgemeine
Stimmrecht. Von 1 800 000 Wählern stimmten Oktober 1894 350 000
sozialistisch. Bei der Nachwahl vom Juli 1896 (Hälfte des Landes) be=
trug der Stimmenzuwachs 113 000. Auch auf dem Lande macht der
Sozialismus (seit 1895) große Fortschritte. Die Partei besitzt 5 Tagesblätter
und eine große Zahl von Wochen= und Gewerkschaftsblättern. Man fördert
eifrig die Gewerkschaften und die Wirtschaftsgenossenschaften („Vooruit",
Gent: 6000 Mitgl., „Maison du Peuple", Brüssel: 12 000 Mitgl.). Um von
den Liberalen abzusehen, kann auch den Katholiken der Vorwurf grober
sozialpolitischer Pflichtvernachlässigung nicht erspart bleiben. Dagegen
scheinen sich einzelne Führer der jungen demokratischen Partei (katholisch)
in entgegengesetzter Richtung zu überstürzen (besonders in Flandern).

Holland. Der Sozialismus machte von Belgien aus seit 1868 (Sektion
der J. A.=A.) einige Fortschritte. Nach dem Haager Kongreß trat auch hier
ein Rückschlag ein. Erst 1876 setzt die Bewegung unter Domela Nieuwenhuis
neu ein. Dieser wandte sich mit seiner Partei („Sozialistenbund") immer
mehr dem Anarchismus zu („Revolutionäre", „Antiparlamentarier", „rein
ökonomische Aktion", „Generalstrike") und beherrscht z. Zt. noch die großen
Städte. Erst bei den Wahlen im Juni 1897 errang die (marxistische)
sozialdemokratische Arbeiterpartei (1500 [jetzt 2200] feste Mitgl.) einige
Erfolge und zwar hauptsächlich auf dem Lande (10 260 Stimmen und
2 Mandate — Amsterdam: unter 37 000 Wählern nur 1151 sozialistische
Stimmen; Rotterdam: unter 17 000 Wählern 356 sozialistische Stimmen).

Frankreich ist seit Anfang des Jahrhunderts die Heimat des
sozialistischen und anarchistischen Sektenwesens. In den fünfziger und sechziger
Jahren schien der Sozialismus ausgestorben zu sein. Nur die sozial=
revolutionären Blanquisten machen sich hie und da durch einen Putsch
bemerklich, 1868 treten auch andere Richtungen hervor, die dann in der
Kommune 1871 zusammenwirken. Nach mehrjähriger Ruhe regten sich
1876 wieder sozialistische Bestrebungen. 1879 gründete Jules Guesde
(Marxist) die kollektivistische Arbeiterpartei, aus der er aber schon 1882
mit seinem Anhang durch die Majorität unter Paul Brousse (die spätern
„Possibilisten") hinausgedrängt wurde. Letztere, die sich eifrig an der

Sozialreform beteiligen, ſpalteten ſich 1890 in Brouſſiſten und Allemaniſten (Jean Allemane). Die letztgenannte Richtung beherrſcht die größere Zahl der ſozialiſtiſchen Gewerkſchaften (alle zuſammen: 3—400000 Mitgl.), an zweiter Stelle folgt die Arbeiterpartei[1]. Die Eroberung der politiſchen Macht betrachten jene nur als ein Mittel zur Propaganda; ihre Loſung iſt der Generalſtrike. Die Arbeiterpartei ging, um die Bauern zu ge= winnen, auf den Kongreſſen zu Marſeille (1892) und Nantes (1894) etwas vom Marxſchen Kommunismus ab, zum großen Verdruß von Engels. Im Gegenſatz zu der vorwiegend gewerkſchaftlichen Allemaniſten= partei betreibt das blanquiſtiſche Comité révolutionnaire central als revolutionäre Avantgarde nur Politik (5 Abgeordnete). Bei den letzten Deputierten= und Gemeinderatswahlen errangen die Sozialiſten große Er= folge (Stimmen bei den Deputierten=Wahlen 1889: 176000, 1893: 589000; Dep.: 62; Arbeiterpartei: 4 Dep.; Stimmen bei den Gemeinderats= wahlen 1896: 1400000, Majoritäten in 29 großen Städten [worunter Paris] und in 1200 kleinen Städten; die Arbeiterpartei erzielte 1892: 152000 St., 1896: 365000 St.; Parteipreſſe insgeſamt: 78 Blätter. — Bei der nächſten Deputierten=Wahl [1898] wird die radikale Partei wohl noch viel mehr Anhänger zu Gunſten des Sozialismus verlieren). Viele Radikale gingen bei den letzten Wahlen zum Sozialismus über, andere ſtellten ſozialiſtiſche Scheinprogramme auf, ſo daß die eigentlichen Sozialiſten ſich auf ein „kollektiviſtiſches" Minimalprogramm einigten. Die größere Hälfte der ſozialiſtiſchen Abgeordneten (etwa 35) und Wählermaſſen ge= hört den Socialistes indépendants (meiſtens frühere Radikale) an. Sie ſind unter ſich ſehr verſchieden. Während ſich die einzelnen ſozialiſtiſchen Gruppen bei den Wahlen vielfach bekämpfen, gehen ſie in der Parlamentspolitik (abgeſehen von den 5 allemaniſtiſchen Deputierten) geſchloſſen vor.

Spanien. Das erſte revolutionäre Stadium (vorwiegend baku= niſtiſch) endete 1874. Die ſpätern Wiederbelebungsverſuche des Sozialis= mus hatten bis heute wenig Erfolg. Es beſtehen 5 ſozialiſtiſche Wochen= blätter.

In Portugal verlor man Mitte der ſiebziger Jahre durch unglück= liche Strikes die meiſten der ſeit 1869 gewonnenen Anhänger. Ihre Zahl iſt infolge der Konkurrenz der republikaniſchen Partei bis heute gering.

Auch in Italien hielten es die Anhänger der J. A.=A. mit Bakunin. Die neue ſozialiſtiſche Bewegung hebt Anfang der achtziger Jahre an, zeigt aber erſt in der jüngſten Zeit einen größern Aufſchwung. Bei

---

[1] In Paris und im Oſten herrſcht die Allemaniſtenpartei, im Norden und Süden die Arbeiterpartei vor.

der letzten Wahl (März 1897) erhielten die Sozialisten von 2 120 909 Wahlberechtigten und 1 241 580 Stimmenden 136 000 Stimmen (1895: 76 000). Den größten Prozentsatz liefert Norditalien (Piemont: 29 925 St., Lombardei: 28 043 St.). Die Zahl der Abgeordneten beträgt 15 (1895: 10), die Zahl der organisierten Genossen ist (September 1897) 27 000, wovon jedoch nur 19·000 ihren Mitgliedsbeitrag zahlten. Auffallend zahlreich ist das gebildete Proletariat vertreten. Auch auf dem Lande besitzt der Sozialismus Anhänger. Das Elend, die Arbeitslosigkeit, die Steuern und Schulden sind groß, größer im agrarischen Süden als im industrie= reichen Norden. Das Gewerkschafts= und Genossenschaftswesen macht große Fortschritte. Die herrschenden Kreise stehen allen sozialpolitischen Be= strebungen feindselig gegenüber.

In Rußland begann schon in den sechziger Jahren die „unterirdische" Thätigkeit. Später gewann Bakunin Einfluß. Bis in die achtziger Jahre machten sich dann die Terroristen durch ihre unheimliche „Propaganda der That" bemerklich, aber für ihre Ideen ohne Erfolg. Die besonders seit 1884 zersprengten Elemente hielten sich meistens in London auf, von wo sie durch Verbreitung von Broschüren für den Sozialismus zu wirken suchten. Erst gelegentlich der großen Strikes (1895 und noch mehr 1896) trat der Erfolg jener Bestrebungen hervor. Die Bewegung gewinnt in den Petersburger und Moskauer Industriebezirken und in Russisch=Polen immer größere Ausdehnung und nimmt (1898) mehr und mehr einen politischen Charakter an. Bei den Polen hatte der Sozia= lismus (von den Emigranten abgesehen) lange Zeit fast keinen Erfolg. Erst neuestens zeigt sich ähnlich wie im eigentlichen Rußland ein größerer Einfluß. Die sozialistische Bewegung in Russisch=Polen ist viel stärker als die in dem preußischen Teile Polens. Besonders rührig sind in Rußland die jüdischen Proletarier.

Hauptsächlich von Rußland (Petersburg) aus, und ähnlich wie hier zunächst von Studenten gefördert, fand der Sozialismus in Serbien (in den sechziger Jahren), Rumänien (1875), Bulgarien (1886) Ein= gang. In Serbien ist der Sozialismus nach einem kurzen Aufschwung (Mitte der siebziger Jahre) bis heute unbedeutend (Zahl der Stimmen: 50 000). In Rumänien gewann der Sozialismus hauptsächlich unter den jüdischen Arbeitern Anhänger. Eine Parteiorganisation besteht nicht, sondern nur einige Gewerkschaften in Jassy und im Lande unorganisierte Anhängergruppen. In Bulgarien besteht seit 1891 eine sozialistische Partei. Das wöchentlich zweimal erscheinende Parteiblatt „Sozialist" in Sofia hat eine Auflage von 1200—1400 Ex., die „Novo Vrema" (Neue Zeit) in Philippopel eine Auflage von 1500 Ex.

In Griechenland waren (seit 1876) die sozialistischen Agitations-verfuche erfolglos.

Vereinigte Staaten von Nordamerika. Weder die J. A.-A. noch die 1876 gegründete Sozialistische Arbeiterpartei brachten es zu erheblichem politischen Einfluß. Die Anhänger waren meistens eingewanderte Deutsche und russisch-jüdische Proletarier. Neben dieser Partei und von ihr scharf bekämpft ist (1897) eine andere Partei (Socialdemocracy of America) unter Eugene V. Debs als Führer aufgetaucht. Ihr Programm ist spezifisch amerikanisch.

Schon aus dem Grunde, weil in allen Ländern sich Deutsche finden, besitzt der moderne Sozialismus überall Anhänger. Ihre Zahl ist aber sowohl in Argentinien, Mexiko und Brasilien, wie unter den Armeniern und in Japan und Australien verschwindend gering. Die australischen Arbeiter sind praktisch dem Staatssozialismus zugethan.

Der Sozialismus als die radikalste jemals bestehende Oppositions-partei lebt von der Unzufriedenheit, dem Polizeistock, der Rücksichtslosigkeit und Kurzsichtigkeit der besitzenden Klassen. Sobald an den Sozialismus selbst die Entscheidung praktischer Fragen herantritt, herrscht die helle Uneinigkeit, so über die Anteilnahme an Reformen im heutigen Staat (Parteitag zu Erfurt 1891, Berlin 1892), über die Gewerkschafts-frage (Köln 1893), über das Genossenschaftswesen (Berlin 1892, Wien 1897), über die Bauernfrage (Marseille 1892, Nantes 1894; Frankfurt 1894, Breslau 1895; Agram 1896; Waremme 1897). Alle diese Fragen werden von dem Gegensatz: Revolution oder organische Reform beherrscht, jene anfangs namentlich durch Bebel, diese durch Vollmar vertreten. Nachgerade fordern auch die Arbeiter, nachdem der Zukunfts-staat stets weiter zurückweicht, größere Förderung der Gewerkschaften und ernstlicheres Eintreten der Parlamentarier für staatliche Reformen. Schließlich beginnt auch die sozialistische Wissenschaft, die bis in die jüngste Zeit auf seiten der Revolution gestanden, die Reform zu begünstigen. Deshalb wird man aber nicht sofort das altgewohnte revolutionäre Geschütz beiseite werfen. Stillstand der sozialen Reform und kurzsichtige Interessenpolitik können sogar die revolutionäre Kraft von neuem stärken.

Verderblicher als die sozialökonomische ist die religiöse Verwirrung, welche der Sozialismus anrichtet. Die falschen ökonomischen Theorien können leichter abgeschüttelt werden als die antireligiösen, da diese die Unterstützung einer eingewurzelten Praxis und mancher antisozialistischer Richtungen finden. Der Materialismus aber ist auch in sozialer Beziehung das größte Unheil für die Völker.

4. Das Erfurter Programm.

„Die ökonomische Entwicklung der bürgerlichen Gesellschaft führt mit Naturnotwendigkeit zum Untergang des Kleinbetriebes, dessen Grundlage das Privateigentum des Arbeiters an seinen Produktionsmitteln bildet. Sie trennt den Arbeiter von seinen Produktionsmitteln und verwandelt ihn in einen besitzlosen Proletarier, indes die Produktionsmittel das Monopol einer verhältnismäßig kleinen Zahl von Kapitalisten und Großgrundbesitzern werden.

„Hand in Hand mit dieser Monopolisierung der Produktionsmittel geht die Verdrängung der zersplitterten Kleinbetriebe durch kolossale Großbetriebe, geht die Entwicklung des Werkzeugs zur Maschine, geht ein riesenhaftes Wachstum der Produktivität der menschlichen Arbeit. Aber alle Vorteile dieser Umwandlung werden von den Kapitalisten und Großgrundbesitzern monopolisiert. Für das Proletariat und die versinkenden Mittelschichten — Kleinbürger, Bauern — bedeutet sie wachsende Zunahme der Unsicherheit ihrer Existenz, des Elends, des Drucks, der Knechtung, der Erniedrigung, der Ausbeutung.

„Immer größer wird die Zahl der Proletarier, immer massenhafter die Armee der überschüssigen Arbeiter, immer schroffer der Gegensatz zwischen Ausbeutern und Ausgebeuteten, immer erbitterter der Klassenkampf zwischen Bourgeoisie und Proletariat, der die moderne Gesellschaft in zwei feindliche Heerlager trennt und das gemeinsame Merkmal aller Industrieländer ist.

„Der Abgrund zwischen Besitzenden und Besitzlosen wird noch erweitert durch die im Wesen der kapitalistischen Produktionsweise begründeten Krisen, die immer umfangreicher und verheerender werden, die allgemeine Unsicherheit zum Normalzustand der Gesellschaft erheben und den Beweis liefern, daß die Produktivkräfte der heutigen Gesellschaft über den Kopf gewachsen sind, daß das Privateigentum an Produktionsmitteln unvereinbar geworden ist mit deren zwecksprechender Anwendung und voller Entwicklung.

„Das Privateigentum an Produktionsmitteln, welches ehedem das Mittel war, dem Produzenten das Eigentum an seinem Produkt zu sichern, ist heute zum Mittel geworden, Bauern, Handwerker und Kleinhändler zu expropriieren und die Nichtarbeiter — Kapitalisten, Großgrundbesitzer — in den Besitz des Produkts der Arbeiter zu setzen. Nur die Verwandlung des kapitalistischen Privateigentums an Produktionsmitteln — Grund und Boden, Gruben und Bergwerke, Rohstoffe, Werkzeuge, Maschinen, Verkehrsmittel — in gesellschaftliches Eigentum, und die Umwandlung der Warenproduktion in sozialistische, für und durch die

Gesellschaft betriebene Produktion kann es bewirken, daß der Großbetrieb und die stets wachsende Ertragsfähigkeit der gesellschaftlichen Arbeit für die bisher ausgebeuteten Klassen aus einer Quelle des Elends und der Unterdrückung zu einer Quelle der höchsten Wohlfahrt und allseitiger, harmonischer Vervollkommnung werde.

„Diese gesellschaftliche Umwandlung bedeutet die Befreiung nicht bloß des Proletariats, sondern des gesamten Menschengeschlechts, das unter den heutigen Zuständen leidet. Aber sie kann nur das Werk der Arbeiter= klasse sein, weil alle andern Klassen, trotz der Interessenstreitigkeiten unter sich, auf dem Boden des Privateigentums an Produktionsmitteln stehen und die Erhaltung der Grundlagen der heutigen Gesellschaft zum gemeinsamen Ziel haben.

„Der Kampf der Arbeiterklasse gegen die kapitalistische Ausbeutung ist notwendigerweise ein politischer Kampf. Die Arbeiterklasse kann ihre ökonomischen Kämpfe nicht führen und ihre ökonomische Organisation nicht entwickeln ohne politische Rechte. Sie kann den Übergang der Produktionsmittel in den Besitz der Gesamtheit nicht bewirken, ohne in den Besitz der politischen Macht gekommen zu sein.

„Diesen Kampf der Arbeiterklasse zu einem bewußten und einheit= lichen zu gestalten und ihm sein naturnotwendiges Ziel zu weisen — das ist die Aufgabe der Sozialdemokratischen Partei.

„Die Interessen der Arbeiterklasse sind in allen Ländern mit kapi= talistischer Produktionsweise die gleichen. Mit der Ausdehnung des Welt= verkehrs und der Produktion für den Weltmarkt wird die Lage der Arbeiter eines jeden Landes immer abhängiger von der Lage der Arbeiter in den andern Ländern. Die Befreiung der Arbeiterklasse ist also ein Werk, an dem die Arbeiter aller Kulturländer gleichmäßig beteiligt sind. In dieser Erkenntnis fühlt und erklärt die Sozialdemokratische Partei Deutschlands sich eins mit den klassenbewußten Arbeitern aller übrigen Länder.

„Die Sozialdemokratische Partei Deutschlands kämpft also nicht für neue Klassenprivilegien und Vorrechte, sondern für die Abschaffung der Klassenherrschaft und der Klassen selbst und für gleiche Rechte und gleiche Pflichten aller ohne Unterschied des Geschlechts und der Abstammung. Von diesen Anschauungen ausgehend bekämpft sie in der heutigen Gesell= schaft nicht bloß die Ausbeutung und Unterdrückung der Lohnarbeiter, sondern jede Art der Ausbeutung und Unterdrückung, richte sie sich gegen eine Klasse, eine Partei, ein Geschlecht oder eine Rasse."

Es folgen die besondern Forderungen, welche die Sozialdemokratie zunächst an die heutige Gesellschaft, in der Privateigentum der Produktions= mittel besteht, stellt.

Erster Teil.

Die beiden Weltanschauungen.

Erster Abschnitt.

Die Weltanschauung des hl. Thomas von Aquin.

Erstes Kapitel.

Entwicklung und Zweck.

Bei näherer Prüfung der beiderseitigen Lehren über das Eigentum stellt sich sofort heraus, daß sie nicht an der Oberfläche haften, sondern tiefer gehen, ja daß sie nur das Postulat einer ganzen Welt= anschauung bilden. Eine Darlegung, welche diesen Zusammenhang nicht genügend berücksichtigt, würde kein volles Verständnis vermitteln. „Wir werden Metaphysik treiben müssen, wo und während wir politische Ökonomie treiben."[1] Wer den Grundplan kennt, wird sich auch in den einzelnen Teilen des Gebäudes rasch zurechtfinden.

Was das Alte Testament ausgesprochen, und die größten Denker des heidnischen Altertums mehr oder minder klar erkannt hatten, was aber erst das Christentum in eine festgefügte Form brachte, die teleo= logische Weltanschauung, bildet auch die Grundlage der Philosophie und Theologie des hl. Thomas. Wenn Kautsky in seinen Erläuterungen zum Erfurter Programm schreibt: „Gleich im ersten Satz unseres Pro= gramms stoßen wir auf ein bemerkenswertes Wort: ‚Ökonomische Ent= wicklung'. Dasselbe führt uns sofort zum Kernpunkt der sozialdemokratischen Gedankenwelt"[2], so liegt der Kernpunkt der thomistischen Gedankenwelt ganz entgegengesetzt in dem Worte „finis". An zahllosen Stellen kehrt dasselbe in allen Werken des Aquinaten wieder. Sehen wir von der den Sozialismus zunächst interessierenden Beschränkung auf das ökonomische Gebiet ab, so ist in der Auffassungsweise der beiden Worte „Entwicklung — Zweck" der Gegensatz der beiden Weltanschauungen sozusagen krystalli= siert, vergegenständlicht. Wir sagen: „in der Auffassungsweise". Denn

---

[1] Marx, „Elend" S. 84.
[2] K. Kautsky, Das Erfurter Programm, 2. Aufl., Stuttgart 1892, S. 2.

das Wort „Entwicklung" schließt keineswegs, wie das nach der sozia=
listischen Vorstellung der Fall ist, den Begriff des Zweckes aus. Wenn
auf der andern Seite Thomas den Zweck betont, so ist ihm der Begriff
der Entwicklung keineswegs fremd. Von einer ziellosen Entwicklung ins
Blinde und Blaue hinein kann freilich bei ihm keine Rede sein. Er wird
hier schon die Gegenfrage stellen: Wie hat die Welt angefangen sich zu
entwickeln? Wo soll die ganze Entwicklung hinaus? Ist das ganze Welt=
getriebe nur eine großartige Spielerei für nichts und wieder nichts?
Kurz, der Gegensatz beruht auf der entgegengesetzten Beantwortung der
ersten und letzten Frage des Daseins der Welt und des Menschen.

Anders geht hier nach Thomas die Philosophie vor, anders die
Theologie. Das Forschen des Philosophen steigt von den Dingen zu Gott
empor, das des Theologen von Gott zu den Dingen herab. Im Resul=
tate stimmen beide überein. Nur geht die Theologie über die Philo=
sophie hinaus, bringt weiter in die Erkenntnis Gottes vor und giebt
genauern Aufschluß über das Verhältnis Gottes zum Menschen. Dafür
verbreitet sich die philosophische Wissenschaft mehr über die kreatürlichen
Dinge, ihr Wesen und ihre Eigenschaften[1]. In dieser Hinsicht leistet die
Philosophie dem Glauben nicht unwesentliche Dienste. „Denn die Irr=
tümer über die Kreatur verleiten bisweilen zum Abfall von der Wahr=
heit des Glaubens, insofern sie mit der wahren Erkenntnis im Wider=
spruch stehen."[2] Philosophie und Theologie stehen in engem Bunde, von
einem Widerstreit zwischen Glauben und Wissen kann keine Rede sein.

Zu den obersten philosophischen Sätzen gehört nach Thomas ins=
besondere der: Omne agens agit propter finem[3]. Da aber der Zweck
eines jeden Dinges etwas Gutes ist[4], so kann der angeführte Satz auch
so formuliert werden: Omne agens agit propter bonum[5]. Widerspricht
dem nicht sofort die Thatsache, daß der Zweck, den z. B. die Menschen
manchmal zu erreichen suchen, etwas Schlimmes ist? Keineswegs. Man
muß hier mit Thomas wohl unterscheiden zwischen wahrem Gute und
bloßem Scheingute[6]. So sehr ist alles Streben dem Guten zugewandt,
daß ein Zweck wenigstens den erborgten Schein eines Gutes an sich
tragen muß, um erstrebt zu werden.

Den Satz: Alles ist thätig um eines Zweckes willen, spricht Thomas
ohne Einschränkung aus. Was nun bei dem einzig vernunftbegabten
irdischen Wesen, dem Menschen, als selbstverständlich erscheint, das will

---

[1] Cf. cg. II, c. 4.   [2] Cf. ibid. c. 3.
[3] I, 44, 4 c; cg. III, c. 2 etc.   [4] Cf. cg. I, c. 1.
[5] Cg III, c. 3 etc.   [6] Cf. 1. 2 8, 1 c etc.

a priori unzutreffend klingen, sobald es auch auf die unvernünftigen
Wesen ausgedehnt wird. Allein jener Satz ist vollständig richtig. Ein
Blick in das physische Weltgetriebe zeigt durchgehends die Thatsache, daß
überall, im Großen wie im Kleinen, von den gewaltigsten Himmels=
körpern bis zum winzigsten organischen Gebilde, Zweck=, Plan=
und Gesetzmäßigkeit herrscht. So wenig das geleugnet werden kann,
ebensowenig wird jemand behaupten wollen, jene Wesen seien vernunft=
begabt und erstrebten nach eigener Einsicht den jeweils angemessenen
Zweck. Ihre Vernunftlosigkeit einerseits und ihr zweckmäßiges
Wirken andererseits fordert unabweisbar eine außer ihnen liegende Ur=
sache, die ihnen die Richtung für ihre Thätigkeit anweist. Blinder Zufall
und geistlose Notwendigkeit können aber unmöglich die wunderbare Har=
monie und geistvolle Anordnung, die uns in der anorganischen und or=
ganischen Natur auf Schritt und Tritt begegnet, herbeigeführt haben [1].
Wie jeder, der sehen und auf logisches Denken zu Gunsten einer vorge=
faßten Meinung nicht verzichten will, sieht auch Thomas, daß nur ein
erkennendes und wollendes Wesen, ein höchst weiser und mächtiger
Geist die Ursache einer bis ins Einzelne durchgeführten Zweckmäßigkeit
sein könne. „Wir sehen, wie Dinge, denen die Erkenntnis abgeht, wie
die materiellen Dinge, um eines Zweckes willen wirksam sind. Dies geht
daraus hervor, daß sie immer oder ziemlich oft auf die gleiche Weise
thätig sind, um das Beste zu erreichen. Daher ist klar, daß sie nicht
durch Zufall, sondern auf Grund einer Absicht zum Ziel gelangen.
Allein die erkenntnislosen Dinge würden nicht ihrem Ziele zustreben,
wenn sie nicht von einem erkennenden Wesen gelenkt würden, wie der
Pfeil vom Schützen. Es giebt demnach ein erkennendes Wesen, von dem
alle Dinge der Natur auf ihr Ziel hingeordnet werden, und dieses Wesen
nennen wir Gott." [2] „Die Logik lehrt, von den Wirkungen auf die Ur=
sachen zu schließen." [3] Auch eine neue „proletarische Logik" wird an dem
Satze nicht vorbeikommen, daß jede Wirkung von einer entsprechenden
Ursache abhängt [4], und daß in der Wirkung die Ursache sich irgendwie
wiederspiegelt [5]. Ist es nicht befremdlich, wenn man aus dem rohesten
Kunstwerk das Schaffen des Geistes herausliest, das herrliche Kunstwerk
der Welt aber der geistlosen Notwendigkeit zuschreibt, nur um gewissen
lästigen Konsequenzen zu entgehen? „Wie die Kunst in den Werken des

---

[1] Cf. cg. II, c. 39 sqq.

[2] I, 2, 3 c.　　[3] Cg. I, c. 12.

[4] Cf. ibid. II, c. 15 et 21.

[5] Cf. I, 3, 3 ob. 2. etc.: Omne agens agit sibi simile.

Künstlers, so zeigt sich die Weisheit Gottes in den Geschöpfen."[1] „Der erste Urheber und Beweger des Weltalls ist der Geist."[2]

Wenn das Bewundern der Anfang der Philosophie ist[3], so mußte die zweckmäßige Art, wie die verschiedensten Dinge zusammenwirken, von jeher zum Nachdenken auffordern. Beim Menschen findet man es, wie gesagt, selbstverständlich, daß er zweckmäßig handelt, weil er Vernunft hat, die richtigen Zwecke zu erkennen, und freien Willen, sie zu verwirklichen. Nun kommt aber eine andere, ebenso große Schwierigkeit: Woher die menschliche Vernunft, der Geist, die Einsicht? Nach dem Gesetz der Logik und den Thatsachen der Erfahrung kann die Wirkung nicht größer sein als die Ursache, muß vielmehr in dieser schon virtuell enthalten sein[4]. Der Geist kann darum nicht von der geistlosen Materie stammen. Mag das Leben und Weben in den Gegenständen der Natur noch so kunstvoll sich gestalten, zum Geist und Bewußtsein werden sie es nie bringen. Durch keine Bewegung der Materie kann Geist erzeugt werden. Darum bleibt auch von hier aus absolute Forderung der Vernunft: Ursache des menschlichen Geistes kann nur ein höchst weiser Geist sein, d. i. Gott.

Ebenso fordert nicht nur das zweckmäßige Wirken, sondern auch das Wesen der Materie selbst, ihre Bedingtheit, ihre Gleichgültigkeit gegen die Existenz und ihre Veränderlichkeit, eine ausreichende Ursache[5]. Wie den Zweck, so hat Gott der Materie auch das Sein verliehen[6]. Schon aus diesem Grunde kommt ihm die höchste Herrschaft über die ganze Welt zu. „Da er infolge seiner unbegrenzten Vollkommenheit allem, was da ist, das Sein verleiht, ist er nicht nur das erste Seiende, sondern auch das erste Prinzip aller Dinge. Das Sein teilt er anderm zu nicht aus Naturnotwendigkeit, sondern nach freiem Ermessen seines Willens.... Daraus folgt, daß er Herr seiner Werke ist; denn über das, was unserm Willen unterworfen ist, sind wir Herr."[7] So sehr sind die geschaffenen Dinge von Gott abhängig, daß alle „ins Nichts zurücksinken würden, wenn sie nicht die Hand des Schöpfers am Dasein erhielte"[8]. Gott ist darum der unumschränkteste Herr und Eigentümer der Welt. Seinem Willen hat sich alles zu fügen. Der göttliche Wille giebt sich

---

[1] In Rom. 1, 20.   [2] Cg. I, c. 1; cf. ib. II, c. 22—24; 1 sent. 35, 1, 2 c.
[3] Cf. 1 met. 3 a.
[4] Cf. I, 4, 2 c: Manifestum est enim, quod effectus praeexistit virtute in causa agente. Praeexistere autem in virtute causae agentis non est praeexistere imperfectiori modo, sed perfectiori.
[5] Cf. I, 2, 3 c; 44, 1 et 2.   [6] Cf. ibid. 45.
[7] Cg. III, c. 1.   [8] 3 sent. 11, 1, 1 ob. 7.

und in der Bestimmung des Zieles, das er der Welt und den Einzel-
dingen gegt hat (providentia divina)[1], und in der Hinleitung der Geschöpfe zu ihrem Ziel (gubernatio mundi)[2].

Was für ein Ziel hatte Gott bei Erschaffung der Welt? Zwecklos
konnte der höchste Geist nicht thätig sein. Ziel oder Zweck kann aber
nur das Gute sein. Gott, das einzig durch sich selbst bestehende[3] und höchste[4]
Gut, konnte darum nur seiner selbst wegen thätig sein[5]. Ein Gut außer
ihm konnte ihn nicht zur Schöpferthätigkeit anregen, da von ihm alles
andere erst seine Güte erlangt hat[6]. Der erste Zweck, den Gott mit
der Erschaffung der Welt beabsichtigte, war die Darstellung seiner
Vollkommenheit und Güte[7]. Der letzte Zweck, den die Geschöpfe
durch ihre Thätigkeit erreichen sollen, ist demnach die Annäherung an
die Güte Gottes durch Verähnlichung[8]. Für Gott bedeutet das keinen
Zuwachs seiner Vollkommenheit; das stände im Widerspruch mit seinem
höchst vollkommenen Wesen[9]. Die Geschöpfe sollen durch Teilnahme an
der göttlichen Güte diese nach ihrer Art wiederspiegeln[10]. Sollte die höchste
Vollkommenheit auch nur einigermaßen in den geschaffenen Dingen zum
Ausdruck kommen, so mußten diese in den mannigfaltigsten Formen
und Gestalten sich finden[11]. Da aber auch die Welt als Ganzes die Vollkommenheit Gottes repräsentieren sollte, so mußten alle Einzeldinge aufeinander und auf das Ganze harmonisch hingeordnet sein; darum die
Ungleichheit und die vielfache Abstufung unter den Geschöpfen[12].
Der primäre Schöpfungszweck ist danach die Repräsentation der göttlichen
Güte und Vollkommenheit. Damit ist ein anderer, sekundärer Zweck
unmittelbar gegeben, nämlich die eigene Vollkommenheit und das
Wohl der Geschöpfe. Diese beiden Zwecke sind allen geschaffenen Dingen
gemeinsam. Die Art freilich, in der sie denselben zustreben, ist gemäß
der ungleichen natürlichen Vollkommenheit wieder verschieden[13]. Die unvernünftigen Geschöpfe nehmen nur teil an der göttlichen Güte, sie
besitzen dieselbe nicht[14]. Auch streben sie ihrem Ziele zu gemäß der in sie
hineingelegten Gesetze, wie der Pfeil dem vom Schützen angewiesenen
Ziele zustrebt[15]. Anders die vernünftigen Geschöpfe. Auch in sie ist der
Drang nach dem Guten, nach dem höchsten Gute und der höchsten Glück-

---

[1] I, 22, 1 c.　　　[2] I, 22, 1 ad 2 et 3 c et 23, 2 c.
[3] Cf. eg. I, c. 37 et 38; I, 6, 1 et 3.　　[4] Cf. eg. I, c. 41; I, 6, 2.
[5] Cf. eg. III, c. 17.　　　[6] Cf. eg. I, c. 38 et 40; I, 6, 4.
[7] Cf. eg. III, c. 19.　　　[8] Ibid.　　[9] Cf. eg. III, c. 18.
[10] Cf. eg. III, c. 19.　　　[11] Cf. ibid. II, c. 45.
[12] Cf. ibid.　　[13] Cf. ibid. III, c. 22 (24).
[14] Cf. I, 20, 3 ad 2.　　[15] Cf. I, 103, 1 c ad 1.

seligkeit hineingelegt, und sie müssen danach streben. Entsprechend ihrer
geistigen Natur liegt nach Thomas ihre höchste Glückseligkeit im Erkennen
und erst in zweiter Linie im Wollen oder in der Liebe, genauer im Erkennen und Lieben des höchsten Gutes[1]. Thatsächlich zeigt auch
alle Erfahrung, daß der Mensch durch keine irdischen Dinge, seien sie
Reichtum, Vergnügen, Ehre, vollkommen und für immer befriedigt wird.
Aber auch alles Wissen der umgebenden Welt vermag ihn nicht zu sättigen[2].
Es treibt ihn weiter und weiter; das Endliche kann ihm nirgends eine
Grenze und volle Befriedigung geben, es muß sich richten auf das Unendliche, auf Gott. Eine rein natürliche Gotteserkenntnis genügt ihm jedoch
nicht. Selbst die übernatürliche Gotteserkenntnis, das Licht des Glaubens,
giebt ihm noch nicht die volle Beseligung. Der Glaube ist vielmehr nur
das vorzüglichste Hilfsmittel und die Vorstufe zur höchsten Glückseligkeit[3].
Diese kann nur bestehen in der Anschauung der Wahrheit, d. i.
Gottes selbst. Sie ist nicht mehr Mittel zum Ziel, sondern wird wegen
ihrer selbst gesucht. Dieses Ziel hebt den Menschen über die unter ihm
stehenden Wesen, ja über seine eigene Natur weit hinaus und verbindet
ihn mit den reinen Geistern. Auf dieses letzte Ziel richten sich alle
menschlichen Thätigkeiten[4]. Wegen seines übernatürlichen Charakters und
der großen im Wege stehenden Schwierigkeiten kann es nur mit göttlicher
Hilfe erreicht werden.

Zweites Kapitel.

Sünde und Erlösung.

Das Streben nach dem letzten Ziel geschieht auf Erden, wird und
kann aber hier nur unvollkommen erreicht werden. Das Leben des Menschen
auf Erden ist demnach eine Prüfungszeit. Nach göttlicher Anordnung
sollte dieselbe recht leicht sein. Dem nach dem Ebenbilde Gottes geschaffenen ersten Menschen[5] wurde sogleich das Paradies angewiesen, der
angenehmste Aufenthalt[6]. Seinetwegen hatte Gott alles geschaffen; gleichsam als König der Schöpfung in die Schöpfung hineingestellt, sollte
ihm alles dienen. Der Mensch war keinem Geschöpf unterthan, nur dem
Allerhöchsten, seinem Schöpfer, sollte er dienen. Dafür sollte ihm als
Lohn die ewige Seligkeit zu teil werden.

So leicht die Prüfung war, der Mensch hat sie nicht bestanden.
Er wandte sich vom höchsten Gut ab den kreatürlichen Dingen zu. Da-

---

[1] Cf. cg. III, c. 25 et 26.   [2] Cf. cg. III, c. 27—36.
[3] Cf. cg. III, c. 40.   [4] Cf. cg. III, c. 37.
[5] Cf. I, 91 sqq.   [6] Cf. I, 102, 2.

mit hatte er das letzte Ziel überhaupt verloren. Zugleich erlitten seine
natürlichen Kräfte zur Strafe eine große Einbuße. Alle Seelenkräfte
wurden korrumpiert[1]. „In zweifacher Weise wurden die Stammeltern gestraft:
1. wurde ihnen das mit dem Stande der Integrität verbundene Privileg,
nämlich der irdische Ort des Paradieses, entzogen. Das ist ausgesprochen
Gen. 3, 23, wo es heißt: ‚Und es verwies ihn Gott aus dem Lust=
garten . . .‘; 2. wurden sie gestraft durch Zuteilung dessen, was der
eines solchen Vorzuges beraubten Natur entspricht; und zwar in Bezug
auf den Leib und in Bezug auf die Seele.“ [2]

Des weitern waren die Strafen für Mann und Weib verschieden.
Bemerkenswert ist hier insbesondere: „Wie es Pflicht des Weibes ist,
in den häuslichen Angelegenheiten dem Manne untergeben zu sein,
so hat der Mann das zum Leben Notwendige zu beschaffen. In dieser
Beziehung ist die Strafe eine dreifache: 1. Unfruchtbarkeit der Erde; das
sagt die Stelle: ‚Verflucht sei die Erde in deinem Werke.‘ 2. Beängstigende
Arbeit, ohne die er keine Frucht von der Erde erhält; deshalb heißt es:
‚Mit vieler Arbeit sollst du essen von ihr alle Tage deines Lebens.‘
3. Mancherlei Hindernisse, die sich den Bebauern der Erde entgegen=
stellen; darauf bezieht sich die Stelle: ‚Dornen und Disteln soll sie dir
tragen.‘

„Ebenso finden wir in Bezug auf die S e e l e eine dreifache Strafe
bezeichnet: 1. Die Verwirrung, die über sie erging wegen der Auf=
lehnung des Fleisches wider den Geist. . . . 2. Der Vorwurf der eigenen
Schuld. . . . 3. Die Erinnerung an den künftigen Tod.“ [3] „Vermöge
der ursprünglichen Gerechtigkeit hielt die Vernunft die niedern Seelen=
kräfte vollkommen im Zaum; die Vernunft selbst wurde von Gott ver=
vollkommnet, solange sie ihm unterworfen blieb. Diese ursprüngliche Ge=
rechtigkeit ging jedoch durch die Sünde des Stammvaters verloren. . . .
Deshalb sind alle Seelenkräfte gewissermaßen ihrer eigenen Ordnung be=
raubt, durch die sie naturgemäß auf die Tugend bezogen werden. Die
Beraubung selbst nennt man Verwundung der Natur.“ [4] Die vier Seelen=
kräfte, die so verwundet wurden, sind: Vernunft, Wille, Zorn= und
Begehrungsvermögen mit ihren beziehungsweisen Tugenden: Klugheit,
Gerechtigkeit, Stärke, Mäßigkeit. „Insofern also die Vernunft ihrer
Ordnung zur Wahrheit beraubt wird, ist es die Wunde der U n w i s s e n=
h e i t ; insofern die Beziehung des Willens zum Guten aufgehoben wird,
die Wunde der B o s h e i t ; insofern die Hinordnung des Zornvermögens

---

[1] Cf. 1. 2. 83, 4 c.   [2] 2. 2. 164, 2 c.
[3] Ibid.   [4] 1. 2. 85, 3 c.

auf das Schwierige beseitigt wird, die Wunde der Schwachheit; in=
sofern dem Begehrungsvermögen die rechte Ordnung auf das von der
Vernunft diktierte Angenehme abgeht, die Wunde der Begierde. Das
sind also die vier Wunden, welche die ganze menschliche Natur wegen
der Sünde des Stammvaters trafen."[1] Denn dieser Zustand ging vom
ersten Menschen in gleicher Weise auf alle seine Nachkommen über[2]. „Der
Sinn des Menschen ist zum Bösen geneigt von Jugend auf" (Gen. 8, 21)[3].
Vergrößert wurden diese Übel noch je nach der eigenen Sündhaftigkeit[4].

Mit jenem Erbübel hat jeder Theoretiker und Praktiker, jeder
Pädagog und Staatsmann zu rechnen. Kein Zukunftsstaat wird je wieder
paradiesische Zustände bringen, weil keiner die Abschaffung jenes Zu=
standes dekretieren und die Unversehrtheit und Reinheit der ersten Natur
wiederherstellen kann. Die Erbsünde erklärt alles, den Ursprung des
Übels und den Zustand der menschlichen Natur.

Nach dem Sündenfall war für die Menschen die wichtigste Frage,
ob und wie eine Wiedererlangung des verlorenen Zieles,
eine Tilgung der Schuld und eine Aussöhnung mit Gott möglich sei.
In seiner unendlichen Güte bot Gott selbst der gefallenen Menschheit die
Rettung an. Ja „so sehr hat Gott die Welt geliebt, daß er seinen ein=
gebornen Sohn hingab" (Joh. 3, 16)[5]. „Gott konnte durch seine all=
mächtige Kraft die menschliche Natur auf viele andere Weisen wiederher=
stellen." Aber die Menschwerdung des Sohnes Gottes war
die angenehmste Art, das menschliche Elend zu heilen. Nichts bot dem
Glauben größere Sicherheit, richtete die Hoffnung mehr auf, entflammte
zu größerer Liebe. Den unsichtbaren Gott konnte man nicht, den fehler=
haften Menschen durfte man nicht nachahmen. Im Gottmenschen haben
wir das Idealbild der Vollkommenheit vor Augen, das zu eifriger
Nachfolge anspornt. Nicht zuletzt aber „zeigte uns Gott, welch erhabene
Stellung die menschliche Natur unter den Geschöpfen einnimmt, dadurch,
daß er den Menschen als wahrer Mensch erschien (Aug. de trin. XIII, c. 17)"[6].

Drittes Kapitel.

Der Mensch, ein sinnlich-vernünftiges Wesen.

Auf die überaus bedeutungsvolle Frage nach dem Wesen der
menschlichen Natur giebt man entweder unrichtige Antworten oder man
geht gleichgültig an der Frage vorüber und bezeichnet die menschliche

---

[1] Ibid.   [2] Ibid. 82, 4.
[3] Cf. ibid. 85, 3 ad 2.   [4] Cf. ibid. 1c.
[5] Cf. III, 1, 2 b.   [6] Ibid. c.

Natur als ein widerspruchsvolles, unlösbares Rätsel, als die Sphinx im Kreise der Schöpfung. Richtigen Aufschluß geben, wie oben gezeigt, nur die beiden ersten Kapitel der Genesis, welche die Schöpfung und den Fall des Menschen erzählen [1]. Letztes Ziel aller Dinge, auch des Menschen, so ergab sich, ist die göttliche Güte und Vollkommenheit. Seinerseits aber ist der Mensch wieder Ziel und Mittelpunkt für die übrigen unter ihm stehenden Geschöpfe. „Der Mensch ist gleichsam der H o r i z o n t und das G r e n z g e b i e t zwischen der geistigen und körperlichen Natur, so daß er, im Mittelpunkt stehend, an den Vorzügen sowohl der körperlichen wie der geistigen Natur teilnimmt." [2] „Der Mensch wird eine W e l t i m k l e i n e n genannt ($\mu\iota\varkappa\varrho\grave{o}\varsigma$ $\varkappa\acute{o}\sigma\mu o\varsigma$) [3], weil alle Geschöpfe der Welt sich irgendwie in ihm finden." [4] „Es kommt aber ein Vierfaches beim Menschen in Betracht: nämlich die Vernunft, durch welche er mit den Engeln über- einstimmt; die sensitiven Kräfte, die er mit den Tieren; die vegetativen Kräfte, die er mit den Pflanzen gemein hat; schließlich der Körper selbst, wodurch er mit den leblosen Dingen übereinstimmt." [5]

„Das Charakteristische des Menschen ist es, ein v e r n ü n f t i g e s S i n n e n w e s e n zu sein." [6] „Eine belebte, sinnbegabte Substanz ist nur die Definition für animal; fügt man dazu das rationale, so konstituiert man das Wesen Mensch." [7] „Wenn jemand den Menschen richtig charak- terisieren will, wird er ihn ein vernünftiges, nicht aber ein übersinnliches Wesen nennen; letzteres ist die den Engeln zukommende Bezeichnung ...; aber auch nicht ein sinnliches Wesen, denn diese Bezeichnung kommt den Tieren zu." [8] „Die V e r n u n f t ist es also, wodurch der Mensch Mensch ist." [9] „Der Mensch ist das, was er ist, in eigentlicher Weise durch die Vernunft." [10] „Die Vernunft ist das Spezifische beim Menschen; sie bedient sich aller Kräfte der Seele und Glieder des Körpers als Werk- zeuge. Darum sagt auch Aristoteles treffend: Der Mensch ist hauptsächlich eine vernünftige Substanz." [11] „Der Name Mensch ist die Bezeichnung eines zusammengehörigen Ganzen; da aber der vernünftige Teil im Menschen der höhere ist, so benennen wir ihn gern mit jenem höhern

---

[1] Vgl. P. H a f f n e r, Der Materialismus i. d. Kulturgeschichte, Mainz 1865, S. 3.
[2] 3 sent. prolog.; vgl. über diesen aus dem Buch De causis stammenden, im Mittelalter sehr beliebten Gedanken: B a r d e n h e w e r, Das Buch De causis und der hl. Thomas von A uin. Vortrag, enthalten im Jahresbericht der Görres-Gesellschaft für 1879, Köln 1880, S. 55 ff.
[3] Cf. 1. 2. 17, 8 ob. 2.
[4] I, 91, 1 c; cf. 3 sent. 2, 1, 1, 3 ad 1. et ibid. 1 c.   [5] I, 96, 2 c.
[6] Cg. III, c. 39.   [7] 8 met. 3 l.; cf. 2. 2. 179, 1 ad 2.; I, 85, 5 ad 3.
[8] I, 108, 5 c.   [9] 4 sent. 33, 1, 1 ad 4.
[10] 2. 2. 155, 1 ad 2.   [11] Op. XVI (de unit. intell.); 9 eth. 9 g.

Bestandteil, welcher der geistige heißt, weil nur das, was mit Erkenntnis geschieht, dem Menschen zugeschrieben wird."[1]

Dem Range nach durch eine weite Kluft vom Körper getrennt, ist die Seele mit demselben enge verbunden, so zwar, daß der Mensch erst durch diese Vereinigung zu einem kompletten Wesen wird. Das Körperliche im Menschen ist an sich nichts Schlimmes, wie manche Irrlehrer meinten; im Gegenteil, als Werkzeug des Geistes soll es selbst vergeistigt werden und in ewiger Vereinigung mit der Seele an der himmlischen Herrlichkeit teilnehmen. „Man muß eben unterscheiden zwischen der Natur des Körpers an sich und seiner Verschlechterung infolge von Schuld und Strafe. Die Natur unseres Körpers ist nicht von einem bösen Prinzip geschaffen, wie die Manichäer fabeln, sondern von Gott. Darum können wir uns seiner auch zum Dienste Gottes bedienen. . . . Wegen der Liebe zu Gott müssen wir darum auch unsern Körper lieben. Aber die Befleckung durch die Schuld und die Verderbtheit durch die Strafe dürfen wir an unserm Körper nicht lieben, wir müssen vielmehr nach ihrer Beseitigung seufzen mit der Sehnsucht übernatürlicher Liebe."[2]

Leib und Seele, Körper und Geist stehen aber einander nicht unvermittelt gegenüber. Zwischen ihnen, von beiden beeinflußt und beide anregend, stehen die sog. niedern Seelenkräfte, das Zorn= und Begehrungsvermögen. Es besteht demgemäß auch ein zweifaches Herrschaftsverhältnis, eines der höhern Seelenkräfte, Verstand und Wille, über den Leib, und ein anderes eben jener Kräfte über das niedere Seelenvermögen. Erstere Herrschaft nennt Thomas nach dem Vorgang des Aristoteles eine despotische, weil der Leib der Seele ohne Widerspruch wie ein Sklave zu folgen hat. Die zweite Herrschaft ist eine politische, weil dem niedern Seelenvermögen gegenüber den Befehlen der Vernunft eine gewisse Widerstandskraft eigen ist, welche ihrerseits das höhere Seelenvermögen mehr oder minder stark beeinflußt[3]. Durch die Erbsünde wurde, wie oben dargelegt, nicht nur das niedere, sondern auch das höhere Seelenvermögen bedeutend geschwächt, so daß jetzt die Gefahr viel größer ist, daß der sinnliche und fleischliche Mensch über den höhern, vernünftigen Menschen bei einem entstehenden Widerstreit den Sieg davonträgt. An sich sind die sensibeln Seelenkräfte ebensowenig wie der materielle Körper etwas Schlimmes. Unter dem Scepter der Vernunft stärken sie vielmehr recht häufig die Willenskraft und spornen sie an. Zum Schlimmen schlagen sie erst aus, wenn sie sich gegen die Vernunft kehren und ungezügelte Wünsche der niedern, tierischen

---

[1] In Cant. 2, 1.   [2] 2. 2. 25, 5 c.   [3] Cf. 1 pol. 3 e.

Natur gegen die höhere durchsetzen wollen. Leider hat Thomas die
Thatsache zu konstatieren, daß die meisten der niedern Natur folgen [1].
„Augenscheinlich ist der Mensch vorzugsweise ein geistiges Wesen. Es
giebt aber Leute, welche glauben, sie seien vor allem körperliche und
sinnliche Wesen. Nach dieser Schätzung lieben sie sich auch; dagegen hassen
sie ihre wahre Natur, da sie Wünsche haben, welche mit der Vernunft
im Widerspruch stehen." [2]

Wenn also gefragt wird, was das Naturgemäße für den
Menschen sei, so kann die Antwort nicht zweifelhaft sein. „Der
Mensch wird in seiner Art konstituiert durch die vernünftige Seele. Was
daher gegen die rechte Ordnung der Vernunft ist, das ist auch in eigent=
licher Weise gegen die Natur des Menschen, insofern er Mensch ist. Was
dagegen vernunftgemäß ist, das ist der Natur des Menschen entsprechend,
insofern er Mensch ist." [3] Doch man wendet ein: Das kann nicht natur=
gemäß sein, denn nicht alle Menschen leben danach. „Wenn man beur=
teilen will, was natürlich ist, muß man erwägen, was der Natur ent=
spricht, nicht aber das, was verdorben ist; denn das weicht von der
Natur ab. Um also zu entscheiden, welcher Bestandteil im Menschen
natürlicherweise herrschen soll, muß man einen Menschen betrachten, der
nach Seele und Leib wohlgeordnet ist. Es ist klar, daß bei diesem die
Seele über den Leib herrscht. In verdorbenen und unordentlichen Menschen
beherrscht vielfach der Leib die Seele, weil sie den körperlichen Vorteil
dem geistigen vorziehen eben wegen ihres unordentlichen, unnatürlichen
Wesens." [4]

Die nähern Folgerungen aus vorstehenden Grundsätzen, insbesondere
die Folgerungen für das Verhalten des Menschen gegenüber den mate=
riellen Gütern, ferner die Anschauung des hl. Thomas über den Menschen
als soziales Wesen (animal sociale) werden später am geeigneten Ort
dargelegt werden.

---

[1] Cf. I, 49, 3 ad 5.
[2] 1. 2. 29, 4 c; cf. 2. 2. 25, 7 c.
[3] 1. 2. 71, 2 c.
[4] 1 pol. 3 e.

Zweiter Abschnitt.
Die Weltanschauung des modernen Sozialismus.

Erstes Kapitel.
Kurze Orientierung.

Auf den kürzesten Ausdruck hat das Wesen des modernen Sozialismus Schäffle gebracht, wenn er schreibt: „In Wirklichkeit ist er eine ganze Weltanschauung, wie Herr Bebel sagt[1]: Atheismus in der Religion, demokratischer Republikanismus im Staat, Kollektivismus (Staatsproduktion) in der Volkswirtschaft, und darf man hinzusetzen: maßloser Optimismus in der Ethik, naturalistischer Materialismus in der Metaphysik, Lockerung des Familien= und Ehebandes oder daran Streifendes im Hause, Staatserziehung in der Pädagogik, allgemeine Aufklärerei im Unterricht. Das Ganze heißt Freiheit und Gleichheit mit Accentuierung der letztern." [2]

Den Mittelpunkt der sozialistischen Gedankenwelt bildet, wie schon hervorgehoben, die ökonomische Entwicklung. Dieselbe findet ihre Erklärung in der „materialistischen Geschichtsauffassung" oder im „historischen (oder ökonomischen) Materialismus". Hören wir zunächst eine kurze, mehr populäre Begriffsbestimmung: „Der materialistische Sozialismus ist nur die Anwendung der von Marx gefundenen materialistischen Geschichtsauffassung auf den Klassenkampf der Gegenwart. Marx geht von dem Grundsatz aus, daß alle prinzipiellen Veränderungen in der Politik, Kunst, Wissenschaft, Religion, kurz auf allen Gebieten des gesellschaftlichen und staatlichen Lebens in letzter Instanz durch die Entwicklung der Produktionsweise bedingt wurden." [3]

Doch vernehmen wir die Erklärung von Marx selbst: „In der gesellschaftlichen Produktion ihres Lebens gehen die Menschen bestimmte, notwendige, von ihrem Willen unabhängige Verhältnisse ein, Produktionsverhältnisse, die einer bestimmten Entwicklungsstufe ihrer materiellen Produktivkräfte entsprechen. Die Gesamtheit dieser Produktionsverhältnisse bildet die ökonomische Struktur der Gesellschaft, die reale Basis, worauf

---

[1] Zuerst ausgesprochen von Dr. Boruthau im „Volksstaat" 1871, Nr. 88; vgl. E. Jäger a. a. O. S. 406; dann von Bebel in der Sitzung des Reichstags vom 17. Juni 1872 und 31. Dezember 1881.

[2] Schäffle a. a. O. S. 3 f.

[3] G. Krause, Die Arbeiterbewegung im Lichte der materialistischen Geschichtsauffassung (Berliner Arbeiterbibliothek II. Ser., 13. H.), 1891, S. 8.

sich ein juristischer und politischer Überbau erhebt, und welcher bestimmte
gesellschaftliche Bewußtseinsformen entsprechen. Die Produktionsweise des
materiellen Lebens bedingt den sozialen, politischen und geistigen Lebens=
prozeß überhaupt. Es ist nicht das Bewußtsein der Menschen, das ihr
Sein, sondern umgekehrt ihr gesellschaftliches Sein, das ihr Bewußtsein
bestimmt. Auf einer gewissen Stufe ihrer Entwicklung geraten die
materiellen Produktivkräfte der Gesellschaft in Widerspruch· mit den vor=
handenen Produktionsverhältnissen, oder, was nur ein juristischer Aus=
druck dafür ist, mit den Eigentumsverhältnissen, innerhalb deren sie sich
bisher bewegt hatten. Aus Entwicklungsformen der Produktivkräfte schlagen
diese Verhältnisse in Fesseln derselben um. Es tritt dann eine Epoche sozialer
Revolution ein. Mit der Veränderung der ökonomischen Grundlage wälzt
sich der ganze ungeheure Überbau langsamer oder rascher um. In der
Betrachtung solcher Umwälzungen muß man stets unterscheiden zwischen
der materiellen, naturwissenschaftlich treu zu konstatierenden Umwälzung
in den ökonomischen Produktionsbedingungen und den juristischen, politischen,
religiösen, künstlerischen oder philosophischen, kurz ideologischen Formen,
worin sich die Menschen dieses Konflikts bewußt werden und ihn aus=
fechten." [1]

Nach dieser Formulierung kann der historische Materialismus von
Marx keinen Anspruch darauf erheben, das ganze Weltgetriebe zu er=
klären. Er ist nur eine besondere „G e s c h i c h t s a u f f a s s u n g". Um zu
einer vollständigen Weltanschauung zu gelangen, muß er anderweitig
Anlehen machen.

Zweites Kapitel.

Das Fundament der sozialistischen Weltanschauung.

Voraussetzungen dreierlei Art sind es, zu denen die „kommunistische
Weltanschauung" ihre Zuflucht nimmt. Die Gestaltung des Weltalls,
der unorganischen Gebilde erklärt sie mit Hilfe der Hypothese von Kant=
Laplace, für die Thatsachen der organischen Welt einschließlich des
Menschen glaubt sie in der Hypothese Darwins eine ausreichende Lösung
gefunden zu haben. Was aber die Hauptsache ist, beide Theorien werden
entsprechend ihrer ganzen Betrachtungsweise in m a t e r i a l i s t i s c h e r Auf=
fassung herübergenommen, d. h. die letzten Grundfragen des Seins be=
antwortet der Sozialismus im Sinne des Atheismus [2].

---

[1] K. M a r x, Zur Kritik der politischen Ökonomie, Berlin 1859, S. IV ff.

[2] In jüngster Zeit verhalten sich einzelne Sozialisten dem naturphilosophischen
Materialismus gegenüber etwas skeptischer. Engels sprach sich in verschiedenen

Erste Voraussetzung des Sozialismus sind demnach die allgemein materialistischen Sätze: Es giebt keinen Gott und keinen Schöpfer. Durch das Gesetz von der Verwandlung der Energie ist „die letzte Erinnerung an den außerweltlichen Schöpfer ausgelöscht" [1]. Die Materie ist das einzige Seiende. „Die wirkliche Einheit der Welt besteht in ihrer Materialität." [2] „Die Materie ist nicht ein Erzeugnis des Geistes, sondern der Geist ist selbst nur das höchste Produkt der Materie." [3] Die Materie ist ewig. „Vom Alter der Materie . . . können wir nicht reden, da die Materie weder Anfang noch Ende hat." [4] „Die Unerschaffbarkeit und Unzerstörbarkeit der Materie" sind „alte, weltbekannte Thatsachen" [5]. Auch bezüglich des Zusammenhangs zwischen Materie und Bewegung „ist die Sache einfach genug. Die Bewegung ist die Daseinsweise der Materie. Nie und nirgends hat es Materie ohne Bewegung gegeben oder kann es sie geben" [6]. „Materie ohne Bewegung ist ebenso undenkbar wie Bewegung ohne Materie. Die Bewegung ist daher ebenso unerschaffbar und unzerstörbar wie die Materie selbst." [7] Materie und Bewegung, daraus resultiert alles. Alles fließt. Alles ist Sein und Nichtsein zugleich, alles ist im Werden begriffen [8]. Dieser ununterbrochene Werdeprozeß läuft aber nicht in gleichbleibender Regelmäßigkeit ab. Es ist vielmehr ein beständiger Vervollkommnungsprozeß. In der Erklärung der anorganischen Entwicklung hält sich der Sozialismus, wie bemerkt, an die bekannte Theorie von Laplace. Ihrer Annahme steht vom thomistischen Standpunkt aus ebensowenig etwas im Wege als der Anerkennung des Wahren, das in der obigen, schon von Heraklit aufgestellten These vom Werden liegt.

Die Thatsachen der o r g a n i s c h e n Welt erklärt der Sozialismus mit Hilfe der Hypothese Darwins. Ganz zufrieden freilich sind die Sozialisten mit Darwin und seinen Schülern nicht. Lassen sie uns doch über den Anfang des Lebens im Dunkeln [9]. Hier die Lösung: „Leben ist die Daseinsweise der Eiweißkörper, und diese Daseinsweise besteht wesentlich in der beständigen Selbsterneuerung der chemischen Bestand-

<hr/>

Schriften, besonders in der Streitschrift gegen Dühring, in Übereinstimmung mit Marx ganz entschieden für eine materialistische Weltanschauung aus. Ähnlich dann auch die andern sozialistischen Schriftsteller und die „zielbewußten" Parteigenossen. Außer dem S p i n o z i s m u s S t e r n s wurde auch noch kein anderer Vorschlag gemacht und noch weniger acceptiert.

[1] E n g e l s, „Antidühring" S. xv.
[2] A. a. O. S. 25.   [3] E n g e l s, „L. Feuerbach" S. 18.
[4] L i e b k n e c h t, Zu Schutz und Trutz, 6. Aufl., Berlin 1891, S. 16.
[5] „Antidühring" S. 45.   [6] A. a. O. S. 39 f.   [7] A. a. O. S. 40.
[8] Vgl. a. a. O. S. 4.
[9] A. a. O. S. 52.

teile dieser Körper."[1] „Das Leben, der durch Ernährung und Ausscheidung erfolgende Stoffwechsel, ist ein sich selbst vollziehender Prozeß, der seinem Träger, dem Eiweiß, inhärent, eingeboren ist, ohne den es nicht sein kann. Und daraus folgt, daß, wenn es der Chemie jemals gelingen sollte, Eiweiß künstlich herzustellen, dies Eiweiß Lebenserscheinungen zeigen muß, mögen sie auch noch so schwach sein. Es ist freilich fraglich, ob die Chemie auch gleichzeitig das richtige Futter für dies Eiweiß entdecken wird."[2] Nachdem die ersten Wesen auf diesem. etwas ungewöhnlichen chemischen Wege den Salto mortale ins Gebiet des Lebens gemacht haben, ist ihre Weiterentwicklung ein Kinderspiel. Sie geht vor sich durch natürliche Auswahl und Züchtung im Kampf ums Dasein und durch Vererbung. Die ganze heutige organische Natur, Pflanzen und Tiere und auch der Mensch, ist das Produkt eines durch Millionen Jahre fortgesetzten Ent=wicklungsprozesses[3].

Drittes Kapitel.

Die materialistische Geschichtsauffassung.

Außer und über der organischen befindet sich der Mensch noch in einer gesellschaftlichen Entwicklung, er hat eine Geschichte. Den ge=schichtlichen Entwicklungsgang erklärt die von Marx aufgestellte materia=listische Geschichtsauffassung. Sie enthält zwei Hauptbestandteile: die ökonomische Struktur mit dem zugehörigen Überbau ist ihr materiales, der dialektische Prozeß ihr formales Element.

I.

Die materialistische Dialektik.

Das ganze Marxsche System, sowohl die Natur= und Welt= als auch die Geschichtsauffassung, ist beherrscht von der dialektischen Methode. Da sie zudem am meisten der Erklärung bedarf, mag sie hier an der Spitze stehen.

Die Dialektik in diesem spezifischen Sinne ist ein Erbstück und zwar das einzige, das Marx aus der Hegelschen Schule gerettet hat. Der Kommunist Marx, der Begründer der Internationale, ist ein Schüler des königlich preußischen Staatsphilosophen Hegel, ja, wie die Marxisten behaupten, „der wahrhafte Nachfolger" Hegels[4]. Aber stehen die

---

[1] A. a. O. S. 60.   [2] A. a. O. S. 61.
[3] Vgl. Engels, Die Entwicklung des Sozialismus von der Utopie zur Wissen=schaft, 4. Aufl., Berlin 1891, S. 22.
[4] Vgl. „Neue Zeit" IX², 658.

beiderſeitigen Syſteme nicht in ausgeſprochenem Gegenſatz zu einander?
Das trifft in gewiſſem Sinne zu, inſofern Marx den Ausgangspunkt der
Hegelſchen Philoſophie, die abſolute Idee, vollſtändig perhorresziert, und
inſofern Hegel aus Mangel an Konſequenz zu „einer ſehr zahmen poli=
tiſchen Schlußfolgerung" gelangt. Aber die Denkweiſe iſt an ſich bei
beiden gleich revolutionär [1].

„Nehmen wir ein Beiſpiel. Kein philoſophiſcher Satz hat ſo ſehr den
Dank beſchränkter Regierungen und den Zorn ebenſo beſchränkter Liberalen
auf ſich geladen wie der berühmte Satz Hegels: ‚Alles, was wirklich iſt,
iſt vernünftig, und alles, was vernünftig iſt, iſt wirklich.‘ Das war doch
handgreiflich die Heiligſprechung alles Beſtehenden . . . Bei Hegel aber
iſt keineswegs alles, was beſteht, ohne weiteres auch wirklich. Das
Attribut der Wirklichkeit kommt bei ihm nur demjenigen zu, was zugleich
notwendig iſt." [2] „Im Lanſe der Entwicklung wird alles früher Wirkliche
unwirklich, verliert ſeine Notwendigkeit, ſein Exiſtenzrecht, ſeine Ver=
nünftigkeit; an die Stelle des abſterbenden Wirklichen tritt eine neue
lebensfähige Wirklichkeit — friedlich, wenn das Alte verſtändig genug
iſt, ohne Sträuben mit Tod abzugehen, gewaltſam, wenn es ſich gegen
dieſe Notwendigkeit ſperrt." [3] „Der Satz von der Vernünftigkeit alles
Wirklichen löſt ſich nach allen Regeln der Hegelſchen Denkmethode auf
in den andern: Alles, was beſteht, iſt wert, daß es zu Grunde geht.
Darin aber gerade lag die wahre Bedeutung und der revolutionäre
Charakter der Hegelſchen Philoſophie, . . . daß ſie der Endgültigkeit aller
Ergebniſſe des menſchlichen Denkens und Handelns ein für allemal den
Garaus machte." [4]

Indes ſo wertvoll die Anwendung der Dialektik durch Hegel iſt,
ſo fällt er dabei doch in zwei bedenkliche Fehler. Einmal läßt ſeine
Methode, die alle Wahrheit auflöſt und für die es keine endgültigen
Reſultate giebt, kein abgeſchloſſenes Syſtem zu. Dennoch ließ ſich's Hegel
ſauern Schweiß koſten, ein ſolches Syſtem zu begründen. Noch mehr:
dasſelbe beanſprucht, das abſolute Syſtem zu ſein. Der zweite Fehler,
den Hegel beging, iſt der, daß er die Idee als das Primäre, die Natur
als das Sekundäre anſah. „Hegel war Idealiſt, d. h. ihm galten die Ge=
danken ſeines Kopfes nicht als die mehr oder weniger abſtrakten Ab=
bilder der wirklichen Dinge und Vorgänge, ſondern umgekehrt galten
ihm die Dinge und ihre Entwicklung nur als die verwirklichten Abbilder
der irgendwo ſchon vor der Welt exiſtierenden ‚Idee‘. Damit war alles

---

[1] Vgl. „L. Feuerbach" S. 1 ff.
[2] A. a. O. S. 2.   [3] A. a. O. S. 3.   [4] A. a. O.

auf den Kopf gestellt, und der wirkliche Zusammenhang der Welt voll=
ständig umgekehrt . . . Das Hegelsche System als solches war eine
kolossale Fehlgeburt — aber auch die letzte ihrer Art." [1]

„Die Einsicht in die totale Verkehrtheit des bisherigen deutschen
Idealismus führte notwendig zum Materialismus." [2] „Die Masse der
entschiedensten Junghegelianer wurden durch die praktischen Not=
wendigkeiten ihres Kampfes gegen die positive Religion auf den englisch=
französischen Materialismus zurückgedrängt. Und hier kamen sie
in Konflikt mit ihrem Schulsystem." [3] „Und in diesem Widerspruch trieb
man sich herum, so gut und so schlecht es gehen wollte. Da kam Feuer=
bachs ‚Wesen des Christentums‘. Mit einem Schlag zerstäubte es den
Widerspruch, indem es den Materialismus ohne Umschweife wieder auf
den Thron erhob." [4] „Die Begeisterung war allgemein: wir waren alle
momentan Feuerbachianer." [5]

Wie sich bald herausstellte, hatte Feuerbach zu viel und zu wenig
gethan. Er hatte das System durchbrochen, aber damit auch das Brauch=
bare beiseite geworfen. Dagegen klebten seinem materialistischen System
noch diese und jene idealistischen Phrasen an, die beseitigt werden mußten.
Und hier setzte Marx ein. Er brachte den Materialismus mit der dialek=
tischen Methode Hegels in Verbindung, mit andern Worten, er kehrte die
idealistische Dialektik in eine materialistische um [6]. „Meine dialektische
Methode ist der Grundlage nach von der Hegelschen nicht nur verschieden,
sondern ihr direktes Gegenteil. Für Hegel ist der Denkprozeß, den er
sogar unter dem Namen Idee in ein selbständiges Subjekt verwandelt,
der Demiurg des Wirklichen, das nur seine äußere Erscheinung bildet.
Bei mir ist umgekehrt das Ideelle nichts anderes als das im Menschen=
kopf umgesetzte und übersetzte Materielle." [7]

„Die Dialektik ist aber weiter nichts als die Wissenschaft von den
allgemeinen Bewegungs= und Entwicklungsgesetzen der Natur, der mensch=
lichen Gesellschaft, des Denkens." [8] Diese Gesetze lassen sich allesamt unter
das allgemeinste Bewegungsgesetz von der „Negation der Negation"
zusammenfassen [9]. Diese Weihungsformel ist zwar kein Hebräisch, sondern
nur hegelisch, aber sie will erklärt sein [10].

Nehmen wir vorerst ein Beispiel. Fällt ein Gerstenkorn auf günstigen
Boden, „so geht unter dem Einfluß der Wärme und der Feuchtigkeit
eine eigene Veränderung mit ihm vor; es keimt; das Korn vergeht als

---

[1] „Antidühring" S. 8.   [2] A. a. O.   [3] „L. Feuerbach" S. 10.
[4] A. a. O.   [5] A. a. O. S. 11.
[6] Vgl. „Kapital" I, 4. Aufl., S. xviii.   [7] A. a. O. S. xvii.
[8] „Antidühring" S. 117.   [9] A. a. O.   [10] Vgl. „Elend" S. 86 f.

ſolches, wird negiert, an ſeine Stelle tritt die aus ihm entſtandene
Pflanze, die Negation des Korns. Aber was iſt der normale Lebenslauf
dieſer Pflanze? Sie wächſt, blüht, wird befruchtet und produziert ſchließ=
lich wieder Gerſtenkörner, und ſobald dieſe gereift, ſtirbt der Halm ab,
wird ſeinerſeits negiert. Als Reſultat dieſer Negation der Negation haben
wir wieder das anfängliche Gerſtenkorn, aber nicht einfach, ſondern in
zehn=, zwanzig=, dreißigfacher Anzahl" [1]. Ähnlich erhalte ich durch doppelte
Negation einer algebraiſchen Größe, z. B. a, $(— a \times — a) + a^2$. [2]

„Negieren in der Dialektik heißt nicht einfach Nein ſagen, oder ein
Ding für nicht beſtehend erklären, oder es in beliebiger Weiſe zer=
ſtören. . . . Ich ſoll nicht nur negieren, ſondern auch die Negation wieder
aufheben. Ich muß alſo die erſte Negation ſo einrichten, daß die zweite
möglich bleibt oder wird. Wie? Je nach der beſondern Natur jedes
einzelnen Falls. Vermahle ich ein Gerſtenkorn . . ., ſo habe ich zwar
den erſten Akt vollzogen, aber den zweiten unmöglich gemacht." [3]

Die für den Sozialismus wichtigſte „Negation der Negation" iſt
folgende: „Alle Kulturvölker fangen an mit dem Gemeineigentum am
Boden. Bei allen Völkern, die über eine gewiſſe urſprüngliche Stufe
hinausgehen, wird dies Gemeineigentum im Lauf der Entwicklung des
Ackerbaus eine Feſſel für die Produktion. Es wird aufgehoben, negiert,
nach kürzern oder längern Zwiſchenſtufen in Privateigentum verwandelt.
Aber auf höherer, durch das Privateigentum am Boden ſelbſt herbei=
geführter Entwicklungsſtufe des Ackerbaus wird umgekehrt das Privat=
eigentum eine Feſſel für die Produktion — wie dies heute der Fall iſt
ſowohl mit dem kleinen wie mit dem großen Grundbeſitz. Die Forderung,
es ebenfalls zu negieren, es wieder in Gemeineigentum zu verwandeln,
tritt mit Notwendigkeit hervor. Aber dieſe Forderung bedeutet nicht die
Wiederherſtellung des alturſprünglichen Gemeineigentums, ſondern die
Herſtellung einer weit höhern, entwickeltern Form von Gemeinbeſitz,
die, weit entfernt, der Produktion eine Schranke zu werden, ſie vielmehr
erſt entfeſſeln und ihr die volle Ausnutzung der modernen chemiſchen
Entdeckungen und mechaniſchen Erfindungen geſtatten wird." [4]

Analog ſteht es in der Geſchichte der Philoſophie. Die antike Philo=
ſophie war urſprünglicher, naturwüchſiger Materialismus. Ihre Unfähig=
keit, mit dem Verhältnis des Denkens zur Materie ins reine zu kommen,
führte zum Idealismus. Aber in der weitern Entwicklung der Philo=
ſophie wurde auch der Idealismus unhaltbar, und negiert durch den
modernen Materialismus [5].

---

[1] „Antidühring" S. 111 f.   [2] Vgl. a. a. O. S. 113.
[3] A. a. O. S. 117.   [4] A. a. O. S. 114.   [5] Vgl. a. a. O.

„Was ist also die Negation der Negation? Ein äußerst allgemeines und ebendeswegen äußerst weit wirkendes und wichtiges Entwicklungs= gesetz der Natur, der Geschichte und des Denkens." [1]

Es ist das große Verdienst Hegels, das Gesetz gefunden und die ganze natürliche, geschichtliche und geistige Welt als einen Prozeß, d. h. als in steter Bewegung, Veränderung, Umbildung und Entwicklung be= griffen dargestellt und den Versuch gemacht zu haben, den innern Zu= sammenhang in dieser Bewegung und Entwicklung nachzuweisen. Der Idealismus Hegels war aber unfähig, die Aufgabe zu lösen. Dies gelang erst, nachdem Marx die Dialektik für den Materialismus in Beschlag genommen hatte.

II.

Die ökonomischen Verhältnisse.

Das Grundelement, worin der dialektische Prozeß sich vollzieht, um von da aus alle Lebensbeziehungen zu verschieben und dem gesamten Denken und Handeln andere Bahnen anzuweisen, ist die Produktion, weiterhin der Austausch und die Verteilung der wirtschaftlichen Güter, kurz die ökonomischen Verhältnisse. Diese hängen ihrerseits hauptsächlich vom Stand und von der Anwendung der Technik ab.

Doch hören wir eine authentische Erklärung. In einem Briefe an einen Studenten schreibt Engels: „Unter den ökonomischen Verhältnissen, die wir als bestimmende Basis der Geschichte der Gesellschaft ansehen, verstehen wir die Art und Weise, worin die Menschen einer bestimmten Gesellschaft ihren Lebensunterhalt produzieren und die Produkte unter= einander austauschen (soweit Teilung der Arbeit besteht). Also die ge= samte Technik der Produktion und des Transports ist da einbegriffen. Diese Technik bestimmt nach unserer Auffassung auch die Art und Weise des Austausches, weiterhin der Verteilung der Produkte und damit, nach der Auflösung der Gentilgesellschaft, auch die Einteilung der Klassen, damit die Herrschafts= und Knechtschaftsverhältnisse, damit Staat, Politik, Recht ꝛc. Ferner sind einbegriffen unter den ökonomischen Verhältnissen die geographische Grundlage, worauf diese sich abspielen, und die thatsächlich überlieferten Reste früherer ökonomischer Entwicklungsstufen, die sich forterhalten haben, oft nur durch Tradition oder vis inertiae, natür= lich auch das diese Gesellschaftsform nach außen hin umgebende Milieu." [2]

---

[1] A. a. O. S. 116.
[2] „Der sozialistische Akademiker" I, 373.

„Die sozialen Verhältnisse sind eng verknüpft mit den Produktiv=
kräften. Mit der Erwerbung neuer Produktivkräfte verändern die Menschen
ihre Produktionsweise, und mit der Veränderung der Produktionsweise,
der Art, ihren Lebensunterhalt zu gewinnen, verändern sie alle ihre
gesellschaftlichen Verhältnisse. Die Handmühle ergiebt eine Gesellschaft
mit Feudalherren, die Dampfmühle eine Gesellschaft mit industriellen
Kapitalisten."[1] „Dieselbe Wichtigkeit, welche der Bau von Knochenreliquien
für die Erkenntnis der Organisation untergegangener Tiergeschlechter,
haben Reliquien von Arbeitsmitteln für die Beurteilung untergegangener
ökonomischer Gesellschaftsformationen. Nicht w a s gemacht wird, sondern
w i e, mit welchen Arbeitsmitteln gemacht wird, unterscheidet die ökono=
mischen Epochen."[2]

„Die Bedingungen, unter denen die Menschen produzieren und aus=
tauschen, wechseln von Land zu Land, und in jedem Lande wieder von
Generation zu Generation. . . . Vom Bogen und Pfeil, vom Steinmesser
und nur ausnahmsweise vorkommenden Tauschverkehr des Wilden bis zur
tausendpferdigen Dampfmaschine, zum mechanischen Webstuhl, den Eisen=
bahnen und der Bank von England ist ein ungeheurer Abstand."[3]

„Mit der Art und Weise der Produktion und des Austausches einer
bestimmten geschichtlichen Gesellschaft und mit den geschichtlichen Vor=
bedingungen dieser Gesellschaft ist auch gleichzeitig gegeben die Art und
Weise der Verteilung der Produkte. In der Stamm= oder Dorf=
gemeinde mit gemeinsamem Grundeigentum, mit der oder mit deren
sehr erkennbaren Überresten alle Kulturvölker in die Geschichte eintreten,
versteht sich eine ziemlich gleichmäßige Verteilung der Produkte ganz von
selbst."[4] Die stets schroffere Ausbildung des Privateigentums, die Ein=
führung und Verbreitung des Metallgeldes steigerte die Ungleichheit der
Verteilung mehr und mehr.

III.
Die Klassenkämpfe.

„Mit den Unterschieden in der Verteilung aber treten die Klassen=
unterschiede auf. Die Gesellschaft teilt sich in bevorzugte und benach=
teiligte, ausbeutende und ausgebeutete, herrschende und beherrschte Klassen."[5]
Die unterdrückte Klasse sucht sich von der Herrschaft der ausbeutenden
Klasse zu emanzipieren. Der Widerstand, den ihr diese entgegensetzt,
ergiebt den Klassenkampf. „Die Geschichte aller bisherigen Gesell=

---

[1] „Elend" S. 91; vgl. S. 105 f.   [2] „Kapital" I, 142.
[3] „Antidühring" S. 121.   [4] A. a. O. S. 122.   [5] A. a. O. S. 123.

schaft ist die Geschichte von Klassenkämpfen."[1] Eine Ausnahme macht hierin nur die ursprüngliche und zukünftige kommunistische Gesellschaft.

„Eine unterdrückte Klasse ist die Lebensbedingung jeder auf den Klassengegensatz begründeten Gesellschaft. Die Befreiung der unterdrückten Klasse schließt also notwendigerweise die Schaffung einer neuen Gesell= schaft ein. Soll die unterdrückte Klasse sich befreien können, so muß eine Stufe erreicht sein, auf der die bereits erworbenen Produktivkräfte und die geltenden gesellschaftlichen Einrichtungen nicht mehr nebenein= ander bestehen können. Von allen Produktionsinstrumenten ist die größte Produktivkraft die unterdrückte Klasse selbst. Die Organisation der revo= lutionären Elemente als Klasse setzt die fertige Existenz aller Produktiv= kräfte voraus, die sich überhaupt im Schoß der alten Gesellschaft ent= falten konnten."[2] Der Klassenkampf fußt demnach, wie oben gesagt, selbst wieder in letzter Instanz auf der jeweiligen Technik.

Der Rahmen, innerhalb dessen sich die ganze bisherige Geschichte abspielt, ist danach dieser: „Freier und Sklave, Patrizier und Plebejer, Baron und Leibeigener, Zunftbürger und Gesell, kurz Unterdrücker und Unterdrückte standen in stetem Gegensatz zu einander, führten einen ununterbrochenen, bald versteckten, bald offenen Kampf, einen Kampf, der jedesmal mit einer revolutionären Umgestaltung der ganzen Gesell= schaft endete oder mit dem gemeinsamen Untergang der kämpfenden Klassen. In den frühern Epochen der Geschichte finden wir fast überall ... eine mannigfaltige Abstufung der gesellschaftlichen Stellungen. ... Die aus dem Untergang der feudalen Gesellschaft hervorgegangene bürger= liche Gesellschaft hat die Klassengegensätze nicht aufgehoben. Sie hat nur neue Klassen, neue Bedingungen der Unterdrückung, neue Gestaltungen des Kampfes an die Stelle der alten gesetzt. Unsere Epoche, die Epoche der Bourgeoisie, zeichnet sich jedoch dadurch aus, daß sie die Klassengegensätze vereinfacht hat. Die ganze Gesellschaft spaltet sich mehr und mehr in zwei große feindliche Lager, in zwei große, einander direkt gegenüberstehende Klassen: Bourgeoisie und Pro= letariat. Aus den Leibeigenen des Mittelalters gingen die Pfahlbürger der ersten Städte hervor; aus dieser Pfahlbürgerschaft entwickelten sich die ersten Elemente der Bourgeoisie."[3] Die moderne Bourgeoisie ist das Produkt eines langen Entwicklungsganges, einer Reihe von Um= wälzungen in der Produktions= und Verkehrsweise (Manufakturperiode, Zeitalter der Maschinen, des Dampfes und der Elektrizität, Kolonisation neu entdeckter Länder, Herstellung des Weltmarkts).

---

[1] „Kommunistisches Manifest" S. 9.   [2] „Elend" S. 163.
[3] „Kommunistisches Manifest" S. 9 f.

„Die Bourgeoisie beginnt mit einem Proletariat, das selbst wiederum ein Überbleibsel des Proletariats des Feudalismus ist. . . . . In dem Maße, als die Bourgeoisie sich entwickelt, entwickelt sich in ihrem Schoße ein neues Proletariat, ein modernes Proletariat, es entwickelt sich ein Kampf zwischen der Proletarierklasse und der Bourgeoisieklasse"[1], „ein Kampf, der, auf seinen höchsten Ausdruck gebracht, eine totale Revolution bedeutet"[2], aber auch die letzte ihrer Art. Denn „wenn das Proletariat im Kampf gegen die Bourgeoisie sich notwendig zur Klasse vereint, durch eine Revolution sich zur herrschenden Klasse macht und als herrschende Klasse gewaltsam die alten Produktionsverhältnisse aufhebt, so hebt es mit diesen Produktionsverhältnissen die Existenzbedingungen des Klassengegensatzes, die Klassen überhaupt und damit seine eigene Herrschaft als Klasse auf. An die Stelle der alten bürgerlichen Gesellschaft mit ihren Klassen und Klassengegensätzen tritt eine Assoziation, worin die freie Entwicklung eines jeden die Bedingung für die freie Entwicklung aller ist"[3].

„Jeder Klassenkampf ist aber ein politischer Kampf."[4]

„Obgleich nicht dem Inhalt, ist der Form nach der Kampf des Proletariats gegen die Bourgeoisie zunächst ein nationaler. Das Proletariat eines jeden Landes muß natürlich zuerst mit seiner eigenen Bourgeoisie fertig werden."[5]

In der Form des Klassenkampfes vollzog sich bisher die dialektische Entwicklung in der Geschichte[6]. Wie es in Zukunft kommen wird, wissen wir nicht. Jedenfalls muß an die Stelle des Klassenkampfes ein Ersatzmittel als Motor der Entwicklung treten[7].

---

[1] „Elend" S. 106.   [2] A. a. O. S. 164.

[3] „Kommunistisches Manifest" S. 24.

[4] A. a. O. S. 16; „L. Feuerbach" S. 49.

[5] „Kommunistisches Manifest" S. 17.   [6] Vgl. a. a. O. S. 23.

[7] Der neueste Marxist, W. Sombart, der den Marxismus „sublimiert" und von zahlreichen „Accidentien" reinigt, durch die der Politiker Marx sein ökonomisches System verunzierte, führt die Geschichte auf die Formel „Sozial — National" zurück. „Es ist die Menschheitsgeschichte entweder ein Kampf um den Futteranteil oder ein Kampf um den Futterplatz auf unserer Erde. Diese beiden großen Gegensätze sind es, die jeweilig gegeneinander auftreten." W. Sombart, Sozialismus und soziale Bewegung im 19. Jahrhundert, Jena 1897, S. 2. Nebenbei bemerkt, „ist die ganze ‚Sublimierung' des Marxismus eine höchst un- und widerhistorische Operation. Marx und Engels waren Ökonomen wie Politiker, und Politiker wie Ökonomen; im Lichte dieser untrennbaren Einheit wird ihr Lebenswerk überhaupt erst verständlich; hier eine Scheidung vornehmen wollen, heißt den modernen wissenschaftlichen Kommunismus in blauen Dunst auflösen." „Neue Zeit" XV[1], 450 f., Art. „Politik und Sozialismus" von F. Mehring.

IV.

Der Überbau.

1. Die rechtlichen, gesellschaftlichen und politischen Verhältnisse.

Die bisherige Darstellung beschränkte sich auf das rein ökonomische Gebiet; und mit Recht. Zwar sind die übrigen gesellschaftlichen Verhältnisse, sind die Ideen und Prinzipien nicht ohne Einfluß besonders auf die Formen, in denen sich die Entwicklung vollzieht, aber sie kommen dem Ursprung und der Wirksamkeit nach erst in zweiter Linie in Betracht, da sie nichts anderes sind als Reflexe, Abbilder der ökonomischen Verhältnisse. Am Anfang der Geschichte gab es überhaupt nur wirtschaftliche Beziehungen oder deutlicher nur eine reine Magenfrage, frei von aller Ideologie. Sorge und Angst, Furcht und Hoffen, Liebe und Haß im Kampf ums Dasein und um die Nahrungsmittel riefen die gesellschaftlichen Beziehungen und weiterhin die Ideologie als Wiederspiegelung jenes Kampfes und der Verhältnisse, in denen man lebte, hervor. Einmal vorhanden, wirkten die genannten Faktoren ihrerseits auf die ökonomischen Verhältnisse zurück, und zwar fortschreitend stärker, aber immer nur sekundärer Weise.

Am engsten hängt mit den ökonomischen Verhältnissen die Art des Eigentums zusammen, oder besser, die Eigentumsverhältnisse sind nur der juristische Ausdruck der jeweiligen Produktionsverhältnisse. „Die Abschaffung bisheriger Eigentumsverhältnisse ist nichts den Kommunismus eigentümlich Bezeichnendes. Alle Eigentumsverhältnisse waren einem beständigen geschichtlichen Wechsel, einer beständigen geschichtlichen Veränderung unterworfen. Die französische Revolution z. B. schaffte das Feudal-Eigentum zu Gunsten des bürgerlichen ab. Was den Kommunismus auszeichnet, ist nicht die Abschaffung des Eigentums überhaupt, sondern die Abschaffung des bürgerlichen Eigentums. Aber das moderne bürgerliche Privateigentum ist der letzte und vollendetste Ausdruck der Erzeugung und Aneignung der Produkte, die auf Klassengegensätzen, auf der Ausbeutung der einen durch die andern beruht. In diesem Sinne können die Kommunisten ihre Theorie in dem einen Ausdruck: Aufhebung des Privateigentums, zusammenfassen. Man hat uns Kommunisten vorgeworfen, wir wollten das persönlich erworbene, selbst erarbeitete Eigentum abschaffen, das Eigentum, welches die Grundlage aller persönlichen Freiheit, Thätigkeit und Selbständigkeit bilde."[1] Aber das heutige Kapitaleigentum ist gemeinschaftliches Produkt vieler Mitglieder. Es ist also

---

[1] „Kommunistisches Manifest" S. 19.

keine persönliche, sondern eine gesellschaftliche Macht. Nur der gesellschaft=
liche Charakter des Eigentums verwandelt sich. Er verliert seinen Klassen=
charakter [1].

Der Wechsel der Eigentumsform hat unmittelbar eine Veränderung
der gesellschaftlichen, politischen und rechtlichen Verhält=
nisse im Gefolge. Während in der Urgesellschaft unbeschränkter Ge=
schlechtsverkehr besteht, geht die Entwicklung der Familie in fortwährender
Verengerung vor sich durch Ausschließung erst näherer, dann immer ent=
fernterer Verwandten. Schließlich bleibt nur die Ehe des anfangs lose,
später fester verbundenen Paares, die Monogamie [2]. Die Monogamie,
wie sie sich bei den zivilisiertesten Völkern des Altertums findet, war „die
erste Familienform, die nicht auf natürliche, sondern auf ökonomische
Bedingungen gegründet war, nämlich auf den Sieg des Privateigentums
über das ursprüngliche naturwüchsige Gemeineigentum" [3]. „Die Einzel=
ehe war ein großer geschichtlicher Fortschritt, aber zugleich eröffnet sie
neben der Sklaverei und dem Privatreichtum jene bis heute dauernde
Epoche, in der jeder Fortschritt zugleich ein relativer Rückschritt, in dem
das Wohl und die Entwicklung der einen sich durchsetzt durch das Wehe
und die Zurückdrängung der andern." [4]

In den besitzenden Kreisen „wird die Heirat bedingt durch die Klassen=
lage der Beteiligten und ist insofern stets Konvenienzehe" [5]. Anders steht
es mit der Ehe der Proletarier, weil hier alle Grundlagen der klassischen
Monogamie beseitigt sind. „Hier fehlt alles Eigentum, zu dessen Bewahrung
und Vererbung ja gerade die Monogamie und Männerherrschaft geschaffen
wurden." [6] „Daher spielen auch die ewigen Begleiter der Monogamie,
Hetärismus und Ehebruch, hier nur eine fast verschwindende Rolle; die
Frau hat das Recht der Ehetrennung thatsächlich wieder erhalten, und
wenn man sich nicht vertragen kann, geht man lieber auseinander." [7]

Die Haushaltung verlor mit der Monogamie ihren öffentlichen
Charakter. Erst die große Industrie unserer Zeit führt wieder darauf
zurück [8].

„Die Monogamie entstand aus der Konzentrierung größerer Reich=
tümer in einer Hand — und zwar der eines Mannes — und aus dem
Bedürfnis, diese Reichtümer den Kindern dieses Mannes und keines
andern zu vererben. . . . . Die bevorstehende gesellschaftliche Umwälzung

---

[1] Vgl. a. a. O.
[2] Vgl. Engels, Der Ursprung der Familie, des Privateigentums und des
Staats, 4. Aufl., Stuttg. 1892, S. 31.
[3] A. a. O. S. 51.   [4] A. a. O. S. 52.   [5] A. a. O. S. 59.
[6] A. a. O.   [7] A. a. O. S. 60.   [8] Vgl. a. a. O. S. 61 f.

wird aber durch Verwandlung wenigstens des unendlich größten Teiles der dauernden, vererbbaren Reichtümer — der Produktionsmittel — in gesellschaftliches Eigentum diese ganze Vererbungssorge auf ein Minimum reduzieren." [1] „Die Pflege und Erziehung der Kinder wird öffentliche Angelegenheit." [2] Alle familiären, alle bisher geltenden moralischen und ökonomischen Rücksichten verschwinden.

„Dann bleibt eben kein anderes Motiv mehr als die gegenseitige Zuneigung." [3] „Ein positives Aufhören der Zuneigung oder ihre Verdrängung durch eine neue leidenschaftliche Liebe macht die Scheidung für beide Teile wie für die Gesellschaft zur Wohlthat. Nur wird man den Leuten ersparen, durch den nutzlosen Schmutz eines Scheidungsprozesses zu waten." [4] „Wenn diese Leute da sind, werden sie sich den Teufel darum scheren, was man heute glaubt, daß sie thun sollen." [5]

Die Familie „ist die Zellenform der zivilisierten Gesellschaft, an der wir schon die Natur der in dieser sich voll entfaltenden Gegensätze und Widersprüche studieren können" [6]. Noch deutlicher treten dieselben unter der Form des Staates hervor. Die Quelle der Klassenunterschiede liegt, wie wir oben gesehen, im Eigentum. Damit haben wir auch sofort den Ursprung des Staates. Denn der Staat beruht von jeher auf Klassengegensätzen. Die Gentilverfassung kannte keine innern Gegensätze, sie hatte kein Zwangsmittel außer der öffentlichen Meinung. „Auf einer bestimmten Stufe der ökonomischen Entwicklung, die mit der Spaltung der Gesellschaft in Klassen notwendig verbunden war, wurde durch diese Spaltung der Staat eine Notwendigkeit." [7] „Der Staat ist also nicht von Ewigkeit her." [8] „Er ist vielmehr ein Produkt der Gesellschaft auf bestimmter Entwicklungsstufe; er ist das Eingeständnis, daß diese Gesellschaft sich in einen unlösbaren Widerspruch mit sich selbst verwickelt, sich in unversöhnliche Gegensätze gespalten hat, die zu bannen sie ohnmächtig ist. Damit aber diese Gegensätze, Klassen mit widerstreitenden Interessen, nicht sich und die Gesellschaft in fruchtlosem Kampf verzehren, ist eine scheinbar über der Gesellschaft stehende Macht nötig geworden, die den Konflikt dämpfen, innerhalb der Schranken der ‚Ordnung' halten soll; und diese aus der Gesellschaft hervorgegangene, aber sich über sie stellende, sich ihr mehr und mehr entfremdende Macht ist der Staat." [9]

Gegenüber der alten Gentilorganisation kennzeichnet sich der Staat erstens durch Einteilung der Staatsangehörigen nach dem Gebiet, zweitens

---

[1] A. a. O. S. 63 f.   [2] A. a. O. S. 64.   [3] A. a. O. S. 71.
[4] A. a. O. S. 72.   [5] A. a. O. S. 73.   [6] A. a. O. S. 52.
[7] A. a. O. S. 182.   [8] A. a. O.   [9] A. a. O. S. 177 f.

durch Einrichtung einer öffentlichen Gewalt, drittens durch Erhebung
von Steuern zu deren Aufrechterhaltung [1]. In der Regel ist er „Staat der
mächtigsten, ökonomisch herrschenden Klasse, die vermittelst seiner auch
politisch herrschende Klasse wird und so neue Mittel erwirbt zur Nieder=
haltung und Ausbeutung der unterdrückten Klasse" [2]. „Die demokratische
Republik weiß offiziell nichts mehr von Besitzunterschieden. In ihr übt
der Reichtum seine Macht indirekt, aber um so sicherer aus." [3] Und so
ist es bis heute geblieben. „Die moderne Staatsgewalt ist nur ein Aus=
schuß, der die gemeinschaftlichen Geschäfte der ganzen Bourgeoisieklasse
verwaltet." [4] Sein „eingestandener Zweck ist, die Herrschaft des Kapitals,
die Sklaverei der Arbeit zu verewigen" [5].

Mit den Klassen fällt unvermeidlich der Staat. „Die Gesellschaft,
die die Produktion auf Grundlage freier und gleicher Assoziation der
Produzenten neu organisiert, versetzt die ganze Staatsmaschine dahin,
wohin sie dann gehören wird: ins Museum der Altertümer, neben das
Spinnrad und die bronzene Axt." [6]

2. Prinzipien und Ideen.

„Dieselben Menschen, welche die sozialen Verhältnisse gemäß ihrer
materiellen Produktionsweise gestalten, gestalten auch die Prinzipien, die
Ideen, die Kategorien gemäß ihren gesellschaftlichen Verhältnissen. Somit
sind diese Ideen, diese Kategorien ebensowenig ewig als die Verhältnisse,
die sie ausdrücken. Sie sind historische, vergängliche, vorübergehende
Produkte." [7] Der Proletarier ist hinter die Sache gekommen. „Die Gesetze,
die Moral, die Religion sind für ihn eben so viele bürgerliche Vorurteile,
hinter denen sich eben so viele bürgerliche Interessen verstecken." [8]

„Die Anklagen gegen den Kommunismus, die von religiösen, philo=
sophischen und ideologischen Gesichtspunkten überhaupt erhoben werden,
verdienen keine ausführlichere Erörterung. Bedarf es tiefer Einsicht, um
zu begreifen, daß mit den Lebensverhältnissen der Menschen, mit ihren
gesellschaftlichen Beziehungen, mit ihrem gesellschaftlichen Dasein auch
ihre Vorstellungen, Anschauungen und Begriffe, mit einem Worte auch
ihr Bewußtsein sich ändert?" [9]

---

[1] A. a. O. S. 178 f. [2] A. a. O. S. 180. [3] A. a. O. S. 181.
[4] „Kommunistisches Manifest" S. 11.
[5] K. Marx, Die Klassenkämpfe in Frankreich 1848—50. Herausgegeben von
Fr. Engels, Berlin 1895, S. 40 f.
[6] Engels, „Ursprung" S. 182. [7] „Elend" S. 91.
[8] „Kommunistisches Manifest" S. 17. [9] A. a. O. S. 22.

Ganz unmittelbar hängt mit den ökonomischen Verhältnissen das
Recht zusammen. Macht nicht das Eigentumsrecht den größten und
wesentlichen Teil desselben aus? Und sind nicht auch die übrigen
Rechtssätze Klassengesetze? Der Boden, worauf das Recht wächst, ist das
bürgerliche Eigentum [1]. „Eure Ideen selbst sind Erzeugnisse der
bürgerlichen Produktions= und Eigentumsverhältnisse, wie Euer Recht
nur der zum Gesetz erhobene Wille Eurer Klasse ist, ein Wille, dessen
Inhalt gegeben ist in den materiellen Lebensbedingungen Eurer Klasse." [2]
„Sowohl die politische wie die bürgerliche Gesetzgebung proklamieren,
protokollieren nur das Wollen der ökonomischen Verhältnisse." [3]

Ähnlich wie das Recht ist auch die Moral nichts als die sittliche
Anschauung einer bestimmten Klasse auf Grund bestimmter Verhältnisse.
„Von Volk zu Volk, von Zeitalter zu Zeitalter haben die Vorstellungen
von Gut und Böse so sehr gewechselt, daß sie einander oft geradezu
widersprachen." [4] Welche ist nun die wahre Moral? „Keine einzige, im
Sinne absoluter Endgültigkeit; aber sicher wird diejenige Moral die
meisten, Dauer versprechenden Elemente besitzen, die in der Gegenwart
die Umwälzung der Zukunft vertritt, also die proletarische." [5] „Wir
weisen demnach eine jede Zumutung zurück, uns irgend welche Moral=
Dogmatik als ewiges, endgültiges, fernerhin unwandelbares Sittengesetz
aufzudrängen, unter dem Vorwand, auch die moralische Welt habe ihre
bleibenden Prinzipien, die über der Geschichte und den Völkerverschieden=
heiten stehen. Wir behaupten dagegen, alle bisherige Moraltheorie sei
das Erzeugnis, in letzter Instanz, der jedesmaligen ökonomischen Ge=
sellschaftslage. Und wie die Gesellschaft sich bisher in Klassengegensätzen
bewegte, so war die Moral stets eine Klassenmoral." [6]

„Man kann nicht gut von Moral und Recht handeln, ohne auf
die Frage vom sogenannten freien Willen, von der Zurechnungs=
fähigkeit des Menschen, von dem Verhältnis von Notwendigkeit und
Freiheit zu kommen." [7] „Hegel war der erste, der das Verhältnis von
Freiheit und von Notwendigkeit richtig darstellte. Für ihn ist die Frei=
heit die Einsicht in die Notwendigkeit. ‚Blind ist die Notwendigkeit nur,
insofern dieselbe nicht begriffen wird‘. . . . Freiheit besteht also in der
auf Erkenntnis der Naturnotwendigkeiten gegründeten Herrschaft über
uns selbst und über die äußere Natur; sie ist damit notwendig ein
Produkt der geschichtlichen Entwicklung. Die ersten, sich vom Tierreich

---

[1] Vgl. Marx, „Klassenkämpfe" S. 104.
[2] „Kommunistisches Manifest" S. 21.   [3] „Elend" S. 62.
[4] „Antidühring" S. 71.   [5] A. a. O. S. 72.   [6] A. a. O. S. 72 f.
[7] A. a. O. S. 90.

sondernden Menschen waren in allem Wesentlichen so unfrei wie die Tiere selbst; aber jeder Fortschritt in der Kultur war ein Schritt zur Freiheit."[1] Die Entdeckung des Reibfeuers an der Schwelle der Menschheitsgeschichte übertrifft an weltbefreiender Wirkung die Entdeckung der Dampfmaschine am Abschluß der bisherigen Entwicklung, da sie den Menschen endgültig vom Tierreich trennte[2].

„Noch höhere, d. h. noch mehr von der materiellen, ökonomischen Grundlage sich entfernende Ideologien nehmen die Form der Philosophie und der Religion an. Hier wird der Zusammenhang der Vorstellungen mit ihren materiellen Daseinsbedingungen immer verwickelter, immer mehr durch Zwischenglieder verdunkelt. Aber er existiert. Wie die ganze Renaissancezeit seit Mitte des fünfzehnten Jahrhunderts ein wesentliches Produkt der Städte, also des Bürgertums war, so auch die seitdem neu erwachte Philosophie; ihr Inhalt war wesentlich nur der philosophische Ausdruck der der Entwicklung des Klein- und Mittelbürgertums zur großen Bourgeoisie entsprechenden Gedanken. Bei den Engländern und Franzosen des vorigen Jahrhunderts, die vielfach ebensowohl politische Ökonomen wie Philosophen waren, tritt dies klar hervor."[3]

Gemeinsame Ideen und Formen giebt es nur, weil die Ausbeutung des einen Teils der Gesellschaft durch den andern eine allen vergangenen Jahrhunderten gemeinsame Thatsache ist. „Kein Wunder daher, daß das gesellschaftliche Bewußtsein aller Jahrhunderte, aller Mannigfaltigkeit und Verschiedenheit zum Trotz, in gewissen gemeinsamen Formen sich bewegt, in Bewußtseinsformen, die nur mit dem gänzlichen Verschwinden des Klassengegensatzes sich vollständig auflösen. Die kommunistische Revolution ist das radikalste Brechen mit den überlieferten Eigentumsverhältnissen; kein Wunder, daß in ihrem Entwicklungsgange am radikalsten mit den überlieferten Ideen gebrochen wird."[4]

„Die theoretischen Sätze der Kommunisten beruhen keineswegs auf Ideen, auf Prinzipien, die von diesem oder jenem Weltverbesserer erfunden oder entdeckt sind. Sie sind nur allgemeine Ausdrücke thatsächlicher Verhältnisse eines existierenden Klassenkampfes, einer unter unsern Augen vor sich gehenden geschichtlichen Bewegung."[5]

Die induktive Methode ist die unerschütterliche Grundlage aller Wissenschaft, die nur auf Thatsachen baut. „Anwendung dieser Methode

---

[1] A. a. O. S. 91.   [2] Vgl. a. a. O.
[3] „L. Feuerbach" S. 52.
[4] „Kommunistisches Manifest" S. 23.
[5] A. a. O. S. 18 f.

auf alle Probleme vom Anfang bis zum Ende der Welt, also die systematische Anwendung der Induktion macht die sozialdemokratische Weltanschauung zu einem System."[1] „Die Berühmtheiten der Philosophie haben einer nach dem andern mit ihren Beiträgen die Sache so weit gefördert, daß wir Sozialdemokraten, die auf ihren Schultern stehen, die mechanische Natur aller Erkenntnis, der religiösen, der spekulativen wie der mathematischen, vollständig durchschauen."[2]

„Gehen wir indes nur noch kurz auf die Religion ein, weil diese dem materiellen Leben am fernsten steht und am fremdesten zu sein scheint. Die Religion ist entstanden zu einer sehr waldursprünglichen Zeit aus mißverständlichen, waldursprünglichen Vorstellungen der Menschen über ihre eigene und die sie umgebende äußere Natur. Jede Ideologie entwickelt sich aber, sobald sie einmal vorhanden, im Anschluß an den gegebenen Vorstellungsstoff, bildet ihn weiter aus; sie wäre sonst keine Ideologie, d. h. Beschäftigung mit Gedanken als mit selbständigen, sich unabhängig entwickelnden, nur ihren eigenen Gesetzen unterworfenen Wesenheiten. Daß die materiellen Lebensbedingungen der Menschen, in deren Köpfen dieser Gedankenprozeß vor sich geht, den Verlauf dieses Prozesses schließlich bestimmen, bleibt diesen Menschen notwendig unbewußt, denn sonst wäre es mit der ganzen Ideologie am Ende. Diese ursprünglichen religiösen Vorstellungen also, die meist für jede verwandte Völkergruppe gemeinsam sind, entwickeln sich, nach der Trennung der Gruppe, bei jedem Volk eigentümlich, je nach den ihm beschiedenen Lebensbedingungen." Die so bei jedem Volk herausgearbeiteten Nationalgötter fielen mit dem Untergang der einzelnen Nationen. „Diesen Untergang der alten Nationalitäten brachte das römische Weltreich." Selbst die römischen Nationalgötter, die nur auf den engen Kreis der Stadt Rom zugeschnitten waren, kamen in Verfall. „Das Bedürfnis, das Weltreich zu ergänzen durch eine Weltreligion, tritt klar hervor in den Versuchen, allen irgendwie respektabeln fremden Göttern neben den einheimischen in Rom Anerkennung und Altäre zu verschaffen. Aber eine neue Weltreligion macht sich nicht in dieser Art durch kaiserliche Dekrete. Die neue Weltreligion, das Christentum, war im stillen bereits entstanden aus einer Mischung verallgemeinerter orientalischer, namentlich jüdischer Theologie und vulgarisierter griechischer, namentlich stoischer Philosophie.... Die Thatsache, daß es schon nach 250 Jahren Staatsreligion wurde, beweist, daß es die den Zeitumständen entsprechende Religion war.

---

[1] J. Dietzgen, Die Religion der Sozialdemokratie, 5. Aufl., Berlin 1891, S. 39.   [2] A. a. O. S. 40.

Im Mittelalter bildete es sich genau im Maß, wie der Feudalismus
sich entwickelte, zu der diesem entsprechenden Religion aus mit ent=
sprechender feudaler Hierarchie. Und als das Bürgertum aufkam, ent=
wickelte sich im Gegensatz zum feudalen Katholizismus die protestantische
Ketzerei, zuerst in Südfrankreich bei den Albigensern, zur Zeit der
höchsten Blüte der dortigen Städte."[1] Der vollkommenste Ausdruck der
Reformation ist der Calvinismus, weil er „die echte religiöse Verkleidung
der Interessen des damaligen Bürgertums"[2] ist. Die Bourgeoisie ent=
wickelte sich weiter. „Statt Protestanten saßen Freigeister in den National=
versammlungen. Dadurch war das Christentum in sein letztes Stadium
getreten. Es war unfähig geworden, irgend einer progressiven Klasse
fernerhin als ideologische Verkleidung ihrer Strebungen zu dienen; es
wurde mehr und mehr Alleinbesitz der herrschenden Klassen, und diese
wenden es an als bloßes Regierungsmittel, womit die untern Klassen
in Schranken gehalten werden. Wobei dann jede der verschiedenen Klassen
ihre eigene entsprechende Religion benutzt: die grundbesitzenden Junker
die katholische Jesuiterei oder protestantische Orthodoxie, die liberalen
und radikalen Bourgeois den Rationalismus."[3]

„Wir sehen also: die Religion, einmal gebildet, enthält stets einen
überlieferten Stoff, wie denn auf allen ideologischen Gebieten die Tradition
eine große konservative Macht ist. Aber die Veränderungen, die mit
diesem Stoff vorgehen, entspringen aus den Klassenverhältnissen, also
aus den ökonomischen Verhältnissen der Menschen, die diese Veränderungen
vornehmen. Und das ist hier hinreichend."[4]

An die Stelle der religiösen Welterklärung muß ein anderes
rationelles System gesetzt werden. Der Zweck ist erreicht. „Die kannibalische
Religion des Anfangs hat sich christlich kultiviert, die Philosophie hat
die Kultur fortgesetzt, und nach vielen unhaltbaren vergänglichen Systemen
endlich das unvergängliche System der Wissenschaft, das System des
demokratischen Materialismus gewonnen."[5]

„Die Waffen des Geistes müssen Hilfe leisten. Unter den mannig=
fachen Kenntnissen dieses Arsenals bildet die Erkenntnistheorie oder die
Wissenschaftslehre, d. i. das Verständnis der wissenschaftlichen Denkmethode,
eine Universalwaffe wider den religiösen Glauben, die diesen aus seinem
letzten und verborgensten Schlupfwinkel heraustreiben wird."[6]

---

[1] „L. Feuerbach" S. 52 ff.

[2] A. a. O. S. 55.

[3] A. a. O. S. 55 f.

[4] A. a. O.   [5] A. a. O. S. 38.

[6] A. a. O. S. 33.

V.

Der Mensch und die geschichtliche Entwicklung.

Schon die Darlegung der Klassenkampfstheorie läßt die Stellung des Menschen in der geschichtlichen Entwicklung einigermaßen erkennen. Doch soll hier noch etwas genauer darauf eingegangen sein. Der Mensch ist bewußt oder unbewußt ein Diener der ökonomischen Entwicklung. Ihre Befehle hat er zu vollziehen, oder er wird beiseite geworfen. Der Einzelne gilt überhaupt nichts oder nicht viel. Nur als Atom der großen Masse kommt er in Betracht.

Bei der Bevölkerungsmasse ist zu unterscheiden ihre Zuständlichkeit und ihre aktive Mitwirkung. Nach ihrer Zuständlichkeit (größere oder geringere Dichtigkeit, Klassenverschiedenheit, Berufsverteilung und Rasse) bildet sie ein der Technik beigeordnetes Element der ökonomischen Verhältnisse. Ihrer Wirkungsweise nach hat sie die durch jene Verhältnisse diktierte Entwicklung weiter zu führen. Wie geht das nun vor sich? „In der Natur sind es ... lauter bewußtlose, blinde Agentien, die aufeinander einwirken und in deren Wechselspiel das allgemeine Gesetz zur Geltung kommt. Von allem, was geschieht, ... geschieht nichts als gewollter, bewußter Zweck. Dagegen in der Geschichte der Gesellschaft sind die Handelnden lauter mit Bewußtsein begabte, mit Überlegung oder Leidenschaft handelnde, auf bestimmte Zwecke hinarbeitende Menschen; nichts geschieht ohne bewußte Absicht, ohne gewolltes Ziel. Aber dieser Unterschied, so wichtig er für die geschichtliche Untersuchung namentlich einzelner Epochen und Begebenheiten ist, kann nichts ändern an der Thatsache, daß der Lauf der Geschichte durch innere allgemeine Gesetze beherrscht wird. Denn auch hier herrscht auf der Oberfläche, trotz der bewußt gewollten Ziele aller Einzelnen, im ganzen und großen scheinbar der Zufall. Nur selten geschieht das Gewollte, in den meisten Fällen durchkreuzen und widerstreiten sich die vielen gewollten Zwecke. ... Die Zwecke der Handlungen sind gewollt, aber die Resultate, die wirklich aus den Handlungen folgen, sind nicht gewollt, oder soweit sie dem gewollten Zweck zunächst doch zu entsprechen scheinen, haben sie schließlich ganz andere als die gewollten Folgen. Die geschichtlichen Ereignisse erscheinen so im ganzen und großen ebenfalls als von der Zufälligkeit beherrscht. Wo aber auf der Oberfläche der Zufall sein Spiel treibt, da wird er stets durch innere, verborgene Gesetze beherrscht, und es kommt nur darauf an, diese Gesetze zu entdecken.

„Die Menschen machen ihre Geschichte, wie diese auch immer ausfalle, indem jeder seine eigenen, bewußt gewollten Zwecke verfolgt, und

die Resultante dieser vielen in verschiedenen Richtungen agierenden Willen
und ihrer mannigfachen Einwirkung auf die Außenwelt ist eben die Ge=
schichte. Es kommt also auch darauf an, was die vielen Einzelnen wollen.
Der Wille wird bestimmt durch Leidenschaft oder Überlegung. Aber die
Hebel, die wieder die Leidenschaft oder die Überlegung unmittelbar be=
stimmen, sind sehr verschiedener Art. Teils können es äußere Gegen=
stände sein, teils ideelle Beweggründe, Ehrgeiz, ‚Begeisterung für Wahr=
heit und Recht‘, persönlicher Haß oder auch rein individuelle Schrullen
aller Art. Aber einerseits haben wir gesehen, daß die in der Geschichte
thätigen vielen Einzelwillen meist ganz andere als die gewollten — oft
geradezu die entgegengesetzten — Resultate hervorbringen, ihre Beweg=
gründe also ebenfalls für das Gesamtergebnis nur von untergeordneter
Bedeutung sind. Andererseits fragt es sich weiter, welche treibenden Kräfte
wieder hinter diesen Beweggründen stehen, welche geschichtlichen Ursachen
es sind, die sich in den Köpfen der Handelnden zu solchen Beweg=
gründen umformen." [1] Dabei „kann es sich nicht so sehr um die Beweg=
gründe bei einzelnen, wenn auch noch so hervorragenden Menschen
handeln, als um diejenigen, welche große Massen, ganze Völker und in
jedem Volk wieder ganze Volksklassen in Bewegung setzen; und auch
dies nicht momentan zu einem vorübergehenden Aufschnellen und rasch
verlodernden Strohfeuer, sondern zu dauernder, in einer großen geschicht=
lichen Veränderung auslaufender Aktion. Die treibenden Ursachen zu er=
gründen, die sich hier in den Köpfen der handelnden Massen und ihrer
Führer — der sogenannten großen Männer — als bewußte Beweggründe
klar oder unklar, unmittelbar oder in ideologischer, selbst in verhimmelter
Form wiederspiegeln — das ist der einzige Weg, der uns auf die Spur
der die Geschichte im ganzen und großen, wie in den einzelnen Perioden
und Ländern beherrschenden Gesetze führen kann. Alles, was die Menschen
in Bewegung setzt, muß durch ihren Kopf hindurch; aber welche Gestalt
es in diesem Kopf annimmt, hängt sehr von den Umständen ab" [2]. Die
treibenden Ursachen liegen nun, wie früher gesehen, in der ökonomischen
Sphäre, und die Form, in der sie wirken, ist der Klassenkampf.

---

[1] „L. Feuerbach" S. 43 ff.
[2] A. a. O. S. 46.

Dritter Abschnitt.

Vergleichende Kritik der beiden Weltanschauungen.

Wenn man durch eine Umfrage unter den Anhängern des Libe=
ralismus oder des Protestantismus - feststellen wollte, was zu ihrem
System gehört und was nicht, käme man nicht wenig in Verlegenheit.
Sie hatten eigentlich noch nie ein einheitliches System, wenn man die
systematische Opposition gegen bestimmte Ansichten nicht als solches be=
zeichnen will. Sobald sie von der rein gegnerischen Tendenz etwas
abließen und sich auf sich selbst besannen, war die Folge endlose
Spaltungen, deren volle Konsequenzen eben jene Opposition von Anfang
bis heute verhinderte.

Da kann man doch im vorhinein den beiden dargelegten Systemen
das Lob nicht versagen, daß sie in ganz anderer Weise nach Einheit
und Konsequenz streben und im Kampf der Prinzipien und der Tages=
meinungen nicht jeder beliebigen Auffassung Raum geben. So bedauerlich
auch die praktischen Folgen des sozialistischen Systems sind, rein theoretisch
genommen ist seine Gegnerschaft viel vorteilhafter. Freilich verleugnet
auch der Sozialismus als Nachfolger des proteusartigen Liberalismus
nicht vollständig seine Herkunft durch einzelne nicht unwichtige Unklar=
heiten und Widersprüche, die er in Theorie und Praxis mitschleppt.
Dahin gehört der oft verblüffende Meinungswechsel in wichtigen Fragen;
das Schwanken zwischen Umsturz und Reform, in der Stellung zum
Gewerkschafts= und Genossenschaftswesen, in der Agrarfrage und andern
Fragen der positiven Sozialpolitik; der theoretische Programmsatz:
Religion ist Privatsache, und die praktische Verhöhnung der Religion und
ihrer Anhänger; die Skepsis mancher Sozialisten gegenüber dem meta=
physischen und noetischen Materialismus, die Ansätze einer Mehrbeachtung
der außerökonomischen Faktoren u. s. w.

Jene beiden Systeme sind ferner auch die einzigen, die sich einer
ansehnlichen Zahl von Anhängern erfreuen. Man hat es neuestens be=
klagt, daß Deutschland keinen Philosophen und keine Philosophie besitze,
die sich eines merklichen Einflusses auf die gesamte Nation erfreue, und
hat dementsprechend kraftlose Vorschläge gemacht. Thomas und Marx
können sich rühmen, nicht nur in Deutschland, sondern in der ganzen
Welt zahlreiche Schüler zu besitzen. In Bezug auf die Gesamtwelt=
anschauung und ihre einheitliche Vertretung stehen nur der Katholizismus
und der Sozialismus einander geschlossen gegenüber.

Erſtes Kapitel.

Einwendungen gegen das thomiſtiſche Syſtem.

Vielleicht wird man von ſozialiſtiſcher Seite einwenden, man laſſe ſich nur mit modern wiſſenſchaftlichen Syſtemen in einen Kampf ein; das Syſtem von Thomas ſei weder wiſſenſchaftlich noch modern. Es ermangle des rein wiſſenſchaftlichen Aufbaues, indem es Glaube und Wiſſen, die logiſch geſchieden ſeien, ja einander gegenſätzlich gegen= überſtehen, zu verbinden ſuche.

Darauf iſt zu erwidern:

1. Thomas iſt ſich mit allen Theologen des Unterſchiedes zwiſchen Glaube und Wiſſen wohl bewußt. Er weiß, daß beide auf zwei verſchiedenen Prinzipien beruhen. In ſeiner ganzen Darſtellung tritt dieſer Unterſchied hervor.

2. Die Glaubensſätze ſind ihm nicht ein Vorwand, ſich des Denkens zu entſchlagen. Vielmehr huldigt er, wenn man dem Namen ſeine Be= deutung zurückgiebt, einem geſunden Rationalismus. Vernunft und Erfahrung kommen nicht zu kurz. Erſt da, wo beide nicht mehr aus= reichen — und es giebt ſolche Grenzen —, kommt allein der Glaube zum Wort.

3. Dieſer Glaube iſt kein bequemes Auskunftsmittel in der Hand eines Leichtfertigen, ſondern eine ernſte, heilige Sache und in ſeiner Art feſter begründet als das Wiſſen. Nach der einen Seite bietet er eine großartige Ergänzung und Erweiterung unſerer Erkenntnis, nach der andern einen unerſchütterlichen Rückhalt. Glaube und Wiſſen ſind ver= ſchiedene, aber nicht gegenſätzliche Erkenntnisweiſen. Der Glaube ſetzt das Wiſſen ebenſo voraus, wie die Gnade die Natur. Der Sozialismus mag die unleugbaren Zeugniſſe für den katholiſchen Glauben ignorieren; gewiſſe für die menſchliche Erkenntnis unüberſchreitbare Grenzen, ein Ignoramus et Ignorabimus wird er trotz Häckel nicht abſtreiten können.

Das Syſtem von Thomas iſt ferner nicht modern. Daß es wegen dieſes Mangels notwendig falſch bezw. hinfällig iſt, ergiebt ſich zwar aus dem Geſetz der „Negation der Negation", braucht aber darum noch nicht zuzutreffen. Aber man wird einwenden: Auch vom Standpunkt Eurer Philoſophie aus muß das thomiſtiſche Syſtem große Lücken aufweiſen. Auf allen Gebieten des Wiſſens wurde eine unermeßliche Fülle neuer Thatſachen zu Tage gefördert. Neue Wiſſenſchaften ſind ebenbürtig neben die alten getreten, und die alten Wiſſenſchaften haben ihren Kreis er= weitert. Neue Verhältniſſe, Berufe, Lebensweiſen, wirtſchaftliche und ge=

sellschaftliche Bildungen hat der moderne Verkehr und die mannigfachen
Erfindungen hervorgerufen. Nach der dialektischen Methode aber werden
nicht nur diese Lücken empfunden, sondern hat auch das ganze System
seine Berechtigung verloren. Denn die Umwälzungen der Produktions=
verhältnisse u. s. w. brachten auch einen Umsturz der Prinzipien und
Ideen auf allen Gebieten des Lebens und der Wissenschaft.

Indes auch wir leben im 19. Jahrhundert. Wir begrüßen den
wissenschaftlichen und technischen Fortschritt gegen frühere Zeiten. Aber
das Fortschrittsgeschmetter, wie es von liberaler und sozialistischer Seite
erschallt, ist, so bedünkt es uns, nicht frei von grellen Dissonanzen. Oder
ist mit jenem Fortschritt schon ein solcher auf sittlichem, rechtlichem und
religiösem Gebiet gegeben? Ist die Natur der umgebenden Dinge, ist die
Natur des Menschen eine andere geworden? Sind die Menschen seit
Thomas besser und glücklicher geworden? Das Vorhandensein des
Sozialismus und seiner pessimistischen Kritik bezeugt eher das Gegenteil.
Was unserer Zeit fehlt, das sind feste Grundsätze für das Denken und
Handeln, das sind festbegründete, unvergängliche Ideale, das sind eine
unwandelbare Überzeugung in den höchsten Angelegenheiten der Mensch=
heit und eine unanfechtbare Richtschnur, an die man sich im privaten
und öffentlichen Leben gebunden weiß. Und das ist es gerade, was die
Lehre des hl. Thomas auszeichnet. Mit ihrer Annahme wird das ewige
Wanken und Schwanken anderer Systeme, das Herumgeworfenwerden
aus einem Extrem ins andere aufhören, und das ist schon ein großer
Vorteil.

Jene Ideen und Prinzipien haben seither, wie noch gezeigt werden
soll, nichts von ihrer Wahrheit und Güte verloren. Um die obersten
rechtlichen, moralischen und religiösen Prinzipien aufzustellen, bedurfte
Thomas keiner besondern Kenntnisse in der Zoologie und Botanik, noch
in der Maschinenkunde und Elektrotechnik. Mögen diese Wissenschaften
fortschreiten und neue, unerhörte Erfindungen bringen, auf die Art des
Denkvorgangs, auf die Beurteilung von gut und schlecht, auf die Vor=
züge und Fehlerhaftigkeit der menschlichen Natur bleiben sie ohne Einfluß.

Die Anwendung jener Prinzipien speziell auf sozialpolitischem Gebiet,
die unter genauer Rücksichtnahme auf die realen, historisch erwachsenen
Verhältnisse zu geschehen hat, ist freilich heute viel schwerer: theoretisch
infolge der komplizierten Formen und der größern Beweglichkeit des
privaten und öffentlichen Lebens, praktisch infolge der bestehenden, teil=
weise sich noch verschärfenden Religions=, Partei= und Interessengegen=
sätze. Wo die Ausführungen von Thomas als mangelhaft oder für unsere
Zeit als ungenügend erscheinen, da hindert nichts, sie zu ergänzen und

zu vervollständigen. Nicht Repristination, sondern Anschluß an die Leistungen der Vergangenheit und Weiterführung derselben ist unser Streben. Damit folgen wir ganz den Intentionen von Thomas selbst.

Keiner der beiden Vorwürfe ist deshalb stichhaltig. Mit Recht aber dürfen wir dem Sozialismus vorhalten:

1. den Widerspruch zwischen Hypothese und Wissenschaft,
2. den Widerspruch zwischen System und Methode, und
3. die großartige Einseitigkeit der Methode, namentlich aber des Systems.

Zweites Kapitel.
Kritik der sozialistischen Weltanschauung.

I.
Hypothese und Wissenschaft.

„Das alte Buch nannte sich ‚Autoritätsglaube‘, das neue setzt die Wissenschaft, die revolutionäre, auf sein Titelblatt.“ „Beide suchen das Heil unseres Geschlechts, aber in entgegengesetzter Weise: der Glaube nur im Glauben, in der Phantasie, die Wissenschaft mit nüchternem Verstande in der realen Wirklichkeit.“ [1] Nun zeigt aber die „reale Wirklichkeit“, daß der ungläubige Sozialismus freisinnig an jeder beliebigen, ihm passenden Autorität festhält. Vorurteilslos, wie er ist, kommt es ihm auf einige Hypothesen mehr oder weniger nicht an, um sein System wissenschaftlich zu fundamentieren. Dem Sozialismus allein kommt es zu, ohne Voreingenommenheit über die Wissenschaft zu Gericht zu sitzen, da ihm jedes Parteiinteresse fehlt [2].

Der oberste und Hauptlehrsatz ist der, daß es nur Materie gebe, also nur die Theorie des Materialismus der Wirklichkeit gerecht werde. Den Beweis, den man andere führen läßt, hält man für hinreichend erbracht. Ein Sozialist, der nüchterner denkt, aber „selbst auf dem Boden materialistischer, ja atheistischer Auffassung der reinen Naturwissenschaft“ steht, muß seinen Parteigenossen entgegenhalten, daß ihnen „die innere Berechtigung noch fehlt, die gänzliche Beseitigung des alten Glaubens anzustreben, da die Schlüsse, welche die Materialisten aus den Forschungsergebnissen ziehen, noch selber keine Wissenschaft sind,

---

[1] Dietzgen a. a. O. S. 4.
[2] Vgl. a. a. O. S. 34. 40: Die Sozialdemokratie „ist die Partei der Uninteressierten, ist die Partei der unparteiischen Wahrheit“.

sondern nur unbewiesene Lehrsätze"[1]. Die Materialisten sind heute um
keinen Schritt weiter als die alten jonischen Philosophen. „Als Prinzip
der Erkenntnis und der Bewegung nahmen die alten Philosophen, da
sie über die sinnliche Vorstellung nicht hinauskamen, irgend ein materielles
Wesen an, indem sie nur das Materielle als real gelten ließen; was
kein Körper sei, sei nicht wirklich."[2]

Jede tiefer gehende Philosophie mußte die Spuren des Geistes wahrnehmen und zu erklären versuchen. Wenn man dabei auf einen unendlich
weisen und mächtigen Schöpfer geführt wurde, so geschah das nicht infolge mystischer Intuition oder einer metaphysischen Illusion. Mit den
fünf Beweisen für das Dasein Gottes steht Thomas auf dem Boden der
handgreiflichen Erfahrung. Von dem teleologischen Beweis, auf den
es uns zunächst ankam, sagt selbst Kant: „Dieser Beweis verdient jederzeit mit Achtung genannt zu werden. Er ist der älteste, klarste und der
gemeinen Menschenvernunft am meisten angemessene."[3] Selbst bei Annahme der darwinistischen Theorie muß man das zugeben. Aber man
hat ja auf gewisser Seite den Darwinismus nur angenommen, weil
man dadurch dem Gottesglauben entgehen zu können glaubte. Was dahin
zielt, wird als mystisch, d. h. unwissenschaftlich und unvernünftig gebrandmarkt. So urteilt Häckel über die Vererbungstheorie des Darwinianers
Weismann: „Die Theorie von Weismann und ähnliche führen immer
zu dualistischen und teleologischen Vorstellungen, die zuletzt rein
mystisch werden."[4] Eine „unbewußte Zweckthätigkeit"[5] ist ein Unding.
Den Grund für eine solche Annahme erklärt uns Engels selbst, wenn
er schreibt: „Wenn nun Herr Dühring darauf besteht, daß die Anpassung
durch Vorstellungen vermittelt sein muß, so sagt er nur mit andern Worten,
daß die Zweckmäßigkeit ebenfalls durch Vorstellungen vermittelt, bewußt, absichtlich sein muß. Womit wir wieder, wie gewöhnlich in der Wirklichkeitsphilo-
sophie, beim zweckthätigen Schöpfer, bei Gott angekommen sind."[6] Unmittelbar sinnlich erscheint der Zweck allerdings nicht. Aber die geistvolle
Verknüpfung von Ursache und Wirkung, von Teil und Ganzem tritt in
der Natur so deutlich hervor, daß sie sich nicht wegleugnen läßt. Auch
bei menschlichen Kunstwerken erscheint der Zweck nicht sinnlich, aber nie-

---

[1] „Der sozialistische Akademiker" II, 86, Art. „Atheismus, Christentum, Sozialdemokratie" von G. Zepler.

[2] I, 75, 1 c; cf. I, 90, 1 c.

[3] Kant, Kritik der reinen Vernunft, Frankfurt und Leipzig 1794, S. 651.

[4] Häckel in einem Briefe an Büchner vom 3. März 1894 (zitiert bei Bebel,
Die Frau und der Sozialismus, 25. Aufl., Stuttgart 1895, S. xvi).

[5] „Antidühring" S. 51.   [6] A. a. O.

mand leugnet den zwecksetzenden Geist. **Der Zweck stammt vom Geist, wie er nur durch den Geist wieder erkannt werden kann**[1]. Nur auf einen Beweis sei noch kurz hingewiesen, auf den Beweis aus dem obersten Prinzip der Bewegung. „Die Bewegung ist die Daseins= weise der Materie", sagt Engels apodiktisch. Nun ist aber gerade mit den Anschauungen der modernen Naturwissenschaft, auf die sich Engels beruft, der Begriff einer von Ewigkeit her bewegten Materie unvereinbar[2]. Ohne Grund kann die Bewegung nicht eingetreten sein; es ist demnach ein von außen kommender Anstoß anzunehmen. Das Prinzip der ersten Bewegung ist Gott[3]. Das trifft nicht nur für die mechanische, sondern auch für die organische und geistige Bewegung zu (movere nihil aliud est quam educere aliquid de potentia in actum). Angenommen auch, Materie und Bewegung seien ewig, das Leben ist es gewiß nicht. Man mag sich die chemische Mischung noch so kunstvoll, den Rhythmus der Bewegung noch so poetisch ausmalen, Leben wird daraus keines resultieren. Thomas nahm zwar nach dem Vorgang des hl. Augustinus eine generatio aequivoca an, aber nicht, ohne sie auf die unvollkommensten Tierklassen zu beschränken und ihre Entstehung mittelbar auf den Schöpfungsakt zurückzuführen[4]. Seitdem wurde wissenschaftlich der Satz festgestellt: „Omne vivum ex ovo." Ohne Zweifel weisen auch die Konsequenzen dieses Satzes auf eine außerweltliche Ursache.

Gegen Darwin und unsere gesamte Naturwissenschaft muß Engels ein hartes Urteil abgeben, weil sie uns über den Anfang des Lebens im Dunkeln lassen. „Es ist allerdings ein harter, aber nicht abzuweisender Vorwurf gegen Darwin, daß er sofort am Ende ist, wo ihm der Faden der Abstammung reißt. Leider verdient ihn unsere gesamte Naturwissen=

---

[1] Vgl. bezüglich der nähern Nachweise für die thomistische Auffassung und ihre Begründung: T. Pesch, Die großen Welträtsel, 2 Bde., Freiburg 1883/84, 2. Aufl. 1892, passim. — Vgl. auch P. Schanz, Apologie des Christentums, Freiburg 1887, I, § 10; 2. Aufl. 1895; daselbst auch weitere Litteratur. — Eigentümlicherweise kommen nicht selten gerade strenge Monisten auf fast übertrieben teleologische Vor= stellungen. Eine solche ist z. B. die „Negation der Negation". Denn „ich soll nicht nur negieren, sondern auch die Negation wieder aufheben. Ich muß also die erste Negation so einrichten, daß die zweite möglich bleibt oder wird. Wie? Je nach der besondern Natur jedes einzelnen Falls" („Antidühring" S. 117). Die in jedem einzelnen Fall schwierigen zwecksetzenden Funktionen dieses „Ich" kann nur der Geist vollziehen.

[2] Vgl. Th. Granderath, Die alten Gottesbeweise und die moderne Wissen= schaft. In den „Stimmen aus Maria=Laach" XLIV, 7 ff.

[3] Cf. I, 2, 3 c.

[4] I, 71 ad 1; 72 ad 5 (vgl. T. Pesch a. a. O. (2. Aufl.) I, 174 f. 310. Stöckl, Lehrbuch der Philosophie, 5. Aufl., Mainz 1881, II, 207.

schaft. Wo ihr der Faden der Abstammung reißt, ist sie ‚am Ende‘. Sie
hat es bisher noch nicht fertig gebracht, organische Wesen ohne Abstam=
mung zu erzeugen; ja noch nicht einmal, einfaches Protoplasma oder
andere Eiweißkörper aus den chemischen Elementen herzustellen. Sie kann
also (?) über den Ursprung des Lebens bis jetzt nur so viel mit Be=
stimmtheit (?) sagen, daß er sich auf chemischem Wege vollzogen haben
muß." [1]

Aber die wirkliche Wissenschaft nimmt Engels den letzten Stützpunkt,
die chemische Mischung, dieses fruchtbare Gebiet für eine reiche Phantasie [2].

Eine andere Entdeckung von Engels, die Entstehung des Geistes,
wird uns später beschäftigen.

Wir brauchen uns nach dem Vorausgehenden nicht zu wundern,
wenn die Sozialisten auf die Frage nach der ersten Ursache recht
empfindlich sind: „Es ist ein Nonsens sondergleichen, sich einen Schöpfer
vorzustellen, der nicht selbst wieder geschaffen ist." [3] Die Frage nach dem
Anfang der Welt, die von jeher die Philosophie und alle denkenden
Menschen aufs höchste beschäftigt hat, schiebt man als „gedankenlose
Frage", „die dem allgemeinen Denkgesetz widerspricht", beiseite [4] und
nimmt zu der ungereimten Annahme einer endlosen Reihe seine Zuflucht.

Damit haben wir auch bereits gegen die materialistische Auf=
fassung des Darwinismus Stellung genommen. Schon Thomas bespricht
jene Naturauffassung. Die Schüler des Empedokles „behaupten, von An=
fang der Einrichtung der Welt an hätten vier Elemente zur Gestaltung
der Naturdinge zusammengewirkt, dadurch seien die vielen und ver=
schiedenartigen Beschaffenheiten der Naturdinge entstanden, und in jed=
wedem sei alles so zweckentsprechend zugetroffen, als ob es absichtlich so
gemacht worden wäre; das so Entstandene wurde erhalten, weil es die
für die Erhaltung geeignete Beschaffenheit nicht von einem zwecksetzenden
Agens, sondern von dem, was an sich gehaltlos ist, nämlich dem Zu=
fall, hatte. Alles, was jene Disposition nicht hatte, ist vernichtet worden
und wird noch täglich vernichtet" [5].

Man mag den Darwinismus für richtig oder falsch halten, die Be=
ziehung auf einen zwecksetzenden Geist wird man nicht umgehen können.
Thatsächlich werden aber die einzelnen Formen, unter denen die dar=
winistische Hypothese denkbar wäre, von den Darwinianern selbst

---

[1] „Antidühring" S. 52.
[2] Vgl. nähere Angaben bei T. Pesch a. a. O. I, 176 f.
[3] „Der sozialistische Akademiker" I, 419.
[4] Vgl. Dietzgen a. a. O. S. 39 f.; „Neue Zeit" XIII², 578.
[5] 2 phys. 12.

lebhaft bekämpft. Keine einzige Form läßt sich ohne Widerspruch
denken, und so fällt die ganze Theorie. Jedenfalls ist es eine Anmaßung,
diese Hypothese als wissenschaftlich feststehende Wahrheit auszugeben.

Eine weitere Hypothese oder eigentlich ein ganzes Bündel von
Hypothesen sind die von Morgan entlehnten Aufstellungen über die
Urgeschichte der Menschheit. In den verkommensten wilden Völkern
glauben Morgan und seine sozialistischen Anhänger das Bild des all=
gemeinen Zustandes am Anfang der Menschheitsgeschichte gefunden zu
haben, d. h. richtiger, jene Völker stehen schon auf einer ziemlich hohen
Stufe der Gesittung. Den Hauptbeweis für die Annahme Morgans bildet
die unbewiesene Voraussetzung der Abstammung des Menschen vom Affen.
Weder prähistorische noch historische Thatsachen vermag man beizubringen.
Der Analogieschluß von der Verkommenheit einzelner Völker auf die
Verkommenheit aller verliert alle Kraft, wenn wir sehen, daß unter den
wilden Völkern keines im Zustand halbtierischer Wildheit, aber jedes
in derartiger Verwilderung sich befindet, daß es aus sich nie zur Weiter=
entwicklung kommt, diese sogar zurückweist, sofern sie von außen ver=
sucht wird [1].

Ein wirtschaftlich=technischer Fortschritt hat natürlich stattgefunden,
wenn er auch nur sehr teilweise nach dem abstrakten Schema: Jäger=,
Fischer=, Hirten=, Ackerbauvolk erfolgte [2]. Trotz ihrer größern Armut an
äußern Kulturmitteln stehen die ältesten Völker an Geistes= und Willens=
kraft hinter der heutigen Kulturmenschheit nicht zurück. Die Geschichte
zeigt dann, daß auch Völker, die schon eine höhere Kulturstufe erreicht
hatten, tief gesunken sind.

Als Typus sozialistischer Geschichtschreibung kann die Engelssche
Darstellung der vorgeschichtlichen Kulturstufen als Einleitung zur Ge=
schichte gelten. Mit Morgan unterscheidet Engels drei Hauptepochen:
Wildheit, Barbarei, Zivilisation. Dem Zustande der menschlichen
Wildheit ging eine endlose Reihe tierischer Wildheiten bis zur höchsten
tierischen Zivilisation, die mit der Kulturstufe des Affen erreicht war,
voraus. Der höchst entwickelte Affe machte, durch die äußern Umstände
begünstigt, den entscheidenden Sprung ins Reich der Menschheit, aber
vorerst natürlich auf die unterste Stufe derselben, die Wildheit, resp. die

---

[1] Vgl. W. Schneider, Die Naturvölker, Paderborn und Münster 1885, I,
51 ff.; Beispiele „wild“ gewordener Europäer giebt es verschiedene, vgl. a. a. O.
S. 44 ff.

[2] Vgl. H. Pesch, Liberalismus, Sozialismus und christliche Gesellschafts=
ordnung, Freiburg 1896, I, 221 ff.; Knies, Die politische Ökonomie, 2. Aufl.,
Braunschweig 1883, S. 364 ff.

Unterstufe der Wildheit: „Kindheit des Menschengeschlechts, das, wenigstens teilweise auf Bäumen lebend, wodurch allein sein Fortbestehen gegenüber großen Raubtieren erklärlich, noch in seinen ursprünglichen Sitzen, tropischen oder subtropischen Wäldern, sich aufhielt. Früchte, Nüsse, Wurzeln dienten zur Nahrung; die Ausbildung artikulierter Sprache ist Haupt= ergebnis dieser Zeit. Von allen Völkern, die innerhalb der ge= schichtlichen Periode bekannt geworden sind, gehörte kein einziges mehr diesem Urzustand an. So lange Jahrtausende er auch gedauert haben mag, so wenig können wir ihn aus direkten Zeugnissen beweisen; aber die Abstammung des Menschen aus dem Tierreich einmal angegeben, wird die Annahme dieses Überganges unumgänglich." [1]

Die Morganschen Aufstellungen über ein angebliches Hordenleben werden noch ihre Erledigung finden.

Hier nur noch ein paar Worte über die immer und immer wieder= holte Hypothese eines Urkommunismus. Diese Hypothese, die mit dem oben angegebenen Entwicklungsschema zusammenhängt, wurde vom Libe= ralismus übernommen, und wie gewöhnlich kümmert sich der Sozialis= mus nicht um die Schulden, die solchen Erbschaften anhaften, sobald diese in sein System passen. Nun hat man aber bei Aufstellung der Hypothese vom Urkommunismus die Geschichte der ältesten Völker, der Israeliten, Ägypter, Babylonier, Assyrier 2c., völlig ignoriert und die Geschichte und den Zustand der wirklich vorgenommenen Völker willkür= lich gedeutet und ebenso willkürlich diese Deutung auf alle Völker über= tragen [2]. Selbst Männer, die auf einem extremen Entwicklungsstandpunkt stehen, fangen an, darüber anders zu urteilen. So resümiert Professor Richard Hildebrand seine diesbezüglichen Studien in folgenden Schluß= sätzen: „Fassen wir alles über das ‚ursprüngliche Gemeineigentum an Grund und Boden' Gesagte zusammen, so ist ‚die vierfache Wurzel' dieser ganzen Theorie folgende:

Erstens hat man als ‚res communis' behandelt, was noch eine ‚res nullius' war.

Zweitens hat man für Gemeineigentum gehalten, was nur eine nicht vollkommen durchgeführte Erbteilung (pro indiviso) oder ein Miteigentum (condominium) war.

Drittens hat man für ein Eigentumsrecht der Bauern an Grund und Boden gehalten, was nur ein mehr oder weniger prekäres ‚ius in

---

[1] Engels, „Ursprung" S. 1.
[2] Vgl. Cathrein, Das Privatgrundeigentum und seine Gegner, Freiburg 1892, S. 5 ff.

re aliena' oder Nutzungsrecht derselben an einem im Eigentum eines oder mehrerer Grundherrn befindlichen Landes war.

Und viertens hat man für ein Eigentumsrecht der Gemeinde an Grund und Boden angesehen, was nur eine rein administrative Befugnis derselben war." [1]

Die frühesten Denkmäler der ältesten (orientalischen) Völker bezeugen das Vorhandensein von Privatgrundeigentum. Solange ein Gebiet dünn bevölkert ist, und der Ackerbau ganz extensiv betrieben wird, wird dem in Überfluß vorhandenen Grund und Boden natürlich wenig Wert beigelegt. Jeder, der will, kann im allgemeinen unangebautes Land urbar machen. Das unangebaute Land ist res nullius, aber nicht res communis. Die Thatsache, daß überall, wo eine irgendwie intensivere Kultur, auch Privateigentum an Grund und Boden besteht, beweist hinlänglich für dessen Notwendigkeit. Auch wenn jene Hypothese richtig wäre, ist gar nicht einzusehen, in welchem sachlichen Zusammenhang sie für den modernen Sozialismus etwas beweisen soll. Es ist nichts weiter als eine der vielen lustigen Konstruktionen der Hegelschen Kategorie der „Negation der Negation".

Das sind im allgemeinen die Voraussetzungen, auf denen der Sozialismus sein System aufbaut. Die Anlehen der kommunistischen Weltanschauung sind bei zahlungsunfähigen Gläubigern gemacht. Damit steht die Theorie des Sozialismus selbst vor dem Bankerott. Um so größer ist natürlich das Pathos, mit dem jene Hypothesen als reine Wissenschaft angepriesen werden.

II.

Die Einseitigkeit der Methode.

1. Die Induktion.

„Anwendung dieser Methode auf alle Probleme vom Anfang bis zum Ende der Welt, also die systematische Anwendung der Induktion macht die sozialdemokratische Weltanschauung zu einem System." [2]

Die im Vorausgehenden skizzierte Hypothesenreihe vermag bereits dieses große Wort zu illustrieren. Die wirkliche Wissenschaft bringt die Induktion immer in Verbindung mit der Deduktion [3]. Der Induktion allein und im

---

[1] Rich. Hildebrand, Recht und Sitte auf den verschiedenen wirtschaftlichen Kulturstufen, Jena 1896, I, 189.   [2] Dietzgen a. a. O. S. 39.

[3] In manchen Kreisen gilt die Erfahrungs=Feindlichkeit der Scholastik als Axiom. Allein „der realistische Zug der echten Scholastik spricht sich ebensowohl in der Betonung der Erfahrung, als in der des sie bewältigenden Nachdenkens aus" (Willmann a. a. O. II, 333). — Cf. 2 anal. 20; vgl. ferner das später über die thomistische Erkenntnistheorie Gesagte.

strengen Sinne ist es gar nicht möglich, zu einem wissenschaftlichen System zu gelangen. Aber auch im weitern Sinne gedacht, wird sie immer von bestimmten allgemeinen Voraussetzungen ausgehen, den ersten Prinzipien, wie sie Thomas nennt, den obersten logischen Sätzen, der Übereinstimmung von Denken und Sein, der Konstanz der Naturgesetze.

Je mehr ferner die Wissenschaften fortschreiten, sich erweitern und vertiefen, desto schwieriger wird es dem Einzelnen sein, all den verschiedenartigen Thatsachen selbst nachzugehen; er muß sich deshalb in den meisten Fällen auf die Gründlichkeit und Wahrheitsliebe anderer verlassen. Wie oben gezeigt, sind es gerade die obersten Voraussetzungen des sozialistischen Systems, die man nicht induktiv fand, sondern auf Autorität hin annahm. Nicht viel besser steht es sogar um die beiden großen „Entdeckungen" von Marx selbst, um die Werttheorie und die materialistische Geschichtsauffassung. Von ersterer sagt Böhm=Bawerk, der Marx ganz sachlich kritisiert: „Ich zweifle gar nicht, daß Marx von seiner These wirklich und ehrlich überzeugt war. Aber die Gründe seiner Überzeugung sind nicht die, die er ins System geschrieben hat. Es waren wohl überhaupt mehr Eindrücke als Gründe. Vor allem die Eindrücke der Autorität. Smith und Ricardo, die großen Autoritäten, hatten ja, wie man damals wenigstens glaubte, denselben Satz gelehrt. Begründet hatten sie ihn freilich ebensowenig als Marx, sondern nur aus gewissen, allgemeinen, verschwommenen Eindrücken heraus postuliert." [1]

Auch die materialistische Geschichtsauffassung wurde zuerst entdeckt, und dann erst handelte es sich darum, sie „in allen ihren Einzelheiten und Zusammenhängen weiter auszuarbeiten" [2]. Kautsky selbst sagt diesbezüglich: „Eine jede Theorie muß aufgebaut sein auf Thatsachen. Andererseits aber ist eine methodische Erforschung der Thatsachen nicht möglich ohne einen festen theoretischen Standpunkt. Die Erscheinungen der Wirklichkeit sind so mannigfaltig und kompliziert, daß der bloße Empiriker sich hoffnungs-

---

[1] E. v. Böhm=Bawerk, Zum Abschluß des Marxschen Systems, in den „Staatswissenschaftlichen Arbeiten, Festgaben für Karl Knies". Herausgegeben von O. v. Boenigk, Berlin 1896, S. 161 f.

[2] Vgl. Engels, „Antidühring" S. 10. — Auf die Autoritäten und die Umgebung, durch die Marx zu seiner Geschichtsauffassung kam, wurde schon früher hingewiesen. Vgl. auch „Der sozialistische Akademiker" I, 196: „Unseres Erachtens ist es überhaupt hochgradig verfrüht und zeigt eine leichtfertige und brutale Auffassung des historischen Materialismus, wenn man heute schon — bei dem evidenten Mangel an allen Vorarbeiten — zusammenfassende Gesamtdarstellungen auf dem Boden der materialistischen Geschichtsauffassung geben will." Das kommunistische Manifest versuchte schon vor 50 Jahren eine Skizzierung der ganzen Geschichte.

los in ihnen verliert. Den Weg durch das unendliche Gestrüpp kann sich
nur jener bahnen, der vorher einen weitern Überblick gewonnen hat,
der das Wesentliche vom Unwesentlichen, das Zufällige vom Typischen,
das Allgemeine vom Besondern, die Grundursache von der Veranlassung
zu scheiden weiß. Die methodische Erforschung der Thatsachen ist also
die Folge, nicht die Voraussetzung der Theorie."[1] — Wir wollen diesen
Satz einstweilen im Gedächtnis behalten.

Die so anspruchsvoll auftretende „systematische Induktion" reduziert
sich also auf das, was man schon vorher kannte, die Verbindung der
Deduktion mit der Induktion, wobei gerade beim Sozialismus die Autorität
eine auffallend hervorragende Rolle spielt.

2. Die Dialektik.

Ähnlich wie Dietzgen übermäßig die Induktion betont, betonen Marx
und Engels allzusehr das Werden. Gegenüber der Seinsphilosophie von
Aristoteles[2] und Thomas ist die Philosophie von Marx und Hegel eine
Werdephilosophie. Die Frage, welches der richtiger gewählte Ausgangs=
und Orientierungspunkt sei, ist nicht schwer zu beantworten. Hegel und
Marx lösen alles in ein Werden auf, das beständig von Gegensatz zu
Gegensatz sich bewegend in jedem derselben eine neue, höhere Daseins=
form gewinnt. Und zwar gilt die Hegelsche Formel, wie uns Engels
belehrte, für alle Gebiete, die Natur, die Geschichte, das menschliche
Denken, sie ist Weltformel. Nun leugnet die Seinsphilosophie keineswegs
einen beständigen Wechsel auf den genannten Gebieten, auch hindert sie
nichts, das Werden, soweit es reicht, gebührend zu berücksichtigen. Aber
das ist die Frage: Wie weit reicht das Werden? Giebt es in dem Wechsel
nichts Beständiges? Gilt das Gesetz der Negation der Negation wirklich
so allgemein?

Zunächst ist klar, daß logisch und historisch das Sein der Ausgangs=
punkt des Werdens ist, und nicht umgekehrt. Hegel läßt allerdings das
Nichts zum Sein sich entfalten. Hier stützt sich, wenn man die logischen
Begriffsspielereien für das ontologische Gebiet ernst nimmt, wie bei andern,
besonders indischen pantheistischen Systemen, das ganze folgende Sein

---

[1] „Neue Zeit" XV[1], 260.
[2] Mit Unrecht rechnet Engels zu den Dialektikern in seinem Sinne Aristoteles
(„Antidühring" S. 4), der nicht zuläßt, in dem Werden, γένεσις, das der Wissen=
schaft eigene Objekt zu erblicken, da wir das Wissen, ἐπίστασθαι, nach dem στῆναι,
dem Fußfassen auf dem Seienden, benennen (vgl. Eucken, Die Grundbegriffe der
Gegenwart, 2. Aufl. 1893, S. 107; Ar. Phys. VII, 2, p. 244 b. Bekk.; Willmann
a. a. O. III, 703).

und Werden auf ein vorausgehendes Nichts. Die ganze Werdekette hängt
in der Luft. Marx hält es mit den Materialisten. Nun bedarf die Existenz
der Materie allerdings keines Beweises [1]. Aber die Art ihres Seins und
ihrer Anordnung muß notwendig zu weiterm Nachdenken auffordern.
Marx, als praktischem Mann, genügt die Realität der Materie, Fragen
darüber hinaus führen zu „idealistischen Schrullen" [2]. Nach dem Christen=
tum ist oberste Ursache alles Seins das durch sich selbst Seiende, das
absolute Sein („Ich bin, der ist"). Nur mit Rücksicht auf dieses Sein
ist das Entstehen („fiat"), Sein und Werden der Welt begreiflich.

Aber auch beim Werden, als Übergang vom Sosein zum Anders=
sein, liegt immer ein Sein zu Grunde. Den Werdeprozeß selbst aufzu=
fassen, sind wir außer stande, wir können ihn immer nur von einer
Seinsstation zur andern konstatieren [3]. Wir sind also sogar da, wo es
sich um das Werden selbst handelt, metaphysisch und logisch gezwungen,
in erster Linie das Sein und erst in zweiter Linie das Werden zu be=
trachten.

Allein die Herrschaft des Werdens hat auch dem Umfang nach ihre
Grenzen. Sie bezieht sich nicht auf alles Sein. Bei Gott, dem höchst=
vollkommenen Wesen, findet sich kein Werden. Für die geschaffenen Dinge
aber gilt das Gesetz, „daß die Substanz verharrt und das Wesen der
Dinge und Kräfte sich konstant gleichbleibt. Nur die Form ändert sich,
nicht aber das innere Wesen, die Gattung und die Art bleibt dieselbe
durch alle Jahrhunderte. Auf den Menschen angewandt, bedeutet dieses
Gesetz, daß die Geistes=, Gemüts= und Willenskräfte des Menschen unver=
ändert bleiben, wenn auch ihr Gegenstand, ihre Richtung und Form
wechselt" [4].

Gerade bezüglich des Menschen, auf den es in diesem Betracht vor
allem ankommt, stimmen hier merkwürdigerweise Thomas und der So=

---

[1] Cf. 2 phys. 1 (gegen Avicenna).

[2] Vgl. „L. Feuerbach" S. 37.

[3] Cf. 2 anal. 10: Factum esse est causa praecedens ipsum fieri, cuius est
principium, et est effectus consequens illud fieri, cuius est terminus. Ibid. 11:
Sicut se habet linea ad punctum, sic se habet fieri ad factum esse. Sunt enim
infinita facta esse in eo, quod est in fieri, sicut et infinita puncta potentialiter
sunt in linea etc. 6 phys. 8: (Sequitur, quod) omne, quod mutatur, sit infinities
mutatum, quia mutatum esse est terminus motus, sicut punctum lineae et nunc
temporis. Sicut ergo in qualibet linea est assignare infinities punctum ante
punctum et quolibet tempore infinities nunc ante nunc, propter hoc quod utrumque divisibile in infinitum, ita in quolibet moveri est signare infinities mutatum
esse: quia motus est in infinitum divisibilis sicut linea et tempus. Ibid. 11.

[4] G. Grupp, System und Geschichte der Kultur, Paderborn 1891, I, 150.

zialismus überein. Im Gegensatz zum Darwinismus und der eigenen Entwicklungsvorstellung vom Menschen behauptet nämlich der Sozialismus, wie noch genauer gezeigt werden soll, eine Konstanz der geistigen und sittlichen Anlagen des Menschen.

Die allmähliche Entwicklung in Kunst (ars = die gesamte Technik) und Wissenschaft läßt Thomas nicht außer acht. „Wir sehen in allen Dingen," sagt er im Anschluß an Aristoteles, „daß man am besten erkennt, wie es sich mit ihnen verhält, wenn man ihren Entstehungsprozeß betrachtet." [1] „Es liegt in der menschlichen Natur, durch Vernunftgebrauch zur Erkenntnis der Wahrheit zu gelangen Der Vernunft ist es aber eigen, nicht sofort die Wahrheit zu erfassen. Daher vermag der Mensch nur allmählich in der Erkenntnis der Wahrheit fortzuschreiten. . . . . Die Zeit ist gleichsam die Erfinderin und treue Besorgerin dessen, was zur weitern Ausführung der ersten Umrisse dienlich ist, nicht als ob die Zeit an sich hieran etwas beitrüge, sondern in dem Sinne, als es in der Zeit geschieht. Wenn sich nämlich jemand im Weiterschreiten der Zeit Mühe zur Aufsuchung der Wahrheit giebt, nützt ihm die Zeit zur Auffindung der Wahrheit sowohl in Rücksicht auf den nämlichen Menschen, insofern er nachher sieht, was er vorher nicht gesehen hatte, als auch in Rücksicht auf verschiedene, indem man nämlich das von den Vorgängern Gefundene erkennt und Neues hinzufügt. Auf diese Weise erfolgen die Neuerfindungen in den Künsten, von denen anfangs nur wenig erfunden war, in der Folge aber allmählich durch verschiedene ein großer Fortschritt gemacht wurde. Jeder muß eben das ergänzen, was in der Anschauung seiner Vorgänger fehlt." [2] Aber die Zeit bringt auch manchmal Rückschritte. „So sehen wir, wie manche Wissenschaften, welche bei den Alten blühten, allmählich mit Abnahme der Studien in Vergessenheit gerieten." [3] „Die Künste und Wissenschaften sind in der Weise entstanden, daß einer etwas erfand und dasselbe vererbte, vielleicht noch ungeordnet; ein anderer übernahm und ergänzte es und vererbte das Ganze zugleich geordneter, und so in der Folge, bis die (einzelnen) Künste und Wissenschaften vollkommen ausgebildet waren. Offenbar hat der eine dies, der andere das, alle zusammen alles erfunden, und offenbar ist die Anzahl und die Vollkommenheit dessen, was alle erfanden, größer, als was einer für sich erfand." [4] „In den Wissenschaften wuchs die menschliche Erkenntnis wegen der Unvollkommenheit der ersten Erfinder." [5] „Es liegt im Wesen der menschlichen Vernunft, schrittweise vom Unvoll=

---

[1] 1 pol. 1e.   [2] 1 eth. 11 b et c.   [3] Ibid.
[4] 3 pol. 8 l.   [5] 3 sent. 25, 2, 2, 1 ob. 2.

kommenen zum Vollkommenen fortzuschreiten. Daher sehen wir in den
theoretischen Wissenschaften, daß die, welche sich zuerst damit abgaben,
nur ein unvollkommenes Ergebnis vererbt haben, das nachher durch
Spätere in vollkommenerer Weise weiter gegeben wurde. Ebenso verhält
es sich auch in den praktischen Wissenschaften. So trafen die ersten, die
auf die Förderung des Gemeinwohls bedacht waren, da sie von sich
selbst nicht alle Umstände in Berechnung ziehen konnten, nur unvollkommene,
großenteils mangelhafte Anordnungen, die man später änderte, indem
man solche Anordnungen an die Stelle setzte, die nur ausnahmsweise
hinsichtlich des Gemeinwohls versagen konnten." [1]

Also Weiterführen und Ergänzen führt zu fortschreitender Entwick=
lung, nicht beständiges Umstürzen und Verneinen [2]. Thomas übernahm
eine ganze Reihe philosophischer Sätze unmittelbar von Aristoteles, ohne
sich auf „Negationen" anderer zu stützen oder selbst zu negieren. Seine
Arbeit bestand im Hinzufügen und Neuordnen. Deshalb konnte auch
Leibniz von einer philosophia perennis sprechen. Die neuere Philo=
sophie hat allerdings daran gewöhnt, daß jeder Philosoph ein nagel=
neues System bringt und die aller übrigen Weltweisen für falsch erklärt.

Es scheint aber gerade ein Gesetz der falschen Systeme zu sein,
aus einem Extrem ins andere zu fallen. Dem Rationalismus folgt
der Pantheismus, und diesem folgt der Materialismus. Ähnlich wie in
der Philosophie steht es in der Theologie. Selten, die anfangs die
höchsten Anforderungen stellten, fielen bald in den größten Schmutz, wie
manche gnostische Richtungen. Der Protestantismus stellte den Glauben
an die Heilige Schrift anfangs so hoch, daß er vielfach das Festhalten
am Buchstaben forderte, und heute hat das Prinzip der Negation oder
Protestation es so weit gebracht, daß vor seiner Kritik kein Buchstabe
mehr in der Bibel bleibt. Zuerst hat man die Werke negiert und den
Glauben gefordert, jetzt negiert man den Glauben und fordert ein
„praktisches Christentum".

---

[1] 1. 2. 97, 1c.

[2] W. Sombart bemerkt (a. a. O. S. 45): „Bekannt ist, daß Marx auf dem
Boden der Hegelschen Dialektik steht, die heute als überwunden angesehen werden
darf. Die dialektische Beweisführung — ein erstes Accidens — kann uns daher
nicht mehr genügen. Die Theorie von den ‚Umschlägen‘, von der ‚Negation der
Negation‘ u. dgl. mutet uns heute etwas altfränkisch an. Was wir verlangen, ist
eine psychologische Begründung sozialen Geschehens, und um dieses hat sich Marx
wenig gekümmert." Wenn hier die Dialektik ein Accidens des Marxismus genannt
wird, so steht das mit der Auffassung seiner Begründer und Anhänger im Wider=
spruch. Nach Engels war die materialistische Dialektik seit Jahren das beste Arbeits=
mittel und die schärfste Waffe (vgl. „Feuerbach" S. 39; „Antidühring" S. 116 ff.).

Wie wohlthuend sticht dagegen die Lehre der katholischen Kirche und des hl. Thomas ab! Die katholische Kirche ist kein erstarrter, sondern ein lebensvoller Organismus. Während sich die Negationen der Irrlehren neben ihr tummelten, hat sie den übergebenen Glaubensschatz treu ge= hütet und soweit notwendig deutlicher erklärt und zum Verständnis ge= bracht. So erscheint die Kirche als Vertreterin des Außer= und Über= zeitlichen inmitten der Zeitlichkeit der Welt trotz ihres hohen Alters in stets verjüngter Gestalt. Die katholische Kirche bildet hinwiederum keinen Widerspruch oder keine Negation zum Judentum im Sinne des Sozialismus. Christus selbst sagt: „Ich bin nicht gekommen, das Gesetz aufzuheben, sondern es zu erfüllen.“ „Das Neue Gesetz verhält sich zum Alten, wie das Vollkommene zum Unvollkommenen. Alles Vollkommene ergänzt, was dem Unvollkommenen abgeht. Und so ver= vollkommnet das Neue Gesetz das Alte, indem es hinzusetzt, was dem Alten fehlte.“ [1] „Das Neue Gesetz hebt die Beobachtung des Alten nur auf in Bezug auf die Zeremonialvorschriften. . . . Diese aber waren nur das Vorbild des Zukünftigen. Dadurch nun, daß die Zeremonial= vorschriften ihre Erfüllung gefunden haben durch die Verwirklichung dessen, was sie vorbildeten, sind sie nicht mehr weiter zu beobachten; denn würden sie beobachtet, so würde jetzt noch etwas als zukünftig angedeutet und nicht als bereits erfüllt; wie auch das Versprechen eines zukünftigen Geschenkes nicht mehr am Platze ist, sobald das Versprechen durch Aus= händigung des Geschenkes erfüllt ist. So werden auch die Zeremonial= vorschriften aufgehoben, indem sie erfüllt werden.“ [2]

Im Alten Testament war die Erfüllung der Verheißungen durch den kommenden Messias oft und deutlich vorausgesagt. Die Vervoll= kommnung kam deshalb weder unerwartet noch im Gegensatz zu den Intentionen des Alten Bundes [3].

Das Judenvolk wieder hatte die Aufgabe, die Verbindung zwischen den ersten Menschen und Christus lebendig zu erhalten. Im Alten Testa= ment zeigt sich so eine aufsteigende Entwicklung als Vorbereitung auf den Erlöser, die Fülle der Gnade. Umgestürzt und negiert wurde bei den Trägern der wahren Religion so wenig von Adam bis Christus als von Christus bis heute.

---

[1] 1. 2. 107, 2 c.

[2] Ibid. ad 1; cf. 1 2. 107, 1—4; 2. 2. 104, 6 ad 2; III, 37 et 40, 4 et 47, 2 ad 1; in Matth. 5, 17; caten. in Matth. 5, 17.

[3] Die Propheten verkündeten schon die Erlösung als das Neue Gesetz, als den Neuen Bund für die Ewigkeit (Is. 2, 3; 42, 6; 49, 8; 51, 4; 55, 3; 59, 21; Jer. 31, 31—33).

Auf dem für die Menschheit wichtigsten religiösen Gebiete „giebt es nach Dionysius drei Entwicklungsstufen für die Menschen. Die erste des Alten Bundes; die zweite des Neuen Bundes; die dritte folgt nicht in diesem, sondern im künftigen Leben, im himmlischen Vaterlande" [1]. „Die Stufe des Neuen Bundes folgte der des Alten als das Vollkommenere dem Unvollkommenern. Keine Stufe des gegenwärtigen Lebens aber wird vollkommener sein als die des Neuen Bundes." [2] Hier gilt die Regel: „Je näher dem letzten Ziele, desto vollkommener." Das Verhalten der Menschen zum Alten wie zum Neuen Gesetz war nach Ort und Zeit oft verschieden. Am vollkommensten war in dieser Beziehung die Zeit der Apostel [3].

Mit mehr Recht scheint die Dialektik auf manche andere Erkenntnis= gebiete angewandt zu werden. Hat sich nicht das ptolemäische Sonnen= system in sein Gegenteil verkehrt? Gewiß, aber einmal geschah dies, wenn man es so nennen will, durch eine einmalige Negation, die zweite Negation wird fernerhin niemand vollziehen. Und dann geschah dies meistens auf Gebieten, wo man sich seiner Unkenntnis schon ohnedies mehr oder weniger bewußt war, wo also durch tieferes Eindringen in die Natur des Gegenstandes die frühern Aufstellungen leicht umzustoßen waren [4]. Die so festgestellten neuen Ergebnisse können durch Auffindung neuer Verhältnisse und Beziehungen weitere und höhere Bedeutung er= langen. Umgestoßen werden sie jedenfalls nicht, sobald einmal der strikte wissenschaftliche Beweis bis zur Grenze der Behauptung geführt ist. Wenn man freilich, wie der Sozialismus, Behauptungen als wissen= schaftliche Ergebnisse hinnimmt, welche höchstens als Hypothesen gelten können, wenn man immer nur mit Extremen operiert, dann kann man leicht dialektische Wunder erleben.

---

[1] 1. 2. 106, 4 ad 1.   [2] Ibid. c.
[3] Cf. ibid. et ad 2.
[4] Vgl. Willmann a. a. O. II, 452: „Den Astronomen seiner Zeit mußte sich Thomas in der Erklärung der Himmelserscheinungen unvermeidlich anschließen, allein es ist für sein Dringen auf schlichte, durchsichtige Erklärungsgründe bezeich= nend, daß er es in Bezug auf die damals gültige Lehre von den Planetenbahnen nur mit Rückhalt thut. ‚Die Voraussetzungen (suppositiones) der Sternkundigen, die sie ausfindig gemacht haben (adinvenerunt), müssen nicht notwendig richtig sein. Wenn es auch den Anschein hat, daß die Fragen mittels dieser Voraussetzungen ihre Lösung finden, so muß man doch darum nicht meinen, daß es damit seine Richtigkeit habe, weil den Erscheinungen des Sternhimmels vielleicht auf eine andere Weise ihr Recht geschehen kann, welche die Menschen noch nicht erfaßt haben' (quia forte secundum aliquem alium modum nondum ab hominibus comprehensum apparentia circa stellas salvatur. — 2 de cael. 17)."

Wir behaupten demnach: Es giebt in allen Wissenszweigen eine größere oder geringere Anzahl bis zur Evidenz gewisser Wahrheiten, mag man dieselben hoch bewerten oder als „Plattheiten der ärgsten Art" bezeichnen. Thomas kennt die Sinnestäuschungen, die Schwachheit der Vernunft, die unordentliche Neigung des Willens, kurz alle die Momente, die eine richtige Erkenntnis beeinträchtigen können, aber er fällt deshalb nicht in den Fehler des Ontologismus und Traditionalismus, die nicht aus sich, oder des Skeptizismus und der sozialistischen Dialektik, die nie zur Feststellung der Wahrheit kommen zu können behaupten.

Wie das Gute die Beziehung des Seienden zum Strebevermögen, dem Willen, so bedeutet das Wahre die Beziehung des Seienden zum Erkenntnisvermögen, dem Intellekt. Die Wahrheit ist aber eine zweifache, je nachdem wir von einer Wahrheit der Dinge sprechen in Hinsicht auf die göttliche oder auf die menschliche Erkenntnis. In erstem Sinne sind die Dinge wahr, wenn sie den Ideen des göttlichen Geistes entsprechen, in letzterm Sinne sind die Dinge wahr, wenn der menschliche Geist die Dinge so auffaßt, wie sie thatsächlich beschaffen sind, falsch, wenn diese Übereinstimmung fehlt (Veritas est adaequatio rei et intellectus) [1]. „Die Wahrheit hat ihr Fundament in der Sache, aber ihr Wesen wird erst vollendet durch die Thätigkeit des Intellekts, indem der Gegenstand so aufgefaßt wird, wie er ist." [2] Damit ist nicht gesagt, daß der Gegen= stand in seiner Totalität aufgefaßt werden müsse, wenn nur die Auf= fassung einer bestimmten Beschaffenheit des Gegenstandes, die sie aus= sprechen will, entspricht.

Auch der Frage, ob sich die Wahrheit ändern könne, ist Thomas nicht aus dem Wege gegangen. Die Übereinstimmung des Intellekts mit der aufzufassenden Sache kann von jedem der beiden Beziehungspunkte aus verschoben werden. „Erstens von seiten des Intellekts ändert sich die Wahrheit, wenn man eine andere Meinung annimmt, obwohl die Sache sich gleichbleibt; zweitens wenn bei gleichbleibender Meinung die Sache sich ändert. Auf beiderlei Weise geht eine Veränderung vom Wahren zum Falschen vor sich. Wenn es nun einen Intellekt giebt, in dem kein Meinungswechsel möglich ist, und dessen gedanklicher Auffassung sich kein Gegenstand entziehen kann, so ist in ihm die Wahrheit un= veränderlich. Ein solcher Geist ist der göttliche. . . . . Darum ist die Wahrheit des göttlichen Geistes unveränderlich. Aber die Wahrheit unseres Geistes ist wandelbar; nicht als ob sie selbst Gegenstand

---

[1] De verit. 1, 1c; cf. I, 16, 1c et 2 ob. 2; 21, 1c
[2] 1 sent. 19, 5, 1c.

der Veränderung wäre, sondern insofern unser Geist von der Wahrheit zur
Falschheit gleitet"[1] (oder von einer Wahrheit zur andern; Anm. von
de Rubeis 2c.). „Die Naturdinge, aus welchen unser Geist seine Erkennt=
nis schöpft, mensurieren ihn und sind selbst durch den göttlichen Geist
mensuriert, in welchem alles Geschöpfliche ist, wie alle Kunstwerke im
Geiste des Künstlers. So ist der göttliche Geist mensurierend, aber nicht
selbst mensuriert, die Naturdinge mensurierend und mensuriert, unser Geist
mensuriert, aber nicht die Naturdinge mensurierend, sondern nur seine
Kunstprodukte."[2]

III.
Die Einseitigkeit des Systems.

1. Die Entstehung der materialistischen Geschichtsauffassung.
(Widerspruch zwischen Methode und System.)[3]

Mit der Kritik der Voraussetzungen und der Methode ist die Axt
bereits an die Wurzel des Systems gelegt. Denn dieses fußt einerseits
auf jenen Voraussetzungen und verliert andererseits bei Anerkennung der
dialektischen Methode seinen innern Halt. An Hegel tadelte man aufs
schärfste, daß er trotz seiner Dialektik ein System der Philosophie kon=
struierte, das nach den hergebrachten Anforderungen mit irgend einer
Art absoluter Wahrheit abschloß. Der Vorwurf gegen Hegel ist berechtigt,
aber er kehrt seine Spitze gegen die eigenen Urheber. Mit der einen Hand
reißen sie alle Systeme ein, rütteln sie an allen Wahrheiten, jedem wehrend,
der von neuem den Versuch zum Aufbau eines Systems unternehmen
will. Mit der andern Hand führen sie selbst ein System auf,
ausgestattet mit einer Reihe absoluter Wahrheiten. Der einzige Unter=
schied ist: bei Hegel erscheinen sie pantheistisch, bei Marx materialistisch
gefärbt, das Hegelsche System ist Weltsystem, das Marxsche zunächst Ge=
schichtsphilosophie. Man wird einwenden, diese sei nur eine Methode.
Eine ganz neue Art Methode ist sie dann jedenfalls, da sie nicht
nur formales Hilfsmittel des Erkennens ist, sondern sogleich eine Reihe
sachlicher Wahrheiten auf den Weg mitgiebt[4]. Die dialektische Methode
ist nur gut zum Auflösen und Verneinen, sobald man entschieden bejaht,

---

[1] I, 16, 8c; cf. ibid. ad 2, 3 et 4; de verit. 1, 6.
[2] De verit. 1, 2 et 8; cf. I, 16, 1; vgl. Willmann a. a. O. S. 358.
[3] Vgl. auch „Stimmen aus Maria=Laach" XLI, 473 ff., Art. „Die Philosophie
des wissenschaftlichen Sozialismus" von H. Pesch.
[4] Vgl. P. Barth a. a. O. S. 328 f.

kommt man mit ihr in Widerspruch. Man muß also entweder die Methode
fallen lassen oder auf ein System verzichten. Marx und Engels wollten
aber weder die dialektische Methode, ihr bestes Arbeits= und Umsturz=
instrument, aufgeben, noch wollten sie dem natürlichen Streben des Menschen
nach Wahrheit vor den Kopf stoßen. Ja „nach vielen unhaltbaren ver=
gänglichen Systemen" ist „endlich das unveränderliche System der Wissen=
schaft, das System des demokratischen Materialismus, gewonnen" [1], dessen
Gegner mit dem herbsten Spott überschüttet werden.

Und dieses Streben nach einem System machte sich gleich von allem
Anfang an bei Marx geltend, sobald er an die Erklärung der Geschichte
herantrat. Denn wie uns Kautsky richtig belehrte, bedurfte er gewisser
theoretischer Vorstellungen, um sich in dem Gewirr der geschichtlichen That=
sachen nicht zu verirren, um das Wesentliche vom Unwesentlichen scheiden
zu können. Wie kam nun Marx zu seiner Theorie, und welcher Art ist
diese Theorie?

Wie Engels war auch Marx frühzeitig revolutionär gesinnt:
Sein Vater trat, um seine amtliche Stellung nicht zu verlieren, zum
Christentum über. Das erbitterte [2]. Sein Vater war ferner „von den
französischen Ideen des 18. Jahrhunderts über Religion, Wissenschaft und
Kunst durchdrungen". Wie die große Menge der Zeitgenossen studierte
dann Marx besonders eifrig die Hegelsche Philosophie. Freilich
hatte ihr Auflösungsprozeß damals schon begonnen. Marx schlug sich
seiner ganzen Denkweise gemäß zu den Junghegelianern. Über diese
erhalten wir von Engels das interessante Geständnis: „Die Masse der
entschiedensten Junghegelianer wurde durch die praktischen Notwendigkeiten
ihres Kampfes gegen die positive Religion auf den englisch=fran=
zösischen Materialismus zurückgedrängt. In dem Widerspruch mit
ihrem Schulsystem, in den sie hier kamen, trieb man sich herum, so gut
und so schlecht es gehen wollte." Da kam Feuerbachs „Wesen des
Christentums". „Man muß die befreiende Wirkung dieses Buches selbst
erlebt haben, um sich eine Vorstellung davon zu machen. Die Begeisterung
war allgemein: wir waren alle momentan Feuerbachianer." [3] Und dies,

---

[1] Dietzgen a. a. O. S. 38.
[2] K. Marx war damals sechs Jahre alt. „Zwanzig Jahre später", sagt Lieb=
knecht, „gab der zum Manne herangewachsene Knabe die erste Antwort auf diesen
Gewaltstreich in seiner Schrift über die Judenfrage. Und sein ganzes Leben war
eine Antwort, und war die Revanche" („Karl Marx zum Gedächtnis', Nürnberg
1896, S. 2).
[3] „L. Feuerbach" S. 10 f.

obwohl Feuerbach „gegenüber dem enzyklopädischen Reichtum des Hegelschen
Systems nichts Positives fertig brachte als eine schwülstige Liebesreligion
und eine magere, ohnmächtige Moral" [1].

Ob Strauß, ob Feuerbach, der Refrain heißt immer Materialismus,
mochte er begründet sein oder nicht. Die „praktischen Notwendigkeiten" lassen
ahnen, daß auch am Ende der Marxschen Entwicklung ein materialistisches
System steht. Es heißt hier ökonomischer Materialismus, weil sein
Gesichtsfeld die Ökonomie ist. Der naturphilosophische Materialismus ist
nur seine Voraussetzung.

Nach dem endgültigen Bruch mit dem Hegelschen System blieb Marx
davon nur die Form und die Formeln übrig, namentlich die dialektische
Methode und das einseitige Abstraktionsverfahren, wenn er
auch beides inhaltlich nach der Hegel entgegengesetzten Richtung anwandte.
Das Ungenügen an Feuerbach, das sich bald einstellte, verleidete alle
Theorie. Was man hier nicht gefunden, das sollte das praktische Leben
bieten. War dieses bei Hegel auf Kosten der Theorie zu kurz gekommen,
so sollte jetzt entgegengesetzt das praktische Leben über die Theorie ent=
scheiden. „Das gesellschaftliche Leben", schreibt Marx bereits 1845, „ist
wesentlich. praktisch. Alle Mysterien, welche die Theorie zum Mysti=

---

[1] A. a. O. S. 36. — Schon während des ersten Universitätsstudiums waren
Umschläge vom sog. Idealismus in der Richtung zum Materialismus erfolgt. Aber
immer wieder hatte sich Marx an die damalige Zeitphilosophie angeklammert. Inter=
essant sind die Aufschlüsse, die Marx selbst seinem Vater in einem Briefe vom
10. November 1837 darüber giebt: „Von dem Idealismus, den ich, beiläufig gesagt,
mit Kantischem und Fichteschem verglichen und genährt, geriet ich dazu, im Wirk=
lichen selbst die Idee zu suchen. Hatten die Götter früher über der Erde gewohnt,
so waren sie jetzt das Zentrum derselben geworden. — Ich hatte Fragmente der
Hegelschen Philosophie gelesen, deren groteske Felsenmelodie mir nicht behagte. Noch
einmal wollte ich hinabtauchen in das Meer, aber mit der bestimmten Absicht, die
geistige Natur ebenso notwendig, konkret und festgerundet zu finden wie die kör=
perliche, nicht mehr Fechterkünste zu üben, sondern die reine Perle ans Sonnenlicht
zu halten. Ich schrieb einen Dialog, ... eine philosophisch=dialektische Entwicklung
der Gottheit, wie sie als Begriff an sich, als Religion, als Natur, als Geschichte
sich manifestiert. Mein letzter Satz war der Anfang des Hegelschen Systems." „Aus
zehrendem Ärger, eine mir verhaßte Ansicht zu meinem Idol machen zu müssen,
wurde ich krank." „Während meines Unwohlseins hatte ich Hegel von Anfang bis
Ende samt den meisten seiner Schüler kennen gelernt. ... Immer fester kettete ich
mich selbst an die jetzige Weltphilosophie, der ich zu entrinnen gedacht, aber alles
Klangreiche war verstummt, eine wahre Ironiewut befiel mich, wie es wohl leicht
nach so viel Negiertem geschehen konnte. ... Ich konnte nicht ruhen, bis ich die
Modernität und den Standpunkt der heutigen Wissenschaftsansicht durch einige
schlechte Produktionen wie ‚Der Besuch' 2c. erkauft hatte." „Neue Zeit" XVI[1], 9 f.

zismus verleiten, finden ihre rationelle Lösung in der menschlichen Praxis und im Begreifen dieser Praxis." [1]

In die Praxis des Lebens brachte aber Marx zwei nicht unwichtige Ausrüstungsgegenstände mit, nämlich 1. die von verschiedenen Autoritäten übernommene materialistische Stimmung, 2. die damit eng verwandten spezifisch Feuerbachschen Formeln: „Die Materie ist nicht ein Erzeugnis des Geistes, sondern der Geist ist selbst nur das höchste Produkt der Materie"; die religiöse Welt ist nur eine vorgestellte, der Reflex der irdischen Welt. Damit war dann nur noch ein Schritt, um die durch die Theorie Hegels einerseits und die Praxis des Liberalismus andererseits in Mißkredit geratene Ideologie überhaupt nur als Reflex in letzter Instanz der Ökonomie aufzufassen, an deren Studium Marx jetzt ging. Was man suchte, ließ sich im praktischen Leben, zumal der damaligen Zeit, auch finden. Man beachtete nicht, daß der in Frankreich und England, wohin man sich zunächst wandte, in weiten Kreisen herrschende praktische Materialismus auf dieselben Theorien zurückging wie die eigenen materialistischen Vorstellungen, nämlich auf den englisch-französischen Materialismus des vorigen Jahrhunderts.

In Frankreich war die Saat der Freigeister üppig ins Kraut geschossen. Denken wie Leben stand großenteils unter dem Zeichen des Materialismus. Nicht anders sah es in England aus, von wo der Atheismus nach Frankreich herübergekommen war. Die Profitsucht kannte keine Grenzen und die Ausbeutung der Arbeiter kein Ziel. Die Rücksichtslosigkeit wurde noch verschärft durch die neuen Erfindungen und den Umstand, daß man durch private und gesetzliche Chicane keine neuen zeitgemäßen Organisationen der Arbeiter aufkommen ließ. Die Bourgeoisie hat „kein anderes Band zwischen Mensch und Mensch übrig gelassen als das nackte Interesse, als die gefühllose ,bare Zahlung'" [2]. Häufung des Reichtums auf der einen Seite, Mehrung des Elends auf der andern Seite waren die Folge. Es entstanden so zuerst in England zwei Völker in einem Lande, die sich schroffer und unvermittelter gegenüberstanden als zwei feindliche Nationen. „Alles Heilige wird entweiht." [3] Nur eine Institution sollte als heilig gelten — das Eigentum, nur ein Ziel als Ideal — der Profit. Diese Praxis warf auch ihre Schatten auf das öffentliche Leben. Dem Wettkampf der einzelnen Kapitalisten entsprach hier der rücksichtslose Interessenkampf der großen Parteien der Großgrundbesitzer und der Industriellen, wozu später noch die Arbeiter

---

[1] „L. Feuerbach" S. 61.
[2] „Kommunistisches Manifest" S. 11.
[3] A. a. O. S. 12.

Schaub, Eigentumslehre.

kamen. Die Religion und alle höhern Bestrebungen galten als Neben=
sache. In den französischen Kammerverhandlungen konnte „das Religiöse
kaum anders als in politischer Vermummung die Tribüne betreten" [1].
In England dagegen suchte man, je mehr in vielen Kreisen die innere
Religiosität fehlte, desto mehr den äußern Schein zu wahren und „dem
niedern Volke die Religion zu erhalten". Analog verhielt es sich mit
den humanitären, künstlerischen und wissenschaftlichen Bestrebungen. Hatte
so frivole Freidenkerei einerseits, schändliche Habsucht und Heuchelei anderer=
seits einen großen Herrschaftsbezirk erlangt, so bauten sich auf der Praxis
hinwieder die entsprechenden Theorien auf, so insbesondere in den neu
entstehenden Wissenschaften der Volkswirtschaft und der Gesellschaftslehre.
Die wirtschaftliche Praxis wurde von der Theorie als selbstverständliches
und für immer gültiges Verfahren registriert.

Das war der Vorstellungskreis, aus dem Marx und Engels, mit
der materialistischen Brille bewaffnet, ihre Geschichtsphilosophie ablasen.
Hätte man sich zunächst auf die Beschreibung und Kritik der umgebenden
Verhältnisse beschränkt, dann mochte die Darstellung, wenn man auch wie
in der „Lage der arbeitenden Klasse in England" und im „Kapital" die
Schattenseiten hervorgehoben hätte, insoweit zutreffend erscheinen. Statt
dessen abstrahierte man sofort eine Geschichtstheorie, welche die wirkenden
Kräfte der neuern Geschichte nur einseitig erfaßte und zugleich als Schablone
für alle frühere Geschichte aufgestellt wurde. Weil das Sinnen und Denken
eines großen Teiles der Gesellschaft vollständig im wirtschaftlichen Leben
aufging, mußte das für die ganze Gesellschaft und für alle Zeiten gelten.
Weil die Schlagworte des Liberalismus: „Freiheit und Gleichheit", viel=
fach nur als Verkleidung wirtschaftlicher Interessen dienten, weil der
Hegelsche Idealismus sich als phantastisch erwies, ist sofort alle Ideologie
Schrulle bezw. Wiederspiegelung der wirtschaftlichen Verhältnisse. Nach
der nämlichen Schablone ist die ganze Geschichte eine Geschichte von
Klassenkämpfen. Schon die dialektische Methode, nach welcher die einzelnen
Geschichtsepochen und ihre Betrachtungsweisen ganz verschieden sind, mußte
einer solchen Generalisierung wehren. Größer aber als für die Vergangen=
heit ist der Widerspruch für die Zukunft. Der Klassenkampf, dem aller
bisheriger Fortschritt verdankt sein soll, soll im Sozialismus sein Ende
finden. Der Sozialismus ist das letzte und höchste Ziel der Menschheit,
er bedeutet theoretisch und praktisch die Überwindung aller Widersprüche.
„Sind aber", sagt Engels, „alle Widersprüche ein für allemal beseitigt,

---

[1] J. v. Görres, Kirche und Staat nach Ablauf der Kölner Irrung, Weißen=
burg 1842, S. 8.

so sind wir bei der sogenannten absoluten Wahrheit angelangt, die Weltgeschichte ist zu Ende, und doch soll sie fortgehen, obwohl ihr nichts mehr
zu thun übrig bleibt — also ein neuer, unlösbarer Widerspruch."[1] Ein
Anhänger von Marx hat allerdings schon die Frage aufgeworfen, welches
die „Negation" der Marxschen Geschichtsauffassung sein werde. Aber einerseits hätte Marx keinen Widerspruch gelten lassen gegen Wahrheiten, die
er einmal gefunden zu haben glaubte, andererseits ist es ein sozialistisches
Dogma, daß der Kommunismus die letzte Stufe der Entwicklung ist.
Da hier die Klassengegensätze und alle Widersprüche des Gesellschaftslebens
aufgehoben sind, wird der Zustand im allgemeinen derselbe bleiben. Somit
bleibt auch die Ideologie dieselbe, und die materialistische Geschichtsauffassung ist vor einer neuen Verneinung sicher. Sofort ist es vorbei
mit „der einzig absoluten Wahrheit", der dialektischen Methode; an ihre
Stelle sind eine Reihe konservativerer Wahrheiten getreten.

2. Die theoretische Grundlage der materialistischen Geschichtsauffassung.

Doch sehen wir von dem Widerspruch zwischen System und Methode
ab und schauen wir uns die Theorie näher an! Zum Studium der
Geschichte bringt Marx, wie schon gesagt, seine materialistischen Vorstellungen
und das Abstraktions- und Formelwesen Hegels mit. Über die wirkliche
Begründung des Materialismus giebt er sich keine weitere Rechenschaft[2].
Das Studium der Philosophie muß überhaupt dem der Ökonomie weichen,
bezw. erhalten die überkommenen philosophischen Formeln, nachdem der
Idealismus entschwunden ist, einen ökonomischen Inhalt. Die Fachkrankheit
früherer Ökonomen, die über dem Studium der wirtschaftlichen Verhältnisse die andern Lebensbeziehungen gering achten, erlebt bei Marx
ihren Höhegrad. Dazu kommt, daß Marx immer da einsetzt (z. B. auch
in der Wertlehre), wo die Sache am kompliziertesten ist. Die Geschichte
ist ein System der mannigfaltigsten Wechselwirkungen. Diejenigen der
Ökonomie, die an sich schon unbestreitbar sehr mächtig sind, steigern sich
nun für Marx unter dem Einfluß seiner Weltanschauung und dem Studium

---

[1] „L. Feuerbach" S. 7 f.

[2] Wenn Marx die letzten Ursachen und Kräfte erforschen will, so ist seine
Mißachtung gegenüber den tiefern, allseits nahegelegten, philosophischen Problemen
ganz auffallend, deren Ergründung nicht bloß das Ziel einer vollständigen Weltanschauung, sondern auch jeder einzelnen Wissenschaft sein muß, die sich ihres Funda-
ments und ihres Zusammenhangs mit der Gesamtwissenschaft bewußt bleiben will.
Nur die angedeutete Beziehung zu Hegel und Feuerbach läßt jene Geringschätzung
einigermaßen begreiflich erscheinen. — Einzelne Theoretiker, wie K. Schmidt, Ed. David
u. a., lenken auch nach dieser Richtung etwas ein.

Ricardos und anderer Ökonomen ins Ungemessene. Was soll aber sein Materialismus mit den geistigen Mächten in der Geschichte anfangen? Doch da hilft die ehemals idealistisch einseitige Abstraktionskunst Hegels und der Feuerbachsche Begriff „Wiederspiegelung".

Marx will in die Tiefe gehen, Sein und Schein unterscheiden. Thatsächlich scheut er aber stets zurück, bis zur wirklich letzten Instanz vorzugehen. Er bleibt immer bei einer Unterinstanz, in userm Falle bei der ökonomischen Struktur als der letzten Instanz stehen. Das so gefundene Grundprinzip wird dann besonders grell beleuchtet, während alles übrige in der Dämmerung des Hintergrundes allmählich ver= schwindet. Macht man dann auf den Widerspruch mit den Thatsachen aufmerksam, so erwidert man, das sei nur scheinbar, die esoterische, tiefer eindringende Wissenschaft könne allein zur richtigen Einsicht führen. Die esoterische Wissenschaft ist aber hier nichts weiter als die Kunst, von wesentlichen Dingen zu abstrahieren. Die ökonomische Struktur selbst, die man je nachdem eng, weit und sehr weit auffassen kann, ist jedenfalls kein einfaches Element. Sie führt auf andere Elemente zurück. Um zu einer wirklich gründlichen Geschichtsphilosophie zu gelangen, mußte so überall auf die letzten Elemente zurückgegangen werden[1]. Dabei hätte sich alsbald gezeigt, daß die Wege der Ideologie nach ihrem Ursprung hin nur zum geringen Teil in der von Marx abgesperrten ökonomischen Sackgasse ein= münden, zum größten Teil aber daran vorbei und weit hinter sie zu= rückführen, wenn auch natürlich die in Betracht kommenden Wirkungen und Thatsachen mit denen der ökonomischen Sphäre in enger Beziehung stehen. Ökonomie giebt es eben überall, wo Menschen sind, die hungern, dursten, frieren. Aber diese Notwendigkeit beweist noch nicht, daß die Ökonomie auch Ursache alles geschichtlichen Wirkens ist, sondern nur, daß sie universale Bedingung ist, die fördernd und hemmend mächtig ein= wirken kann. Es tritt uns hier als πρῶτον ψεῦδος derselbe grobe Denk= fehler entgegen, „der dem Materialismus im allgemeinen eigen ist, daß eine conditio sine qua non, die materielle Seite der Welt, zugleich als die allgemeine causa efficiens hingestellt wird"[2].

---

[1] Sicut Philosophus dicit in 1 phys.: Tunc opinamur cognoscere unumquodque, cum causas cognoscimus primas et principia prima, et usque ad elementa, ex quo manifeste Philosophus ostendit in scientiis esse processum ordinatum, prout pro- ceditur a primis causis et principiis usque ad proximas causas, quae sunt elementa constituentia essentiam rei. Et hoc est rationabile. . . . Proceditur a simplicibus ad composita, inquantum composita cognoscuntur per simplicia sicut per sua simplicia principia (de cael., prooem.; cf. 1 pol. 1 e). — Vgl. „Die Zeit" XI, 164.

[2] Roscher, Grundlagen der Nationalökonomie, 22. Aufl., herausgegeben von R. Pöhlmann, Stuttgart 1897 [§ 21 b].

Geschichtsphilosophische Betrachtungen, wie sie besonders Augustinus liebt, finden sich bei Thomas von Aquin nur wenige. Augustinus stand eben an einem großen Wendepunkte der Geschichte, der zu historisch=philo= sophischem Überblick geradezu aufforderte, Thomas befand sich mitten in einer werdenden Zeit[1]. Die Geschichte selbst, diese große Lehrmeisterin, hat er aber keineswegs ignoriert. „Mit seltener Erudition weiß z. B. der hl. Thomas regelmäßig die ganze geschichtliche Entwicklung des philosophischen oder theologischen Lehrsatzes, den er eben behandelt, dar= zustellen und für die Lösung der bezüglichen Quästion zu verwerten."[2] „Es ist notwendig, die Ansichten der Alten ..., mögen sie sein, wer sie wollen, zu übernehmen.... Es wird sich das in zweifacher Hinsicht als nützlich erweisen, weil wir das Richtige in ihren Lehren zu unserer Förderung übernehmen und das Unrichtige vermeiden können."[3]

Wenn wir auch bei Thomas nur wenige geschichtsphilosophische Erwägungen finden, so sind diese doch sehr wichtig, weil hier wirklich auf die letzte Instanz aller Geschichte zurückgegangen und über die theoretische Grundlage jeder Geschichtsauffassung Klarheit gegeben wird. Dahin gehört namentlich die Erörterung der Probleme „über Möglichkeit, Anfang, Fortschritt und Ziel der Geschichte, über das Ver= hältnis von göttlicher Vorsehung, sittlicher Freiheit und Naturnotwendig= keit, über Ursprung, Zulassung und Bedeutung des Bösen, über geschicht= liche Selbstbewegung und übernatürliche Weltregierung u. a."[4] Thomas geht vor allem auf den letzten Ausgangspunkt der Geschichte zurück, auf die Erschaffung und Erhaltung der Welt durch Gott. Er weist dann nach vorwärts das letztzuerreichende Ziel nach. Da Ursprung und Ziel die ganze Geschichte in letzter Instanz durchherrschen, so sind sie für die Geschichtsphilosophie die wichtigsten Probleme.

Bei Betrachtung des Inhalts der Geschichte geht Thomas natur= gemäß vorwiegend auf das religiöse und, soweit notwendig, philo= sophische Moment ein. Aber durch den Nachweis, daß Gott Ursprung und Ziel des Menschen und der Geschichte ist, wird das religiöse Moment Zweck, auf den die übrigen Bethätigungen (ihren Trägern bewußt oder unbewußt) sich beziehen. Wie die Betrachtung der Geschichte zeigt, kommt dementsprechend der Religion thatsächlich eine überaus große Bedeutung zu. Thomas kommt es aber nicht in den Sinn, infolge der teleologischen Überordnung die kausale Beziehung der Religion zu den übrigen Faktoren

---

[1] Vgl. Hipler, Die christliche Geschichtsauffassung, Köln 1884, S. 52.
[2] A. a. O.   [3] De anim. 1, 2.
[4] Hipler a. a. O.

zu übertreiben, wie Marx mit der Geschichte der Technologie zugleich
eine Geschichte aller Ideologie, Kultur und Politik schreiben will.

Wie sich Thomas die wissenschaftliche und technische Ent=
wicklung vorstellt, wurde schon gezeigt. Auch das ökonomische Moment
wird von ihm gewürdigt, wie noch verschiedenfach darzulegen sein wird.
Ein genaueres, systematisches Eingehen auf das wirtschaftliche Moment
in der Geschichte, wie es die neuere Wirtschaftsgeschichte versucht, war
erst möglich in unserm Jahrhundert mit dem raschen technischen Fort=
schritt, den massenhaften Erscheinungen auf wirtschaftspolitischem Gebiet und
den historischen Spezialforschungen. Ohne die diesbezüglichen Anregungen
von Marx und Engels gering anzuschlagen, muß man ihre maßlosen Über=
treibungen entschieden zurückweisen. Will man aber sagen, das theologische
und philosophische System von Thomas verliere an seiner Richtigkeit
deshalb, weil er sich nicht auf wirtschaftshistorische Detailuntersuchungen
einläßt, so gehört das eben auch in die Rubrik jener Übertreibungen.

Wenn für die Entwirrung des geschichtlichen Thatsachenmaterials
eine theoretische Grundlage unerläßlich ist, so kann diese hinwieder ihre
Richtigkeit nicht deutlicher beweisen, als wenn sie im Kampf und Wandel
der Zeiten und Meinungen ununterbrochen ihre Existenz siegreich be=
hauptet, wenn sie die Last der Geschichte getragen hat. In diesem
Sinne aber hat sich das thomistische Lehrgebäude als wahrhaft historisch
erwiesen, indem es nicht nur das beste von Frühern Gesagte zusammen=
faßt, sondern auch in seinem wesentlichen Bestande bis heute zahlreiche
Vertreter findet. Dabei besteht das thomistische System nicht aus all=
gemeinen, verschwommenen Sätzen. Es enthält auch nicht, wie es nach
Marx sein müßte, Partei= und Klassengrundsätze, sondern Aufstellungen,
die allgemein menschliche Geltung besitzen, die nicht vom Milieu diktiert
sind, die von ihm nur einige für das Große und Ganze accidentelle
Schattierungen erhielten. Die Milieu=Ansicht von Marx mag für die von
ihm gefundene Theorie in hohem Grade zutreffen, für Thomas gilt sie
nicht. Die dialektische Anschauung von Marx, daß das Neueste immer
das Beste und die Überwindung alles Frühern sei, ist eine
unrichtigerweise von der Technik und den mechanischen Wissenschaften auf
die Ideologie übertragene Vorstellung. Durch Bauer=Feuerbach, Kant=
Hegel, Smith=Ricardo ist in Theologie, Philosophie und Ökonomie noch
nicht alles früher Gesagte über den Haufen geworfen und daher für die
Theorie künftig zu ignorieren, so wenig als (für Marx) durch die Umkehrung
der genannten Systeme die beste Theorie sich ergiebt. Gerade in der
dialektischen Methode besitzt die Marxsche Theorie den Todeskeim. Während
man von der materialistischen Geschichtsauffassung auch als von einer

„Hypotheſe" ſpricht und bereits, teils unter Widerſpruch teils unter Mit=
wirkung der ſtrengen Marxiſten, weſentliche Beſtandteile ſowohl der Ge=
ſchichtsauffaſſung wie des materialiſtiſchen Geſamtſyſtems zu eliminieren
beginnt, iſt die Theorie von Thomas in ihrem Weſensbeſtande geblieben,
wenn auch ergänzt und verdeutlicht, ſind wirklich nur Dinge, die im
Syſtem Accidentien ſind, beſeitigt worden.

Wenn wir unter Rückſicht auf dieſe Theorie den letzten Elementen
oder Wirkurſachen der Geſchichte nachgehen, ſo kommen in Betracht: zu=
nächſt der Menſch als Individuum (animal rationale) und Geſell=
ſchaftsweſen (animal sociale), dann die äußere materielle Natur
und ſchließlich die geiſtige Welt. Kurz, materielle und geiſtige Faktoren
wirken in der Geſchichte zuſammen, von denen der Menſch als der
wichtigſte gleichſam in den Horizont der körperlichen und geiſtigen Welt
geſtellt iſt. Haupt= und Grundfrage iſt alſo auch hier das Verhält=
nis von Geiſt und Materie, und ſie muß vor allem für den
Menſchen gelöſt werden. Warum hat der Menſch eine Geſchichte und eine
Kultur? Darauf giebt am kürzeſten Auskunft ein Vergleich mit dem Tier,
mit dem er die materiell=ſinnliche Natur (animal) und die Beziehung zur
äußern, materiellen Natur gemein hat. Es bleibt alſo, ſchon ganz ober=
flächlich genommen, nur der andere Weſensbeſtand des Menſchen, das
Rationale, als letzte kauſale Inſtanz übrig. Die Geſchichte des Menſchen zeigt
im Verhältnis zur Einförmigkeit und Stabilität des Lebens der Tiere in
großer Schrift, daß das Rationale einen ſpezifiſchen Unterſchied begründet [1].

Der Sozialismus iſt allerdings anderer Meinung. Er nimmt zunächſt
den naturphiloſophiſchen Materialismus als Vorausſetzung herüber. In
ſeinem eigenen Syſtem, dem ökonomiſchen Materialismus, rückwärts
gehend, kann er dann den philoſophiſchen Materialismus dankenswert
ergänzen. Alle Veränderung im Fortſchritt der Ideologie führt in letzter
Inſtanz auf die Technik zurück. Warum nicht die Entſtehung des Geiſtes
ſelbſt auf die Technik begründen? Engels hat dieſe Folgerung auch ge=
zogen. Marx „glaubt ſich über den vulgären Materialismus unendlich
erhaben, wenn er die Idee nicht mehr aus dem Phosphor des Gehirns,
ſondern aus der geſchichtlich gewordenen Produktion entſtehen läßt" [2].

---

[1] Cf. 2 phys. 13: (Animalia) semper eodem modo operantur; omnis enim
hirundo similiter facit nidum, et omnis araneus similiter facit telam, quod non
esset, si ab intellectu et arte operarentur; non enim omnis aedificator similiter facit
domum, quia artifex habet iudicare de forma artificiati et potest eam variari. —
Vgl. auch „Die Zeit" XI, 164.

[2] A. Mühlberger, Zur Kenntnis des Marxismus, Stuttgart 1894, S. 12. —
Vgl. H. Lux, Etienne Cabet und der ikariſche Kommunismus, Stuttgart 1894,
S. 149: „Unſer Denken iſt die Funktion des kapitaliſtiſchen Milieus."

Was ist damit für den naturphilosophischen Materialismus gewonnen? Kann etwa der Sonnenschein der Technik dem Boden der Materie Trieb= kräfte entlocken, die mit der Materie nichts zu thun haben, mit ihr im Widerspruch stehen? Jedenfalls muß, was sich entwickelt, im Keime schon vorhanden sein [1]. Vielleicht entdecken vervollkommnete Instrumente im Staubatom, das sich gleichgesinnten Genossen anschließt, ein bisher ver= borgenes Denkorgan [2]. Man gelangt auf diese Weise wieder in die Sack= gasse des Pantheismus und Idealismus, von dessen Bekämpfung man ausging [3]. Die naturphilosophisch=materialistische Auffassung vom Geiste verliert deshalb, wenn sie vom historischen Materialismus übernommen wird, nichts von ihrer Plumpheit. Ist doch der Gedanke nach Lafargue nichts anderes „als ein physikalisch=chemischer Vorgang, als eine Form der Bewegung" [4]. „Das Gehirn setzt die Empfindungen in Ideen um, wie die Dynamomaschinen die auf sie übertragene Bewegung in Elektrizität umsetzen." [5] Der Geist ist nach Dietzgen „nichts weiter wie ein abstrakter Ausdruck, ein Sammelwort für die nacheinander folgenden Gedanken" [6].

So viel einstweilen zur Klarstellung der naturphilosophischen Vorfrage; kommen wir nun zur Aufgabe der Technik! Die Arbeit entwickelte nach Engels wie alle übrigen menschlichen Organe, so auch das Gehirn so weit, wie es jetzt ist. Der Entwicklungsprozeß begann aber nicht beim Kopf, sondern bei den Füßen. Zunächst fingen nämlich die menschenähnlichen Affen an, „auf ebener Erde sich der Beihilfe der Hände beim Gehen zu entwöhnen und einen mehr und mehr aufrechten Gang anzunehmen. Damit war der entscheidende Schritt gethan für den Übergang vom Affen zum Menschen" [7]. Die Hand war frei geworden, sie konnte zu andern Verrichtungen verwendet werden und dadurch immer neue Geschicklich=

---

[1] Engels hat auch diese Folgerung (des Panpsychismus) gezogen; vgl. „Nene Zeit" XIV², 551.

[2] Vgl. Dietzgen a. a. O. S. 24 f.: „Von ihrem (der Materie) Willen und Zweck läßt sich vergleichsweise reden. Jedoch erwächst dieser allgemeinen In= telligenz (die, nur nach den Pflanzenformen zu urteilen, schon ungemein groß sein muß) erst im tierischen Instinkt eine beschränkte Klarheit, welche einen reinen Ausdruck wiederum erst in der menschlichen Hirnfunktion, in unserm Bewußtsein erlangt."

[3] Ed. David („Nene Welt" 1896, S. 263 f.) kann sich weder· für das mate= rialistische noch für das idealistische Prinzip entscheiden. Allein wenn wir auch nicht zu dem Wie vordringen können, so bleibt für das Daß nur der letztere Weg übrig, da die Materie ein völlig unzureichendes Entstehungsprinzip für den wesentlich höhern Geist ist.

[4] „Neue Zeit" XIII², 580. [5] A. a. O. S. 581.

[6] Dietzgen a. a. O. S. 34.

[7] Engels, Der Anteil der Arbeit an der Menschwerdung des Affen. Nach dem Tode von Engels veröffentlicht in der „Neuen Zeit" XIV², 546.

keiten erwerben. Diese vererbten und vermehrten sich von Geschlecht zu
Geschlecht. Die allmähliche Ausbildung des Handorgans hat auf alle
Teile des Organismus rückgewirkt. Die Fälle gegenseitigen Zusammen=
wirkens mehrten sich unter der ohnehin geselligen Affenart. „Die werdenden
Menschen kamen dahin, daß sie einander etwas zu sagen hatten. Das
Bedürfnis schuf sich sein Organ: der unentwickelte Kehlkopf bildete sich
langsam, aber sicher um." [1]

„Arbeit zuerst, nach und dann mit ihr die Sprache — das sind die
beiden wesentlichsten Antriebe, unter deren Einfluß das Gehirn eines
Affen in das bei aller Ähnlichkeit weit größere und vollkommenere eines
Menschen allmählich übergegangen ist." [2] Die dem Körper zugeführten
Stoffe, die chemischen Bedingungen zu dieser Umwandlung, wurden immer
mannigfaltiger. Am wichtigsten wurde in dieser Beziehung die Erfindung
der Werkzeuge der Jagd und des Fischfangs. Denn gerade in der Fleischkost,
mögen auch die Vegetarianer protestieren, erhielt der Mensch und besonders
sein Gehirn die zu ihrer Entwicklung nötigen Stoffe. „Durch das Zu=
sammenwirken von Hand, Sprachorgan und Gehirn nicht allein bei jedem
Einzelnen, sondern auch in der Gesellschaft wurden die Menschen befähigt,
immer verwickeltere Verrichtungen auszuführen, immer höhere Ziele sich
zu stellen und zu erreichen. Die Arbeit selbst wurde von Geschlecht zu
Geschlecht eine andere, vollkommenere, vielseitigere. Zur Jagd und Vieh=
zucht trat der Ackerbau, zu diesem Spinnen und Weben, Verarbeitung
der Metalle, Töpferei, Schiffahrt. Neben Handel und Gewerbe trat endlich
Kunst und Wissenschaft, aus Stämmen wurden Nationen und Staaten.
Recht und Politik entwickelte sich und mit ihnen das phantastische Spiegel=
bild der menschlichen Dinge im menschlichen Kopf: die Religion." [3]

So der Ursprung des menschlichen Geistes und der Menschheits=
geschichte, frei phantasiert von Engels. Liberalerweise nimmt er für den
Übergang der Affen zum Menschen „hunderttausende von Jahren" an.
Nun sind aber für das Tertiär keine fossilen Knochen oder sonstige
Reste menschlicher Thätigkeit und menschlichen Lebens nachzuweisen. Die
höchste Zahl für das Alter des Menschengeschlechts geht über 15 000 Jahre
nicht hinaus, ist wahrscheinlich viel niederer [4]. Damit fällt also der dunkle
Hintergrund.

Aber auch das geschichtliche Tier und der geschichtliche Mensch protestieren
gegen jenes Phantasiegebilde. Warum haben die Tiere, denen es doch

---

[1] A. a. O. S. 548.   [2] A. a. O.
[3] A. a. O. S. 550.
[4] Vgl. Schanz a. a. O. (2. Aufl.) S. 634 ff.; derselbe, Das Alter des Menschen=
geschlechts. Biblische Studien, herausgegeben von Bardenhewer, I², Freiburg 1896.

taufenbmal leichter war, zu höherer Kultur zu gelangen, da ihnen wie
den Naturvölkern die Werkzeuge schon erfunden vorliegen, trotz aller an=
gestellten Versuche von seiten ihrer Lehrmeister **keinen Fortschritt**
gemacht? Die Affen kennen, wie selbst die neueste Auflage von Brehms
„Tierleben" (I, 50) zugesteht, nicht einmal den Gebrauch von Baumästen,
Steinen 2c. als Waffen. Zoologisch niedrig stehende Tiere, wie z. B. die
Spinne, „sind in Bezug auf den zweckmäßigen Gebrauch von Waffen
dem Menschen weit ähnlicher als die höchsten Affen, die doch die einzige
entwicklungstheoretische Brücke zwischen Tier und Mensch bilden können" [1].
„Trifft eine Affenhorde die Reste eines von Menschen angezündeten Feuers
im Walde, so setzt sie sich wohl um dasselbe und genießt seine angenehme
Wärme. Aber noch keinem Affen ist es in den Sinn gekommen, Holz
auf das erlöschende Feuer zu legen, um es zu unterhalten. Und doch
wäre das eine so einfache und so naheliegende Vorstellungsverbindung,
die nur einen niedrigen Grad von Intelligenz erfordern würde." [2] Die
so sehr betonte Charakterisierung des Menschen als „eines Werkzeuge
fabrizierenden Tieres" ist also nichts mehr und nichts weniger als ein
Beweis für den wesentlichen Unterschied des frei und zweckmäßig schaffenden
menschlichen Geistes vom tierischen Instinkt. „Eine Spinne verrichtet
Operationen, die denen des Webers ähneln, und eine Biene beschämt
durch den Bau ihrer Wachszellen manchen menschlichen Baumeister. Was
aber von vornherein den schlechtesten Baumeister vor der besten Biene
auszeichnet, ist, daß er die Zelle in seinem Kopf gebaut hat, bevor er
sie in Wachs baut. Am Ende des Arbeitsprozesses kommt ein Resultat
heraus, das beim Beginn desselben schon in der Vorstellung des Arbeiters,
also schon ideell vorhanden war." [3] Eine genauere Erwägung des hier
ausgesprochenen Unterschieds mußte zu obiger Schlußfolgerung führen.
Warum sind die Tiere für ihre spezifischen Verrichtungen so blitzgescheit,
aber tierisch dumm, wenn sie über deren Kreis hinausgebracht werden
sollen? [4]

---

[1] E. Wasmann, Vergleichende Studien über das Seelenleben der Ameisen
und der höhern Tiere, Freiburg 1897, S. 27.

[2] A. a. O. S. 87.

[3] „Kapital" I, 140.

[4] Nebenbei bemerkt, ist der Vorwurf vollständig unzutreffend, Thomas und
die scholastische Philosophie überhaupt mache das Tier zur „Maschine". Das geschah
durch Descartes. Im Gegensatz zu ihm wie zu dem andern Extrem, der modernen
Tierpsychologie, nimmt Thomas die Thatsachen, wie sie sind, ohne etwas hinzuzu=
fügen oder hinwegzuinterpretieren (cf. I, 78, 4 2c.; vgl. E. Wasmann, Instinkt
und Intelligenz im Tierreich, Freiburg 1897, S. 25. 28. 36 f.).

Derselbe Widerspruch ergiebt sich auch bezüglich des Menschen.
Wenn die Arbeit mit rudimentären Werkzeugen im stande war, die Hände,
das Gehirn und den ganzen Organismus umzubilden, mußte dies dann
nicht noch weit mehr durch die vervollkommneten Arbeits=
mittel vom Steinmesser bis zur Dynamomaschine der Fall sein? Daß
dem nicht so ist, bezeugen zwei Thatsachen. Erstens bedürfen die wilden
Völker nicht Jahrtausende, um zu bedeutend höherer Kultur empor=
gehoben zu werden. Wenn ein Volk tief stand, so waren es nach Lafargue
die Guaranis, deren Geist so wenig entwickelt war, daß sie nur bis
zwanzig zu zählen im stande waren. Und doch haben die Jesuiten diese
Wilden von Paraguay „zu geschickten Arbeitern erzogen, die fähig waren,
die schwierigsten Arbeiten auszuführen" [1].

Zweitens spricht die ganze bekannte Geschichte gegen eine
solche Entwicklung des Geistes, und da haben wir das Zeugnis des
Sozialismus selbst. „Hat sich . . . der menschliche Organismus, sein
Denkvermögen, seine künstlerische Fähigkeit 2c. in historischer Zeit merklich
verändert? Sicher nicht. Die Denkfähigkeit eines Aristoteles ist wohl
kaum übertroffen; ebensowenig das künstlerische Vermögen der Antike." [2]
Wir dürfen noch weiter zurückgehen. „In der neolithischen Zeit . . .
finden wir polierte Äxte, meist aus den härtesten Steinen und von einer
Feinheit und Schönheit der Arbeit, wie sie ein Arbeiter unserer Tage
mit allen Hilfsmitteln der modernen Industrie nicht besser herstellen kann.
Diese neolithischen Menschen erbauten die Dolmen (Steintische oder
Kammern) und Menhirs (aufgerichtete Steine), kennen Netze und Webereien
und errichten feste Behausungen, nötigenfalls in sicherer Lage." [3] „Ob
wir die indische Litteratur und Geschichte oder die ägyptische Kultur ins
Auge fassen, wir müssen staunen über die geistige Höhe dieser alten
Völker." [4] „Die Ägypter treten schon 3000—4000 Jahre vor Christus mit
einer ausgebildeten Schriftsprache auf, welche ein Volk voraussetzt, das
viel beobachtet, viel studiert, viel gedacht hat, und dessen Geist sich in
den kompliziertesten Kombinationen zurechtfinden kann." [5] So viele Um=
wälzungen der Produktionsweise, alle Anpassungen und Vererbungen
haben also die menschliche Natur nicht „merklich" verändert. Damit ist
die Dialektik vom wichtigsten, weil fundamentalen Gebiete aus=

---

[1] „Neue Zeit" XIII [2], 582.
[2] A. a. O. XIV [2], 655; auch K. Schmidt (Beilage des „Vorwärts" vom
30. Juli 1897) ist der Ansicht, daß sich die Fähigkeiten der menschlichen Natur gar
nicht nennenswert verändert haben, und zwar weder die Verstandeskraft noch das
Strebevermögen.
[3] Schanz a. a. O. S. 637 f.   [4] A. a. O. S. 639.   [5] A. a. O. S. 640.

geschlossen. Daß die gesamte äußere Kultur sich höher entwickeln werde, ist in die Auffassung vom Menschen als einem geistbegabten gesellschaftlichen Wesen eingeschlossen. Daß aber der Mensch sowohl wie das Tier Jahr= tausende hindurch dem Wesensbestand ihrer Natur nach auf einer bestimmten Stufe stehen bleiben konnten, ist vom materialistischen Standpunkt rein unbegreiflich [1].

Ist denn aber der Denkprozeß wirklich so plump=mechanisch zu erklären? Dubois=Reymond beantwortete diese Frage nach der Er= klärung des Denkvorganges vom Standpunkt der mechanischen Natur= erklärung aus mit einem ehrlichen Ignoramus et Ignorabimus. Und in der That, jenes mechanisch unerklärliche X weist so eigenartige, von allen körperlich=mechanischen Kräften abweichende Thätigkeiten auf, daß sie Thomas mit Recht einer immateriellen, geistigen Kraft zuweist. Das Vorhandensein einer von der Materie wesensverschiedenen, geistigen Menschenseele ist das Resultat einer unabweisbaren Schlußfolgerung. Wir erkennen nämlich nicht nur Sinnliches und Materielles, sondern auch Übersinnliches und Geistiges. „Wenn der Intellekt ein Körper ist, wird seine Bethätigung nicht über die Körperwelt hinausgehen. Er wird also nur Körper er= kennen; das ist aber offenbar falsch, wir erkennen auch vieles Nicht= körperliche." [2] Wir erkennen ferner an den materiellen Dingen nicht bloß die äußere Erscheinungsform, sondern auch das Intelligible und All= gemeine, den Grund und die Ursache [3]. Dasselbe beweist die Ein= fachheit des Denkaktes [4] und die Thatsache des Selbstbewußtseins. Letzteres betreffend sagt Thomas: „Keine körperliche Thätigkeit wendet sich gegen das Thätige. Der Intellekt aber wendet sich bei seiner Thätig= keit auf sich selbst zurück; denn er erkennt sich selbst und zwar nicht nur teilweise, sondern ganz. Er ist also kein Körper." [5] Von einer weitern und ausführlichern Begründung muß hier abgesehen werden. Dagegen dürfte es, um Mißverständnisse auszuschließen, angebracht sein, noch den Anteil, der nach Thomas beim Denkvorgang der Sinneswahrnehmung zufällt, ganz kurz festzustellen.

Die Seele ist nicht nur, wie Plato meinte, die Bewegerin des Leibes, sie ist unmittelbar mit demselben verbunden, sie ist sein Lebensprinzip [6]. Aus der engen Verbindung zwischen Seele und Leib resultiert eine innige

---

[1] Vgl. Bebel a. a. O. S. 240: „Die Gesetze der Entwicklung, der Vererbung, der Anpassung gelten für den Menschen wie für jedes andere Naturwesen."

[2] Cg. II, c. 49.   [3] Cf. ibid. c. 66; 2 anal. 20.

[4] Cf. I, 75, 5.   [5] Cg. II, c. 49; cf. ibid. c. 66; 1 anal. 1.

[6] Cf. I, 76; vgl. auch T. Pesch, Seele und Leib gemäß der Lehre des hl. Thomas von Aquin, Fulda 1893.

Wechselwirkung[1]. Daraus erklärt sich denn auch die Weise des Er=
kennens, durch dessen materialistische Deutung der Sozialismus aller
Ideologie den Todesstoß versetzt zu haben glaubt. Nicht gleichgültig ist
auch hier der Ausgang vom Idealismus[2], der die Priorität der Ideen
in verkehrter Weise auffaßte. Mit der Widerlegung dieses Pseudo=Idealis=
mus (dieser letzten, einseitigsten — und darum höchsten Form des
Idealismus) sah man den Materialismus bewiesen und alle andern
nichtmaterialistischen Systeme abgethan. Aber es handelt sich auch hier
nicht um die Alternative zwischen Extremen. Der Mensch ist ein ver=
nünftig=sinnliches Wesen, und dieses Wesen spiegelt sich in allen
Bethätigungen und vor allem im Denken wieder. Aristoteles und Thomas
nehmen eine rein geistige Erkenntnis an, ohne einem einseitigen Idealis=
mus zu huldigen; sie betonen, daß die Erkenntnis von den Sinnen aus=
gehe, ohne dem Materialismus zu verfallen. Gegenüber Plato und
Demokrit, den Vertretern solcher Extreme, schlug Aristoteles, wie Thomas
sagt, den Mittelweg ein[3]. „Die Erkenntnis muß nach Weise des
Erkennenden vor sich gehen.“[4] „Der Anfang der menschlichen
Erkenntnis geht aus von der Sinneswahrnehmung.“[5] Dieser
Satz wiederholt sich in den verschiedensten Variationen[6]. Aber die Sinnes=
erkenntnis geht nur auf Einzelnes. In der Sinneswahrnehmung er=
scheint nur das Sinnliche als solches, ohne Trennung und ohne Rücksicht auf
eine andere Beziehung. Nun findet sich aber in uns eine Kraft, welche aus
den Vorstellungsbildern Begriffe abstrahiert, allgemeine Sätze bildet und
andere Einzelvorstellungen damit verbindet. Diese Kraft ist eben der Intellekt.
Seine Thätigkeit richtet sich auf das Intelligible im Sinnlichen[7].

Zu demselben Resultat wie die Thatsache des Denkens führt auch
die des Wollens. Hier sind die sozialistisch=materialistischen Vorstellungen

---

[1] Cf. de verit. 26, 10.

[2] Dem Worte „Idealismus“ giebt Willmann wieder seine Bedeutung
zurück. Die moderne Bedeutung rührt von der Entwertung, welche das Wort Idee
durch den seit dem 16. Jahrhundert grassierenden Nominalismus erfahren hat.
Dieser hat dessen ursprüngliche Bedeutung: gedanklich=vorbildliches Daseinselement,
beseitigt und die andere: subjektives Gedankenbild, untergeschoben, so daß dann
Idealismus die Lehre heißen konnte, die in Wahrheit das volle Widerspiel des
echten Idealismus ist und der christlichen Weltanschauung in allewege widerstreitet.
(Willmann a. a. O. II, 93.)   [3] Cf. I, 84, 6 c; cg. II, c. 77.

[4] 1 sent. 38, 1, 2 c.   [5] De malo 6, 1 ad 18; cf. I, 1, 9 c.

[6] Cf. cg. II, c. 83; I, 75, 2 ob. 3; 1 anal. 4 etc.

[7] Cf. I, 57, 2 ad 1; 84, 7 (vgl. Hettinger, Lehrbuch der Fundamentaltheologie
oder Apologetik, 2. Aufl., Freiburg 1888, S. 832 ff.; A. v. Schmid, Erkenntnislehre,
Freiburg 1890, I, 401 ff.; M. Liberatore, La conoscenza intellettuale, Roma
1858, u. a.).

noch verschwommener als dort. Bald erscheint der Wille als identisch mit dem sinnlichen Begehrungsvermögen, bald nur als ein Accidens der Vernunft. In jedem Falle huldigt man einem Determinismus. Nun zeigt aber gerade der Widerstreit, in welchen das Wollen zu jenen beiden Vermögen treten kann und oft tritt, daß wir es hier mit einem selbständigen Vermögen zu thun haben. Sein Licht erhält der Wille allerdings von der Vernunft, aber er braucht ihr nicht einfachhin zu folgen. Video meliora proboque, deteriora sequor. Bewegt kann der Wille von dem niedern Begehrungsvermögen werden, aber er braucht dieser Bewegung nicht nachzugeben, er kann dagegen handeln. Eine solche Kraft, die durch keinen Einfluß der Welt notwendig bestimmt werden kann, ist unmöglich an ein materielles Organ gebunden. Wie die Bethätigung, so bezeugt auch der Inhalt des Wollens ein geistiges Vermögen. Das sinnliche Begehrungsvermögen wird immer durch ein besonderes Gut veranlaßt, sich zu bethätigen, der Wille richtet sich auch auf das Gute im allgemeinen. „Wenn sich das geistige Begehrungsvermögen auch auf außer der Seele befindliche Einzeldinge richtet, so doch unter einem allgemeinen Gesichtspunkt. . . . Ebenso können wir durch das geistige Begehrungsvermögen auch immaterielle Güter erstreben, die der Sinn nicht erfaßt, Wissenschaft, Tugend u. a."[1], und es ist nicht bloß christliche, sondern allgemein menschliche Ansicht, daß man solche Güter erstreben und festhalten müsse, selbst mit dem Verlust des Lebens.

Wenn die von aller Materie wesensverschiedenen Kraftäußerungen notwendig die Existenz einer entsprechenden, d. h. immateriellen, geistigen Ursache voraussetzen, so kann diese wieder ihren Ursprung nur in einer übermateriellen Kraft haben. Weist die Existenz des menschlichen Geistes ursächlich auf einen höhern Geist, so finden wir auch, wie schon früher hervorgehoben, in der umgebenden Welt großartige Spuren seiner Thätigkeit. Die Gesetze, Formen, Zwecke, wie sie die anorganische und organische Natur durchherrschen, die Harmonie des Weltganzen künden laut einen überaus mächtigen Geist an. Setzen sich hier die entsprechenden Ideen durch, ohne den Objekten irgendwie zum Bewußtsein zu kommen, so bezeugt das Vorhandensein der Denk- und Sittengesetze, die der Mensch anerkennt, aber nicht selbst geschaffen hat, nicht minder den gesetzgebenden Geist[2]. So ist nicht nur der menschliche Geist, sondern auch der göttliche Geist, seine Ge-

---

[1] I, 80, 2 ad 2.
[2] Wie die logische Regel, so ist auch die sittliche Forderung nicht bedingter Natur; sie ist eine durchaus absolute. Kein Zweck, das erkennen alle an, erlaubt eine unsittliche That (vgl. Gutberlet, Ethik und Religion, Münster 1892, S. 308 ff.).

banken und Schöpfungen eine Realität. Zur Bezugsetzung mit
dieser höhern, geistigen Welt treibt den Menschen mächtig, ja natur=
gewaltig der Drang nach Wahrheit und nach Glück, zwei
Motoren, die sich sofort auch als die stärksten Hebel der Welt=
geschichte erweisen. Der Drang nach Wahrheit treibt den Menschen in
erster und letzter Linie zur Erforschung der letzten Ursachen und führt
so, wie früher und soeben gezeigt, zu einer über der Materie stehenden
geistigen Macht. Das Streben nach Glück kann in allen Gütern der
Welt kein Genügen finden, es führt zum Unendlichen. Die menschliche
Erkenntnis vermag dieses als real und das Streben danach als das
der höhern geistigen Natur des Menschen einzig angemessene Ziel nach=
zuweisen.

Aus dem Gesagten ergiebt sich, daß die geistige Welt keine Illusion,
sondern ebenso Thatsache ist wie die materiell=sinnliche Welt, daß die
Beziehung zur geistigen Welt und die verschiedenen Formen der Ideologie,
in denen diese Beziehung zum Ausdruck kommt (Religion, Philosophie,
Moral 2c.), keine Schrulle oder Wiederspiegelung, sondern ebenso real
sind wie die Beziehung des Menschen zur materiellen Welt. Die Ideologie
ist eine ursprüngliche, selbständige (von der Ökonomie un=
abhängige), überragende Macht. Wie der Körper nur Träger
und Werkzeug des Geistes ist, so ist letzter Zweck aller materiellen Kultur
die geistige Kultur.

Das bisher Dargelegte bedarf noch in dieser und jener Richtung
einer Ergänzung. Neben der Begeisterung für alles Hohe und Edle zieht
sich durch die ganze Geschichte ein Hang zum Schlimmen,
Niedrigen, Erdenhaften, der vielfach vom rechten Weg und Ziel
ablenkt. Die Thatsache der Ideologie wird aber damit nicht umgestoßen,
sondern nur bestätigt, denn auch die verkehrten Bestrebungen sucht man
ideologisch zu rechtfertigen. So wenig wie die Ideologie selbst
vermag aber der Materialismus zu erklären, warum die Neigung zum
Schlimmen im Fortschritt der Geschichte sich nicht verloren hat.

Der Mensch ist ferner kein Robinson, sondern ein gesellschaftliches
Wesen. Die geistige und materielle Kultur gestaltet sich nur in der Ge=
sellschaft aus[1]. Aber die Gesellschaft ist wohl eine der wichtigsten
Bedingungen der Kultur, nicht aber deren Ursache. Auch manche Tier=
arten leben in Gesellschaft. Jede Entdeckung und Erfindung geht eben
doch vom Individuum aus. Die Gesellschaft übt nur eine fördernde,
erhaltende und vererbende Thätigkeit. Das über die Bethätigung des

---

[1] Cf. 1 perih. 2.

Geistes Gesagte bleibt deshalb ungeschmälert bestehen. Es erhält sogar
eine weitere Bestätigung, wenn wir nach den Hauptmitteln des Zu=
sammenhalts der menschlichen Gesellschaft fragen. Diese sind vor allem
geistiger Art, nämlich die Sprache und die gesellschaftlichen
Tugenden. Die Menschen sprechen, weil sie sich etwas zu sagen haben,
weil sie denken, und nicht umgekehrt[1]. In der Sprache (sowohl der Laut=
als Schriftsprache) spiegelt sich analog wie im Erkenntnisvorgang die
Doppelnatur des Menschen wieder. Für die Mitteilung (Austausch und
Vererbung[2]) von Gedanken und materiellen Gütern, für die Ordnung
und Erhaltung der gesellschaftlichen Beziehungen ist nicht bloß der sinn=
lich=materielle Nutzen, sondern in letzter Instanz bestimmte Tugenden, die
den Charakter der Pflicht tragen, entscheidend.

Das eben Gesagte und die schon erwähnte teleologische Beziehung
zur Ideologie werfen bereits Licht auf die Bedeutung des Geistes
auch für die materielle Kultur. Aber der Geist ist nicht bloß
indirekt und bedingungsweise, sondern auch direkt und ursächlich an der
Entwicklung der materiellen Kultur beteiligt, er ist ihre eigentliche
Wirkursache. Wie in der Beziehung zur geistigen Welt (Erkenntnis,
Sprache, Schrift), so äußert sich auch in der Beziehung zur materiellen
Welt (Kunst, Technik) die Doppelnatur des Menschen. Omne agens
agit sibi simile[3]. Der Anteil des Geistes an der materiellen Kultur
tritt deutlicher hervor, wenn wir auf ihre konstituierenden Elemente nach
thomistischer Methode zurückgehen. Causa materialis ist der Naturstoff,
causa formalis der vorbildliche Gedanke, nach dem er gestaltet werden
soll, causa finalis in nächster Linie die Befriedigung leiblicher oder geistiger
Bedürfnisse, in letzter Linie die Ermöglichung geistiger Zwecke, causa
efficiens endlich, wodurch der gedankliche und thatsächliche Vollzug zu stande
kommt, der Mensch in seiner Doppelnatur und die entsprechenden Hilfs=
mittel[4].

Von Natur aus ist der Mensch anscheinend viel mangelhafter bedacht
als die Tiere, denn diese sind nicht nur mit natürlichen Werkzeugen und
Waffen, sondern auch mit der unmittelbaren Erkenntnis der ihrer Natur
angemessenen Dinge ausgerüstet. Alles das fehlt dem Menschen. Aber

---

[1] Vgl. dazu E. Wasmann a. a. O. S. 69. 93.
[2] Cf. 1 perih. 2: Quia homo utitur etiam intellectuali cognitione, quae
abstrahit ab hic et nunc, consequitur ipsum sollicitudo non solum de praesentibus
secundum locum et tempus, sed etiam de his, quae distant loco et futura sunt
tempore.
[3] Cf. I, 3, 3 ob. 2; cg. I, c. 29; II, c. 46 etc.
[4] Cf. op. XLVIII; 2 anal. 9; 2 phys. 5 et 10 etc.

in der Vernunft, dem εἶδος εἰδῶν, in der Hand, dem ὄργανον ὀργάνων, wie sie Aristoteles nennt, und in der Gesellschaft hat der Mensch überreichen Ersatz, besitzt er alle Wissenschaft und Technik in potentia[1]. Seine leiblichen und geistigen Bedürfnisse treiben den Menschen an, jene Möglichkeit zu benützen, und die ihr entsprechende, in gewissem Sinne grenzenlose Gestaltungsfähigkeit des Naturstoffs bietet die Bedingung zur Verwirklichung.

Die frühere Betrachtung hat gezeigt, daß die materielle Welt dem Menschen nicht nur wie dem Tiere zur Erhaltung des Leibes, sondern auch zu geistiger Erkenntnis dient[2]. Allein der Mensch weiß in der Natur nicht nur Zwecke zu finden, sondern auch bewußt Zwecke in sie hinein-zutragen. Durch seinen Geist beherrscht er die Materie, indem er sie seinen jeweiligen Zwecken dienstbar macht. Sie muß ihn nähren und schützen. Sie muß seine Sinne schärfen, die Kraft und Feinheit seiner Handarbeit erhöhen, die Schnelligkeit seiner Füße steigern. „Er benutzt die mechanischen, physikalischen, chemischen Eigenschaften der Dinge, um sie als Macht-mittel auf andere Dinge, seinem Zweck gemäß, wirken zu lassen."[3] Diese Herrschaft wird durch das gesellschaftliche Zusammenwirken im Laufe der Geschichte immer mehr gesteigert. Aber der Mensch hat keine unbeschränkte Macht über die Materie. Er hat sie nicht geschaffen. Er kann kein neues Atom schaffen oder der vorhandenen Materie neue Eigenschaften hinzu-setzen. Seine Thätigkeit beschränkt sich darauf, die existierenden Stoffe und Kräfte zu finden und zweckmäßig zu kombinieren, und ist deshalb in hohem Grade von ihnen abhängig. Dies um so mehr, als die Natur wohl eine große Gestaltungsmöglichkeit besitzt, aber nur wenige Güter in fertigem Zustande bietet. Um hier die ausreichende Menge zu erlangen, mußte die Menschheit von Anfang an einen großen Teil ihrer Zeit in körperlicher Arbeit aufwenden. Die Abhängigkeit von den Naturbedingungen wird zwar im Laufe der Geschichte vielfach gemindert. Aber Hand in Hand damit geht eine neue Abhängigkeit zweifacher Art, einmal nämlich die von den Mitteln der Kultur, durch die jene Er-leichterungen erfolgen; ferner tritt die Abhängigkeit von der Natur mit

---

[1] Vgl. Hettinger a. a. O. S. 63. — Die nähern Ausführungen des hl. Thomas werden später unter „Arbeit" und „Gesellschaft" dargelegt.

[2] Cf. 2. 2. 167, 2 c: Cognitio sensitiva ordinatur ad duo: uno enim modo tam in hominibus quam in aliis animalibus ordinatur ad corporis sustentationem; quia per huiusmodi cognitionem homines et alia animalia vitant nociva et con-quirunt ea quae sunt necessaria ad corporis sustentationem; alio modo specialiter in homine ordinatur ad cognitionem intellectivam vel speculativam vel practicam.

[3] „Kapital" I, 141.

Vermehrung und Verfeinerung der Bedürfnisse vielfach erst neu oder stärker
hervor. Mit steigender Kultur hat daher die Arbeit eher zu= als ab=
genommen. Was sich änderte, ist nur die Art der Arbeit, ihre stets
größere Differenzierung und ihre methodisch und technisch feinere und
wirksamere Kombination. Ist der Geist deshalb der Diener der Natur,
der Technik und der Ökonomie? Das hieße offenbar das ganze Ver=
hältnis verkehren. Wenn der Geist gewisse Schranken respektieren muß,
so ist das noch kein Dienen [1]. Geistige und körperliche Arbeit beziehen sich
auf das eine Menschenwesen, in welchem naturgemäß und teleologisch
der Geist dominiert [2].

3. Ideologie und Ökonomie.

Die Art, wie die Menschen ihren Lebensunterhalt gewinnen, geht
in ihrem Einfluß über den Produktionsprozeß weit hinaus. Mit ihm
wird sich auch der Austausch und die Verteilung ändern. Die Gruppierung
der Gesellschaft wird durch die verschiedenartige Arbeitsteilung und Arbeits=
vereinigung eine andere werden. Ebenso wird die Staatsverfassung, die
innere und äußere Politik verschieden sein in einem Agrar=, Industrie=
oder Handelsstaat, in einem wirtschaftlich blühenden oder daniederliegenden
Staat. Auch das Recht und die Sitte werden mannigfache Umgestaltungen
erfahren, indem die jeweils neuen gesellschaftlichen Beziehungen eine ent=
sprechend andere Behandlung erfordern. Der Einfluß der wirtschaftlichen
Verhältnisse erstreckt sich sogar auf das rein geistige Gebiet. Die Natur=
wissenschaft und manche Künste werden direkt von ihnen beeinflußt. Im
übrigen ist aber auch der indirekte Einfluß nicht unbedeutend. Primum vivere,
deinde philosophari. „Das Leben eines Volkes bildet eine natürliche Einheit,
ein zusammenhängendes Ganzes, darum findet zwischen seiner geistigen
und seiner wirtschaftlichen Thätigkeit eine stete Wechselwirkung statt. Die
wirtschaftlichen Zustände tragen wesentlich bei zur Entwicklung der geistigen
Kultur, wie sie andererseits von dieser mitbedingt und bestimmt werden.
Einer geringen wirtschaftlichen Kultur entspricht nach Ausweis der Geschichte
ein geringer Grad geistiger Bildung; die Fortschritte der erstern sind in
vieler Beziehung maßgebend für die Fortschritte des Volkslebens über=
haupt." [3] Auch der moralische Zustand eines Volkes wird viel von dem
geordneten oder nicht geordneten wirtschaftlichen Zustand abhängen.
Anima sana in corpore sano.

---

[1] Vgl. „Neue Zeit" XV[1], 231: „Der Geist bewegt die Gesellschaft aber nicht
als der Herr der ökonomischen Verhältnisse, sondern als ihr Diener."

[2] Cf. cg. III, c. 112; 2 phys. 4.

[3] J. Janssen, Geschichte des deutschen Volkes, 9. Aufl., Freiburg 1883, I, 273.

Soweit kann man der sozialistischen Geschichtsauffassung unbedenklich zustimmen, weil sie soweit mit den geschichtlichen Thatsachen übereinstimmt. Die genauere Berücksichtigung des wirtschaftlichen Moments bietet manche Lichtblicke, besonders die politische Geschichte erscheint vielfach in neuem Lichte. Allein in diesen Grenzen ist die Geschichtsauffassung noch keine materialistische. Nur eine solche paßt aber zur allgemeinen Anschauung von Marx, Engels und ihren Anhängern. Um die Bedeutung des geistigen Moments möglichst herabzusetzen bezw. auf Konto des materiellen zu buchen, wird gereckt und gestreckt. Aber trotz aller Künste der Abstraktion und schiefer Beleuchtung kann das Resultat die eigenen Urheber noch nicht recht zufrieden stellen. So sehr man auf die materialistische Geschichtsauffassung pocht, so zeigt doch die unsichere, schwankende Ausdrucksweise („Auffassung", also subjektive Meinung, „Methode" mit sachlichem Gehalt, „Hypothese"), daß man seiner Sache nicht so gewiß ist. Dasselbe zeigt sich bei der Darstellung der Geschichtsauffassung und der Geschichte selbst.

Gern bedient man sich zur Veranschaulichung der materialistischen Geschichtsauffassung irgend eines Bildes; so schon gleich die fundamentale Erklärung von Marx (Basis — Überbau). An sich kann ja ein Bild zur Verdeutlichung dienlich sein. Allein das genannte Bild ist vollständig falsch sowohl subjektiv (als Charakterisierung der Auffassung) wie objektiv (als Charakterisierung der Thatsachen). Subjektiv, denn nach der Marxschen Auffassung spiegeln sich die ökonomischen Verhältnisse im Überbau wieder, danach wären diese nicht dem Fundament, sondern dem Erdgeschoß vergleichbar[1]. Objektiv, denn die Ideologie beginnt sofort mit der Ökonomie und noch vor ihr, und die ungeheure Summe von Ideologie, wie sie sich schon bei den ältesten Völkern vorfindet, beweist, daß die Ideologie nicht auf die Entwicklung der Ökonomie zu warten brauchte, sondern viel schneller und intensiver sich entwickelte. Ideologie und Ökonomie stehen dann während der geschichtlichen Entwicklung in Wechselwirkung. Wenn man ein Bild gebrauchen will, so wäre es vielleicht das eines Gewebes.

Bei der Marxschen Erklärung einzelner geschichtlicher Vorgänge werden oft Dinge in Beziehung zu einander gebracht, die sachlich gar nichts miteinander zu thun haben, als daß sie vielleicht zufällig in der nämlichen Zeitperiode vorkommen. Solche Verbindungen mögen geistreich und witzig aussehen, wissenschaftlich sind sie nicht. Es ist die Kunst des Wortspiels, in der schon Meister Hegel groß war.

---

[1] Vgl. P. Barth a. a. O. S. 322.

Ein eigener Geschmack gehört schließlich dazu, worauf auch P. Barth
(a. a. O. S. 330) aufmerksam macht, die Ideologie und die Ideologen durch
niedrige, zum Teil der „Wirtschaft" entlehnte Vergleiche verächtlich zu machen.

A. Religion und Ökonomie.

Wäre die Sache nicht gar so ernst, so könnte man es heiter finden,
wie der Sozialismus sich abmüht, die Entstehung und den Einfluß der
Religion in die Wirtschaftsschablone zu pressen. „Die Religion", so erklärt
Engels, „ist entstanden zu einer sehr waldursprünglichen Zeit aus miß=
verständlichen, waldursprünglichen Vorstellungen der Menschen über ihre
eigene und die sie umgebende äußere Natur." [1] Sie ist die phantastische
Wiederspiegelung der äußern irdischen Mächte (Natur und Gesellschaft) [2]
in Form überirdischer Mächte. Nach Dietzgen entstand die Religion aus
der Rat= und Hilflosigkeit der Menschen [3], nach Marx aus dem Streben
nach illusorischem Glück [4], und wie die rationalistischen Rezepte alle heißen,
die irgend eine Begleiterscheinung als schöpferische Ursache und Kern der
Religion hinstellen. Jedenfalls wird mit der „sehr waldursprünglichen
Zeit" zugegeben, daß die Religion eine nach Zeit und Raum universale
Thatsache ist. „Die Religion", so bemerkt Dietzgen, „ist von so alten
Zeiten her gehegt und geheiligt, daß selbst diejenigen, welche den Glauben
an einen persönlichen Gott . . . längst aufgegeben, dennoch nicht ohne
Religion sein wollen." [5]

Eine so allgemeine und unleugbar in das Leben der Völker tief ein=
greifende Erscheinung einfach durch „Wiederspiegelung" erklären zu wollen,
ist doch eine phantastische, ja waldursprüngliche Vorstellung. Sie widerspricht
auch der materialistischen Doktrin. Wie kommen die primitiven Menschen=
hirne in ihrem rein materiellen Milieu auf überirdische und übersinnliche
Vorstellungen? Denn Thatsache ist, daß selbst die religiösen Vorstellungen
der verkommensten Völker nicht einfachhin am Sinnlichen haften [6].

Wenn Engels meint, die Völker seien durch Abstraktion zur christ=
lichen Gottesvorstellung gelangt, so spricht die Religionsgeschichte dagegen.

---

[1] „L. Feuerbach" S. 52.   [2] Vgl. „Antidühring" S. 288 f.
[3] Vgl. a. a. O. S. 18.   [4] Bebel a. a. O. S. 399.   [5] A. a. O. S. 5.
[6] Vgl. M. Müller, Vorlesungen über den Ursprung und die Entwicklung
der Religion, Straßburg 1880, S. 38 f. — Daß wir auch im Christentum von
Gott, der Geisterwelt u. s. w. keine adäquate Vorstellung haben, ist selbstverständlich,
und erklären mit Thomas (I, 1, 9; cg. I, c. 3 et 12 etc.) alle Theologen. Aber
unsere religiösen Begriffe sind deshalb noch nicht falsch. Sie entsprechen der Wirk=
lichkeit, soweit dies bei dem dermaligen unvollkommenen Zustande unserer Natur
möglich ist.

Die heidnischen Religionen bedeuten einen Abfall von der ursprünglich reinen Gottesidee. Wie dieser Versinnlichungsprozeß sich vollzog und wie er ansteckend wirkte, dafür sind die homerischen Dichtungen bei den Griechen und die Anbetung des goldenen Kalbes bei den Juden allbekannte Bei= spiele. Daß mit dem Abfall vom reinen Gottesglauben die geographisch= klimatischen und die gesellschaftlich=wirtschaftlichen Verhältnisse einen großen Einfluß auf die weitere Ausbildung gewannen, um so mehr, je dunkler die ursprünglichen Religionsvorstellungen wurden, ist leicht erklärlich.

Wenn wir mit Thomas an der Thatsache einer ursprünglich ge= offenbarten Religion festhalten, so können wir uns sowohl auf die Geschichte der geoffenbarten Religion als auch jener religiösen Anschauungen, die sich außer ihr stellten, berufen. Wie die Heilige Schrift in einfacher Klarheit, so weisen die phantastischen, aber doch einen Wahrheitskeim enthaltenden heidnischen Sagen auf eine Uroffenbarung hin [1]. Zwar ist auch eine natür= liche Religion möglich; die konsequente Anwendung des Kausalitätsprinzips, die Stimme des Gewissens, welche Gesetze und einen Gesetzgeber ankündigt, das in die menschliche Natur gelegte Streben nach Glückseligkeit führen dahin. Heidnische Philosophen gelangten ja auch auf diesem Wege wieder zu reinern Gottesanschauungen. Thatsächlich aber war von Anfang an die viel vollkommenere, geoffenbarte Religion maßgebend.

Die wahre geoffenbarte Religion zu finden ist nicht schwer. Ihr Weg läßt sich durch die ganze Geschichte erkennen. Das jüdische Volk und seine Schriften zeigen einen ganz eigenartigen Charakter. Viele Heiden erkannten hier auch die Vertreter der Urreligion. Das Christentum hinwiederum dokumentiert sich unzweifelhaft als Fortsetzung und Erfüllung des Alten Bundes [2]. Das ruinenhafte Dasein des spätern und heutigen Judentums giebt selbst Zeugnis dafür. Von den verschiedenen christlichen Konfessionen läßt sich ohne Zwang nur der Katholizismus bis Jerusalem hinaufleiten.

---

[1] Vgl. Willmann a. a. O. I, 119 ff.; H. Lüken, Die Uroffenbarung oder die Traditionen des Menschengeschlechts, 2. Aufl. 1869 u. a.

[2] Wenn man das Christentum als Amalgam jüdischer, griechischer u. s. w. Ideen hinstellen will, so braucht nur auf wirklich synkretistische Systeme hingewiesen zu werden. „Der Islam und seine Spekulation zeigen die geringe Tragweite solcher Gebilde. ‚Ein Synkretismus‘, bemerkt Erdmann richtig, ‚wie der Islam trägt keinen Entwicklungskeim in sich, ebensowenig die Philosophie derer, die sich zum Islam bekennen.‘ Man kann allgemein sagen: das Gesetz der organischen Natur hat auch für die Geschichte Geltung, daß Bastarde unfruchtbar sind." Willmann a. a. O. II, 545. Bei allen Religionen, die echte und unechte Bestandteile enthalten, tritt im Verlauf der Zeit unaufhaltsam entweder Erstarrung oder Zersetzung ein. Nur durch das alt= und neutestamentliche Gottesreich geht bei allem Konservatismus ein stets frisch pulsierendes Leben.

Dieser und das alttestamentliche Judentum sind aber auch die eifrigsten Vertreter des religiösen Prinzips in der ganzen Weltgeschichte.

Es wäre nun nachzuweisen, daß sich der Glaube der Juden im Laufe der Zeit wesentlich geändert habe, daß das Christentum auf eine Um= wälzung der ökonomischen Struktur zurückzuführen sei und daß endlich der Katholizismus mit den wirtschaftlichen Veränderungen sich umgewandelt habe. Gegen ersteres protestieren die Juden zur Zeit Christi selbst. Sauren Schweiß und nutzlose Arbeit kostet es Engels[1] und seine Schüler, um für den Ursprung des Christentums die nötige ökonomische Struktur zu finden. Negativ günstige Bedingungen für seine Ausbreitung werden sofort in positive Ursachen umgewandelt, accidentelle Begleiterscheinungen als sein Wesen hingestellt. Die Apostel erscheinen danach als sozialdemokratische Agitatoren, ihre Anhänger als Proletarier, die Veranstaltungen, auch der leiblichen Not abzuhelfen, als Konsumvereine, die Bekämpfung des Heiden= tums als Klassenkampf. Mit solchen gesuchten Analogien läßt sich alles beweisen. Noch nie ist das Christentum so oberflächlich und läppisch auf= gefaßt worden. Von der Umgestaltung des innern Menschen, der Familie, der ganzen Gesellschaft, der privaten und öffentlichen Lebensanschauung und =richtung nicht durch Klassenkämpfe und ökonomische Forderungen und Veranstaltungen, sondern durch Glaubensmut und Opferliebe hat man keine Ahnung. Kritisch betrachtet bleibt von den Ähnlichkeiten zwischen dem ersten Christentum und dem modernen Sozialismus fast nur die rasche Ausbreitung übrig, die sich aber auf zum Teil entgegengesetzte Ursachen zurückführen läßt. Das Christentum verlangte zunächst i n n e r e , der Sozialismus ä u ß e r e Reform und Opfer. Die furchtbaren und zahl= reichen Martyrien lassen sich nicht entfernt in Vergleich bringen mit den Geld= oder Gefängnisstrafen, bei denen nicht der Tod, sondern die An= erkennung und Entschädigung von seiten einer starken Partei in Aus= sicht steht[2].

Mit ähnlichen Analogien traktiert man auch die fernere Geschichte. Beim Kampf des Katholizismus mit dem Arianismus handelte es sich darum, „ob der vergötterte Christus, d. h. die verkörperte Herrschaft über das Proletariat, über die Massen (welche sich eigentlich in irdischer Realität

---

[1] Der flachrationalistische Lucian von Samosata, der sich an zufällige Äußerlich= keiten hält, ist eine seiner „besten Quellen" und ein „jedenfalls unverdächtiger Zeuge", die längst überwundene Tübinger Schule, D. F. Strauß und Bruno Bauer, sind seine Stützen. Vgl. „Neue Zeit" XIII ¹, 6. 8.

[2] Zulässiger wäre bezüglich der Ausbreitung ein Vergleich des Sozialismus mit dem Islam, da beide an die sinnliche Natur appellieren und je in ihrer Art einem Fatalismus huldigen.

in der Priesterherrschaft selbst darstellte), nur ähnlichen Wesens (Homoiusios) oder schon gleichen Wesens (Homousios) mit seinem Ursprung, der ,väterlichen' Himmelsmacht, sei, die sich nun wieder im Zäsarentum verkörperte für dieselben Massen" [1]. Einer solchen Auffassung hätte sich selbst der seichteste Rationalismus geschämt. Aber — die materialistische Geschichts=auffassung einmal angenommen, muß es so gewesen sein.

Ferner erscheint der Katholizismus als das religiöse System des Feudalismus. Folglich sollte man meinen, ist er seitdem, wenn auch viel=leicht allmählich, untergegangen. Nun ist er aber noch da. Ja ein protestantischer Konservativer begeht die Naivetät, die alte, morsche feudale Ideologie und den ökonomisch=materialistischen Sozialismus als die ringenden Zeitmächte hinzustellen. In der That hat der Katholizismus schon längst auch bezüglich der modernen sozialen Frage in bestimmter Weise Stellung genommen, während andere „fortgeschrittene" Systeme bis heute schwanken. Und doch war nach Engels das Christentum schon durch die französische Revolution in sein letztes Stadium getreten [2]; weder an Feinden, die das schwache Flämmchen auslöschen wollten, hat es seitdem gefehlt, noch an umgestaltenden ökonomischen Veränderungen. Warum sieht aber auch das Christentum nicht ein, daß es nach der materialistischen Auffassung schon längst gestorben ist, nachdem schon vor der Geburt der materia=listischen Geschichtsauffassung „beinahe seit (jetzt: mehr als) einem halben Jahrhundert, namentlich durch Feuerbach, der Beweis evident und end=gültig erbracht wurde, daß jede Religion ein Substitut menschlicher Un=wissenheit ist"? [3]

In den Glaubenskämpfen der Reformationszeit ist die Religion nur Verkleidung, Kostüm, Fahne, Maske [4], Deckmantel [5] für wirtschaftliche Kämpfe. Daß die wirtschaftlichen Zustände damals in manchen Staaten einen großen Einfluß übten, wurde niemals bestritten; warum wurde aber Spanien, Italien und Frankreich nicht protestantisch, die damals ökonomisch viel moderner waren als manche nachmals protestantische Länder?

So viel dürfte klar sein, daß die Religion nicht in letzter Instanz von der Ökonomie bestimmt wird. Sie ist ein selbständiges, über aller Ökonomie stehendes Verhältnis, begründet auf der Realität der Ab=hängigkeit des Menschen von Gott, seinem Ursprung und Ziel. Ihrem Wesen gemäß kommt ihr auch ein selbständiger, von der Ökonomie unabhängiger und sehr bedeutender Einfluß auf alle Lebensgebiete

---

[1] „Neue Zeit" XV [1], 415, Art. „Vom Urchristentum bis zur kaiserlichen Staats=religion" von E. H. Schmitt.

[2] „L. Feuerbach" S. 56. [3] Dietzgen a. a. O. S. 20.

[4] „L. Feuerbach" S. 54 f. [5] Bebel a. a. O. S. 84.

zu. Selbst die heidnischen Religionen übten einen solchen Einfluß, wenn sie auch bei ihren irrtümlichen und vagen Vorstellungen weniger wider= standsfähig waren. Dagegen ist die ganze Geschichte des israelitischen Volkes religiöse Geschichte. Abstrahiert man von der religiösen Ideologie, so hat man dem Alten Testament sein Rückgrat genommen. Allerdings spielen im Alten Testament, als dem Unvollkommenen, der Verheißung, dem Schatten, die zeitlichen Güter, wie Thomas wiederholt bemerkt, eine andere Rolle als im Neuen Testament. Aber die ökonomischen und gesellschaftlichen Verhältnisse sind von der Religion nicht bloß um= kleidet, sondern durch und durch beherrscht. Lieber stirbt man, als man wider das Gesetz handelt.

Wie unter dem Einfluß des Christentums der ganze Organismus des gesellschaftlichen Lebens sich änderte, ist bekannt. Da alle wirtschaftlichen, gesellschaftlich=politischen und rechtlichen Verhältnisse von zum Teil sittenlosem heidnischem Götterkult durchsetzt waren, war die ganze Existenz der Christen unsicher und gefährdet. Die Erziehung der jugend= kräftigen, aber auch rohen und arbeitsscheuen germanischen Völker war eine nicht minder mühsame Arbeit als die Veredlung der Griechen und Römer. Wie der moralische Zustand, so änderte sich unter dem Einfluß der Religion das Recht. Die Herrschaft in Familie und Staat wurde auf ihr rechtes Maß zurückgeführt, die Wuchergesetzgebung sicherte der Arbeit ihren Lohn. Die Familie und alle gesellschaftlichen Verhältnisse wurden geheiligt, die Religion war nicht eine Maske, sondern das innerste Lebensprinzip der Gesellschaft. Die sprichwörtlich ge= wordene gegenseitige Treue, das Hauptbindemittel jeder Gesellschaft, stützte sich auf die Religion. Auch fanden die christlichen Völker in der Religion, in der internationalen Kirche, das Haupteinigungsmotiv. Wie sehr die Religion selbst auf die Umgestaltung der wirtschaftlichen Verhältnisse von Einfluß war, beweist die einzige Thatsache der Kreuzzüge[1]. Es wäre ungereimt, dieselben in letzter Instanz auf wirtschaftliche Ursachen zurück= zuführen, wenn auch im weitern Verlauf bei diesem und jenem Teil= nehmer ökonomische Motive mitgewirkt haben.

Der Einfluß der Religion auf die geistigen Lebensgebiete läßt sich überhaupt nicht bestreiten. Die Religion stellt in ihrer Gottes= und Weltanschauung dem Menschen Gedanken vor Augen, die sich unver=

---

[1] Die Idee, welche die Kreuzzüge hervorrief, ist sogar nicht nur mittelbar, sondern auch unmittelbar von entscheidendem Einfluß auf die Entdeckung Amerikas durch Columbus:

"Westlich lenkst du den Kiel, um im Osten das Kreuz zu erhöhen; Während den Himmel du suchst, weitest die Erde du aus."

gleichlich über den Dunstkreis seiner materiell=ökonomischen Umgebung
erheben. Die Religion ist die ursprünglichste und wirksamste Ver=
treterin der Ideenwelt gegenüber den sinnlichen Strebungen und Interessen.
Sie regt zu Gedanken und Bestrebungen an, die sich von der leiblichen
Existenzweise weit entfernen, sie ist der Keim, aus welchem die Wissen=
schaft sich entfaltet. Wenn die materiellen Beziehungen so vorherrschend
sind, so ist es ganz merkwürdig, daß die Theologie, die Philosophie, die
Mathematik, die Astronomie und überhaupt die rein geistigen Wissen=
schaften längst vor den technischen und ökonomischen zur Durchbildung
kamen [1]. Auch die Moral fand von jeher ihre Wurzel und ihren Halt
faktisch in der Religion. „Der Kultus ist die Wiege und Heimat der
Kunst, wie denn ursprünglich die Dichtung — Hymnus und Tragödie —
und die bildende Kunst — Architektur, Skulptur, Malerei — im innigsten
Zusammenhange mit der Religion stehen." [2]

Bei solchen Leistungen in der ganzen Kulturgeschichte mutet es seltsam
an, wenn die Religion als Hirngespinst hingestellt wird. Noch seltsamer
ist es, daß dieses Hirngespinst sich hartnäckig hielt, obwohl schon vor sehr
langen Zeiten bis heute immer einzelne „aufgeklärte" Köpfe der Hirn=
spinnerei ein Ende machen wollten. Die Religion ist ihrem Ursprung und
ihrer Entwicklung nach eine selbständige, nicht der Ökonomie geschuldete
Erscheinung, wenn auch beide miteinander wie mit allen andern Lebens=
gebieten in enger Wechselbeziehung stehen. Religion und Ökonomie sind
die ursprünglichsten, allgemeinsten und tiefstgehenden Faktoren der Geschichte,
ideale und materiale Grundkraft der menschlichen Gesellschaft. Jeder muß
sich mit ihnen abfinden. Die Ökonomie zwingt ihn physisch dazu, die
Religion ihrem geistigen Wesen nach moralisch. Das Schimpfen sozialistischer
Blätter und Agitatoren über die Religion, der Hohn und Spott der

---

[1] Vgl. dazu „Sozialistische Monatshefte" IV, 121: „Weil der Überbau aus
der Ökonomie entstanden ist, ist er auch nach der Ökonomie entstanden, seine Ent=
wicklung bleibt daher immer hinter der Entwicklung der Ökonomie zurück. Die
Ideologie kommt immer mit Verspätung an."

[2] Hettinger a. a. O. S. 91. — Vgl. „Neue Zeit" XIII², 364. — Vgl.
Willmann a. a. O. III, 935 f.: „Ohne den transzendenten Zug wäre die Kunst
nicht über das Handwerk einerseits und das Spiel andererseits hinausgekommen;
denn was den Gestalten Schwung und Ernst zugleich gegeben hat, ist die Religion.
... Die Wissenschaft aber bringt noch unmittelbarer als die Kunst zur Religion
vor. Die idealen Prinzipien, welche ihr Einheit, sittlichen Wert und Wahrheitsgehalt
geben, haben selbst den Zug zu einer höchsten, Gutes und Wahres in
sich schließenden Einheit: die Güterwelt weist hin auf ein höchstes Gut,
das Reich der Zwecke auf einen letzten Zweck, der Organismus der Gesetze auf
ein ewiges Gesetz, die Formenwelt auf ein vollkommenstes Urbild, das
System der aktuierenden Kräfte auf eine Kraft von reiner Aktualität."

sozialistischen Theoretiker, die überaus häufige Behandlung bezw. Miß=
handlung religiöser Fragen von seiten des rein ökonomischen Sozialismus,
das Bemühen, dem sozialökonomischen Prinzip durch nichtige Herbei=
ziehung religiöser Motive ein festeres Fundament und eine höhere Weihe
zu geben, die ganze Art der Gegnerschaft bezw. der Verzerrung der Religion
giebt von einem daselbst vorhandenen religiösen Gewissen Kunde und straft
die theoretisch an den Tag gelegte Geringschätzung gegen die Religion
Lügen. Man mag es wollen oder nicht, die heutige soziale Frage führt
wie alle großen Fragen immer wieder auf die Religion zurück.

B. Philosophie und Ökonomie.

So wenig wie die Religion, ist die Philosophie ein Erzeugnis der
ökonomischen Verhältnisse. Allerdings schweben die Philosophen nicht in
der Luft. Um philosophieren zu können, müssen in der ökonomischen
Grundlage bestimmte Voraussetzungen gegeben sein. Damit soll jedoch
nicht geleugnet werden, daß die ökonomische Struktur auch die Richtung
und das Resultat der Philosophie beeinflussen kann, wiewohl mehr indirekt
auf dem Umwege der Moral. Die Geschichte der Philosophie ökonomisch
erklären zu wollen, wird schwer gelingen.

Mit viel mehr Recht darf man den Einfluß der Religion auf den
Ursprung wie die Entwicklung der Philosophie betonen[1]. Bei den Urvölkern
ist thatsächlich die Philosophie mit der Religion eng verwebt[2] und ist wie
diese ursprünglich theistisch. Mit der Verdunkelung des Offenbarungs=
gedankens tritt an die Stelle des Theismus der Pantheismus, der selbst
nur ein Vorläufer des Materialismus ist. Tiefern und edlern Geistern
zeigt sich dieser ungenügend. Sie werden wieder, wie Plato und Aristoteles,

---

[1] „In jeder Religion steckt ein Stück Philosophie, und keine Philosophie ist frei
von religiösen Bestandteilen" („Neue Welt" 1896, S. 260, Art. „Die Philosophie der
Inder" von E. David).

[2] In den ältesten Hymnen des Veda, im Zendavesta, in einer ganzen
Klasse von alten ägyptischen Hymnen, in assyrischen Hymnen sind in reli=
giöser Form spekulative Gedanken ausgedrückt, Gedankenbildungen, die man früher
nicht gewagt hätte, in so frühe Zeiten hinaufzurücken, ehe neuere Forschungen
eine eingehendere Kenntnis der ältesten Urkunden vermittelten (vgl. Willmann
a. a. O. I, 4). Kein Volk, das überhaupt philosophisch dachte, macht davon eine Aus=
nahme (vgl. für die Griechen a. a. O. S. 19 ff. 193 ff., für die Ägypter S. 47 ff.,
für die Chaldäer S. 60 ff., für die Magier S. 73 ff., für Veda und Vedanta S. 84 ff.
138 f. 2c.). — Der von Engels formulierte dialektische Prozeß: Materialismus —
Idealismus — Materialismus, ist nicht der Wirklichkeit entlehnt. Die griechische
Philosophie ist nicht die einzige und älteste, und sie ist auch nicht voraussetzungslos,
wie die Aufklärungsperiode meinte (vgl. Willmann a. a. O. S. 4 f.).

zum Theismus zurückgeführt. Zu verschiedenen Zeiten und bei verschiedenen
Völkern hat sich dieser Kreislauf bezüglich des obersten und Haupt=
problems, das den philosophischen Systemen Gestalt und Farbe giebt,
mehr oder minder rein vollzogen.

Selbstverständlich soll mit der Anregung und Förderung durch die
Religion keine Verursachung durch dieselbe behauptet sein. Die Anlage
zur Philosophie liegt in dem Bedürfnis und der Fähigkeit der mensch=
lichen Vernunft, die Wahrheit zu erkennen, und diese Anlage ist, wie
wir sahen, in den frühesten Zeiten vorhanden. Dietzgen hat recht, wenn
er sagt: „Wir anerkennen, daß der Mensch ein geborener Systematiker
ist, der zu allen Zeiten und an allen Enden einer Richtschnur für sein
Denken und Handeln bedarf. Er will Körper und Geist, Vergängliches
und Beständiges, Zeit und Ewigkeit, Schein und Wahrheit, Moral, Staat
und Gesellschaft in seinem Kopf geordnet, in Reih' und Glied gestellt
wissen, so daß alles logische Folge hat. Der Mensch verlangt nach einem
verständigen Zusammenhang in seinem Kopf, damit er einen verständigen
Zusammenhang in das Leben bringen könne." [1] Aber dem Zustand des
Tantalus ähnlich, wird der Durst des Menschen nach Wahrheit nie be=
friedigt. Wie sollte das auch möglich sein, wenn die Philosophie in letzter
Instanz nur der Reflex des Wirtschaftslebens ist, und dieses sich beständig
ändert! Der Sozialismus läßt sich „nicht mehr imponieren durch die der
noch stets landläufigen alten Metaphysik unüberwindlichen Gegensätze von
Wahr und Falsch, Gut und Schlecht, Identisch und Verschieden, Not=
wendig und Zufällig; man weiß, daß diese Gegensätze nur relative Gültig=
keit haben, daß das jetzt für wahr Erkannte seine verborgene, später
hervortretende falsche Seite ebensogut hat, wie das jetzt als falsch Er=
kannte seine wahre Seite, kraft deren es früher für wahr gelten konnte" [2].
Armer Mensch, glaube nicht, das heiße Sehnen nach Wahrheit gestillt zu
sehen! Sei nicht so wahnsinnig, nach Wahrheit zu streben; denn was du
als Wahrheit gefunden zu haben meinst, erweist sich doch mit der Sicher=
heit eines Naturgesetzes als falsch! Verzweiflungsvoller Skeptizismus ist
die Konsequenz der sozialistischen Dialektik.

Thomas kennt auch die Wandelbarkeit der menschlichen Meinungen,
er kennt die verschiedenen Anschauungen, die im Laufe der Geschichte hervor=
getreten sind. Aber er verzweifelt deshalb nicht gleich an der Wahrheit.
Die Verschiedenheit der Meinungen gebietet nur Vorsicht und genaue Er=
wägung. In gewissem Sinn kann Thomas sogar Engels zustimmen. „Es

---

[1] A. a. O. S. 37.
[2] „L. Feuerbach" S. 39 f.

findet sich kein Übel, worin das Gute vollständig ausgelöscht ist . . ., und deshalb stimmt alles mit dem Guten überein, nicht nur die Güter, sondern auch die Übel, sofern sie noch Reste des Guten enthalten. Ebenso steht alles Falsche im Verhältnis zum Wahren, insoweit sich in ihm einige Ähnlichkeit mit dem Wahren findet. Denn es ist nicht möglich, daß der Verstand dessen, der eine falsche Meinung hat, vollständig der Erkenntnis der Wahrheit beraubt sei. Allein durch das Wahre wird das Falsche sofort als fehlerhaft verurteilt, darum fügt Aristoteles bei, das Falsche stehe im Mißklang zum Wahren, wie das Krumme zum Geraden." [1]

Kann der Mensch wirklich das Wahre vom Falschen nicht streng unterscheiden? Bisher war die Menschheit im großen und ganzen schon dieser Ansicht, und in der Praxis, auf die Marx so viel Wert legt, scheinen die sozialistischen Dialektiker auch an den alten logischen Kate= gorien festzuhalten, insofern sie die Ansichten ihrer Gegner aufs schärfste bekämpfen [2]. Ist aber wahre Erkenntnis möglich, muß ich dann die ganze Welt in allen ihren Bestandteilen durchforscht haben, ehe ich von Wahr= heit überhaupt reden darf? Um den Plan eines Hauses zu verstehen, brauche ich nicht den ganzen Inhalt des Hauses zu kennen. Und so brauche ich nicht jedes Atom des Weltgebäudes zu untersuchen. Man kann zunächst zufrieden sein, wenn man in den Grundproblemen der Natur und des Menschenlebens zur Klarheit gelangt, wenn man auch tausende von Einzel= heiten nicht oder nur ungenau und unvollständig kennt; wenn man nur so viel und so genau kennt, als zur sichern Beantwortung der Grund= fragen erforderlich ist. Das und nicht die Einzelforschung, für die ein endloser Spielraum bleibt, ist vor allem Aufgabe der Philosophie, und ihre Lösung scheint nicht unmöglich.

Die höchst wichtige Vorfrage, ob überhaupt eine zutreffende menschliche Erkenntnis möglich sei, wurde, soweit dies hier nötig ist, schon erledigt [3]. In der Praxis wird sie allgemein bejaht. Nach Thomas herrscht aber auch fast ausnahmslos allgemeine Übereinstimmung bezüglich der obersten Prinzipien des Seins, des Denkens und Handelns. „Wenn auch die einen dies, die andern das als wahr erkennen und ansehen, so giebt es doch Wahrheiten, in denen alle Menschen übereinstimmen, wie es d i e o b e r s t e n P r i n z i p i e n der theoretischen und praktischen Vernunfterkenntnis sind." [4]

---

[1] 1 eth. 12 a.

[2] Vgl. L i e b k n e c h t , Wissen ist Macht, neue Aufl., Berlin 1894, S. 8: „Die Wissenschaft erstrebt die Wahrheit; und diese Charlatane (die Universitätsprofessoren) erstreben die Lüge."

[3] Vgl. oben und S. 77 f.

[4] Cg. III, c. 47.

Dahin rechnet die theoretische Philosophie seit ihren Anfängen **das Gesetz vom hinreichenden Grunde und vom Widerspruch**. Der· Sozialismus will das in der Theorie allerdings nicht gelten lassen. Er erkennt nur **ein** Grundgesetz an, den dialektischen Prozeß. Alles andere und auch die in jenen Prinzipien ausgesprochenen Regeln des Seins und Denkens sind relativ. Aber weit entfernt, eine bessere Er= klärung zu bieten, richtet die sog. Dialektik nur Begriffsverwirrung an. Wie man das Gesetz des Widerspruchs aufzulösen sucht, wurde schon gezeigt[1]. Das Gesetz vom hinreichenden Grunde weist man damit zurück, die Wirkung beeinflusse auch ihre Ursache, alles stehe in Wechselwirkung. Damit wird offenbar jenes Gesetz nicht umgestoßen. Man stellt es so hin, als ob auf dem Boden jener „metaphysischen" Sätze ein Begreifen von verschlungenen Entwicklungsreihen unmöglich sei. Nun hindert aber bei allem Wandel der Dinge nichts, daß jene obersten Sätze des Denkens und Seins konstant bleiben. Ein unveränderliches Gesetz bleibt wahr, „wenn es sich auch auf ihrer Natur nach veränderliche Dinge bezieht, wie die Wahrheit: Jedes Ganze ist größer als sein Teil, unveränderlich bleibt auch in veränderlichen Dingen"[2]. Die Naturgesetze bleiben ja auch bei allem Wechsel der Dinge konstant.

Durch Folgerung aus jenen obersten Grundsätzen gelangt man zu einer Fülle von Wahrheiten. Die ganze Philosophie und alle Wissen= schaften bauen darauf. Die Folgerungen sind freilich als Folgerungen nicht unmittelbar evident wie die obersten Axiome, sie müssen sich an der regelrechten Beweisführung als richtig erkennen lassen[3]. In dieser Weise führt die Anwendung des Satzes vom hinreichenden Grunde notwendig zur Annahme von Gott und der geistigen Menschenseele. Damit ist aber auch das Fundament aller Philosophie gegeben.

Es geht demnach nicht an, die Philosophie in die materiell=wirt= schaftliche Sphäre herabdrücken oder auf ihr aufbauen zu wollen. Sie gehört ihrem Wesen, ihrem Ursprung und ihrer Entwicklung nach der realen geistigen Welt an und wirkt wie diese selbständig. Dies gilt natürlich mit der allgemeinen Einschränkung, daß die einzelnen Lebensgebiete nicht isoliert nebeneinander stehen, und so auch die Philosophie von der ökonomischen Struktur direkt und indirekt beeinflußt wird. Insbesondere bleibt die be= deutsame Thatsache zu vermerken, daß in wirtschaftlich niedergehenden Zeiten sich materialistische Strömungen bemerkbar machen. Hier wird dann der Geist praktisch zum Sklaven der Materie, und theoretisch fällt ihm

---

[1] Vgl. S. 107.   [2] De verit. 16, 1 ad 9.
[3] Cf. 1 anal. 14.

noch die Last zu, diese Knechtschaft „wissenschaftlich“ zu rechtfertigen. So
sehr man die Ideologen verhöhnt, so glaubt man doch schließlich nicht
ohne ein philosophisches System auskommen zu können. Darin zeigt sich
eben die Macht des Geistes — und des Gewissens. Selbst der Sozialismus
stützt sich nicht auf bloße Machtverhältnisse oder Zweckmäßigkeitsgründe,
er sucht eine Ideologie als Fundament, und das ist eben die materialistische
Weltanschauung. Darin hat der Sozialismus recht, alle materialistischen
Systeme zeigen sich bis zu einem gewissen Grade von der wirtschaftlichen
Praxis abhängig. Aber gerade die aristotelisch=thomistische Philosophie
spottet der ökonomischen Erklärungsgründe, denn sie ist in ihren Grund=
lagen bis heute die gleiche geblieben.

„Die realistische Geschichtschreibung, d. i. diejenige, welche die
Realität der idealen Prinzipien anerkennt, faßt die Philosophie als
hingeordnet auf einen realen gedanklichen Inhalt und trennt sie in diesem
Betracht nicht von den übrigen Wissenschaften. Die Wahrheit, welche
Pythagoras, Plato und Aristoteles suchten, ist dieselbe wie die, nach
welcher Augustinus und Thomas forschten. Durch den Zusammenschluß
der Denker, welche zugleich Weise waren, ist ein Wahrheitsschatz erarbeitet
worden, welcher den objektiven Maßstab für die verschiedenen Gedanken=
bildungen gewährt. Es giebt hier ein Wahr und Falsch, ein Treffen und
Verfehlen, einen rechten Pfad und Irrwege, Dinge, die mit der Umfrage
bei den Zeitgenossen und dem Belauschen des Zeitgeistes nichts zu thun
haben. Soweit die Wahrheit im Fortgange der Geschichte erarbeitet wird,
ist sie eine Tochter der Zeit, soweit sie einen außerzeitlichen und darum
übergeschichtlichen Gehalt in sich hat, ist sie ein Kind der Ewigkeit. . . .

„Ein Fortschritt der spekulativen Erkenntnis in der Zeit hat statt=
gefunden, aber darum ist keineswegs jedes Spätere vollkommener als
das Frühere; nicht die leere Form des Nacheinander begründet die Ver=
vollkommnung, so daß immer der recht hätte, der das letzte Wort hatte,
vielmehr hat der recht, der wahr gesprochen, mag auch seine Stimme
von weither zu uns herübertönen.“ [1]

C. Moral und Ökonomie.

So wenig wie die obersten Sätze des Denkens stellen sich die
obersten Sätze des Handelns, der Moral und des Rechts, als
Produkte heutiger oder früherer Wirtschaftsverhältnisse dar. Wie dort läßt
der Sozialismus auch hier keine gleichbleibenden Wahrheiten gelten. Dietzgen
klärt uns darüber folgendermaßen auf: „Wie die Wärme kalt und die

---

[1] Willmann a. a. O. II, 550.

Kälte warm, beides sich nur dem Grade nach unterscheidet, so relativ
ist das Gute bös, und das Böse gut. Alles sind Relationen desselben
Stoffs, Formen oder Arten der physischen Empirie."[1] Und Bebel bemerkt:
„Wie jede soziale Entwicklungsstufe der Menschheit ihre eigenen Produktions=
bedingungen hat, so hat auch jede ihren Moralkodex, der nur das Spiegel=
bild ihres Sozialzustandes ist. Sittlich ist, was Sitte ist, und Sitte ist
wieder nur, was dem innersten Wesen, d. h. den Bedürfnissen einer
bestimmten Periode entspricht."[2] Danach kann auch jede Art von Unsittlich=
keit als sittlich gerechtfertigt werden[3]. Ist etwa die Ausbeutung, die
Betrügerei, der Ehebruch, die Prostitution, die nach dem Sozialismus
heute Sitte ist, deshalb sittlich? Auch der Sozialismus läßt nicht jede
Sitte als sittlich gelten[4]. Nach welchem Maßstab mißt der Sozialismus
die Sitte? — Bewußt oder unbewußt im allgemeinen nach dem natürlichen
bezw. christlichen Sittengesetz; die proletarische Moral enthält nur ein
originelles Postulat: die Vereinigung der Proletarier zum Klassenkampf;
denn der Optimismus, der von der Veränderung der Verhältnisse eine
wunderbare Umänderung des Menschen erwartet, ist ein Erbstück vom
(Rousseauschen) Liberalismus her. Von der sozialistischen Moral aus
erscheinen dann allerdings auf sittlichem Gebiete die endgültigen Wahr=
heiten „am dünnsten gesät"[5]. Weniger richtig ist der Satz, wenn man
ihn an den sittlichen Auffassungen der Völker prüft. Abgesehen davon,
daß sittliche Verirrungen viel leichter sind als intellektuelle, ist der allen
gemeinsame Ideengehalt ausreichend zu einer Verurteilung des Ausgangs=
punktes der sozialistischen Moralphilosophie[6]. Denn alle Völker halten nicht
nur an einer strengen Unterscheidung von Gut und Bös fest, die obersten
Sätze der Moral sind ihnen allen und die nächsten Schlußfolgerungen
aus denselben den meisten Völkern bekannt. Auch läßt sich keine Ent=
wicklungstheorie der Moral auf wirtschaftlicher Grundlage durchführen.
Ältere Völker haben eine reinere Moral als jüngere und höher entwickelte.
Völker auf den verschiedensten Kulturstufen erkennen nebeneinander die=

---

[1] Dietzgen a. a. O. S. 47; vgl. S. 30 f.; ferner „L. Feuerbach" S. 39 f.

[2] Bebel a. a. O. S. 16 f.

[3] Richtig ist, daß mit der Verfeinerung der Kultur auch eine Verfeinerung
der äußern Sitten Hand in Hand geht. Wenn sich damit nicht eine innere Verfei=
nerung verbindet, ist das äußere Gepräge eine Lüge. Nun ist aber die äußere Kultur,
wozu in gewissem Sinn auch die intellektuelle Bildung gehört, bekanntlich viel leichter
als die Kultivierung des Willens. Es giebt Gauner mit bedeutendem Wissen und
den feinsten Manieren.

[4] Er kritisiert sogar die Sitten früherer Jahrhunderte, auf die seine proletarische
Moral offenbar gar nicht paßt.   [5] Vgl. „Antidühring" S. 71.

[6] Vgl. Cathrein, Moralphilosophie I, 463 ff.

selben Sittengebote an. Freilich die äußern Formen des sittlichen Handelns
auf wirtschaftlichem Gebiete werden andere sein, aber das ändert an der
Beurteilung der sittlichen Qualität so wenig, als das Gewicht sich ändert,
ob man damit Getreide oder Eisen wiegt.

Aller Fortschritt, den die Völkerkunde namentlich in neuester Zeit
gemacht hat, stürzt nicht die naturrechtliche Auffassung um, wie sie
Aristoteles und Thomas verstehen. Zwischen Naturrecht in ihrem Sinn
und dem der neuern Zeit ist bekanntlich ein ganz gewaltiger Unterschied.
Während letzteres einen Idealmenschen und einen verlorenen, aber wieder
erreichbaren Idealzustand vor Augen hat, geht ersteres bei Entzifferung
der sittlichen Lebensregeln von dem konkreten Menschen und den ihn
umgebenden konkreten äußern Verhältnissen aus. Es ist deshalb unrecht,
wenn Ritschl und viele andere mit ihm alles in den einen Topf „des
fabelhaften Naturrechts" werfen. Die Auffassung von Thomas spricht
für sich.

„Wie das Sein das erste ist, was einfachhin in die Wahrnehmung
fällt, so ist das Gute das erste, was in die Wahrnehmung der praktischen
Vernunft fällt, die es mit dem Handeln zu thun hat. Alles Thätige ist
wirksam wegen eines Zweckes, und dieser hat den Charakter des Guten.
Deshalb basiert das erste Prinzip in der praktischen Vernunft auf der
Beziehung des Guten, die da lautet: ‚Gut ist, was alle Dinge erstreben.'
Daher ist das erste Gebot des Gesetzes: ‚Das Gute ist zu thun und
anzustreben, das Böse ist zu meiden.' Und darauf fußen alle
andern Gebote des Naturrechts, daß nämlich zu den naturrechtlichen
Geboten das ganze Thun und Lassen gehört, welches die praktische Vernunft auf dem natürlichen Standpunkt als menschlich gut erfaßt." [1]

Woran mißt sich aber die sittliche Qualität einer Handlung? — An
der Natur, oder besser an der vernünftigen Natur des Menschen.
„Für alle Wesen, deren Natur eine festbestimmte ist, muß es notwendig
Handlungen geben, die ihrer Natur angemessen sind; denn die einem
Gegenstande eigentümliche Thätigkeit richtet sich nach seiner Natur. Nun
ist aber die Natur des Menschen eine festbestimmte; es muß also Handlungen
geben, die aus sich dem Menschen angemessen sind." [2]

„Jedem Wesen, dem etwas natürlich ist, muß auch das natürlich
sein, ohne das jenes Etwas nicht zu haben ist; denn die Natur fehlt
nicht im Notwendigen. Nun ist aber dem Menschen von Natur eigen,
ein geselliges Wesen zu sein. Beweis dessen ist, daß ein Mensch

---

[1] 1. 2. 94, 2 c.
[2] Cg. III, c. 129; vgl. Cathrein a. a. O. II, 219 ff.

allein für alle Bedürfnisse des menschlichen Lebens nicht aufkommt. Das, ohne dessen Vorhandensein die menschliche Gesellschaft nicht bestehen kann, ist dem Menschen von Natur aus angemessen. Dahin gehört aber: Jedem das Seine zu geben und sich des Unrechts zu enthalten. Ein bestimmtes Verhalten beim menschlichen Handeln ist also von Natur aus recht. . . . Jedem Menschen kommt es von Natur aus zu, die unter ihm stehenden Dinge für seine Bedürfnisse zu verwenden. Nun giebt es aber eine bestimmte Regel, wonach der Gebrauch jener Güter dem menschlichen Leben zuträglich ist; wird diese Regel übertreten, dann geschieht das zum Schaden des Menschen, wie der ungeordnete Genuß von Speisen zeigt. Es giebt also Handlungen, die dem Menschen von Natur aus angemessen sind, und solche, die es nicht sind."

„Nach der natürlichen Ordnung ist der Leib des Menschen der Seele wegen da, und die niedern Seelenkräfte wegen der Vernunft. . . . Es ist deshalb eine naturrechtliche Forderung, daß der Leib und die niedern Seelenkräfte vom Menschen so behandelt werden, daß dadurch die Thätigkeit und das Wohl der Vernunft in keiner Weise behindert, sondern recht befördert wird. Das gegenteilige Verhalten ist vom natürlichen Standpunkt eine Sünde. Völlerei, Vielfraß und unordentlicher Geschlechtsgenuß, wodurch die Vernunftthätigkeit gehemmt wird, und die Unterjochung durch die Leidenschaften, welche ein freies Urteil der Vernunft nicht zulassen, sind naturrechtlich ein Übel."

„Jedem Wesen kommen von Natur die Dinge zu, durch welche es seinem natürlichen Ziele zustrebt; Dinge, die damit im Widerspruch stehen, sind seiner Natur nicht angemessen. Nun wurde aber oben gezeigt (cf. cg. III, c. 112), daß der Mensch von Natur aus auf Gott als sein Ziel hingeordnet ist. Die Dinge, wodurch der Mensch zur Erkenntnis und Liebe Gottes geführt wird, sind naturrechtlich angemessen; alle gegenteiligen aber sind für den Menschen von Natur aus Übel. Offenbar giebt es also ein Gut und ein Bös im sittlichen Handeln nicht nur nach dem positiven Gesetz, sondern auch nach der natürlichen Ordnung." [1]

Man sieht, es lassen sich immerhin eine schöne Anzahl jener dünngesäten Wahrheiten zusammenbringen. Schilt man dieselben Plattheiten, so trifft man gerade das, worauf es Thomas ankommt. Jene naturrechtlichen Forderungen sind und sollen evident sein. Ihre Trivialität hindert nicht ihre durchschlagende Bedeutung für das Leben, macht vielmehr die Auffindung der nächsten Folgerungen so leicht, daß es schon einer gewissen Bosheit und Schlauheit bedarf, daneben zu tappen.

---

[1] Cg. III, c. 129; cf. 1. 2. 94, 2 c.

Da in der gesamten Natur Gesetz und Ordnung herrscht, ist
von vornherein anzunehmen, daß das Handeln des Menschen nicht ohne
alles Gesetz sein könne. Sein Naturrecht entspricht aber seiner freien
vernünftigen Natur. „Da der Mensch unter den andern Lebewesen
die Natur des Zieles und das Verhältnis des Handelns zum Ziel er=
kennt, wird die ihm von Natur innewohnende Auffassung, wodurch er
auf ein angemessenes Handeln gerichtet wird, natürliches Gesetz oder
natürliches Recht genannt; bei den andern Lebewesen redet man von
natürlichem Instinkt. Denn die Tiere werden mehr mit Naturgewalt zur
angemessenen Thätigkeit angetrieben, als sie sich nach eigenem Urteil
regeln." [1]

Erscheint so die vernünftige Natur des Menschen als nächste objektive
Norm der Moral und des Rechts, so kann man selbstverständlich nur
dann von einem unveränderlichen Naturrecht reden, wenn die menschliche
Natur sich wesentlich nicht ändert, eine Bedingung, die der Sozialismus
selbst anerkennt.

Aber stehen die sittlichen und rechtlichen Auffassungen der verschiedenen
Völker in wichtigen Punkten nicht in direktem Gegensatz zu einander?
Aristoteles und Thomas ist das selbstverständlich auch nicht entgangen.
„Manche meinten, alles Recht rühre von der positiven Gesetzgebung
her, so daß es kein natürliches Recht gebe. Das war die Meinung der
Anhänger des Aristipp, eines Schülers des Sokrates. Er kam dazu
aus dem Grunde, weil das Naturgemäße unveränderlich ist und überall
dieselbe Kraft hat, wie z. B. das Feuer in Griechenland und in Persien.
Das scheint aber nicht zuzutreffen bezüglich des Rechts, da alles Recht
irgendwie sich geändert zu haben scheint. Nichts scheint mehr gerecht, als
dem Deponenten sein Depositum zurückzugeben, und doch darf man einem
Wahnsinnigen, der sein hinterlegtes Schwert fordert, dasselbe nicht zurück=
geben, oder dem Vaterlandsverräter, der sein Geld zum Ankauf von Waffen
fordert. Es scheint somit keine naturrechtlichen Satzungen zu geben." [2]

Einwendungen dieser Art kann man bei Aristoteles und Thomas
wiederholt begegnen. Sie wären berechtigt, wenn man für alle Forderungen,
die man naturrechtlich begründen kann, unterschiedslos dieselbe Geltung
beanspruchen würde. Die obersten praktischen Grundsätze sind allen Völkern
ebenso bekannt wie die rein theoretischen. Während aber die nächsten
Folgerungen aus den letztern mit Notwendigkeit sich ergeben und darum
von allen als wahr anerkannt sind, ist dies anders bei den Folgerungen

---

[1] 4 sent. 33, 1, 1 c.
[2] 5 eth. 12 d.

auf praktischem Gebiet, da hier noch Umstände in Betracht kommen, wes=
halb eine Folgerung durch ein allgemeineres Gebot außer Geltung gesetzt
werden kann, wie z. B. die Rückgabe eines deponierten Schwertes durch die
Rücksicht auf die Lebensgefahr. Daß außerdem vorgefaßter böser Wille und
von ihm beeinflußte Vernunft bei den praktischen Folgerungen viel leichter
zu falschen Ergebnissen gelangen als bei rein theoretischen, ist bekannt. Sind
ja selbst diese nicht vor Willenseinflüssen sicher, wenn diesbezüglich praktisch
irgendwie Verlegenheiten zu fürchten sind[1]. Als Ursachen für die Unkenntnis
der nächsten Folgerungen giebt Thomas an: durch Leidenschaft
eingenommene Vernunft, schlimmes Herkommen und Ver=
kommenheit der Natur[2]. Für die entferntern Folgerungen aber
liegt der Grund der verschiedenen Ansichten außerdem in der Unsicher=
heit des menschlichen Urteils[3]. Aber mögen auch für die nächsten
Konklusionen des Naturrechts sowohl objektiv nach ihrem Inhalt als auch
subjektiv nach ihrer Erkenntnis und Übung Ausnahmen stattfinden, so
bleiben es doch Ausnahmen, welche die Regel nicht umstürzen. Wer
das Vorkommen von Verirrungen leugnen will, muß den Begriff der
Verirrung leugnen. Wer diesen zugiebt, muß auch eine objektive Norm
zugeben, an der sich Tugend und Laster mißt.

Das Naturrecht kann demnach nur im uneigentlichen Sinn geändert
werden durch Verdeutlichung und Ergänzung mittels göttlicher und mensch=
licher Gesetze oder durch Einschränkung für besondere Fälle. Die obersten
Prinzipien dulden überhaupt keine Ausnahme[4].

Namentlich vier Faktoren sind es, welche auf die Moral und das Recht
einwirken: die Religion, die Philosophie, die Ökonomie und der intellektuelle
und sittliche Zustand der Menschen selbst.

Die Einwirkung der wenn auch vielleicht primitiven Philosophie
ist offenbar. Das Naturrecht, selbst ein Zweig der Philosophie, stützt sich
in seinen letzten Voraussetzungen wieder auf andere philosophische Disziplinen,
besonders auf die Metaphysik und Anthropologie. Die ethischen
Systeme der neuesten Zeit, die ohne Metaphysik auszukommen glauben,
hängen in der Luft. Thatsächlich schweben ihnen doch metaphysische An=
schauungen vor, seien sie deistische, pantheistische oder materialistische.
Materialistische Voraussetzungen werden zu einer andern Moral führen
als theistische. Eigentlich ist der theoretische Materialismus der Ruin der
Moral, wie eine moralische Haltlosigkeit zum praktischen Materialismus
führt.

---

[1] Cf. 1. 2. 94, 6 c.   [2] Cf. 1. 2. 94, 4 et 6 c.
[3] Cf. 1. 2. 91, 4 c.   [4] Cf. 1. 2. 97, 4 ad 3.

Ungleich ausgedehnter und intensiver ist der Einfluß der Religion auf die Moral. Eine religionslose Moral ist, soweit sie nicht im öden Utilitarismus aufgeht, ein kraftloses Produkt neuzeitlicher Gedanken=verwirrung. Was der Mensch glaubt, danach lebt er. Kaum hatten die Reformatoren die Lehre von den guten Werken verworfen, da mußten sie auch schon Klage erheben über den Nachlaß der christlichen Opferliebe. Zeiten inniger Religiosität sind auch Zeiten einer gesunden Moral. Mit dem Rückgang der Religion gerät auch allemal die Moral in Theorie und Praxis in Verfall, wodurch sie wieder auf die Religion zurückwirkt. Mit dem Sinken der Moralität sanken auch die Gottesvorstellungen der Griechen und anderer Völker so tief, wie sie nur sinken konnten.

Die Übereinstimmung der Moralgebote des Alten und Neuen Bundes, wie sie kurz der Dekalog und noch kürzer das Gebot der Gottes= und Nächstenliebe enthält, mit den Forderungen des Naturrechts ist ein Beweis für die Wahrheit der geoffenbarten Religion selbst. Selbstverständlich „ist das nicht so zu verstehen, als ob der gesamte Inhalt des Gesetzes und des Evangeliums natürliches Recht sei, da hier vieles gelehrt wird, was über die Natur hinausgeht; dagegen wird daselbst das Naturrecht in seinem vollen Umfang dargeboten. Daher fügte Gratian den Worten: ‚Naturrecht ist, was in Gesetz und Evangelium enthalten ist‘, sogleich erklärend hinzu: ‚Wodurch jedem geboten wird, dem andern zu thun, was er selbst gethan haben will, und verboten wird, einem zu=zufügen, wovon er nicht will, daß es ihm widerfahre‘ “ [1]. Allein auch abgesehen davon, daß die Offenbarung dem Menschen ein höheres Ziel, höhere Erkenntnis, geeignetere Beweggründe und Hilfsmittel zuwies, war die geoffenbarte Religion relativ notwendig auch für die volle und richtige Erkenntnis des Naturrechts infolge der Verdunkelung, in die es durch die sittliche Verkehrtheit der Menschen geriet, und infolge der Mangelhaftigkeit der Vernunft selbst hinsichtlich der entferntern Folgerungen [2]. Das ideale Sittengesetz brachte erst das Christentum. Thomas veranschaulicht die drei Stufen Naturrecht, Altes und Neues Gesetz mit Chrysostomus unter dem Bilde des Halms, der Ähre und der Frucht [3]. Das Alte Gesetz spornt an durch Sinnliches und Zeitliches, das Neue durch Geistiges und Ewiges. Jenes gebietet mehr äußere, dieses mehr innere Akte. Das Alte Gesetz treibt mittels Furcht, das Neue durch Liebe an [4]. Das Christentum besitzt theoretisch die erhabenste Moral und übte praktisch den günstigsten Einfluß auf die

---

[1] Cf. 1. 2. 94, 4 ad 1.   [2] Cf. 1. 2. 91 c; 100, 1 c.
[3] Cf. 1. 2. 106, 4 et 107.   [4] 1. 2. 107, 1 ad 2.

Völker. Es hält sich bezüglich der Ökonomie gleichweit von den beiden
unheilvollen Extremen entfernt, dem wirtschaftlichen Materialismus, dem
die Produktion und Konsumtion am wichtigsten erscheint, wie von dem
thatenlosen Nihilismus und Fatalismus, der dem Lauf der Dinge gleich=
gültig zuschaut. Immer wieder haben die Völker aus den christlichen
Idealen neue Kraft und Begeisterung gezogen.

Fragen wir nun, wie die wirtschaftlichen Verhältnisse die
erwähnten Moralsysteme und die Moral überhaupt beeinflußt haben. Zu=
nächst ist absolut nicht ersichtlich, wie das aristotelisch=thomistische
Naturrecht, wie es oben als theoretisches System und als praktische
Thatsache im Völkerleben skizziert wurde, auf wirtschaftliche Verhältnisse
zurückzuführen sei, wenn diese sich anerkanntermaßen im Lauf der Zeit
entscheidend geändert haben. Für die Erklärung des christlichen Sitten=
gesetzes liegen schon phantasiereiche Versuche vor. Es soll die Reaktion
sein gegen die damals herrschende Lebensart der Reichen. Freilich ist es
auch das. Aber das erklärt so wenig den Ursprung und macht so wenig
das Wesen des Christentums aus, als richtige mathematische Lehrsätze
nur Protestkundgebungen gegen diesen und jenen Rechenfehler sind. Ein
rein gegensätzliches System ist immer einseitig. Das Christentum umfaßt
die bei den verschiedensten Völkern zerstreut sich findenden Weisheits=
lehren in wundervoller Harmonie, und zwar, wie schön gezeigt, organisch
und lebensvoll, nicht synkretistisch. Weder bewußt noch unbewußt
tritt es auf als Ausfluß eines wirtschaftlichen Systems oder Zustandes.
Es räumt einfach den höhern Interessen wieder die gebührende Stelle
ein. Danach erscheint der irdische Reichtum als geringwertig, und das
einseitige Streben nach demselben als verwerflich. Aber es verurteilt nicht
den Reichtum einfachhin, es predigt nicht Klassenhaß, sondern allgemeine
Nächstenliebe. In den wirtschaftlichen Kämpfen wird immer gefordert,
das Christentum predigt Selbstentäußerung. Das Reich Christi
ist nicht von dieser Welt.

Berechtigter ist es, von einem Einfluß der ökonomischen Struktur
auf das alttestamentliche Gesetz zu reden. Aber, wie schon gesagt,
trat hier überhaupt das Sinnliche und Materielle mehr in den Vorder=
grund. Das Alte Testament ist nur das Vorbild und der Schatten des
Neuen. Vollständig verfehlt aber wäre es, die Sittengebote wie die alt=
testamentliche Religion überhaupt in letzter Instanz auf wirtschaftliche Ver=
hältnisse zurückzuführen [1].

---

[1] Daß die Judizialgebote und einzelne partikuläre Sittengebote auf die öko=
nomischen Verhältnisse Rücksicht nehmen, ist klar.

Mehr oder minder mögen diese auch die verschiedenen philosophischen Moralsysteme beeinflußt haben, direkt jedenfalls nur, wo es sich um sozialökonomische Fragen handelte, indirekt dagegen auf dem Umwege der praktischen Moral, und auf diese war der Einfluß der Ökonomie ein ganz bedeutender. Aber ein richtiges Verständnis dieser Thatsache bietet nicht die sozialistische Trieblehre, sondern die christliche Lehre, daß die Menschen und die Völker zum Schlimmen geneigt sind. Dies ist der Fall in allen wirtschaftlichen Verfassungen, mögen sie auch an sich noch so vortrefflich sein. Der rechte Gebrauch ist überall möglich, aber ebenso der Mißbrauch. Elend und Überfluß übten von je stärkere Reize auf die menschlichen Leidenschaften aus. Das bewegliche, von vielen Zufälligkeiten abhängige Treiben der Handelsvölker ist der Gewinnsucht und andern Leidenschaften mehr zugänglich als das Leben von Agrar= völkern. Die eine Wirtschaftsstufe giebt mehr zu diesen, die andere mehr zu jenen Tugenden und Lastern die Veranlassung. Aber Veranlassung ist etwas anderes als Verursachung, und praktische Übung ist noch nicht theoretische Berechtigung. So wenig man von einer verschiedenen Moral beim Jüngling, Mann und Greis reden kann, weil dem einen mehr diese, dem andern mehr jene Gebote nahe gelegt werden wegen der ver= schiedenen Neigung und Angemessenheit, so wenig kann man von einer Feudal=, Bourgeois= und Proletariermoral sprechen. Die katholische Kirche hat ihre Moral noch nicht geändert [1]. Wenn Verzerrungen der Moral vorkommen, so bezeugen diese nur den Drang des Menschen, seine Praxis theoretisch oder „ideologisch" zu rechtfertigen. Was ist denn eigentlich der Inhalt der Bourgeois= und Proletariermoral? [2] Ist es denn ernst gemeint, wenn man sie mit der christlichen Sittenlehre in Vergleich bringt? Die letzte Instanz der Moral liegt also theoretisch wie praktisch anderswo als in der Ökonomie.

Andererseits kommt aber der Moral ein vollständig selbständiger, aus den jeweiligen wirtschaftlichen Verhältnissen a priori nicht zu ermessender Einfluß auf eben dieselben zu. Wenn Aus= länder ein sittlich hochstehendes Volk korrumpieren, werden dessen wirt= schaftliche Verhältnisse sich ganz gewiß bald auch verändern. Wo eine gesunde Moral besteht, besteht auch ein allgemeines Vertrauen. Das ist

---

[1] Die Wuchergesetzgebung bildet, wie sich später zeigen wird, hiergegen keine Instanz.

[2] Wie man überhaupt noch von Moral sprechen mag, wo jede Wurzel der Moral abgeschnitten ist! Es heißt die Sache auf den Kopf stellen, wenn man den interessierten Egoismus bestimmter Gruppen als Moral hinstellt. Man kann dann konsequent weitergehen und von einer Jahres= und Tagesmoral sprechen.

aber für die Sozialökonomie mehr wert als viele technische Erfindungen. In Zeiten großer Korruption kann der bestverklauselte Schein täuschen. An den Machenschaften der römischen Ritterschaft, des französischen Panama= schwindels und des deutschen Gründertums beteiligten sich doch nur gewissen= lose Leute. Die wirtschaftlichen Verheerungen sind bekannt. Die Verachtung des Altertums gegen die Armut und die Arbeit, die Gepflogenheiten vieler Juden unter dem Feudal= wie Kapitalsystem, das englische Armen= wesen, das Workhouse, bedeutsame Thatsachen für die Ökonomie, gehören doch auch zunächst in die ethische Rubrik.

D. Recht und Ökonomie.

Mit der Ethik hängt aufs engste das Recht zusammen. Dies beweist der Inhalt des Naturrechts, der sich ebenso auf rein sittliche wie rechtliche Vorschriften bezieht. Im Recht sollen die Forderungen der Gerechtigkeit ihren Ausdruck finden; die Gerechtigkeit ist aber eine sittliche Tugend. Die obersten Rechtssätze sind ebenso unabänderlich wie die obersten Denk= und Sittengesetze. Das positive Recht hat sie zu acceptieren und seine besondern Forderungen in Übereinstimmung mit den allgemeinsten Rechts= regeln zu bringen. Sobald das positive Gesetz mit dem Naturrecht in Konflikt kommt, ist es nicht mehr Recht, sondern Gewalt. Daran kann weder die Laune eines Despoten noch eine Zufallsmajorität etwas ändern.

Allein das Recht hat auch einen sehr variabeln Bestandteil. In weitem Umfang befaßt sich nämlich das Recht mit wirtschaftlichen Verhältnissen. Es ist in dieser Hinsicht sozusagen die Form, in welche die Ökonomie sich kleidet. Nun sind aber die wirtschaftlichen Verhältnisse einem beständigen Wechsel unterworfen. Mit dem Inhalt muß dann notwendig auch die Form sich ändern. Aber das ist keine Instanz gegen die Unveränderlichkeit des Rechts nach Seite des Naturrechts. Im Gegen= teil, es wäre eine Verletzung desselben, wenn frühere Rechtsformen auf neue, anders geartete Verhältnisse angewendet würden. Wiederholt betont Thomas, daß man bei Aufstellung positiver Gesetze die konkreten Verhältnisse wohl berücksichtigen müsse, und daß bei der Wandelbar= keit der menschlichen Dinge auch die menschlichen Gesetze wandelbar seien [1]. Der oft beliebte Spott auf das ewige Recht ist also Thomas gegenüber vollständig unangebracht. Er ist da berechtigt, wo man bestimmte Rechts= formen als ewige Kategorie auffaßt. Aber die sozialistische Kritik schießt über das Ziel. Sie unterscheidet nicht zwischen Rechtsgrundsatz und Rechtsform.

---

[1] Cf. 1. 2. 96, 6 c; 97, 1 c; 104, 3 ad 2; 2 eth. 2 c etc.

Anfangs wurde das Recht zunächst durch die Autorität des Familien=
und Stammeshauptes festgesetzt. Es bildete sich ein Herkommen, an
dem man jeweils zähe festhielt. Je komplizierter die Verhältnisse wurden,
und je mehr die Fälle der Rechtsumgehung sich häuften, desto schärfer
bildeten sich auch die Rechtssätze aus. Die Geschichte hat die traurige
Thatsache zu verzeichnen, daß die wirtschaftlich Mächtigen nicht
nur vieler Verletzungen des bestehenden Rechts sich schuldig machten,
sondern daß sie dieses selbst vielfach ihren Wünschen und Interessen gemäß
konstruierten. Aber es wurde deshalb von den Zeitgenossen ebensowenig
als der wahre Ausdruck der Gerechtigkeit angesehen wie manche Be=
stimmungen des heutigen Rechts von den Sozialisten. Auf die Dauer
lassen sich ungerechte Gesetze nicht aufrecht halten. Kommt
es nicht zum Ausgleich, so kommt es zur Revolution. Aber gerade in
diesem negativen Beweis zeigt sich die Unbesieglichkeit des Naturrechts.
Die Kämpfe um das Recht werden stets viel hartnäckiger geführt als die
um bestimmte, wenn auch verhältnismäßig hohe wirtschaftliche Vorteile.

Bei großen wirtschaftlichen, gesellschaftlichen und politischen Umwand=
lungen ist es freilich schwer, sofort den adäquaten Ausdruck für das
neue Recht zu finden. Und da immer diese und jene Interessenten im trüben
zu fischen suchen, so geht es in solchen Übergangsperioden noch mehr wie
in andern Zeiten nicht ohne große Kämpfe ab.

Der konkrete Ausdruck des Rechts ist sonach allerdings, soweit es
sich auf die Wirtschaft bezieht, in hohem Grade von dieser abhängig.
In den Veränderungen des Rechts spiegeln sich die wirtschaftlichen
Wandlungen. Die Wirtschaft zeigt in diesem Betracht das tiefere Warum
zu dem äußerlichen Wie des Rechts [1].

Aber das Recht ist nicht einfach Produkt der Technik und der
Ökonomie [2]. Unterscheiden wir nüchtern, so kommen, von dem Gesamt=

---

[1] Vgl. Roscher a. a. O. § 16.

[2] Professor W. Sombart ist dafür ein klassischer Zeuge. Nachdem er in
seinen Züricher Vorträgen (Herbst 1896) „das systematisch=doktrinäre Gemälde des
ökonomisch=materialistischen Werdens, das die Menschen zu willenlosen Atomen de=
gradiert, mit unleugbarem Geschick auseinandergesetzt hat, ließ er ... in seiner
Schlußvorlesung auf einmal einen deus ex machina auftreten und appellierte an
die „Heiligkeit der Rechtsidee, die als höhere Macht über uns schwebt‘‘ (A. Mühl=
berger in der Diskussion über jene Vorträge). Prof. Sombart äußerte sich folgen=
dermaßen: „Hochgehalten muß werden die Heiligkeit der Rechtsidee: man muß
kämpfen für ein Recht und gegen ein Unrecht je nach der Überzeugung. Man muß
das Vertrauen auf die Rechtsidee schon darum aufrecht erhalten, damit das Ver=
trauen bleibt, daß das erreichte Erstrebte auch wirklich als Gesetz gelten werde,
damit wir nicht in ein Chaos hineinkommen." W. Sombart, Sozialismus und
soziale Bewegung im 19. Jahrhundert, Bern 1897, S. 54.

zusammenhang mit allen geschichtlichen und gesellschaftlichen Faktoren ab=
gesehen, für die Ökonomie zunächst zwei Elemente in Betracht: die Technik
und das Recht. Der Sozialismus begeht die Einseitigkeit, nur die Technik
als originales, souverän wirksames Element anzuerkennen. Daß ein großer
Teil des Rechts überhaupt nichts oder nur ganz indirekt mit der Ökonomie
zu thun hat, daß außer und über aller Technik und Ökonomie bestimmte
Rechtssätze unzweifelhaft bestehen, beliebt er zu ignorieren. Der ideen=
feindlichen Theorie entspricht der barbarische Grundsatz: Macht ist Recht.
„Sowohl die politische wie die bürgerliche Gesetzgebung proklamieren,
protokollieren nur das Wollen der ökonomischen Verhältnisse." [1] Diese
einseitige Auffassung steht aber im Widerspruch mit zwei Thatsachen:

1. Die Technik besiehlt rechtlich zunächst sehr wenig, sondern hat sich
in den vorgefundenen Rechtszustand einzuordnen und sich mit ihm ab=
zufinden. Je nachdem, z. B. in alter und neuer Zeit, wird dann der
Einfluß, den eine bestimmte technische Erfindung, z. B. der Dampfkraft,
des elektrischen Motors, ausübt, ein ganz verschiedener sein [2].

2. Im einzelnen läßt jede ökonomische Stufe einen
breiten Spielraum der Möglichkeiten und Zweckmäßig=
keiten, so daß andere außerwirtschaftliche (soziale, ethische, kulturelle)
Momente vollauf berücksichtigt werden können. Es giebt keine Stufe
wirtschaftlicher Entwicklung, für welche das Naturrecht nicht anwendbar
wäre. Nun ist es aber, abgesehen von den andern Lebensgebieten, für
die Wirtschaft selbst von einschneidender Bedeutung, von welchem sitt=
lichen Gesichtspunkt aus das Recht geregelt und gehandhabt wird.
Die ökonomischen Konsequenzen werden andere sein dort, wo man merkan=
tilistischen und staatssozialistischen oder wo man manchesterlichen Grund=
sätzen huldigt, und dort, wo man die Gesellschaft als sittlichen Organis=
mus anerkennt. Es ist für die ökonomische Struktur nicht unerheblich,
ob nur das formale Recht oder auch die Billigkeit Raum hat, ob man
nur das Eigentum oder auch die Arbeit ausreichend schützt, ob man an
der ideologischen Vorstellung von Recht und Unrecht und ihrer Verpflich=
tung über den staatlichen Zwang hinaus festhält oder ob man am
Rechtssystem und seiner Befolgung nur so lange festhält, als es das eigene
Selbstinteresse nahe legt. Man vergleiche nur, wie verschieden das alt=
römische und das jüdische Recht sich gestaltete. Dort das harte Eigen=
tums=, Schuldner=, Sklaven= und Familienrecht, hier alles gemildert,

---

[1] Marx, „Elend" S. 62.
[2] Vgl. R. Stammler, Wirtschaft und Recht nach der materialistischen Ge=
schichtsauffassung, Leipzig 1896, S. 286. — Stammler betont die Bedeutung des
Rechts allzusehr und beachtet die übrigen sozialen Bindemittel zu wenig.

und doch sind beide Agrarstaaten mit Naturalwirtschaft [1]. Man vergleiche das altrömische Recht mit dem germanischen einerseits und mit dem griechischer Agrarstaaten andererseits und weiterhin mit dem der ost= asiatischen Staaten. Wie ganz anders, wo in der Naturalwirtschaft das Wucherverbot anerkannt und durchgeführt wurde und wo nicht! Und in moderner Zeit, welch gewaltiger Unterschied in der wirtschaftlichen und sozialen Entwicklung, wo man den Forderungen der Arbeiter entsprach und wo man sich ihnen entgegenstemmte!

Der vollständig originale und weitreichende Einfluß der verschiedenen religiösen, philosophischen und sittlichen Anschauungen auf das Recht und des Rechts auf die wirtschaftlichen und gesellschaftlichen Zustände ist nicht zu bestreiten. Es verbleibt in jeder Beziehung ein bedeutendes ideologisches Residuum, das aus der Wirtschaft nicht abzuleiten und zu begreifen ist, das vielmehr außer und über aller Wirtschaft in ursprünglicher Realität vorhanden ist. Das Recht kann je nach Einsicht und Charakter in seinen nähern und weitern Folgerungen verschieden aufgefaßt und auf die Wirt= schaft angewandt werden, in den o b e r s t e n S ä t z e n, besonders dem der Anerkennung des Rechts als einer s i t t l i c h e n F o r d e r u n g, kamen und kommen fast alle Gesetzgebungen überein.

E. Gesellschaft und Ökonomie.

Auf dem Naturrecht fußen weiterhin auch die gesellschaftlichen Ver= hältnisse in ihren allgemeinsten Umrissen. Der Mensch ist ein gesellschaft= liches Wesen. Seine eigenen leiblichen und geistigen Bedürfnisse und die Liebe zu den Mitmenschen weisen ihn naturnotwendig auf die Gesellschaft hin [2]. Unter den mannigfachen sozialen Beziehungen sind zwei Haupt= und Grundformen, die F a m i l i e und der S t a a t, ebenfalls durch das Naturrecht vorgezeichnet.

Der erste Zweck der von der Natur intendierten Verbindung von Mann und Frau ist die Fortpflanzung [3]. Aber gerade dieser Zweck verlangt besonders, daß die Verbindung eine dauernde sei. Denn die Kinder müssen auch ernährt und erzogen werden [4]. Das braucht lange Zeit und viel Mühe [5]. Die Pflicht hierzu obliegt nicht nur der Mutter, sondern auch dem Vater des Kindes, abgesehen davon, daß die Frau allein im all= gemeinen nicht für alle Sorgen, welche das leibliche und geistige Wohl der Kinder fordert, aufkommen kann [6]. Aber die Vaterschaft steht nur

---

[1] Vgl. D ö l l i n g e r, Heidentum und Judentum, Regensburg 1857, S. 695 f. 788 ff.   [2] Vgl. das Kapitel: Gesellschaft, Staat und Eigentum.
[3] Cf. 4 sent. 33, 1, 1 c.   [4] Cf. 4 sent. 33, 1, 3 c.
[5] Cf. cg. III, c. 122.   [6] Cf. 4 sent. 33, 1, 3 c; 2, 1 c; cg. III, c. 123.

dann fest, wenn das Verhältnis zwischen Mann und Frau nicht beliebig lösbar ist[1]. Tiere, besonders Vögel, deren Junge lange Zeit der Er= nährung und des Schutzes bedürfen, bleiben auch bis zur Aufzucht bei= sammen[2]. Während die Tiere ihrem Instinkt folgen, soll der Mensch durch seine Vernunft das Angemessene finden. Die obersten Sätze des Natur= rechts verlangen, wie gesagt, die eheliche Verbindung von Mann und Frau. Die nächsten Konklusionen fordern, daß die Ehe eine unauflösliche Lebensgemeinschaft sei. Auch nach beendigter Erziehung werden die Eltern der Sorge für die Kinder nicht ganz überhoben. Schließlich würde auch die natürliche Gleichheit und Gerechtigkeit verletzt, wenn der Mann sich von seiner Frau scheiden könnte, nachdem deren Schönheit verwelkt ist. Die eheliche Liebe wird im Falle der Unauflöslichkeit viel größer sein[3].

Eine andere naturrechtliche Folgerung ist die Monogamie. Sie ent= spricht der natürlichen Billigkeit[4] und hat größere Freundschaft im Ge= folge als die Polygamie, in der leicht Eifersucht und Streit entsteht[5]. Die Polygamie widerspricht allerdings nicht den obersten Sätzen des Naturrechts, sondern nur den nächsten Folgerungen und ist deshalb nicht vollständig unzulässig[6]. Das Christentum ließ nur die ursprünglich intendierte und geheiligte Monogamie zu und gab ihr und der Familie überhaupt eine erhöhte Weihe[7]. Vollständig unnatürlich ist die Polyandrie, nicht nur wegen der Unkenntnis der Vaterschaft, sondern wegen der Nachkommenschaft überhaupt[8].

Thomas bestreitet nicht, daß im Völkerleben viele Sittenlosigkeiten vorkamen. Gegen die Existenz eines Naturrechts beweisen diese sicher nichts. Alle, auch die verkommensten Völker erkennen den Begriff der Sitten= losigkeit an, ja sie sehen meistens in ihr, wie die sprachlichen Bezeich= nungen beweisen, eine der gröbsten Verletzungen der Moral überhaupt. Völker auf niederer materieller Kulturstufe stehen oft sittlich sehr hoch.

Wenn eine Institution, so ist die Familie durch das Naturrecht vorgeschrieben und in diesem Sinn bei allen Völkern faktisch anerkannt. Sie ist die Urzelle der Gesellschaft. Die Familie ist das stärkste, weil natürliche Bindemittel der Gesellschaft. Für das unmündige Kind ist die Familie gleichsam ein zweiter geistiger Mutterschoß[9]. In jeder Not und

---

[1] Cf. cg. III, c. 123.   [2] Cf. cg. III, c. 124.
[3] Cf. cg. III, c. 123.   [4] Cf. 4 sent. 33, 1, 1 ad 7.
[5] Cf. ibid. c.   [6] Cf. ibid. et ad 1, 2, 4, 6; ibid. 2 c.
[7] Cf. 4 sent. 33, 2, 1 ad 1 et 2; ibid. 2, 2, 1 ad 3.
[8] Cf. 4 sent. 33, 1, 1 ad 7.
[9] Cf. 2. 2. 10, 12 c: ... Contineatur sub parentum cura, sicut sub quodam spirituali utero. — Trotz des theoretisch schroffsten Gegensatzes stimmt Marx praktisch

Gefahr ist die erste Hilfe für alle in der Familie zu suchen. Der nächste, wenn auch nicht der Hauptzweck der Familie bleibt immer das Zu= sammenwirken zur Beschaffung der materiellen Unterhaltsmittel.

Dagegen vermag die Familie vielen Bedürfnissen nicht oder nicht ausreichend zu genügen. Dazu ist der Zusammenschluß im Staate not= wendig. Auch dieser ist daher im Naturrecht begründet [1]. Der Anarchis= mus ist undurchführbar. Auch der Sozialismus hat einen merkwürdigen Schrecken vor dem Worte Staat. Die freie Zukunftsgesellschaft, aus= gerüstet mit den weitgehendsten Zwangsbefugnissen, die je ein Staat besaß, als Staat zu bezeichnen, ist ein Frevel. Zum Glück oder Unglück kommt es nicht auf die Worte an.

Die Einwendungen von sozialistischer Seite haben, wie immer, die mannigfaltigen Formen im Auge, in denen sich jene gesellschaftlichen Institutionen auslebten. Allein diese Thatsache leugnet niemand. Wenn auch der Begriff der Familie früher einen weitern Kreis von Personen umfaßte, so bildete doch die eheliche Verbindung von Mann und Weib die Wurzel und den Kern der Familie. Mochte man in Hausgemein= schaften beisammen wohnen oder viele Diener besitzen, die Einzelehe und die Zusammengehörigkeit der einzelnen Eltern und Kinder blieb stets gewahrt. Und ebenso ändert es nichts an der Idee des Staates, ob das Familien= und Stammeshaupt, der König oder das Parlament Gesetze geben. Der ganze geschichtliche Verlauf ist eine Bestätigung des von Thomas aufgestellten Naturrechts. Wie nüchtern und empirisch dasselbe aufgefaßt ist, tritt grell hervor, wenn man das sozialistische Natur= recht, wie man es nennen könnte, dagegen hält.

Der Sozialismus will mit Leugnung jedes höhern Rechts positi= vistisch verfahren, gelangt aber dabei zu Annahmen, die nicht nur mit dem Gesamtkonsens der Völker über das, was sein soll, sondern auch mit den thatsächlichen Zuständen in scharfem Widerspruch stehn. Nach dem

---

mit Thomas überein. So schreibt er in dem schon zitierten Brief an seinen Vater (10. November 1837): „. . . Dennoch möchten wir ein Denkmal setzen dem einmal Durchlebten, es soll in der Empfindung den Platz wiedergewinnen, den es für das Handeln verloren, und wo fände es eine heiligere Stätte als an dem Herzen von Eltern, dem mildesten Richter, dem innigsten Teilnehmer, der Sonne der Liebe, deren Feuer das innerste Zentrum unserer Bestrebungen erwärmt!" „In der Hoffnung . . ., daß es mir selbst vergönnt sei, mit Euch zu leiden und zu weinen und vielleicht in Eurer Nähe den tiefen, innigen Anteil, die unermeßliche Liebe zu beweisen, die ich oft so schlecht nur auszudrücken vermag . . ." Dieser Ge= sinnung blieb Marx sein Leben lang treu, sein eigenes Familienleben beseelt die gleiche Liebe.

[1] Cf. 1 pol. 1 a.

Sozialismus bestand ursprünglich regellose Geschlechtsgemeinschaft, mit dem Eigentum entstand auch die Ehe, im Zukunftsstaat erscheint das ursprüngliche Verhältnis in neuer Form wieder. Ebenso bestand ursprüng= lich eine freie Gesellschaft, das Eigentum brachte die Klassenherrschaft des Staates, die Beseitigung des Eigentums eröffnet die Bahn zur freien kommunistischen Gesellschaft — so nach der Schablone der „Negation der Negation".

Wichtig ist es hier insbesondere, die Hypothese Morgans ein wenig zu beleuchten. Die Wissenschaft hat ihr zwar schon den Todesstoß ver= setzt, aber für Engels und seine Anhänger galt oder gilt sie noch als „unleugbar nachgewiesen"[1].

„Welches sind nun die Bedenken, welche der Annahme der neuen Lehre entgegenstehen? Vor allem die für die erhobenen Unfehlbarkeits= ansprüche auffallende Thatsache, daß auch nicht ein historisches Beispiel von Gruppenehe wirklich vorgeführt werden kann. Für die Gruppenehe unter Blutsverwandten giebt Morgan dies selbst zu."[2] „Aber nicht besser steht es mit den historischen Belegen für die Gruppenehe unter Ausschluß der Blutsverwandten. Wir wissen zwar, daß ungeregelter Geschlechts= verkehr zu allen Zeiten und bei allen Völkern stattgefunden hat, nirgends aber hören wir, daß sämtliche männliche Angehörige einer Gruppe ein Recht auf Geschlechtsverkehr mit sämtlichen weiblichen Angehörigen einer andern Gruppe gehabt hätten, und umgekehrt."[3]

„Somit bleiben von den positiven Belegen Morgans nur noch die über das Vorherrschen der Gruppenehe bis in dieses Jahrhundert auf Hawaii, und in der That sind ihm diese die wichtigsten."[4] Aber nach ein= gehender Prüfung zeigt sich auf Hawaii „von Gruppenehe nirgends eine Spur"[5]. „Vielmehr bestand auf Hawaii nichts anderes, als was Morgan selbst als Paarungsehe bezeichnet, mit strenger Wahrung der ehelichen Rechte während der Dauer derselben, daneben aber die äußerste Sitten= losigkeit."[6]

„Ebensowenig wie Morgan, vermögen aber seine Anhänger ein einziges historisches Beispiel von Gruppenehe wirklich vorzuführen."[7]

„Nicht besser steht es mit den übrigen positiven Belegen, auf welche die Hypothese . . . sich stützt."[8]

---

[1] Engels, „Ursprung" S. 17; vgl. Bebel, „Die Frau" S. xii.

[2] L. Brentano, Die Volkswirtschaft und ihre konkreten Grundbedingungen, in der Zeitschrift für Sozial= und Wirtschaftsgeschichte 1893, I, 110 (Brentano steht selbst auf einem extremen Entwicklungsstandpunkt).

[3] A. a. O.   [4] A. a. O. S. 112.   [5] A. a. O. S. 114.

[6] A. a. O. S. 119.   [7] A. a. O. S. 120.   [8] A. a. O. S. 121.

„Somit bleiben als Stützen der Morganschen Lehre nur jenes eigen=
tümliche Benennungssystem, das nur Ascendenten, Geschwister und Des=
cendenten kennt und das Mutterrecht." [1]

Nach dem Benennungssystem Morgans für das hawaiische und Fisons
für das australische Verwandtschaftssystem wird aber nicht bloß der Bruder
des Vaters als Vater, sondern auch die Schwester und Base der Mutter
als Mutter bezeichnet, und umgekehrt werden deren Kinder nicht Neffen
oder Nichten, sondern Kinder genannt. „Wären die Morganschen Schluß=
folgerungen aus dem Benennungssystem richtig, so müßten also auch
diese Benennungen darin ihren Grund haben, daß infolge des unterschieds=
losen Geschlechtsverkehrs die Mutterschaft ungewiß war. Mag aber der
Vater noch so oft Hypothese sein, die Mutter ist immer Gewißheit." [2]

Auch aus dem „Mutterrecht läßt sich ein ursprünglicher unterschieds=
loser Geschlechtsverkehr oder eine ursprüngliche Gruppenehe nicht ableiten.
Denn wir finden das, was der letztern noch am nächsten kommt, die
Polyandrie, auch bei Völkern, die nach Vaterrecht leben" [3]. Das Mutter=
recht aber läßt sich auf andere Weise erklären.

Indes noch weitere Momente sprechen gegen die Zulässigkeit der
Hypothese. „Vor allem führt, wie schon Maine geltend gemacht hat, ein
unterschiedsloser Geschlechtsverkehr bekanntlich zur Sterilität. Sterilität
aber unter sich fortwährend bekriegenden Wilden hätte eine Schwächung
derselben bis zur Vernichtung bedeutet." [4]

Ferner steht jenem Zustande die Eifersucht des Mannes auf die
Frau entgegen, wie sie sich besonders bei den Wilden findet [5].

„Das letzte aber, was gegen die neue Theorie anzuführen ist, ist,
daß noch keiner ihrer Anhänger es verstanden hat, in anschaulicher Weise
klar zu machen, wie denn die heutige patriarchalische Familie sich aus jenem
ursprünglichen unterschiedslosen Geschlechtsverkehr entwickelt haben soll." [6]

F. Politik und Ökonomie.

Der engste Zusammenhang besteht zwischen Wirtschaft und innerer
und äußerer Politik. Ganz natürlich. Ist ja doch zunächst die zeitliche
Wohlfahrt der Unterthanen für den Staat Grundlage und Zweck
seiner Aktionen. Je nach der Besitzverteilung, den herrschenden Wirtschafts=
formen (Agrar=, Industrie=, Handelsstaat u. s. w.), je nach der Größe
des Reichtums wird auch die vorherrschende Tendenz in der innern und
äußern Politik verschieden sein. Verschieben sich die einzelnen Faktoren,

---

[1] A. a. O. S. 122.   [2] A. a. O. S. 123.
[3] A. a. O. S. 124.   [4] A. a. O. S. 125.
[5] Vgl. a. a. O.   [6] A. a. O. S. 126.

so macht sich dies auch in der Politik bemerkbar. Aufsteigende Klassen werden eben ihre Ansprüche an den Staat: die Berücksichtigung bei der staatlichen Distribution und die Teilnahme an der Regierung, so lange stärker und stärker geltend machen, bis sie durchdringen. Für die Stellung und die Operationen nach außen ist der wirtschaftliche Zustand (Blüte oder Verfall, Steuerkraft, Finanzlage) von weitgehendster Bedeutung. Es ist ein Verdienst von Marx und den neuern Wirtschaftshistorikern, dies Moment mehr in den Vordergrund gerückt zu haben, gegenüber einer Auffassung, die in der ganzen politischen Geschichte nichts sah als Feld= herrn, Schlachten und Diplomaten.

Allein deshalb braucht man nicht die Einseitigkeit von Marx mit= zumachen und alle Politik in letzter Instanz auf die wirtschaftlichen Ver= hältnisse zurückzuführen. Politische Vorgänge und unter ihnen wieder vielfach solche, die nicht auf die Ökonomie ursächlich zurückzuführen sind, haben auf diese einen durchschlagenden Einfluß ausgeübt. Die Kreuz= züge, die Politik der Hohenstaufen, der Dreißigjährige Krieg und eine Unzahl anderer kriegerischer Unternehmungen wurden nicht durch wirt= schaftliche Momente veranlaßt und entschieden, waren aber auf Jahr= hunderte hinaus für den wirtschaftlichen Fortschritt bezw. Rückschritt ent= scheidend. Edle und unedle Motive, ideale Begeisterung, Ehrgeiz, Herrsch= sucht, Haß und Rache erweisen sich ungemein häufig als Mobilmachungs= organe. Im Kriege selbst geben vielfach ähnliche Motive, sowie die richtige Wahl der Führer, deren Geistesgegenwart, die Tüchtigkeit der Soldaten und nicht zuletzt auch unberechenbare äußere Umstände den Ausschlag. Friedensschlüsse und Handelsverträge erwiesen sich oft von der folgen= reichsten Bedeutung für die wirtschaftliche Entwicklung [1].

Auch ist es im Völkerleben nicht ohne Bedeutung, ob sich die Staaten in der äußern Politik an sittliche Grundsätze halten oder nicht. Ehrlichkeit und Hinterlist, Recht und Gewalt, Treue und Wortbruch sind auch mächtige politische Faktoren. Der ungünstige Einfluß der Grundsätze Machiavellis, gleichgültig, wieweit dieselben aus der politischen Praxis stammen, ist bekannt.

Ebensowenig wie die äußere Politik durch wirtschaftliche Mittel und Ziele allein in letzter Instanz beherrscht wird, so wenig die innere Politik. Es ist eine Übertreibung, die ganze Geschichte in Klassenkämpfe aufzulösen. Man sollte es nicht für möglich halten, all die Glaubens= kämpfe im Laufe der Geschichte bis herauf zum Kulturkampf, all die

---

[1] Auch auf die Forschungsreisen sei hier hingewiesen, auf die Ent= deckungen und Erfindungen, die oft zufällig, oft nur im Dienst der Wissen= schaft und auf Gebieten, die an sich der Wirtschaft fern lagen, gemacht wurden, dieser trotzdem plötzlich eine neue Wendung gaben.

„Somit bleiben als Stützen der Morganſchen Lehre nur jenes eigen=
tümliche Benennungsſyſtem, das nur Ascendenten, Geſchwiſter und Des=
cendenten kennt und das Mutterrecht.“ [1]

Nach dem Benennungsſyſtem Morgans für das hawaiiſche und Fiſons
für das auſtraliſche Verwandtſchaftsſyſtem wird aber nicht bloß der Bruder
des Vaters als Vater, ſondern auch die Schweſter und Baſe der Mutter
als Mutter bezeichnet, und umgekehrt werden deren Kinder nicht Neffen
oder Nichten, ſondern Kinder genannt. „Wären die Morganſchen Schluß=
folgerungen aus dem Benennungsſyſtem richtig, ſo müßten alſo auch
dieſe Benennungen darin ihren Grund haben, daß infolge des unterſchieds=
loſen Geſchlechtsverkehrs die Mutterſchaft ungewiß war. Mag aber der
Vater noch ſo oft Hypotheſe ſein, die Mutter iſt immer Gewißheit.“ [2]

Auch aus dem „Mutterrecht läßt ſich ein urſprünglicher unterſchieds=
loſer Geſchlechtsverkehr oder eine urſprüngliche Gruppenehe nicht ableiten.
Denn wir finden das, was der letztern noch am nächſten kommt, die
Polyandrie, auch bei Völkern, die nach Vaterrecht leben“ [3]. Das Mutter=
recht aber läßt ſich auf andere Weiſe erklären.

Indes noch weitere Momente ſprechen gegen die Zuläſſigkeit der
Hypotheſe. „Vor allem führt, wie ſchon Maine geltend gemacht hat, ein
unterſchiedsloſer Geſchlechtsverkehr bekanntlich zur Sterilität. Sterilität
aber unter ſich fortwährend befriegenden Wilden hätte eine Schwächung
derſelben bis zur Vernichtung bedeutet.“ [4]

Ferner ſteht jenem Zuſtande die Eiferſucht des Mannes auf die
Frau entgegen, wie ſie ſich beſonders bei den Wilden findet [5].

„Das letzte aber, was gegen die neue Theorie anzuführen iſt, iſt,
daß noch keiner ihrer Anhänger es verſtanden hat, in anſchaulicher Weiſe
klar zu machen, wie denn die heutige patriarchaliſche Familie ſich aus jenem
urſprünglichen unterſchiedsloſen Geſchlechtsverkehr entwickelt haben ſoll.“ [6]

F. Politik und Ökonomie.

Der engſte Zuſammenhang beſteht zwiſchen Wirtſchaft und innerer
und äußerer Politik. Ganz natürlich. Iſt ja doch zunächſt die zeitliche
Wohlfahrt der Unterthanen für den Staat Grundlage und Zweck
ſeiner Aktionen. Je nach der Beſitzverteilung, den herrſchenden Wirtſchafts=
formen (Agrar=, Induſtrie=, Handelsſtaat u. ſ. w.), je nach der Größe
des Reichtums wird auch die vorherrſchende Tendenz in der innern und
äußern Politik verſchieden ſein. Verſchieben ſich die einzelnen Faktoren,

---

[1] A. a. O. S. 122.   [2] A. a. O. S. 123.
[3] A. a. O. S. 124.   [4] A. a. O. S. 125.
[5] Vgl. a. a. O.   [6] A. a. O. S. 126.

so macht sich dies auch in der Politik bemerkbar. Aufsteigende Klassen werden eben ihre Ansprüche an den Staat: die Berücksichtigung bei der staatlichen Distribution und die Teilnahme an der Regierung, so lange stärker und stärker geltend machen, bis sie durchdringen. Für die Stellung und die Operationen nach außen ist der wirtschaftliche Zustand (Blüte oder Verfall, Steuerkraft, Finanzlage) von weitgehendster Bedeutung. Es ist ein Verdienst von Marx und den neuern Wirtschaftshistorikern, dies Moment mehr in den Vordergrund gerückt zu haben, gegenüber einer Auffassung, die in der ganzen politischen Geschichte nichts sah als Feld= herrn, Schlachten und Diplomaten.

Allein deshalb braucht man nicht die Einseitigkeit von Marx mit= zumachen und alle Politik in letzter Instanz auf die wirtschaftlichen Ver= hältnisse zurückzuführen. Politische Vorgänge und unter ihnen wieder vielfach solche, die nicht auf die Ökonomie ursächlich zurückzuführen sind, haben auf diese einen durchschlagenden Einfluß ausgeübt. Die Kreuz= züge, die Politik der Hohenstaufen, der Dreißigjährige Krieg und eine Unzahl anderer kriegerischer Unternehmungen wurden nicht durch wirt= schaftliche Momente veranlaßt und entschieden, waren aber auf Jahr= hunderte hinaus für den wirtschaftlichen Fortschritt bezw. Rückschritt ent= scheidend. Edle und unedle Motive, ideale Begeisterung, Ehrgeiz, Herrsch= sucht, Haß und Rache erweisen sich ungemein häufig als Mobilmachungs= organe. Im Kriege selbst geben vielfach ähnliche Motive, sowie die richtige Wahl der Führer, deren Geistesgegenwart, die Tüchtigkeit der Soldaten und nicht zuletzt auch unberechenbare äußere Umstände den Ausschlag. Friedensschlüsse und Handelsverträge erwiesen sich oft von der folgen= reichsten Bedeutung für die wirtschaftliche Entwicklung[1].

Auch ist es im Völkerleben nicht ohne Bedeutung, ob sich die Staaten in der äußern Politik an sittliche Grundsätze halten oder nicht. Ehrlichkeit und Hinterlist, Recht und Gewalt, Treue und Wortbruch sind auch mächtige politische Faktoren. Der ungünstige Einfluß der Grundsätze Machiavellis, gleichgültig, wieweit dieselben aus der politischen Praxis stammen, ist bekannt.

Ebensowenig wie die äußere Politik durch wirtschaftliche Mittel und Ziele allein in letzter Instanz beherrscht wird, so wenig die innere Politik. Es ist eine Übertreibung, die ganze Geschichte in Klassenkämpfe aufzulösen. Man sollte es nicht für möglich halten, all die Glaubens= kämpfe im Laufe der Geschichte bis herauf zum Kulturkampf, all die

---

[1] Auch auf die Forschungsreisen sei hier hingewiesen, auf die Ent= deckungen und Erfindungen, die oft zufällig, oft nur im Dienst der Wissen= schaft und auf Gebieten, die an sich der Wirtschaft fern lagen, gemacht wurden, dieser trotzdem plötzlich eine neue Wendung gaben.

Streiter der philosophischen und wissenschaftlichen Schulen in der Rubrik
„Klassenkampf" wiederzufinden, indem sie „in der That nur der mehr
oder weniger deutliche Ausdruck von gesellschaftlichen Klassen sind". Und
von dieser allgewaltigen ökonomischen Ursache haben sie alle nichts gemerkt,
oder sie haben mit Absicht davon geschwiegen. Alle diese Kämpfer waren
entweder Blödsinnige oder Heuchler, da sie glaubten oder vorgaben, für
Ideen zu kämpfen, während sie doch eigentlich nur um Futterplätze und
Futteranteile rauften.

Aber auch wenn man die Klassenkämpfe auf das Gebiet der materiellen
Interessen und der Wirtschaftspolitik beschränkt, haben sie zu verschiedenen
Zeiten eine ganz verschiedene Bedeutung. Marx hat die modernen wirt=
schaftlichen Kämpfe ziemlich schablonenhaft in die ganze vergangene Ge=
schichte zurückgetragen. Es ist doch ein Unterschied, ob ich spreche von dem
Kampf der Patrizier und Plebejer oder dem der Sklaven gegen diese
beiden Klassen, ob von einem Kampf der Handwerker und städtischen
Handelsherrn oder dem der Meister und Gesellen. Ist die Geschichte der
genannten Klassen schon nach Raum und Zeit die ganze vergangene
Geschichte, und geht wirklich die ganze Zeitgeschichte jener Klassen voll=
ständig im Klassenkampf auf? Nach der reinen Klassenkampfstheorie giebt
es nur zwei Klassen, eine ausbeutende und eine ausgebeutete. Nun gab
es aber in Wirklichkeit stets mehrere Klassen, und diese wiederum mit
den verschiedensten Abstufungen, die ganz friedlich nebeneinander bestehen
konnten und vielfach auch bestanden und bei entstehenden Interessen=
konflikten je nachdem sich verschieden gruppieren oder auch — einigen
konnten. Das sozialistische Klassenkampfideal: Bourgeoisie und Proletariat,
Sieg oder Niederlage, ist ein anormaler Zustand. Solange das Gesell=
schaftsleben normal verläuft, fehlen solche grellen Gegensätze, finden sich
mannigfaltige Abstufungen und Übergänge, besonders aber ein breiter
Mittelstand. Das sozialistische Ideal ist aber, wie noch gezeigt werden
soll, nicht einmal in der modernen Gesellschaft Wirklichkeit.

Ferner ist der Satz, im Staate herrsche nur eine Klasse, und diese
nur zu ihrem Vorteil, in dieser Allgemeinheit unrichtig. Zwar zeigt die
politische Geschichte immer die Vorherrschaft einer bestimmten Klasse. Aber
diese muß weder ausschließlich herrschen, noch lediglich in ihrem Interesse.
Thomas verlangt von der Staatsregierung die Förderung des Gemein=
wohls. Wenn auch das Ideal nur selten erreicht wurde, so läßt sich eine
bedeutende Annäherung an dasselbe für viele und verschiedene Zeiten fest=
stellen. Am meisten Aussicht besteht dafür in den Staaten, in denen ein
breiter Mittelstand vorherrscht; am leichtesten kommt es zu Ausschreitungen
dort, wo nur die Reichen oder die Armen am Ruder sind.

Weiterhin ist die Behauptung unrichtig, die herrschenden Klassen seien niemals zu Konzessionen an die aufsteigenden Klassen bereit gewesen. Nun sind auffallenderweise gerade die Hauptproletarier geborene Bourgeois, so Marx, Engels, Lassalle, Liebknecht, Singer, Vollmar, Adler, Jaurès, Ferri u. s. w.[1] Von der reaktionären Masse der Gegner tritt ein großer Teil für die Forderungen der Arbeiter ein, und ihre Schar wäre, wie in England schon längst, noch größer und energischer, wenn nicht die Verquickung mit dem Sozialismus und der durch ihn geschürte Klassenhaß die Beteiligung und Schaffensfreude lähmten. Die Arbeiterversicherungs= und Arbeiterschutzgesetze sind keine Konzessionen der sozialdemokratischen Führer, sondern der „reaktionären Parteien"[2]. Selbst von den Unter= nehmern treten nicht nur im Ausland, sondern auch in Deutschland bereits ein Teil für die Arbeiterinteressen ein. Sehr bemerkenswert ist hier auch die Erfahrung, die man mit den 1890 größtenteils erst neu eingeführten Gewerbegerichten machte. „Es giebt (1896) in Deutschland ungefähr 275 Gewerbegerichte. Die Vorsitzenden sind sämtlich aus der Bourgeoisie hervorgegangen; dennoch besteht in der Arbeiterschaft ganz Deutschlands nur eine Stimme darüber, daß die Vorsitzenden ihres Amtes nicht bloß mit formaler äußerer Gerechtigkeit walten, sondern daß sie auch in sachlicher Beziehung dem Rechte zum Siege verhelfen, selbst da, wo das in der Entwicklung begriffene Arbeiterrecht den hergebrachten Anschauungen der besitzenden Klassen widerspricht."[3] Aus der ältern Geschichte ließe sich in dieser Richtung noch genug Material beibringen, besonders wenn man im Völkerleben auch räumlich weiter ausgreift.

Schließlich ist die Ansicht verkehrt, als ob der gesellschaftliche Fort= schritt nur durch den Klassenkampf bedingt sei. Abgesehen davon, daß die höchsten menschheitlichen Interessen nicht die wirtschaftlichen sind, gilt

---

[1] „Von Baboeuf bis Marx und Lassalle zeigt die Geschichte der Theorie des Sozialismus nur zwei Männer von größerer schöpferischer Begabung, die der Arbeiter= klasse angehören: Proudhon und Weitling. Der erstere ist im Kommunistischen Mani= fest den ‚Bourgeoissozialisten' eingereiht, der zweite heute nur noch eine historische Kuriosität" („Neue Zeit" XVI², 230).

[2] Vgl. dazu aus der Rede des Abgeordneten Hitze im Reichstag vom 21. Januar 1893: „.... Überhaupt muß ich bedauern, daß die Herren von der sozialistischen Partei uns in allen diesen Fragen des Arbeiterschutzes sehr wenig praktisch unter= stützt haben. Im entscheidenden Augenblick haben sie gegen alle sozialen Gesetze ge= stimmt. Wenn wir es ebenso hätten machen wollen, so würden wir heute so weit sein wie vor 20 Jahren und nie weiter kommen...." — Vgl. Erfurter Parteitag, Protokoll S. 272 ff., Berliner Parteitag, Protokoll S. 132, Kölner Parteitag, Proto= koll S. 201 f., Frankfurter Parteitag, Protokoll S. 115 ff. u. a.

[3] J. Jastrow, Berlin, in der Diskussion über die bezeichneten Vorträge von Prof. W. Sombart S. 62.

Schaub, Eigentumslehre.

die extreme Klassenkampftheorie nicht einmal für diese. Es mag sein, daß
manche Kreise unter den Besitzenden sich die Forderungen nur abtrotzen
lassen, daß man ihnen gegenüber energischer vorgehen muß. Deshalb ist
aber noch kein Klassenkampf notwendig mit der Devise „Kampf oder
Tod; blutiger Krieg oder das Nichts" [1]. Damit richtet man in den Köpfen
nur Verwirrung an. Wo jede Einigung und Versöhnung von vornherein
zurückgewiesen und nur auf die Schärfung des Gegensatzes und die gegen=
seitige Erbitterung hingearbeitet wird, da kann allerdings von einem
freudigen Zusammenwirken zu Gunsten des Gesamtwohls wie der einzelnen
Klasse nicht die Rede sein [2]. Die Geschichte zeigt wohl ein vielfaches Ringen
der einzelnen Klassen, aber auch ein Nachgeben und Kompromisse, und
für den Fortschritt war das viel günstiger. Denn ein so schroffer Kampf,
wie ihn Marx denkt, endigt mit Schwächung und Lähmung beider Teile
und mit großen Verheerungen. Merkwürdig, daß auf ideologischem Gebiet
keine absolute Wahrheit anzutreffen sein soll, dagegen in den gesellschaft=
lichen und wirtschaftlichen Lebensverhältnissen, wo, wie Thomas sagt,
so vieles bedingter Natur ist, d. h. wo die verschiedensten Umstände berück=
sichtigt werden müssen, die eine absolute Wahrheit gelten soll: Schroffster
Gegensatz der Klassen, Kampf oder Tod! Die Wirklichkeit ist, wenn sie auch
vieles zu wünschen übrigläßt, doch frei von solcher Hegelschen Begriffs=
verfeinerung. Auch zeigt die Geschichte, daß man über derartig schroffe
Gegensätze hinweg nur wieder zur Antithese, zum Extrem, nicht aber zu
gedeihlichen Zuständen gelangt. Zu diesen zu führen, ist viel geeigneter,
was Thomas als eine Hauptaufgabe der Staatsregierung zuweist, nämlich
den Frieden aufrecht zu erhalten, d. h. nicht die faule Ruhe des Ab=
solutismus, sondern eine derartige Regelung der Verhältnisse, daß, soweit

---

[1] Marx, „Elend" S. 164.
[2] Vgl. Ethische Kultur VI, 66, Art. „Klassenkampf und ethische Kultur" von
F. W. Förster. „Das Wort Klassenkampf bringt etwas Blindes und Zielloses in die
ganze Auffassung des sozialen Problems, um so mehr, wenn man bedenkt, daß
nach der herrschenden Auffassung eben aus diesem Klassenkampfe die klassenlose Ge=
sellschaft hervorgehen soll — als ob der Gemeingeist, der die sozialen Gebilde der
Zukunft schaffen und tragen soll, erstehen könne mitten in der doktrinären Borniert=
heit und dem rücksichtslosen Klassenegoismus, den die marxistische Sozialdemokratie
nach dem ewigen Vergeltungsschema als einzigen Hebel des Fortschritts zu nennen
weiß. Das Wort ist aber auch deshalb unglücklich gewählt, weil es der Thatsache
nicht gerecht wird, daß heute bei allen entscheidenden Konflikten zwischen Kapital
und Arbeit die öffentliche Meinung hinzutritt und den Zwist aus einem Kampf
zweier Klassen in den Kampf der Gesellschaft gegen antisoziale Ausschreitungen
einer einzelnen Gruppe verwandelt und damit den Klassenkampf aufhebt." — In den
sozialistischen Gewerkschaften werden bereits Stimmen laut gegen den einseitigen
Klassenkampfsstandpunkt.

der Staat in Betracht kommt, jeder damit zufrieden sein kann. Da jener
Friede und ein entsprechender Ausgleich im privatwirtschaftlichen Verkehr,
der notwendig den rein staatlichen Maßnahmen zur Seite gehen muß,
vor allem durch ideale Beweggründe (Gerechtigkeit, Liebe) herbeigefahrt
wird, so läßt sich auch von hier aus deren Wert erkennen. Wenn auch
die vollständige Verwirklichung dieses Postulats in Anbetracht der mensch=
lichen Leidenschaften immer nur Ideal bleibt, so hindert nichts, dieses
Ideal so viel wie möglich anzustreben.

4. Das Individuum nach der materialistischen Geschichtsauffassung und Weltanschauung.

(Willensfreiheit und Milieu[1].)

Interessante Streiflichter würden auf die Geschichte der einzelnen
Lebensgebiete und auf die Gesamtgeschichte fallen, wenn der Anteil einzel=
ner Individuen für dieselben näher beleuchtet würde. Das individuelle
Wirken wurde von den Sozialisten fast allgemein vollständig unterschätzt,
bis Kautsky neuestens dieses Verhalten als irrig und taktisch unklug
zurückwies[2]. Man hat sich allerdings auch hier vor dem entgegengesetzten
Extrem des Heroenkultus und der Erfolgsanbetung, wie sie der Liberalismus
pflegte, zu hüten. Der einzelne Mensch hat immer mit den Menschen und den
Verhältnissen seiner Zeit zu rechnen. Er kann nicht die ganze Situation
neu schaffen. Die „großen Männer" ernten oft nur, was andere gesät, nicht
selten fällt ihnen ein Erfolg zu, der ganz außerhalb ihrer Berechnung lag.
Pläne und Unternehmungen, die unter bestimmten Umständen glücklich
ausgingen, erwiesen sich anderwärts als völlig erfolglos. Aber wenn die
Ideen auch oft in der Luft lagen, so hatte doch nicht jeder, häufig aber
das in recht ungünstigen Verhältnissen befindliche, aber zäh ringende
Individuum Erfolg damit. Vielfach haben auch einzelne Individuen für
neue Ideen in ganz einzigartiger Weise Propaganda gemacht. Die Geschichte
aller einzelnen Gebiete könnte dafür Zeugnis geben[3]. Man denke nur

---

[1] Die sozialistische Milieuansicht bedarf wegen ihrer Wichtigkeit im System
und für die Praxis einer etwas genauern Erörterung.

[2] Vgl. „Neue Zeit" XV[1], 234 ff. Die eigenen Begründer hat der moderne
Sozialismus freilich von je gefeiert. Von den Anarchisten wurde ihm deshalb
Personenkultus vorgeworfen, ein Vorwurf, der in Konsequenz der sonstigen sozia=
listischen Aufstellungen vollberechtigt war.

[3] Am Todestage von Marx schreibt Engels selbst an Liebknecht: „Was wir
alle sind, wir sind es durch ihn; und was die heutige Bewegung ist, sie ist es durch
seine theoretische und praktische Thätigkeit; ohne ihn säßen wir immer noch im
Unrat der Konfusion" (Liebknecht, K. Marx zum Gedächtnis, Anhang). — Die
geistige Invasion des Averroismus war für das christliche Abendland eine viel

an die Bedeutung, welche den Einzelnen bei Gründung, Ausbreitung und Wirksamkeit der großen Religionssysteme zukommt, man denke an die großen Eroberer, an die großen Geisteskämpfe, die von einzelnen hervorragenden Individuen ausgefochten wurden. Welchen Einfluß üben manche Beispiele und Schriften schon seit Jahrhunderten, ja seit Jahrtausenden auf ganze Völker aus! Wenn man sagt, die großen Männer finden sich immer, wenn es not thut, so ist das wahr und falsch. In der Not zeigt sich allerdings vielfach erst das Talent und die Kraft. Aber oft spähte man vergebens nach dem großen Manne aus — er kam nicht.

Doch die bedeutendern Individuen mögen sich damit trösten, daß ihre Wirksamkeit nicht spurlos an der Welt- oder Klassenkampfsgeschichte vorübergeht; wie aber die andern, deren Beitrag einem Atome gleicht? Ist mit ihrer geschichtlichen Wirksamkeit und dem etwa erzielten Privatgewinn und seiner Verwendung ihre ganze Bedeutung erschöpft? Ihre Verantwortung vor der Weltgeschichte ist offenbar eine sehr geringe, da auf die fördernde oder hemmende Thätigkeit des einzelnen Individuums im Klassenkampf wenig oder nichts ankommt. Ist damit ihre ganze Verantwortung erledigt?

Aber da schallt uns die höhnende Antwort entgegen: Seht ihr denn nicht ein, daß der Begriff der Verantwortlichkeit für das Individuum veraltet und abgethan ist? Und das gilt sowohl von den Großen wie von den Kleinen. Der Mensch ist nichts als das Produkt und Werkzeug der umgebenden Verhältnisse. Wer die Menschen ändern und verbessern will, muß die Verhältnisse ändern und verbessern. Ihr begreift, daß wir für eure Verantwortlichkeit und für eure ganze Ethik nur Spott haben.

Freilich ist der Determinismus, dem der Sozialismus huldigt, der Tod aller Ethik. Der Sozialismus will den Menschen freier machen, und er stellt ihm für die eigentlich menschliche, die sittliche Freiheit im vorhinein das größte Armutszeugnis aus. Er will ihm eine praktische Weltanschauung vermitteln, und er giebt ihm nichts weiter als eine schrille Klassenkampfstheorie. Die Freiheit faßt er seinem ganzen Wesen entsprechend nur äußerlich und mechanisch. Freiheit ist ihm die Einsicht in die naturwissenschaftliche und technische Notwendigkeit. Von einer sittlichen Freiheit weiß er theoretisch nichts. In der Praxis freilich, von der er immer ausgehen will, rechnet auch er mit Begriffen wie: Pflicht, Treue, gewissenlos, rücksichtslos, feig, charakterlos, Heuchelei, Kniffe, Bande, Gelichter,

---

größere Gefahr als die früher und später andrängenden mohammedanischen Kriegsscharen. Thomas von Aquin ist es, der im entscheidenden Augenblick auf den Kampfplatz tritt (vgl. Hettinger, Thomas von Aquin und die europäische Zivilisation, Frankfurt 1880).

(infamste, schmutzigste, kleinlich gehässigste) Leidenschaften 2c., man nehme nur das „Kapital" oder auch das nächstbeste Parteiblatt zur Hand.

Jeder, auch der Sozialist, will mit solchen Worten mehr als eine ökonomisch=technische oder auch soziale Kategorie aussprechen, er will damit eine sittliche Qualität bezeichnen. Wo hat diese Qualität ihren Ursprung, wenn der Mensch vollständig von den ökonomisch=sozialen Verhältnissen ab= hängt? Woher der Sprung aus der ökonomischen in die moralische Kategorie? Die Thatsache, daß jene Kategorie durch das menschliche Bewußtsein hindurch= geht, kann doch (in diesem Falle) noch keine sittliche Gutheit oder Schlecht= heit verursachen. Wir loben und tadeln auch die gute und schlechte Ein= sicht und technische Fertigkeit, aber damit wollen wir, soweit nicht Träg= heit oder ein anderes persönliches Verschulden vorliegt, kein sittliches Urteil abgeben. Was berechtigt uns, von einem verabscheuungswürdigen sittlichen Fehler zu reden, und wie kann und darf man in zum Teil so maß= loser Weise wie der Sozialismus gegen Personen losziehen, wo nur eine ökonomische Unzukömmlichkeit vorliegt? Wie kommen wir überhaupt zu dem Begriff Sittlich, Pflicht, Gewissen, Tugend, Laster, Verdienst, Schuld? Die Ausrede, daß man (hier) den Esel schlägt, aber den Sack meint, steht mit der ungekünstelten Auffassung vollständig im Widerspruch. Die Menschen könnten gar nicht auf den Einfall (und auf die Unbilligkeit!) kommen, Personen heftige Vorwürfe für Dinge zu machen, wofür das Milieu haftbar ist. Man könnte die Personen über die Unvernünftigkeit und Unzweck= mäßigkeit bestimmter Zustände aufklären, man könnte sie eventuell zwingen, diese Zustände zu beseitigen oder zu verbessern, aber einen sittlichen Tadel, der beleidigend gemeint und als beleidigend aufgefaßt wird, könnte man nicht aussprechen.

Mit dem praktischen Verhalten der Sozialisten stimmt die Auffassung der gesamten Menschheit und das Selbstbewußtsein jedes Einzelnen über= ein. Bei der Erwägung, ob und wie zu handeln sei, entscheiden nicht einfachhin Größenverhältnisse. Wozu sonst die Überlegung auch dann, wenn man sich über die ganze Situation klar ist? Ebensowenig ist irgend eine Leidenschaft unwiderstehlich. Woher sonst die Reue? Die genannten Be= ziehungen bezeugen beide ein freies Entscheidungsvermögen.

Thomas nimmt auch hier theoretisch die Dinge, wie sie in Wirklich= keit vor sich gehen. Er ist nicht blind für den Einfluß des Milieus, aber auch nicht für das Vermögen und die Freiheit des Willens. „Die ver= nünftige Natur hat ebenfalls die Tendenz nach irgend einer Richtung wie die unbelebten Dinge. Sie setzt aber diese Tendenz nicht einfachhin als eine ihr anderswoher angewiesene in Vollzug wie die sensitive Natur. Sie hat vielmehr darüber hinaus die Tendenz selbst in ihrer Gewalt, so daß sie

nicht notwendig nach dem als begehrenswert wahrgenommenen Gegen=
stand zu tendieren braucht, sondern hinstreben und nicht hinstreben kann.
Ihr Streben selbst wird ihr also nicht anderswoher angewiesen, sondern
durch sich selbst."[1] Dadurch, daß dem Willen irgendwoher etwas als
begehrenswert vorgehalten wird, kann man ihn wohl geneigt machen,
„aber nicht notwendig umstimmen; wenn man z. B. einen überredet,
etwas zu thun, indem man ihm die Nützlichkeit und die Ehrbarkeit vor=
hält, steht es doch in der Gewalt seines Willens, den Vorschlag an=
zunehmen oder abzulehnen, da er seiner Natur nach nicht zu einem
determiniert ist"[2]. Der Grund der Willensfreiheit liegt in der Uni=
versalität des Geistes. Der tierische Instinkt ist auf partikuläre Güter
gerichtet und muß ihnen folgen. Der menschliche Wille ist auf das Gute
im allgemeinen angelegt, er kann jedem Bestimmungsversuch eines parti=
kulären Gutes ein anderes Motiv entgegensetzen. Nur dem Menschen, nicht
dem Tiere, spricht man Tugend 2c. zu[3]. „Wenn dem Willen ein Gegen=
stand vorgehalten wird, der allgemein und nach jeder Beziehung ein Gut
ist, verlangt der Wille nach ihm mit Notwendigkeit; das Gegenteil könnte er
nicht wollen." Ein solches Gut ist die Glückseligkeit. „Alle besondern Einzel=
güter, die sich irgendwie als mangelhaft zeigen, können auch als Nichtgüter
aufgefaßt werden; sie können deshalb vom Willen zurückgewiesen oder
anerkannt werden, da er sich auf einen und denselben Gegenstand nach ver=
schiedenen Gesichtspunkten in Beziehung setzen kann."[4] „Die Natur ist
immer in derselben Weise thätig, deshalb giebt es in der Thätigkeit der
Natur kein Recht oder Nichtrecht, wie in der Thätigkeit des Willens."[5]

Um die angemessene Richtung zu finden, bedarf der Wille des Lichtes
der Vernunft. „Niemand strebt mit Eifer und Fleiß nach etwas, solange
es von ihm nicht erkannt wird."[6] Die Vernunft ist die nächste Regel
für den Willen[7]. Die Vernunft determiniert den Willen nicht wie die sinnliche
Wahrnehmung das sinnliche Begehrungsvermögen, sie bewegt ihn nur,
insofern sie ihm das Objekt oder Ziel seines Strebens vorhält und damit
die notwendige Vorbedingung für seine Bethätigung setzt[8]. Dagegen bewegt
der Wille als determinierende Ursache sowohl den Intellekt wie alle übrigen

---

[1] De verit. 22, 4 c; 2 eth. 5 b; 6 eth. 2 b.   [2] De verit. 22, 9 c.

[3] Cf. I, 59, 4 c; 80, 2 c; 1. 2. 17, 2 ad 3; 6 eth. 2 b.

[4] 1. 2. 10, 2 c; cf. I, 82, 1 et 2; de verit. 22, 5 et 6 (I, 82, 2 ad 1:
Voluntas in nihil potest tendere, nisi sub ratione boni. Sed quia bonum est
multiplex, propter hoc non ex necessitate determinatur ad unum).

[5] 1 sent. 10, 1, 4 ad 5.   [6] Cg. I, c. 5.

[7] Cf. 1. 2. 1, 1 c; 71, 6 c; 7 pol. 2 z; 2 eth. 2 c; de verit. 22, 4 c.

[8] Cf. cg. I, c. 72; vgl. Stöckl a. a. O. I, 128 f.; A. M. Weiß, Apologie
des Christentums, 3. Aufl., Freiburg 1894, I, 227 ff.

Kräfte mit Ausschluß der vegetativen [1]. Weit entfernt, der Vernunft immer zu folgen, wie ein liberaler und sozialistischer Optimismus annimmt, benützt der Wille gar häufig den Intellekt zu Sophistendiensten [2], wendet sich falschen Zielen zu, gebraucht unrechte Mittel. Dazu wird der Wille besonders durch das niedere Strebevermögen veranlaßt [3], das von Natur nicht einfachhin gut ist, wie der gleiche Optimismus meint. Das niedere Begehrungsvermögen kann aber einen Willensentscheid nie und nimmer erzwingen, außer wenn die Erregung sich zum Wahnsinn steigert [4]. „Wie sehr auch das sensitive Begehrungsvermögen durch eine Leidenschaft des Zornes oder der Begierde verwirrt werde, es ist nicht notwendig, daß der Wille verwirrt werde. Er hat vielmehr die Macht, eine solche Ver= wirrung abzuweisen nach Gen. 4, 7, wo es heißt: ‚Die Begierde soll dir unterthan sein, und du sollst über sie herrschen‘.“ [5] „Die meisten Menschen folgen freilich den Leidenschaften.... Der Weisen, die ihnen widerstehen, sind nur wenige.... Nichts hindert irgend jemand, den Leidenschaften durch freien Entscheid Widerstand zu leisten.“ [6] „Alle suchen sich zu freuen, wie der Philosoph sagt, aber die Mehrzahl sucht ihre Freude lieber in den sinnlichen Vergnügungen als in geistigen.“ [7] „Die Menschen streben heftig nach dem, wozu sie von Natur neigen. Der Mensch überschreitet deshalb hier leicht die rechte Grenze. Wir müssen uns daher so viel als möglich der entgegengesetzten Richtung zuwenden.“ [8] Nichtwissen und Recht= wissen sind also nicht unwichtig für das rechte Handeln, noch wichtiger aber ist es, den Willen selbst zu stärken besonders gegen die Auflehnung des niedern Begehrungsvermögens.

Mit dem Gesagten ist bereits einem Haupteinwand der Gegner der Willensfreiheit der Boden entzogen. Man unterschiebt nämlich und bekämpft dann die Auffassung, als ob der Wille voraussetzungslos und grundlos und deshalb „nach Willkür“ [9] handle. Man erinnert sich hier plötzlich wieder des Kausalitätsgesetzes, das man anderwärts nicht anerkennt, spricht ihm aber sofort eine Eigenschaft zu, die es an sich nicht hat, um damit einen Beweis zu erschleichen. Das Kausalitätsgesetz besagt nur, daß nichts ohne hinreichenden Grund geschieht, nicht aber (wie man unterschiebt), daß alles eine notwendig wirkende Ursache haben

---

[1] Cf. I, 82, 4 c; de verit. 5, 10 c.

[2] Das Scheingut muß er ihm als wahres Gut vorstellen; cf. 1. 2. 77, 2 c.

[3] Cf. 1. 2. 58, 5 c.   [4] 1. 2. 10, 3 c; cf. 1. 2. 17, 7 ad 1.

[5] De verit. 5, 10 c; cf. ibid. ad 2.

[6] I, 115, 4 ad 3; 49, 3 ad 5; 1. 2. 31, 5 ad 1; de verit. 5, 10 ad 7; op. XVII, c. 1.   [7] 1. 2. 31, 5 ob. 1.   [8] 2 eth. 11 d.

[9] Vgl. „Vorwärts“ vom 16. Juli 1896, Nr. 164.

muß [1]. Man überträgt ohne Grund oder vielmehr gegen die allgemeine und klare Erfahrung den Mechanismus der äußern materiellen Welt auf die Bethätigung des Willens. Wenn alle Bedingungen gegeben sind, muß in der äußern Natur die Wirkung eintreten, der Wille dagegen braucht nicht zu handeln, kann sich so oder anders entscheiden. Er ist eben selbst Hauptbedingung bezw. die ausschlaggebende Ursache. Ohne die andern Bedingungen (Erkenntnis, Beweggründe 2c.) kann der Wille nicht handeln, aber er braucht sich nicht für das jeweils stärkste Motiv zu entscheiden, er kann vielmehr unter Zuhilfenahme eines andern Motivs eine gegenteilige Entschließung fassen [2].

Naturnotwendig strebt der Wille nur nach dem Guten im allgemeinen und nach der Glückseligkeit. Frei ist er in der Richtung zur Glückselig= keit und in der Wahl der verschiedenen Mittel [3]. Doch ist auch diese Wahl= freiheit keineswegs eine absolute. Die Zahl der zu wählenden letzten Zwecke und der Einzelzwecke ist eine begrenzte. Mit der Wahl eines be= stimmten Zweckes ist auch die Wahl der Mittel gegeben, ohne die der Zweck nicht erreichbar ist, und der Konsequenzen, die notwendig folgen. Die große Abhängigkeit des Menschen von den natürlich=technischen und gesellschaftlich=ökonomischen Zuständen bei Realisierung äußerer Kultur wurde schon hervorgehoben. Hier handelt es sich vorzüglich um die Ent= scheidungen sittlicher Art. Auch hier macht sich ein mehr oder minder bedeutender Einfluß äußerer Umstände geltend. Zum Teil geschah dessen schon Erwähnung, wo von dem Verhältnis der körperlichen [4] und geistigen [5] Disposition zum Willen die Rede war. Thomas vernachlässigt auch die übrigen Momente nicht, die auf Grund des bezeichneten fundamentalen Verhältnisses wirksam sind, wie die Gewohnheit (sie wird gleichsam zur zweiten Natur) [6], die Erziehung [7], die ökonomische [8] und soziale [9] Stellung

---

[1] Vgl. Cathrein, Moralphilosophie I, 38.

[2] Vgl. Gutberlet, Die Willensfreiheit und ihre Gegner, Fulda 1893, S. 11 f.

[3] Vgl. S. 134; Stöckl a. a. O. S. 134 f.

[4] Vgl. noch: 1. 2. 17, 7; 77, 3c et ad 2; 6 et 7; 73. 10c; 74, 4 ad 3; 75, 2c; 2. 2. 156, 1c; 2 sent. 22, 2, 2 ad 5.

[5] Vgl. noch: 1. 2. 76, 1—4, 6, 8; 19, 5 et 6; 73, 6c et ad 3; 10, c; de malo 3, 3 et 8; 7, 1c et ad 6

[6] Cf. 2 eth. 1b; 3 eth. 15d; 1. 2. 58, 1c; 75, 4c; 88, 3c; 2. 2. 162, 2c.

[7] Cf. cg. I, c. 11.

[8] „Viele Handwerke können kaum oder durchaus nicht ohne Sünde betrieben werden" (caten. in Ioan. 21, 3); vgl. das über „Reichtum und Armut", „Mittelstand" u. a. Gesagte.

[9] Wer eine hohe Stellung einnimmt, ist dadurch vor manchen Gefahren ge= schützt; dagegen ist seine Verantwortung auch um so größer (cf. 1. 2. 73, 10c ad 3; 2. 2. 184, 8c; 186, 10c).

und Umgebung [1], die Ideenrichtungen [2]. Die freie Entschließung wird dadurch gehemmt und gefördert, die Verantwortung gemehrt und gemindert [3], aber aufgehoben werden beide nicht. Letztentscheidende Ursache alles sitt=lichen Handelns ist stets der Wille [4]. Das bezeugt auch die Thatsache, daß Menschen unter den verschiedenartigsten Verhältnissen sittlich gut und schlecht handelten und sich der gegenteiligen Möglichkeit auch bewußt waren. Wenn Thomas trotzdem das Milieu nicht unterschätzt, so befindet er sich damit in Übereinstimmung mit den katholischen Theologen über=haupt [5], die stets in näherer Beziehung zum praktischen Leben standen als alle Philosophenschulen. Das beweisen allein die wichtigen Kapitel von der nächsten Gelegenheit zur Sünde und vom Ärgernis, ferner die Bewertung des öffentlichen Rechts und der öffentlichen Sitte.

Es ergiebt sich, daß bei einer Änderung und Besserung des mensch=lichen Handelns zwei Faktoren, der Wille als ausschlaggebende Ursache und das Milieu als mächtige Bedingung, zu berücksichtigen sind. Das Milieu hängt zum großen Teil selbst wieder vom Willen, wenn auch vom Willen vieler Einzelnen ab, zum großen Teil auch von nicht=ökonomischen bezw. ideologischen Thatsachen. Mit der Änderung der öko=nomischen und sozialen Verhältnisse hätte man deshalb (im Zusammen=halt mit dem früher Gesagten) noch nicht den ganzen Volkszustand geändert. Abstrahieren wir aber noch dazu mit dem Zukunftsstaat von aller Ideologie, setzen wir an die Stelle der Religion und aller höhern Ideale die materialistische oder nihilistische Denkweise, werden nun, selbst wenn die ökonomischen Zustände sich nicht verschlechtern, sondern verbessern, wirklich, wie man behauptet, alle Laster und Verbrechen verschwinden? Angenommen, es kämen keine Eigentumsvergehen vor, werden Unsittlichkeiten, Ehrenkränkungen, Akte der Rache und der Eifer=sucht, die Unmäßigkeit mit ihrem Gefolge ausbleiben? Nur ein naives, unhistorisches Parteivorurteil kann das annehmen. Das vorausgesetzte ökonomisch günstige Milieu hätte selbst keinen langen Bestand. Man beachtet nicht, daß die Weltanschauung und ihre Motive auch

---

[1] Cf. 2. 2. 43, 1 ad 3; 115, 2 c et ad 1 et 2.

[2] Im Neuen Bund ist die Gefahr der Sünde bedeutend geringer, die Ver=antwortung für den, der sündigt, bedeutend größer (cf. 1. 2. 106, 2 ad 2); analog verhält es sich mit dem Christen und Nichtchristen von heute (2. 2. 10, 3 ad 3). — Vgl. auch das über Religion, Philosophie, Moral und Recht Gesagte.

[3] Cf. 1. 2. 73, 6, 7 et 10; 76, 3 et 4; 77, 6.

[4] 1. 2. 71, 5 c et 6 c et ad 2; 73, 6 c; 74, 1, 2, 3 c; 76, 3 c et ad 2; 77, 6 c; 80, 1 c; 87, 2 c; 2. 2. 10, 2 c; 43, 1 ad 3 etc.

[5] Vgl. für die Neuzeit u. a. A. M. Weiß a. a. O. S. 26. 144 f.; A. Stolz, Erziehungskunst, 5. Aufl., Freiburg 1891, S. 3 ff. 351 ff.

zum Milieu gehören, und daß sie für das sittliche Handeln von ent=
scheidender Bedeutung sind. Das Familienleben und die Familienerziehung
weiß man ebenfalls nicht zu schätzen, sollen sie ja doch einem öden
Rationalismus vollständig zum Opfer fallen. Der Materialismus, den
man eintauscht, ist die Weltanschauung des sinnlichen Begehrungsvermögens.
Wenn das Fleisch dem Geist ohnedies leicht widerstreitet, um wieviel
mehr, wenn man dem Geist theoretisch jeden Halt nimmt! Der Sozialismus
lebt theoretisch wie praktisch noch im christlichen Milieu. Was das bedeutet,
scheint er vor der Verwirklichung des ideenfreien Zukunftsstaates nicht
verstehen zu wollen. Vergangenheitsstaaten könnten ihm bereits heute
darüber Aufklärung geben und erzählen, wie sie trotz aufblühender Ökonomie
und fortschreitender Technik zu Grunde gingen, sobald ihre Bürger die
frühern Ideale aufgaben.

Es ist leicht und bequem, von der Tribüne und in der Presse beifalls=
gewiß für alle Mißstände und jede Bosheit die Gesellschaft haftbar zu
machen, dem Individuum dagegen alle Last und Verantwortung ab=
zunehmen, wissenschaftlich und gesellschaftsfördernd ist es sicher nicht [1].
Gewiß, die Schuld der Gesellschaft ist groß, aber ist deshalb das Indi=
viduum schuldfrei? Die Reform des Individuums kann sofort einsetzen,
ohne einen Majoritätsbeschluß oder Zukunftsstaat abzuwarten. Aber mit
solchen Kleinigkeiten hat der Sozialismus nichts zu thun. Seine mechanische
Auffassung vom Menschen und die Armut seines Materialismus an sitt=
lichen Motiven hat nur Hohn für die Ethik.

Im Gegensatz dazu hat das Christentum die Welt von Anfang
an vor allem von innen heraus umgestaltet. Es wartete nicht auf öko=
nomische Umwälzungen, und es kam mit seinem Verfahren trotz allen
Milieus so weit, dieses zu überwinden und ein neues Milieu an die Stelle
zu setzen. „Kinder spotten jetzt durch Christi Kraft", sagt Athanasius,
„über die Lust, die einst Greise fesselte, und Jungfrauen zertreten stand=
haft die Fallstricke der Lust der Schlange." [2]

Wie die von Moral und Blut triefenden Septembermänner und die
englischen Fabrikunternehmer am Anfang dieses Jahrhunderts dem liberalen,
so würde die Einführung des Kommunismus dem sozialistischen Optimismus
und Fatalismus ein Ende machen. Die Konsequenzen aus der sozia=
listischen Milieuansicht sind auch ganz eigener Art. Wenn die Verhältnisse
an allem schuld sind, dann hat die Gesellschaft kein Recht zu strafen, sie
muß vielmehr beim Verbrecher um Verzeihung nachsuchen und ihn für

---

[1] E. Bernstein betont in jüngster Zeit die Selbstverantwortlichkeit und die
Erziehung wenigstens in sozialökonomischer Hinsicht (vgl. „Neue Zeit" XV², 141 f.).
[2] Caten. in Luc. 10, 19.

sein Verbrechen entsprechend entschädigen. Den Rechtschaffenen hingegen
muß sie eine Sittensteuer auflegen. Lob und Tadel treffen nicht mehr
die Individuen, sondern die gesellschaftlichen Verhältnisse. Damit kommen
konsequent auch alle moralischen Begriffe, wie Ehre und Schande, Pflicht
und Gewissen, in Wegfall. Die Praxis — und die Willensfreiheit ist
doch auch eine Frage der Praxis [1] — urteilt ganz anders. Auch der
beleidigte Sozialist wird zunächst nicht der Gesellschaft, sondern seinem
Beleidiger Vorwürfe machen. Auch für das größere Gesellschaftsleben
macht sich die Proletariermoral beständiger Widersprüche schuldig. Der
ausbeutende Kapitalist, der maßlos akkumuliert, wäre eigentlich edler
als irgend ein Reformer. Aber da zeigt sich doch gleich wieder die anima
naturaliter moralis und urteilt entgegengesetzt. Die Gesetzgeber strafen
die Übertreter der Gesetze „als mit freiem Willen handelnde Wesen. Desgleichen ehren sie jene, die freiwillig Gutes thun. Durch die Ehren sollen
die Guten zum Guten aufgemuntert, durch die Strafen die Schlechten
vom Schlechten zurückgehalten werden" [2]. „Es gäbe kein Verdienst
und Mißverdienst, wenn man mit unausweichlicher Notwendigkeit
handeln müßte, eine Meinung, die den fremdartigen Aufstellungen (extraneae
opiniones) der Philosophie beizuzählen ist, weil sie nicht nur dem Glauben
widerspricht, sondern auch alle Prinzipien der Moralphilosophie umstürzt.
Wenn es keine freie Entscheidung für uns giebt, wenn wir vielmehr notwendig zum Wollen bewegt werden, wird die Überlegung, die Ermahnung,
der Befehl, die Strafe, das Lob und der Tadel, womit es die Moralphilosophie zu thun hat, beseitigt. Solche Meinungen aber, welche die
Prinzipien irgend eines Teiles der Philosophie zerstören, werden fremd-
artige Aufstellungen genannt, wie z. B. der Satz: Nichts befinde sich
in Bewegung, die Prinzipien der Naturphilosophie zerstört. Zur Aufstellung solcher Sätze wurden einzelne verleitet teils infolge ihrer eigenen
Verworfenheit, teils auf irgend welche sophistische Gründe hin, die sie
nicht zu lösen vermochten, wie es im 4. Buch der Metaphysik heißt." [3]
Die Frage der Willensfreiheit ist nicht nur eine Frage der Praxis, sondern
auch eine höchst praktische Frage. Während die sozialistische Theorie
die Wurzel der Verantwortlichkeit angreift, muß sie auf der andern Seite
durch ihre materialistischen Aufstellungen ihre Anhänger aufs un-
günstigste beeinflussen.

---

[1] Die Praxis ist nach Marx entscheidend („L. Feuerbach" S. 59 f.).

[2] 3 eth. 11 g; cf. I, 83, 1 c.

[3] De malo 6, 1 c

5. Das Zusammenwirken der konstanten und variabeln Kräfte in der Geschichte.

Wir haben noch einen schillernden Einwand oder ein Mißverständnis zu beseitigen. Hören wir die Sozialisten: Ihr behauptet, die menschliche Natur sei unveränderlich, die ideellen Gesetze seien eine gegebene objektive Thatsache; was bleibt da, wenn auch die äußere Natur (die geographisch-physikalischen Verhältnisse) dieselbe bleibt, noch als Ursache des Wechsels in der Geschichte übrig als die wirtschaftlichen Veränderungen? Wir aber suchen ja in unserer Geschichtsauffassung nur das variable Element in der Geschichte, d. h. eben die Ökonomie[1]; treffen wir da nicht von verschiedenem Standpunkt aus zusammen? Die Argumentation sähe ganz blendend aus, wenn nicht im Obersatz ein zwei- oder vieldeutiger Begriff stünde, der Begriff der Unveränderlichkeit.

Die Unveränderlichkeit der menschlichen Natur gilt von dem Wesensbestand ihrer Kräfte und Fähigkeiten, von dem Verhältnis derselben untereinander und von der Möglichkeit der Bethätigung. Die heutige Menschheit ist von Natur aus im wesentlichen mit denselben Vorzügen und Schwächen ausgestattet wie vor Jahrtausenden. Aber innerhalb des Wesensbestandes sind für die einzelnen Individuen und Völker große natürliche Verschiedenheiten und in Bezug auf Richtung und Form durch guten und schlechten Gebrauch der Fähigkeiten große Fort- und Rückschritte möglich.

Der Volkszustand, das Milieu hängt zum großen Teil, wie wir oben gesehen, von der Ideologie ab. Wie steht es mit ihrer Unveränderlichkeit? Man muß hier ein Dreifaches unterscheiden: die objektive Gültigkeit, die subjektiv-theoretische Erkenntnis und ihre praktische Durchführung im Leben. Die obersten Grundsätze sind objektiv und subjektiv-theoretisch unwandelbar. Verfehlungen sind zwar nicht ausgeschlossen, aber vollständig unnatürlich und werden deshalb allgemein verurteilt. Die nächsten Schlußfolgerungen sind ebenfalls unwandelbar, können aber in bestimmten Fällen durch ein höheres Gesetz irritiert werden. In Bezug auf die subjektiv-theoretische Erkenntnis besteht hier fast allgemeine Übereinstimmung unter den Völkern. Zwar kommen auch dort, wo man sie anerkennt, Verfehlungen vor, aber sie sind die Ausnahme. Bei den weitern Schlußfolgerungen können im einzelnen viele Verstöße, aber auch viele indifferente Unterschiede vorkommen. Die Ideologie, namentlich das Naturrecht, kann also die Völker ganz verschieden beeinflussen, je nachdem ihr Inhalt klar erkannt oder (durch Leidenschaft, Gewohnheit, Einsichtslosigkeit) verdunkelt

---

[1] Vgl. „Neue Zeit" XV[1], 228; „Der sozialistische Akademiker" II, 476; „Vorwärts" vom 13. März 1897, Nr. 61, Beilage 2.

oder (durch weitere Bestimmungen) vervollkommnet wird. So vermittelte
z. B. das Christentum eine größere Sicherheit und einen weitern Umfang
der Erkenntnis und damit zugleich unvergleichlich mächtigere Motive für
das Handeln. Die Ideologie ist also auch in gewissem Sinn variabel.
In Kombination mit dem über die Unveränderlichkeit und Veränderlichkeit
des Menschen Gesagten können sich von da aus, von der Ökonomie voll=
ständig abgesehen, ganz bedeutende geschichtliche Veränderungen ergeben,
Veränderungen, die auch, wie oben gezeigt, die sozialökonomischen Ver=
hältnisse mitumgestalten.

Zur richtigen Einsicht in die Geschichte dürfte aber die Erkenntnis
dessen, was bleibend und der ganzen Geschichte gemeinsam ist[1],
und seiner Ursachen ebensoviel beitragen, als die Einsicht in die Ursachen
der Veränderung. Allein der historische Materialismus hat sich einmal
der Ökonomie verschrieben und hat deshalb für alle andern Momente
theoretisch kein Verständnis.

6. Psychologie und Technik.

Alle Kämpfe, seien sie nun Konflikte mit der Natur oder Interessen=
oder Ideenkämpfe, werden in den Köpfen der Menschen ausgefochten.
Es ist deshalb nicht gleichgültig, wie es in diesen Köpfen aussieht und
was durch sie hindurchgeht. Die Psychologie[2], nicht die Technik steht
als kausales und teleologisches Moment im Mittelpunkt der Geschichte.
Dies gilt sogar auf dem eigensten Gebiete der Technik, nämlich dem der
Wirtschaft. Das Bedürfnis ruft von Anfang an die Technik erst hervor
und ist der Zweck, auf den sich die ganze Wirtschaft bezieht. Die großen
Märkte, der ausländische Handel haben neue Arten der Technik ver=
ursacht. Die Durchführung neuer technischer Probleme stellt oft bedeutende
Anforderungen an die Geistes= und Willenskraft (Entdeckung Amerikas,
Suez=, Panamakanal).

Wäre die Technik für die Geschichte von so ausschlaggebender Be=
deutung, dann müßte die Entwicklung der Produktivkräfte und =verhältnisse
bei allen Völkern in einer Linie sich fortbewegen, soweit nicht die Ungunst
des Territoriums und Klimas und äußere Rückschläge (innere und äußere
Kriege, Naturverheerungen 2c.) entgegenwirken. Die Produktionsverhält=

---

[1] Vgl. „Neue Zeit" XV¹, 228: „Objekt der materialistischen Geschichtsforschung
ist nicht das allgemein Menschliche, den Menschen aller Zeiten Gemeinsame, sondern
das historisch Besondere, was die Menschen verschiedener Zeiten unterscheidet."

[2] Es sei konstatiert, daß auch hier Ansätze einer beginnenden Mehrbeachtung
vorliegen, die, konsequent weitergeführt, einen fundamentalen Umschwung bewirken
müßten.

nisse aller Völker müßten bei gleicher Technik die nämlichen sein.
Dasselbe gilt für die gesamte Gesellschaftsverfassung und Ideologie. Das
ist auch ein Postulat der materialistischen Geschichtsauffassung. Die wirkliche
Geschichte erscheint danach allerdings als sehr fehlerhaft. Zunächst weisen
die verschiedenen Ländergebiete auch bei Berücksichtigung der oben an=
gegebenen Abschwächungen ganz koloffale Unterschiede in der
technischen und wirtschaftlichen Entwicklung auf. Die europäische Türkei
mit einem nach allen Beziehungen trefflichen Territorium hat trotz der
Nähe hochzivilisierter Staaten eine von diesen vollständig verschiedene
wirtschaftliche Verfassung. China hatte eine reiche technische Entwicklung,
aber auf einmal hört dieselbe wie abgeschnitten auf. Man hatte außer
andern wirtschaftlichen Vorteilen und Errungenschaften die bedeutendsten
technischen Hilfsmittel (Pulver, Kompaß, Papierdruck 2c.); warum zeigte
sich trotzdem keine merkliche Veränderung? Auffallend und vom sozialistischen
Standpunkt schwer erklärbar sind dann auf dem Gebiete der Produktions=
und Rechtsverhältnisse die großen Verschiedenheiten für die
nämliche technische Stufe. Als vollständig gescheitert dürfen wir die
Versuche betrachten, den gewaltigen Unterschied zwischen den verschiedenen
Religionen auf derselben Wirtschaftsstufe und die Thatsache einer Religion
auf verschiedenen Wirtschaftsstufen um= und wegzudeuten.

Man mag in der Technik das Knochengerüste der Geschichte erblicken.
Das Knochengerüste ist aber noch nicht der lebendige Mensch, und noch
weniger besagt es etwas über sein geistiges Leben und Streben.

7. Die göttliche Vorsehung.

Die Auffassung, daß die Geschichte naturgesetzlich nur die Fäden der
Produktivkräfte ausspinne — und deshalb auch die göttliche Providenz
ausschließe, trägt die Spuren der Fabrik. Ist es unlogisch, schon darin
ein Zeichen für die großartige Wirksamkeit der göttlichen Providenz zu
erblicken, daß der Mensch mit so universalen Organen, wie Vernunft und
Händen, ausgestattet ist gegenüber den beschränkten Organen der Tiere,
daß der Menschheit in der Erde (ihrer Lage, ihren Bestandteilen und
Eigenschaften) ein Schauplatz für die Auswirkung ihres Wissens und
Könnens und für die Beschaffung der verschiedensten, namentlich der jeder=
zeit notwendigen Bedürfnisgegenstände zur Verfügung gestellt ist, der für
unabsehbare Zeiten eine ausreichende und wunderbar mannigfaltige Ent=
wicklung zuläßt? Damit ist ja gerade die wirtschaftliche Basis der Geschichte
gegeben. Die zweite Wirksamkeit der göttlichen Providenz zeigt die Aus=
stattung der Menschheit mit der Fähigkeit und Möglichkeit, an der geistigen
Welt teilzunehmen.

Nach Grundlegung der Welt hat Gott dieselbe nicht ihrem Schicksal überlassen. Zwar gab Gott den Einzelnen vollständig freien Willen. Aber wenn ihre Thätigkeit auch dem göttlichen Walten entgegenzuwirken scheint, so weiß die unsichtbare, aber weltbeherrschende Macht der gött= lichen Providenz schließlich den Weltzweck doch zu erreichen. Augenfällig tritt im allgemeinen das Eingreifen Gottes nur dort hervor, wo mensch= liches Thun vollständig vergeblich ist. Die Natur und die Menschen als Individuen und Gesamtheiten haben eben ihre Kräfte nicht umsonst. Wollte Gott allen Mißbrauch der menschlichen Freiheit und alle widrigen Natur= und Kulturumstände fernhalten, so müßte er jene aufheben und immerfort Wunder wirken. Der Spott von Marx und andern Sozialisten über die Annahme einer göttlichen Providenz, weil von seiten der Menschen große Ungehörigkeiten oder durch äußere Umstände großes Unglück vorkam, ist deshalb ungereimt. Der Materialist wird allerdings an den nähern und nächsten Umständen haften. Der Christ blickt weiter. Er kennt der Übel größtes, die Schuld, als der Übel letzte Ursache, und das Bewußt= sein des letzten Zieles läßt ihn voreilige, den beengenden zeitlichen Schranken entspringende Urteile vermeiden.

Das Hauptwerk der göttlichen Vorsehung und damit auch der Mittel= punkt der Geschichte ist die Erlösung durch den Gottmenschen. Am augen= scheinlichsten zeigt sich die Macht der göttlichen Vorsehung in den Schick= salen des jüdischen Volkes und in der Erhaltung der katholischen Kirche trotz aller Versuche von innen und außen, sie in Lehre und Wirksamkeit ins Wanken zu bringen, während alle andern Systeme und Organisationen entweder weggefegt wurden oder erstarrten.

Schluß.

Als Resultat der gesamten Erörterung ergiebt sich: Der Mensch ist ein körperlich=geistiges Wesen. So gewiß er von der materiellen Welt umgeben ist, so gewiß nimmt er an geistigen Lebensformen und an einem geistigen Lebensgehalt teil. Die wundervolle Entfaltung der materiellen Welt weist ihn schon darauf hin, und noch mehr die Thatsache seines eigenen und des gesamtmenschheitlichen Geisteslebens. Während die Er= scheinungsform der Tiere und der übrigen Naturdinge nur gleichsam der plastische Ausdruck einer vorgedachten Idee ist, ist der Mensch mehr als das, ist er ein frei thätiges, die vorhandenen Formen geistig durchdringendes und umschaffendes Wesen, nimmt er selbst Anteil an der Ideenwelt.

Die Geschichte aller bisherigen Gesellschaft ist mehr als Wirtschafts= geschichte, sie ist ebenso Geschichte des geistigen Schaffens und Ringens,

das teils innerlich, teils nur äußerlich mit der Wirtschaft zusammen=
hängt. Wir sahen, die geistigen Lebensmächte sind in der Geschichte selb=
ständige, innerlich und in letzter Instanz nicht von der Wirtschaft ab=
hängige Faktoren. Die idealen Beziehungen und Richtlinien haben dieselbe
reale Geltung wie die wirtschaftlichen und gesellschaftlichen Verhältnisse.
Diese müssen die Herrschaft jener anerkennen, wenn auf ihrem eigensten
Gebiete Ordnung und Zusammenhalt bestehen soll.

Beweise dafür, daß alle Ideologie nur Illusion und die phan=
tastische Widerspiegelung der jeweiligen Lebensverhältnisse ist, hat der
Sozialismus nicht erbracht und kann sie nicht erbringen. In einigen
„Illustrationen" von Marx und Engels erscheinen die wirtschaftlichen
Vorgänge unter dem Vergrößerungsglas, die übrigen Lebensgebiete unter
dem Verkleinerungsglas. Sobald man die Geschichte nach ihrem ganzen
Zusammenhang darstellt, zeigt sich das Schablonenhafte jener Auffassung.
„Phantastische Ideologen", wie Aristoteles und Thomas, haben die ver=
schiedenen Grenzgebiete so scharf markiert und so nüchtern behandelt, daß
für Illusionen wenig Raum bleibt. Freilich, da zwischen allen Lebens=
gebieten ständige Wechselwirkung besteht, und die Ökonomie die menschlich
wichtigste Vorbedingung aller ist, hält es nicht schwer, die Bedeutung
der wirtschaftlichen Verhältnisse zu übertreiben, um so mehr, als dies
vielfach auch im praktischen Leben geschieht. Die geistigen Interessen und
Zusammenhänge machen sich eben viel feiner und stiller wirkend geltend
als die handgreiflichen materiellen. Die Verletzung der erstern rächt sich,
wenn auch nicht sofort bemerkbar wie die Verletzung der wirtschaftlichen
Gesetze, so doch ebenso sicher. Ein Fort= oder Rückschritt auf einem geistigen
Gebiete wirft Licht oder Schatten auch auf die wirtschaftlichen und gesell=
schaftlichen Verhältnisse. Wo man in der Geschichte die geistigen Gesetze
theoretisch nicht anerkannte, mußte man sie doch praktisch anerkennen.

Selbst solche, welche über die „Ideologie" spotten, müssen indirekt
die Macht des Idealen zugestehen. So ist das erste und wichtigste wirt=
schaftliche Bedürfnis auf allen Kulturstufen bekanntermaßen nicht das
nach Befriedigung von Hunger und Durst, sondern das nach Ehre und
Anerkennung — das ist aber ein geistiges Bedürfnis [1]. Die Vor=
stellungen darüber mögen vielfach Illusion sein. Die christliche Anschauung
sieht in der äußern Ehre nur einen Schatten, der mit den menschlichen

---

[1] „Bonum animae", „b. spirituale, intelligibile"; cf. 1. 2. 31, 5 c: Ipsum
bonum spirituale est maius quam corporale bonum, et est magis dilectum. Cuius
signum est, quod homines etiam a maximis corporalibus voluptatibus abstinent,
ut non perdant honorem, qui est bonum intelligibile. — 1 eth. 18 c; 1. 2. 2,
2 ad 3; cg. III, c. 28.

Meinungen wechselt [1]. Aber er bezeichnet etwas sehr Reales, nämlich die
Ehre vor dem eigenen Gewissen und vor dem absoluten Geiste. Die
Anerkennung von dieser Seite und die Beseligung, die ihr folgt, ist nichts
Imaginäres [2].

Ebenso ist der Mißbrauch, der mit großen Worten getrieben
wird, um z. B. niedrigen Profit oder gemeinen Schwindel zu verbergen,
ein Zeugnis für die Macht des Idealen. Wenn man aus der That=
sache, daß mit solchen Worten, insbesondere in unserm Jahrhundert, viel
Unfug getrieben wurde, auch ihren eigentlichen und ursprünglichen Inhalt
als Illusion hinstellt, so ist das sehr unlogisch. Haben nicht die „Ideologen"
eine derartige Heuchelei stets am schärfsten gebrandmarkt? Wenn keine
echten Münzen existierten, gäbe es auch keine falschen. Man treibt Miß=
brauch mit den Ideen, weil man die Macht des Idealen kennt. Selbst
Schriftsteller und Redner, die theoretisch aller Ideologie feind sind, apel=
lieren an Hohes und Heiliges; warum denn anders, als weil im mensch=
lichen Herzen damit verwandte Saiten sind, die ganz anders klingen
und schwingen als profane Genuß= und Profitlieder? Auch dem Sozialismus
haften in dieser Beziehung noch manche ideologische Schlacken an. Sie
werden erst gelöst, wenn einmal die Allgemeinheit durch das Feuer des
sozialistischen Staatsmolochs gegangen sein wird. Dann, wenn nur pro=
duziert und konsumiert und nebenbei Technik und epikureische Philosophie
studiert wird, werden die Ideen „wie ein bloßer Spuk verschwinden".

Der Sozialismus ist eine ebenso kolossale Einseitigkeit wie das
System Hegels. Aristoteles und Thomas pflegen vor Aufstellung und
Begründung ihrer Ansichten alle irgendwie wahrscheinlichen gegenteiligen
Doktrinen zu prüfen. Der Sozialismus kennt offiziell nur Extreme.
Seine Einseitigkeit führt zu einem Zerrbild in Theorie und Geschichte.
Von den höchsten und wichtigsten, in der Geschichte so bedeutsamen,
menschlichen Interessen „abstrahiert" er als wertloser Ideologie. Und doch
ist die geringstmögliche Erkenntnis über die höchsten Dinge begehrens=
werter als die weiteste Erkenntnis bezüglich sehr geringfügiger Dinge [3].
Thomas vertritt einen gesunden Realismus, in welchem die materielle
und geistige Natur gleichermaßen zu ihrem Rechte kommen, und die
Geschichte bestätigt diese Auffassung. Der Sozialismus dagegen verrät
wenig realistischen Sinn, wenn er sich über die allezeit faktisch vor=

---

[1] Cf. 1. 2. 2, 3; cg. III, c. 28.

[2] Cf. 1. 2. 2, 2c; ibid. ad 1: Das Höchste, womit die Menschen das Gute
belohnen können, ist die Ehre, Gott verleiht auch noch die ewige Seligkeit.

[3] Cf. cg. I, c. 5 et 8.

Schaub, Eigentumslehre.

handene, unleugbar große Macht der Religion und aller Ideologie durch
das Zauberwort „Wiederspiegelung" hinwegzuhelfen sucht.

Der Sozialismus stellt seine Weltanschauung als die allein aus=
reichende hin, und wo es darauf ankommt, klare Aufschlüsse über das
Woher, Wohin zu geben, verkehrt er durch abenteuerliche Hypothesen alle
Thatsachen, erklärt aber zur Beruhigung seiner Anhänger, daß es einen
eigentlichen Unterschied zwischen Wahr und Falsch nicht gebe. Und wie
armselig sind dementsprechend die Motive, welche diese großartige Welt=
anschauung bietet! Sie ruft nur zum Klassenkampf auf, im übrigen
erklärt sie den Menschen als Spielzeug des Milieus, und zu allem Über=
fluß räumt sie dann noch mit den Begriffen Gut und Bös auf. Nihilismus
im Erkennen, Nihilismus im Wollen und Handeln.

Der materialistische Sozialismus bietet seinen Anhängern trostlose
Aussichten. Also das ganze Ringen und Streben der Menschheit läuft
schließlich nur darauf hinaus, kommenden Zeiten bessere Produktions=
und Konsumtionsbedingungen zu schaffen; der Drang des Einzelnen nach
Glück, nach wirklichem Glück ist nur ein Hohn der Natur; nach all den
Mühen, Leiden und Entbehrungen ein Hinsinken und Verschwinden auf
Nimmerwiedersehen? Ist es denn ernst gemeint mit der Behauptung:
„Es giebt Menschen, die diese Weltanschauung unendlich schön, stolz und
erhebend finden, und ‚nach gewissen Erscheinungen in der Partei und
ihrer Presse' scheint die Mehrzahl der Sozialisten zu diesen Menschen zu ge=
hören?"[1] Die unendliche Schönheit und Erhabenheit des öden Materialismus
übersteigt das Begriffsvermögen jedes Ideologen. Über den Geschmack ist
nicht zu streiten. Sollten aber die Sätze: In der Natur geschieht nichts
umsonst, die Natur fehlt nicht in wesentlichen Dingen, überall gelten
außer da, wo es für den Menschen am wichtigsten ist, in dem notwendigen
Drang nach Glück? Ist es nur menschlicher Hochmut, der den Unsterblichkeits=
gedanken hervorruft, oder Naturnotwendigkeit? Aber wenn auch dieses ruhe=
lose Sehnen den Menschen auf eine andere Welt hinweist, so braucht sich
die thomistische Weltanschauung nicht auf das Unsterblichkeitspostulat zu
stützen. Sie hat bereits auf anderm Wege hinreichende Beweise gefunden.
Wenn dann ihre Schlußfolgerungen den realen Bedürfnissen der menschlichen
Natur entsprechen, so wird ihre Beweiskraft damit nur verstärkt.

Die thomistische Weltanschauung ist ebenso einfach und logisch,
wie großartig und erhaben. Sie giebt dem Menschen Aufschluß über
die höchsten Probleme, die ihn bewegen, über den Zusammenhang von
Zeit und Ewigkeit, von Geist und Materie, des Nächstliegenden und des

---

[1] „Der sozialistische Akademiker" I, 420.

Entfernten. Sie giebt ihm Aufschluß über sein Ziel und die Wege dahin; sie erklärt ihm den Zwiespalt der Natur und den Ursprung und die Bedeutung des Übels. Sie giebt ihm klare Richtlinien und treffliche Motive für sein Handeln, sie gewährt ihm Trost im Leiden. Da erscheint nichts mehr, was den Menschen angeht, klein, niedrig, vergänglich, sondern alles groß, bedeutsam, ewig. Die zeitlichen Dinge führen ihn zu den ewigen, und diese erklären ihm den Wert der zeitlichen. „Diese beiden Gebiete, das Zeitliche und das Ewige, verhalten sich in unserer Erkenntnis so, daß eines von ihnen das Mittel ist, das andere zu erkennen. Denn auf induktivem Wege gelangen wir durch die zeitlichen Dinge zur Erkenntnis des Ewigen nach dem Wort des Apostels: ‚Das Unsichtbare an Gott ist seit Er= schaffung der Welt in den erschaffenen Dingen erkennbar und sichtbar.‘ Auf deduktivem Wege aber beurteilen wir durch das bereits erkannte Ewige die zeitlichen Dinge und verfahren mit diesen nach dem Gesichts= punkt des Ewigen.“ [1]

Die Weltanschauung, der Thomas huldigt, besitzt eine einzigartige Einheit und Geschlossenheit. Hier „wird der vielberufene Dualismus: Gott und Welt, Schöpfer und Geschöpf, monistisch, ohne Monismus zu sein“ [2]. Von hier aus ist auch für das Ganze der Geschichte ein Ver= ständnis möglich. Wenn dem Sozialismus eingangs ebenfalls Einheit und Geschlossenheit zugeschrieben wurde, so war das cum grano salis, d. h. gegenüber dem Liberalismus zu verstehen. Ausgangs= und Ziel= punkt des sozialistischen Denkens ist ein extremer Ökonomismus [3]. Das ungemein wichtige, aber für eine Weltanschauung doch erst in zweiter Linie in Betracht kommende sozialökonomische Moment bildet das Fundament

---

[1] I, 79, 9 c.

[2] „Stimmen aus Maria=Laach“ LII, 319. — W. Heine spricht gelegentlich („Neue Zeit“ XV², 136) von „der in ihrer Art großartig einheitlichen katholischen Kirche“.

[3] Sowohl Ricardo, der den Höhepunkt des Bourgeois=Ökonomismus bezeichnet, wie sein Schüler und Gegenfüßler Marx (und ein Großteil der theoretischen und politischen Vertreter ihrer Anschauungen) gehört dem modernen Judentum an. Ihre einseitigen Abstraktionen bedeuten eine Zerreißung der Wissenschaft durch Nichtbe= rücksichtigung der Ethik und der übrigen in der Geschichte und der Gesellschaft wirk= samen Faktoren und eine Zersetzung der Gesellschaft durch Förderung eines rücksichts= losen Interessen= und Klassenkampfs, kurz einen mechanistischen Radikalismus. Es ist begreiflich, daß man da nach dem vom unverfälschten Judentum stets mit Abscheu genannten Vater des jüdischen Radikalismus, Spinoza, ausschaut, der ebenso wie Ricardo und Marx den Schein mathematisch strenger Deduktion zu geben sucht (vgl. auch Willmann a. a. O. III, 285; P. Haffner, Grundlinien der Geschichte der Philosophie, Mainz 1884, S. 831 ff.; „Handwörterbuch“ V, 435 ff., Art. „David Ricardo“ von Lippert).

für das sozialistische System, ein Fundament, das offenbar selbst wieder einer Basis bedarf. Der Sozialismus konnte daher nicht zu einer selb=
ständigen Weltanschauung gelangen; er besitzt nur eine auf fremdem, unterminiertem Boden aufgebaute Geschichtsauffassung [1], der immer ein bestimmter Abschluß fehlt, die von Anfang an Ruine bleibt. Die auch beim Sozialismus und gerade hier in schroffster Form vorhandene Oppo=
sition hindert z. Zt. ein schärferes Hervortreten der theoretisch und partei=
politisch divergierenden Richtungen. Dennoch beginnt die vielgerühmte Negation der Negation nicht nur am Fundament oder nach sozialistischer Auffassung an dem Gipfel des Überbaus, dem philosophischen Materialismus, zu rütteln, sondern bereits beim „Kernpunkt der sozialdemokratischen Ge=
dankenwelt“, der „ökonomischen Entwicklung“, einzusetzen, und hier von anderm abgesehen gerade da, wo es für den Sozialismus am aller=
unangenehmsten ist, nämlich beim baldigst erwarteten, sich rasch voll=
ziehenden Übergang von der Privateigentumsordnung zum sozialistischen Kommunismus. Des nähern wird davon im folgenden die Rede sein.

---

[1] Es fehlt deshalb viel zu der „einheitlichen Weltanschauung, wie sie nur der moderne Sozialismus bietet“ („Neue Zeit“ XII², 347). Vgl. a. a. O. X¹, 278: „Dank Marx hat sich der Materialismus zu einer harmonischen und konsequenten Weltanschauung erhoben.“

Zweiter Teil.

Die thomistische und sozialistische Lehre über das Eigentum.

Erster Abschnitt.
Der sozialistische Kommunismus.

Erstes Kapitel.
Notwendigkeit des Sozialismus.

I.

Die sozialistischen Tendenzen des Kapitalismus.

1. Bestimmung der Aufgabe.

Während die sozialistischen Theoretiker alten Stils als Hauptargument für die Notwendigkeit des Kommunismus die Gleichberechtigung aller Menschen ins Feld führten und durch Gründe der Gerechtigkeit und Billigkeit ihre Zeitgenossen für ihre Anschauung zu gewinnen suchten mit Berufung auf das Naturrecht und den dem Naturrecht adäquaten Urzustand, kommen derlei Motive beim modernen Sozialismus in Wegfall oder treten wenigstens in der Theorie zurück, um erst in zweiter Linie betont zu werden. In der Agitation freilich, die es mit konkreten Menschen zu thun hat und nicht mit abstrakten Wirtschaftspuppen, in den Reden und Schriften der Vulgärsozialisten spielen rechtsphilosophische und moralische Erwägungen trotz aller Ablehnung des Utopismus eine große Rolle. Wo der moderne Sozialismus in wissenschaftlichem Gewande auftritt, begründet er seine kommunistischen Forderungen nur „auf den notwendigen, sich vor unsern Augen täglich mehr und mehr vollziehenden Zusammenbruch der kapitalistischen Produktionsweise" [1]. Nicht unser sittliches Gefühl, nicht das Seinsollen entscheidet, sondern die ökonomische Thatsache. Die ökonomische Entwicklung treibt aber unauf=

---

[1] Marx, „Elend" S. ix f.

haltsam der kommunistischen Produktionsweise entgegen. Im Keim lag
dieselbe schon von Anfang an im Kapitalismus verborgen, um sich mit
ihm zu entwickeln, bis die Zeit kommt, wo die kapitalistische Hülle ge=
sprengt wird. Der fortschreitende Untergang des Kleinbetriebs, die be=
schleunigte Konzentration des Kapitals, die Anhäufung des Besitzes in
den Händen weniger, demgegenüber das Elend einer an Zahl stets
wachsenden Proletarierarmee bezeichnen deutlich die ökonomische Tendenz.
Das Bewegungsgesetz dieser Entwicklung aufzuzeigen und ihre Notwendig=
keit zu erklären, ist die Aufgabe der zweiten (bezw. ersten) „Entdeckung"
von Marx, der Lehre vom Mehrwert, dargestellt im „Kapital".

Als Ausgangspunkt und Grundlage seiner Kritik des Kapitalismus
dient Marx die Werttheorie. Vielfach faßten nicht nur Gegner, sondern
auch Anhänger des Sozialismus die Marxsche Wertlehre als Postulat,
das erst im sozialistischen Zukunftsstaat seine Verwirklichung finden solle.
Nun will aber Marx keine neue Theorie aufstellen, nach der sich in der
kapitalistischen oder sozialistischen Ordnung der Gang der Produktion und
Güterverteilung zu richten hat. Jene Lehre soll nur darthun, wie die
Dinge jetzt wirklich vor sich gehen. Nur als Historiker will Marx die
gegenwärtige Entwicklung analysieren, die Erscheinungen der gesellschaft=
lichen Oberfläche auf ihre innern Triebkräfte zurückführen, die Ursachen
und den Verlauf der kapitalistischen Produktionsweise ergründen und ent=
hüllen. Im Gesamtsystem stellt sich diese Untersuchung als eine spezielle
Anwendung der materialistischen Geschichtsauffassung und sozusagen als
deren Schlußpunkt dar [1], während sie genetisch deren Anfangspunkt bildet [2].
Jenes Mißverständnis scheint jedoch nicht nur der deutschen Borniertheit
geschuldet. Vielmehr scheint der Philosoph bezw. der abstrahierende Ökonom
dem Historiker auch hier von vornherein übel mitgespielt zu haben. So
kommt es, daß die Werttheorie, so schön und tiefsinnig sie gedacht ist,
trotz aller Klauseln mit der Wirklichkeit nicht stimmen will.

Dennoch reklamieren die Sozialisten energisch die Richtigkeit der Wert=
lehre [3]. Sie ist nach ihnen die einzige Theorie, welche die gegenwärtige
Gesellschaftsordnung folgerichtig und wissenschaftlich zu erklären vermag.
Fällt die Werttheorie, dann verliert der moderne Sozialismus den An=
spruch auf Wissenschaftlichkeit.

Auf die Konzentration des Kapitals kann der Sozialismus auch
dann noch hinweisen. Wenn also mit der Widerlegung der Wertlehre der

---

[1] Vgl. S. 45. 48 f. 52 f. 55. 57. 63.

[2] Vgl. S. 70 f. 80 ff. 86 ff.

[3] P. Fischer, Die Marxsche Werttheorie, Berlin 1893, S. 42.

Sozialismus auch seinen wissenschaftlichen Charakter verloren hat, so kann man doch nachweisen, daß von einer durchgängigen, absolut not= wendigen und unabänderlichen Kapitalskonzentration nicht die Rede sein könne. Damit ist die doppelte Aufgabe dieses Kapitels bestimmt.

2. Der Fetischcharakter der Ware.

„Der Reichtum der Gesellschaften, in welchen kapitalistische Pro= duktionsweise herrscht, erscheint als ‚ungeheure Warensammlung‘, die einzelne Ware als seine Elementarform. Unsere Untersuchung beginnt daher mit der Analyse der Ware.“ [1] „Eine Ware scheint auf den ersten Blick ein selbstverständliches, triviales Ding. Ihre Analyse ergiebt, daß sie ein sehr vertracktes Ding ist, voll metaphysischer Spitzfindigkeit und theologischer Mucken.“ [2] Der „mystische Charakter“ wird nur erklärlich durch eine Gegenüberstellung der kapitalistischen mit primitivern Pro= duktionsweisen [3].

„Soweit wir in der Geschichte des Menschengeschlechts zurücksehen können, immer finden wir, daß die Menschen in kleinern oder größern Gesellschaften ihren Lebensunterhalt erworben haben, daß die Produktion stets einen gesellschaftlichen Charakter hatte.“ [4] In der ursprünglichen kommunistischen Wirtschaftsverfassung des Stammes, der Gemeinde oder der patriarchalischen Familie sind die gesellschaftlichen Verhältnisse leicht zu überblicken. Die Arbeiten wirken unmittelbar zusammen. Die Produkte werden nicht ausgetauscht, sondern den Verhältnissen entsprechend verteilt. Mit dem Übergang zur Warenproduktion tritt eine Änderung ein.

Auch „die Warenproduktion ist eine gesellschaftliche Art der Produktion; sie ist außerhalb des gesellschaftlichen Zusammenhangs un= denkbar. . . . Aber der gesellschaftliche Charakter tritt bei ihr nicht offen zu Tage“ [5]. „In dem erstern Fall sieht jeder sofort, daß es die Gesell= schaft ist, welche die verschiedenen Arbeiten in Zusammenhang bringt, welche den einen für den andern arbeiten läßt und jedem seinen Anteil an dem Arbeitsprodukt des andern direkt zuweist. Im zweiten Fall arbeitet jeder anscheinend für sich, und die Art und Weise, wie jeder zu dem Produkt des andern gelangt, scheint nicht dem gesellschaftlichen Charakter ihrer Arbeit geschuldet, sondern den Eigentümlichkeiten des Produkts selbst. . . . Die Verhältnisse der Personen unter= einander, wie sie der gesellschaftliche Charakter der Arbeit bedingt, erhalten

---

[1] „Kapital“ I, 1 (zunächst kommt immer der 1. Band des „Kapital“ in Betracht).
[2] A. a. O. S. 37.   [3] Vgl. a. a. O. S. 42.
[4] K. Kautsky, Karl Marx' ökonomische Lehren, 4. Aufl., Stuttgart 1893, S. 5.
[5] A. a. O. S. 13.

unter der Herrschaft der Warenproduktion den Anschein von Ver=
hältnissen von Dingen, nämlich von Produkten untereinander."[1] „Es
ist nur das bestimmte gesellschaftliche Verhältnis der Menschen selbst,
welches hier für sie die phantasmagorische Form eines Verhältnisses von
Dingen annimmt. Um daher eine Analogie zu finden, müssen wir in
die Nebelregion der religiösen Welt flüchten. Hier scheinen die Produkte
des menschlichen Kopfes mit eigenem Leben begabte, untereinander und
mit den Menschen in Verhältnis stehende selbständige Gestalten. So in
der Warenwelt die Produkte der menschlichen Hand. Dies nenne ich den
Fetischismus, der den Arbeitsprodukten anklebt, sobald sie als Waren
produziert werden, und der daher von der Warenproduktion unzertrenn=
lich ist."[2]

3. Gebrauchswert, Tauschwert, Wert.

„Die Ware hat den Zweck, ausgetauscht zu werden. Dies bedingt
aber, daß sie ein menschliches Bedürfnis befriedigt, sei es nun ein wirk=
liches oder bloß eingebildetes. Niemand wird ein anderes Produkt gegen
sein Produkt eintauschen, wenn jenes für ihn nutzlos ist. Die Ware muß
also ein nützliches Ding sein, sie muß Gebrauchswert besitzen."[3] „Die
Nützlichkeit eines Dinges macht es zum Gebrauchswert. Aber diese Nütz=
lichkeit schwebt nicht in der Luft. Durch die Eigenschaften des Waren=
körpers bedingt, existiert sie nicht ohne denselben. Der Warenkörper selbst
ist daher ein Gebrauchswert oder Gut. Dieser sein Charakter hängt nicht
davon ab, ob die Aneignung seiner Gebrauchseigenschaften dem Menschen
viel oder wenig Arbeit kostet. . . . Der Gebrauchswert verwirklicht sich
nur im Gebrauch oder der Konsumtion. Gebrauchswerte bilden den stoff=
lichen Inhalt des Reichtums, welches immer seine gesellschaftliche Form
sei. In der von uns zu betrachtenden Gesellschaftsform bilden sie zugleich
die stofflichen Träger des — Tauschwerts."[4]

„Der Tauschwert erscheint zunächst als das quantitative Verhältnis,
die Proportion, worin sich Gebrauchswerte einer Art gegen Gebrauchs=
werte anderer Art austauschen, ein Verhältnis, das beständig mit Zeit
und Ort wechselt. Der Tauschwert scheint daher etwas Zufälliges und
rein Relatives, ein der Ware innerlicher, immanenter Tauschwert (valeur
intrinsèque) also eine contradictio in adiecto."[5] Dennoch liegt dem Tausch=
wert für einen bestimmten Ort und eine bestimmte Zeit ein bestimmter
Gehalt zu Grunde. Wenn ein Quarter Weizen sich mit x Stiefelwichse

---

[1] A. a. O. S. 13 f.   [2] „Kapital" S. 39.
[3] „Ökonomische Lehren" S. 15.   [4] „Kapital" S. 2.
[5] A. a. O. S. 2 f.

oder mit y Seide u. s. w. tauscht, dann müssen die mannigfachen Tausch=
werte durcheinander ersetzbar sein. „Es folgt daher erstens: Die gültigen
Tauschwerte derselben Ware drücken ein Gleiches aus. Zweitens aber:
Der Tauschwert kann überhaupt nur die Ausdrucksweise, die ‚Erscheinungs=
form‘ eines von ihm unterscheidbaren Gehalts sein." [1] Diesen Gehalt
nennt Marx den Wert der Waren. Er liegt den verschiedenen Tausch=
wertausdrücken zu Grunde, wie den verschiedenen Gewichtsausdrücken
eine bestimmte Schwere zu Grunde liegt [2].

Was bildet aber den Wert der Waren?

„Nehmen wir ... zwei Waren, z. B. Weizen und Eisen. Welches
immer ihr Austauschverhältnis, es ist darstellbar in einer Gleichung,
worin ein gegebenes Quantum Weizen irgend einem Quantum Eisen
gleichgesetzt wird, z. B. 1 Quarter Weizen = a Centner Eisen. Was
besagt diese Gleichung? Daß ein Gemeinsames von derselben Größe
in zwei verschiedenen Dingen existiert, in 1 Quarter Weizen und eben=
falls in a Centner Eisen. Beide sind also gleich einem Dritten, das an
und für sich weder das eine noch das andere ist. Jedes der beiden, soweit
es Tauschwert, muß also auf dies Dritte reduzierbar sein." [3]

„Dies Gemeinsame kann nicht eine geometrische, physikalische,
chemische oder sonstige natürliche Eigenschaft der Waren sein. Ihre körper=
lichen Eigenschaften kommen überhaupt nur in Betracht, soweit selbe sie
nutzbar machen, also zu Gebrauchswerten. Andererseits aber ist es gerade
die Abstraktion von ihren Gebrauchswerten, was das Austauschverhältnis
der Waren augenscheinlich charakterisiert. . . . Als Gebrauchswerte sind
die Waren vor allem verschiedener Qualität, als Tauschwerte können
sie nur verschiedener Quantität sein, enthalten also kein Atom Gebrauchs=
wert." [4]

Der unbescheidene Gebrauchswert, der sich überall marktschreierisch
vordrängt, ist sonach mundtot gemacht. Er hat fernerhin beim Austausch
nicht mehr mitzureden.

„Sieht man nun vom Gebrauchswert der Warenkörper ab, so bleibt
ihnen nur noch eine Eigenschaft, die von Arbeitsprodukten. Jedoch
ist uns auch das Arbeitsprodukt bereits in der Hand verwandelt." [5] Abs=
trahieren wir von seinem Gebrauchswert, so abstrahieren wir auch von
den verschiedenen konkreten Formen der auf das Arbeitsprodukt ver=
wandten Arbeit. Die bestimmten produktiven Arbeiten (Tischlerarbeit,

---

[1] A. a. O. S. 3.
[2] Vgl. „Ökonomische Lehren" S. 16.   [3] „Kapital" S. 3.
[4] A. a. O. S. 3 f.   [5] A. a. O. S. 4.

Bauarbeit ꝛc.) „unterscheiden sich nicht länger, sondern sind allzusamt
reduziert auf gleiche menschliche Arbeit, abstrakt menschliche Ar=
beit" [1].

„Betrachten wir nun das Residuum der Arbeitsprodukte. . . . Diese
Dinge stellen nur noch dar, daß in ihrer Produktion menschliche Ar=
beitskraft verausgabt, menschliche Arbeit aufgehäuft ist. Als Kry=
stalle dieser ihnen gemeinschaftlichen gesellschaftlichen Substanz sind sie
Werte — Warenwerte." [2]

„Ein Gebrauchswert oder Gut hat also nur einen Wert, weil abs=
trakt menschliche Arbeit in ihm vergegenständlicht oder materialisiert ist.
Wie nun die Größe seines Wertes messen? Durch das Quantum
der in ihm enthaltenen ‚wertbildenden Substanz' der Ar=
beit. Die Quantität der Arbeit selbst mißt sich an ihrer Zeitdauer,
und die Arbeitszeit besitzt wieder ihren Maßstab an bestimmten Zeit=
teilen, wie Stunde, Tag u. s. w." [3] Der Einwand: Dann wird eine
Ware um so wertvoller sein, je fauler und ungeschickter der Arbeiter ist,
hat keine Kraft. Denn es handelt sich hier nicht um individuelle, sondern
um gesellschaftliche Arbeit. „Erinnern wir uns, daß die Waren=
produktion ein System von Arbeiten darstellt, die, wenn auch unabhängig
voneinander, so doch in einem gesellschaftlichen Zusammenhang
betrieben werden." [4] „Gesellschaftlich notwendige Arbeitszeit
ist Arbeitszeit, erheischt, um irgend einen Gebrauchswert mit den vor=
handenen gesellschaftlich=normalen Produktionsbedingungen
und dem gesellschaftlichen Durchschnittsgrad von Geschick
und Intensität der Arbeit darzustellen." [5]

„Die Wertgröße einer Ware bliebe daher konstant, wäre die zu
ihrer Produktion erheischte Arbeitszeit konstant. Letztere wechselt aber mit
jedem Wechsel in der Produktivkraft der Arbeit. Die Produktiv=
kraft der Arbeit ist durch mannigfache Umstände bestimmt, unter andern
durch den Durchschnittsgrad des Geschicks der Arbeiter, die Entwicklungs=
stufe der Wissenschaft und ihrer technologischen Anwendbarkeit, die gesell=
schaftliche Kombination des Produktionsprozesses, den Umfang und die
Wirkungsfähigkeit der Produktionsmittel und durch Naturverhältnisse." [6]

Abstraktion der Abstraktion, die Wertlehre ist fertig. Wo bleibt da
die Erfahrung? Doch Marx ist gerade daran, nach Abschluß der Rechnung
noch ein Beispiel zu bringen, das aber auf einem Trugschluß beruht.

---

[1] A. a. O.   [2] A. a. O.
[3] A. a. O. S. 5.   [4] „Ökonomische Lehren" S. 18.
[5] „Kapital" S. 5.   [6] A. a. O. S. 6.

„Ein Ding kann Gebrauchswert sein, ohne Wert zu sein. Es ist dies der Fall, wenn sein Nutzen für den Menschen nicht durch Arbeit vermittelt ist. So Luft, jungfräulicher Boden, natürliche Wiesen, wildwachsendes Holz u. s. w." [1] Einstweilen sei zur Beleuchtung der Marxschen Abstraktionsmethode nur je eine Bemerkung von Kautsky und Marx angeführt, mit der jener die Bourgeoisökonomie, dieser Proudhon verhöhnt. „Indem man von diesen (gewissen Umständen) abstrahiert — wie der neueste akademische Ausdruck für das Übersehen des Wesentlichen lautet —, sieht man von den Eigentümlichkeiten . . . ab und verbreitet ein Dunkel über sie, in dem sich sehr gut munkeln läßt, weshalb (und jetzt wendet sich der Vorwurf) auch alle die gelehrten und ungelehrten Vertreter des Kapitalismus weder von der Marxschen Kapitaltheorie, noch von der Werttheorie, auf der sie beruht, etwas wissen wollen." [2] „Ist es zum Verwundern, daß, wenn man nach und nach alles fallen läßt, was die Individualität eines Hauses ausmacht, wenn man von den Baustoffen absieht, woraus es besteht, von der Form, die es auszeichnet, man schließlich nur noch einen Körper vor sich hat, — daß, wenn man von den Umrissen dieses Körpers absieht, man schließlich nur einen Raum hat, — daß, wenn man endlich von den Dimensionen dieses Raumes abstrahiert, man zum Schluß nichts mehr übrig hat als die Quantität an sich, die logische Kategorie der Quantität." [3]

4. Die Warenzirkulation.

Vollzog sich der Tauschverkehr ursprünglich so, daß Ware gegen Ware unmittelbar ausgetauscht wurde, so muß jetzt jeder Warenbesitzer, um von seiner Ware zu einer andern zu gelangen, die Vermittlung des Geldes in Anspruch nehmen. Der Schneider, der einen Rock hat, aber Brot braucht, muß den Rock zunächst in Geld umsetzen. Der Schneider muß verkaufen, um zu kaufen. „Der Austauschprozeß der Ware vollzieht sich also in folgendem Formwechsel: Ware—Geld—Ware (W — G—W) . . . W—G. Erste Metamorphose der Ware oder Verkauf. Das Überspringen des Warenwerts aus dem Warenleib in den Goldleib ist . . . der Salto mortale der Ware." [4] Viel leichter ist die Verwandlung von Geld in Ware: „G—W. Zweite oder Schlußmetamorphose der Ware: Kauf." [5] „Der Kreislauf (W—G—W), den die Metamorphosenreihe jeder Ware beschreibt, verschlingt sich . . . unentwirrbar mit den Kreisläufen

---

[1] A. a. O. S. 7.
[2] „Ökonomische Lehren" S. 59.   [3] „Elend" S. 87.
[4] A. a. O. S. 70.   [5] A. a. O. S. 74.

anderer Waren. Der Gesamtprozeß stellt sich dar als **Warenzirkulation.**"[1]

„Die dem Geld durch die Warenzirkulation unmittelbar erteilte
Bewegungsform ist ... seine beständige Entfernung vom Ausgangspunkt,
sein Lauf aus der Hand eines Warenbesitzers in die eines andern, oder
sein **Umlauf.**"[2]

5. Die Verwandlung von Geld in Kapital.

„Geld als Geld und Geld als Kapital unterscheiden sich zunächst
nur durch ihre verschiedene Zirkulationsform. Die unmittelbare Form
der Warenzirkulation ist W—G—W, ... verkaufen, um zu kaufen. Neben
dieser Form finden wir aber eine zweite, spezifisch unterschiedene vor,
die Form G—W—G, ... kaufen, um zu verkaufen. Geld, das in seiner
Bewegung diese letztere Zirkulation beschreibt, verwandelt sich in **Kapital**,
wird Kapital und ist schon seiner Bestimmung nach Kapital."[3] Die
Zirkulation G—W—G „scheint auf den ersten Blick **inhaltslos**, weil
tautologisch. Beide Extreme (G—G) haben dieselbe ökonomische Form"[4].
Ein Unterschied kann nur durch eine **quantitative** Verschiedenheit
stattfinden. „Die vollständige Form dieses Prozesses (G—W—G) ist daher
G—W—G', wo G' = G + △ G, d. h. gleich der ursprünglich vorgeschossenen Geldsumme plus einem Inkrement. Dieses Inkrement oder den
Überschuß über den ursprünglichen Wert nenne ich — **Mehrwert**
(surplus value). Der ursprünglich vorgeschossene Wert erhält sich daher
nicht nur in der Zirkulation, sondern in ihr verändert er seine Wertgröße, setzt einen Mehrwert zu oder **verwertet** sich. Und diese Bewegung verwandelt ihn in Kapital."[5] Nur Geld, das in dieser Bewegung
begriffen ist, nennt Marx Kapital. Der Mehrwert wird selber wieder
ganz oder teilweise Kapital in stets erneuerter Bewegung. „Die Bewegung
des Kapitals ist daher maßlos."[6]

Woher stammt nun der Mehrwert? Etwa aus dem **Zirkulationsprozeß**? Nein, denn dieser bedingt Austausch von Äquivalenten,
wenn auch die Dinge nicht immer rein zugehen. Der Mehrwert „kann
weder daher stammen, daß der Käufer die Waren unter dem Wert kaufte,
noch daher, daß der Verkäufer sie über dem Wert verkaufte. Denn in
beiden Fällen gleichen sich die Gewinne und Verluste jedes Einzelnen
gegenseitig aus, da jeder abwechselnd Käufer und Verkäufer ist. Er kann
auch **nicht aus Prellerei** stammen; denn die Prellerei kann zwar

---

[1] A. a. O. S. 76.　　　　[2] A. a. O. S. 79.
[3] A. a. O. S. 109 f.　　　[4] A. a. O. S. 113.
[5] A. a. O. S. 113 f.　　　[6] A. a. O. S. 115.

ben einen auf Kosten des andern bereichern, nicht aber die von beiden
besessene Gesamtsumme, also auch nicht die Summe der zirkulierenden
Werte überhaupt vermehren"[1]. „Wie ist es möglich, fortwährend teurer
zu verkaufen, als man eingekauft hat, selbst unter der Voraussetzung,
daß fortwährend gleiche Werte ausgetauscht werden gegen gleiche Werte?
Die Lösung dieser Frage ist das epochemachendste Verdienst des Marx=
schen Werks."[2]

6. Die Arbeitskraft als Ware.

„Das Rätsel des Mehrwerts ist gelöst, sobald wir eine Ware finden,
deren Gebrauchswert die eigentümliche Beschaffenheit besitzt, Quelle von
Wert zu sein, deren Verbrauch die Schaffung von Wert ist, so daß
die Formel (des Kapitals) G—W—(G + g) in Bezug auf sie lautet:
G—W . . . (W + w) — (G + g). Wir wissen aber, daß Warenwerte
nur durch Arbeit geschaffen werden. Die obige Formel kann also nur
dann sich verwirklichen, wenn die Arbeitskraft eine Ware ist."[3]

„Unter Arbeitskraft oder Arbeitsvermögen verstehen wir den
Inbegriff der physischen und geistigen Fähigkeiten, die in der Leiblichkeit,
der lebendigen Persönlichkeit eines Menschen existieren und die er in Be=
wegung setzt, so oft er Gebrauchswerte irgend einer Art produziert."[4]

„Zur Verwandlung von Geld in Kapital muß der Geldbesitzer . .
den freien Arbeiter auf dem Warenmarkt vorfinden, frei in dem
Doppelsinn, daß er als freie Person über seine Arbeitskraft als seine
Ware verfügt, daß er andererseits andere Waren nicht zu verkaufen hat,
los und ledig, frei ist von allen zur Verwirklichung seiner Arbeitskraft
nötigen Sachen."[5]

Wie das geschichtlich so gekommen ist, interessiert uns einstweilen
so wenig wie den Kapitalisten.

„Die Arbeitskraft setzt die Existenz des Arbeiters voraus. Diese
Existenz bedarf ihrerseits wieder zu ihrer Erhaltung einer gewissen
Summe von Lebensmitteln. Die zur Herstellung der Arbeitskraft
notwendige Arbeitszeit ist also gleich der Arbeitszeit, die gesellschaftlich
notwendig, um diese gewisse Summe von Lebensmitteln herzustellen."[6]

Eine Reihe von Umständen (die Schwere und Dauer der Arbeit,
die Beschaffenheit des Klimas, die Art der Bedürfnisse) bestimmt die
Größe dieser Summe. Sie ist deshalb nach Ort und Zeit verschieden.
Da der Arbeiter sterblich, das Kapital aber unsterblich ist, schließt die

---

[1] „Antidühring" S. 181 f.   [2] A. a. O. S. 182.
[3] „Ökonomische Lehren" S. 63 f.   [4] „Kapital" S. 130.
[5] A. a. O. S. 131.   [6] „Ökonomische Lehren" S. 65.

Summe der zur Erhaltung der Arbeitskraft notwendigen Lebensmittel
auch die Lebensmittel der Ersatzmänner ein, d. h. der Kinder der Ar=
beiter. Endlich sind hierher noch die Bildungskosten zu rechnen, die zur
Erlangung einer gewissen Fertigkeit in einem bestimmten Arbeitszweig
erforderlich sind [1].

7. Die Produktion des absoluten Mehrwerts.

Gebrauchswerte werden in der Warenproduktion überhaupt nur
produziert, weil und sofern sie materielles Substrat, Träger des Tausch=
werts sind [2]. Der Produktionsprozeß ist nicht nur Arbeitsprozeß, sondern
auch Wertbildungsprozeß. Wie gestaltet sich dieser?

„Der Kapitalist kaufe die Arbeitskraft, nehmen wir an, für einen
Tag. Die zur Erhaltung des Arbeiters notwendigen Lebensmittel werden
in sechs Stunden gesellschaftlich notwendiger Arbeitszeit erzeugt. Eben=
soviel und ebensolche Arbeitszeit sei in drei Mark verkörpert. Der Kapi=
talist kaufe die Arbeitskraft zu ihrem Wert; er zahle dem Arbeiter für
den Arbeitstag drei Mark." [3]

Nehmen wir weiter an, der Kapitalist beschließt, Garn produzieren
zu lassen. Wie viel Wert wird nach der Produktion in einem Pfund
Garn stecken? „Zunächst der Wert der bei dessen Herstellung konsumierten
Baumwolle und Spindeln. Dieser geht ohne Verkürzung und Vergröße=
rung in das Produkt ein. Der Gebrauchswert der Baumwolle und
der Spindel ist ein anderer geworden, ihr Wert ist unberührt ge=
blieben." [4] „Zu diesem übertragenen Wert gesellt sich noch der Wert,
welchen die Spinnerarbeit der Baumwolle zusetzt. In einer Arbeits=
stunde werden zwei Pfund versponnen — nehmen wir an, in einer
Mark stecken zwei Arbeitsstunden. Eine Arbeitsstunde bildet also einen
Wert von $1/2$ Mark." [5] Läßt der Fabrikant nur sechs Stunden arbeiten,
dann läßt er offenbar umsonst arbeiten. Doch der Kapitalist ist ein prak=
tischer Mann. Hat er nicht die Arbeitskraft für den ganzen Tag ge=
kauft? Es fällt ihm daher nicht ein, den Arbeiter nach sechs Stunden
fortzuschicken. Er läßt ihn den ganzen Tag arbeiten. Das kann er nicht
bloß von Rechts wegen, sondern auch vermöge der Eigenartigkeit der
Arbeitskraft. „Die vergangene Arbeit, die in der Arbeitskraft steckt, und
die lebendige Arbeit, die sie leisten kann, ihre täglichen Erhaltungs=
kosten und ihre tägliche Verausgabung, sind zwei ganz ver=

---

[1] Vgl. a. a. O. S. 65 f.   [2] Vgl. „Kapital" S. 149.
[3] „Ökonomische Lehren" S. 75.
[4] A. a. O. S. 76.   [5] A. a. O. S. 77.

schiedene Größen. Die erstere bestimmt ihren Tauschwert, die andere bildet ihren Gebrauchswert."[1] „Der Verkäufer der Arbeits= kraft, wie der Verkäufer jeder andern Ware realisiert ihren Tausch= wert und veräußert ihren Gebrauchswert."[2] „Alle Bedingungen des Problems sind gelöst und die Gesetze des Warenaustauschs in keiner Weise verletzt. Äquivalent wurde gegen Äquivalent ausgetauscht."[3]

„Der Produktionsprozeß ist unter dem System der Warenproduktion stets Wertbildungsprozeß, einerlei, ob er mit gekaufter oder mit eigener Arbeitskraft betrieben wird; aber nur, wenn er über einen gewissen Zeitpunkt hinausdauert, ist der Wertbildungsprozeß auch Bildner von Mehrwert und als solcher Verwertungsprozeß. . . . Sobald der Verwertungsprozeß mit gekaufter fremder Arbeitskraft betrieben wird, ist er kapitalistischer Produktionsprozeß; dieser ist von vornherein, seiner Natur nach, mit Notwendigkeit und Absicht, Ver= wertungsprozeß."[4]

„Die Arbeit muß gleichzeitig Doppeltes vollbringen, neuen Wert schaffen und alten Wert übertragen. Es ist dies nur erklärlich durch den Doppelcharakter der Arbeit. . . . In ihrer allgemeinen Eigenschaft als wertbildende allgemein menschliche Arbeit schafft sie neuen Wert; in ihrer Eigenschaft als Gebrauchswerte erzeugende besondere Form nützlicher Arbeit überträgt sie den Wert der Produktionsmittel auf das Produkt."[5]

„Die Produktionsmittel übertragen während des Arbeitsprozesses so viel Wert auf das Produkt, als sie während desselben selbst ver= lieren."[6]

„Der Teil des Kapitals, der sich in Produktionsmittel, d. h. in Rohmaterial, Hilfsstoffe und Arbeitsmittel umsetzt, verändert seine Wertgröße nicht im Produktionsprozeß. Ich nenne ihn daher konstanten Kapitalteil, oder kürzer: konstantes Kapital. Der in Arbeitskraft umgesetzte Teil des Kapitals verändert dagegen seinen Wert im Pro= duktionsprozeß. . . . Ich nenne ihn daher variabeln Kapitalteil, oder kürzer: variables Kapital."[7]

8. Die Rate des Mehrwerts.

Die verhältnismäßige Verwertung des variabeln Kapitals oder die verhältnismäßige Größe des Mehrwerts nennt Marx die Rate des Mehrwerts. Den Teil der Arbeitszeit, der notwendig ist, um einen

---

[1] „Kapital" S. 156.   [2] A. a. O.   [3] A. a. O. S. 157.
[4] „Ökonomische Lehren" S. 78 f.   [5] A. a. O. S. 81.
[6] A. a. O. S. 84.   [7] „Kapital" S. 171.

dem Wert der Arbeitskraft gleichen Wert zu produzieren, nennt Marx die **notwendige Arbeitszeit**, alle weitere Arbeitszeit **Mehrarbeitszeit** und die in ihr verausgabte Arbeit **Mehrarbeit**. „Der Mehrwert (m) verhält sich zum variabeln Kapital (v) wie die Mehrarbeit zur notwendigen, oder die Rate des Mehrwerts $\dfrac{m}{v} = \dfrac{\text{Mehrarbeit}}{\text{notwendige Arbeit}}$." [1]

Zur Erhöhung des Mehrwerts stehen dem Kapitalisten verschiedene Mittel zu Gebote. Das nächstliegende ist die **Verlängerung der Arbeitszeit**. Geht das nicht an, oder muß gar die Arbeitszeit verkürzt werden, so kann der Mehrwert durch eine **Lohnreduktion** oder **größere Intensität der Arbeit** erhöht werden (oder wenigstens derselbe bleiben wie bisher). Um den Lohn zu drücken, wird die **Frauen- und Kinderarbeit** eingeführt. Den Mehrwert, den der Kapitalist unter diesen Umständen neben dem absoluten Mehrwert bezieht, nennt Marx den **relativen Mehrwert**. Hand in Hand mit der Verbilligung der Produktionsmittel werden die zum Unterhalt des Arbeiters notwendigen Lebensmittel und damit die Arbeitskraft immer billiger. Das einfachste Mittel, den Mehrwert zu erhöhen, ist die Vermehrung der Arbeitskräfte oder die Mehrverwendung von variabelm Kapital. Solange als möglich sucht jedoch der Kapitalist einen höhern Mehrwert aus den seither beschäftigten Arbeitern durch Verlängerung der Arbeitszeit herauszuschlagen. Die vielleicht damit verbundene unbedeutende Lohnerhöhung vergütet sich doppelt dadurch, daß er den Betrieb nicht zu erweitern, das konstante Kapital nicht zu vergrößern braucht. Letztern Zweck erreicht er insbesondere durch Einführung der Nachtarbeit. Nicht nur kann jetzt der Betrieb der gleiche bleiben, das Kapital verwertet sich rascher, die Produktionsmittel werden in kürzerer Zeit ausgenützt, und das heißt viel in unserer erfindungsreichen Zeit. Für die Höhe des Mehrwerts macht es keinen Unterschied, ob im Tag- oder Stücklohn gearbeitet wird. In jedem Fall ist der Arbeiter der Ausgebeutete, beim System des Stücklohns noch mehr als bei dem des Taglohns (Akkordarbeit ist Mordarbeit).

9. Der Akkumulationsprozeß des Kapitals.

Nun kommen aber für den armen Kapitalisten neue Sorgen. Was soll er mit dem Mehrwert anfangen? Entweder muß er den Mehrwert aufzehren oder zu weiterer Produktion verwenden. Man bewundere den modernen Herakles, der zwischen der Verschwendungssucht und der Akku-

---

[1] A. a. O. S. 179.

mulationswut zu wählen hat, aber als ein Mann der Entsagung das letztere wählt.

Nehmen wir aber vorerst an, der Kapitalist konsumiere den Mehr= wert vollständig, um die Produktion jedesmal auf der gleichen Kapital= grundlage zu erneuern („einfache Reproduktion“). Nehmen wir ferner an, er wende 10 000 Mark, die er selbst durch Arbeit erworben hat, und zwar 9000 Mark als konstantes, 1000 Mark als variables Kapital an. Jede Produktionsperiode nehme ein halbes Jahr in Anspruch. „In jedem Jahre sackt unser Kapitalist 2000 Mark Mehrwert ein und konsumiert sie. Nach fünf Jahren hat er 10 000 Mark konsumiert, einen Wert gleich dem seines ursprünglichen Kapitals. Er besitzt aber nach wie vor einen Kapitalwert von 10 000 Mark. . . . Die ursprünglichen 10 000 Mark stammten nicht aus der Arbeit der in seinem Betrieb beschäftigten Arbeiter, sondern aus einer andern Quelle. Aber diese 10 000 Mark hat er inner= halb fünf Jahren verzehrt; wenn er daneben noch 10 000 Mark besitzt, so stammen sie aus dem Mehrwert. So verwandelt sich jedes Kapital, möge es aus welcher Quelle immer entsprungen sein, schon vermöge ein= facher Reproduktion nach einer gewissen Zeit in kapitalisierten Mehrwert, in den Ertrag überschüssiger fremder Arbeit, in akkumuliertes Kapital.“ [1]

„Die Arbeiter leben anscheinend außerhalb der Arbeitszeit nur für sich; sie leben aber in Wirklichkeit, auch wenn sie ‚müßig gehen‘, für die Kapitalistenklasse. . . . Wenn der Kapitalist . . . dem Arbeiter seinen Lohn auszahlt, so giebt er ihm damit nur die Mittel, sich, und soweit an ihm, seine Klasse, für die Kapitalistenklasse zu erhalten. Dadurch aber, daß die Arbeiter die Lebensmittel konsumieren, die sie für ihren Lohn kaufen, werden sie immer von neuem gezwungen, ihre Arbeitskraft feil= zubieten.“ [2]

Die einfache Reproduktion ist die Ausnahme. In der Regel wird ein Teil des Mehrwerts als Kapital angewandt oder akkumuliert. „Nur soweit der Kapitalist personifiziertes Kapital ist, hat er einen historischen Wert. . . . Aber so weit sind auch nicht Gebrauchswert und Genuß, sondern Tauschwert und dessen Vermehrung sein treibendes Motiv. Als Fanatiker der Verwertung des Werts zwingt er rücksichtslos die Menschheit zur Produktion um der Produktion willen, daher zu einer Entwicklung der gesellschaftlichen Produktivkräfte und zur Schöpfung von materiellen Pro= duktionsbedingungen, welche allein die reale Basis einer höhern Gesellschafts=

---

[1] „Ökonomische Lehren“ S. 199.
[2] A. a. O. S. 201; vgl. „Kapital“ S. 533 ff.

Schaub, Eigentumslehre.

dem Wert der Arbeitskraft gleichen Wert zu produzieren, nennt Marx die **notwendige Arbeitszeit**, alle weitere Arbeitszeit **Mehrarbeitszeit** und die in ihr verausgabte Arbeit **Mehrarbeit**. „Der Mehrwert (m) verhält sich zum variabeln Kapital (v) wie die Mehrarbeit zur notwendigen, oder die Rate des Mehrwerts $\frac{m}{v} = \frac{\text{Mehrarbeit}}{\text{notwendige Arbeit}}$."[1]

Zur Erhöhung des Mehrwerts stehen dem Kapitalisten verschiedene Mittel zu Gebote. Das nächstliegende ist die **Verlängerung der Arbeitszeit**. Geht das nicht an, oder muß gar die Arbeitszeit verkürzt werden, so kann der Mehrwert durch eine **Lohnreduktion** oder **größere Intensität der Arbeit** erhöht werden (oder wenigstens derselbe bleiben wie bisher). Um den Lohn zu drücken, wird die **Frauen- und Kinderarbeit** eingeführt. Den Mehrwert, den der Kapitalist unter diesen Umständen neben dem absoluten Mehrwert bezieht, nennt Marx den **relativen Mehrwert**. Hand in Hand mit der Verbilligung der Produktionsmittel werden die zum Unterhalt des Arbeiters notwendigen Lebensmittel und damit die Arbeitskraft immer billiger. Das einfachste Mittel, den Mehrwert zu erhöhen, ist die Vermehrung der Arbeitskräfte oder die Mehrverwendung von variabelm Kapital. Solange als möglich sucht jedoch der Kapitalist einen höhern Mehrwert aus den seither beschäftigten Arbeitern durch Verlängerung der Arbeitszeit herauszuschlagen. Die vielleicht damit verbundene unbedeutende Lohnerhöhung vergütet sich doppelt dadurch, daß er den Betrieb nicht zu erweitern, das konstante Kapital nicht zu vergrößern braucht. Letztern Zweck erreicht er insbesondere durch Einführung der Nachtarbeit. Nicht nur kann jetzt der Betrieb der gleiche bleiben, das Kapital verwertet sich rascher, die Produktionsmittel werden in kürzerer Zeit ausgenützt, und das heißt viel in unserer erfindungsreichen Zeit. Für die Höhe des Mehrwerts macht es keinen Unterschied, ob im Tag- oder Stücklohn gearbeitet wird. In jedem Fall ist der Arbeiter der Ausgebeutete, beim System des Stücklohns noch mehr als bei dem des Taglohns (Akkordarbeit ist Mordarbeit).

9. Der Akkumulationsprozeß des Kapitals.

Nun kommen aber für den armen Kapitalisten neue Sorgen. Was soll er mit dem Mehrwert anfangen? Entweder muß er den Mehrwert aufzehren oder zu weiterer Produktion verwenden. Man bewundere den modernen Herakles, der zwischen der Verschwendungssucht und der Akku-

---

[1] A. a. O. S. 179.

mulationswut zu wählen hat, aber als ein Mann der Entsagung das
letztere wählt.

Nehmen wir aber vorerst an, der Kapitalist konsumiere den Mehr=
wert vollständig, um die Produktion jedesmal auf der gleichen Kapital=
grundlage zu erneuern („einfache Reproduktion"). Nehmen wir ferner
an, er wende 10000 Mark, die er selbst durch Arbeit erworben hat, und
zwar 9000 Mark als konstantes, 1000 Mark als variables Kapital an.
Jede Produktionsperiode nehme ein halbes Jahr in Anspruch. „In jedem
Jahre sackt unser Kapitalist 2000 Mark Mehrwert ein und konsumiert
sie. Nach fünf Jahren hat er 10000 Mark konsumiert, einen Wert gleich
dem seines ursprünglichen Kapitals. Er besitzt aber nach wie vor einen
Kapitalwert von 10000 Mark. ... Die ursprünglichen 10000 Mark
stammten nicht aus der Arbeit der in seinem Betrieb beschäftigten Arbeiter,
sondern aus einer andern Quelle. Aber diese 10000 Mark hat er inner=
halb fünf Jahren verzehrt; wenn er daneben noch 10000 Mark besitzt,
so stammen sie aus dem Mehrwert. So verwandelt sich jedes Kapital,
möge es aus welcher Quelle immer entsprungen sein, schon vermöge ein=
facher Reproduktion nach einer gewissen Zeit in kapitalisierten Mehrwert,
in den Ertrag überschüssiger fremder Arbeit, in akkumuliertes
Kapital." [1]

„Die Arbeiter leben anscheinend außerhalb der Arbeitszeit nur für sich;
sie leben aber in Wirklichkeit, auch wenn sie ‚müßig gehen‘, für die
Kapitalistenklasse. ... Wenn der Kapitalist ... dem Arbeiter seinen Lohn
auszahlt, so giebt er ihm damit nur die Mittel, sich, und soweit an
ihm, seine Klasse, für die Kapitalistenklasse zu erhalten. Dadurch aber,
daß die Arbeiter die Lebensmittel konsumieren, die sie für ihren Lohn
kaufen, werden sie immer von neuem gezwungen, ihre Arbeitskraft feil=
zubieten." [2]

Die einfache Reproduktion ist die Ausnahme. In der Regel wird
ein Teil des Mehrwerts als Kapital angewandt oder akkumuliert. „Nur
soweit der Kapitalist personifiziertes Kapital ist, hat er einen historischen
Wert. ... Aber so weit sind auch nicht Gebrauchswert und Genuß, sondern
Tauschwert und dessen Vermehrung sein treibendes Motiv. Als Fanatiker
der Verwertung des Werts zwingt er rücksichtslos die Menschheit zur
Produktion um der Produktion willen, daher zu einer Entwicklung der
gesellschaftlichen Produktivkräfte und zur Schöpfung von materiellen Pro=
duktionsbedingungen, welche allein die reale Basis einer höhern Gesellschafts=

---

[1] „Ökonomische Lehren" S. 199.
[2] A. a. O. S. 201; vgl. „Kapital" S. 533 ff.

Schaub, Eigentumslehre.

form bilden können, deren Grundprinzip die volle und freie Entwicklung jedes Individuums ist." [1] „Konkret betrachtet, löst sich die Akkumulation auf in Reproduktion des Kapitals auf progressiver Stufen=leiter." [2]

Während das ursprüngliche, wie angenommen, erarbeitete Kapital im ersten Produktionsprozeß noch als Vorschuß sich zeigte, enthält das Zusatzkapital von Ursprung an nicht ein einziges Wertatom, das nicht aus unbezahlter fremder Arbeit herstammt [3]. „Eigentum an vergangener unbezahlter Arbeit erscheint jetzt als die einzige Bedingung für gegen=wärtige Aneignung lebendiger unbezahlter Arbeit in stets wachsendem Umfang. Je mehr der Kapitalist akkumuliert hat, desto mehr kann er akkumulieren." [4] „Im Strom der Produktion wird überhaupt alles ursprünglich vorgeschoßne Kapital eine verschwindende Größe (magnitudo evanescens im mathematischen Sinn) verglichen mit dem direkt akkumulierten Kapital, d. h. dem in Kapital rückverwandelten Mehrwert oder Mehrprodukt." [5] „Das Wachstum des gesellschaftlichen Kapitals vollzieht sich im Wachstum vieler individuellen Kapitale." [6] „Die Akkumulation und die sie begleitende Konzentration sind also nicht nur auf viele Punkte zersplittert, sondern das Wachstum der funktionierenden Kapitale ist durch=kreuzt durch die Bildung neuer und die Spaltung alter Kapitale." [7] Dieser Zersplitterung wirkt entgegen die Konzentration bereits gebildeter Kapitale, die Verwandlung vieler kleinerer in weniger größere Kapitale. Es ist die eigentliche Zentralisation im Unterschied zur Akkumulation und Konzentration. Im Konkurrenzkampf schlagen die größern Kapitale die kleinern. Konzentration und Zentralisation wirken auf höherer Stufen=leiter immer intensiver [8].

10. Relative Übervölkerung oder industrielle Reservearmee.

„Mit dem Wachstum des Gesamtkapitals wächst zwar auch sein variabler Bestandteil oder die ihm einverleibte Arbeitskraft, aber in beständig abnehmender Proportion." [9] „Einerseits attrahiert . . das im Fortgang der Akkumulation gebildete Zuschußkapital, verhältnismäßig zu seiner Größe, weniger und weniger Arbeiter. Andererseits repelliert das periodisch in neuer Zusammensetzung reproduzierte alte Kapital mehr und mehr früher von ihm beschäftigte Arbeiter." [10]

1 „Kapital" S. 555.   2 A. a. O. S. 544.
3 Vgl. a. a. O. S. 545.   4 A. a. O. S. 546.
5 A. a. O. S. 551.   6 A. a. O. S. 589.
7 A. a. O. S. 590.   8 Vgl. a. a. O. S. 590 f.
9 A. a. O. S. 594.   10 A. a. O. S. 593.

„Wenn aber eine Surplusarbeiterpopulation notwendiges Produkt der Akkumulation oder der Entwicklung des Reichtums auf kapitalistischer Grundlage ist, wird diese Übervölkerung umgekehrt zum Hebel der kapitalistischen Akkumulation, ja zu einer Existenzbedingung der kapitalistischen Produktionsweise. Sie bildet eine disponible, industrielle Reservearmee, die dem Kapital ganz so absolut gehört, als ob es sie auf seine eigenen Kosten großgezüchtet hätte. Sie schafft für seine wechseln= den Verwertungsbedürfnisse das stets bereite exploitable Menschenmaterial, unabhängig von den Schranken der wirklichen Bevölkerungszunahme."[1] „Je größer der gesellschaftliche Reichtum, das funktionierende Kapital, Umfang und Energie seines Wachstums, also auch die absolute Größe des Proletariats und die Produktivkraft seiner Arbeit, desto größer die Reservearmee. . . . Je größer aber diese Reservearmee im Verhältnis zur aktiven Arbeiterarmee, desto massenhafter die konsolidierte Übervölkerung, deren Elend im umgekehrten Verhältnis zu ihrer Arbeitsqual steht. Je größer endlich die Lazarusschichte der Arbeiterklasse und die industrielle Reservearmee, desto größer der offizielle Pauperismus."[2] „Die Akkumulation von Reichtum auf dem einen Pol ist also zugleich Akkumulation von Elend, Arbeitsqual, Sklaverei, Unwissenheit, Brutalisierung und moralischer Degradation auf dem Gegenpol, d. h. auf seiten der Klasse, die ihr eigenes Produkt als Kapital produziert."[3]

11. Geschichtliche Tendenz der kapitalistischen Akkumulation.

„Wenn das Geld, nach Augier, ‚mit natürlichen Blutflecken auf einer Backe zur Welt kommt‘, so das Kapital von Kopf bis Zeh, aus allen Poren, blut= und schmutztriefend."[4] „Worauf kommt die ursprüng= liche Akkumulation des Kapitals, d. h. seine historische Genesis, hinaus?" „Soweit sie nicht unmittelbare Verwandlung von Sklaven und Leib= eigenen in Lohnarbeiter, also bloßer Formwechsel ist, bedeutet sie nur die Expropriation der unmittelbaren Produzenten, d. h. die Auflösung des auf eigener Arbeit beruhenden Privateigentums."[5] „Die Verwandlung der individuellen und zersplitterten Produktionsmittel in gesellschaftlich konzentrierte, daher des zwerghaften Eigentums vieler in das massen= hafte Eigentum weniger, daher die Expropriation der großen Volksmasse von Grund und Boden und Lebensmitteln und Arbeitsinstrumenten,

---

[1] A. a. O. S. 596 f. [2] A. a. O. S. 609.
[3] A. a. O. S. 611. [4] A. a. O. S. 725 f.
[5] A. a. O. S. 726.

diese furchtbare und schwierige Expropriation der Volksmasse bildet die Vorgeschichte des Kapitals. . . . Die Expropriation der unmittelbaren Produzenten wird mit schonungslosestem Vandalismus und unter dem Trieb der infamsten, schmutzigsten, kleinlichst gehässigsten Leidenschaften vollbracht."

Sobald dieser Umwandlungsprozeß nach Tiefe und Umfang die alte Gesellschaft hinreichend zersetzt hat, geht es an die Expropriierung des viele Arbeiter exploitierenden Kapitalisten. Hand in Hand damit „entwickelt sich die kooperative Form des Arbeitsprozesses auf stets wachsender Stufenleiter, die bewußte technische Anwendung der Wissenschaft, die planmäßige Ausbeutung der Erde, die Verwandlung der Arbeitsmittel in nur gemeinsam verwendbare Arbeitsmittel, die Ökonomisierung aller Produktionsmittel durch ihren Gebrauch als Produktionsmittel kombinierter gesellschaftlicher Arbeit, die Verschlingung aller Völker in das Netz des Weltmarkts und damit der internationale Charakter des kapitalistischen Regimes. Mit der beständig abnehmenden Zahl der Kapitalmagnaten, welche alle Vorteile dieses Umwandlungsprozesses usurpieren und monopolisieren, wächst die Masse des Elends, des Drucks, der Knechtschaft, der Entartung, der Ausbeutung, aber auch die Empörung der stets anschwellenden und durch den Mechanismus des kapitalistischen Produktionsprozesses selbst geschulten, vereinten und organisierten Arbeiterklasse. Das Kapitalmonopol wird zur Fessel der Produktionsweise, die mit und unter ihm aufgeblüht ist. Die Zentralisation der Produktionsmittel und die Vergesellschaftung der Arbeit erreichen einen Punkt, wo sie unverträglich werden mit ihrer kapitalistischen Hülle. Sie wird gesprengt. Die Stunde des kapitalistischen Privateigentums schlägt. Die Expropriateurs werden expropriiert".

„Die aus der kapitalistischen Produktionsweise hervorgehende kapitalistische Aneignungsweise, daher das kapitalistische Privateigentum, ist die erste Negation des individuellen, auf eigene Arbeit gegründeten Privateigentums. Aber die kapitalistische Produktion erzeugt mit der Notwendigkeit eines Naturprozesses ihre eigene Negation. Es ist Negation der Negation. Diese stellt nicht das Privateigentum wieder her, wohl aber das individuelle Eigentum auf Grundlage der Errungenschaft der kapitalistischen Ära: der Kooperation und des Gemeinbesitzes der Erde und der durch die Arbeit selbst produzierten Produktionsmittel.

„Die Verwandlung des auf eigener Arbeit der Individuen beruhenden, zersplitterten Privateigentums in kapitalistisches ist natürlich ein Prozeß, ungleich mehr langwierig, hart und schwierig als die Verwandlung des thatsächlich bereits auf gesellschaftlichem Produktionsbetrieb beruhenden kapitalistischen Eigentums in gesellschaftliches. Dort handelte es sich um

die Expropriation der Volksmasse durch wenige Usurpatoren, hier handelt
es sich um die Expropriation weniger Usurpatoren durch die Volksmassen."[1]

12. Wert und Preis, Mehrwert und Profit.

Mit dem bisher Dargelegten ist der Versuch eines Nachweises für
die Notwendigkeit des Sozialismus zum Abschluß gebracht. Aber nicht
nur die grundlegende Theorie des Werts und Mehrwerts, sondern auch
das ganze kapitalistische Gebaren bedarf einer Ergänzung und Ver=
deutlichung. Es fragt sich: wie verhält sich der Wert als Aus=
druck der Arbeitszeit zum Preis, wie er sich auf dem Markt
verwirklicht, wie verhält sich der Mehrwert zu den ver=
schiedenen Formen des Profits, oder wie verteilt sich der
Mehrwert in der Gesellschaft?

Das ist die Hauptfrage, welche der dritte Band des „Kapital" zu
beantworten unternimmt[2]. Es gilt, die ökonomischen Erscheinungsformen
(Unternehmergewinn, Zins, Grundrente und Arbeitslohn), wie sie sich
auf der Oberfläche des Gesellschaftslebens zeigen und wie sie im praktischen
Leben und von der Vulgärökonomie allein beachtet werden, in ihrem
innern Zusammenhang mit ihrer geheimen Ursache, dem Mehrwert, auf=
zuzeigen, bezw. darzulegen, welche empirischen Formen der bisher abstrakt
betrachtete Mehrwert annimmt.

Vom Standpunkte der kapitalistischen Produktion erscheint der wirkliche
Sachverhalt notwendig in verkehrter Weise. Man spricht da nicht von
Wert und Mehrwert, man leitet dieselben nicht auf die Arbeit als ihre
Quelle zurück, man spricht vielmehr von Kostpreis, Produktionspreis und
Profit, die man sämtlich auf das gesamte (konstante plus variable) an=
gewandte Kapital bezieht.

Der „Wertteil der Ware, der den Preis der verzehrten Produktions=
mittel und den Preis der angewandten Arbeitskraft ersetzt, ersetzt nur,
was die Ware den Kapitalisten selbst kostet, und bildet daher für ihn den
Kostpreis der Ware"[3]. „Nennen wir den Kostpreis k, so verwandelt
sich die Formel: $W = c + v + m$ in die Formel: $W = k + m$, oder
Warenwert = Kostpreis + Mehrwert."[4] „Die kapitalistische Kost der
Ware mißt sich an der Ausgabe in Kapital, die wirkliche Kost der
Ware an der Ausgabe in Arbeit. Der kapitalistische Kostpreis der

---

[1] A. a. O. S. 727 ff.

[2] Vgl. auch W. Sombart, Zur Kritik des ökonomischen Systems von Karl
Marx, im „Archiv für soziale Gesetzgebung und Statistik" VII, 555 ff.

[3] „Kapital" III[1], 2. (Von nun an kommt bis auf weiteres Bd. III[1] in Betracht.)

[4] A. a. O.

Ware ist daher quantitativ verschieden von ihrem Wert oder ihrem wirklichen Kostpreis; er ist kleiner als der Warenwert, denn da W = k + m, ist k = W — m." [1]

„Was zunächst das in der Produktion verausgabte Kapital betrifft, so scheint der Mehrwert gleichmäßig aus dessen verschiedenen, in Produktionsmitteln und Arbeit bestehenden Werteelementen zu entspringen. Denn diese Elemente gehen gleichmäßig in die Bildung des Kostpreises ein." [2] „Als solcher vorgestellter Abkömmling des vorgeschossenen Gesamtkapitals erhält der Mehrwert die verwandelte Form des Profits. Eine Wertsumme ist daher Kapital, weil sie ausgelegt wird, um einen Profit zu erzeugen, oder der Profit kommt heraus, weil eine Wertsumme als Kapital angewandt wird. Nennen wir den Profit p, so verwandelt sich die Formel W = c + v + m = k + m in die Formel W = k + p oder Warenwert = Kostpreis + Profit.

„Der Profit, wie wir ihn hier zunächst vor uns haben, ist also dasselbe, was der Mehrwert ist, nur in einer mystifizierten Form, die jedoch mit Notwendigkeit aus der kapitalistischen Produktionsweise herauswächst. Weil in der scheinbaren Bildung des Kostpreises kein Unterschied zwischen konstantem und variabelm Kapital zu erkennen ist, muß der Ursprung der Wertveränderung, die während des Produktionsprozesses sich ereignet, von dem variabeln Kapitalteil in das Gesamtkapital verlegt werden. Weil auf dem einen Pol der Preis der Arbeitskraft in der verwandelten Form von Arbeitslohn, erscheint auf dem Gegenpol der Mehrwert in der verwandelten Form von Profit." [3] „Wird die Ware daher zu ihrem Wert verkauft, so wird ein Profit realisiert, der gleich dem Überschuß ihres Werts über ihren Kostpreis ist, also gleich dem ganzen im Warenwert steckenden Mehrwert. Aber der Kapitalist kann die Ware mit Profit verkaufen, obgleich er sie unter ihrem Wert verkauft. Solange ihr Verkaufspreis über ihrem Kostpreis, wenn auch unter ihrem Wert steht, wird stets ein Teil des in ihr enthaltenen Mehrwerts realisiert, also stets ein Profit gemacht." [4]

„Die Minimalgrenze des Verkaufspreises der Ware ist gegeben durch ihren Kostpreis." [5] Daher „ist der Kapitalist geneigt, den Kostpreis für den eigentlichen, innern Wert der Ware zu halten" [6]. „Zwischen dem Wert der Ware und ihrem Kostpreis ist offenbar eine unbestimmte Reihe von Verkaufspreisen möglich. Je größer das aus Mehrwert bestehende Element des Warenwerts, desto größer der praktische Spielraum dieser Zwischenpreise." [7]

[1] A. a. O. S. 2 f.   [2] A. a. O. S. 9.   [3] S. 11.   [4] A. a. O.
[5] S. 12; vgl. S. 18.   [6] S. 12.   [7] A. a. O.

„Die Rate des Mehrwerts gemessen am variabeln Kapital heißt Rate des Mehrwerts; die Rate des Mehrwerts gemessen am Gesamtkapital heißt **Profitrate**."[1] Wenn C das Gesamtkapital bedeutet, „erhalten wir die Profitrate $\frac{m}{C} = \frac{m}{c+v}$, im Unterschiede von der Rate des Mehrwerts $\frac{m}{v}$"[2]. „Mehrwert und Rate des Mehrwerts sind, relativ, das Unsichtbare und das zu erforschende Wesentliche, während Profitrate und daher die Form des Mehrwerts als Profit sich auf der Oberfläche der Erscheinung zeigen."[3]

Nennen wir die Mehrwertrate m', die Profitrate p', so erhalten wir die Gleichung: $p' = m' \frac{v}{C} = m' \frac{v}{c+v}$ oder $p' : m' = v : C$[4]. „Die Profitrate wird also bestimmt durch zwei Hauptfaktoren: die Rate des Mehrwerts und die Wertzusammensetzung des Kapitals."[5]

Bisher wurde stets angenommen, daß die Waren zu ihren Werten verkauft werden. Wenn aber das, wird dann nicht eine verschiedene Quote des Mehrwerts oder Profits auf die verschiedenen Kapitale fallen, je nach ihrer unterschiedlichen Zusammensetzung aus konstanten und variabeln Bestandteilen? Aber „thatsächlich produzieren gleiche Kapitale, einerlei wie viel oder wie wenig lebendige Arbeit sie anwenden, in gleichen Zeiten durchschnittlich gleiche Profite"[6]. Dies ist nur möglich, wenn die Waren nicht zu ihren Werten verkauft werden. Nach Marx werden sie vielmehr je nach der Zusammensetzung des Kapitals entweder über oder unter ihrem Werte abgesetzt. Der Fall der durchschnittlichen Zusammensetzung und damit der Übereinstimmung des Werts mit dem Preis ist die Ausnahme.

„Die Preise, die dadurch entstehen, daß der Durchschnitt der verschiedenen Profitraten der verschiedenen Produktionssphären gezogen und dieser Durchschnitt den Kostpreisen der verschiedenen Produktionssphären zugesetzt wird, sind die **Produktionspreise**."[7] Die „verschiedenen Profitraten werden durch die Konkurrenz zu einer allgemeinen Profitrate ausgeglichen, welche der Durchschnitt aller dieser verschiedenen Profitraten ist. Der Profit, der entsprechend dieser allgemeinen Profitrate auf ein Kapital von gegebener Größe fällt, welches immer seine organische Zusammensetzung, heißt der Durchschnittsprofit"[8].

---

[1] S. 17.   [2] A. a. O.
[3] A. a. O.   [4] Vgl. S. 24.
[5] S. 43.   [6] „Kapital" II, xxii.
[7] „Kapital" III¹, 135.   [8] S. 136.

„Obgleich daher die Kapitalisten der verschiedenen Produktionssphären beim Verkauf ihrer Waren die in der Produktion dieser Waren verbrauchten Kapitalwerte zurückziehen, so lösen sie nicht den in ihrer eigenen Sphäre bei der Produktion dieser Waren produzierten Mehrwert und daher Profit ein, sondern nur so viel Mehrwert und daher Profit, als vom Gesamt=mehrwert oder Gesamtprofit, der vom Gesamtkapital der Gesell=schaft in allen Produktionssphären zusammengenommen in einem gegebenen Zeitabschnitt produziert wird, bei gleicher Verteilung auf jeden aliquoten Teil des Gesamtkapitals fällt. . . . Die verschiedenen Kapitalisten verhalten sich hier, soweit der Profit in Betracht kommt, als bloße Aktionäre einer Aktiengesellschaft, worin die Anteile am Profit gleichmäßig pro 100 verteilt werden, und daher für die verschiedenen Kapitalisten sich nur unterscheiden nach der Größe des von jedem in das Gesamt=unternehmen gesteckten Kapitals, nach seiner verhältnismäßigen Beteiligung am Gesamtunternehmen, nach der Zahl seiner Aktien." [1]

„Mit der Verwandlung der Werte in Produktionspreise wird die Grundlage der Wertbestimmung selbst dem Auge entrückt." [2] So wird jetzt die Vorstellung, wonach der Profit als etwas außerhalb des immanenten Werts der Ware Stehendes erscheint, „vollständig bestätigt, befestigt, ver=knöchert, indem der zum Kostpreis zugeschlagene Profit in der That, wenn man die besondere Produktionssphäre betrachtet, nicht durch die Grenzen der in ihr selbst vorgehenden Wertbildung bestimmt, sondern ganz äußerlich dagegen festgesetzt ist" [3]. „Es ist klar, daß der Durchschnittsprofit nichts sein kann als die Gesamtmasse des Mehrwerts, verteilt auf die Kapital=massen in jeder Produktionssphäre nach Verhältnis ihrer Größe." [4]

„Die eigentlich schwierige Frage ist hier die: wie diese Ausgleichung der Profite zur allgemeinen Profitrate vorgeht, da sie offenbar ein Resultat ist und nicht ein Ausgangspunkt sein kann." [5]

„Was die Konkurrenz zunächst in einer Sphäre fertig bringt, ist die Herstellung eines gleichen Marktwerts und Marktpreises aus den verschiedenen individuellen Werten der Waren. Die Konkurrenz der Kapitale in den verschiedenen Sphären aber bringt erst hervor den Produktionspreis, der die Profitraten zwischen den verschiedenen Sphären egalisiert. Zu dem letztern ist eine höhere Entwicklung der kapitalistischen Produktionsweise erheischt als zu dem frühern." [6]

„Werden die Waren . . zu ihren Werten verkauft, so entstehen, wie entwickelt, sehr verschiedene Profitraten in den verschiedenen Produktions=

---

[1] S. 136 f.   [2] S. 147; vgl. S. 151.   [3] S. 147.
[4] S. 153.   [5] A. a. D.   [6] S. 159.

ſphären, je nach der verſchiedenen organiſchen Zuſammenſetzung der darin
angelegten Kapitalmaſſen. Das Kapital entzieht ſich aber einer Sphäre
mit niedriger Profitrate und wirft ſich auf die andere, die höhern Profit
abwirft. Durch dieſe beſtändige Aus= und Einwanderung, mit einem Wort
durch ſeine Verteilung zwiſchen den verſchiedenen Sphären, je nachdem
dort die Profitrate ſinkt, hier ſteigt, bewirkt es ſolches Verhältnis der
Zufuhr zur Nachfrage, daß der Durchſchnittsprofit in den verſchiedenen
Produktionsſphären derſelbe wird, und daher die Werte ſich in Produktions=
preiſe verwandeln.“ [1] „Dieſe Bewegung der Kapitale wird in erſter Linie
ſtets verurſacht durch den Stand der Marktpreiſe, die die Profite hier
über das allgemeine Niveau des Durchſchnitts erhöhen, dort ſie darunter
hinabdrücken.“ [2]

Dem verhältnismäßig viel ſtärkern Anwachſen des konſtanten Kapitals
gegenüber dem variabeln entſpricht eine relative (nicht abſolute) Ab=
nahme des Mehrwerts und daher ein gradueller Fall in der allgemeinen
Profitrate [3].

13. Das kaufmänniſche Kapital.

„Das kaufmänniſche oder Handelskapital zerfällt in zwei Formen
oder Unterarten, Warenhandlungskapital und Geldhandlungs=
kapital.“ [4]

Der Produzent könnte offenbar ſeine Ware ſelbſt auf den Markt
bringen. Aber durch Einſchiebung des Kaufmanns wird jener nicht
nur zu Gunſten der Produktion entlaſtet, der Zirkulationsprozeß der
Ware geht ſo auch raſcher und billiger von ſtatten. „Aber im Zirkulations=
prozeß wird kein Wert produziert, alſo auch kein Mehrwert. Es gehen
nur Formveränderungen derſelben Wertmaſſe vor. Es geht in der That
nichts vor als die Metamorphoſe der Waren, die als ſolche mit der
Wertſchöpfung oder Wertveränderung nichts zu thun hat. Wird beim
Verkauf der produzierten Ware ein Mehrwert realiſiert, ſo, weil dieſer
bereits in ihr exiſtiert. . . . Das Kaufmannskapital ſchafft daher weder
Wert noch Mehrwert, d. h. nicht direkt. Sofern es zur Abkürzung der
Zirkulationszeit beiträgt, kann es indirekt den vom induſtriellen Kapitaliſten
produzierten Mehrwert vermehren helfen.“ [5]

Das Kaufmannskapital fordert aber denſelben entſprechenden Anteil
am Geſamtprofit wie das induſtrielle. Der induſtrielle Kapitaliſt muß
alſo einen Teil des Mehrwerts an den Kaufmann abtreten, muß

---

[1] S. 175 f.   [2] S. 187.   [3] Vgl. S. 192. 197 f. 213.
[4] S. 250.   [5] S. 263 f.

ihm deshalb die Ware unter ihrem eigentlichen Produktionspreis (aber über ihrem Kostpreis) überlassen. Den Produktionspreis realisiert erst der Kaufmann.

Wie die Kaufleute, so verrichten auch die Geldhändler notwendige Funktionen in der kapitalistischen Produktion. „Es ist ebenso klar, daß ihr Profit nur ein Abzug vom Mehrwert ist, da sie nur mit schon realisierten Werten . . . . zu thun haben." [1]

14. Spaltung des Profits in Zins und Unternehmergewinn.

„Das zinstragende Kapital ist das Kapital als Eigentum gegen= über dem Kapital als Funktion." [2] Statt der wirklichen Verwandlung von Geld in Kapital (G—W—G) zeigt sich beim zinstragenden Kapital nur ihre begriffslose Form (G—G'). „Das Geld als solches ist bereits potentiell sich verwertender Wert. . . . Es wird ganz so Eigenschaft des Geldes, Wert zu schaffen, Zins abzuwerfen, wie die eines Birnbaums, Birnen zu tragen." [3] „Es ist . . . nur die Trennung der Kapitalisten in Geldkapitalisten und industrielle Kapitalisten, die einen Teil des Profits in Zins verwandelt, die überhaupt die Kategorie des Zinses schafft; und es ist nur die Konkurrenz zwischen diesen beiden Sorten Kapitalisten, die den Zinsfuß schafft." [4]

„Der Zinsfuß verhält sich zur Profitrate ähnlich wie der Markt= preis der Ware zu ihrem Wert." [5] Doch ist die Durchschnittszinsrate kein reiner oder zuverlässiger Ausdruck der allgemeinen Profitrate. Aber während die allgemeine Profitrate als ein verschwimmendes Nebelbild erscheint, erscheint der Zinsfuß trotz aller Schwankungen jedesmal als eine bestimmte und handgreifliche Größe [6].

„Dem Geldkapitalisten gegenüber ist der industrielle Kapitalist Ar= beiter, aber Arbeiter als Kapitalist, d. h. als Exploiteur fremder Arbeit. Der Lohn, den er für diese Arbeit beansprucht und bezieht, ist genau gleich dem angeeigneten Quantum fremder Arbeit und hängt direkt ab, soweit er sich der notwendigen Mühe der Exploitation unterzieht, vom Ausbeutungsgrad dieser Arbeit, nicht aber vom Grad der Anstrengung, die diese Exploitation ihn kostet, und die er gegen mäßige Zahlung auf einen Dirigenten abwälzen kann." [7] „Die Kooperativ=Fabriken liefern den Beweis, daß der Kapitalist als Funktionär der Produktion ebenso über= flüssig geworden, wie er selbst, in seiner höchsten Ausbildung, den Groß= grundbesitzer überflüssig findet." [8]

---

[1] S. 306.   [2] S. 365.   [3] S. 378.   [4] S. 355.   [5] S. 350.
[6] Vgl. S. 349 f. und 354.   [7] S. 373 f.   [8] S. 373.

„In den Aktiengesellschaften ist die Funktion getrennt vom Kapitaleigentum, also auch die Arbeit gänzlich getrennt vom Eigentum an den Produktionsmitteln und an der Mehrarbeit. Es ist dies Resultat der höchsten Entwicklung der kapitalistischen Produktion ein notwendiger Durchgangspunkt zur Rückverwandlung des Kapitals in Eigentum der Produzenten, aber nicht mehr als das Privateigentum vereinzelter Produzenten, sondern als das Eigentum ihrer als assoziierter, als unmittelbares Gesellschaftseigentum. Es ist andererseits Durchgangspunkt zur Verwandlung aller mit dem Kapitaleigentum bisher noch verknüpften Funktionen im Reproduktionsprozeß in bloße Funktionen der assoziierten Produzenten, in gesellschaftliche Funktionen."[1]

„Abgesehen von dem Aktienwesen — das eine Aufhebung der kapitalistischen Privatindustrie auf Grundlage des kapitalistischen Systems selbst ist, und in demselben Umfang, worin es sich ausdehnt und neue Produktionssphären ergreift, die Privatindustrie vernichtet —, bietet der Kredit dem einzelnen Kapitalisten oder dem, der für einen Kapitalisten gilt, eine innerhalb gewisser Schranken absolute Verfügung über fremdes Kapital und fremdes Eigentum, und dadurch über fremde Arbeit. Verfügung über gesellschaftliches, nicht eigenes Kapital giebt ihm Verfügung über gesellschaftliche Arbeit. Das Kapital selbst, das man wirklich oder in der Meinung des Publikums besitzt, wird nur noch die Basis zum Kreditüberbau. Es gilt dies besonders im Großhandel, durch dessen Hände der größte Teil des gesellschaftlichen Produkts passiert. Alle Maßstäbe, alle mehr oder minder innerhalb der kapitalistischen Produktionsweise noch berechtigten Explikationsgründe verschwinden hier. Was der spekulierende Großhändler riskiert, ist gesellschaftliches, nicht sein Eigentum. Ebenso abgeschmackt wird die Phrase vom Ursprung des Kapitals aus der Ersparung, da jener gerade verlangt, daß andere für ihn sparen sollen. ... Der andern Phrase von der Entsagung schlägt der Luxus, der nun auch selbst Kreditmittel wird, direkt ins Gesicht. Vorstellungen, die auf einer minder entwickelten Stufe der kapitalistischen Produktion noch einen Sinn haben, werden hier völlig sinnlos. Das Gelingen und Mißlingen führen hier gleichzeitig zur Zentralisation der Kapitale und daher zur Expropriation auf der enormsten Stufenleiter."[2]

„Das Kreditwesen beschleunigt daher die materielle Entwicklung der Produktivkräfte und die Herstellung des Weltmarkts. ... Gleichzeitig be=

---

[1] S. 424.   [2] S. 426 f.

schleunigt der Kredit die gewaltsamen Ausbrüche dieses Widerspruchs, die Krisen, und damit die Elemente der Auflösung der alten Produktionsweise." [1]

Der gesellschaftliche Charakter des Kapitals wird erst vollauf verwirklicht durch die volle Entwicklung des Kredit= und Banksystems. „Andererseits geht dies weiter. Es stellt den industriellen und kommerziellen Kapitalisten alles disponible und selbst potentielle, nicht bereits aktiv engagierte Kapital der Gesellschaft zur Verfügung, so daß weder der Verleiher noch der Anwender dieses Kapitals dessen Eigentümer oder Produzenten sind. Es hebt damit den Privatcharakter des Kapitals auf und enthält so an sich, aber auch nur an sich, die Aufhebung des Kapitals selbst." [2]

15. Verwandlung von Surplusprofit in Grundrente.

Wir beschäftigen uns mit dem Grundeigentum nur, „soweit ein Teil des vom Kapital erzeugten Mehrwerts dem Grundeigentümer anheimfällt. Wir unterstellen also, . . . daß die Landwirtschaft von Kapitalisten betrieben wird. . . . Für uns produziert der Pächter Weizen u. s. w., wie der Fabrikant Garn oder Maschinen" [3].

Der „Pächter=Kapitalist zahlt dem Grundeigentümer, dem Eigentümer des von ihm exploitierten Bodens, in bestimmten Terminen, z. B. jährlich, eine kontraktlich festgesetzte Geldsumme (ganz wie der Borger von Geldkapital bestimmten Zins) für die Erlaubnis, sein Kapital in diesem besondern Produktionsfeld anzuwenden. Diese Geldsumme heißt Grundrente, einerlei, ob sie von Ackerboden, Bauterrain, Bergwerken, Fischereien, Waldungen u. s. w. gezahlt werde" [4].

„Alle Grundrente ist Mehrwert, Produkt von Mehrarbeit. Sie ist noch direkt Mehrprodukt in ihrer unentwickeltern Form, der Naturalrente." [5] „Die Rente kann sich als Geldrente nur entwickeln auf Basis der Warenproduktion, näher der kapitalistischen Produktion, und sie entwickelt sich in demselben Maß, worin die agrikole Produktion Warenproduktion wird." [6]

In demselben Maß, wie sich die kapitalistische Warenproduktion entwickelt, „entwickelt sich die Fähigkeit des Grundeigentums, einen wachsenden Teil des Mehrwerts vermittelst seines Monopols an der Erde abzufangen, daher den Wert seiner Rente zu steigern und den Preis des Bodens selbst. Der Kapitalist ist noch selbstthätiger Funktionär in der

---

[1] S. 428.
[2] „Kapital" III², 146. (Von nun an betrifft die Verweisung Bd. III².)
[3] S. 153. [4] S. 157. [5] S. 174. [6] S. 178.

Entwicklung des Mehrwerts und des Mehrprodukts. Der Grundeigen=
tümer hat nur den ſo ohne ſein Zuthun wachſenden Anteil am Mehr=
wert und Mehrprodukt abzufangen" [1].

Man hat zu unterſcheiden die Differentialrente und die ab=
ſolute Grundrente. Erſtere ſtellt ſich dar als einen Surplusprofit,
eine Differenz gleich dem Überſchuß des allgemeinen (geſellſchaftlichen,
den Markt regulierenden) Produktionspreiſes der Ware über ihren indi=
viduellen Produktionspreis (auf ſeiten der begünſtigten Produzenten) [2].
Auch der ſchlechteſte Boden trägt ihrem Beſitzer eine Rente — die abſo=
lute Grundrente. „Das Grundeigentum iſt die Barriere, die keine Kapital=
anlage auf bisher unbebautem oder unverpachtetem Boden erlaubt, ohne
Zoll zu erheben, d. h. ohne eine Rente zu verlangen." [3] Die Grundrente
iſt nur ein Abzug von dem in der Agrikultur erzeugten Mehrwert. Nur
aus der beſondern Begünſtigung dieſes Mehrwerts bei der Ausgleichung
zum allgemeinen Durchſchnittsprofit erklärt ſich ſonach die abſolute Grund=
rente [4].

„Die Naturkraft iſt nicht die Quelle des Surplusprofits, ſondern
nur die Naturbaſis desſelben, weil die Naturbaſis der ausnahms=
weiſe erhöhten Produktivkraft der Arbeit." [5] „Je höher die Entwicklung
des Ackerbaus und der Ziviliſation überhaupt in einem Lande ſteht, ...
deſto rieſiger wird der Tribut, den die Geſellſchaft den Großgrund=
beſitzern zahlt — ſolange die einmal in Bebauung genommenen Boden=
arten alle konkurrenzfähig bleiben." [6] „Glücklicherweiſe iſt noch lange
nicht alles Steppenland in Bebauung genommen; es iſt noch übrig genug
vorhanden, um den ganzen europäiſchen großen Grundbeſitz zu ruinieren
und den kleinen obendrein." [7]

16. Die Bedeutung des „Werts" im Marxſchen Syſtem.

Da bei Aufſtellung der Werttheorie angenommen wurde, die Waren
würden zu ihren Werten ausgetauſcht, ſo fragt es ſich: Behauptet Marx
im dritten Band des „Kapital" nicht das Gegenteil? Wenn die Waren
nicht zu ihren Werten ausgetauſcht werden, ſtößt da Marx nicht ſeine
ganze früher entwickelte Theorie um?

Nach Werner Sombart bezeichnet der Marxſche Wert weder den
Punkt, nach dem die Marktpreiſe gravitieren, noch lebt er im Bewußtſein
der kapitaliſtiſchen Produktionsagenten, er iſt inſofern keine empiriſche,
ſondern eine gedankliche Thatſache, d. h. ein Hilfsmittel für das

---

[1] A. a. O.   [2] Vgl. S. 181.   [3] S. 295.
[4] Vgl. S. 297.   [5] S. 187.   [6] S. 258.
[7] S. 260. (Die beiden letztzitierten Stellen ſind von Engels ergänzt.)

schleunigt der Krebit die gewaltsamen Ausbrüche dieses Widerspruchs,
die Krisen, und damit die Elemente der Auflösung der alten Produk=
tionsweise." [1]

Der gesellschaftliche Charakter des Kapitals wird erst vollauf ver=
wirklicht durch die volle Entwicklung des Krebit= und Banksystems.
„Andererseits geht dies weiter. Es stellt den industriellen und kom=
merziellen Kapitalisten alles disponible und selbst potentielle, nicht bereits
aktiv engagierte Kapital der Gesellschaft zur Verfügung, so daß weder der
Verleiher noch der Anwender dieses Kapitals dessen Eigentümer oder
Produzenten sind. Es hebt damit den Privatcharakter des Kapitals auf
und enthält so an sich, aber auch nur an sich, die Aufhebung des Kapi=
tals selbst." [2]

15. Verwandlung von Surplusprofit in Grundrente.

Wir beschäftigen uns mit dem Grundeigentum nur, „soweit ein
Teil des vom Kapital erzeugten Mehrwerts dem Grundeigentümer an=
heimfällt. Wir unterstellen also, . . . daß die Landwirtschaft von Kapi=
talisten betrieben wird. . . . Für uns produziert der Pächter Weizen
u. s. w., wie der Fabrikant Garn oder Maschinen" [3].

Der „Pächter=Kapitalist zahlt dem Grundeigentümer, dem Eigen=
tümer des von ihm exploitierten Bodens, in bestimmten Terminen, z. B.
jährlich, eine kontraktlich festgesetzte Geldsumme (ganz wie der Borger
von Geldkapital bestimmten Zins) für die Erlaubnis, sein Kapital in
diesem besondern Produktionsfeld anzuwenden. Diese Geldsumme heißt
Grundrente, einerlei, ob sie von Ackerboden, Bauterrain, Bergwerken,
Fischereien, Waldungen u. s. w. gezahlt werde" [4].

„Alle Grundrente ist Mehrwert, Produkt von Mehrarbeit. Sie
ist noch direkt Mehrprodukt in ihrer unentwickeltern Form, der Natural=
rente." [5] „Die Rente kann sich als Geldrente nur entwickeln auf
Basis der Warenproduktion, näher der kapitalistischen Produktion, und
sie entwickelt sich in demselben Maß, worin die agrikole Produktion
Warenproduktion wird." [6]

In demselben Maß, wie sich die kapitalistische Warenproduktion ent=
wickelt, „entwickelt sich die Fähigkeit des Grundeigentums, einen wachsen=
den Teil des Mehrwerts vermittelst seines Monopols an der Erde abzu=
fangen, daher den Wert seiner Rente zu steigern und den Preis des
Bodens selbst. Der Kapitalist ist noch selbstthätiger Funktionär in der

---

[1] S. 428.
[2] „Kapital" III², 146. (Von nun an betrifft die Verweisung Bd. III².)
[3] S. 153. [4] S. 157. [5] S. 174. [6] S. 178.

Entwicklung des Mehrwerts und des Mehrprodukts. Der Grundeigen=
tümer hat nur den so ohne sein Zuthun wachsenden Anteil am Mehr=
wert und Mehrprodukt abzufangen" [1].

Man hat zu unterscheiden die Differentialrente und die ab=
solute Grundrente. Erstere stellt sich dar als einen Surplusprofit,
eine Differenz gleich dem Überschuß des allgemeinen (gesellschaftlichen,
den Markt regulierenden) Produktionspreises der Ware über ihren indi=
viduellen Produktionspreis (auf seiten der begünstigten Produzenten) [2].
Auch der schlechteste Boden trägt ihrem Besitzer eine Rente — die abso=
lute Grundrente. "Das Grundeigentum ist die Barriere, die keine Kapital=
anlage auf bisher unbebautem oder unverpachtetem Boden erlaubt, ohne
Zoll zu erheben, d. h. ohne eine Rente zu verlangen." [3] Die Grundrente
ist nur ein Abzug von dem in der Agrikultur erzeugten Mehrwert. Nur
aus der besondern Begünstigung dieses Mehrwerts bei der Ausgleichung
zum allgemeinen Durchschnittsprofit erklärt sich sonach die absolute Grund=
rente [4].

"Die Naturkraft ist nicht die Quelle des Surplusprofits, sondern
nur die Naturbasis desselben, weil die Naturbasis der ausnahms=
weise erhöhten Produktivkraft der Arbeit." [5] "Je höher die Entwicklung
des Ackerbaus und der Zivilisation überhaupt in einem Lande steht, . . .
desto riesiger wird der Tribut, den die Gesellschaft den Großgrund=
besitzern zahlt — solange die einmal in Bebauung genommenen Boden=
arten alle konkurrenzfähig bleiben." [6] "Glücklicherweise ist noch lange
nicht alles Steppenland in Bebauung genommen; es ist noch übrig genug
vorhanden, um den ganzen europäischen großen Grundbesitz zu ruinieren
und den kleinen obendrein." [7]

16. Die Bedeutung des „Werts" im Marxschen System.

Da bei Aufstellung der Werttheorie angenommen wurde, die Waren
würden zu ihren Werten ausgetauscht, so fragt es sich: Behauptet Marx
im dritten Band des „Kapital" nicht das Gegenteil? Wenn die Waren
nicht zu ihren Werten ausgetauscht werden, stößt da Marx nicht seine
ganze früher entwickelte Theorie um?

Nach Werner Sombart bezeichnet der Marxsche Wert weder den
Punkt, nach dem die Marktpreise gravitieren, noch lebt er im Bewußtsein
der kapitalistischen Produktionsagenten, er ist insofern keine empirische,
sondern eine gedankliche Thatsache, d. h. ein Hilfsmittel für das

---

[1] A. a. O. [2] Vgl. S. 181. [3] S. 295.
[4] Vgl. S. 297. [5] S. 187. [6] S. 258.
[7] S. 260. (Die beiden letztzitierten Stellen sind von Engels ergänzt.)

Denken des ökonomischen Theoretikers. Der Wertbegriff läßt
uns die als Gebrauchsgüter qualitativ verschiedenen Waren in quan=
titativer Bestimmtheit erscheinen, indem wir sie als Nur=Produkte abstrakt
menschlicher Arbeit, also als durch bestimmte Zeitlängen meßbare Ar=
beitsmengen quantitativ aufeinander beziehen. Dennoch entpuppt sich bei
näherm Zusehen die „gedankliche Thatsache" als höchst empirische Größe.
Indem wir nämlich die Waren als Produkte gesellschaftlicher Arbeit an=
sehen, konstatieren wir die ökonomisch relevanteste Thatsache
in ihnen. Offenbar ist das Güterquantum der Gesellschaft in der Haupt=
sache von der Entwicklung der gesellschaftlichen Produktivkraft der Arbeit
abhängig. Mit dieser zunächst technischen Thatsache, die sich beständig
ändert, läuft als ökonomische Thatsache die (Marxsche) Wertgröße
parallel, d. h. eine bestimmte Arbeitszeit liefert heute mehr Produkte als
gestern, morgen mehr als heute. Der Wert ist demnach nur die
ökonomische Form für den technischen Begriff der Pro=
duktivität oder Produktivkraft. Das Wertgesetz beherrscht so
die Bewegung der Produktionspreise, den Mehrwert und
Profit[1].

Konrad Schmidt nennt das Wertgesetz eine wissenschaftliche, zur
Erklärung des thatsächlichen Austauschprozesses aufgestellte Hypothese,
die sich auch den ihr scheinbar ganz widersprechenden Erscheinungen der
Konkurrenzpreise gegenüber als der notwendige theoretische Ausgangs=
punkt, als lichtbringend und unumgänglich bewähre; ohne das Wertgesetz
hört auch nach seiner Ansicht jede theoretische Einsicht in das ökonomische
Getriebe der kapitalistischen Wirklichkeit auf. Ja er erklärt das Wert=
gesetz innerhalb der kapitalistischen Produktionsform geradezu für eine,
wenn auch theoretisch notwendige Fiktion. Diese Auffassung trifft aber
nach Engels durchaus nicht zu.

„Das Wertgesetz hat für die kapitalistische Produktion eine weit
größere und bestimmtere Bedeutung als die einer bloßen Hypothese,
geschweige einer wenn auch notwendigen Fiktion. Bei Sombart sowohl
wie bei Schmidt . . . wird nicht genügend berücksichtigt, daß es sich hier
nicht nur um einen rein logischen Prozeß handelt, sondern um einen
historischen Prozeß und dessen erklärende Rückspiegelung im Gedanken,
die logische Verfolgung seiner innern Zusammenhänge."[2]

„Der Austausch von Waren zu ihren Werten oder annähernd zu
ihren Werten erfordert . . . eine viel niedrigere Stufe als der Aus=

---

[1] Vgl. W. Sombart a. a. O. S. 573 ff.
[2] „Neue Zeit" XIV[1], 10.

taufch zu Produktionspreifen, wozu eine beftimmte Höhe kapitaliftifcher Entwicklung nötig ift. ... Abgefehen von der Beherrfchung der Preife und der Preisbewegung durch das Wertgefetz, ift es alfo durchaus fach= gemäß, die Werte der Waren nicht nur t h e o r e t i f ch , fondern auch h i ft o r i f ch als das Prius der Produktionspreife zu betrachten. Es gilt dies für Zuftände, wo d e m A r b e i t e r die P r o d u k t i o n s m i t t e l g e h ö r e n , und diefer Zuftand findet fich in der alten wie in der modernen Welt beim felbftarbeitenden grundbefitzenden Bauer und beim Handwerker." [1]

In den Anfängen der Gefellfchaft wurden die Produkte von den Produzenten felbft verbraucht. Der Austaufch des Überfchuffes diefer Produkte findet erft fpäter ftatt und zwar zunächft mit einzelnen ftammes= fremden Gemeinden, dann aber auch innerhalb der Gemeinde felbft. „Das Wenige nun, was eine Bauernfamilie von andern einzutaufchen oder zu kaufen hat, beftand felbft bis in den Anfang des 19. Jahrhunderts in Deutfchland vorwiegend aus Gegenftänden handwerksmäßiger Produktion, alfo aus folchen Dingen, deren Herftellungsart dem Bauer keineswegs fremd war." Umgekehrt hatte aber auch der Handwerker einen genauen Einblick in die Arbeitsbedingungen des Bauern. „Die Leute im Mittel= alter waren fo im ftande, jeder dem andern die Produktionskoften an Rohftoff, Hilfsftoff, Arbeitszeit mit ziemlicher Genauigkeit nachzurechnen — wenigftens was Artikel täglichen, allgemeinen Gebrauchs betraf." Für Produkte, die eine längere, in unregelmäßigen Zwifchenräumen unter= brochene, in ihrem Ertrag unfichere Arbeit erheifchten, wie z. B. Korn und Vieh, konnte offenbar nur durch einen langwierigen, oft im Dunkeln hin und her taftenden Prozeß der Annäherung im Zickzack das Arbeits= quantum berechnet werden.

„Der wichtigfte und einfchneidendfte Fortfchritt war der Übergang zum Metallgeld, der aber auch die Folge hatte, daß nun die Wertbeftimmung durch die Arbeitszeit nicht länger auf der Oberfläche des Warenaustaufchs fühlbar erfchien. Das Geld wurde für die praktifche Auffaffung der ent= fcheidende Wertmeffer, und dies um fo mehr, je mannigfaltiger die in den Handel kommenden Waren wurden, je mehr fie entlegenen Ländern entftammten, je weniger alfo die zu ihrer Herftellung nötige Arbeitszeit fich kontrollieren ließ. Kam doch das Geld anfänglich felbft meift aus der Fremde; auch als Edelmetall im Lande gewonnen wurde, war der Bauer und Handwerker teils nicht im ftande, die darauf verwendete Arbeit an= nähernd abzufchätzen, teils war ihm felbft fchon das Bewußtfein von der wertmeffenden Eigenfchaft der Arbeit durch die Gewohnheit des Geld=

---

[1] Marx, „Kapital" III¹, 156; vgl. „Neue Zeit" XIV¹, 10 f.

rechnens ziemlich verdunkelt; das Geld begann in der Volksvorstellung den absoluten Wert zu repräsentieren.

„Mit einem Wort: das Marxsche Wertgesetz gilt allgemein, soweit überhaupt ökonomische Gesetze gelten, für die ganze Periode der einfachen Warenproduktion, also bis zur Zeit, wo diese durch den Eintritt der kapitalistischen Produktionsform eine Modifikation erfährt. Bis dahin gravitieren die Preise nach den durch das Marxsche Gesetz bestimmten Werten hin und oscillieren um diese Werte, so daß, je voller die einfache Warenproduktion zur Entfaltung kommt, desto mehr die Durchschnitts= preise längerer, nicht durch äußere gewaltsame Störungen unterbrochener Perioden innerhalb der Vernachläffigungsgrenzen mit den Werten zusammen= fallen Das Marxsche Wertgesetz hat also ökonomisch allgemeine Gültig= keit für eine Zeitdauer, die vom Anfang des die Produkte in Waren verwandelnden Austauschs bis ins 15. Jahr= hundert unserer Zeitrechnung dauert."[1]

Wie vollzieht sich nun der Übergang der einfachen in kapitalistische Warenproduktion? Wer diesen Übergang vollzieht, wissen wir schon, es ist der Kaufmann. Der Kaufmann des Mittelalters war wesentlich Genossenschafter, wie alle seine Zeitgenossen. Der Einkaufs= und Verkaufs= preis war genossenschaftlich festgestellt und durch schwere Strafen geschützt. Hier stoßen wir zum erstenmal auf einen Profit und eine Profitrate, die man für alle Kaufleute jener Genossenschaft bezw. Nation gleich= zumachen sich bestrebte. Je mehr aber in den neuentdeckten Gebieten „Kolonien vorwiegend auch von Staats wegen angelegt wurden, desto mehr trat der genossenschaftliche Handel vor dem des einzelnen Kauf= manns zurück, und damit wurde die Ausgleichung der Profitrate mehr und mehr ausschließliche Sache der Konkurrenz".

Die Profitrate des Handelskapitals war vorgefunden. Einen höhern Extra=Profit konnte der Einzelne nur erlangen, wenn es gelang, den Produzenten ökonomisch in Abhängigkeit zu bringen, so daß ein Teil der Arbeitszeit unbezahlt bleiben konnte. Dies geschieht zuerst in der Textil= industrie. Der Kaufmann liefert dem verschuldeten Weber, der einstweilen noch das Produktionsinstrument besitzt, das Garn. Der Kaufmann wird aus einem bloßen Käufer ein sog. Verleger. „Um aber seinen Absatz und damit seinen Umschlag zu beschleunigen, ... wird er einen kleinen Teil seines Mehrwerts dem Käufer schenken, wird er billiger verkaufen als seine Konkurrenten, diese werden sich allmählich auch in Verleger ver= wandeln, und dann reduziert sich der Extra=Profit für alle auf den ge=

---

[1] „Neue Zeit" XIV¹, 37 ff.

wöhnlichen Profit oder gar einen niedrigern für das bei allen erhöhte Kapital." [1]

Der nächste Schritt in der Unterwerfung der Industrie unter das Kapital geschieht durch die Einführung der Manufaktur. Der Manufakturist produziert wohlfeiler als der Handwerker. Er verkauft bei höherm Profit wohlfeiler als seine Konkurrenten, bis zur Verallgemeinerung der neuen Produktionsweise, wo dann wieder Ausgleichung eintritt.

„Die schon vorgefundene Handelsprofitrate ... bleibt das Prokrustes= bett, worin der überschüssige industrielle Mehrwert ohne Barmherzigkeit abgehackt wird." [2]

In gesteigertem Maße wiederholt sich dieser Prozeß in den stets erneuerten Revolutionen der großen Industrie. Sie erobert auch den innern Markt endgültig für das Kapital und beseitigt unerbittlich alle frühern Produktionsweisen. Bei der Ausgleichung zu einer allgemeinen Profitrate sichert sie der Industrie den ihr gebührenden Machtposten, „indem sie den größten Teil der Hindernisse beseitigt, die bisher der Übertragung von Kapital aus einem Zweig in einen andern im Wege standen. Damit vollzieht sich für den gesamten Austausch im großen die Verwandlung der Werte in Produktionspreise. Diese Verwandlung geht also nach objektiven Gesetzen vor sich, ohne Bewußtsein oder Absicht der Beteiligten" [3].

Wo und soweit die kapitalistische Produktionsweise durchgeführt ist, werden die Produktionspreise in der Regel von den Werten abweichen, da die durchschnittliche Kapitalzusammensetzung nur zufällig und aus= nahmsweise zutrifft. Hat damit der Wert seine Bedeutung verloren? Nein. Zunächst bleibt bestehen, daß nur die Arbeit Wert schafft; ferner daß alle über die notwendige Arbeitszeit hinaus geleistete Arbeit Mehrwert ist, der sich unter der Form des Profits an die Gesellschaftsmitglieder verteilt, daß also endlich der Gesamtmehrwert gleich ist dem Gesamt= profit. Wenn der Wert auch keinem Produktions=, Zirkulationsagenten oder Käufer seit den Anfangsstadien der Warenproduktion zum Bewußt= sein kommt, wenn der Wert in der kapitalistischen Produktionsweise vom Produktionspreis vollständig abweicht, so tritt seine praktische Bedeutung mehr indirekt hervor. Die Wertbildung bestimmt nämlich den Gesamt= wert der in der Gesellschaft produzierten Waren. „Da nun der Gesamt= wert der Waren den Gesamtmehrwert, dieser aber die Höhe des Durchschnittsprofits und daher der allgemeinen Profitrate regelt ...., so reguliert das Wertgesetz die Produktionspreise." [1]

[1] A. a. O. S. 43.   [2] A. a. O. S. 44.
[3] A. a. O. S. 39 ff.   [4] „Kapital" III¹, 159.

II.
Kritische Würdigung.

A. Die thomistische und sozialistische Werttheorie.

1. Schwierigkeiten und entgegengesetzte Lösungsversuche des Wertproblems.

Eine der wichtigsten und schwierigsten Grundfragen der Wirtschafts=
wissenschaft ist die Frage nach dem Werte. Praktisch rechnet man mit
diesem Begriffe seit Anfang der Menschheit, seitdem man anfing, die Dinge
zu beurteilen und miteinander zu vergleichen. Die theoretische Erörterung
des Wertproblems reicht bis auf Aristoteles zurück. Er ist der große
Forscher, „der die Wertform, wie so viele Denkformen, Gesellschaftsformen
und Naturformen, zuerst analysiert hat"[1]. Seinen Ausführungen folgen
die Scholastiker, an ihrer Spitze Thomas von Aquin. Sie kommen, wie
schon Aristoteles, auf die Lehre vom Werte mehr aus ethisch=praktischen
Gründen gelegentlich der Lehre vom gerechten Preis zu sprechen.

Sobald die politische Ökonomie sich als selbständige Wissenschaft
konstituierte, mußte auch sie eine Lösung des Wertproblems suchen. Denn
der Warenaustausch war eine ökonomische Kategorie ersten Ranges und
wurde es immer mehr. Man kann nicht sagen, daß die politische Ökonomie
in der Behandlung der Werttheorie besonders glücklich war. Sieht man
von den Ökonomen ab, die gleich vielen Juristen das Werträtsel ganz
oberflächlich nahmen[2], so bleiben insbesondere drei Hauptrichtungen, sofern
man den Wert entweder einzig auf die Kosten oder einzig auf den Nutzen
oder auf beides zurückzuführen suchte. Nach Smith, Ricardo und seiner
Schule ist die aufgewandte Arbeit die maßgebende Bestimmung des
Tauschwerts. Ihre Theorie huldigt einem extremen Objektivismus[3],
der das für die Wertbestimmung offenbar wichtige subjektive Moment
der Schätzung verkennt. Eine andere Einseitigkeit begehen viele moderne
Nationalökonomen, indem sie das Moment der Schätzung übermäßig
betonen und so einem extremen Subjektivismus verfallen.

Es gilt auch hier in der Mitte zu bleiben. Aristoteles und Thomas,
die diesen Wahlspruch so oft glücklich bethätigen, scheinen auch hier in
den Grundzügen das Richtige zu treffen. Marx dagegen ist wie fast alle
Sozialisten Anhänger der Arbeits= oder Kostentheorie. Wenn das auch,
wie sich gleich zeigen wird, eine Einseitigkeit ist, so kommt doch den

---

[1] „Kapital" I, 25.
[2] Vgl. J. Lehr, Grundbegriffe und Grundlagen der Volkswirtschaft, Leipzig
1893, S. 108.
[3] Vgl. W. Sombart a. a. O. S. 591 ff.

Sozialisten das Verdienst zu, ein tieferes und gründlicheres Studium des Wertproblems angeregt zu haben.

2. Umgrenzung der Aufgabe.

Die Marxsche Wertlehre kann man kurz dahin resumieren:

1. Einzig und allein wertbildend ist die Arbeit, die Wertgröße ist bestimmt durch das Quantum gesellschaftlich=notwendiger Arbeit bezw. durch die gesellschaftlich=notwendige Arbeitszeit.

2. Dieser Wertinhalt kam aber nur im Anfangsstadium des Austauschs zum Bewußtsein; er blieb jedoch der Gravitationspunkt, um den die Preise oszillierten, bis er in der kapitalistischen Produktionsweise (ungefähr vom Ausgang des 15. Jahrhunderts an) nicht nur aus dem Bewußtsein der agierenden Personen, sondern auch aus dem sachlichen Tauschverhältnis selbst verschwand und dem Produktionspreis (Kostpreis + Durchschnittsprofit) Platz machte. Da aber von der Wertbildung der Gesamtwert, Gesamtmehrwert und Durchschnittsprofit abhängen, so beherrscht das Wertgesetz die Produktionspreise. Als Ausdruck gleicher Arbeitsquanta im Austausch lebt der Wert nur noch in der Vorstellung des Theoretikers.

Demgegenüber läßt sich die Wertlehre von Thomas kurz so zusammenfassen:

1. Die Arbeit ist ein wichtiges, ja im großen und ganzen das wichtigste Element der Wertbestimmung, aber die Arbeit ist nicht allein wertbestimmend. Oberstes Prinzip der Wertbestimmung ist vielmehr das Bedürfnis. Das Bedürfnis ist sowohl Grund als Maßstab nicht nur des Gebrauchs=, sondern auch des Tauschwerts. Nur weil und soweit Bedürfnisse vorhanden sind, entsteht eine Wertvorstellung im ökonomischen Sinne.

2. Die Bedürfnisgröße ist nichts rein Willkürliches. Sie findet ihre Grenze in den persönlichen und gesellschaftlichen Verhältnissen der Individuen, die bedürfen. Nehmen wir ein bestimmtes Bedürfnis als gegeben an, so ist die Wertschätzung abhängig:

a. von der Fähigkeit, die einem Gute beigelegt wird, jenes Bedürfnis zu befriedigen;

b. von der Möglichkeit, das betreffende Gut zu beschaffen.

In ersterer Beziehung handelt es sich um die bekannten nützlichen (oder schädlichen — negativer Wert) Eigenschaften des Gutes, in letzterer Beziehung um die Häufigkeit oder Seltenheit und die Vermehrbarkeit (namentlich durch Aufwand von Arbeit) des entsprechenden Gütervorrats, ferner um die Art der Besitzverteilung. Während das erstgenannte Moment (Erwägung des Nutzens) sich direkt auf ein Bedürfnis bezieht, ist dies bei den letztgenannten Momenten (Erwägung der Kosten) nur indirekt der Fall. Aber die Beziehung auf ein Bedürfnis ist auch hier thatsächlich vorhanden, Seltenheit und Arbeit sind nicht an sich wertbestimmend. Das Bedürfnis ist deshalb erst- und letztentscheidend.

Ehe wir in einen Vergleich der beiderseitigen Aufstellungen eintreten, ist noch eine wichtige Vorfrage zu erledigen. Können die beiden Theorien überhaupt miteinander verglichen werden? Suchen sie nicht einen verschiedenen Wertbegriff, Marx den Wert, wie er wirklich vorkommt, Thomas den Wert, wie er sein soll? Gewiß. Aber der Unterschied ist in Bezug auf das Ziel des Forschens schließlich nur ein formaler. Denn der Wert, mit dem der gerechte Preis nach Thomas übereinstimmen soll, ist auch der normale. Wäre das nicht der Fall, dann würde (nach Thomas) ein gesellschaftliches Zusammenleben auf die Dauer unmöglich sein. Der normale Wert nach Marx ist der Ausdruck eines Äquivalenzverhältnisses, also ganz dasselbe wie bei Thomas, d. h. ethisch aufgefaßt nichts anderes als der im gerechten Preis zu realisierende Wert.

Man kann auch nicht sagen, die beiden Werttheorien können deshalb nicht verglichen werden, weil Marx die kapitalistische Produktionsweise untersuche, welche von der im Mittelalter vorherrschenden Naturalwirtschaft völlig verschieden sei. Die Wertlehre von Marx gilt nämlich nach dem oben Gesagten nicht nur für die Zeit des Kapitalismus, sondern für die ganze Zeit des Warenaustauschs. Im Gegenteil, zur Zeit von Thomas hat der Wert nach Marx und Engels noch handgreiflich-empirische Bedeutung, wenn er auch aus dem Bewußtsein der tauschenden Personen verschwunden ist. Die Richtigkeit der einen Theorie schließt daher die Richtigkeit der andern aus.

3. Gebrauchswert, Kostenwert und Tauschwert, Bedürfnis und Arbeit.

Die von einem großen Teil der Nationalökonomen und auch von Marx acceptierte Unterscheidung zwischen Gebrauchswert und Tauschwert findet sich schon bei Aristoteles und im Anschluß an ihn bei Thomas. „Der Gebrauch jeder Sache ist ein zweifacher. Beide Gebrauchsweisen stimmen darin überein, daß jede wesentlich und nicht zufällig ist; sie unterscheiden sich aber dadurch, daß die eine ein eigentlicher Gebrauch der Sache ist, die andere nicht, sondern ein allgemeiner (d. h. wie er auch andern Dingen zukommt). So giebt es z. B. einen doppelten Gebrauch des Schuhes, einen eigentlichen oder die Beschuhung und einen allgemeinen, seinen Austausch; denn zu dem Gebrauch ist der Schuh nicht gemacht, daß man ihn austausche. Dennoch kann man den

Schuh so verwenden, daß man ihn gegen Brot oder andere Nahrung vertauscht. Wenn aber auch der Tausch nicht der eigentliche Gebrauch des Schuhes ist, so ist er doch ein wesentlicher und nicht zufälliger Gebrauch desselben, denn der Austauschende gebraucht ihn nach seinem Werte. Was vom Schuh gesagt wurde, gilt ebenso von allen übrigen Besitzgegenständen des Menschen." [1]

Die Benutzung eines Gegenstandes als Ware kann von vornherein der einzige Zweck des Produzenten sein. Die gegebene Unterscheidung fällt hier zusammen mit der des finis operis und des finis operantis. „So ist z. B. der Zweck des Bauens eines Hauses offenbar das Haus, aber für den Baumeister besteht der Zweck meistens im Verdienst." [2]

Nach Marx ist der Gebrauchswert zwar der Beweggrund zum Austausch und der stoffliche Träger des Tauschwerts, aber die Tauschwerte enthalten als solche kein Atom Gebrauchswert. Zum Beweis dessen betont Marx die Verschiedenheit der Gebrauchswerte mit dem Bemerken, zwei Dinge könnten nur dann miteinander verglichen und ausgetauscht werden, wenn sie in einem Dritten übereinstimmen. Die Verschiedenheit der Gebrauchswerte schließe diese augenscheinlich vom Vergleiche aus. Das gemeinsame Dritte sei vielmehr allein die abstrakt menschliche Arbeit, gemessen durch die gesellschaftlich notwendige Arbeitszeit.

Die apodiktische Ausdrucksweise und die Raschheit, mit der Marx die Werttheorie behandelt, steht im umgekehrten Verhältnis zur Wichtigkeit der Frage und zur Richtigkeit der Antwort. Die Kürze des über die Werttheorie Gesagten ist frappierend im Vergleich zu den breiten Erörterungen über Mehrwert, Profit, Ausbeutung u. s. w., die doch nur die Konsequenzen jener Theorie sind.

Aber kann sich Marx nicht darauf berufen, daß die klassische National= ökonomie schon längst den Beweis erbracht habe? Im Sinne ihrer Be= weise ist wenigstens das eine Erfahrungsbeispiel gehalten, das Marx zur Bestätigung seiner Abstraktionen anführt. „Ein Ding kann Gebrauchswert sein, ohne Wert zu sein. Es ist dies der Fall, wenn sein Nutzen für den Menschen nicht durch Arbeit vermittelt ist. So Luft, jungfräulicher Boden, natürliche Wiesen, wild wachsendes Holz u. s. w."

Der Gebrauchswert war schon längst aus der Betrachtung elimi= niert; schon Adam Smith (und nach ihm Ricardo) hatte ihn beiseite geschoben mit dem Hinweis, daß Dinge, welche den größten Gebrauchs= wert hätten, häufig einen geringen oder keinen Tauschwert besäßen, z. B. Wasser, und daß umgekehrt Dinge, die den größten Tauschwert hätten,

---

[1] 1 pol. 7 b. [2] 2. 2. 141, 6 ad 1; cf. 2 sent. 1, 2, 1 c.

häufig einen geringen Gebrauchswert besäßen, wie z. B. Diamanten[1].
Danach bestände ein absoluter Widerspruch zwischen Gebrauchswert und
Tauschwert, — wenn nicht zwei logische Schnitzer vorlägen. Wo näm=
lich vom Gebrauchswert die Rede ist, hat man andere Größen und
andere Bedürfnisse im Auge als da, wo man vom Tauschwert spricht.
Sobald man vom Tauschwert spricht, schweben immer abgegrenzte Ver=
hältnisse vor, und zwar in doppelter Beziehung, nämlich einmal eine be=
stimmt umrissene Größe (ein individuelles Stück oder, bei Fungibilien,
eine abgegrenzte Menge). Nicht die Gattung (Getreide, Seide) wird ver=
tauscht, sondern immer eine bestimmte Menge. Außerdem läßt sich gar
nicht vom Tauschwert reden. Der Satz: „Nichts ist nützlicher als Wasser",
hat keine abgegrenzte Größe vor Augen; denn nur so ist der Satz richtig.
Würde man sagen: „Nichts ist nützlicher als dieser Liter Wasser", so
würde man ausgelacht werden. Nur wenn dieser eine Liter Wasser vor=
handen wäre, wäre der Satz richtig. Dann ist aber die Fortsetzung
falsch: „Es läßt sich damit kaum etwas eintauschen." Der Tauschwert
stiege dann genau entsprechend der Nützlichkeit.

Ferner wird der Gebrauchswert in jenem Sinne nicht auf be=
stimmte Personen bezogen, sondern auf die Gesamtbedürfnisse der
Menschheit, auf die Dringlichkeit, auf die Erhaltung der Gattung. Es
giebt unter Umständen nichts Schädlicheres als Wasser. Die Frage,
wann die Dinge nützlich sind, hängt eben davon ab, wann wir sie
brauchen und wann nicht. Wenn man die Verhältnisse, unter denen sie
gebraucht werden, zu Grunde legt, zeigt sich abermals die volle Über=
einstimmung zwischen Gebrauchswert und Tauschwert.

Prüfen wir nun genauer den erstgenannten und Hauptbeweis! Wie
steht es mit ihm?

Wie kommt man überhaupt zum Austausch? „Ein Austausch kann
bei allen Besitzgegenständen stattfinden. Er begann zunächst bei den Dingen,
welche die Natur zur Befriedigung der notwendigen menschlichen Bedürf=
nisse darbietet, aus dem Grunde, weil an jenen Gegenständen die einen
Überfluß, die andern Mangel hatten. So mögen z. B. die einen
Überfluß an Wein, die andern Überfluß an Brot gehabt haben; sie
mußten deshalb tauschen. Der Austausch fand so lange statt, bis jeder
hatte, was er brauchte. . . . In der ersten Gemeinschaft, d. i. der Familie,
war ein derartiger Austausch nicht notwendig, weil alles zum Leben
Notwendige dem Familienhaupte gehörte, dem die Sorge für alles ob=
lag. Als sich aber die Gemeinschaft zum Dorf und zum Staat erweiterte,

---

[1] Nach Vorlesungen von Professor L. Brentano.

besaßen die einen alles gemeinschaftlich, unter ihnen war deshalb kein
Austausch möglich; die andern lebten gesondert für sich, eine Sonderung,
die sich erstreckte nicht nur auf die bisherigen Gegenstände, sondern auch
auf viele neu hinzukommende. Hieraus entstand das Bedürfnis nach
Austausch der im Sonderbesitz befindlichen Gegenstände in der Weise,
daß der eine vom andern erhielt, was dieser besaß, dafür selbst diesem
hingab, was ihm zu eigen gehörte, wie wir das noch heute bei vielen
Völkerschaften sehen, welche den Gebrauch des Geldes nicht kennen und
nicht mehr als die zum Lebensunterhalt geeigneten Verbrauchsgegen=
stände umtauschen, wie es geschieht durch Geben und Empfangen von
Wein und Getreide u. s. w. . . . . Ein so gearteter Tauschhandel ist nicht
gegen die Natur, denn er geschieht ja mit Dingen, welche die Natur
darbietet; er bildet auch nicht irgend einen Teil der Thätigkeit, welche
Geldkapital erwirbt, denn er vollzieht sich nicht vermittelst des Geldes.
Daß er nicht gegen die Natur ist, beweist Aristoteles damit, daß er
dazu dient, die Auskömmlichkeit herzustellen, d. h. daß der Mensch die
zur Lebensführung erforderlichen Unterhaltsmittel erlange. . . . . Aus dem
ersten Austausch, wechselseitig in den notwendigen Dingen bestehend,
leitete sich eine andere Art des Tauschgeschäfts her, ein Tauschgeschäft,
das sich als vernunftgemäßes Ergebnis geltend machte, sobald die gegen=
seitige Aushilfe im Austausch mehr und mehr mit dem Ausland statt=
fand, sobald man nicht nur mit Nachbarn, sondern auch mit räumlich
entfernt Wohnenden auszutauschen anfing, indem man das von ihnen
bezog, woran man Mangel, und das zu ihnen ausführte, woran man
Überfluß hatte. Wegen dieses Bedürfnisses wurde man auf den Gebrauch
des Geldes geführt, zumal der Naturalbedarf, wie Wein, Getreide u. s. w.,
sich nicht leicht nach fernen Ländern transportieren läßt. Man kam
deshalb für einen solchen Tauschhandel nach entfernten Gegenden dahin
überein, etwas zu geben und anzunehmen, was leicht und bequem hin=
und hergebracht werden kann und doch an sich nützlich ist. Diese Voraus=
setzung trifft zu bei den Metallen, wie Kupfer, Eisen, Silber u. s. w.
Dieselben sind nämlich an sich nützlich, insofern aus ihnen Gefäße und
andere Nutzgegenstände hergestellt werden, und sie doch leicht an ent=
fernte Orte gebracht werden können, da ein geringer Teil solcher Metalle
wegen ihrer Seltenheit einen großen Teil von andern Dingen aufwog;
nehmen ja auch jetzt Leute, die weit zu reisen haben, für ihre Ausgaben
anstatt Kupfermünzen Silber= und Goldgeld mit sich wegen des bezeich=
neten Tauschbedürfnisses in entfernten Gegenden. Zuerst war nur das
Gewicht und die Größe des Metalls bestimmt, wie (noch jetzt) bei
manchen Völkern Formen ungemünzten Geldes sich finden. Um sich aber

das unvermeidliche Messen und Wägen zu ersparen, versah man das
Geld mit einem Prägezeichen, welches die bestimmte Quantität des
Metalls angeben sollte, ähnlich wie mancherorts von Staats wegen auch
Maße für Wein und Getreide normiert sind. Die Geldmünzen sind dem=
nach offenbar für den Austausch notwendiger Gegenstände eingeführt
worden." [1]

Wie Marx sieht danach auch Thomas gleich Aristoteles in dem
wechselseitigen Bedürfnis den Anfang und den Beweggrund des Aus=
tausches. So einfach und selbstverständlich das aussieht, so wichtig ist es
für den Inhalt des Austauschs selbst.

Der Austausch bedingt, wie wir schon von Marx hörten, in seiner
reinen Form Äquivalente [2], wenn auch in der Wirklichkeit die Dinge
nicht immer rein zugehen. „Kauf und Verkauf sind eingeführt zum gemein=
samen Nutzen aller, da einer der Sache des andern bedarf und umgekehrt,
wie der Philosoph lehrt. Was aber zum gemeinsamen Nutzen eingeführt
ist, darf für den einen keine größere Last sein als für den andern; und
deshalb muß nach der Gleichheit des Gegenstandes der Vertrag zwischen
ihnen abgeschlossen werden." [3] „Bei der ausgleichenden Gerechtigkeit kommt
wesentlich die Gleichheit der Sache in Betracht." [4] Wie aber diese Gleich=
heit finden, da doch die auszutauschenden Dinge offenbar verschieden sind
und verschieden sein müssen? Thomas weiß wohl, daß verschiedenartige
Dinge nur dann miteinander verglichen werden können, wenn sie in
einem Dritten übereinstimmen. „Es ist zu bemerken, daß, wenn wir jene
Dinge ... an und für sich betrachten, sie nicht vergleichbar sind, weil
nicht einer und derselben Art; wenn wir sie jedoch betrachten in ihrem
Verhältnis auf eine bestimmte Wirkung, dann treffen sie in einem Punkte

---

[1] 1 pol. 7 c—f.

[2] Die neuere Nationalökonomie, die teilweise als extremer Subjektivismus
ebenso ängstlich alle Ethik fern hält wie der extreme Objektivismus der klassischen
Nationalökonomie, um ihren Positivismus nicht in Verdacht zu bringen, perhorres=
ziert obigen Ausdruck mit dem Bemerken, es handle sich beim Austausch nicht um
eine Gleichheit, ein Gleichgewicht, sondern um eine Ungleichheit, ein Übergewicht.
Freilich ist auch letzteres, wie die ganze vorangehende Darstellung zeigt, der Fall.
Aber das schließt doch das erstgenannte Moment nicht aus, sonst erscheinen kon=
sequent alle erzielten Preise als normale Werte. Es ist das die Wertlehre der Reichen
und Wucherer. Der Notleidende, sei er Arbeiter, Produzent oder Konsument, müßte
dann immer mehr geben, weil auf seiner Seite eine größere Ungleichheit besteht.
Dem südrussischen oder indischen Bauern sein Getreide abwuchern, um damit anderswo
die Preise zu drücken, wäre nichts Anormales. Die Nationalökonomie verurteilt
natürlich ebenfalls solche Manipulationen, aber sie vermeidet nicht den falschen
Obersatz verderblicher Konsequenzen.

[3] 2. 2. 77, 1 c.					[4] Ibid. ad 3.

zusammen und sind so vergleichbar." [1] „Wenn die Produkte verschiedener
Meister einander gleichgesetzt und so ausgetauscht werden sollen, so müssen
alle Dinge, welche Gegenstand des Austauschs sein können, irgendwie
gegenseitig vergleichbar sein, damit man weiß, welches mehr und welches
weniger wert ist." [2]

Was ist aber das Dritte, in dem die auszutauschenden Waren überein=
stimmen? „Darum kann alles gleichgesetzt werden, weil alles durch ein
Ding gemessen werden kann; dies eine Ding, das alles mißt, ist aber
im wahren und eigentlichen Sinne das Bedürfnis, das alle Tausch=
artikel verbindet, insofern alle auf das menschliche Bedürfnis bezogen
werden (danach bemessen, beurteilt werden). Die Dinge werden nicht nach
dem Range ihrer Natur geschätzt; sonst wäre eine Maus, als ein Tier
mit Empfindung, mehr wert als eine Perle, die doch ein lebloser Gegen=
stand ist. Der Wert der Dinge richtet sich vielmehr danach, inwieweit ihrer
die Menschen zu ihrem Gebrauch bedürfen. Beweis dessen ist, daß es
keinen Austausch geben würde, wenn die Menschen nichts nötig hätten,
oder es würde kein gegenseitiger Tauschverkehr stattfinden, wenn sie nicht
gleichmäßig Bedürfnisse hätten. Denn sie würden Gegenstände ihres Besitzes
nicht für etwas hingeben, was sie nicht nötig hätten." [3] „Man beachte,
daß man nach Augustinus von einem zweifachen Werte eines Dinges
spricht, entweder mit Rücksicht auf den Rang der Natur — und in diesem
Sinne ist ein Sperling wertvoller als ein Denar — oder mit Rücksicht
auf unsern Gebrauch — und in diesem Sinne ist ein Denar wertvoller." [4]

Ohne zu einseitigen und weitläufigen Abstraktionen zu flüchten, ist
ein Gemeinsames gefunden, durch das ein Vergleich und ein Austausch
möglich ist, ein Gemeinsames, das in der That die Gesamtproduktion
ebenso wie den einzelnen Austausch in letzter Instanz be=
herrscht. Das jeweilige Einzelbedürfnis und die Gesamtheit der Bedürfnisse
ist eine durch die Natur und die Kultur, durch Wohlstand und Gesittung
bestimmte Größe. Die Vernunft muß die einzelnen Dinge zu dieser Größe
in Beziehung bringen, um zu erkennen, in welchem Maß und Grad die
verschiedenen Gegenstände den verschiedenen Bedürfnissen abzuhelfen ver=
mögen. Wenn auch Sitte und Gewöhnung den Akt des Wägens und
Schätzens vielfach erleichtert, vereinfacht und deshalb verdunkelt, so geht
die Sache doch im ganzen wie im einzelnen so vor sich.

Der Einwand, das Bedürfnis sei zu vag und schwankend, um als
brauchbarer Maßstab zu dienen, ist nach dem bereits Gesagten nicht stich=

---

[1] Quodl. 12, 20.   [2] 5 eth. 9 a.   [3] Ibid. c.
[4] In Matth. 10, 29; cf. caten. in Matth. 6, 26.

haltig. Freilich erscheint das Bedürfnis schwankend, vag, ja grenzenlos, wenn man vom abstrakten Individuum und der abstrakten Gesellschaft, oder mit andern Worten von der potentiellen Fähigkeit der Bedürfnisse ausgeht. Aber wenn man den konkreten Menschen, diese oder jene Gesellschafts= schicht herausgreift, wird man auch eine ungefähre Abgrenzung und Klassi= fikation erhalten. Eine konstante Größe ist allerdings das Bedürfnis nicht; es wechselt mit den übrigen persönlichen und gesellschaftlichen Verhält= nissen.

Ein anderer Einwand ist vielleicht der, das Bedürfnis bewähre sich nicht als einheitlichen Maßstab, denn äußere Umstände, wie Seltenheit, Arbeitsaufwand, Zahlungsfähigkeit, hätten an sich mit dem Bedürfnis gar nichts zu thun, kämen aber sicher bei der Wertbestimmung in Betracht. Allein auch die genannten Umstände wirken immer nur in Rücksicht und Unterordnung unter das Bedürfnis auf die Wert= bestimmung ein. Denn es ist klar, die Seltenheit oder Häufig= keit ist an sich eine gleichgültige Thatsache gegenüber der Wertbestimmung. Ein Ding mag noch so selten vorkommen, wenn es nicht begehrt wird, wird ihm kein Wert beigelegt. Ein Ding mag noch so brauchbar sein, solange es im Überfluß vorhanden ist, also kein (ökonomisches) Bedürfnis dafür besteht, wird sein Wert gleich null sein. Die Seltenheit oder Häufig= keit wirkt deshalb nicht als positiver Bestimmungsgrund, sondern als äußere in den Dingen liegende Bedingung oder Grenze, von wo an oder wie weit das Bedürfnis bei der Wertbestimmung wirksam wird.

Ganz dasselbe gilt für die Zahlungsfähigkeit, nur ist hier die Bedingung von den Dingen in die wirtschaftliche Macht der Person verlegt.

Eine ähnliche Bewandtnis hat es mit der Arbeit, um von dieser Bedingung als der theoretisch und praktisch wichtigsten zuletzt und aus= führlicher zu reden. Fast alle Gegenstände erheischen, bevor sie in den wirtschaftlichen Konsum eingehen, mehr oder weniger Arbeit. Für viele Produkte ist die Arbeit das weitaus wichtigste Produktionselement. Die Arbeit ist nicht leicht, sie erscheint auf allen Kulturstufen als Mühe und Opfer. Die Arbeit ist ihrem Inhalt und ihrer Ausdehnung nach beschränkt. Die Arbeit, die für einen Gegenstand aufgewendet wird, kann nicht zugleich einem andern Gegenstand zugewendet werden. Die Arbeitszeit des Indi= viduums und die Zahl der arbeitenden Individuen ist begrenzt. Man begreift daher die hervorragende Rolle, welche die Arbeit im wirtschaft= lichen Leben spielt. Aber damit ist noch nicht die Übertreibung gerecht= fertigt, mit der man die Arbeit zum alleinigen Wertmaßstab stempelt. Erst= und letztentscheidend bleibt vielmehr auch von hier aus das Bedürfnis.

Dieses veranlaßt die Arbeit, bestimmt die Art der Arbeit und ist schließlich der Prüfstein der Arbeit. Der Gesamtaufwand für ein Produkt wird nur dann (im Verkauf) realisiert, wenn das hergestellte Produkt einem (vorhandenen) Bedürfnis entspricht [1].

Sehen wir uns nun das Verhältnis von Gebrauchswert und Tausch= wert näher an. „Die Nützlichkeit eines Dinges macht es zum Gebrauchs= wert. . . . Dieser sein Charakter hängt nicht davon ab, ob die Aneignung seiner Gebrauchseigenschaften dem Menschen viel oder wenig Arbeit kostet." [2] Diese Aufstellung von Marx ist nur richtig, „wenn es sich um den abs= trakten individuellen Gebrauchswert handelt. Wir können z. B. Eisen, Papier, Getreide u. s. w. mit den gewöhnlichen Bedürfnissen der Menschen, abstrakt und im allgemeinen betrachtet, vergleichen" [3]. Im praktischen Leben wird jeder, der sich über den Gebrauchswert irgend eines Gutes Rechen= schaft giebt, nicht nur das Maß der Nützlichkeit, sondern auch die ver= schiedene Dringlichkeit seiner Bedürfnisse, die Höhe der Kosten und seine eigene Zahlungsfähigkeit berücksichtigen. Diesen konkreten Gebrauchs= wert nennt deshalb Costa=Rossetti auch den subjektiv=objektiven Gebrauchswert [4], weil durch die konkrete Lage des Subjekts und durch die Nützlichkeit der Sache (den abstrakten — Marxschen — Gebrauchs= wert) und die Größe der Kosten (Kostenwert) bedingt. Alle in Betracht kommenden Elemente sind wechselnde und jeweils nicht mathematisch genau feststellbare Größen.

Ähnlich steht die Sache beim Tauschwert. Er kommt zu stande, indem zwei oder mehrere Tauschagenten einander mit verschiedenen Waren behufs Austauschs gegenübertreten. Der Eintauschende oder Käufer wird zunächst den soeben umschriebenen konkreten Gebrauchswert ins Auge fassen. Der Austauschende oder Verkäufer wird vor allem darauf deuten,

---

[1] Deshalb ist auch die Fragestellung falsch: „Ist das System der Bedürfnisse in seiner Gesamtheit auf die Meinung oder auf die gesamte Organisation der Pro= duktion begründet? In den meisten Fällen entspringen die Bedürfnisse aus der Produktion oder aus einem auf die Produktion begründeten allgemeinen Zustand" (Marx, „Elend" S. 13). Wenn man die „Meinung" nicht als etwas Willkürliches, sondern als eine von verschiedenen Faktoren abhängige Größe auffaßt, findet die Organisation der Produktion schon die genügende Berücksichtigung. Die Produktion kann neue Bedürfnisse hervorrufen. Das Bedürfnis hat immer mit der Möglichkeit und dem Grad der Möglichkeit der Produktion zu rechnen. Aber die Produktion bleibt immer Mittel, die Bedürfnisbefriedigung Zweck; die gesamte Organisation der Produktion bezieht sich darauf. Nun ist aber nicht das Mittel, sondern der Zweck erst= und letztentscheidend.

[2] „Kapital" I, 2.

[3] J. Costa=Rossetti, Allgemeine Grundlagen der Nationalökonomie, Freiburg 1888, S. 75.   [4] Vgl. a. a. O. S. 75 f.

die aufgewendeten Kosten zu realisieren. Die Billigkeit und soziale Ordnung
verlangt aber, daß der Käufer den Kostenaufwand, der Verkäufer die
Nützlichkeit (den abstrakten Gebrauchswert) der Ware beachtet [1]. Auf Grund
dieser Vergleiche wird dann der Tauschwert zu stande kommen.

An diesem Grundverhältnis ändert nichts die Thatsache, daß auf
dem Markte gewöhnlich nicht zwei, sondern viele Tauschagenten einander
gegenüberstehen, wenn auch jenes einfache Verhältnis etwas modifiziert
und verdunkelt wird. In dieser Beziehung läßt sich das Grundgesetz des
Marktes kurz in dem Satz zusammenfassen: Je größer das Angebot,
um so geringer ist der Tauschwert; je größer die Nachfrage, desto größer
ist der Tauschwert. Daß Angebot und Nachfrage keine rein zufälligen
Thatsachen sind, ist klar [2], wenn auch der Zufall häufig eine Rolle spielt.
Darin hat Marx recht: die Konkurrenz setzt die Werte bezw. Preise
auf Grund innerer Verhältnisse fest, — aber nicht auf Grund der auf=
gewendeten Arbeit allein, sondern auf Grund eines Ausgleichs zwischen
Gebrauchswert und Kostenwert.

4. Fehler und Widersprüche der Marxschen Werttheorie.

Mit den bisherigen Darlegungen ist die Marxsche Werttheorie implicite
als falsch dargethan. Allein ihre grundlegende Bedeutung fordert noch
eine genauere Prüfung. Dabei begegnen wir in dem von Marx geführten
Beweis in wenigen Sätzen so vielen logischen Fehlern, wie sie nur bei
einer solchen Verkehrung des ganzen Thatbestands möglich sind.

Der erste Fehler besteht in der falschen Fassung bezw. in dem zwei=
deutigen Gebrauch der Grundbegriffe „Ware" und „Gebrauchswert". Was
zunächst den Begriff der Ware angeht, so gebraucht ihn Marx gerade an
der entscheidenden Stelle, wo durch Gegenüberstellung der Waren der
Tauschwert gesucht werden soll, in einem engern Sinne als vorher und
nachher. Während er früher und später alle Güter Waren nennt und
daher diesen Begriff im gleich allgemeinen Sinne mit den Begriffen

---

[1] Beim Ausgleich ist zu beachten: Das Urteil eines jeden ist wegen der ver=
borgenen Eigenliebe weniger zutreffend. „Jeder Künstler liebt sein Werk mehr, als
er von ihm geliebt würde, wenn es möglich wäre, daß dasselbe belebt würde. Am
meisten scheint das von den Dichtern zu gelten, welche ihre eigenen Dichtungen un=
gemein lieben, wie Eltern ihre Kinder" (9 eth. 7 c; cf. ibid. k; 2. 2. 26, 12 c). Der
Verkäufer muß deshalb die Wertschätzung des Käufers (9 eth. 1 k—m), dieser die
Kosten des Verkäufers beachten (5 eth. 8 f—h; 9 b).

[2] Jeder Anbietende und Nachfragende kommt schon mit einer ziemlich genau
begrenzten Wertvorstellung zum Markte. Der hier vorgefundene (Markt=)Preis be=
einflußt dann sofort mehr oder weniger die künftige Produktion und das künftige
Angebot.

Ding, Gut, Gebrauchswert, Artikel gebraucht, beschränkt er ihn an jener Fundamentalstelle auf Arbeitsprodukte im Gegensatz zu Naturgaben [1]. „Er thut von vornherein nur diejenigen tauschwerten Dinge in das Sieb, welche die Eigenschaft besitzen, die er als die ‚gemeinsame‘ schließlich herausfieben will, und läßt alle andersartigen draußen.... Nun liegt es doch auf der Hand: wenn wirklich der Austausch eine Gleichsetzung bedeutet, die das Vorhandensein eines ‚Gemeinsamen von gleicher Größe‘ voraussetzt, so muß dieses Gemeinsame doch bei allen Gütergattungen zu suchen und zu finden sein, die in Austausch treten; nicht bloß bei Arbeitsprodukten, sondern auch bei Naturgaben, wie Grund und Boden, Holz auf dem Stamm, bei Wasserkräften, Kohlenlagern, Steinbrüchen, Petroleumlagern, Mineral= wässern, Goldminen u. dgl. Die tauschwerten Güter, die nicht Arbeits= produkte sind, bei der Suche nach dem dem Tauschwerte zu Grunde liegenden Gemeinsamen auszuschließen, ist unter diesen Umständen eine methodische Todsünde." [2] „Die Ausschließung der Naturgaben ... läßt sich um so weniger rechtfertigen, als manche Naturgaben, wie der Grund und Boden, zu den allerwichtigsten Objekten des Vermögens und Verkehrs gehören, und als sich auch durchaus nicht etwa behaupten läßt, daß bei Natur= gaben die Tauschwerte sich immer nur ganz zufällig und willkürlich fest= stellen. Einerseits kommen Zufallspreise auch bei Arbeitsprodukten vor, und andererseits weisen die Preise von Naturgaben oft die deutlichsten Beziehungen zu festen Anhaltspunkten oder Bestimmgründen auf." [3] Hätte aber Marx die Naturgaben nicht ausgeschlossen, dann hätte er gar nicht die Arbeit als „gemeinsame" Eigenschaft finden können.

Der zweite Fehler besteht in der Abstraktion vom Gebrauchs= wert, und zwar bezieht sich die Abstraktion ausdrücklich auf den abstrakten Gebrauchswert (= Nützlichkeit), thatsächlich und stillschweigend aber auch auf den konkreten Gebrauchswert. Die Ausschließung des Gebrauchswerts geschieht mit der kühnen Motivierung: Das Gemeinsame, worauf die Tauschwerte reduzierbar sind, „kann nicht eine geometrische, physikalische, chemische oder sonstige natürliche Eigenschaft der Waren sein. Ihre körperlichen Eigenschaften kommen überhaupt nur in Betracht, soweit selbe sie nutzbar machen, also zu Gebrauchswerten. Andererseits aber ist es gerade die Abstraktion von ihren Gebrauchswerten, was das Austausch= verhältnis der Waren augenscheinlich charakterisiert. Innerhalb desselben gilt ein Gebrauchswert gerade so viel wie jeder andere, wenn er nur in gehöriger Proportion vorhanden ist" [4]. Aber ist den verschiedenen Eigen=

---

[1] Vgl. die schon zitierte, bisher beste Kritik der Marxschen Wertlehre: Böhm= Bawerk, Zum Abschluß des Marxschen Systems S. 155 f.
[2] A. a. O. S. 153.   [3] A. a. O. S. 154.   [4] „Kapital" I, 3 f.

schaften der Waren nicht das gemeinsam, daß „selbe sie nutzbar machen“, und sind die Waren nicht mit Rücksicht auf das Maß und den Grad des Nutzeffekts vergleichbar? Marx fährt dann fort: „Sieht man nun vom Gebrauchswert der Warenkörper ab, so bleibt ihnen nur noch eine Eigenschaft, die von Arbeitsprodukten.“ [1] Aber „bleibt den tausch= werten Gütern nicht z. B. auch die Eigenschaft gemeinsam, daß sie im Verhältnis zum Bedarf selten sind? oder daß sie Gegenstand des Begehrs und Angebots sind? oder daß sie appropriiert sind? oder daß sie ‚Natur= produkte‘ sind? Denn daß sie ebensosehr Natur= als Arbeitsprodukte sind, sagt niemand deutlicher als Marx selbst, wenn er einmal ausspricht: ‚Die Warenkörper sind Verbindungen von zwei Elementen, Naturstoff und Arbeit.‘ Oder ist nicht auch die Eigenschaft den Tauschwerten gemeinsam, daß sie ihren Erzeugern Kosten verursachen — eine Eigenschaft, an die sich Marx im dritten Band so genau erinnert?

„Warum soll nun ... das Prinzip des Werts nicht ebensogut in irgend einer dieser gemeinsamen Eigenschaften liegen, statt in der Eigenschaft, Arbeitsprodukt zu sein? Denn zu Gunsten der letztern hat Marx nicht einmal die Spur eines positiven Grundes vorgebracht; sein einziger Grund ist der negative, daß der glücklich hinweg abstrahierte Gebrauchswert das Prinzip des Tauschwerts nicht ist. Kommt aber dieser negative Grund nicht in ganz gleichem Maße allen andern von Marx übersehenen gemein= samen Eigenschaften zu?“ [2]

Und nun, nachdem wir glauben, am Ende der Abstraktion angekommen zu sein, geht die ganze Geschichte von neuem an. Denn die „gemeinsame“ Eigenschaft Arbeit zeigt nun dieselben Ungehörigkeiten wie die soeben aus= geschlossene, ebenso gemeinsame Eigenschaft Nutzbarkeit. Wie nämlich der (abstrakte) Gebrauchswert, so ist auch die Arbeit nach Quantität und Qualität verschieden. Was aber dort zum vollen Ausschluß veranlaßte, das fordert hier nur eine subtile Abstraktion. Alle Arbeit wird reduziert auf gleiche menschliche Arbeit, abstrakt menschliche Arbeit. Von den Arbeits= produkten ist nichts übriggeblieben als dieselbe gespenstige Gegenständlichkeit, eine bloße Gallerte unterschiedsloser menschlicher Arbeit. Die Falschheit des Marxschen Beweises tritt am klarsten dadurch hervor, daß man genau das= selbe, was von der Arbeit gesagt wird, auch vom Gebrauchswert sagen kann, und umgekehrt. Schließt man die Arbeit infolge ihrer quali= tativen Verschiedenheit aus („wenn sie nur in gehöriger Proportion vor= handen ist“), und abstrahiert man von der qualitativen Verschiedenheit

---

[1] A. a. O. S. 4.
[2] Böhm=Bawerk a. a. O. S. 159.

der Gebrauchswerte, so hat man schließlich nur noch eine bloße Nützlichkeits=
Gallerte [1].

Kein Wunder, daß die Marxsche Theorie jedesmal falsch erscheint, wenn
sie mit dem wirklichen wirtschaftlichen Leben in Beziehung gebracht wird.
Am deutlichsten tritt das im dritten Band des „Kapital" hervor. Aber
schon im ersten Band kam man nicht ohne die bedenklichsten Klauseln über
jene Widersprüche weg.

Ein Bedenken, das mit der letzten Abstraktion „gleicher menschlicher
Arbeit" auftaucht, sucht Marx sofort dadurch zu zerstreuen, daß er bemerkt:
„Kompliziertere Arbeit gilt nur als potenzierte oder vielmehr multi=
plizierte einfache Arbeit, so daß ein kleineres Quantum komplizierter
Arbeit gleich einem größern Quantum einfacher Arbeit. Daß diese Reduktion
beständig vorgeht, zeigt die Erfahrung." [2] Der allgemeine Ausdruck „gilt"
bezeugt schon den unsichern Charakter der Marxschen Reduktion. Aber es
giebt nicht einmal eine innere Norm, nach welcher komplizierte Arbeit gleich
einem Mehrfachen einfacher Arbeit gilt, geschweige denn ist. Beide Arbeiten
sind eben vollständig verschiedene Arten der Arbeit. Das zeigt auch die
Erfahrung, d. h. das Austauschverhältnis, das Marx erklären will, und
auf das er sich zugleich beruft; denn hier kann eine ganz verschiedenartige
Reduktion eintreten, je nach dem Gesichtspunkt, von dem man gerade ausgeht.
Die kompliziertere Arbeit steht nur höher im Wert wie die einfache Arbeit;
wie hoch, das bestimmt sich nicht durch eine einfache Beziehung zwischen
beiden Arbeitsarten, sondern durch verschiedene Anhaltspunkte [3].

Nehmen wir aber die vorstehend charakterisierte Reduktion als zulässig
an, ist dann der Begriff der gesellschaftlich notwendigen Arbeit schon vor
weitern Verfolgungen in Sicherheit gebracht? Ganz und gar nicht. Dagegen
spiegeln die Einschränkungen, die man an jenem Begriff vornehmen muß,
ganz deutlich die grobe Vernachlässigung des Bedürfnisses in den
vorausgehenden Abstraktionen wieder. Hier hatte Marx schließlich gefunden:
„Es ist . . nur das Quantum gesellschaftlich notwendiger Arbeit oder die
zur Herstellung eines Gebrauchswerts gesellschaftlich notwendige Arbeitszeit,
welche seine Wertgröße bestimmt." [4] Auf dem Markte zeigt sich sofort eine
kleine Schwierigkeit, eine Lücke in dieser Werttheorie. „Damit eine Ware zu
ihrem Marktwert verkauft wird, d. h. im Verhältnis zu der in ihr ent=
haltenen gesellschaftlich notwendigen Arbeit, muß das Gesamtquantum

---

[1] „Die Nützlichkeit eines Dings macht es zum Gebrauchswert" („Kapital"
I, 2). — Vgl. Böhm=Bawerk a. a. O. S. 161.

[2] „Kapital" I, 11.

[3] Vgl. Böhm=Bawerk a. a. O. S. 165 ff.

[4] „Kapital" I, 6.

gesellschaftlicher Arbeit, welches auf die Gesamtmasse dieser Warenart
verwandt wird, dem Quantum des gesellschaftlichen Bedürfnisses für sie
entsprechen, d. h. des zahlungsfähigen gesellschaftlichen Bedürfnisses."[1] Also
ist der Wert in letzter Instanz nicht allein von der gesellschaftlich not=
wendigen Arbeit, sondern auch und noch mehr vom gesellschaftlichen
Bedürfnis abhängig. Die Arbeit gerinnt also erst im Augenblick des
Verkaufs. Ist das nicht im Grunde die Verkehrung der ganzen Werttheorie?
Marx entschuldigt sein Vorgehen damit: „Solange wir nur von den einzelnen
Waren handelten, konnten wir unterstellen, daß das Bedürfnis für diese
bestimmte Ware ... vorhanden sei, ohne uns auf das Quantum des zu
befriedigenden Bedürfnisses weiter einzulassen. Dies Quantum wird aber
ein wesentliches Moment, sobald das Produkt eines ganzen Produktions=
zweiges auf der einen Seite und das gesellschaftliche Bedürfnis auf der
andern Seite steht."[2] Nun wird aber jede einzelne Ware hergestellt mit
Beziehung auf ein bestimmtes Bedürfnis, von dem man in keinem Augenblick
absehen kann, wenn nicht der ganzen Produktion der erste und letzte Halt
entzogen werden soll. Ein eigentümliches Verfahren, einen Wertbegriff auf=
zustellen, der weder die wirklichen Vorgänge wiederspiegelt noch auch
theoretisch sich rechtfertigen läßt, da „ein wesentliches Moment" gar nicht
berücksichtigt wurde!

Es geht Marx hier mit seiner Werttheorie wie den alten Astronomen,
welche zur Erklärung der Drehung der Sonne um die Erde immer neuer
und neuer Epizykel bedurften, während die richtige und entgegengesetzte
Annahme alles so leicht und einfach zu erklären vermag. Das Bedürfnis
ist marktbeherrschend, wenn auch seine Herrschaft, um dies noch einmal
hervorzuheben, keine unumschränkte ist, sondern eingeengt von zu einer
bestimmten Zeit gegebenen objektiven Schranken, unter denen die Produktiv=
kraft der Arbeit die wichtigste ist.

Noch drastischer tritt die Verkehrtheit der ursprünglich formulierten
Wertlehre hervor, sobald Marx zur genauern Berücksichtigung der wirklichen
Vorgänge des Markts schreiten muß. Immer und immer sucht er die Kon=
kurrenz, d. h. das Verhältnis von Angebot und Nachfrage, als etwas rein
Äußerliches, Dekoratives darzustellen[3]. Bei der Ableitung seiner Werttheorie
spricht er gar nicht davon. Seine Abstraktionen wären dann nicht so leicht
zu vollziehen gewesen. Sein Verfahren begründet Marx damit: „Wenn
Nachfrage und Zufuhr sich decken, hören sie auf zu wirken. . . . Wenn
zwei Kräfte in entgegengesetzter Richtung gleichmäßig wirken, heben sie

---

[1] A. a. O. III[1], 172; vgl. S. 159 f. 166. 168. 175.

[2] A. a. O. S. 164.

[3] Vgl. Böhm=Bawerk a. a. O. S. 175 ff.

einander auf, wirken· sie gar nicht nach außen, und Erscheinungen, die unter dieser Bedingung vorgehen, müssen anders als durch das Eingreifen dieser beiden Kräfte erklärt werden. Wenn Nachfrage und Zufuhr sich gegenseitig aufheben, hören sie auf, irgend etwas zu erklären, wirken sie nicht auf den Marktwert und lassen uns erst recht im Dunkeln darüber, weshalb der Marktwert sich gerade in dieser Summe Geld ausdrückt und in keiner andern."[1] Andererseits fordert aber der normale Marktwert, daß Angebot und Nachfrage sich decken. Allein das letztere ist nur in einem gewissen Sinne richtig. Wenn es heißt: Angebot und Nachfrage decken sich, so bezieht sich das nicht auf die ganze Nachfrage und Zufuhr. Es stehen immer auf beiden Seiten noch Reflektanten außerhalb, die erst bei einer Erhöhung oder Herabsetzung des Preises eintreten. Aber auch wenn auf beiden Seiten die Gesamtheit in Frage käme, würde Angebot und Nachfrage bezw. die verschiedenen Motive und Umstände, die dabei beteiligt sind, nicht zu wirken aufhören[2]. Die Verkehrtheit jenes von Marx erhobenen Einwandes veranschaulicht Böhm-Bawerk unter anderm durch folgendes Beispiel: „Wenn eine· Dezimalwage beim Abwägen eines Körpers auf 50 Kilo weist, wie kann dieser Stand der Wage erklärt werden? Durch das Verhältnis der Schwere des zu wägenden Körpers einerseits und des zum Abwägen dienenden Gewichts andererseits nicht, denn diese beiden Kräfte halten sich bei dem betreffenden Stande der Wage gerade das Gleichgewicht, hören daher auf zu wirken, und es kann aus ihrem Verhältnis gar nichts, auch nicht der Stand der Wage erklärt werden!"[3]

Nun erwachsen aber der aus andern Beziehungen als der zur Produktivkraft der Arbeit machtlosen Konkurrenz nach Marx zwei schwere widerspruchsvolle Aufgaben:

1. Werden die Waren nur bei scharfer Konkurrenz annähernd zu ihren Werten verkauft[4].

2. Bewirkt die Konkurrenz, daß sich die Waren nicht nach ihren Werten, sondern nach ihren Produktionspreisen vertauschen[5].

Sehen wir von dem Widerspruch zwischen beiden Aufstellungen ab, so macht die erste dem Marxschen System . . . keine Schwierigkeiten, wohl aber die zweite. Wie ist es möglich, daß die Konkurrenz das naturgesetzlich

---

[1] „Kapital" III¹, 169. Dieses seltsame Sophisma verwendet Marx gerne, vgl. z. B. auch den Vortrag „Lohn, Preis und Profit", gehalten im Generalrat der „Internationale" am 26. Juni 1865, „Neue Zeit" XVI², 40.

[2] Vgl. Böhm-Bawerk a. a. O. S. 179 f.

[3] A. a. O. S. 182.   [4] „Kapital" III¹, 156 f.

[5] A. a. O. S. 176; vgl. Böhm-Bawerk a. a. O. S. 185.

wirkende Wertgesetz aufhebt und den Produktionspreis an die Stelle des
Werts rückt? Die Antwort auf diese Frage bedeutet die Entthronung
der vergegenständlichten Arbeitsmenge oder der gesellschaftlichen Produktiv=
kraft als einzig wertbestimmender Macht und die Einsetzung der vertriebenen
Mitteilnehmer in ihre Rechte.

Nachdem nun der Tauschwert in der Gegenwart sich offenbar nicht
nach dem „Wert" richtet, macht man und schon Marx verschiedene Ver=
suche, dem Wertgesetz in anderer Weise seine Bedeutung zu retten. Wir
werden darauf noch kurz zu sprechen kommen. Zunächst wenden wir uns
wieder der genauern Prüfung der Werttheorie von Thomas zu, für dessen
Zeit das Marxsche Wertgesetz noch voll in Geltung sein soll.

5. Der Kostenwert nach Thomas.

Die Gültigkeit des Marxschen Wertgesetzes für das Mittelalter erscheint
bereits nach dem früher Gesagten, wo Thomas die entscheidende Bedeutung
des Bedürfnisses anerkennt, vollständig in Frage gestellt. In voller Deutlich=
keit erscheint diese Gegensätzlichkeit besonders auch dort, wo Thomas den
Einfluß des Gebrauchswerts auf den Tauschwert bespricht. Daß aber
Thomas auch die Bedeutung der Arbeit voll würdigte, beweist die That=
sache, daß man in ihm einen Vertreter der Arbeitswerttheorie zu finden
glaubte. Letztere Ansicht ist hauptsächlich durch eine Proportion veranlaßt,
durch welche Thomas im Anschluß an Aristoteles den Ausgleich verschieden=
artiger Arbeitsprodukte zu veranschaulichen sucht[1].

Bei Aufstellung des Austauschverhältnisses kommt es nicht auf die
Person, sondern auf die Sache an. Nur soweit die Verschiedenartigkeit
der Dinge auf verschiedenartige Arbeit zurückzuführen ist, kommen auch die
Personen in Betracht. „Im Tauschverhältnis ist das wahr, was gerecht
ist, was in sich eine Gegenleistung nicht sowohl nach der Gleichheit
(secundum aequalitatem) als vielmehr nach einem richtigen Verhältnis
(secundum proportionalitatem) enthält. Es scheint dies aber mit dem früher
Gesagten in Widerspruch zu stehen, wonach bei der ausgleichenden Gerech=
tigkeit das Mittel nicht nach einem geometrischen Verhältnis genommen
wird, welches in der Gleichheit der Proportion (in aequalitate pro-
portionis), sondern nach einem arithmetischen, welches in der Gleichheit
der Quantität (in aequalitate quantitatis) besteht. Darauf ist zu erwidern,
daß bei der kommutativen Gerechtigkeit stets eine Gleichheit von Sache

---

[1] Wie Marx regelmäßig, so suchen Aristoteles und Thomas hie und da auch
ganz einfache Verhältnisse durch mathematische Formeln noch mehr zu verdeutlichen,
wodurch dann gelegentlich die Sache mehr verdunkelt wird.

zu Sache vorhanden sein muß und nicht des Zufügens und Leidens (wie bei Beziehungen zwischen verschiedenen Personen), wobei es auf ein Wieder= erleiden ankommt. Aber (auch) hier (wo es sich um das Verhältnis von Sache zu Sache handelt) hat so weit Proportionalität zu walten, daß eine Gleichheit der Dinge herbeigeführt wird, sofern die Arbeit eines Meisters größer ist als die eines andern, z. B. das Bauen eines Hauses und die Verfertigung eines Messers. Würde deshalb der Baumeister seine Arbeit gegen die Arbeit der Messerfabrikation austauschen, dann bestände keine Gleichheit der gegebenen und empfangenen Sache, wie Haus und Messer. Aristoteles beweist dies damit: daß das kommutative Gerechte ein Wieder= erleiden (Ausgleich) nach der Verhältnismäßigkeit enthalte, lasse sich deutlich daraus ersehen, daß dadurch die staatsbürgerliche Gesellschaft zusammen= gehalten werde, daß man einander verhältnismäßig wiedervergilt, so wenn der eine die Leistung des andern verhältnismäßig zu erwidern sich bemüht. Und bekanntermaßen sind alle Bürger auf eine verhältnismäßige Wiedervergeltung aus. Denn nur dadurch bleibt das gesellschaftliche Leben der Menschen bestehen, daß sie einander - das leisten, was sie erwarten. Niemals erwarten sie also verwerflicherweise, daß ihnen verhältnismäßig wiedervergolten werde. Wenn sie es aber nicht verwerflicherweise er= warten, so scheint es Sklaverei zu sein, wenn Leistung und Gegen= leistung sich nicht entsprechen. Denn es ist etwas Sklavisches, daß jemand nicht den Nutzen von seiner Arbeit erlangt, den er ohne Vorwurf erwartet. Ja wir dürfen sagen, die Menschen erwarten nicht nur ohne Vorwurf eine verhältnismäßige Wiedervergeltung, sie thun das sogar löblicherweise. Wenn ihnen nicht so geschieht, so wird ihnen nicht die gebührende Ver= geltung zu teil. Nur dann kann die menschliche Gesellschaft bestehen, wenn einer die Leistungen des andern vergilt." [1]

Wenn die gerechte Gegenleistung ein Grundgesetz des sozialen Lebens überhaupt ist, so kann insbesondere der Tauschverkehr nicht lange be= stehen ohne Berücksichtigung der Produktionskosten oder ohne entsprechende Vergütung von Ausgaben und Arbeit. Dies veranlaßt Aristoteles zur Aufstellung einer Proportion, in welcher sich ein Baumeister zu dem Werk eines Schusters so verhält wie ein Schuster zu dem Werk eines Bau= meisters. Zur Herstellung des Ausgleichs ist deshalb notwendig, daß der Baumeister viele Schuhe erhält, die zusammen dem Wert eines Hauses gleichkommen. "Denn der Baumeister macht mehr Ausgaben für ein Haus als der Schuhmacher für einen Schuh. ... Tritt diese Art der Gegenleistung nicht ein, dann findet kein Ausgleich der ausgetauschten

---

[1] 5 eth. 8 f et g.

Gegenstände statt. Dann werden aber die Menschen nicht mehr in Be=
ziehung zu einander bleiben können. Denn es ist ja sehr wohl denkbar,
daß das Werk des einen wertvoller ist als das des andern, wie ein
Haus und ein Schuh. Daher hat gegenseitig eine Ausgleichung nach der
bezeichneten Proportion stattzufinden, wenn der Austausch gerecht vor
sich gehen soll. . . . Das vom Baumeister und Schuster Gesagte ist auch
bei den andern Gewerben der Fall. . . . Die Gewerbe würden zu Grunde
gehen, wenn einer nicht nach Quantität und Qualität so viel erhielte, als
er selbst leistete. Diese Größe muß nach der angegebenen Art gefunden
werden. Denn nicht immer tauschen sich zwei Menschen e i n e r Berufs=
art ihre Leistungen aus, wie z. B. zwei Ärzte, sondern meistens Leute
verschiedener Gewerbe, wie z. B. ein Arzt und ein Landmann, wie über=
haupt Menschen von verschiedener und ungleichartiger Lebensthätigkeit,
für die dann in besagter Weise ein Ausgleich einzutreten hat." [1]

Weiter unten wendet Thomas die bezeichnete Proportion auch auf
den Landmann und den Schuster an. „Soll der Tausch ein gerechter
sein, so müssen so viele Schuhe für ein Haus oder für die Nahrung eines
Menschen gegeben werden, als ein Baumeister oder ein Landmann einen
Schuster an Arbeit und Auslagen überragt. Denn wenn dies nicht ein=
gehalten wird, dann wird kein Tauschverkehr mehr stattfinden, und die
Menschen werden sich ihre Güter nicht mehr gegenseitig mitteilen." [2]

Man sieht, Thomas hat den Kostenwert nicht vernachläßigt. Wer
mit der Marxschen Werttheorie sympathisiert, wird in der aristotelisch=
thomistischen Proportion nichts anderes als eine Vorwegnahme und einen
Beweis jener Theorie finden [3]. Hätten wir über die Wertlehre nur jene
Proportion als Auslassung, so könnte sie in der genannten Weise miß=
verstanden werden; im Zusammenhalt mit den zahlreichen und klaren
Stellen, die mit der Marxschen Werttheorie sich im Widerspruch befinden,
ist dies nicht möglich.

Aber denken wir einen Augenblick diese Stellen als nicht vorhanden,
so läßt sich kein Grund anführen, warum die Proportion notwendiger=
weise gerade im Sinne von Marx aufgefaßt werden müßte. Wohl aber
läßt sich nachweisen, daß trotz der scheinbaren Ähnlichkeit die beiderseitigen
Aufstellungen einen ganz verschiedenen Inhalt haben. In dem ersten Bei=
spiel heißt es: Plures expensas facit aedificator in una domo, quam
coriarius in uno calciamento; im zweiten: Quantum aedificator vel agricola

---

[1] Ibid. h et i.   [2] Ibid. 9 b.

[3] So W. Hohoff. Vgl. besonders die Monatsschrift für christliche Sozial=
reform XV, 433 ff., Art. „Die Wertlehre des hl. Thomas von Aquin".

excedit coriarium in labore et expensis. Es ist demnach nicht von der
Arbeit allein die Rede. Denn die Auslagen reduzieren sich nicht einfachhin
auf Arbeit, wie Marx will, sondern beziehen sich auf das Produktions=
material, das qualitativ sehr verschieden sein kann, und vielleicht auf
die zur Produktion verwendete fremde Arbeit. Mit andern Worten, in
dem Gesamtbegriff labor et expensae finden wir die beiden Elemente
wieder, die sich in der gesellschaftlichen Produktion irgendwie vereinigen
müssen, um produzieren zu können, Naturstoff und Arbeit, oder was bei
intensiverer Kultur dasselbe ist, Eigentum und Arbeit. Nur dann könnte
von einer Übereinstimmung zwischen Thomas und Marx die Rede sein, wenn
sich nach Thomas der Wert des Naturstoffs ökonomisch oder das Eigentum
daran rechtlich nur auf die Arbeit zurückführen würde. Keines von beiden
ist der Fall. Nicht das letztere, denn die Arbeit ist ihm weder der einzige
noch der ursprünglichste Erwerbstitel. Und dasselbe Verhältnis waltet
auch in ökonomischer Beziehung ob. Beim Tausch ist, wie Thomas gleich
anfangs hervorhebt, die Gleichheit der Sache zu beachten. Dazu ist not=
wendig ein Ausgleich nach Quantität und Qualität. Destruerentur artes,
si non tantum et tale reciperet aliquis, quantum et quale faceret. Die
Quantität ist das Maß, die Qualität die Anordnung der Substanz.
Die Qualität besteht demnach in den geometrischen, physikalischen, chemischen
und sonstigen Eigenschaften, wie sie sich in der natürlichen Ordnung vor=
finden und wie sie dann gleichsam in eine künstlerische Ordnung empor=
gehoben werden durch den wunderbaren Einfluß der Arbeit. Die Qualität
ist sonach nicht bloß von dem Einfluß der Arbeit, sondern auch von dem
gegebenen Naturstoff abhängig. Thomas fällt es nicht entfernt ein, den
Naturgaben nur dann und nur soweit einen Wert zuzuerkennen, als
sie in Beziehung zur Arbeit kamen.

Dasselbe ergiebt sich auch aus einer andern Betrachtung, vor allem aus
der Lehre vom Gesellschaftsvertrag. Danach darf, wer sich an einem
Unternehmen mit einem bestimmten Einsatz beteiligt, auch eine entsprechende
Quote des Gewinnes beanspruchen [1]. Hätte aber Thomas ökonomisch
die Arbeitswerttheorie für richtig gehalten, dann hätte er sie auch ganz
gewiß ethisch zur Geltung gebracht. Das Gleiche ergiebt sich auch aus
der Lehre vom Zins, wie sie später noch zur Darstellung kommt [2].

Auch der Reduzierung der qualitativ verschiedenen Arbeit auf ein=
sache Durchschnittsarbeit hätte Thomas nicht zustimmen können, wie das
Verhältnis der ars architectonica zur ars subministrativa noch zeigen wird.

---

[1] Cf. 2. 2. 78, 2 ad 5; 5 eth. 6 c; 8 eth. 14 b.
[2] Cf. 4 sent. 15, 1, 5, 2 ad 4; 2. 2. 62, 4 ob. et ad 2.

6. Die Bestimmungsgründe des gerechten Preises nach Thomas.

Da der Preis (das Maß des Werts)[1], wo er ein gerechter ist, mit
dem Tauschwert zusammenfällt, so enthält die thomistische Lehre vom
gerechten Preis zugleich seine Wertlehre. „Denn der Kaufpreis bildet
gleichsam das Maß, welches das Kaufobjekt auf den rechten Ausdruck
bringt (mißt)."[2] „Die Quantität eines Gebrauchsgegenstandes wird ge=
messen nach einem Preis, wozu das Geld erfunden wurde. Wenn daher
der Preis die Quantität einer Sache übersteigt, oder umgekehrt die
Sache über dem Preis steht, so wird die Gleichheit der Gerechtigkeit auf=
gehoben."[3] Wie der Tauschwert, läßt sich auch der Preis nicht genau
bestimmen. „Der gerechte Preis ist nicht mathematisch genau bestimmt,
sondern hängt von einer gewissen Schätzung ab, so daß eine kleine Er=
höhung oder Verringerung desselben die Gleichheit der Gerechtigkeit nicht
aufhebt."[4] Namentlich ist es das Metallgeld, in dem sich der Preis
realisiert, das als Maß des Tauschwerts funktioniert[5]. Die edeln Metalle
sind an sich sehr kostbar wegen ihrer eminenten Brauchbarkeit, ihres vor=
züglichen Gehaltes und reinen Glanzes[6]. Sie sind verhältnismäßig selten
und leicht transportierbar. Wegen der erstgenannten Eigenschaften ist ihr
Wert weniger schwankend. „Mit Gold und Silber bezeichnet man etwas
Vorzügliches und Stabiles."[7] „Als ausgleichendes Maß bleibt das Geld
länger in seinem Werte."[8] Das Geld ist daher für die Gegenwart ein
Mittel des Tausches und der Ausgleichung, für die Zukunft ein Auf=
bewahrungsmittel. „Wenn die Menschen nur für den Augenblick gegen=
seitig einen fremden Besitzgegenstand nötig hätten, dann wäre nur ein
Umtausch solcher Gegenstände notwendig, z. B. von Getreide gegen Wein.
Nun steht die Sache aber jeweils so, daß jemand Überfluß an Wein
hat, für den Augenblick aber kein Getreide braucht, dessen Besitzer ein
Bedürfnis nach Wein hat. Später aber braucht er vielleicht das Getreide
oder auch irgend eine andere Sache. So tritt die Münze, d. h. das Geld,
für die Notwendigkeit eines künftigen Austauschs gleichsam als Bürge
ein. Wer daher augenblicklich nichts bedarf, später aber bedürfen wird,
erhält durch Beibringen des Geldes das, was er braucht. Denn dem
Gelde muß die Kraft zukommen, daß der, welcher es anbietet, sogleich

---

[1] Pretium dient zur Bezeichnung beider Begriffe (Wert und Preis). Vgl.
Costa=Rossetti a. a. O. S. 83 ff.
[2] 4 sent. 25, 3, 2, 1 c.   [3] 2. 2. 77, 1 c.
[4] Ibid. ad 1.   [5] Cf. 9 eth. 1 b.
[6] Cf. 2. 2. 77, 2 ad 1.
[7] In 1 Cor. 3, 12.   [8] 5 eth. 9 h.

erhält, was er bedarf. Allerdings iſt es Thatſache, daß auch beim Geld
dasſelbe zutrifft wie bei andern Dingen, daß man nicht immer ſo viel
dafür erhält, als man will, weil es nicht immer die gleiche Kraft hat,
d. h. nicht immer denſelben Wert beſitzt. Es ſoll jedoch ſo hergeſtellt
ſein, daß es ſtändiger bei demſelben Werte verharrt als die andern
Dinge." ¹ Eigentliches Geld wurden die Metallſtücke erſt durch eine beſtimmte
Formung und Prägung ². „Der Hauptgebrauch des Geldes iſt ſein Umlauf
im Tauſchverkehr." ³

Bezüglich der Elemente der Wertbeſtimmung ſei zunächſt nochmals
auf die Bedeutung des Bedürfniſſes hingewieſen. „Daß das menſchliche
Bedürfnis alles wie ein Maß in Beziehung bringt, ergiebt ſich daraus,
daß zwei Perſonen, von denen nicht entweder jede oder doch die eine
einer Sache der andern bedarf, nicht miteinander Tauſchhandel treiben,
wie das geſchieht, wenn ein Getreidebeſitzer Wein braucht, den ein anderer
beſitzt. Dann giebt er ſo viel Getreide für den Wein, als dieſer wert
iſt." ⁴ Kurz, das Bedürfnis veranlaßt und vermittelt den Austauſch.
„Genau genommen freilich iſt es unmöglich, daß Dinge, die ſo ſehr von=
einander verſchieden ſind, nach ihrem wahren Gehalt, d. h. nach ihrer
Eigenart ſelbſt, hinreichend kommenſurabel werden. Sie können dagegen
gar wohl unter ein Maß gebracht werden durch Vergleichung mit dem
menſchlichen Bedürfnis." ⁵ Um den unter Beziehung auf das Bedürfnis ge=
banklich herbeigeführten Ausgleich in eine wirtſchaftlich faßbare Größe um=
zuſetzen, muß zu dem natürlichen noch ein künſtliches Maß treten, und das
iſt vornehmlich das Geld. „Um die Werke verſchiedener Produzenten gleich=
ſetzen und ſo austauſchen zu können, muß alles Tauſchbare irgendwie
gegenſeitig vergleichbar ſein, damit man weiß, was mehr und was
weniger wert iſt. Dazu iſt die Münze, d. i. das Geld, eingeführt worden,
wodurch man die Werte jener Dinge mißt. So wird das Geld gewiſſer=
maßen zum Vermittler. Denn es mißt alles, den Überſchuß und den
Mangel, um wieviel eine Sache die andere übertrifft." ⁶ „Es muß daher
ein gemeinſames Maß da ſein, das nicht von Natur aus, ſondern nach
menſchlicher Übereinkunft mißt, das deshalb auch Münze (nomisma) heißt.
Denn das Geld iſt das gemeinſame Wertmaß, da alles am Gelde ge=
meſſen wird." ⁷ „Das Geld, welches für die verſchiedenen Dinge ein
gleiches Maß bildet, bringt alle Waren in Äquivalenz." ⁸ Das Geld kann

---

¹ 5 eth. 9 g.   ² Cf. ibid. c.
³ 2. 2. 78, 1 ad 6 (distractio pecuniae in commutationes, „beſtändige Ent=
fernung vom Ausgangspunkt". „Kapital" I, 86).
⁴ 5 eth. 9 f.   ⁵ Ibid. i.   ⁶ Ibid. a.
⁷ Ibid. i.   ⁸ Ibid. h.

aber den Wert nur zum Ausdruck bringen, wenn und soweit das Be=
dürfnis den Ausgleich bereits vollzogen hat.

Zunächst fordert Thomas, wie bereits bemerkt, was Marx in der
Wirklichkeit als das Normale betrachtet, den Austausch von Äquivalenten.
„Eine Forderung der Gerechtigkeit ist es, daß einem jeden das erstattet
wird, was ihm gebührt. Gerecht zu verkaufen ist daher jeder Verkäufer
verpflichtet, nicht aber dazu, freigebig zu verkaufen mit einem Nachlaß
vom gerechten Preis. Gerechtigkeit ist aber vollkommene Gleichheit, wie
es im 5. Buch der Ethik heißt. Der Verkauf ist also ein gerechter, wenn
der Preis, den der Verkäufer erhält, der verkauften Sache gleichkommt,
ein ungerechter aber, wenn er ihr nicht gleichkommt, sondern mehr ge=
nommen wird.“ [1]

Um zu einem Äquivalenzverhältnis zu gelangen, muß man beachten:

1. Je höher der Gebrauchswert ist, desto höher wird bezw. muß
auch der Tauschwert oder der Preis sein. „Der Preis der Waren richtet
sich, wie der hl. Augustinus sagt, nicht nach dem Grade der natürlichen
Vollkommenheit, da zuweilen ein Pferd um einen höhern Preis verkauft
wird als ein Sklave, sondern nach dem Gebrauche, zu welchem sie dem
Menschen dienen. Daher, so fährt Thomas fort, braucht der Verkäufer
oder Käufer nicht die verborgenen Eigenschaften des Kaufgegenstandes
zu kennen, sondern nur jene, die es für menschliche Zwecke geeignet
machen, so z. B. daß ein Pferd kräftig gebaut ist und gut läuft u. s. w.
Diese Eigenschaften aber vermögen Verkäufer und Käufer leicht zu er=
kennen.“ [2]

2. Der Tauschwert ist um so höher, je bringlicher das Bedürfnis
des Käufers ist, wenn der Verkäufer durch derzeitige Abgabe seiner Ware
geschädigt wird. „Auf andere Weise können wir von Kauf und Verkauf
reden, insofern zufällig ein Nutzen für den einen und ein Schaden für
den andern dabei herauskommt, z. B. wenn jemand einer Sache bringend
bedarf, der andere aber in Schaden kommt, wenn er sie entbehrt. In
einem solchen Fall ist bei Feststellung des gerechten Preises nicht nur
die Sache zu berücksichtigen, welche verkauft wird, sondern auch der
Schaden, den der Verkäufer durch den Verkauf erleidet. Hier kann etwas
erlaubterweise teurer verkauft werden, als es an sich wert ist, wiewohl
es nicht teurer verkauft wird, als es für seinen (künftigen) Besitzer wert
ist. Wird aber einem mit der Sache eines andern, die er erhält, sehr
genützt, ohne daß der Verkäufer durch die Veräußerung Schaden läuft,
so darf er sie nicht teurer verkaufen, weil der Nutzen, der dem andern

---

[1] Quodl. 2, 10 c.   [2] 2. 2. 77, 2 ad 3.

erwächst, nicht aus dem Verkauf, sondern aus der Lage des Kaufenden herrührt. Keiner kann dem andern verkaufen, was nicht sein Eigentum ist, wenn er auch den Schaden verkaufen kann, den er selbst erleidet. Indes kann, wer von der Sache eines andern, die er bekommt, großen Vorteil hat, aus freien Stücken dem Verkäufer etwas zulegen. Es gehört das zur Robleffe (pertinet ad eius honestatem)." [1] Bei der Bestimmung des Tauschwerts kommt also vorzüglich der soziale Gebrauchswert in Betracht; ist der Gebrauchswert völlig individuell, d. h. stammt er einzig und allein aus den besondern Umständen des Käufers, dann darf nur bei gleichzeitiger Schädigung des Verkäufers die betreffende Sache teurer verkauft werden. Kunstgegenstände und andere Dinge, bei denen man von einem Affektionswert spricht, machen hiervon scheinbar eine Ausnahme. Allein auch hier ist der Gebrauchswert meist ein gesellschaftlicher.

3. Ein Gegenstand hat einen um so höhern Tauschwert, je mehr Bedürfnisse er befriedigt, bezw. je mehr nützliche Eigenschaften er aufweist. „Gold und Silber sind nicht bloß teuer wegen der Nützlichkeit der Gefäße, die aus ihnen gebildet werden, oder anderer ähnlicher Gegenstände, sondern auch wegen der Vorzüge und der Reinheit ihrer Substanz. Wenn daher das von den Alchimisten bereitete Gold oder Silber nicht den wirklichen Gehalt von Gold und Silber hat, so ist der Verkauf betrügerisch und ungerecht, vorzüglich deswegen, weil wahres Gold und Silber ihrer Natur nach manchen Nutzen bringen können, welchen das falsche, alchimistische nicht gewährt. . . . Wenn aber durch die Alchimie wahres Gold hergestellt werden könnte, so wäre es nicht unerlaubt, dasselbe für wirkliches zu verkaufen, da nichts im Wege steht, irgendwelche natürliche Ursachen zur Hervorbringung natürlicher und thatsächlicher Wirkungen zu benützen." [2] Auf die Arbeit kommt es also zunächst nicht an, sondern auf die Leistungsfähigkeit der Dinge, mag diese nun von der Arbeit oder dem Naturstoff herrühren. Dieser hat sogar in obigem Beispiel einen Jahrtausende alten Vorsprung vor der Arbeit. Noch mehr, die Arbeit der Alchimisten ist wertlos, solange ihr Vorhaben nicht gelingt. Sie würde erst und zwar in dem Maße Wert erhalten, als ihr Arbeitsprodukt der Brauchbarkeit solcher Naturstoffe sich näherte, die selbst ihren eigentlichen Wert nicht der Arbeit verdanken.

4. Je geringer der Nutzeffekt einer Sache ist, desto geringer ist ihr Wert. „Bei einer Ware kann ein dreifacher Defekt in Betracht kommen. Einer, die Art der Ware betreffend; wenn der Verkäufer den Defekt des Gegenstandes, den er verkauft, kennt, begeht er beim Verkauf einen

---

[1] Ibid. 77, 1 c.   [2] Ibid. 2 ad 1.

Betrug, wodurch der Verkauf unerlaubt wird. Das wird vielen entgegen=
gehalten Isaias 1, 22: ‚Dein Silber ist in Schlacken verwandelt, dein
Wein mit Wasser vermischt‘; denn bei dem, was gemischt ist, liegt ein
Mangel die Art betreffend vor. Ein zweiter Defekt bezieht sich auf die
Quantität, welche durch ein Maß erkannt wird. Wer deshalb wissent=
lich beim Verkaufsgeschäft ein mangelhaftes Maß gebraucht, begeht einen
Betrug, und der Verkauf ist unerlaubt. Deshalb heißt es Deutero=
nomium 25, 13: ‚Du sollst nicht zweierlei Gewicht in deinem Sacke haben,
ein größeres und ein kleineres‘, und dann wird beigefügt: ‚Denn dein
Herr verabscheut den, der solches thut, und er verabscheut alle Ungerechtig=
keit.‘ Der dritte Defekt bezieht sich auf die Qualität; es verkauft z. B.
jemand ein krankes Tier als ein gesundes. Wer das wissentlich thut,
begeht beim Verkauf einen Betrug, und der Verkauf ist unerlaubt. In
allen diesen Fällen begeht der Betreffende durch den ungerechten Verkauf
nicht nur eine Sünde, er ist auch zum Schadenersatz verpflichtet.... Das
vom Verkäufer Gesagte gilt auch für den Käufer. Denn es kommt manch=
mal vor, daß der Verkäufer glaubt, seine Sache sei weniger wert bezüglich
der Art, z. B. es verkauft jemand wirkliches für Scheingold; in diesem
Fall geht der Käufer, wenn er die Beschaffenheit erkennt, einen un=
gerechten Kauf ein und ist zur Restitution verpflichtet. Dasselbe gilt in
Bezug auf Mängel der Qualität und Quantität.“ [1]

Aus dem Verkauf darf dem Käufer in keiner Weise ein Schaden
oder eine Gefahr erwachsen. Es erwächst ein Schaden, „wenn der vor=
gelegte Verkaufsgegenstand wegen des betreffenden Fehlers geringwertiger
ist, der Verkäufer aber deshalb nichts vom Preise nachläßt; eine Gefahr
aber, wenn wegen eines derartigen Fehlers der Gebrauch der Sache mißlich
oder schädlich wird, z. B. wenn man ein lahm gehendes Pferd für ein
eiliges verkauft, oder ein baufälliges Haus für ein feststehendes, oder eine
verdorbene oder gar eine giftige Speise für eine gute. Wenn also derlei
Fehler verborgen sind und man offenbart sie nicht, dann ist der Verkauf
unerlaubt und betrügerisch, und der Verkäufer ist zum Schadenersatz ver=
pflichtet.... Ist aber der Fehler offenkundig, z. B. wenn ein Pferd
einäugig ist, oder die Benützung einer Sache ist möglicherweise für andere
geeignet, während sie für den Verkäufer nicht geeignet ist, und der Ver=
käufer läßt wegen eines solchen Mangels so viel als notwendig vom Preise
nach, so ist er nicht gehalten, den Fehler zu offenbaren. Denn wegen
der betreffenden Fehler wollte vielleicht der Käufer mehr nachgelassen
haben, als wirklich in Abzug gebracht werden muß. Daher kann der

---

[1] Ibid. 2 c.

Verkäufer erlaubterweise für seine Nichtbenachteiligung durch Verschweigen des Defekts sorgen."[1]

„Dagegen würde er freigebig handeln, wenn er eigenen Schaden ertrüge, nur um dem Willen eines andern zu genügen, auch wenn er nicht dazu verpflichtet ist."[2] „Niemand braucht den Fehler der Ware durch den Herold ausposaunen zu lassen. Wenn er den Fehler vorher ankündigen würde, würden alle Käufer vom Kaufen abgeschreckt werden, da sie die übrigen Eigenschaften, durch welche sie gut und nützlich ist, nicht kennen. Dagegen muß er den Einzelnen, der zum Kaufen herantritt, auf den Fehler der Sache aufmerksam machen. Der Käufer kann dann zugleich alle Eigenschaften gegenseitig vergleichen, die guten und die schlechten. Denn es hindert nichts, daß eine Sache in einer Beziehung fehlerhaft, in vielen andern dagegen nützlich ist."[3]

7. Das Moment der Schätzung.

Nach Thomas wirken also verschiedene Elemente bei der Wertbestimmung zusammen. Sie lassen sich, wie schon bemerkt, zusammenfassen in den Begriffen Gebrauchswert und Kostenwert. Aus ihrer Kombination ergiebt sich der Tauschwert.

Marx kennt nur einen Wertbestimmungsgrund, den Kostenwert oder die Arbeit, auf die sich der Kostenwert reduziert. Der Gebrauchswert bleibt bei der Feststellung des Tauschwerts außer Beteiligung. Doch man entgegnet: Wenn auch Marx vom Gebrauchswert abstrahiert, so ignoriert er ihn doch nicht. Vielmehr ist ihm der Gebrauchswert die unentbehrliche Basis und Voraussetzung des Tauschwerts. Zu- und Abnahme des Gebrauchswerts bedingt einen gleichartigen Wechsel des Tauschwerts. Aber das hätte von vornherein zur Vorsicht mahnen müssen. Denn die Veränderung der Gebrauchswerte geht so wenig parallel mit der Wertgröße (Arbeitsaufwand), als diese einfachhin den Höhestand des Tauschwerts anzeigt, was am deutlichsten in der Bewertung der Naturgaben hervortritt, von denen Marx allerdings abstrahiert.

Nach Marx erscheint demnach der Wert als ein inneres Verhältnis der Waren zu einander (bestimmt durch die gesellschaftlich=notwendige Arbeitszeit), als eine für den Gesellschaftsmenschen gegebene Größe. Die Feststellung des Werts, d. i. des Arbeitsquantums, erfolgte im Anfang der Kultur bewußt durch den Menschen selbst, im spätern Verlauf unbewußt durch die Konkurrenz.

---

[1] Ibid. 3 c.   [2] Quodl. 2, 10 c.   [3] 2. 2. 77, 3 ad 2.

Allein wie die Etymologie des Wortes „Wert", wie der Sprach=
gebrauch überhaupt und die Art des Tauschverkehrs zeigt, ist der Wert
nichts rein Objektives, enthält vielmehr subjektive Beimengungen. „Die
Etymologie des Wortes ‚Wert' deutet auf eine Beziehung zur Schätzung
hin. Im Gotischen bei Ulfilas heißt es wairths, im Schwedischen wärd.
Es stammt, wie angesehene Sprachforscher sagen, von dem Worte ‚Währ',
Schätzung, vermittelst des Ableitungslautes th oder d. Im Griechischen
heißt ἀξία der Wert, und ἀξιόω ich schätze (vergl. τίμημα und τιμάω).

„Ziehen wir den Sprachgebrauch zu Rate, so zeigt die Synonymie
der Wörter ‚Wert', ‚Geltung', ‚Schätzung' und ‚wert', ‚würdig', ‚schätzbar',
‚achtbar' einen besondern Zusammenhang zwischen den Begriffen des
Wertes und des Schätzens." [1]

Damit stimmt der Sprachgebrauch und die sachliche Auffassung von
Thomas überein. Wörter wie appretiare, pretium imponere, aestimare,
existimare, (pretiosum) videri, haberi, reputari, (pretio) dignus, carus,
vilis, dignitas, caritas etc. stehen in gleicher oder ähnlicher Bedeutung
nebeneinander. Auch spricht er von Wert im ökonomischen Sinne, wo
von Arbeit nicht die Rede sein kann, und zwar nicht bloß beim Gebrauchs=
wert, sondern auch beim Tauschwert. Zur Illustration des eben und
auch des früher Gesagten mögen die nachfolgenden Beispiele dienen.

1. Non enim appretiantur secundum dignitatem naturae ipsorum,
alioquin unus mus ... maioris pretii esset quam una margarita ... ; sed
rebus pretia imponuntur, secundum quod homines indigent eis ad suum
usum (5 eth. 9 c).

2. Virtus, i. e. maximum et optimum in possessionibus est illud, quod
est plurimo pretio dignum, et hoc est aurum, et quod homines maxime
honorant, i. e. appretiantur (4 eth. 6 l).

3. Multa sunt, quae non aequaliter appretiantur illi, qui iam habent
ea, et illi, qui de novo volunt ea accipere, videtur enim singulis, quod
propria bona, quae dant, sint digna multo pretio, sed tamen retributio
debet fieri in tantum, quantum aestimant recipientes (9 eth. 11).

4. Iustum pretium rerum non est punctualiter determinatum, sed
magis in quadam aestimatione consistit (2. 2. 77, 1 ad 1).

5. Nomine pecuniae significantur omnia illa, quorum dignum pretium
potest numismate mensurari, sicut equus, vestis, domus, et quaecumque
denariis appretiari possunt, quia idem est dare vel accipere ista et dare
vel accipere pecunias (4 eth. 1 b; cf. 2. 2. 100, 2 c; ibid. 117, 2 ad 2).

6. Quaecumque aestimari pecunia potest (I, 63, 2 ad 2; cf. 4 eth. 14 n).

---

[1] Costa=Rossetti a. a. O. S. 63 f.

7. Utrumque (munus ab obsequio et a lingua) pecunia aestimari potest....
Ex benevolentia, quae sub aestimationem pecuniae non cadit (2. 2. 78, 2
ad 3; cf. ibid. 100, 5c et ad 3).

8. Aestimationem quippe pretii regnum Dei non habet, sed tantum
valet, quantum habes (caten. in Matth. 4, 22).

9. Non enim dignitas philosophiae, quam quis addiscit, potest mensurari
secundum pecuniam, nec potest discipulus aequale pretium magistro reddere,
sed forte reddendum est illud, quod sufficit, sicut Deo et parentibus (9 eth.
1 h; cf. ibid. b).

10. Intendit praeferre sapientiam omnibus corporalibus rebus, et
quantum ad originem et quantum ad pretiositatem. Et incipit primo ostendere,
quod omnia, quae in rebus corporalibus pretiosa videntur, habent in certis
locis originem, et incipit a metallis, quae apud homines pretiosa habentur. . . .
Ostendit dignitatem sapientiae, eo quod pretio aestimari non potest. . . .
Nullo auro potest pretium sapientiae aestimari (in Iob 28 l. 1 et 2;
cf. 2. 2. 100, 2c).

11. Reducitur ad concupiscentiam temporalium bonorum, quorum
dignitas numismate mensuratur (3 sent. 40, 1, 1 ad 4).

12. Post aurum inter cetera pretiosius reputatur argentum. . . . „Et
sapphiro" . . . , qui etiam pretiosius est propter multas virtutes, quas
habet; nec refert, quod aliqui alii lapides pretiosiores sunt, quia pretia
lapidum non sunt eadem, nec in omnibus locis nec in omnibus temporibus.
Subdit autem de iis, qui hanc habent pretiositatem ex pulchritudine, dicens:
„Non adaequabitur ei aurum", quod habet pulchritudinem ex splendore;
vel vitrum, quod habet pulchritudinem ex perspicuitate, quamvis non sit
praecellens pretii aestimatione. Subdit autem de iis, quae habent pulchritudinem ex artificio. . . . Omnia praedicta nihil reputantur in comparatione
ad sapientiam (in Iob 28 l. 2; cf. in 1 Cor. 3, 12).

13. Difficile est pugnare contra furiosum, quia talis pro pretio parvo
ponit animam sive vitam (5 pol. 12 s).

14. Nullus exponit se periculo nisi propter aliquid, quod multum
appretiatur (4 eth. 10 a; cf. ibid. t).

15. Quantum aliquis est adiutus per beneficium amici in amicitia
utili, . . . dignum est, quod recompenset, quia sic etiam videtur fieri in
emptionibus, quod scilicet, quantum aliquis existimat rem, tanti emit eam;
quantum autem aliquis sit adiutus ex beneficio . . ., ipse maxime scire
potest, qui est adiutus . . . et ideo necessarium et iustum est, quod secundum
aestimationem eius commutetur recompensatio (9 eth. 1 k).

16. Ille, qui recipit beneficium, debet appretiare ipsum, non secundum
hoc, quod videtur ei dignum, postquam iam habet, sed quantum appretiabatur,

antequam haberet; solent enim homines appretiare bona temporalia adepta minus, quam quando ea non habita cupiebant, et praecipue in necessitate existentes (9 eth. 1 m).

17. Caritas autem addit supra amorem perfectionem quandam amoris, in quantum id, quod amatur, magni pretii aestimatur, ut ipsum nomen designat (1. 2. 26, 3 c).

18. Carius, vilius vendere, emere, valere (cf. 2. 2. 77, 1 ad 2; 4 ad 1 et 2; caten. in Matth. 6, 26); insta aestimatione emere (op. 67).

19. In artificiis etiam maius existimatur, maiorique conducitur pretio architector, qui aedificium disponit, quam artifex, qui secundum eius dispositionem manualiter operatur (de reg. princ. 1 c. 9).

Wenn Thomas das psychologische Moment bei der Bewertung be= rücksichtigt, so ist ihm der Wert keine rein subjektive Größe, abhängig von dem augenblicklichen Befinden des Schätzenden. Vielmehr besitzt der Wert in zweierlei Beziehung eine gewisse objektive Geltung. Erstens hat es die Schätzung mit bestimmten, objektiv gegebenen Elementen (Nutzen sowohl als Kosten u. s. w.) zu thun. Zweitens geschieht die Schätzung meistens durch eine größere Zahl von Urteilenden. Dadurch werden die Fehler der Einzelnen bis zu einem gewissen Grade berichtigt und nach Ort und Zeit gewisse objektive Anhaltspunkte für die Bewertung gewonnen [1]. In dem soeben erörterten Sinne heißt es:

1. Ut sciatur, quid eorum plus valeat et quid minus (5 eth. 9 a).

2. Tantum de frumento detur, quantum valet vinum (5 eth. 9 f; 2. 2. 62, 4 c; 4 sent. 15, I, 5, 2 ad 4).

3. Utrum licite aliquis possit vendere rem plus quam valeat? (2. 2. 77, 1.)

4. Alter constituitur (ei) debitor in tanto, quantum valet labor eius (3 sent. 33, 3, 4, 5 ad 2).

5. Quae quidem (res) quandoque excedit valorem rei datae (2. 2. 77, 1 ob. 3).

6. Intendere emere rem valentem centum libras (1. 2. 19, 8 c).

7. Quis emit rem aliquam, debet tantum solvere, quantum valet, sive a paupere sive a divite emat (quodl. 6, 10 c).

8. (Denarius) non semper potest aequale, id est non semper est eiusdem valoris, sed tamen taliter debet esse institutus, ut magis permaneat in eodem valore, quam aliae res (5 eth. 9 g; cf. h).

---

[1] Cf. op. 67: Si mercatores ... plus vendant pannos, quam debeant secundum commune forum, non est dubium esse usuram; si autem non plus quam valent, plus tamen quam acciperent, si eis statim solveretur, non est usura.

9. Morbus pecoris facit pecus minus valere, quam vendatur (quodl. 2, 10 ad 2).

10. Deceptio autem non est, si id quod tacetur de re vendita, non facit rem minus valere quam pretium, quod pro eo accipitur (quodl. 2, 10 ad 3).

11. Si vel pretium excedat quantitatem valoris rei, vel e converso res excedat pretium, tolletur iustitiae aequalitas. Et ideo carius vendere vel vilius emere rem, quam valeat, est secundum se iniustum et illicitum (2. 2. 77, 1 c).

12. Fraudem adhibere ad hoc, quod aliquid plus insto pretio vendatur (2. 2. 77, 1 c).

13. In quantum una res superexcedit aliam (5 eth. 9 a).

Nach Thomas ist sonach nicht bloß der Gebrauchswert, sondern auch der Tauschwert und gerade wegen seines engen Zusammenhangs mit dem Gebrauchswert eine subjektiv=objektive Größe. Die vollständige Ver= nachlässigung des psychologischen Moments weist auf den entscheidenden Fehler des ganzen Marxschen Systems und der Wertlehre insbesondere hin. Marx schießt nämlich, um zu möglichst objektiven Ergebnissen zu gelangen, übers Ziel. In diesem Bestreben versachlicht er die Personen und ihre Beziehungen. Umgekehrt erscheinen die Sachen und ihre gegen= seitigen Beziehungen in der Marxschen Darstellung in subjektivem Gewand, oder genauer, die Personen agieren nur im Auftrage und als Personi= fikationen der Sachen und der sachlichen Verhältnisse. Auch bei der Wert= bestimmung sieht er von dem subjektiven Element vollständig ab. Schon den Gebrauchswert hat Marx objektiviert, indem er ihn gleichbedeutend mit der „Nützlichkeit eines Dings" bezw. mit „Gut" selbst nimmt. Immerhin steht der Gebrauchswert auch in dieser Auffassung noch in enger Beziehung zu den Personen, für die er eben ein Gebrauchswert oder Gut ist. Um den Tauschwert vollständig zu versachlichen, mußte auch der Gebrauchswert in dieser Auffassung und damit der letzte Rest subjektiven Denkens und Urteilens ausgeschlossen werden. Der Tausch= wert ist dann nichts weiter als der Krystall oder die Gallerte der für eine Ware gesellschaftlich notwendigen Arbeit. Damit sind alle subjektiven Beziehungen ausgelöscht, und zugleich ist der von Hegel ererbten monistischen Betrachtungsweise Genüge geschehen. Denn wenn auch die Nützlichkeit sich als objektive Größe auffassen ließ, so war doch zwischen Nutzen und Kosten erst noch zu vermitteln, um zu einer Einheit zu gelangen [1]. Was

---

[1] Es ist auch hier eine Unterinstanz, die dem Kolossalbau als Fundament dienen muß. Kein Wunder, daß der Bau, je höher er wird, desto mehr Gefahr läuft, einzufallen.

aber das Wichtigste ist, die Arbeit war als allein wertbestimmend übrig geblieben, und das war ja auf dem Boden des Sozialismus das Ziel des Strebens, d. h. das Fundament für den Aufbau der Lehre vom Mehrwert. Die Sache wird dadurch sehr vereinfacht, aber auch sehr vereinseitigt. Wo aber das menschliche und gesellschaftliche Leben und Handeln anfängt, da hört die mechanisch=exakte Bestimmung, die in der Naturwissenschaft ihren Platz hat, auf. Der Wertbegriff wird dadurch nicht objektiv richtig, daß ich von den subjektiven Faktoren absehe, und analog verhält es sich mit dem gesamten Gesellschaftsleben. Gerade im Werte weht, wie Lotze sagt, Geistiges durch die Güterwelt[1], und zwar nicht nur in der Auffassung des Theoretikers, sondern auch und schon längst vorher im praktischen Leben. Das Tier erkennt durch sein natürliches, sinnliches Abschätzungsvermögen (vis aestimativa naturalis) unmittelbar die Nützlichkeit bezw. die Schädlichkeit bestimmter Dinge und kommt in Gattung und Art über den engen Kreis seines Begehrens nicht hinaus. Das menschliche Urteil ist zwar an sich nicht so leicht, aber die Grenzen für das menschliche Erkennen und Wollen sind sozusagen unerreichbar, der einzelne Entschluß von den verschiedensten Faktoren und Erwägungen beeinflußt und daher nicht fest bestimmt. Beim Werte das Moment der Schätzung außer acht lassen, einer Schätzung, die sich außer der Arbeit auch noch auf andere Umstände bezieht, heißt einfach einen Wertbegriff aufstellen, der dem des praktischen Lebens widerspricht, anstatt dasselbe, wie man vorgibt, gründlich zu erklären. Der Wertbegriff von Thomas ist nicht so einfach, sondern kompliziert, aber das wirkliche Leben ist es auch. Thomas wird nicht nur der umfassenden Kategorie der individuellen Produkte und der qualitativ verschiedenen Arbeit gerecht, er braucht auch die Naturgaben und die auf sie teilweise zurückführende qualitativ ver= schiedene stoffliche Zusammensetzung der Waren, die durch natürliche Ein= flüsse herbeigeführten Verbesserungen (z. B. nachdem der Baum gepflanzt, der Wein gekeltert, die Zigarre produziert ist[2]) und andere Umstände bei der Bewertung nicht zu eliminieren. Die Schätzung und die Berücksichtigung des Naturstoffs bei derselben spielt, so darf man gegen Engels kühn be= haupten, auch auf den frühern Stadien des Tauschverkehrs eine große Rolle. Würde die Arbeit allein wertbestimmend sein, so müßte das im Zukunftsstaat, der alle Produktionsmittel monopolisiert, wieder zum Vor= schein kommen. Da die Konkurrenz wegfällt, müßten minutiöse Berechnungen für die einzelnen Produkte angestellt werden. Wenn die Berechnung selbst

---

[1] Vgl. Schäffle, Gesellschaftliches System der menschlichen Wirtschaft, 3. Aufl., Tübingen 1873, I, 163. [2] Vgl. Lehr a. a. O. S. 301 f.

auch keine Utopie wäre, so hätte sie keine praktische Bedeutung; denn dieser „objektive" Wert wäre nicht der wirkliche Wert, den die Abnehmer den Produkten beilegen. Nur wenn der Naturstoff nach jeder Beziehung grenzen= los vorhanden und deshalb wertlos wäre[1] und die übrigen Umstände (Territorium, Klima, Verkehrs= und Absatzverhältnisse 2c.) „durchschnittlich" die gleichen wären, käme allein die Arbeit in Betracht — unter der immer= hin noch schweren Bedingung freilich, daß das Bedürfnis beständig parallel mit der Arbeit läuft.

8. Wertbildner und Wertelemente.

Weder die Natur, noch das Kapital, noch die Arbeit, noch alle drei zusammen schaffen Werte. Der Wert ist eine Zweckbeziehung, und Zwecke kann nur der Geist setzen und finden. Der eigentliche Wert= bildner ist also der menschliche Geist, Wertmesser der Zweck, d. i. die Befriedigung von Bedürfnissen; die vorgenannten Dinge sind nur Wert= elemente, die der Geist zweckmäßig kombiniert[2].

„Es giebt zweierlei Geistesthätigkeit. Davon geht die eine auf den äußern Stoff, wie weben und bauen. . . . Andere Bethätigungen sind dem Thätigen immanent, wie einsehen, wollen." Hier ist Zweck die Selbst= vervollkommnung, dort ein äußerer Erfolg[3]. „Jeder, der etwas herstellt, wie der Schmied oder der Baumeister, macht sein Werk um eines Zweckes willen, und zwar nicht um eines allgemeinen, sondern um eines besondern Zweckes willen. Dieser besteht in dem Verfertigten. . . . Jeder, der etwas verfertigt, macht es, damit es jemand zu gute komme oder damit es brauchbar sei, wie der Gebrauch des Hauses das Wohnen ist. Was der Produzent als Ziel im Auge hat, ist das Produkt und nicht das Produzieren."[4]

---

[1] „Der Grund und Boden, von Natur wertlos, weil gratis, erhält seinen Wert durch das beschränkte Quantum" (Dietzgen, Sozialpolitische Vorträge, Hottingen=Zürich 1886, S. 5). Nicht wodurch, sondern ob der Boden Wert erhält, ist die erste Frage. Für die intensivere Kultur ist der Boden nicht wertlos. Die Arbeit ist „von Natur" auch wertlos. — „Die Natur, als Natur, schafft eben keine Werte, keine Werte im nationalökonomischen Sinne" (Liebknecht auf dem Parteitag in Halle, Protokoll S. 161). Noch weniger wie „die Natur als Natur", schafft „die Arbeit als Arbeit" Werte. — „Der Grund und Boden ist ein Produktionsmittel eigener Art. Er ist das unentbehrlichste von allen; ohne ihn ist keine menschliche Thätigkeit möglich. . . Aber der Grund und Boden ist auch ein Produktionsmittel, das keineswegs beliebig vermehrbar ist" (Kautsky a. a. O. S. 66 f.) — also hat der Grund und Boden einen imaginären Wert.

[2] Nach den oben zitierten Vorlesungen.

[3] 1 eth. 12 c; cf. ibid. 1 c; 2 eth. 4 c; 6 eth. 2 k; ibid. 10 a; cg. II, c. 1; 1. 2. 57, 4 c; 6 met. 1 c.   [4] 6 eth. 2 h; cf. I, 103, 2 ad 2.

Schaub, Eigentumslehre.

„Bekanntermaßen ist der Zweck das Prinzip alles dessen, was sich
verfertigen läßt. Denn seinetwegen wird das Herstellbare gemacht. Hier
spielt der Zweck dieselbe Rolle wie die obersten Axiome in der Beweis=
führung." [1]

„Überall da, wo mehr das Geschaffene als die schaffende Thätig=
keit Ziel ist, müssen die Produkte besser sein als die darauf verwendete
Thätigkeit." [2] „Die Umgestaltungen erhalten Wesen und Wert nicht von
ihrem Ausgangspunkt, sondern von ihrem Zielpunkt. Eine Umgestaltung
ist deshalb um so vollkommener und vorzüglicher, je ausgezeichneter und
vorzüglicher der Zweck der Umgestaltung ist, mag auch der dem Ziel
entgegengesetzte Ausgangspunkt unvollkommener sein." [3] „Der Erfolg jeder
Thätigkeit kann aus dem Zweck abgeschätzt werden; denn durch die Thätig=
keit soll ja ein Zweck erreicht werden." [4]

Von den vier Wirkursachen „ist die M a t e r i e kein Prinzip der Thätig=
keit, sie ist vielmehr das Substrat, welches die Wirkung der Thätigkeit
aufnimmt. Der Z w e c k dagegen, das Agens (die eigentlich wirkende
Ursache) und die F o r m sind Prinzip der Thätigkeit, aber nach bestimmter
Ordnung. Denn das erste Prinzip ist der Zweck, welcher das Agens
antreibt; dann kommt das Agens und dann die Form, die vom Agens
auf das zu Schaffende übertragen wird" [5].

Was zunächst die M a t e r i e angeht, so zeigt sich hier recht deutlich
die Beschränktheit und Abhängigkeit menschlichen Wirkens. „Eine vor=
liegende Materie bearbeiten, indem man, gleichviel auf welche Weise, die
Form beibringt, verrät einen nach einem bestimmten Zwecke Wirkenden.
Solch einem Wirkenden kommt nur eine beschränkte Verursachung zu.
Denn was unbedingt eine vorhandene Materie braucht, die es bearbeitet,
ist ein beschränkt Wirkendes." [6] Nicht nur geeigneten Stoff, sondern auch
passende Werkzeuge [7] muß ihm die Materie zur kunstgerechten Arbeit
liefern. Die Art des Materials bestimmt auch bis zu einem gewissen
Grade die Art der Arbeit. „Nicht in allem, was durch die Technik
geschieht, herrscht eine ähnliche Bethätigungsweise. Jeder Handwerker
arbeitet so, wie es dem Material entspricht, anders, wer Erde, anders,
wer Lehm, und wieder anders, wer Eisen bearbeitet." [8]

---

[1] 1 eth. 1 c; 3 eth. 8 a.
[2] Ibid. d.   [3] I, 45, 1 ad 2.   [4] I, 103, 4 c.
[5] I, 105, 5 c.   [6] Cg. II, c. 16; cf. I, 45, 2 c.
[7] Die Produktionsinstrumente nennt Thomas (1 pol. 2 f) organa factiva
(ὄργανα zur ποίησις) im Gegensatz zu den Gebrauchsgegenständen, organa activa
(κτήματα zur πρᾶξις).
[8] 1 eth. 3 a.

Von den Thätigkeitsprinzipien (finis, agens, forma) ist, wie bereits gesehen, das beherrschende der Zweck. Zweckbeziehend und zwecksetzend ist nur der Geist. „Denn damit etwas direkt in Beziehung zum rechten Zweck gesetzt werde, ist die Kenntnis des Zweckes selbst sowie der Mittel zum Zwecke und des richtigen Verhältnisses zwischen beiden erforderlich. Das ist nur einem geistbegabten Wesen möglich."[1] „Daher muß jede Anordnung durch die Weisheit (Einsicht in die letzten Ursachen) eines vernünftigen Wesens geschehen. Daher denn auch in den technischen Gewerben die Leiter der Betriebe Weise des betreffenden Betriebs genannt werden."[2] „Das Verständnis des Produzenten ist die Ursache der Produkte, da der Produzent nach seiner Einsicht arbeitet. Daher ist notwendig die im Geiste existierende Form das Prinzip der Thätigkeit, wie die Wärme das Prinzip des Warmmachens."[3] „Die Weise, wie eine Sache sich gestalten soll, existierend im Geiste des Gestalters, ist die Kunst. Daher sagt der Philosoph (Ethic. l. 6, c. 5): Die Kunst ist die rechte Weise, die Dinge herzustellen."[4]

In den theoretischen Wissenschaften ist die Methode leichter zu finden als in den Erkenntnissen der unmittelbaren Praxis, „bezüglich deren wir mehr schwanken wegen der in diesen Künsten herrschenden großen Mannigfaltigkeit"[5].

Hat man sich einen Zweck gesetzt, so „bildet den ersten Punkt der Erwägung, wie, d. i. durch welche Art der Thätigkeit man jenen Zweck erreichen könne, und welche Werkzeuge man deshalb in Bewegung setzen müsse, z. B. ein Pferd, ein Schiff. Wenn mehrere Werkzeuge zum Ziele führen, so ist die zweite Frage die, wodurch es sich am leichtesten und besten erreichen läßt. Das ist Sache des Urteils, worin manche irren, die gewandt sind in der Auffindung von Wegen zum Ziel. Wenn aber das Ziel nur durch ein Hilfsmittel oder eine Thätigkeit oder durch eine Thätigkeit am besten erreicht wird, so ist weiter zu erwägen, wie man den Zweck erreicht, dazu ist Ausdauer und große Sorgfalt erforderlich. Wenn ferner das Mittel zum Ziele nicht zur Verfügung steht, so muß man auskundschaften, wie es zu erhalten ist. Und so fort, bis man zu jener Ursache gelangt, welche bei der praktischen Bethätigung in erster Reihe steht, bei der zu untersuchenden Erwägung aber am Ende kommt"[6].

„Möglich heißt aber etwas nicht nur mit Rücksicht auf das eigene Vermögen, sondern auch mit Rücksicht auf das anderer. Deshalb sagt

---

[1] Cg. II, c. 23; ibid. III, c. 111. [2] Cg. II, c. 24.
[3] I, 14, 8 c. [4] Cg. I, c. 93.
[5] 3 eth. 7 m. [6] 3 eth. 8 b.

Aristoteles: ‚Möglich ist, was wir durch unsere Freunde beschaffen können.‘ Denn auch das leisten wir gewissermaßen durch uns selbst, weil die Ursache, um derentwillen sie es thun, in uns liegt, insofern sie es mit Rücksicht auf uns thun."[1]

Der Unternehmer eines Werkes kann nun die ganze Arbeit selbst ausführen oder ganz oder teilweise ausführen lassen. „Nichts steht im Wege, daß andere Menschen da sind, die nicht unmittelbar mit den Werkzeugen arbeiten, sondern den eigentlichen Arbeitern Anweisungen erteilen."[2] Die übergeordnete Thätigkeit nennt Thomas nach Aristoteles die archi= tektonische. Nur ihr ist es möglich, den ganzen Produktionsprozeß zu überschauen und in seinem Zusammenhang zu verstehen. Sie bildet die notwendige Voraussetzung jeder untergeordneten Arbeit und ist vor= züglicher als diese. Sie stuft sich aber je nach dem Zweck wieder ver= schieden ab. „Was auf etwas anderes hingeordnet ist, gehört zu einer untergeordnetern Kunst und Macht als der Zweck, auf den es bezogen wird. Darum heißt die Kunst, welche (unmittelbar) das Ziel im Auge hat, die architektonische oder die übergeordnete."[3] „Die Kunst, welche den Zweck im Auge hat, heißt architektonische in Beziehung zu jener, welche die Form betrachtet, wie die Seefahrerkunst im Vergleich zur Schiffbau= kunst."[4]

Wie das eben und von Thomas öfter angeführte Beispiel zeigt, versteht er unter architektonischer Kunst nicht nur die leitende Thätigkeit im einzelnen Arbeitsprozeß, sondern auch jene Gewerbe, worin das Produkt auf dem Wege vom Rohstoff, Halbfabrikat u. s. w. an sein Endstadium gelangt. Alle vorausgehenden Gewerbe müssen sich nach dem im letzten Gewerbe zu erreichenden Endzweck richten[5].

Die Umgestaltung der Materie muß schon zuvor gedanklich vollzogen sein. „Wir sehen, wie der Künstler das, was er äußerlich herstellt, nach der Ähnlichkeit seiner Idee schafft. Er macht deshalb das (materielle) Haus nach der Ähnlichkeit des Hauses, welches er in seinem Geiste bildete."[6]

„Jeder Handwerker ist bestrebt, seinem Werke die beste Anordnung zu verleihen, nicht absolut, sondern mit Rücksicht auf den Zweck. Und wenn eine solche Anordnung irgend einen Mangel mit sich bringt, so

---

[1] Ibid. d.   [2] Cg. II, c. 92.   [3] 1. 2. 15, 4 ad 1; cg. I, c. 1.
[4] Cg. III, c. 80.
[5] Cf. 5 met. 1 a; 3 sent. 35, 2, 1, 2 c. (Der Schiffslenker z. B. beurteilt dann, ob insgesamt Material und Herstellung ihrem Zwecke entsprechen.)
[6] In Hebr. II, 3; vgl. oben S. 90 („Kapital" I, 140).

kümmert ſich der Handwerker nicht darum; ſo macht der Handwerker,
der eine Säge zum Schneiden herſtellt, dieſe aus Eiſen, damit ſie zum
Schneiden geeignet ſei; er geht nicht darauf aus, dieſelbe mit Glas her=
zuſtellen, das ein ſchönerer Stoff iſt, da dieſe Schönheit nur den Zweck
vereiteln würde."[1]

Bezüglich des Abhängigkeitsverhältniſſes des Produkts von den ver=
ſchiedenen Urſachen gilt: „Jede Wirkung hängt von ihrer Urſache ſoweit
ab, als dieſe wirklich Urſache iſt. Nun iſt aber zu beachten, daß manche
Wirkurſache nur in Bezug auf das Werden Urſache des Hervorgebrachten
iſt, nicht aber direkt in Bezug auf deſſen Sein. Dies trifft ſowohl im
Bereich der Kunſt wie der Natur zu. Der Baumeiſter iſt Urſache des
Hauſes, ſoweit deſſen Entſtehen, nicht aber direkt, ſoweit deſſen Sein in
Betracht kommt. Denn unbeſtreitbar ergiebt ſich das Sein des Hauſes
aus deſſen formgebendem Prinzip, d. i. aus Zuſammenſetzung und Ord=
nung und aus der natürlichen Beſchaffenheit beſtimmter Gegenſtände.
Wie der Koch mit Benützung einer aktiven Naturkraft, des Feuers, die
Speiſe kocht, ſo ſtellt der Baumeiſter das Haus her unter Verwendung
von Kalk, Steinen und Holz, welche jene Zuſammenſetzung und Ordnung
aufnehmen und bewahren. Deshalb hängt das Sein des Hauſes von
der Natur dieſer Dinge ab, wie das Werden des Hauſes von der Thätig=
keit des Baumeiſters. . . . Wie alſo das Werden eines Gegenſtandes nicht
fortbeſtehen kann ohne die Thätigkeit der Wirkurſache des Werdens, ſo
kann auch das Sein eines Gegenſtandes nicht fortdauern ohne die Thätig=
keit des Wirkenden, das Wirkurſache nicht bloß des Werdens, ſondern
auch des Seins iſt. Darum behält erwärmtes Waſſer die Wärme bei,
auch wenn das Fener aufhört zu brennen; dagegen bleibt die Luft auch
nicht einen Augenblick durchleuchtet ohne die Thätigkeit der Sonne."[2]

9. Reſultate.

1. Um den Tauſchwert zu finden, vom Gebrauchswert zu abſtra=
hieren, iſt unlogiſch und widerſpricht für die Geſamtproduktion wie für
die einzelne Ware den Thatſachen. Nicht nur die Arbeit, ſondern auch
der Nutzen und der Bedarf wirken beſtimmend auf den Tauſchwert ein.

2. Aus dem nämlichen Grunde iſt auch die Scheidung von Gebrauchs=
wert und Tauſchwert der Arbeitskraft unhaltbar. Der Tauſchwert der
Arbeitskraft wird nicht nur durch die Unterhaltskoſten, ſondern auch und
zunächſt durch die Leiſtungsfähigkeit beſtimmt. Wenn auch die Leiſtungs=

---

[1] I, 91, 3c.   [2] I, 104, 1c.

fähigkeit oft nicht, ja manchmal nicht einmal die Unterhaltungskosten vergütet werden, so ist die Berücksichtigung der beiden Faktoren nicht nur ein ethisches Postulat, sondern wird auch vielfach in der Wirklich= keit bethätigt. Ausgebeutet kann der Arbeiter wohl werden und wird er oft, wurde er besonders in dem England des Karl Marx am Anfang des 19. Jahrhunderts. Aber die Ausbeutung ist kein absolutes Prinzip der Eigentumsordnung[1]. Wenn der Kapitalist, als (physische oder moralische) Person und nicht als Personifikation, den Gebrauchswert der Arbeits= kraft nicht berücksichtigt, dann ist nach der heutigen Eigentumsordnung der Tauschwert kein gerechter, dann wurde nicht Äquivalent gegen Äquivalent ausgetauscht, wie Marx behauptet[2].

3. Damit fällt dann weiterhin die zentrale Theorie vom Mehrwert. Wie entsteht der Mehrwert? Nach Marx dadurch, daß der Arbeiter den vorhandenen Wert auf das Neuprodukt überträgt und dazu noch einen Neuwert fügt, der einen Überschuß über den gezahlten Arbeitslohn ent= hält. Das Wesen der Produktion ist hier ganz verkünstelt, die Wert= bildung ganz engherzig aufgefaßt. Der Mehrwert kommt vielmehr nach dem Vorausgehenden dadurch zu stande, daß die Produktionselemente (Natur, Kapital und Arbeit) von dem Produktionsleiter so kombiniert werden, daß das neue Produkt einen entsprechend höhern Wert repräsen= tiert. Die Produkte sind notwendig wertvoller als das Produzieren[3]. „Was seine Form hat, ist vollkommen. Was erst derselben fähig ist, ist etwas Unvollkommenes.“[4] Man braucht das technische Verhältnis nur ins Ökonomisch=Juristische zu übersetzen. Der Proportion, in der jedes Pro= duktionselement zur Produktion beiträgt, muß der entfallende Anteil am

---

[1] Kautsky a. a. O. S. 38: „Das kapitalistische Lohnsystem bedeutet unter allen Umständen die Ausbeutung des Lohnarbeiters“; S. 37: „Der Arbeitslohn kann also in der kapitalistischen Gesellschaft nie so hoch steigen, daß die Ausbeutung des Arbeiters ein Ende nimmt.“

[2] Damit soll nicht geleugnet werden, daß es nicht nur dem einzelnen Arbeiter oft nicht möglich ist, den entsprechenden Lohn zu erlangen, sondern auch dem ein= zelnen Unternehmer, ihn zu zahlen. Aber gegen gesellschaftliche Mißstände giebt es auch gesellschaftliche Heilmittel. Wo der Einzelne seine Forderungen nicht durchsetzen kann, da helfen in etwa schon staatliche Schutzgesetze, noch mehr aber freier Zu= sammenschluß, die Beeinflussung der öffentlichen Meinung und Gesetzgebung der ein= zelnen Nationen, die Förderung des sozialen Pflichtbewußtseins. Daß den Unter= nehmern nicht so sehr die Hände gebunden sind, wie es oft dargestellt wird, zeigt das Mißverhältnis, in dem die Dividenden mit den Löhnen in der letzten Zeit vielfach standen. Es beweist, daß es oben an der nötigen sittlichen und sozialen Auffassung und bei den Arbeitern an der nötigen Organisation und der Art der Organisation fehlt.

[3] 1 eth. I d.   [4] Ibid. 9 b.

Ergebnis der Produktion entsprechen, ob nun Natur und Kapital im Privat= oder Gemeinbesitz sich befinden. Wieviel auf jeden der beteiligten Faktoren fällt, kann freilich nur approximativ bestimmt werden.

Die Beteiligung an der Produktion kann nun nach Art eines Ge= sellschaftsvertrags geschehen. Hier sind alle an dem Erfolg oder Mißerfolg des Unternehmens in gleicher Weise interessiert. Der Reinertrag muß deshalb nach der Größe des Einsatzes gleichheitlich verteilt werden. Der Besitzer eines Produktionselements kann aber auch die Nutzung desselben gegen bestimmtes Entgelt an einen Produktionsagenten abtreten. Dieser trägt hier allein das Risiko. Er hat die gewährte Nutzung in jedem Falle zu entschädigen. Dagegen bestehen auch keine weitern Ansprüche an ihn, wenn er gewinnt. Der Gewinn erweist sich hier als Prämie für die wirt= schaftliche Tüchtigkeit, wie der Verlust als Strafe für wirtschaftliche Fehler.

Wert=Steigerungen und =Minderungen sind allerdings auch oft das Resultat äußerer Umstände oder gesellschaftlicher Verhältnisse. Aber abge= sehen davon, daß hier manche Ausschreitungen ebenfalls von Gesellschafts wegen eingedämmt werden können (z. B. die Grundstück=Spekulation in der Nähe großer Städte), müssen einzelne Begleiterscheinungen in Kauf genommen werden, wenn man auf die günstigen Wirkungen der Privat= initiative nicht ganz verzichten will. Sehr hohe Gewinnbezüge sind jeden= falls nur dann gerechtfertigt, wenn im Arbeitsvertrag keine Übervorteilung und gegenüber den Konsumenten keine ungebührliche Preissteigerung vorliegt.

Wenn auch die Regel ist, daß das Kapital die Arbeit anwirbt, so ist doch das umgekehrte Verhältnis nicht unmöglich. In England steht nichts im Wege, daß die Arbeiter einzelne Zweige der Großindustrie an sich ziehen. Es kommt nur darauf an, daß sich Leute mit den notwendigen kaufmännischen und technischen Kenntnissen unter ihnen finden, und vor allem das Schwierigste, daß sie den Begabtern ihres Standes sich unter= werfen. Das erstere ist nach Fr. H. Berthau (selbst „Kapitalist und Pro= duktionsagent") bei den Arbeitern der englischen Baumwollspinnerei der Fall. An Kapital und Kredit fehlt es ihnen nicht. Dennoch kaufen sie keine der überaus billigen Spinnereien. Warum? „Weil der Arbeiter eine sehr begreifliche Abneigung vor Verlust hat und denselben mehr fürchtet als der gewiegte Kapitalist; der englische Arbeiter weiß, daß die Spinnerei= besitzer in den letzten Jahren Kapital verloren haben; er zieht einen sichern Lohn einem prekären Gewinn vor [1]. . . . Komplizierte Geschäftszweige, wie

[1] Vgl. auch „Neue Zeit" XVI[1], 747, Art. „Kritisches Zwischenspiel" von Ed. Bernstein: „Das Kapitalvermögen, welches die englischen Arbeiter in ihren Spar=, Hilfs=, Gewerkschaftsvereinen aufgehäuft haben, wird auf Hunderte von

Maschinen= und chemische Industrie, Industrien, welche dem Luxus dienen oder welche ganz bestimmte künstlerische, wissenschaftliche, soziale Kennt= nisse voraussetzen, werden wohl immer in den Händen einzelner Unter= nehmer bleiben. Wir Kapitalisten müssen den Übergang einzelner Fabriken an die Arbeiter herbeiwünschen: ... sie werden sich überzeugen, daß be= sonders die Marxschen Gesetze der Ausbeutung der Arbeiter durch Mehr= arbeit und das Herabdrücken der Löhne als Mittel zur Bereicherung in das volkswirtschaftliche Antiquitätenmuseum zu verweisen sind." [1]

Wenn auch die Profitsucht auf Kosten anderer und auch der Arbeiter noch nicht so sehr antiquiert ist, als es hier hingestellt wird, so macht sich doch Marx einer exorbitanten Überschätzung der Handarbeit auf Kosten der unternehmenden und leitenden Arbeit schuldig. Vom Kapitalisten hört man nur dort, wo der Arbeiter geprellt wird, oder wo die Rede davon ist, daß die Direktoren der Aktiengesellschaft die Kapitalisten überflüssig machen. Im übrigen bildet und überträgt der Arbeiter fast ausschließlich allen Wert. Nun ist aber klar, daß der Arbeiter nur dann Werte bildet, wenn die kaufmännische und technische Disposition zweckmäßig getroffen ist. Das ist aber Sache des oder der unternehmenden und leitenden Pro= duktionsagenten. Marx hat, wie K. Jentsch hervorhebt, hauptsächlich den ziemlich einfachen Betrieb der Baumwollspinnerei vor Augen, die in Eng= land seit Anfang der modernen Industrie den Hauptplatz in der Produktion einnahm. Aber das gesamte Wirtschaftsleben ist nicht mit einer für die Baumwollspinnerei passenden Formel ausgesprochen [2]. Die jugendliche

---

Millionen Mark geschätzt. Wäre ein starker Drang nach genossenschaftlicher Arbeit vorhanden, so müßte er sich unter diesen Umständen immerhin merklich bekräftigen; aber von wenigen Ausnahmen abgesehen, bei denen zumeist auch noch Einflüsse aus= schlaggebend waren, die mit dem Genossenschaftsgedanken an sich nichts zu thun haben, hat sich noch sehr wenig davon gezeigt. Die Textilarbeiter in Lancashire haben z. B. beträchtliche Summen Geld in dortigen Fabriken angelegt, und es herrscht vielfach die Meinung, daß sie sich dadurch Stimmen im Verwaltungsrat dieser Fabriken gesichert hätten. Aber zur Zeit der Diskussion über die von den Fabrikanten während der Stockung im Sommer vorigen Jahres (1897) vorgeschlagene Lohnreduktion schrieb Mawdsley, der Sekretär der Spinnergewerkschaft, mit einer gewissen Genug= thuung an demokratische Blätter, die Arbeiter hätten sich nur wenig auf das riskierte Geschäft der Anlegung ihres Geldes in Aktien eingelassen, sie hätten es vorgezogen, Obligationen einzuthun, die seien ziemlich sicher. Unzweifelhaft, und nur Pharisäer können dies den Arbeitern verargen. Aber kann man danach von einem starken Trieb reden, den Fabrikanten loszuwerden und genossenschaftlich zu produzieren?"

[1] Diskussion über die angeführten Vorträge von W. Sombart S. 70 ff.

[2] Ganz drastisch tritt die Bedeutung des Unternehmers zu Tage, wo seitens der sozialistischen Partei vor Gründung von Genossenschaften gewarnt wird, weil die Arbeiter nicht „die nötige Kenntnis vom Geschäftsgang und der Geschäftsleitung" hätten (vgl. Berliner Parteitag, Protokoll S. 224).

Nationalökonomie hat allerdings übermäßig das Risiko des Kapitalisten betont, nicht aber auf die Gefahren (Unfall, Krankheit, Tod) geachtet, denen sich der Arbeiter aussetzt.

4. Mit der Wertlehre verlieren endlich auch die Aufstellungen von der Anhäufung von Mehrwert, von stets gesteigerter Akkumulation von Kapital in wenigen Händen und der Anhäufung von Elend, Druck und Knechtschaft der großen Masse ihren wissenschaftlichen Charakter. Soweit nach Abzug der sozialistischen Übertreibungen ähnliche Tendenzen vorwalten, sind sie auch ohne die Wertlehre zu erklären. Jedenfalls steht ihnen die Gesellschaft nicht mit gebundenen Händen gegenüber. Ehe wir uns über jene Zustände und Tendenzen genauer orientieren, müssen wir noch einen Augenblick bei den Rettungsversuchen verweilen, durch die man die Wert=theorie aufrecht halten will.

10. Rettungsversuche.

Nachdem die Marktwerte in der Gegenwart weder mit der ver=gegenständlichten Arbeit identisch sind noch auch irgendwie in großen Durchschnitten um dieselbe oszillieren, flüchten Engels und Marx (ähnlich wie beim vorgeschichtlichen Urkommunismus) aus der dornenreichen Gegen=wart in ältere Zeiten zurück, wo das Wertgesetz noch in Geltung gewesen sein soll. Die Beweismethode ist hier eigener Art. Zuerst am Anfang des „Kapital", das den zeitgenössischen Kapitalismus behandelt, be=weist Marx haarscharf, daß beim einzelnen Austausch die Arbeit allein wertbestimmend sei[1]. Im dritten Band, wo er die Vorgänge des wirk=lichen Markts untersucht, zeigt sich, daß die Waren sich nicht zu ihren Werten austauschen. Allein ein Seitensprung hilft aus der Klemme. In der Gegenwart trifft jene Annahme nicht zu, weil die Verhältnisse so verwickelt sind. Früher, wo die Verhältnisse einfacher waren, geschah der Austausch der Waren gewiß zu ihren Werten. Engels sucht dann noch des nähern darzustellen, wie die Produktionspreise, die an die Stelle der Werte getreten seien, historisch an diese anknüpfen. Allein der a priori angenommene Ausgangspunkt steht, wie sich im Laufe der Erörterung er=geben hat, in ähnlichem Widerspruch mit den Thatsachen, wie der theo=retisch angenommene Wert zum wirklichen Marktwert von heute. Auch bietet die historische Überleitung unlösbare Schwierigkeiten. Selbst Werner Sombart spricht sich entschieden dagegen aus[2].

Wie steht es aber in der Gegenwart? Hier flüchtet man zu Allge=meinheiten, zu in letzter Instanz herrschenden Gesetzen, zu gedanklichen Auffassungen, zu Hypothesen.

---

[1] Vgl. oben S. 153.   [2] Vgl. a. a. O. S. 584 ff.

1. Ein Argument von Marx für die Geltung des Wertgesetzes formuliert Böhm=Bawerk folgendermaßen: „Wenn auch die einzelnen Waren sich untereinander über oder unter ihren Werten verkaufen, so heben sich diese Abweichungen doch gegenseitig auf, und in der Gesellschaft selbst — die Totalität aller Produktionszweige betrachtet — bleibt daher doch die Summe der Produktionspreise der produzierten Waren gleich der Summe ihrer Werte (III¹, 138).“ ¹ Das ist eine vollständige Verflüchtigung und Verkehrung des Wertproblems überhaupt. Wenn die Werttheorie im einzelnen falsch ist, so wird sie dadurch nicht richtig, daß ich unter Herbeiziehung mehrerer Produktionszweige einen großen Durchschnitt ziehe. Denn die Produktionspreise schwingen nicht um diesen Durchschnitt, sondern in dauernder Abweichung von ihm um einen dem jeweiligen Einzelkapital entsprechenden Durchschnitt. Wenn man doch einen Durchschnitt zieht, so hat derselbe nur mathematische Bedeutung wie zwischen sonst irgendwie beliebigen Größen auch, z. B. die durchschnittliche Umlaufszeit der Planeten (zusammengenommen) um die Sonne.

Zu einem irgendwie nicht nur praktisch, sondern auch theoretisch brauchbaren Wertbegriff kann man nur gelangen, wenn man vom wirklichen Austausch ausgeht. Die Nationalprodukte werden aber nicht in ihrer Gesamtheit, sondern immer nur im einzelnen ausgetauscht. Wenn hier die Werttheorie nicht zutrifft, was soll da der notwendig verschwommene Ausdruck „Gesamtwert“? Man macht auf den hohen Gesichtspunkt aufmerksam, von dem aus in das ganze Wirtschaftsgetriebe Licht komme, dadurch, daß man sich die Waren nach den Quantitäten der darin aufgehäuften Arbeit ausgetauscht denke. Aber der hohe Gesichtspunkt nützt sehr wenig, wenn man die Dinge alle schief sieht. Soweit die vermeinte Betrachtungsweise wirklich angängig ist, ist sie der Nationalökonomie nicht fremd. Im vorliegenden Falle liefert sie keine genauere Erkenntnis, sondern nur eine einfache Tautologie, nämlich daß die Waren sich schließlich (auf dem Umwege des Geldes) wieder gegen Waren vertauschen. Es wird damit freilich auch das Gesamtquantum Arbeit vertauscht, aber nicht allein und nicht in irgendwie durch eine Formel auszusprechenden Regelmäßigkeiten.

2. Der Wert soll dann auch, allerdings indirekt, den einzelnen Produktionspreis bestimmen². Der Produktionspreis setzt sich zusammen aus dem Kostpreis und dem Durchschnittsprofit. Der Kostpreis besteht nach Marx aus der Auslage von konstantem und variablem Kapital. Erstere Auslage setzt sich bei dem oder den Produzenten, an die sie

---

¹ Vgl. a. a. O. S. 113 ff.   ² Vgl. a. a. O. S. 134 ff.

geht, wieder aus konstantem und variabelm Kapital plus Durchschnitts=
profit zusammen. Geht man so zurück, so erhält man am Ende eine Reihe
Löhne und eine Reihe Durchschnittsprofite. Beide wirken also auf den
Produktionspreis ein.

Die Summe der Löhne besteht aus der Menge der aufgewen=
deten Arbeit multipliziert mit der Höhe des Lohnsatzes. Da nur die Ar=
beitsmenge, nicht aber die Lohnhöhe einen Einfluß auf den Wert aus=
übt, so wirkt bei der Bestimmung des Produktionspreises ein Faktor mit,
der mit dem Wertgesetz nichts zu thun hat.

Der Einfluß des Wertgesetzes durch den zweiten Bestimmungsgrund
des Produktionspreises, den Durchschnittsprofit, kommt folgender=
maßen zur Geltung. Zunächst bestimmt das Wertgesetz den Gesamt=
wert. „Da nun der Gesamtwert der Waren den Gesamtmehr=
wert, dieser aber die Höhe des Durchschnittsprofits regelt ...,
so reguliert das Wertgesetz die Produktionspreise."[1] Der
Durchschnittsprofit hat demnach mit dem Mehrwert des einzelnen Unter=
nehmens gar nichts zu thun, der Einfluß des Wertgesetzes kommt viel=
mehr auf großen Umwegen ans Ziel. Die erste Station ist uns schon
bekannt. Das Wertgesetz soll zunächst den Gesamtwert aller Waren be=
stimmen. „Wenn man, wie es ja doch auch Marx thut, den Begriff und
das Gesetz des Werts auf die Austauschverhältnisse der Güter münzt,
so hat es keinen Sinn, Begriff und Gesetz auf ein Ganzes anzuwenden,
welches als solches in jene Verhältnisse nie eintreten kann: für den nicht
stattfindenden Austausch dieses Ganzen giebt es natürlich weder einen
Maßstab noch einen Bestimmungsgrund, und daher kann es auch keinen
Inhalt für ein Wertgesetz geben. Wenn aber das Wertgesetz einen reellen
Einfluß auf einen chimärischen ‚Gesamtwert aller Waren zusammen=
genommen‘ überhaupt nicht hat, kann natürlich ein solcher Einfluß auch
nicht auf andere Verhältnisse weitergeleitet werden, und die ganze viel=
gegliederte Kette, die Marx mit äußerlich säuberlicher Logik weiterzu=
knüpfen bemüht war, hängt daher in der Luft."[2]

Angenommen, der Gesamtwert sei wirklich eine reelle, durch das Wert=
gesetz bestimmte Größe, so ergiebt sich der Gesamtmehrwert aus der
Differenz zwischen Gesamtwert und Arbeitslohn. Da die notwendigen
Lebensmittel sich nach Marx zu Produktionspreisen verkaufen können, die
von der notwendigen Arbeitszeit abweichen, so kann auch der Arbeitslohn
von seinem Werte abweichen, wodurch ein Einfluß auf den Produktions=
preis sich geltend macht, der nicht vom Wertgesetz ausgeht.

---

[1] „Kapital" III[1], 159.   [2] Böhm=Bawerk a. a. O. S. 139 f.

Der Gesamtmehrwert „regelt" weiterhin die Durchschnittsprofitrate nur in Verbindung mit der Größe des gesellschaftlichen Gesamtkapitals. Auch dieses übt seinen Einfluß auf den Produktionspreis, ohne selbst vom Wertgesetz bestimmt zu sein.

Der konkrete Durchschnittsprofit endlich kommt zu stande durch Multiplikation des vorgeschossenen Kapitals mit der Durchschnittsprofitrate. Die Größe des in den verschiedenen Stadien vorgeschossenen Kapitals bestimmt sich nach der Menge der zu honorierenden Arbeit und nach der Höhe des zu entrichtenden Lohnes. Nur die Arbeitsmenge ist durch das Wertgesetz bestimmt.

Also weder bei der Lohnauslage noch beim Durchschnittsprofit, welche den Produktionspreis bestimmen sollen, wirkt, auch wenn man den „Gesamtwert" gelten läßt, nur die Arbeitsmenge auf den Produktionspreis ein. „Das Wertgesetz prätendiert, daß die Arbeitsmenge allein die Austauschverhältnisse bestimme, die Thatsachen beinhalten, daß nicht die Arbeitsmenge oder ihre homogenen Faktoren allein die Austauschverhältnisse bestimmen. Diese beiden Sätze verhalten sich zu einander wie Ja und Nein, wie Behauptung und Widerspruch. Wer den zweiten Satz anerkennt — und Marx' Theorie von den Produktionspreisen enthält diese Anerkennung —, widersagt faktisch dem ersten." [1]

3. Eine letzte Zufluchtsstätte hat dem „gescheuchten Wert" Werner Sombart im Denken des ökonomischen Theoretikers angewiesen [2]. Nach Marx hat aber der Wert eine viel bestimmtere Bedeutung. Überall, besonders bei Ableitung seiner Wertlehre, geht er von wirklichen Tauschverhältnissen aus. Seine ganze Wertlehre hätte auch keinen rechten Sinn und keine Bedeutung. Marx wie Engels gilt ferner der Austausch der Waren zu ihren Werten als eine Jahrtausende hindurch geltende ökonomische Formel, an die sie historisch-empirisch die Produktionspreise anlehnen. Mit aller Bestimmtheit behauptet Marx die Beherrschung der heutigen Produktionspreise durch die Werte.

Allein in Wirklichkeit ist auch die Sombartsche Auffassung keine rein gedankliche Thatsache; glaubt er doch, daß in der Wertvorstellung die gesellschaftliche Produktivkraft der Arbeit, eine die wirtschaftliche Existenz der menschlichen Gesellschaft objektiv beherrschende Thatsache, den adäquaten ökonomischen Ausdruck gefunden hat. Auch diese Wertvorstellung ist daher höchst empirisch gedacht. Sie entfernt sich nicht so weit von der Marxschen Auffassung, sie entzieht dieselbe nur durch das Zwischenspiel der „gedanklichen Thatsache" der strengen Thatsachenprobe. Darum gelten

---

[1] A. a. O. S. 144. [2] Vgl. oben S. 173 f.

auch ihr gegenüber dieselben Gründe wie gegenüber der Marxschen Auf=
fassung. Man kann allerdings die Abstraktion, wonach die Waren sich
verhalten wie die auf sie verwendeten Arbeitsquantitäten, vornehmen, aber
das ist noch keine adäquate Wertvorstellung. Auch wenn die Arbeit die
„ökonomisch relevanteste Thatsache" ist, ist es nicht die allein relevante,
die andern Thatsachen dagegen nur eine verschwindende Größe, von der
man abstrahieren kann. „Für das wirtschaftliche Dasein der Menschen ist
es z. B. in sehr hohem Grade relevant, ob das Land, das sie bewohnen,
mehr der Rheinebene oder aber der Sahara oder Grönland gleicht; und
auch das ist von gewaltiger Bedeutung, ob die Arbeit der Menschen von
einem von früher her aufgesammelten Gütervorrat unterstützt wird, ein
Moment, welches sich auch nicht ganz rein in Arbeit allein auflösen läßt.
Vollends in Bezug auf die Austauschverhältnisse ist für manche Güter,
wie z. B. für alte Eichenstämme, für Kohlenlager, für Grundstücke, die
Arbeit ganz gewiß nicht der objektiv relevanteste Umstand; und wenn
letzteres auch für die Hauptmasse der Waren zugegeben werden kann, so
muß doch nachdrücklich hervorgehoben werden, daß auch die andern, neben
der Arbeit maßgebenden Faktoren einen so bedeutenden Einfluß ausüben,
daß sich die faktischen Austauschverhältnisse doch ganz erheblich von der=
jenigen Linie entfernen, welche der verkörperten Arbeit allein entsprechen
würde." [1] Wenn also jene Wertvorstellung den wirklichen Tauschwert ge=
danklich zu fassen glaubt, so ist das ein Irrtum; wenn sie aber nur einen
Bestimmungsgrund (neben andern) faßt, dann ist sie eben keine adäquate
bezw. überhaupt keine Wertvorstellung, wenn man dem Worte „Wert"
nicht eine ganz andere Bedeutung beilegen will.

4. Konrad Schmidt faßt die Wertlehre als Hypothese, die not=
wendig sei, um einen Einblick zu gewinnen in die Beziehungen zwischen
Preis und Arbeitsmenge, in die durch die Preisbildung vermittelte
Verteilung des Gesamtprodukts unter die verschiedenen Klassen, in den
Ausbeutungscharakter der kapitalistischen Produktionsweise. An der Hypo=
these, daß die Waren sich zu ihren Werten austauschen, müsse man die
typischen Erscheinungen der kapitalistischen Volkswirtschaft prüfen. Dies
geschehe durch Marx im ersten und zweiten Band seines „Kapital". Dieser
Teil spiegele zwar in den Grundzügen die kapitalistische Wirklichkeit wieder,
widerspreche ihr aber ebensowohl in gewisser Beziehung, da die Pro=
fite von dem jeweils herausgeschlagenen Mehrwert, und die Preise von
der Arbeitszeit abweichen. Jene Hypothese bedürfe also einer Modifi=
kation, diese werde im dritten Band vorgenommen. „Die einfache

---

[1] Böhm=Bawerk a. a. O. S. 195 f.

Regel des Zusammenfallens beider Faktoren, die zu einer vorläu=
figen Orientierung unumgänglich nötig war, ist nun dahin abzuändern,
daß die wirklichen Preise von jener vorausgesetzten Norm nach einer
gewissen allgemein formulierbaren Regel abweichen. Auf
diesem Umweg — und auf diesem Umweg allein — kann die wirkliche
Beziehung zwischen den Preisen und der Arbeitszeit, damit aber auch der
wirkliche Modus der Ausbeutung, durch den die kapitalistische Produktions=
weise charakterisiert ist, erkannt und im Detail begriffen werden." [1]

Eine Hypothese zur Erklärung von Thatsachen anzuwenden, für
welche auf einem andern Wege noch keine Erklärung gefunden ist, kann
unter Umständen für die Erkenntnis recht förderlich sein. Steht in unserm
Fall die Sache wirklich so? Kann man den Bestimmungsgründen des
Preises und den mit ihnen zusammenhängenden wirtschaftlichen Thatsachen
auf keine andere Weise auf die Spur kommen und die Vorgänge der
wirtschaftlichen Welt auf keinem andern Wege gedanklich näher bringen
als durch jene Hypothese? Die vorausgehende Erörterung zeigt, daß dies
sehr wohl möglich ist. Die Erklärung, welche die bezeichnete Hypothese
liefern will, sieht allerdings sehr einfach aus. Aber Einfachheit in der
Theorie bedeutet nicht immer Richtigkeit, sondern oft Einseitigkeit, und ge=
rade in der so überaus komplizierten Welt der wirtschaftlichen Thatsachen.
Es ist ein auf ein falsches, weil untergeordnetes Prinzip gestellter Monis=
mus, von dem aus die Thatsachen notwendig eine falsche Beleuchtung er=
fahren. Das Bedürfnis, auf das sich alle menschliche Arbeit und aller
sachliche Nutzen bezieht, bewährt sich in Theorie und Praxis viel besser.
Aber auch wenn man auf einem andern Wege noch keinen Einblick in
die Ökonomie besäße, wäre es doch nicht statthaft, eine Hypothese anzu=
wenden, die von vornherein nicht nur unwahrscheinlich, sondern sogar
evident falsch ist.

Die angebliche Erklärung mancher Thatsachen durch jene Hypothese
ist nicht schwer zu erklären. Die Arbeit ist ein wirklicher und, wie stets
hervorgehoben, ein bedeutender, ja meistens der bedeutendste Wertbe=
stimmungsgrund. Rückt man nun, wie es Marx in den beiden ersten
Bänden des „Kapital" thut, die Leistungen dieses Wertbestimmungsgrundes
sehr nahe vor Augen, so können die hinter ihm stehenden Leistungen der
übrigen Faktoren leicht übersehen bezw. als zu jenen Leistungen gehörig
angesehen und gebucht werden.

Nun geht aber der Hypothese gerade dort der Atem aus, wo nach
der ganzen Darstellung von Marx eine Hypothese erst einsetzen sollte, näm=

---

[1] 1. Beilage des Vorwärts vom 10. April 1897, Rezension der Schrift von
E. v. Böhm=Bawerk.

lich bei der Erklärung der Abweichungen des wirklichen Tauschwerts vom
eigentlichen „Wert". Es muß eine „Modifikation" vorgenommen werden,
die von der größten Tragweite ist. Die Hypothese hatte angenommen,
die Waren würden zu ihren Werten ausgetauscht, die Wirklichkeit zeigt,
daß die Waren grundsätzlich nicht zu ihren Werten ausgetauscht werden.
Die Wirklichkeit, welche jene Hypothese erklären will, steht also in direktem
Gegensatz zu ihr. Eine so prinzipielle Modifikation bedeutet eine zweite
Hypothese, welche die Aufhebung der ersten Hypothese ist.

Der „Umweg" ist ein Irrweg. Warum auf solchen Umwegen eine
Lösung suchen, wenn man auf andern Straßen leichter zum Ziele kommt?
Die Bestimmungsgründe, die auf den Tauschwert einwirken, lassen sich
als harte Thatsachen durch keine Hypothese eliminieren. Man mag mit
dem Marxschen System einen Weg einschlagen, welchen immer man will,
man kommt aus den Widersprüchen nicht heraus. Die Widersprüche sind
notwendig, weil sich das System von Anfang an in Gegensatz zu den
Thatsachen setzt. Die Widersprüche sind deshalb auch keine Dissonanzen,
die sich leicht auflösen, es sind durch und durch falsche Töne. Es klingt
aus allen sozialistischen Deduktionen als Grundton heraus: Die Arbeiter
werden auf jeden Fall ausgebeutet, und nach diesem Grundton werden
dann die Saiten gestimmt.

B. Die notwendige Kapitalkonzentration und Proletarisierung als Übergang zum Sozialismus.

Trotz der Unrichtigkeit der Wertlehre könnte die Thatsache einer steigen=
den Kapitalkonzentration und Verelendung bestehen. Es würde sich dann
immer noch fragen, ob diese Thatsache ökonomisch notwendig sei und ob
sie unbedingt zum Sozialismus führe. Wie verhält es sich zunächst mit der
Thatsache selbst? Bei Beantwortung dieser Frage von seiten des Sozialis=
mus werden bewußt und unbewußt zwei Begriffsverschiebungen begangen,
wodurch seine höchst pessimistische Betrachtungsweise unvergleichlich wahr=
scheinlicher wird, als es außerdem der Fall wäre. Kapitalkonzentration
kann sich nämlich beziehen sowohl auf den rechtlichen Vermögensbesitz wie
auf die technische Betriebsform. Großbetrieb und Großkapital sind aber in
der Industrie und im Handel nicht einfachhin identisch, und wo sie, wie
meistens in der Landwirtschaft, identisch sind, ist die angebliche Tendenz
zum Großbetrieb nicht vorhanden. Unter Proletarier versteht man
sozialistischerseits jeden Arbeiter, der von seinen Arbeitsmitteln getrennt
ist. Dadurch schnellt die Zahl der Proletarier bedeutend in die Höhe.

Nehmen wir aber die genannten Begriffe zunächst im Sinne des
Sozialismus. Ist wirklich der Großbetrieb durchgehends siegreich und

wirtschaftlich allein berechtigt? Welches ist der gegenwärtige Stand der verschiedenen Betriebsarten und -formen in Deutschland? „Fassen wir die Ergebnisse der Berufszählung von 1895 für Landwirtschaft, Gewerbe und Handel einheitlich nach den Betriebsmerkmalen zusammen und rechnen zur Geschäftsaristokratie die Betriebsleiter mit über 50 Hektar (97 991), die Gewerbetreibenden mit über 11 Personen (73 441) und ebenso die Handeltreibenden (19 465), so haben wir 190 897 solcher Spitzen größerer Geschäfte; daneben zählen wir Landwirte mit 5—50 Hektar (1 218 983), Gewerbetreibende mit 2—10 Personen (653 980) und ebensolche Handeltreibende (349 294), zusammen 2 222 257 Personen mittlerer geschäftlicher Stellung und etwas über 3 Millionen Kleinbauern, kleiner Handwerker, Hausindustrieller und Kleinhändler. In einer Tabelle zusammengefaßt ist das Bild folgendes:

Betriebsleiter in der Landwirtschaft mit über 50 Hektar, in Gewerbe
  und Handel mit 11 und mehr Personen 190 897
Betriebsleiter in der Landwirtschaft mit 5—50 Hektar, in Gewerbe
  und Handel mit 2—10 Personen 2 222 257
Betriebsleiter mit unter 5 Hektar, in Gewerbe und Handel ohne
  Hilfspersonen . . . . 3 343 006 [1].

Im gewerblichen Leben war der Großbetrieb in unserm Jahrhundert in steigendem Vormarsch begriffen. Die ganze Tendenz ist natürlich noch nicht vollendet. Daß sie aber 1895 noch recht weit davon entfernt war, den Mittelstand im Sinne der Leiter mittlerer und kleiner Betriebe zu beseitigen, beweisen die angeführten Zahlen. „Und wenn daran auch noch in der Zukunft sich mancherlei ändert, so fragt es sich doch, wie weit das gehen wird. Eine sichere Antwort ist darauf heute schwer zu geben." [2] Speziell die Behauptung von dem vollständigen Untergang des Handwerks ist eine gewaltige Übertreibung. „Eine Gruppe von frühern Handwerkern ist heute schon verschwunden: die frühern Spinner, Weber, Tuchmacher, Drucker, Färber, Bleicher, die Nagelschmiede, Mützenmacher, Nadler. Auch die Seifensieder, Rotgerber, Böttcher, Kleinmüller, Brauer sind schon sehr zurückgegangen. Eine zweite große Handwerkergruppe ist aber jetzt erst in der Umbildung zu einer konzentrierten Industrie begriffen: typisch sind hierfür die Tischler und Schuhmacher, die Töpfer, die verschiedenen Schmiedearten. Eine dritte Gruppe hat sich ziemlich unverändert erhalten, wozu die Maurer und Zimmerleute, die Steinmetzen

---

[1] Die Verhandlungen des achten Evangelisch=sozialen Kongresses, abgehalten zu Leipzig am 10. und 11. Juni 1897, Göttingen 1897; Vortrag von Professor G. Schmoller: „Was verstehen wir unter dem Mittelstand? Hat er im 19. Jahrhundert zu= oder abgenommen?" S. 152 f.   [2] A. a. O. S. 152.

und Klempner, die Sattler und Schneider gehören, obwohl auch hier schon die großen Geschäfte sehr zunehmen. Eine vierte endlich hat mit dem Wohlstand und der Bevölkerung bis jetzt so ziemlich in der alten Betriebs= form zugenommen: hauptsächlich die Bäcker und Fleischer, die Tapezierer und Uhrmacher, die Maler, Dachdecker und Schornsteinfeger." [1]

„Ein erheblicher Teil der Änderung (von 1882—1895) war ferner nur in der Richtung eingetreten, daß die zu kleinen, kümmerlichen, alten Kundenbetriebe sich in modernisierte Mittelbetriebe umwandelten, wobei 2—10 Hilfskräfte, nicht aber Dutzende oder Hunderte beschäftigt werden. Wo solches geschieht, rücken die Betriebe in die höhern Teile des Mittel= standes, eine Reihe von geringern Kräften bleiben zeitlebens Arbeiter; ob sie aber damit in schlechtere Lage kommen, als wenn sie einen Zwerg= betrieb begründet hätten, ist noch die Frage." [2]

In den mittlern und kleinern Städten, in den Gegenden sparsamerer Bevölkerung, auch in den Ländern des kleinen Besitzes und der großen Dörfer erhielt sich bisher der kleine Gewerbebetrieb, der direkt für die Kunden arbeitet, und wird sich auch künftig bis auf einen gewissen Grad erhalten [3].

„Weit weniger als im Gewerbe zeigt sich in allen H a n d e l s = u n d V e r k e h r s g e s c h ä f t e n die Tendenz zum Großbetrieb. Freilich Eisen= bahnen, Post, Bankwesen, die Seeschiffahrt, Versicherungswesen haben am allerstärksten sich zentralisiert. Aber der eigentliche Handel mit Waren im großen und kleinen, das Wirtshausgewerbe, der Buchhandel, die Handels= hilfsgewerbe, die Kommissions= und ähnliche Geschäfte, die Landschiffahrt, das Frachtgewerbe, zeigen keine großen Änderungen." [4]

Am wenigsten Glück hatte der Sozialismus in Theorie und Praxis mit der L a n d w i r t s c h a f t. Die Landwirtschaft ist vielfach, aber nicht allgemein sehr verschuldet. Ursache ist in den meisten Fällen nicht der mangelnde Großbetrieb, sondern andere wirtschaftliche und gesellschaftliche Verhältnisse. Abgesehen von der Jahrzehnte hindurch fortgesetzten syste= matischen Auswucherung eines großen Teils der Bauernschaft, sind es namentlich die mangelnde Organisation für Einkauf und Absatz, für Kre= dit und Melioration, übermäßig hohe Grundstückspreise und ungünstige Erbrechtsordnungen. Die überseeische Konkurrenz verschärfte noch (von Mitte der siebziger Jahre an) die durch solche Mängel bereits bestehende

---

[1] Vgl. darüber die Arbeit von P. Voigt, Das deutsche Handwerk nach den Berufszählungen von 1882 und 1895, im 9. Band der Untersuchungen über die Lage des Handwerks, den der Verein für Sozialpolitik veröffentlicht hat: Bd. 70 s. Schriften 1897, S. 655 ff.

[2] A. a. O. S. 150.　　[3] Vgl. a. a. O. S. 151.　　[4] A. a. O. S. 152.

wirtfchaftlich allein berechtigt? Welches ift der gegenwärtige Stand der
verfchiedenen Betriebsarten und =formen in Deutfchland? „Faffen wir
die Ergebniffe der Berufszählung von 1895 für Landwirtfchaft, Gewerbe
und Handel einheitlich nach den Betriebsmerkmalen zufammen und rechnen
zur Gefchäftsariftokratie die Betriebsleiter mit über 50 Hektar (97 991),
die Gewerbetreibenden mit über 11 Perfonen (73 441) und ebenfo die
Handeltreibenden (19 465), fo haben wir 190 897 folcher Spitzen größerer
Gefchäfte; daneben zählen wir Landwirte mit 5—50 Hektar (1 218 983),
Gewerbetreibende mit 2—10 Perfonen (653 980) und ebenfolche Handel=
treibende (349 294), zufammen 2 222 257 Perfonen mittlerer gefchäft=
licher Stellung und etwas über 3 Millionen Kleinbauern, kleiner Hand=
werker, Hausinduftrieller und Kleinhändler. In einer Tabelle zufammen=
gefaßt ift das Bild folgendes:

Betriebsleiter in der Landwirtfchaft mit über 50 Hektar, in Gewerbe
      und Handel mit 11 und mehr Perfonen 190 897
Betriebsleiter in der Landwirtfchaft mit 5—50 Hektar, in Gewerbe
      und Handel mit 2—10 Perfonen 2 222 257
Betriebsleiter mit unter 5 Hektar, in Gewerbe und Handel ohne
      Hilfsperfonen . . . . 3 343 006 [1].

    Im gewerblichen Leben war der Großbetrieb in unferm Jahr=
hundert in fteigendem Vormarfch begriffen. Die ganze Tendenz ift natür=
lich noch nicht vollendet. Daß fie aber 1895 noch recht weit davon ent=
fernt war, den Mittelftand im Sinne der Leiter mittlerer und kleiner Be=
triebe zu befeitigen, beweifen die angeführten Zahlen. „Und wenn daran
auch noch in der Zukunft fich mancherlei ändert, fo fragt es fich doch,
wie weit das gehen wird. Eine fichere Antwort ift darauf heute fchwer
zu geben.“ [2] Speziell die Behauptung von dem vollftändigen Untergang
des Handwerks ift eine gewaltige Übertreibung. „Eine Gruppe von frühern
Handwerkern ift heute fchon verfchwunden: die frühern Spinner, Weber,
Tuchmacher, Drucker, Färber, Bleicher, die Nagelfchmiede, Mützenmacher,
Nadler. Auch die Seifenfieder, Rotgerber, Böttcher, Kleinmüller, Brauer
find fchon fehr zurückgegangen. Eine zweite große Handwerkergruppe ift
aber jetzt erft in der Umbildung zu einer konzentrierten Induftrie be=
griffen: typifch find hierfür die Tifchler und Schuhmacher, die Töpfer,
die verfchiedenen Schmiedearten. Eine dritte Gruppe hat fich ziemlich un=
verändert erhalten, wozu die Maurer und Zimmerleute, die Steinmetzen

---

[1] Die Verhandlungen des achten Evangelifch=fozialen Kongreffes, abgehalten
zu Leipzig am 10. und 11. Juni 1897, Göttingen 1897; Vortrag von Profeffor
G. Schmoller: „Was verftehen wir unter dem Mittelftand? Hat er im 19. Jahr=
hundert zu= oder abgenommen?“ S. 152 f.   [2] A. a. O. S. 152.

und Klempner, die Sattler und Schneider gehören, obwohl auch hier schon
die großen Geschäfte sehr zunehmen. Eine vierte endlich hat mit dem
Wohlstand und der Bevölkerung bis jetzt so ziemlich in der alten Betriebs=
form zugenommen: hauptsächlich die Bäcker und Fleischer, die Tapezierer
und Uhrmacher, die Maler, Dachdecker und Schornsteinfeger."[1]

„Ein erheblicher Teil der Änderung (von 1882—1895) war ferner
nur in der Richtung eingetreten, daß die zu kleinen, kümmerlichen, alten
Kundenbetriebe sich in modernisierte Mittelbetriebe umwandelten, wobei
2—10 Hilfskräfte, nicht aber Dutzende oder Hunderte beschäftigt werden.
Wo solches geschieht, rücken die Betriebe in die höhern Teile des Mittel=
standes, eine Reihe von geringern Kräften bleiben zeitlebens Arbeiter; ob
sie aber damit in schlechtere Lage kommen, als wenn sie einen Zwerg=
betrieb begründet hätten, ist noch die Frage."[2]

In den mittlern und kleinern Städten, in den Gegenden sparsamerer
Bevölkerung, auch in den Ländern des kleinen Besitzes und der großen
Dörfer erhielt sich bisher der kleine Gewerbebetrieb, der direkt für die
Kunden arbeitet, und wird sich auch künftig bis auf einen gewissen Grad
erhalten[3].

„Weit weniger als im Gewerbe zeigt sich in allen H a n d e l s = u n d
V e r k e h r s g e s c h ä f t e n die Tendenz zum Großbetrieb. Freilich Eisen=
bahnen, Post, Bankwesen, die Seeschiffahrt, Versicherungswesen haben am
allerstärksten sich zentralisiert. Aber der eigentliche Handel mit Waren im
großen und kleinen, das Wirtshausgewerbe, der Buchhandel, die Handels=
hilfsgewerbe, die Kommissions= und ähnliche Geschäfte, die Landschiffahrt,
das Frachtgewerbe, zeigen keine großen Änderungen."[4]

Am wenigsten Glück hatte der Sozialismus in Theorie und Praxis
mit der L a n d w i r t s c h a f t. Die Landwirtschaft ist vielfach, aber nicht
allgemein sehr verschuldet. Ursache ist in den meisten Fällen nicht der
mangelnde Großbetrieb, sondern andere wirtschaftliche und gesellschaftliche
Verhältnisse. Abgesehen von der Jahrzehnte hindurch fortgesetzten syste=
matischen Auswucherung eines großen Teils der Bauerschaft, sind es
namentlich die mangelnde Organisation für Einkauf und Absatz, für Kre=
dit und Melioration, übermäßig hohe Grundstückspreise und ungünstige
Erbrechtsordnungen. Die überseeische Konkurrenz verschärfte noch (von
Mitte der siebziger Jahre an) die durch solche Mängel bereits bestehende

---

[1] Vgl. darüber die Arbeit von P. Voigt, Das deutsche Handwerk nach den
Berufszählungen von 1882 und 1895, im 9. Band der Untersuchungen über die
Lage des Handwerks, den der Verein für Sozialpolitik veröffentlicht hat: Bd. 70
s. Schriften 1897, S. 655 ff.

[2] A. a. O. S. 150.   [3] Vgl. a. a. O. S. 151.   [4] A. a. O. S. 152.

Überschuldung. Die Reform steht nach den verschiedensten Beziehungen großenteils erst in den Anfängen, und doch läßt sich schon vielfach eine Besserung wahrnehmen. Während der Großgrundbesitz des Ostens mancher= orts von Hypotheken geradezu erdrückt wird, während der mittlere und größere Betrieb eine höhere Verschuldung viel schwerer erträgt, gelingt es dem Kleinbetrieb, wie die badischen Verhältnisse zeigen, erfahrungs= gemäß in den meisten Fällen, die übernommenen Kaufschuldverbindlich= keiten in nicht zu langer Zeit los und ledig zu werden ¹.

„Der bäuerliche Betrieb, und zwar nicht allein der denkbar höchst ent= wickelte, sondern die heutige ostdeutsche Bauernwirtschaft, ist der Konkur= renz des Großbetriebs um den Bodenbesitz durchaus gewachsen; sie würde sich auch ohne jeden Schutz neben der Großlandwirtschaft behaupten können. Ein Akkumulationsgesetz besteht für den Ackerbau überhaupt nicht, die vorherrschende Tendenz ist vielmehr auf Verkleinerung der großen Landwirtschaftsbetriebe gerichtet. Die Besiedelung eines Teils der Guts= ländereien durch bäuerliche Wirtschaften ist nicht nur ein soziales, sondern ein Erfordernis der technisch=ökonomischen Zweckmäßigkeit. Bei richtiger Durchführung wird die innere Kolonisation die landwirtschaftliche Pro= duktion nicht mindern, sondern mehren. . . . Zwei Umstände vor allem drängen hin auf die allmähliche Verkleinerung der großen Betriebe: die zunehmende Intensität der Landwirtschaft und die wachsenden Ansprüche der Arbeiter." Die Durchschnittsgröße der Farmen in Nordamerika nimmt fortlaufend ab in der Richtung von West nach Ost, d. h. von den niedriger zu den hoch entwickelten Staaten; die berühmten Riesenfarmen verschwinden mit der wachsenden Intensität des Betriebs. Im europäischen Rußland sehen wir eine ganz gewaltige Parzellierungsbewegung im Gange. „Die Gefahren, welche den bäuerlichen Mittelstand bedrohen, gehen nicht her= vor aus einer technisch=ökonomischen Schwäche, sondern aus Umständen, die mit der wirtschaftlichen Zweckmäßigkeit nicht das mindeste zu thun haben, ihr vielmehr im höchsten Maße widersprechen. Diese Gefahren sind 1. die Aufsaugung der Bauerngüter, und zwar nicht durch den großen Betrieb, sondern durch den Latifundienbesitz, 2. ihre Zertrümmerung in Zwergwirtschaften, 3. in Überschuldung." ²

Vollmar selbst gesteht das zu, und zwar für die Viehzucht noch mehr als den Körnerbau. Einige Beispiele, die Marx aus Nordamerika

---

¹ Herkner a. a. O. S. 233 f.; vgl. ebenda S. 223 ff. über die Vorteile des Kleinbetriebs gegenüber dem Großbetrieb; ferner M. Sering, Die innere Kolonisation im östlichen Deutschland, Leipzig 1893, S. 62 ff.

² Verhandlungen des Vereins für Sozialpolitik 1893, Referat von Prof. Sering, Leipzig 1893, S. 138 f.

anführe (Riesenfarmen, Dampfmästereien u. dgl.), seien Einzelerscheinungen, denen man skeptisch gegenüberstehen müsse. „Im allgemeinen gilt, daß bei der intensiven Viehzucht, welche eine wahre Viehpflege ist, die Herden nicht über eine gewisse Stückzahl hinausgehen dürfen; 60—70 Stück dürfte das Höchste sein. So erweist sich die Viehzucht als für den Mittel- und Kleinbetrieb besonders geeignet. Dasselbe gilt im allgemeinen für den Bau von Obst, Reben, Gemüse und sonstigen Handelsgewächsen." [1] Mit der Ausdehnung der Industrie gewinnen aber die genannten landwirt- schaftlichen Betriebsarten größere Bedeutung.

Selbst die englische Landwirtschaft, die der festländischen den Weg zeigen und dem sozialistischen Übergangsstadium schon ganz nahe sein sollte, bietet für den marxistischen Standpunkt nicht die erfreulichsten Aus- sichten. „... Weniger zu begreifen ist, ... daß gerade die englische Land- wirtschaft jetzt die Krise zum größten Teil überstanden haben, wiederum auf gesunder Basis stehen soll." [2] Der englische Statistiker Mulhall giebt im Dictionary of Statistics an, daß zehn Elftel des Grund und Bodens des Vereinigten Königreichs 176 520 Eigentümern von 10 Acres Land und darüber gehören. Das ist allerdings im Verhältnis zur Ge- samtbevölkerung eine kleine Zahl, wenn auch etwas mehr als eine ‚Hand- voll'. Indes erschöpft sie keineswegs die Klasse der an der Erhaltung des Bodeneigentums interessierten Personen. Wo das Gesetz und die Boden- statistik nur einen Eigentümer erblicken, steht in Wirklichkeit oft eine ganze Gruppe von solchen. ... Alle diese vermehren die ‚Handvoll' klassen- bewußter Interessenten des Bodeneigentums bis mindestens nahe an eine Million. Selbst nur die Vergesellschaftung des Grund und Bodens würde, wie sie gewöhnlich aufgefaßt wird, im klassischen Lande des Großgrund- besitzes daher mit einem weit größern Widerstand zu kämpfen haben, als man gemeinhin glaubt.

„Auch ist es eine irrige Annahme, daß die wirtschaftliche Entwicklung ‚mit Riesenschritten' zur Verengerung des Kreises der Bodeninteressenten treibt. ... Hier findet Aufsaugung kleiner und dort Zerschlagung großer Güter statt." [3] Die Berücksichtigung der konkreten Verhältnisse besagt, „daß der Gedanke, die Landfrage werde sich dahin zuspitzen, daß sie eines Tages durch Expropriation einer ‚Handvoll' Bodenmagnaten und kapitalistischer Riesenfarmer quasi mit einem Schlag gelöst werden kann, bis auf weiteres

---

[1] Frankfurter Parteitag, Protokoll S. 147.
[2] „Neue Zeit" XV¹, 773, Art. „Die neuere Entwicklung der Agrarverhältnisse in England" von E. Bernstein.
[3] A. a. O. S. 777.

aufgegeben werden muß.... Die sozialistische Landfrage scheint sich auf
anderm Wege vollziehen zu wollen"[1]. England, das Marx als Haupt=
belastungszeugen im Prozeß Sozialismus contra Kapitalismus aufrief, trat
bei Wiederaufnahme des Beweisverfahrens in verschiedener Beziehung
als Hauptgegenzeuge gegen das richterliche Erkenntnis von Marx auf.

Es kommt demnach auf den Großbetrieb allein nicht an, wenn er
auch noch so weitgehend durchgeführt ist wie in England. Noch wichtiger ist
die Verteilung des Eigentums und des Einkommens und die ganze soziale
Gliederung. Konzentration des Betriebs ist nicht einfachhin Konzentration
des Eigentums, und noch weniger bedeutet der Großbetrieb ein schlechtes
Einkommen für die darin Beschäftigten. Bei den Aktiengesellschaften sind
viele und in England oft viele Arbeiter beteiligt. Ja, die Arbeiter führen
selbst manchen Großbetrieb. Auch kann die Besitzrente, wie besonders die
englische Landwirtschaft zeigt, zu Gunsten des Arbeitseinkommens be=
schränkt werden.

Faßt man die ökonomischen und sozialen Zustände unter dieser Rück=
sicht auf, dann verschwindet der Pessimismus bezw. Optimismus, den die
sozialistischen Zahlenbilder hervorzurufen suchen, sofort zum großen Teil.
Mit vollem Recht kann man von der Bildung und großenteils schon
von dem Vorhandensein eines neuen Mittelstandes sprechen, der
allerdings nicht unmittelbar Eigentümer seiner Arbeitsmittel[2], aber des=
halb nicht eigentumslos ist, vielfach sogar ein höheres Einkommen bezieht
als der frühere Mittelstand. Dahin gehören die Beamten und die besser
gestellten Arbeiter in den öffentlichen und privaten Betrieben. Man sagt,
diese seien nicht in sicherer und unabhängiger Stellung und darum nicht
zum Mittelstand zu rechnen. Nun ist allerdings mit der Vorstellung des
materiellen Fortkommens der Begriff des „Mittelstandes" noch
nicht erschöpft; es gehört dazu auch eine bestimmte soziale Stellung[3]. Allein
thatsächlich hat ein großer Teil der genannten Kategorien ein gesichertes
Einkommen als manche dem ältern Mittelstand zugehörigen Gruppen. „Und
in dem Maße, als die großen Organisationen aller Art zunehmen, hat
zugleich die Sitte und der Grundsatz gesiegt, daß geschäftlicher Gehorsam
und pflichttreuer Dienst in den Geschäftsstunden mit sonstiger Unabhängig=
keit der Gesinnung, des Charakters, der Lebensführung vereinbar sei."[4]

---

[1] A. a. O. S. 781.

[2] „Der Begriff des Proletariers als eines Arbeiters, der getrennt ist von seinen
Arbeitsmitteln, hat eine ausschließlich theoretische Bedeutung, ist ein Erzeugnis abs=
trakter Logik" (Landgerichtsrat Kulemann in der Diskussion über den zitierten
Vortrag Schmollers a. a. O. S. 179).

[3] Vgl. a. a. O. S. 135. 171. 180 f.				[4] A. a. O. S. 153.

An höherm (wissenschaftlich-technisch gebildeten, aber nicht leitenden) Verwaltungspersonal zählte man in der Landwirtschaft (96 173), in dem Gewerbe (263 745), im Handel und Verkehr (261 907), abgesehen von einem Teil der Staatseisenbahn- und Postbeamten im Jahre 1895: 621 825 (1882: 307 268). „Also über 600 000 Existenzen, die durchaus dem Mittelstand, und zwar viele dem höhern, angehören.... Und die Verdoppelung dieser Stellungen in 13 Jahren läßt auf ein weiteres rasches Wachsen schließen.“

„Dabei umfassen sie alle höhern, besser bezahlten Arbeiter, die Werk-meister, Steiger, Monteure, Vorarbeiter, nicht, auch nicht die besser be-zahlten gelernten Arbeiter, deren Einkommen, Sicherheit und Unabhängig-keit heute vielfach die der kleinsten Handwerker und Bauern übertrifft. Einen festen Anhalt für ihre Zahl haben wir nicht. Aber ich glaube, jeder unparteiische Beobachter unserer Zustände giebt zu, daß sie eher in Zu= als in Abnahme begriffen sind. Ich glaube nicht, daß sie mit ½ bis ¾ Millionen zu hoch geschätzt sind.“

„Neben ihnen fällt allerdings noch eine bedeutsame Gruppe unserer Berufszählung ins Gewicht, die überwiegend dem Mittelstand angehören, die der liberalen Berufe, des Staats=, Gemeinde=, Kirchen=, Schuldienstes. Man zählte solcher Personen:

	1882	1895
	1 031 147	1 425 691
darunter Unteroffiziere und Soldaten	431 588	603 012
also ohne sie	599 559	822 679

Also immer jetzt über ¾ Millionen, seit 1882 eine Zunahme von etwa 200 000 oder ⅓.“ [1]

Interessant ist gegenüber der Darstellung von Marx eine Be-obachtung der heutigen englischen Zustände. Schon Marx bemerkt von der englischen Industrie: „Ihre wundervolle Entwicklung von 1853—1860, Hand in Hand mit der physischen und moralischen Wiedergeburt der Fabrikarbeiter, schlug das blödeste Auge.“ [2] Das war aber der erste, be-scheidene Anfang der Fabrikgesetzgebung. Julius Wolf hat im Gegensatz zu Marx besonders die Lichtseiten der modernen (englischen und sächsischen) Arbeiterverhältnisse dargestellt, und wenn auch die Stimmung etwas zu optimistisch ist, so ist doch die Thatsache unbestreitbar, daß für einen großen Teil der Arbeiterschaft die Lebensbedingungen sich bedeutend verbessert haben [3]. Der „Vorwärts“ selbst (20. Juni 1897) gesteht zu, daß die

---

[1] A. a. O. S. 153 f.   [2] „Kapital“ I, 259.
[3] Vgl. J. Wolf, Sozialismus und kapitalistische Gesellschaftsordnung, Stutt-gart 1892, S. 166 ff.

Lage der englischen Arbeiter sich im ganzen gehoben hat. Die Thatsache einer wesentlichen Besserung ist unbestreitbar, seitdem sie von der Kgl. Kommission, die in England zur Untersuchung der Arbeiterverhältnisse eingesetzt war, ausdrücklich festgestellt worden ist. Nach dem Bericht der Kommissionsmehrheit ist der Lohn in den letzten 50 Jahren bedeutend gestiegen sowohl in Bezug auf den Nominalbetrag als auch (mit Ausnahme der Hausmiete in den großen Städten) hinsichtlich der Kaufkraft gegenüber dem Bedarf. Auch die weniger günstig urteilende Kommissionsminderheit gesteht eine stetige Verbesserung der durchschnittlichen Lage der Lohnarbeiter in den letzten 60 Jahren zu[1].

„In Bezug auf Frankreich", sagt Schmoller, „ist P. Leroy-Beaulieus Beweisführung gewiß sehr schönfärberisch und tendenziös; aber vieles, was Neymarck, Foville und andere anführen im Sinne einer teils schon vorhandenen, teils neuerdings eingetretenen, mehr gleichmäßigen Verteilung der Einkommen, ist sehr beweiskräftig. Aus der deutschen hierher gehörigen Statistik mag man die Ausführungen Soetbeers und J. Wolfs als optimistisch angreifen; was Böhmert neuerdings über die sächsische Einkommensteuerstatistik gesagt hat, was sein Sohn und ich selbst in meinem Jahrbuch ausführten, ist mindestens für Teile des Problems ebenso beweiskräftig, als für andere die pessimistisch gefärbten Ausführungen anderer."[2]

Mit den oben gegebenen Darlegungen soll deshalb gar nicht gesagt sein, daß heute alles glänzend bestellt sei. Wenn sich auch die Arbeiterverhältnisse großenteils bedeutend gebessert haben, so ist doch der Anteil, der auf die Seite des Eigentums und besonders der großen Vermögen fällt, sehr häufig verhältnismäßig viel zu groß, während dem Arbeiter vielfach auch heute der gerechte Lohn nicht zu teil wird. Aber es wurde schon gezeigt, daß dies nicht eine logische Konsequenz der heutigen Wirtschaftsordnung sei. Im Gegenteil, es kann und konnte bewiesen werden, daß eine wesentliche Hebung der Arbeiterklasse möglich ist und thatsächlich stattfindet. Selbst bei einem materialistischen Laisser faire ist jene Kapitalkonzentration keine fatalistische Notwendigkeit. Würde man allerdings die Dinge einfach gehen lassen, und würde die Gesellschaft durchweg von materialistischer Gesinnung, von dem jüdisch-heidnischen Erwerbsgeist beherrscht, dann wäre wenigstens eine Annäherung an den Gipfel jenes Gegensatzes, von dem man in den Zukunftsstaat überspringt, wahrscheinlich. War dieser Gipfel nicht

---

[1] Vgl. Herkner a. a. O. S. 312 ff.

[2] Schmoller a. a. O. S. 156, daselbst auch genauere Verweisungen; vgl. neuestens auch: W. Böhmert, Das Einkommen des Volkes in Preußen und Sachsen, im „Arbeiterfreund" XXXVI, 28 ff. und separat Dresden 1898.

schon beinahe erstiegen damals, als die Hälfte der Provinz Afrika in den Händen von sechs Besitzern sich befand, die römischen Feldherrn und Staats= beamten meistens vielfache Millionäre waren? Ging man damals zum Kommunismus über? Das Gegenteil geschah. Unter dem Einfluß des Christentums wuchs ein neuer Mittelstand heran, durch glückliche Organi= sationen und Gesetze gefördert und geschützt. So weit wie damals hat es der Materialismus heute doch noch nicht gebracht. Überall rührt und regt sich wieder der christliche Geist gegen den praktischen Materialismus. Nun giebt es allerdings viele, welche nicht durch sittliche Erwägungen überzeugt werden können, besonders wenn es gegen ihre vermeintlichen Interessen geht. Aber was hindert die Gesellschaft, ihre Mitglieder gegen Raubanfälle zu schirmen und dem übermäßigen Wachstum der großen Vermögen Grenzen zu ziehen? Und ist nicht auch die öffentliche Meinung eine große ökonomische Macht? Schon an sich stehen der grenzenlosen Vermehrung der großen Vermögen gewisse Hindernisse im Wege. Es giebt Grenzen, wo der Erwerb unsicher und der Überblick sehr schwierig wird. Durch Vererbung in der Familie und durch häufiges Aussterben derselben werden die Vermögen zersplittert, während sich von unten herauf stets neue Ver= mögen bilden. Staatliche Maßregeln, wie progressive Einkommensteuer und ähnliches, können in gleichem Sinne wirken. Am meisten würde die übermäßige Vermehrung der großen Vermögen, besonders auf Kosten der wirtschaftlich Schwachen, durch die Organisation der Berufsstände und des Kredits erschwert werden. Ansätze dazu sind auf allen Gebieten vor= handen trotz aller dem Großkapital „so reichlich zugeschanzten Vorteile auf Kosten der Allgemeinheit". Wenn Gemeinde und Staat, Wissenschaft und öffentliche Meinung ebensosehr die sozialpolitischen Bestrebungen be= günstigen wie früher zum Teil das Großkapital, können wir getrost in die Zukunft schauen. Der Sozialismus ist nicht nur nicht der einzige und notwendige, er ist nicht einmal, wie sich noch zeigen wird, ein ange= messener und zweckmäßiger Ausweg aus sozialer Not. Die Alternative sowohl der Ethik als auch der Ökonomie und Soziologie heißt nicht: Entweder Großkapitalismus oder Kommunismus, sondern weder das eine noch das andere.

Daß die dialektische Notwendigkeit des Sozialismus und die Gering= wertigkeit der Reformen nicht so sehr feststehen, trat schon deutlich beim Streit zwischen Bebel und Vollmar auf dem Erfurter Parteitag hervor. Die Taktik Vollmars, so erklärte Bebel damals wiederholt, führt zur „Versumpfung der Partei"[1]. Darauf entgegnete Vollmar: „Wenn

---

[1] Vgl. Protokoll S. 173. 199. 274. 281.

das möglich wäre, dann wäre der Fehler nicht an mir oder an denen, welche diese Taktik vertreten, sondern am Sozialismus selbst, weil der Sozialismus in seiner tiefsten Grundlage darauf beruht, daß eine derartige Aussöhnung mit der heutigen Gesellschaft nicht möglich ist."[1] „Eine Hebung der Lage der Arbeiterklasse", sagt Bebel, „könnte nur dann gleichbedeutend sein mit dem Verzicht auf die soziale Umwälzung, wenn sie zur Befriedigung der Arbeiterklasse, zu ihrer Versöhnung mit der gegenwärtigen Gesellschaftsordnung führte. Wäre das möglich, dann spräche das gegen den Sozialismus und nicht gegen die Reform."[2] Die Möglichkeit wird von Bebel selbst durch die kräftige Abwehr „aller Illusionen" bestätigt: „Je mehr die Verhältnisse uns zu praktischer Thätigkeit zwingen, und je mehr die Arbeiterklasse von dieser Thätigkeit erwartet, um so notwendiger ist es, allen Illusionen entgegenzuwirken und auf das Unzulängliche aller in der heutigen Gesellschaft möglichen Reformen hinzuweisen, um so notwendiger, die Unvereinbarkeit dieser Gesellschaft mit der Emanzipation der Arbeiterklasse darzuthun, um so notwendiger, dafür zu sorgen, daß in unsern eigenen Reihen über dem Nächstliegenden nicht unsere großen Ziele vergessen (?) werden."[3]

Seit dem Erfurter Parteitag verging kein Jahr, ohne daß der Gegensatz zwischen der mehr reformerischen und der revolutionären Richtung irgendwie zum Ausdruck kam. Sowohl in dem Für als in dem Wider — beiderseits klagte man sich des Optimismus bezw. Pessimismus an — zeigte sich, daß man trotz aller bombastischen Worte der Notwendigkeit des sozialistischen Kommunismus sehr mißtraue. Wenn auch auf den einzelnen Kongressen die revolutionäre Richtung in der Mehrheit blieb, so trat doch eine beständige Tendenz zu größerer Reformfreundlichkeit deutlich hervor[4]. Seitdem dann noch die Bernsteinschen Artikel erschienen, haben sich die Stimmen in diesem Sinne gemehrt. An die Stelle des Mitleids mit der „Reformmeierei" beginnt so eine eifrigere Mitarbeit an positiver Sozialpolitik zu treten[5]. Früher hieß es: „Diese Aufklärung der Massen über unsere Gegner ist die Hauptaufgabe für unsere parlamentarische Thätigkeit, und nicht die Frage, ob zunächst eine Forderung er-

---

[1] A. a. O. S. 184.   [2] „Neue Zeit" IX[2], 953.   [3] A. a. O. X[1], 167.

[4] Vgl. dazu den gehaltvollen Artikel „Wandlungen in der Sozialdemokratie" in der „Sozialen Praxis" VII, Nr. 25. 26. 28. 29.

[5] Noch in Köln (1893), Protokoll S. 202, hatte Bebel jedes Zusammenarbeiten mit nichtsozialistischen Sozialpolitikern als „sozialdemokratische Wadelstrümpfelei" gebrandmarkt; auf dem internationalen Kongreß für Arbeiterschutz in Zürich (1897) erschien er selbst mit Liebknecht, Molkenbuhr und Vollmar als Vertreter der deutschen Sozialdemokratie.

reicht wird oder nicht: Von diesen Gesichtspunkten aus haben wir unsere Anträge stets gestellt."[1] Jetzt heißt es: „Was das ‚Revolutionäre‘ betrifft, so wollen wir allerdings etwas Neues, Besseres an die Stelle des Bisherigen setzen; aber wir wollen es erreichen durch unermüdliche, planmäßige Reformen."[2]

In einer Wahlversammlung im dritten Berliner Wahlkreis geht W. Heine noch weiter: „Zu den mißbrauchten Schlagworten rechne ich vor allem das vom ‚Militarismus‘. . . . Ich kann die Augen nicht davor verschließen, daß wir noch nicht in der Periode des ewigen Friedens leben und daß wir, soviel vorauszusehen ist, auch in hundert Jahren noch nicht so weit sein werden. . . . Zunächst will ich noch meine Meinung dahin aussprechen, daß die Schlagworte ‚Radikalismus‘ einerseits, ‚Opportunismus‘ andererseits und ‚Klassenkampf‘ so, wie Genosse Ledebour sie gebraucht, ohne weiteres auch nicht den Ausschlag geben können; man muß sich erst klar machen, was man darunter versteht."[3] Zur Durchsetzung volkstümlicher Forderungen scheut Heine auch vor einer Kompensationspolitik nicht zurück. Diese von Ledebour[4] u. a. bekämpften Ausführungen fanden den Beifall der Mehrheit der Versammlung wie der sozialdemokratischen Fraktion.

Litfin zieht aus dem Verlauf der Lohnbewegungen der letzten Zeit den Schluß, „daß die bürgerliche Gesellschaft einstweilen noch recht festestehe, und daß die Arbeiter in absehbarer Zeit noch keine Aussicht hätten, einen Einfluß auf die Leitung der Produktion auszuüben. Die Arbeiter müßten deshalb bemüht sein, schon in der heutigen Gesellschaft ihre Lage nach Möglichkeit zu verbessern"[5].

---

[1] Bebel auf dem Erfurter Parteitag, Protokoll S. 174.

[2] W. Heine in einer sozialdemokratischen Akademikerversammlung in Berlin (25. Mai 1897). — Da in Theorie und Praxis alles in Gärung begriffen ist, werden auch gegenteilige Stimmen laut. So klagt E. Lang in den „Sozialistischen Monatsheften" III, 366 über die Art der parlamentarischen Thätigkeit der sozialdemokratischen Reichstagsfraktion: „Dieser Kleinkrieg erweckt nur zu leicht den Schein, als nähmen wir regern Anteil an den öffentlichen Dingen der gegenwärtigen Gesellschaft, und bringt uns somit in Widerspruch mit der Haltung, die wir prinzipiell einnehmen und wahren müssen. Eine Teilnahme unserer Genossen an den Debatten im Reichstag ist nur bis zu einem gewissen Grade erwünscht; nämlich überall da, wo wir unsern Standpunkt in grundlegenden Fragen darzuthun haben."

[3] „Vorwärts" vom 20. Februar 1898, Nr. 43.

[4] Da die „sozialreformerische" Redaktion des „Vorwärts" Ledebour nicht zu Wort kommen ließ, mußte er sich an die unentwegt revolutionäre „Sächsische Arbeiterzeitung" wenden. Vgl. auch „Sozialistische Monatshefte" IV, 168 ff., Art. „Wie die Sozialdemokratie an den Opportunismus gewöhnt wird" von G. Ledebour.

[5] „Vorwärts" vom 13. März 1898, Nr. 61, Beilage 3.

Bezüglich des Stimmengewirrs innerhalb des sozialdemokratischen Lagers tröstet sich der „Vorwärts" (17. April 1898) mit „der Schärfe unsers Gegensatzes gegen die heutige politische und soziale Ordnung".

Diese innern Parteivorgänge mußten wenigstens gestreift werden, weil sie den besten Gegenbeweis gegen die Notwendigkeit des Sozialismus liefern; dann aber auch, weil die jeweilige sozialistische Wissenschaft und Wissenschaftlichkeit sehr von den Strömungen innerhalb der Partei abhängt.

Trat in der politischen Parteibewegung der Gegensatz zum Marxismus mehr unbewußt, stückweise und tastend hervor, so leiten die Artikel Bernsteins prinzipiell und systematisch einen vollständigen Umwandlungsprozeß ein. Um zunächst das Resultat für den hier in Betracht kommenden Punkt (nahebevorstehender Zusammenbruch des Kapitalismus — Notwendigkeit des Sozialismus) mitzuteilen, so ist es in Kürze folgendes:

1. Die Konzentrationstheorie. Die Zahlen „zeigen uns, daß, welchem Zweige des Wirtschaftslebens wir uns auch zuwenden, wir nirgends auf wesentliche Veränderungen oder auch nur Verringerungen in der Zahl der Mittelbetriebe stoßen. Wie bedrängt auch die Lage mancher Inhaber von solchen sein mag, wie viel ‚Eintagsfliegen' sich insbesondere im Handel in jedem gegebenen Moment in den Reihen der verschiedenen Betriebsklassen befinden, für das Ganze bleibt ihr Absterben gleichgültig, das Gesamtbild erfährt dadurch keine Veränderung. Und doch ist das stetig fortschreitende Anwachsen der Groß- und Riesenbetriebe keine Fabel". „Soweit die einzelnen Geschäftszweige betrachtet werden, ist Zunahme von mittlern und Großbetrieben nebeneinander eine Ausnahme. Wenn das Gesamtbild von Industrie, Handel und Verkehr eine solche zeigt, so erklärt sich dies vielmehr erstens aus der stetig fortschreitenden Vermehrung der Gewerbsarten in der modernen Gesellschaft und zweitens aus der wachsenden Anpassungsfähigkeit und Beweglichkeit der heutigen gewerblichen Welt."[1]

2. Die Verelendungstheorie. Das Kommunistische Manifest „unterstellt eine Raschheit der ökonomischen Entwicklung, mit welcher die Wirklichkeit nicht Schritt gehalten hat, eine Zuspitzung der Eigentums- und Einkommensverhältnisse, wie sie in Wirklichkeit nicht eingetreten ist. Die moderne Lohnarbeiterschaft ist nicht die gleichgeartete, in Bezug auf Eigentum, Familie 2c. gleich ungebundene Masse, die im Manifest vorausgesehen wird. Große Schichten heben sich aus ihr zu kleinbürgerlichen

---

[1] „Neue Zeit" XVI[1], 552.

Existenzverhältnissen empor. Andererseits geht die Auflösung der Mittel=
stände viel langsamer vor sich, als sie das Manifest sich vollziehen sieht"[1].
„Man braucht kein Lobredner des Gegebenen zu sein, um den bedeutenden
Fortschritt zu erkennen, der sich seit Abfassung des Manifests in der
staatsbürgerlichen Stellung der Arbeiter vollzogen hat."[2]

3. Die Krisen= und Zusammenbruchstheorie. Engels ver=
mutete, „jedes der Elemente, das einer Wiederholung der alten Krisen
(ungefähr alle zehn Jahre wiederkehrend) entgegenstrebe, wie Kartelle,
Schutzzölle, Trusts, berge ,den Keim zu weit gewaltigern künf=
tigen Krisen in sich' („Kapital' III², 27). Gegen diese letztere Annahme
scheint mir, wenigstens soweit Kartelle und Trusts in Betracht kommen,
mancherlei zu sprechen. Es sind da so vielerlei Formen und Anpassungs=
möglichkeiten vorhanden, daß wenigstens kein zwingender Grund vorliegt,
diese Wirkung für die allein wahrscheinliche zu halten. Im übrigen wird
es abzuwarten sein, ob wir bei der steigenden Ausdehnung der Märkte,
den schnellen Informationen über die Marktverhältnisse und der fort=
schreitenden Vermehrung der Produktionszweige überhaupt in näherer Zeit
allgemeine Krisen nach Art der frühern erleben, oder ob nicht an
deren Stelle zunächst nur auf bestimmte Industriegruppen be=
schränkte internationale Krisen treten werden.... Der Kreis
der Industrien und ihrer Märkte scheint heute zu groß, um an allen
Punkten gleichzeitig und mit gleicher Schwere von Krisen getroffen werden
zu können"[3]. Im Gegensatz zu den „Ausbrüchen von sozialistischer Kata=
strophitis besessener Leute ...", die den großen Kladderadatsch alle Jahre
ein paarmal schon vor der Thüre sehen", erklärt Bernstein: „Ich bin der
Überzeugung, daß die bürgerliche Gesellschaft noch beträchtlicher Aus=
spannung fähig ist, und daß die Produktion und das Geschäft innerhalb
dieser Gesellschaft noch manche Formveränderungen durchmachen können,
ehe sie völlig ‚zusammenbricht'."[4] Die Vorstellung von einem „totalen
Zusammenbruch des kapitalistischen Systems an seinen eigenen Wider=
sprüchen" „ist durchaus nebelhaft und übersieht ganz die großen Unter=
schiede in der Natur und dem Entwicklungsgang der verschiedenen In=
dustrien und ihre sehr verschiedene Fähigkeit, die Gestalt von öffentlichen

---

[1] A. a. O. S. 745.
[2] A. a. O. S. 750. — Gelegentlich nur eine aus zahllosen Stellen: „Wenn
die Menschheit auf dem Höhepunkt des Elends, der Unbilligkeit, der Finsternis an=
gelangt ist, dann ist sie am Ende der Sackgasse. Dann ist unsere Bahn frei. Lange
kann es nicht mehr dauern, bis der Höhepunkt der Finsternis erreicht ist und die
traurige Maschine, genannt bürgerliche Gesellschaft, stocken muß" („Vorwärts" vom
16. Dezember 1892). [3] A. a. O. S. 553 f. [4] A. a. O. S. 751.

Diensten anzunehmen. Ein annähernd gleichzeitiger völliger Zusammen=
bruch des gegenwärtigen Produktionssystems wird mit der fortschreitenden
Entwicklung der Gesellschaft nicht wahrscheinlicher, sondern unwahrschein=
licher, weil dieselbe auf der einen Seite die Anpassungsfähigkeit, auf der
andern — bezw. zugleich damit — die Differenzierung der Industrie
steigert. Es hilft auch nichts, sich darauf zu berufen, daß die mit einem
solchen Zusammenbruch eintretende Volkserhebung voraussichtlich die Dinge
mit Treibhausgeschwindigkeit zur höchsten Entwicklung bringen werde".
Auch die Berufung auf die französische Revolution ist verfehlt, da es sich
hier um „einen unendlich weitern Kreis von Interessenten, die man nicht
alle zur Emigration veranlassen kann", handelt und nicht um Landgüter,
die man zerschlagen und parzellenweise veräußern konnte, sondern um
moderne Fabriken. „Je mehr davon nach dem Rezept der Kommune ex=
propriiert würden, um so größer die Schwierigkeit, sie während einer Er=
hebung in Betrieb zu halten." [1]

„Man wird nun die Frage aufwerfen, ob mit dieser Darlegung die
Verwirklichung des Sozialismus nicht auf den St. Nimmerleinstag —
‚bis zu den griechischen Kalenden‘, um mit Herrn Bax zu reden — ver=
legt oder auf viele, viele Generationen hinaus vertagt wird. Wenn man
unter Verwirklichung des Sozialismus die Errichtung einer in allen Punkten
streng kommunistisch geregelten Gesellschaft versteht, so trage ich allerdings
kein Bedenken, zu erklären, daß mir dieselbe noch in ziemlich weiter Ferne zu
liegen scheint[2]. Dagegen ist es meine feste Überzeugung, daß schon die gegen=
wärtige Generation noch die Verwirklichung von sehr viel Sozialismus er=
leben wird, wenn nicht in der patentierten Form, so doch in der Sache." [3]

Die Bedeutung der Bernsteinschen Kritik reicht über die Konstatierung
der Thatsachen weit hinaus; sie ist, wie ein Parteigenosse Bernstein vor=
wirft, die „Umwälzung des Sozialismus"[4], d. i. des Marxismus, und ver=
dient deshalb als modernste Form des Sozialismus noch eine prinzipielle
Würdigung. Diese und jene radikale Phrase hatte man ja im Laufe der
Zeit schon aufgegeben; das Verdienst Bernsteins ist es, daß er mit dem

---

[1] A. a. O. S. 555.

[2] Soweit es sich um die kommunistische Gesellschaft selbst handelt, vgl. a. a. O.
XV[1], 213: „Jedenfalls auf lange Zeit hinaus müssen wir uns der Vorstellung
entschlagen, als ob wir einem vollkommen kollektivistischen Gesellschaftszustande ent=
gegengingen. Wir müssen uns mit dem Gedanken an partielle Kollektivgemeinschaft
vertraut machen." [3] A. a. O. XVI[1], 555.

[4] „Hätte Bernstein recht, so wäre dies die Vernichtung des Sozialismus"
(„Sächsische Arbeiterzeitung" vom 8. Januar 1898; eine teilweise Wiedergabe der
diesbezüglichen Artikel [vom Januar bis März 1898] findet sich in der „Zeitschrift
für Sozialwissenschaft" I, 386 ff.).

für die Agitation bequemen, aber oberflächlichen Radikalismus grund=
sätzlich zu brechen sucht, daß er die revolutionär=mechanische Auf=
fassung der Geschichte und der Gesellschaft verläßt und der auch auf unserer
Seite vertretenen historisch=organischen Auffassung sich nähert, die
der Wirklichkeit allein gerecht wird.

Der bisherige revolutionäre Marxismus war nur Blanquismus im
großen. „In den ‚Klassenkämpfen von 1848‘ werden die Blanquisten noch
als die proletarische Partei des damaligen Frankreich bezeichnet." [1] Zwar
nötigten die „praktischen Erfahrungen, zuerst der Februarrevolution und
noch weit mehr der Pariser Kommune" [2], zur Verwerfung des alten Barri=
kadenstandpunkts, die enttäuschende Langsamkeit der ökonomischen Ent=
wicklung (Konzentration — Verelendung) zur Mäßigung; was aber blieb,
war der Blanquismus im großen Stil, d. h. die Meinung, an einem be=
stimmten Zeitpunkt gelegentlich einer mark= und beinerschütternden Krise
(etwa noch verstärkt durch einen großen Krieg) die politische Macht er=
greifen, die Diktatur des Proletariats proklamieren und in nicht allzu langer
Zeit die Überführung der Privateigentumsordnung in den Kommunismus
bewerkstelligen zu können. Es war Utopismus, vielleicht in noch grellerer
Form als der, den man sich rühmte, überwunden zu haben. Auf diesem
Standpunkt des Kladderadatschs standen bisher fast alle, stehen jetzt noch
die meisten Sozialisten. So lautet eine Resolution des Londoner Sozia=
listenkongresses (1896): „Die ökonomische Entwicklung ist gegenwärtig
schon so weit vorgeschritten, daß eine Krisis bald eintreten kann. Der
Kongreß fordert daher die Arbeiter aller Länder auf, die Leitung der Pro=
duktion zu erlernen, um als klassenbewußte Arbeiter die Leitung der Pro=
duktion zum Wohle der Gesamtheit übernehmen zu können." [3] Diese
Meinung ist nach Bernstein unhaltbar, ja durchaus nebelhaft. Eine Kata=
strophe wäre nach ihm sogar verhängnisvoll für den Sozialismus.

Aber auch auf die Gegenwart wirft der Katastrophengedanke seine
dunkeln Schatten. Er richtet eine Scheidewand auf zwischen der Zeit vor
und nach der Katastrophe. Während hier alles glänzend bestellt ist, ist
dort alles verrottet, verelendet und verkommen, sind auch direkt das Volks=
wohl bezweckende Einrichtungen und sozialpolitische Bestrebungen „Staats=
oder Gemeindekapitalismus 2c." [4], sind — kann man hinzufügen — alle

---

[1] A. a. O. S. 745.

[2] Vorrede zum Kommunistischen Manifest vom 24. Juni 1872. Vgl. auch die
Engelssche Einleitung (vom 6. März 1895) zu den „Klassenkämpfen" S. 6 ff.

[3] „Neue Zeit" XVI¹, 548.

[4] A. a. O. XV¹, 165 f.; vgl. auch „Vorwärts" vom 1., 10., 18. Oktober 1896.
Über die begriffslose Auffassung von Staat und Gesellschaft überhaupt wird später
noch die Rede sein.

heutigen Arbeiterschutzgesetze entweder Arbeitertrutzgesetze oder nur Palliativ=
mittelchen, die möglichst gering einzuschätzen sind, werden die großartigsten
und uneigennützigsten Wohlfahrtseinrichtungen in verächtlichster Weise herab=
gesetzt. Die natürliche Folge ist das höchste Mißtrauen und eine viel ge=
ringere Anteilnahme an jenen Bestrebungen, „das Hinausschieben aller
Lösungen auf den Tag des ‚endgültigen Sieges des Sozialismus‘, wie
die gangbare Phrase lautet" [1]. Der Geringschätzung der durch die Gesetz=
gebung gewährten Rechte entspricht das soziale Pflichtgefühl. Was soll
auch die Alltagsarbeit um kleine Dinge, da so große Aktionen bevorstehen?
Und doch ist es „gerade die kleine Arbeit, die hier oft die größte Be=
deutung hat" [2], wenn das auch philiströs, kleinbürgerlich, manchesterlich
erscheint. Es „ist überhaupt schlechte Sozialpolitik, das Gefühl der sozialen
Verantwortlichkeit abzustumpfen" [3]. Das soziale Pflichtgefühl wird aber
durch die (gegenwärtige) politische Agitation, die nur im Erheben von
Forderungen besteht, wenig gefördert [4]. Mit der Agitation für größere
Leistungen von Staat, Gemeinde, Genossenschaft muß auch das Gefühl der
eigenen sozialen Verantwortlichkeit gehoben werden. Auch die kommende
Gesellschaftsordnung wird an dem heute geltenden Prinzip der wirtschaft=
lichen Selbstverantwortlichkeit festhalten müssen, sie wird den Staat nicht
in eine automatische Versorgungsanstalt umwandeln können. Ohne Selbst=
verantwortlichkeit keine Freiheit. „So widerspruchsvoll es klingen mag, die
Idee der Aufhebung der Selbstverantwortlichkeit ist durchaus antisozia=
listisch (antisozial!). Ihre Alternative hieße entweder vollendete Tyrannei
oder Auflösung jeder Gesellschaftsordnung." [5]

Aber auch abgesehen von dem psychologisch=sozialen Moment, sind die
technisch=wirtschaftlichen Aufgaben, welche das Übergangsproblem stellt,
ungemein viel schwieriger, als die bisherige sozialistische Litteratur ahnen
läßt. Die Vergesellschaftung kann vor sich gehen als Verwandlung in
Staats=, Gemeinde=, Genossenschaftsbetrieb. Der Staatsbetrieb (wie auch
der Gemeindebetrieb) kann weder nach Willkür ausgedehnt werden, noch
wäre eine Revolution mit ihren Wirrnissen der günstige Zeitpunkt zur
Einrichtung und Kontrollierung umfassender, differenzierter Produktions=
stätten. Der Drang zur Genossenschaftsbildung scheint aber nicht so groß
zu sein [6]. „Überall, wohin wir uns wenden, sehen wir, daß die Dinge
unendlich viel verwickelter liegen, als daß sie mit den paar Worten Kon=
zentration, Expropriation, Organisation, Assoziation abgethan wären. Auf

---

[1] „Neue Zeit" XV [1], 166. [2] A. a. O. XVI [1], 750.
[3] A. a. O. XV [2], 106. [4] Vgl. a. a. O. S. 138. 142.
[5] A. a. O. S. 141.
[6] Vgl. a. a. O. XVI [1], 746 ff.; auch oben S. 216 f.

jeden Fall, Assoziation oder Nichtassoziation, bleiben zunächst eine un=
geheure, in die Hunderttausende gehende Menge von Geschäften, die nicht
auf öffentliche Rechnung, sondern für Sonderrechnung betrieben werden,
bleibt damit in weitem Umfange die Waren produktion, bleibt so lange
auch die Geld wirtschaft und alles, was damit zusammenhängt. Und
darum sagte und wiederhole ich, daß, wenn die Sozialdemokratie bei dieser
Gliederung des Wirtschaftsorganismus ans Ruder käme, sie den Kapitalis=
mus vorerst nicht entbehren könnte." [1] Ein baldiges zur Herrschaftgelangen
der Sozialdemokratie ist nicht zu wünschen, da sie sich noch nicht würde halten
können. „Eine Niederlage bedeutete mehr als einen zeitweiligen Mißerfolg." [2]

„Die stetige Erweiterung des Umkreises der gesellschaftlichen Pflichten,
d. h. der Pflichten und der korrespondierenden Rechte der Einzelnen
gegen die Gesellschaft, und der Verpflichtungen der Gesellschaft gegen
die Einzelnen, die Ausdehnung des Aufsichtsrechts der in der Nation
oder im Staat organisierten Gesellschaft über das Wirtschaftsleben, die
Ausbildung der demokratischen Selbstverwaltung in Gemeinde, Kreis und
Provinz und die Erweiterung der Aufgaben dieser Verbände — alles
das heißt für mich Entwicklung zum Sozialismus oder, wenn man will,
stückweise vollzogene Verwirklichung des Sozialismus." Aber die Aus=
bildung und Sicherung guter demokratischer Betriebsführung ist sehr schwierig
und braucht Zeit. Die faktische Vergesellschaftung ist nicht von so funda=
mentaler Bedeutung. „In einem guten Fabrikgesetz kann mehr Sozialis=
mus stecken als in der Verstaatlichung einer ganzen Gruppe von Fabriken." [3]
Das Ziel des Sozialismus „ist nicht die Verwirklichung eines Gesell=
schaftsplanes, sondern die Durchführung eines Gesellschaftsprinzips",
d. h. „die allseitige Durchführung der Genossenschaftlichkeit" [4].

Es wäre leicht, einerseits die soeben kritisierten Punkte mit zahlreichen
Belegstellen aus der sozialistischen Litteratur bis in die neueste Zeit zu
begleiten, wie andererseits die Gedankenreihe Bernsteins großenteils durch
zahlreiche Ausführungen von gegnerischer Seite. Selbst bezüglich des schließ=
lich formulierten Prinzips der Genossenschaftlichkeit ließe sich reden. Das
Mittelalter hat sich bei diesem Prinzip nicht schlecht befunden, und die
katholische Sozialpolitik hat gegenüber dem extremen Individualismus an
jenem Prinzip, wenn auch nicht an den alten Formen, festgehalten. Allein
die Bernsteinsche Auffassung des Prinzips der Genossenschaftlichkeit ist
immer noch die extrem=sozialistische. Deshalb giebt auch Bernstein den
Kollektivismus als Ziel nicht auf, wenngleich er nach ihm in weiterer

---

[1] A. a. O. S. 748.   [2] A. a. O. S. 749; vgl. S. 556.
[3] A. a. O. S. 555 f.   [4] A. a. O. S. 741.

Ferne liegt und mehr durch eine von Zweckmäßigkeitsgründen beherrschte
Parteipolitik als durch eine ökonomisch=fatalistische Notwendigkeit sich ergiebt.
Wenn auch (innerhalb der Sozialdemokratie) der revolutionäre Marxis=
mus durch die Ausführungen Bernsteins, die (nach Konrad Schmidt) „von
einer starken Strömung in der deutschen Partei getragen werden" [1], noch
lange nicht überwunden ist, so müssen sie doch in und mit der fernern
Kritik des Marxismus stets berücksichtigt werden.

Die Bernsteinsche Kritik geht jedoch, zu Ende gedacht, noch viel weiter,
sie rüttelt auch an der Grundlage der materialistischen Geschichtsauffassung
und Weltanschauung. Der Marxismus stirbt an seinen eigenen Prinzipien.
Das zeigt sich wie früher von seiten der sog. Dialektik, so auch hier von
seiten der ökonomischen Struktur. Sobald Bernstein auf die Umwandlung
der gegenwärtigen Wirtschaftsordnung näher eingeht, giebt er zu, daß
mit den dialektischen Begriffen Konzentration — Verelendung — Expro=
priation die Wirklichkeit noch nicht erklärt ist; einen Schritt weiter, und
es wird und muß die ganze Dialektik fallen. Ebenso muß nach ihm an der
wirtschaftlichen Selbstverantwortlichkeit festgehalten werden [2], kann
die Hoffnung auf ein großartiges, nach vielen rasch eintretendes Soli=
daritätsgefühl täuschen [3], ist vielmehr eine lange und schwierige sozial=
politische Erziehung notwendig [4], werden auch im sozialistischen Milieu
Verbrechen vorkommen [5], wird die Strafrechtspflege [6] und die
Gesetzgebung [7] überhaupt für den sozialistischen Staat nicht zu ent=
behren sein, hat die politische Agitation mit ihren (einseitigen) An=
sprüchen an das Gemeinwesen seine Gefahren in Rückwirkung auf die
Sozialethik der Masse [8]. Damit werden die Milieu=Illusionen schon
großenteils zerstört und von verschiedenen Punkten aus, wenn auch noch
nicht vollbewußt, auf die vielverspottete Ethik losgesteuert. Sofort kommen
dann auch alle für die Ethik bedeutsamen Faktoren, ganz besonders die
Weltanschauung zu Ansehen. Auf diesem Wege führt also die von Marx
so stark accentuierte Praxis wieder zurück zu der ebenso sehr geschmähten
Ideologie. Diese ist schon direkt in dem Gedanken enthalten, daß es sich
um die Durchführung eines Gesellschaftsprinzips handle. Also nicht
einmal auf wirtschaftlichem Gebiet handelt es sich um die Naturgesetze eines
ökonomischen Mechanismus, sondern um einen Kampf um Prinzipien,
ob nämlich das extreme Genossenschaftsprinzip des Sozialismus, das

---

[1] „Vorwärts" vom 20. Februar 1898, Nr. 43, Beilage 2.
[2] Vgl. „Neue Zeit" XV ², 100. 141.   [3] Vgl. a. a. O. S. 106. 138.
[4] Vgl. a. a. O. S. 142; XVI ¹, 556. 750.
[5] Vgl. a. a. O. XV ², 106.   [6] Vgl. a. a. O.
[7] Vgl. a. a. O. S. 105 f.   [8] A. a. O. S. 138. 142.

die Selbstverantwortlichkeit nicht genügend berücksichtigen kann, oder das extrem=individualistische Prinzip des Liberalismus, das konsequent zur Anarchie führt, oder aber das in der Mitte stehende christliche Gesellschafts=prinzip herrschen soll.

Fassen wir die beginnende Gesamtumwandlung des Marxismus in Marxschem Stil [1] kurz zusammen: Auf einer gewissen Stufe der Entwick=lung geraten die vorhandenen Produktionsverhältnisse in nicht mehr zu leugnenden Widerspruch mit den Anschauungen der Wissenschaft oder, was nur ein politischer Ausdruck dafür ist, mit den Programmsätzen der sozial=demokratischen Partei. Aus wissenschaftlichen Erklärungsformeln der Pro=duktionsverhältnisse schlagen diese Programmsätze in begriffslose Schlag=worte um. Es tritt eine Epoche intellektueller Revolution ein. Mit der Veränderung der ökonomischen Grundlage wälzt sich der ganze unge=heure Überbau langsamer oder rascher um. In der Betrachtung solcher Umwälzungen (Leipzig — Eisenach — Gotha — Erfurt — Breslau — Hamburg 2c.) muß man stets unterscheiden zwischen dem jeweiligen Ent=wicklungsstadium der Theorie und den politisch=taktischen und agitatorischen Formen, worin die sozialistische Partei sich dieses Konflikts bewußt wird und ihn ausficht. Es kommt dabei selbstverständlich nicht darauf an, wie sich die Vorgänge im Kopfe dieses oder jenes Theoretikers wiederspiegeln, allgemein gültige Wissenschaft kann nur das sein, was die Partei in ihrem Programm jeweils faktisch und praktisch anerkennt.

Zweites Kapitel.
Der Sozialismus als Verwirklichung der Gleichberechtigung.

I.
Die Bedeutung dieses Postulats für den modernen Sozialismus.

Marx „war der erste, der die Ziele der jetzigen sozialen Bewegung als naturnotwendige Konsequenzen aus der bisherigen historischen Ent=wicklung ableitete, anstatt sie in seinem Kopfe als Forderungen irgend einer ‚ewigen Gerechtigkeit‘ nach seinem Belieben zu konstruieren“ [2]. Darin liege der Unterschied zwischen Marx und den frühern Sozialisten und das Kennzeichen des wissenschaftlichen gegenüber dem utopischen Sozialismus.

Aber auch die Marxsche Theorie ist grau, der esoterische Sozialis=mus schlägt in der Praxis des Lebens gar oft in einen exoterischen um.

---

[1] Vgl. oben S. 40.
[2] Kautsky, „Ökonomische Lehren“ S. 247.

Die Idee der Gerechtigkeit, die man zur einen Thüre hinausgeworfen, kommt zu einer andern Thüre wieder herein und muß nun zur Verbreitung jener Theorie mithelfen. Mit andern Worten, der Sozialismus ist weder reiner Objektivismus, insofern er die wirklichen Vorgänge naturgetreu darstellen will, noch auch, insofern nach ihm die jeweiligen Verhältnisse allein den Ausschlag geben, die subjektiven Meinungen dagegen nur die oberflächlichen Erscheinungsformen der in den Tiefen wirkenden Ökonomie sind. Nicht nur in populären Schriften, Zeitungen und Reden, auf Bildern und Emblemen, auch in „wissenschaftlichen" Programmen und Schriften muß die Gerechtigkeit agitatorisch auftreten. Marx selbst appelliert im „Kapital" indirekt ungemein häufig an das Gerechtigkeitsgefühl. Denn aus rein wissenschaftlichen Gründen wird die Ausbeutung der Arbeiter nicht mit breitem Behagen und in agitatorisch aufreizender Sprache ausgemalt. Die Vulgärsozialisten haben das ganz gut herausgefunden. Genug, praktisch ist sowohl für die ursprüngliche Begründung wie für die Agitation des Marxschen Sozialismus die Idee der Gleichberechtigung, des vollen Arbeitsertrags 2c. nicht weniger wichtig als für den sog. Utopismus. Nur wurde dort theoretisch den Parteibestrebungen der positivistische Mantel der großen Ökonomie-Philosophen umgehängt. Seit Ricardo konnte nach der Meinung von Marx nur ein ethikfreies ökonomisches System wissenschaftliche Geltung beanspruchen. Dabei kommt der immerhin beachtenswerte Umstand in Betracht, daß die Ricardoschen Konstruktionen zunächst die Gegenwart, die Marxschen vor allem die Zukunft zu erklären suchen[1].

Das Schlagwort Gleichberechtigung eignet sich wie die Dialektik nur zum Regieren. Entweder muß nämlich im sozialistischen Kommunismus die Gerechtigkeit oder die Gleichheit zum herrschenden Prinzip erhoben werden. Solange der Sozialismus freilich nur kritisiert, opponiert und negiert, braucht er darüber keine Klarheit. Er legt ohne Schwierigkeit an die heutige Gesellschaftsordnung beiderlei Maßstab an.

II.

Die Ungerechtigkeit in der Ära des Kapitalismus.

Da die hierher gehörigen Vorwürfe schon gelegentlich der Darlegung der materialistischen Geschichtsauffassung und der Wertlehre zur

---

[1] Wie gekünstelt der reine Ökonomismus ist, und wie sehr selbst die sozialdemokratischen Führer trotz langjähriger Marxscher Schulung noch vom „Utopismus" beherrscht wurden, zeigte der offizielle Programmentwurf des Parteivorstandes für den Erfurter Parteitag (vgl. Kautsky, Der Entwurf des neuen Parteiprogramms, in der „Neuen Zeit" IX², 787).

Sprache kamen, bedürfen sie an dieser Stelle nur einer summarischen Zu=
sammenstellung.

1. „Die größten Reichtümer der kapitalistischen Nationen entstammen
ihrer Kolonialpolitik, d. h. ihrer Plünderung fremder Länder, entstammen
dem Seeraub, dem Schmuggel, dem Sklavenhandel, den Handelskriegen."[1]
Mit der Ausdehnung des Handels wuchs die Nachfrage in der Land=
wirtschaft und damit der Hunger der Grundherrn nach mehr Land. Dies
erhielten sie durch Vertreibung der Bauern von ihren Wirtschaften („Bauern=
legen"). Betrug und Gewalt, Raub und Mordbrennerei ist also die Wurzel
des heutigen Kapitaleigentums.

Die Entrüstung, die man durch solche in Einzelschriften breit aus=
geführte Schilderungen hervorrufen will, zeigt, daß die Gerechtigkeit und
die Moral kein ökonomisches Müssen kennt. Wäre dieses Müssen so un=
bezwinglich, dann könnte z. B. das Bauernlegen durch nichts aufgehalten
werden, wie es thatsächlich in verschiedenen modernen Staaten geschah. Noch
verwerflicher ist die Generalisierung, wenn man den Schein erwecken will,
als ob das heutige Privateigentum im großen und ganzen — Diebstahl sei.

2. Allein wozu so weit zurückgehen, da doch im Ablauf des kapita=
listischen Produktions= und Reproduktionsprozesses das Eigentum über=
haupt ein Gebilde der mehrwertschaffenden Arbeit der Arbeiter wird? —
Die Verkehrtheit der Lehre vom Mehrwert wurde schon nachgewiesen.
Wenn man auf sozialistischer Seite die Ausbeutung als notwendig auf=
faßt, gegen vorkommende Einzelthatsachen aber recht wacker loszieht, so
ist das nicht konsequent. Wie das allgemeine Schlagwort vom Ausbeutungs=
charakter der Privateigentumsordnung falsch ist, so verstößt das durchaus
verschiedene Verhalten der Unternehmer gegen die materialistische Ge=
schichtsauffassung.

3. Das Eigentum ist dann überhaupt die Ursache des ökonomischen
Elends, der politischen Unterdrückung und aller Verbrechen. Der Staat
ist als Klassenstaat nur die Schutz= und Hilfsmacht der Kapitalisten. Seine
Gesetze sind Klassengesetze, seine Steuern Klassensteuern. Durch die in=
direkten Steuern verteuert man die notwendigsten Lebensmittel. Durch
alle gesellschaftlichen Verhältnisse zieht sich dieser Klassengegensatz. — So=
weit diese und ähnliche Anklagen berechtigt sind, kann man ihnen auch
vom Standpunkt der Privateigentumsordnung zustimmen, ein Beweis,
daß der Sozialismus auch von hier aus nicht die einzige Zuflucht ist.
Gesellschaft und Staat haben seit den Tagen des „Kapital" durch einen
großen, in die Augen springenden Umschwung nach den verschiedensten

---

[1] Kautsky, Das Erfurter Programm S. 11 f.

16*

Beziehungen den thatsächlichen Beweis geliefert [1]. Von allem andern ab=
gesehen, wäre die stets fortschreitende Tendenz zu höherer Besteuerung der
großen Vermögen und besserer Ausgestaltung der für die Arbeiter günstigen
Gesetze in dem sozialistisch aufgefaßten „Klassenstaat“ gar nicht möglich.
Die Geschichte zeigt, daß alles Zeit braucht. Was die Geschichte nicht
zeigt, ist: ein einziges Beispiel dauernder Verwirklichung des Sozialis=
mus [2]. Eine mit dem modernen Sozialismus untrennbar verbundene
Ausrede bezeichnet diesen Einwand als kleinbürgerlich. Die Bernsteinschen
Ausführungen aber belehren uns, daß solchen Schlagworten nicht zu
trauen ist.

Drittes Kapitel.
Zweckmäßigkeit des Sozialismus.

Nachdem die ökonomische Notwendigkeit zu entschwinden droht, die
Ethik wenigstens in der Theorie verpönt ist, bleibt als letzte, wenn auch
vulgärsozialistische Instanz die ökonomische Zweckmäßigkeit übrig. In dieser
Beziehung verhalten sich die vom Sozialismus zu begründende und die
heutige Ordnung wie Tag und Nacht.

I.
Unzweckmäßigkeit des heutigen Privateigentums.

Die Hauptgebrechen der kapitalistischen Gesellschaftsordnung sind: der
rücksichtslose Konkurrenzkampf, die Planlosigkeit und Un=
sicherheit der wirtschaftlichen und gesellschaftlichen Verhältnisse, der un=
rationelle Kleinbetrieb.

1. „In unserm sozialen Leben nimmt der Kampf um die Existenz
immer gewaltigere Dimensionen an. Der Krieg aller gegen alle ist in heftigster
Weise entbrannt und wird unbarmherzig, oft ohne Wahl der Mittel ge=
führt. Das bekannte Wort: Ote-toi de là, que je m'y mette (Gehe weg
von da, damit ich mich hinsetze), wird mit kräftigen Ellenbogenstößen,
Püffen und Kniffen in der Praxis des Lebens verwirklicht. Der Schwächere
muß dem Stärkern weichen. Wo die physische Kraft, die hier die Macht
des Geldes, des Besitzes ist, nicht reicht, werden die raffiniertesten und
nichtswürdigsten Mittel in Anwendung gebracht, um ans Ziel zu kommen.
Lüge, Schwindel, Betrug, falsche Wechsel, falsche Eide, die schwersten Ver=
brechen werden oft begangen, um das ersehnte Ziel zu erreichen. Wie in
diesem Kampf ums Dasein einer dem andern gegenübertritt, so Klasse

---

[1] Vgl. auch oben S. 235.
[2] Auch die einfachst zu regulierenden Ackerbaukolonien in Nordamerika und
neuestens in Südaustralien machten Fiasko.

gegen Klasse, Geschlecht gegen Geschlecht, Alter gegen Alter. Der Nutzen, der Profit ist der einzige Regulator für die menschlichen Gefühle, jede andere Rücksicht muß weichen." [1]

Es mag schlimm stehen, so miserabel sieht es doch nicht aus. Die Gesellschaft besteht nicht bloß aus Verbrechern bezw. Börsenjobbern, sondern auch aus andern Menschen. Die heute vorkommenden Ungerechtigkeiten und Schurkereien kann der Sozialismus nur konstatieren, nicht tadeln. Denn nach der kapitalistischen Moral sind sie, wie er sagt, notwendig, und die sozialistische Moral gilt noch nicht. Auf den schon früher gekenn= zeichneten durch und durch ethischen Charakter der auch hier verwendeten Ausdrucksweise brauchen wir nicht weiter einzugehen. Schon das (neuestens eingeschobene) „Oft" beweist, daß es sich dabei nicht um Notwendigkeiten, sondern um zurechenbare Handlungen, d. i. in diesem Fall wirklich um „die schwersten Verbrechen" handelt.

Wenn die Konkurrenz auch viele Unternehmer einengt, so können doch niemals unredliche Mittel gebilligt werden, und wirklich christliche Unternehmer wenden sie auch nicht an. Gesetze gegen unlautern Wett= bewerb werden allein nicht viel helfen. Wichtiger ist die Hebung des pri= vaten und gesellschaftlichen Pflichtenbewußtseins im Geiste des Christentums und die Organisation, zwei Bedingungen, die sich gegenseitig schützen und stützen. Die Profitgier muß zurückgedrängt, alles Spekulantentum und jede Schmutzkonkurrenz von der öffentlichen Meinung als solche gebrandmarkt und der redlichen Arbeit ihre Ehre und ihr Wert zurückgegeben werden. Neben dem gegenseitigen Wetteifer muß auch der Zusammenschluß und die gemeinsame Förderung der Berufsinteressen gesucht werden. Durch Ver= einigung werden auch die Schwachen mächtig. Von heute auf morgen wird das nicht geschehen; die Gesellschaft braucht längere Erziehung als der einzelne Mensch. Der Hohn auf alles Moralisieren beginnt ja nach= gerade zu antiquieren, nachdem der Sozialismus wie der Liberalismus, sein älterer Stiefbruder, recht antisozial sich erwiesen. Die außerordentliche Konkurrenz seiner Mitglieder braucht der Sozialismus allerdings nicht zu fürchten. Der Kampf ums Dasein, der den Materialismus überallhin be= gleitet, würde in andern, vielleicht noch schlimmern Formen sich zeigen [2].

---

[1] Bebel a. a. O. S. 293.

[2] Vgl. Marx, „Elend" S. 135: „Die Sozialisten wissen sehr wohl, daß die gegenwärtige Gesellschaft auf der Konkurrenz beruht. Wie sollten sie der Konkurrenz den Vorwurf machen, daß sie die heutige Gesellschaft umstürze, die Gesellschaft, die sie selbst umstürzen wollen? Und wie sollten sie der Konkurrenz vorwerfen, daß sie die zukünftige Gesellschaft umstürze, in welcher sie im Gegenteil den Umsturz der Konkurrenz erblicken?" — Radikale Antithesen haben der Welt noch wenig geholfen.

2. Würde die Konkurrenz wenigstens volkswirtschaftlich zu den höchsten Leistungen mit dem geringsten Kostenaufwand führen, so ließe sich weniger dagegen sagen. Aber die Planlosigkeit, mit der sie waltet, vergeudet einen großen Teil des durch die Konkurrenz erzeugten Volksvermögens. Das Resultat beider ist die allgemeine Unsicherheit der wirtschaftlichen Zustände.

„Kein Kapitalist kann auf die Zukunft bauen, keiner weiß mit Bestimmtheit, ob er im stande sein wird, das, was er erworben, zu behalten und seinen Kindern zu hinterlassen." [1] „Volle Sicherheit bietet heute auch das größte Kapital nicht." [2]

„Konjunktur und Spekulation beherrschen unsere gesamte ökonomische Existenz; sie beherrschen das ganze Getriebe unserer merkantilistischen Welt, und durch die Ringe, die von den aufgeregten hohen Wogen derselben ausgehen, wirken sie ein und bestimmen die individuelle Gestalt des noch am entferntesten Ufer in scheinbar vollkommenster Ruhe und Selbständigkeit hinfließenden Wassertropfens." [3]

„Die ganze Geschichte der europäischen Industrie in diesem Jahrhundert ist nichts als eine fortlaufende Abwechslung von ausschweifenden Spekulationen einer aus Unkenntnis der Thatsachen entspringenden fieberhaften Überspannung des Kredits und hierauf gegründeten zügellosen Überproduktion und hierauf folgender Krisen, Sinken der Warenpreise weit unter ihre Produktionskosten, Arbeitsverminderung, Arbeitsstockung und oft mehr oder weniger anhaltender Arbeitseinstellung." [4]

Überproduktion und Unterkonsumtion bilden die Signatur der kapitalistischen Produktionsanarchie. Wo einer einen glücklichen Treffer gezogen, da stürzt gleich eine Menge anderer nach. Die Krise kommt, und alle liegen zerschmettert am Boden. Erwägt man schließlich die kolossale Verschwendung von Arbeitskräften und Arbeitsmitteln, dann erscheint die kapitalistische Produktionsordnung als Todfeindin der Kultur und der Gesellschaft.

Die voranstehende Kritik trifft offenbar den wundesten Punkt der modernen Produktionsweise. Allein die Ausführungen Bernsteins haben schon gezeigt, daß sie heute schon weniger zutrifft als früher. Die Kartelle und Trusts, welche die Anpassung an den Bedarf bezwecken, scheinen sich nicht unwirksam zu erweisen. Sie bringen allerdings auch manche Gefahren mit sich. Staatliche Maßnahmen und freie Organisation scheinen

---

[1] Kautsky a. a. O. S. 85; vgl. S. 46 ff. 62. [2] A. a. O.
[3] Lassalle, Bastiat-Schulze, Chicago 1872, S. 22.
[4] Lassalle a. a. O. S. 25 f.; vgl. Kautsky a. a. O. S. 86 ff.

aber, soweit das konsumierende Publikum und die Arbeiter in Frage
kommen, hinreichenden Schutz zu bieten[1]. Auch die kleinern Produzenten
können sich durch Zusammenschluß günstigere Produktions= und Absatz=
bedingungen verschaffen. Durch die Organisation der verschiedenen Berufs=
stände und durch die direkten Beziehungen der einzelnen Organisationen
untereinander kann überhaupt schon ein großer Teil nicht unwichtiger
Waren dem Spiel des Weltmarkts entzogen werden.

Wer verneint, muß auch bejahen können. Das kann aber der Sozialis=
mus nicht. Nach Bernstein könnte er noch lange Zeit das Warensystem
nicht entbehren. Damit würden auch alle jene Nachteile verbleiben. Dies
würde sogar dann der Fall sein, wenn er in rascher Folge die Verstaat=
lichung bewerkstelligen würde, da diese nicht international stattfinden
könnte, der einzelne Staat aber mit seiner enormen Bevölkerungsziffer
auf den Import und Export im großen angewiesen ist.

3. Aber das kapitalistische System ist nicht nur selbst mit großen
Fehlern behaftet, es hat sich auch noch mit Erbschaftsschulden herumzu=
schlagen, d. h. es ist noch belastet mit Zwergwirtschaften, mit Resten einer
unvollkommenen, veralteten Wirtschaftsweise. Damit sind vorzüglich der
Betrieb des Kleinbauern und des Handwerkers gemeint. Beide fronen
mehr für den Kapitalismus als die Arbeiter selbst. Der Hypotheken=
besitzer saugt die Kleinbauern aus bis aufs Blut, er läßt sie als scheinbare
Eigentümer auf ihrer Parzelle sitzen[2]. Wucher und Güterschlächterei spielen
in der Ausbeutung der Kleinbauern eine hervorragende Rolle. Es bleibt
ihnen nur die Wahl zwischen Überarbeit und Auswanderung[3]. Ähnlich
suchen die Handwerker durch Überarbeit, unter Mithilfe von Frau und
Kindern die drückende Konkurrenz der Großindustrie abzuwehren. Mit
einem Wort, die wirtschaftliche Entwicklung verlangt in der Landwirt=

---

[1] Die Frage der Unternehmerverbände war 1894 Beratungsgegenstand des
Vereins für Sozialpolitik, vgl. Bd. 60 und 61 s. Schriften; vgl. auch „Handwörter=
buch" VI, 346 ff., Suppl. I, 841 ff., Art. „Unternehmerverbände" von Fr. Klein=
wächter; „Staatslexikon" (der Görres=Gesellschaft) III, 610 ff., Art. „Kartelle"
von Kämpfe; außer der daselbst angegebenen Litteratur vgl. Berdrow, Die
Unternehmer=Kartelle und der Weg zum wirtschaftlichen Frieden, Berlin 1898. —
Gegenüber den Mißständen einer wilden Freiheit wird sich namentlich auch eine
mehr gleichheitliche (internationale) Regelung der Gesetzgebung für Arbeitersachen
als wichtig erweisen. In dieser Richtung soll besonders das von Regierungsrat Curti
(St. Gallen) auf dem Züricher Kongreß (1897) vorgeschlagene Projekt eines inter=
nationalen Amtes für Arbeiterschutz und Arbeiterstatistik wirken, für das infolge der
Anregung de Wiarts in der belgischen Kammer schon eine günstige Erklärung seitens
der belgischen Regierung vorliegt.   [2] Vgl. Bebel a. a. O. S. 316.
[3] Vgl. Bebel, Unsere Ziele, 1886, S. 37.

schaft den Großgrundbesitz, im Gewerbe die Großindustrie. Die Existenz von Kleinbauern und Handwerkern bedeutet eine Vergeudung von Arbeit, welche die Gesellschaft zweckmäßiger anwenden kann und muß.

Daß diese Vorwürfe, auch rein ökonomisch genommen, nur teilweise richtig sind, wurde schon gezeigt. Es ist aber falsch, nur den einseitig ökonomischen Maßstab anzulegen. Die von den Einzelnen sehr hoch an= geschlagene größere Selbständigkeit und ihre Bedeutung für das ge= sellschaftliche Leben muß jedenfalls mit in Rechnung gezogen werden.

II.
Zweckmäßigkeit des Sozialismus.

Die Trauermelodien verwandeln sich in Jubelhymnen, der schwärzeste Pessimismus in den heitersten Optimismus, wenn der Sozialist sein Auge aus der gegenwärtigen Gesellschaftsverfassung hinüberschweifen läßt in die paradiesischen Gefilde des Zukunftsstaates.

Flumina iam lactis, iam flumina nectaris ibant.

Etwas Bestimmtes kann er uns über jene Epoche nicht sagen, doch weiß er bestimmt, daß dann „das goldene Zeitalter, von dem die Menschen seit Jahrtausenden träumten und nach dem sie sich sehnten" [1], gekommen ist. Und wie sollte das auch anders sein? „Der Sozialismus ist die mit voller Erkenntnis auf alle Gebiete menschlicher Thätigkeit angewandte Wissenschaft." [2] Jetzt erst wird die Vernunft ihr Herrscherrecht antreten. „Die objektiven, fremden Mächte, die bisher die Geschichte beherrschten, treten unter die Kontrolle der Menschen selbst. Erst von da an werden die Menschen ihre Geschichte mit vollem Bewußtsein selbst machen, erst von da an werden die von ihnen in Bewegung gesetzten gesellschaftlichen Ursachen vorwiegend und in stets steigendem Maße auch die von ihnen gewollten Wirkungen haben. Es ist ein Sprung der Menschheit aus dem Reiche der Notwendigkeit ins Reich der Freiheit." [3]

Die Produktionsanarchie mit ihrer Verschwendung einerseits und ihrem Mangel andererseits wird verschwinden. „Hauptsache ist, die Zahl und Art der verfügbaren Kräfte festzustellen, und Zahl und Art der Arbeitsmittel, also der Fabriken, Werkstätten, Verkehrsmittel, des Grund und Bodens 2c. und die bisherige Leistungsfähigkeit. Weiter ist festzu= stellen, was für Vorräte vorhanden sind, und welches Maß von Bedürf= nissen in den verschiedenen Artikeln und Gegenständen, für den Unterhalt der Gesellschaft, innerhalb eines bestimmten Zeitraums vorhanden ist.

---

[1] Bebel, „Die Frau" S. 435.   [2] A. a. O. S. 463.
[3] „Antidühring" S. 255.

Wie heute der Staat und die verschiedenen Gemeinwesen alljährlich ihre Budgets feststellen, so wird dies künftig für den ganzen gesellschaftlichen Bedarf geschehen, ohne daß Veränderungen, die erweiterte oder neue Bedürfnisse erfordern, ausgeschlossen sind. Die Statistik spielt hier die Hauptrolle; sie wird die wichtigste Hilfswissenschaft in der neuen Gesellschaft, sie liefert das Maß für alle gesellschaftliche Thätigkeit."[1] Die Produktivität in Industrie und Landwirtschaft wird kolossal gesteigert werden. Meliorationen, äußerste Ausnützung der Rohstoffe und Düngemittel, Eisenbahnen, Kanäle, Wasserleitungen, Beleuchtungsanlagen, technische Vorrichtungen für die verschiedensten Zwecke werden entstehen. Nene Erfindungen werden den gesellschaftlichen Ertrag fort und fort steigern. Die Güterzirkulation und -verteilung wird äußerst vereinfacht und der gesellschaftliche Haushalt aufs ökonomischste eingerichtet werden. Prinzip wird sein: Wenig Arbeit und viel Genuß. Die Genußfähigkeit wird sich steigern. Die geringe Arbeitszeit läßt ferner Raum für den Betrieb von Wissenschaft und Kunst. Alles steht in schönster Harmonie, dagegen werden alle Mißstände des Kapitalismus beseitigt sein.

Der Sozialismus thut, als ob er alles auf der Welt neu einzurichten hätte. Er beachtet nicht die örtlichen Verschiedenheiten von Stadt und Dorf, von Stadt zu Stadt, von Land zu Land. Sollen alle die zerstreuten Dörfer ziemlich rasch auf die Höhe der Technik in den großen Städten gebracht werden? Die Menschen sind auch keine Wirtschaftsfiguren, deren letzter Zweck die höchstmögliche Produktion und Konsumtion ist. Sie haben individuelle und soziale Bedürfnisse, die mit denen der Allgemeinheit nicht einfachhin identisch sind. Zu den „objektiven, fremden Mächten" gehört nicht zuletzt auch die „subjektive" Macht, „die Menschen". Bis jetzt ist keine Aussicht vorhanden, daß dieser abstrakte Kollektivbegriff jemals wirkliches Leben erhält. Zugleich bilden die seitherigen sozialistischen Zukunftskombinationen, die sich infolge der Vorgänge in China neuestens verdoppeln bezw. entzweien, noch nicht den erwünschten Befähigungsnachweis nach jener Richtung. Die radikalen Projektemacher dachten sich die Verwirklichung ihrer Pläne von jeher als sehr leicht. Nur hat jeder von ihnen ein klein wenig abweichendes Rezept. Auf dem Papier sieht alles so einfach aus, aber hart im Raume stoßen sich die Sachen.

Der moderne Sozialismus ist Utopie, so sehr er auch mit Wissenschaft um sich wirft. Seine Utopie ist nur insofern bedenklicher, als sie mehr Anhänger gefunden hat als die frühern. Würde es ein Glück gewesen sein, wenn

---

[1] Bebel a. a. O. S. 340 f.

man versucht hätte, den Staat Platos und aller andern Utopisten, die mit
Verheißungen ebenso verschwenderisch waren wie der moderne Sozialismus,
zu verwirklichen? Der Sozialismus von heute verwirft jene Utopien. Er
kann es, weil er ihnen vorurteilsfreier gegenübersteht, und er giebt damit
seinem eigenen System noch obendrein einen glänzendern Anstrich. Dieses
ist schablonisierender Rationalismus und Radikalismus, der auf der Ober=
fläche haften bleibt und da einen gewissen Schein für sich hat.

Viertes Kapitel.
Durchführbarkeit des Sozialismus.

Es könnte unlogisch erscheinen, jetzt erst von der Möglichkeit des
Sozialismus zu sprechen, nachdem schon dessen Notwendigkeit und Vor=
trefflichkeit behandelt wurde. Ganz richtig. Aber wer die sozialistische
Methode, der wir hier folgen, kennt, wird das ganz in der Ordnung finden.
Nach allem fragt der Sozialismus eher als nach der Durchführbarkeit
seines Systems. Die kapitalistische Gesellschaftsordnung bewegt sich natur=
notwendig einer Gesellschaft mit Gemeineigentum entgegen. Was aber
notwendig ist, das muß auch möglich sein [1]. Was haben wir da noch Be=
weise nötig?

Der Mensch, auf den sich alle wirtschaftlichen Einrichtungen beziehen,
wird ignoriert, oder besser, soweit seine Eigenliebe und seine Leidenschaften
für sozialistische Zwecke brauchbar sind, wird aufs energischste an sie appel=
liert. „Wenn die Menschen Engel wären, ohne Bedürfnisse, oder absolute
Herren ihrer Neigungen und Leidenschaften, nicht habsüchtig, gerecht und
human, so wären sie allesamt glücklich und gut auch im kapitalistischen
Klassenstaat" — so mit Stern [2] gegen Stern. Doch man erwidert: Der
Mensch hängt mit seinen Neigungen vollständig von den Verhältnissen ab.
Im Zukunftsstaat wird alles herrlich sein. Der Mensch wird sich deshalb
von den dortigen Verhältnissen befriedigt fühlen. Der Obersatz wurde
schon früher als falsch dargethan. Der Untersatz besagt, wie sich bald
zeigen wird, das gerade Gegenteil von dem, was kommen würde.

Wenn aber der Sozialismus für die Dauer nicht möglich ist, so
kann doch vorübergehend ein Versuch, ihn durchzuführen, unternommen
werden. Eine solche praktische Beweisführung würde wahrscheinlich mit
harten Opfern erkauft werden müssen.

---

[1] „Was ... als unvermeidlich erwiesen ist, ist nicht nur möglich, es ist auch
als das einzig Mögliche erwiesen" (Kautsky, Das Erfurter Programm S. 137).

[2] Thesen über den Sozialismus, 4. Aufl., Stuttgart 1891, S. 52.

Zweiter Abschnitt.
Die Lehre des hl. Thomas von Aquin über das Eigentum.

Erstes Kapitel.
Begriff und Ursprung des Eigentums.

I.

Das Herrschaftsrecht der Menschheit über die irdischen Geschöpfe.

Eine Definition des Eigentumsrechts giebt Thomas nicht. Der von ihm öfters gebrauchte Ausdruck dominium bezeichnet im weitesten Sinn eine Relation, die besteht zwischen einem Herrschenden und einem Beherrschten. Solcher Herrschaftsverhältnisse finden sich bei Thomas im wesentlichen drei:

1. das eines Herrschers zu den freien Unterthanen,

2. das des Herrn zum Unfreien[1],

3. die Herrschaft über eine Sache.

Wie verhält es sich mit letzterer?

Wir haben früher gesehen: die Welt verdankt Gott ihren Ursprung und ihre Erhaltung. Deshalb hat Gott ein Ureigentumsrecht (principale dominium) über alle Dinge[2]. In der Weltregierung übt Gott dieses Eigentumsrecht aus: „Ihm gehorcht alles auf den Wink."[3] Nach Inhalt und Umfang ist das Eigentum Gottes absolut, das einzig absolute[4]. Auch der Mensch ist im wahren Sinn Eigentum Gottes. Gott ist nicht nur das ursächliche Prinzip unsers Seins, dieses ist auch ganz in seiner Macht[5].

Gott hat auch dem Menschen ein Eigentumsrecht über die andern Geschöpfe verliehen. Nachdem er den Menschen als leiblich=geistiges Wesen geschaffen hatte, mußte er ihm, wenn er nicht nutzlos geschaffen sein sollte, auch die Mittel gewähren, wodurch er sich erhalten konnte[6]. Die Unter=

---

[1] Wiewohl hier in Bezug auf die (meistens) mehr allgemeine Ausdrucksweise die Autorität von Aristoteles sehr zur Geltung kommt, so besteht doch inhaltlich, wie sich leicht zeigen läßt, ein großer, ja prinzipieller Unterschied. Vgl. „Staats=lexikon" V, 710, Art. „Thomas von Aquin" von J. A. Endres; „Zeitschrift für katholische Theologie" XIX, 594 ff., Art. „Kirche und Sklaverei im Mittelalter" von Al. Kröß.

[2] 2. 2. 66, 1 ad 1. — Cf. serm. in fest. S. Laur.: Hoc praecepit Dominus, qui habet generale dominium in omnibus. — Serm., dom. XV. p. Pent.; I, 13, 7 ad 5; 2. 2. 66, 1 ob. 1; caten. in Ioan. 1, 11; in Ephes. 1, 24; 2, 2; 4, 6; in Hebr. 1, 2 et 8.   [3] 2. 2. 66, 1 c.   [4] Cf. in 1 Tim. 1, 17.

[5] Cf. cg. III, c. 119; serm. III., dom. XV. p. Pent.; in Ioan. 1, 11; in Matth. 4, 3; 2. 2. 59, 3 ad 2; 64, 5 ad 3; III, 47, 6 ad 3.   [6] I, 21, 4 c; cg. I, c. 93.

haltsmittel sind gleichsam eine notwendige Forderung (debitum = quidam ordo exigentiae vel necessitatis)[1] der menschlichen Natur. Die Erfüllung dieser Forderung ist Gott primär seiner Weisheit, von der die Erschaffung abhängt, sekundär der geschaffenen Natur schuldig[2]. Nicht gemäß der kommutativen, sondern der distributiven Gerechtigkeit giebt Gott den Menschen die Mittel zu ihrer materiellen Existenz[3].

„Nach der natürlichen, durch die göttliche Providenz festgestellten Ord= nung sind die niedern Dinge dazu da, der menschlichen Not abzuhelfen."[4] Aber nicht nur für die Not hat Gott vorgesorgt, in seiner Freigebigkeit hat er alles für den Menschen erschaffen[5].

Die Stellung des Menschen gegenüber den übrigen irdischen Dingen ist damit eine „unvergleichliche" geworden; „denn alles ist wegen des Menschen da: ihm ist die Herrschaft über alles anvertraut, wie es Genesis 1, 26 heißt"[6]. „Gott setzte den Menschen gleichsam zum König aller niedern Geschöpfe ein."[7] Der Grund für das Herrschaftsrecht des Menschen über die andern Geschöpfe liegt in seiner vernünftigen Natur, oder was dasselbe ist, in seiner Ebenbildlichkeit mit Gott, wodurch er alle übrigen irdischen Geschöpfe weit überragt[8].

„Unter allen Geschöpfen nehmen die vernünftigen die oberste Stelle ein."[9] „In der gesamten Weltordnung ist aber das Unvoll= kommene wegen des Vollkommenern da"[10], „dient das weniger Vollkommene dem Vollkommenen. Die Pflanzen ziehen ihre Nahrung aus der Erde, die Tiere bedienen sich der Pflanzen, und die Menschen der Pflanzen und Tiere"[11]. Es ist das ausschließliche Vorrecht des Geistes, alle andern Gegenstände gleich Werkzeugen in Bewegung zu setzen[12]. „Da= her macht auch der Mensch durch seine Einsicht von den Tieren, Pflanzen und leblosen Dingen als Hilfsmitteln Gebrauch."[13]

Die vernunftbegabten Wesen „überragen die andern sowohl durch eine vollkommenere Natur als durch ein erhabeneres Ziel. Durch eine vollkommenere Natur, weil das vernünftige Geschöpf seine Thätigkeit in der Gewalt hat. . . . Durch ein erhabeneres Ziel, weil nur das vernunft=

---

[1] Cf. I, 21, 1 ad 3.   [2] Cf. ibid. et 2 c; caten. in Luc. 12, 30.
[3] Cf. I, 21, 1 c; cg. I, c. 93.   [4] 2. 2. 66, 7 c.
[5] Cf. op. VI.   [6] In Matth. 12, 12; cf. 1. 2. 102, 6 ad 8.
[7] In Psalm. 8, 6.   [8] Cf. I, 93, 6 c.
[9] Cg. III, c. 78.   [10] 2. 2. 64, 1 c.
[11] I, 96, 1 c; cf. 2. 2. 64, 1 c et ad 1 et 2; cg. III. c. 81. 127. 129; op. IV de quinto praec. legis.
[12] Cf. cg. III, c 78: Creaturae igitur intellectuales per suam operationem sunt motivae et regitivae aliarum creaturarum. — Cf. 2. 2. 64, 1 ad 2.
[13] Op. II, c. 28.

begabte Geschöpf, durch die seiner Natur eigene Thätigkeit, nämlich durch die Erkenntnis und Liebe Gottes, das letzte Ziel des Universums selbst erreicht, die andern Geschöpfe bringen es beim Anstreben des letzten Zieles nur bis zu einer Art Teilnahme an seiner Ähnlichkeit"[1].

Im Paradiese war die Herrschaft des Menschen eine mehr unmittelbare als jetzt. Die Tiere dienten ihm auf seinen Befehl, die Pflanzen und die übrigen Dinge durch ungehinderte Verwendbarkeit. „Manche Tierarten wären auch dann von Natur im Streit gelegen. Deshalb wären sie aber der menschlichen Herrschaft nicht entzogen gewesen."[2] „Die Unterwerfung aller Lebewesen war vor der Sünde vollkommen, jetzt aber widerstreben viele zur Strafe für die Sünde."[3]

Doch war die Herrschaft des Menschen nie eine absolute[4]. „Zweierlei kommt bei jeder Sache in Betracht, erstens das Wesen: dies ist der Macht des Menschen nicht unterworfen, sondern nur der Macht Gottes, dem alles auf den Wink gehorcht; zweitens der Gebrauch der Sache, und in dieser Beziehung hat der Mensch ein natürliches Eigentumsrecht über die äußern Dinge, weil er sie als für ihn geschaffen nach freiem Ermessen zu seinem Nutzen gebrauchen kann."[5] „Gott kommt das Obereigentum (principale dominium) über alle Dinge zu; in seiner Vorsehung bestimmte er gewisse Dinge zum materiellen Unterhalt des Menschen; und deswegen hat der Mensch ein natürliches Eigentum(srecht), d. h. die Befugnis, jene Dinge zu gebrauchen."[6]

„Wenn Gott schon alles regiert, so regiert er uns doch wie Herren, die übrigen Geschöpfe wie Sklaven."[7] „Für den Menschen hat Gott besondere Sorge.... Und nicht nur Sorge hat er für den Menschen, er hat auch Freundschaft mit ihm.... Nur die vernünftige Natur ist im stande, Gottes Wesen zu erfassen durch Erkenntnis und Liebe."[8]

„In Gott findet sich der erste und ursprüngliche Grund der schuldigen Pflicht (debitum); denn er ist das erste Prinzip aller unserer Güter."[9] „Deshalb gehört es zur rechten Richtung des Geistes gegen Gott, daß der Mensch sein ganzes Besitztum als von Gott, dem ersten Ursprung, stammend anerkennt und auf Gott als das letzte Ziel bezieht. Dies ward deutlich ausgesprochen in den Opfergaben, welche der Mensch von seinem Besitz zur Ehre Gottes darbrachte, zur Anerkennung, daß er sie von ihm erhalten habe."[10] Die Opfer sind im Naturrecht begründet[11]. Wir

[1] Cg. III, c. 111.   [2] I, 96, 1 ad 2.   [3] In Psalm. 8, 7.
[4] 2. 2. 66, 1 ad 3.   [5] Ibid. c.   [6] Ibid. ad 1.
[7] Op. VII.   [8] In Psalm. 8, 5.
[9] 2. 2. 106, 1 c; cf. in 1 Tim. 1, 17; serm., dom. XXII. p. Pent.
[10] 1. 2. 102, 3 c.   [11] Cf. 2. 2. 86, 4 c et ad 1 et 2.

finden sie darum nicht nur bei den Juden, sondern bei allen Völkern. „Man kann sagen: Wie Gott den Juden durch ein spezielles Geschenk das Land der Verheißung übertrug, so überwies er durch ein allgemeines Geschenk der gesamten Menschheit das Eigentum über die Erde nach Pf. 113, 16: ‚Die Erde gab er den Menschenkindern.‘" [1]

Nur durch das Christentum „werden wir zur Erkenntnis der mensch= lichen Würde geführt. Denn Gott schuf alles wegen des Menschen nach Pf. 8, 8: ‚Alles hast du seinen Füßen unterworfen.‘ Der Mensch ist unter den Geschöpfen nach den Engeln Gott am ähnlichsten; vgl. Gen. 1, 26: ‚Lasset uns den Menschen machen nach unserm Bild und Gleich= nis.‘ Das sagte er nicht vom Himmel oder den Sternen, sondern vom Menschen, nicht zwar bezüglich des Leibes, sondern bezüglich der Seele, die freien Willen hat und unvergänglich ist. Dadurch wird sie Gott mehr verähnlicht als alle andern Geschöpfe. Wir müssen also den Menschen als das nach den Engeln am höchsten stehende Geschöpf betrachten und in keiner Weise unsere Würde verringern durch Sünden und ein ungeord= netes Streben nach materiellen Dingen. Denn diese sind niedriger als wir und zu unserm Dienste geschaffen. Wir müssen uns vielmehr so ver= halten, wie Gott uns geschaffen hat. Gott schuf aber den Menschen, daß er über alle irdischen Dinge herrsche, und daß er Gottes Oberherrschaft anerkenne. Wir müssen demnach über die Dinge gebieten und herrschen, Gott aber unterthan sein, gehorchen und dienen." [2] „Gott dienen heißt herrschen (Greg.)." [3]

II.

Umgrenzung des Privateigentumsrechts.

Mit der Überweisung der irdischen Güter unter die Herrschaft der Menschen ist noch nicht die besondere Art dieser Herrschaft gegeben. Soll der Besitz ein gemeinschaftlicher oder privater sein? Wenn Thomas das Privateigentum als eine naturgemäße Institution ansieht, so redet er deshalb nicht einem extremen Individualismus das Wort. Er will nur die prinzipielle Vormacht des Sondereigentums aufzeigen, ohne das gleich= zeitige Bestehen von Gemeinbesitz auszuschließen. Ferner wahrt er gegen= über dem untergeordneten Rechte des Eigentums das übergeordnete Recht der Existenz. Die Erde wurde allen überwiesen, jeder hat das Recht, zu leben. Das Eigentum kann und darf diesem Recht nicht im Wege stehen. Vielmehr soll es das oberste Recht zur vollen Geltung bringen dadurch,

---

[1] Ibid. ad 2.   [2] Op. VI.   [3] Serm., dom. XV. p. Pent.

daß es den Eigentümer selbst vor der Not des Lebens sicher stellt und
ihm die Möglichkeit und Pflicht auferlegt, den darbenden Mitmenschen
nach Kräften zu unterstützen.

Als rechtliche Befugnis steht das Eigentum in engster Beziehung zur
Gerechtigkeit. „Die Tugend der Gerechtigkeit ist der feste und standhafte
Wille, jedem sein Recht (das Seinige) zu geben" [1] — so die nach Thomas
zutreffende [2] Definition der römischen Juristen. „Aufgabe der Gerechtig=
keit im Unterschied von den andern Tugenden ist es, das Verhalten des
Menschen zum Nächsten zu ordnen. Sie bedeutet nämlich, wie schon der
Name zu erkennen giebt, eine gewisse Gleichheit, dann spricht man ge=
meinhin von gerecht gemacht werden, wenn etwas ausgeglichen wird;
die Ausgleichung aber bezieht sich auf einen andern. Die übrigen Tugenden
vervollkommnen den Menschen nur in dem, was die eigene Person be=
trifft. . . . Das Rechte im Werke der Gerechtigkeit ergiebt sich, auch ab=
gesehen von der Absicht des Handelnden, durch Hinordnung auf einen
andern." [3] Gegenstand der Gerechtigkeit (tertium comparationis) ist das Ge=
rechte (iustum). „Gerecht heißt in unserm Thun das, was einem andern
im Sinne der Ausgleichung entspricht." [4] Das Gerechte in diesem Sinne
ist dasselbe wie das Recht (ius) [5] in seiner ersten und ursprünglichen Be=
deutung. Das Recht ist demnach das, was einem nach der Gerechtigkeit
zukommt, man nennt es auch das Seinige (suum) [6], d. h. was einem
als das Seinige zusteht, oder das Gebührende (debitum) [7], was einem
zu leisten ist, was einer fordern kann. Das Seinige besteht nicht nur
in der pflichtmäßigen Leistung des einen an den andern (kommutative
Gerechtigkeit), sondern auch des Einzelnen an die Gesamtheit (legale Ge=
rechtigkeit) und der Gesamtheit an den Einzelnen (distributive Gerechtigkeit).

Um aber in jedem Fall zu wissen, was Recht ist oder einem
als das Seinige zukommt, bedarf es eines Maßstabs. Diesen Maßstab
bietet das Gesetz (lex), die zweite Bedeutung, in welcher Thomas das
Recht (ius) gebraucht. „Wie von den äußern Erzeugnissen der Kunst ein
vollkommener Plan im Geist des Künstlers vorherbesteht, welcher die
Kunstregel heißt, so besteht auch von dem durch die Vernunft bestimmten

---

[1] 2. 2. 58, 1 ob. 1; cf. cg. II, c. 28; vgl. Cathrein, Moralphilosophie
I, 381 ff.   [2] Cf. 2. 2. 58, 1 c.

[3] Ibid. 57, 1 c; cf. 1. 2. 114, 1 c; 122, 1 c; III, 85, 3 c.

[4] 2. 2. 57, 1 c.

[5] Cf. ibid. ad 1: Hoc nomen „ius" primo impositum est ad significandum
ipsam rem iustam.

[6] Cf. I, 21, 1 ad 1; 2. 2. 58, 11; 66, 3 et 5 c; 101, 3 c; 1. 2. 66, 4 ad 1:
Iustitia . . . secernit suum a non suo.

[7] Cf. I, 21, 1 ob. 3; 1. 2. 100, 2 ad 2; 2. 2. 80, 1 c.

Gerechten ein vollkommener Plan im Geist, sozusagen eine Regel der Klugheit; wird dasselbe schriftlich abgefaßt, so heißt es Gesetz; denn das Gesetz ist nach Isidor ein geschriebener Grundriß; das Gesetz ist also nicht das Recht selbst im eigentlichen Sinne, sondern eine Art Plan des Rechts." [1] „Das menschliche Gesetz hat nur Befehle für Akte der Gerechtig=keit; wenn es andere Tugendakte vorschreibt, so nur, insoweit sie. den Charakter der Gerechtigkeit annehmen, wie Aristoteles lehrt." [2] Die Vor=schrift des Gesetzes muß aber wirklich der Gerechtigkeit entsprechen. „Nach Augustinus ,ist eine ungerechte Vorschrift kein Gesetz'. Nur soweit sie mit der Gerechtigkeit übereinstimmt, hat sie Gesetzeskraft." [3]

Was nun das Gesetz einem als das Seinige zuweist, ist f e i n Recht (auch subjektives Recht genannt, im Unterschied vom Gesetz als dem ob=jektiven Recht). Er hat damit die Befugnis, auf Grund und in Kraft des Gesetzes etwas als das Seinige zu beanspruchen [4], und andere sind ge=halten, sein Recht anzuerkennen, bezw. ihm das Seinige zu geben. Eine nähere Bestimmung dieses Rechts hat Thomas nicht gegeben, obwohl er auf die verschiedensten Rechte dieser Art zu sprechen kommt. So redet er von einem ius patronatus [5], einem ius patriae potestatis [6], einem Recht, wonach man etwas zurückfordern kann [7], von Rechten, die nur auf kurze Zeit anvertraut sind [8] u. f. w. [9] Auch das Eigentumsrecht (ius dominii) [10] ist ein Recht in diesem Sinne. Der Eigentümer hat danach die Befugnis, eine Sache als die seinige zu besitzen oder zu fordern [11].

Wird beim Erwerb eines Gegenstandes die Gerechtigkeit verletzt, so kommt insoweit höchstens ein Besitz (possessio), aber kein Eigentum (do=minium) zu stande [12]. Die spezifischen Bezeichnungen für das Privat=eigentum: suum, proprium, (res, possessio propria), proprietas (proprietas

---

[1] 2. 2. 57, 1 ad 2; cf. 60, 1 c.   [2] 1. 2. 100, 2 c.
[3] 1. 2. 95, 2 c.
[4] Cf. Iob 20, 19 sq.: Appetitus eius non est satiatus neque de bonis, quae iure possidet, neque de iis, quae iniuste acquisivit.
[5] 4 sent. 25, 3, 2, 3 ad 3.   [6] 2. 2. 10, 12 ob. 1.
[7] 4 sent. 15, 2, 4, 2 c.   [8] Caten. in Luc. 16, 1.
[9] 1. 2. 114, 1 c; 2. 2. 10, 10 c; 12, 2 c; 57, 4 ob. 1; 66, 5 ad 2; 69, 1 c; 100, 2 ad 5; 4 sent. 25, 3, 2, 3 ad 2 et ad 4; in Hebr. 7, 5.
[10] 2. 2. 62, 1 c et ad 2.
[11] Cf. 1 sent. 8, 11 ob. 1: Illud enim est proprium alicui, quod sibi soli convenit.
[12] Wo nicht das Gegenteil bemerkt ist, steht possessio (possessor) gleichbedeutend für dominium (dominus), cf. 1. 2. 105, 2 c, ob. 2, ad 3 et 11; 2. 2. 62, 1 c; 5 ad 3; 8 c; 66, 2 ad 2; 5 ad 2; 117, 2 c; 118, 7 c; 1 sent. 18, 1, 1 c; 4 sent. 15, 2, 4, 2 c et ad 1 etc.

dominii, possessionum, appropriare) stehen im Gegensatz zu alienum, quod alii debetur, noch häufiger aber zu commune, communitas [1].

Da das Eigentum ein Herrschaftsverhältnis darstellt, kommt sowohl bei der Besitzergreifung [2] als bei der Verwendung des Eigentums dem Willen die entscheidende Macht zu. „Der Mensch besitzt die Dinge durch seinen Willen." [3] „Durch den Willen gebrauchen wir die äußern Dinge." [4] Jeder Eigentümer kann sein Eigentum andern mitteilen, verkaufen, verschenken, darauf verzichten, kurz, damit machen, was er will [5], soweit nicht andere Pflichten in Betracht kommen [6]. Gegen den Willen des Eigentümers darf niemand dessen Besitz wegnehmen [7] oder behalten [8] (commutationes voluntariae et involuntariae) [9].

Kann der Eigentümer innerhalb der durch die Vernunft gezogenen Grenzen frei mit seinem Besitz wirtschaften, so ist er bezüglich des erwirtschafteten Nutzens weniger frei. Hier kommt das Gesamtrecht der Menschheit auf die Güter der Erde und die Solidarität aller Menschen zur Geltung [10]. Der Mensch ist deshalb nicht vollkommener, absoluter Eigentümer im Sinne des Liberalismus, er besitzt seine Güter nicht bloß für sich, sondern auch für andere, er ist Verwalter Gottes [11], dem er strenge Rechenschaft schuldig ist. Hat auch der Einzelne keinen Rechtsanspruch auf die Güter eines andern (außer im Falle der äußersten Not), so kann doch die Gesellschaft (Staat und Kirche) die Eigentümer in ihrer Pflicht für die Allgemeinheit bis zu einem gewissen Maße heranziehen. Im übrigen ist die Verpflichtung eine moralische [12].

Wenn aber auch der Eigentümer sein Eigentum nicht nur für sich besitzt, so besitzt er es doch zunächst für sich und seine Angehörigen. Er unterscheidet sich darin wesentlich von dem Verwalter fremder Güter [13].

---

[1] Cf. 1. 2. 66, 4 ob. 1; 105, 1 ad 4; 2. 2. 26, 3 c; 32, 5 ad 2; 61, 1 ob. 2 et ad 5; 63, 1 ad 3; 66, 2. 7. 8; op. XVII, c. 16; op. XVIII, c. 11 et 18; 10 eth. 14 g.   [2] 4 sent. 49, 1, 1, 2 c.

[3] 2. 2. 59, 3 ad 1; cf. cp. XVII, c. 9; 4 sent. 41, 1, 3, 2 ad 2.

[4] Op. XVIII, c. 11; cf. 2. 2. 117, 2 c: Cum enim aliquis a se emittit, quodammodo illud a sua custodia et dominio liberat et animum suum ab eius affectu liberum esse ostendit.

[5] Cf. 1. 2. 105, 2 c; 2. 2. 10, 12 c; 62, 1 ad 2; 63, 1 ad 3; de malo 13, 1 c; 4 ob. 9; op. XVIII, c. 11.   [6] Cf. quodl. 6, 12 c.

[7] Cf. 2. 2. 100, 6 c.   [8] Cf. 2. 2. 62, 8 c; 100, 6 c.

[9] Cf. 2. 2. 61, 3 c; 62, 6 c.

[10] Cf. 2. 2. 32, 5 c ad 2; 66, 2 et 7.

[11] Cf. caten. in Matth. 5, 42: „Die Reichtümer gehören nicht uns, sondern Gott. Gott setzt uns nur zu Verwaltern, nicht aber zu Herren seiner Schätze ein (Chrys.)"; in Luc. 16, 1.   [12] Cf. 2. 2. 66, 7 c.

[13] Cf. 1. 2. 98, 4 ad 2.

„Anders als mit den eigenen steht es mit den kirchlichen Gütern. Denn über die ererbten oder redlich erworbenen Güter ist man wahrhaft Eigen=tümer. Deshalb kann man über das Besitzverhältnis (conditio) der Sache selbst nach seinem Willen verfügen, ohne insoweit eine Sünde zu begehen. Dagegen kann eine Sünde wegen unordentlicher Verwendung vorkommen, sei es durch das Übermaß, in welchem man eigene Güter zwecklos ver=braucht, sei es durch Mangel, insofern man es an den notwendigen Auf=wendungen fehlen läßt. Beide Arten erweisen sich tugendfeindlich (nach ‚Ethik' 9. B.). Über die kirchlichen Güter sind die Kleriker nicht wahrhaft Eigentümer, sondern nur Verwalter. . . . Der Verwalter muß aber die seiner Verwaltung unterstellten Vermögen (bezw. die Einkünfte daraus) verteilen. . . . Dagegen kann in zweifacher Weise gefehlt werden: 1. in Bezug auf das Besitzverhältnis der Sache selbst, insofern man dieselbe als seine eigene betrachtet und für seine Zwecke verwendet, was andern zu leisten ist; 2. durch unordentliche Verwendung des zufallenden eigenen Anteils — und hier gilt das oben (vom eigenen Vermögen) Gesagte." [1]

III.
Kritische Würdigung.

Wie man die Veränderung der Rechtsformen sofort auch der Rechts=idee zuspricht, so auch speziell die Veränderung im Erwerb und Besitz von Eigentum dem Eigentumsrecht überhaupt. Sobald man ein über der Veränderung der materiellen Welt stehendes Recht anerkennt, wird man auch einen gleichbleibenden festen Kristall des Eigentumsrechts aner=kennen müssen. Ohne ein übergeordnetes Recht fehlt dem Eigentumsrecht selbst der moralische Halt. Die obersten Rechtsprinzipien bilden daher auch für den Eigentumsbegriff das primäre und wesentliche Element. Die besondern, nach Ort und Zeit wandelbaren Bedingungen und Be=stimmungen, also das nationalökonomisch Primäre, sind hier, wo es sich um die rechtliche Grundlegung handelt, so beachtenswert sie auch für das weitere Recht sein mögen, nur von sekundärer Bedeutung.

Wir wissen deshalb, was es mit folgenden und ähnlichen Gedanken=verwirrungen auf sich hat: „Eine Definition des Eigentums als eines unabhängigen Verhältnisses, einer besondern Kategorie, einer abstrakten und ewigen Idee geben wollen, kann nichts anderes sein als eine Illusion der Metaphysik oder der Jurisprudenz." [2] „Der Eigentumsbegriff ist nur der Reflex, das Erzeugnis der Staats= und Gesellschaftszustände und

---

[1] Quodl. 6, 12 c; cf. 2. 2. 100, 1 ad 7; 185, 7 c; op. XVIII, c. 18.
[2] Marx, „Elend" S. 141.

mit diesen naturgemäß einer beständigen Veränderung unterworfen. Der Eigentumsbegriff von heute ist nicht der Eigentumsbegriff von gestern, wie der Staat und die Gesellschaft von heute nicht der Staat und die Gesellschaft von gestern sind. Es kann deshalb nichts lächerlicher sein, nichts mit der ganzen geschichtlichen Entwicklung mehr in Widerspruch stehen, als von einem feststehenden ‚Eigentumsprinzip‘ zu reden, das un= verrückbar in der Mitte des politisch=sozialen Weltsystems befestigt sei, dasselbe harmonisch bewegend und lenkend, wie unsere Sonne die Erde und deren himmlische Geschwister. Der Eigentumsbegriff verschiebt sich wie der Flugsand, und wer auf die Ewigkeit des heutigen Privateigen= tums baut, baut auf Flugsand.“ [1]

Gegenüber der Aufklärungsperiode der Nationalökonomie mit ihrer unhistorischen Auffassung der Eigentumsform mag diese Argumentation bis zu einem gewissen Grade zutreffen. Gegenüber materialistisch ge= sinnten Liberalen ferner, die mit kirchlichem und anderm Eigentum im In= und Ausland gelegentlich nicht schonend umgehen, aber gleichzeitig die Heiligkeit des Eigentums betonen, hat der Sozialismus die größere Konsequenz für sich. Wenn die Gewalt, die Macht, die Verhältnisse jedes= mal das Recht begründen, dann geht die Heiligkeit des jetzigen Privat= eigentums mit der Begründung des sozialistischen Kollektivismus auf diesen über, selbst wenn der Liberalismus dessen Unvernünftigkeit nachweist. Dann werden aber die Sozialisten selbst ins Gedränge kommen. Dann wird die dialektische Theorie, die bisher ohne Wahl gehandhabt werden konnte, konsequent zu wirken beginnen. Alle Rechte sind widerruflich. Die Einzelnen sind keinen Augenblick vor diversen Beschlüssen wechselnder Majoritäten sicher. Wer hier auf die Festigkeit seines etwaigen Privat= eigentums und auf irgendwelche Stetigkeit in den Gesellschaftsverhältnissen baut, „baut auf Flugsand“. Der Sozialismus sieht nur den Liberalismus, und da ist er rücksichtlich der Logik im Vorteil, aber nur so lange, als ihm nicht selbst seine eigenen absurden Konsequenzen vorgehalten werden.

Zweites Kapitel.
Notwendigkeit des Privateigentums. Unmöglichkeit des Sozialismus.

I.

Das Privateigentum, eine Forderung des ius gentium.

Auf protestantischer Seite glaubte man „die prinzipielle Unfähigkeit der katholischen Kirche zur Lösung der sozialen Frage“ sonnenklar be=

---

[1] Liebknecht, Zur Grund= und Bodenfrage, 2. Aufl., Leipzig 1876. S. 7.

weisen zu können dadurch, daß man auf Grund der Lehre des hl. Thomas
über das Eigentum die „innere Verwandtschaft zwischen Katholizismus
und Sozialismus" festzustellen sich bemühte[1]. In einigen falsch verstan=
denen Sätzen, wie: der Gebrauch des Eigentums müsse ein allgemeiner
sein, in der äußersten Not sei alles gemeinsam u. a., wollte man dafür
unwiderlegliche Beweise gefunden haben. Die folgende Darstellung wird
noch im einzelnen nachweisen, daß die angeführten Sätze mit dem modernen
Sozialismus nichts gemein haben als höchstens das Bestreben, der Not
des Menschen abzuhelfen.

Eine ähnliche Bewandtnis hat es mit einem andern Mißverständnis,
nämlich mit der irrtümlichen Deutung des ius gentium. Nach Thomas
beruht das Privateigentum auf dem ius gentium. Dieses bildet aber einen
Teil des positiv menschlichen Rechts — und dieses ist wandelbar. Zu dem
so erzielten Fehlschluß trug insbesondere der Umstand bei, daß die Be=
zeichnung ius gentium an sich verschiedene Auffassungen zuläßt und im
Laufe der Zeit auch gefunden hat. Hier, wie überall, erklärt sich die Lehre
des hl. Thomas am besten selbst.

Das oberste Gesetz, auf das alle übrigen Gesetze zurückzuführen sind,
wenn sie wahre Gesetze sein sollen, ist die lex aeterna, so genannt,
weil sie wie alle göttlichen Ideen von Ewigkeit her besteht. „Wie also
die Idee der göttlichen Weisheit, insofern durch sie alles geschaffen wurde,
die Bedeutung der Kunst, des Vorbilds oder des Musterbilds hat, so
besitzt die Idee der göttlichen Weisheit, insofern sie alles zum angemessenen
Ziele lenkt, die Bedeutung des Gesetzes. Sonach ist das ewige Gesetz
nichts anderes als die Idee der göttlichen Weisheit, insofern sie die Lenkerin
aller Akte und Bewegungen ist."[2] „Alle Gesetze nehmen in dem Maße
an der rechten Vernunft teil, als sie von dem ewigen Gesetze abgeleitet
sind; darum sagt Augustinus: ‚Im zeitlichen Gesetze ist nur das gerecht
und gesetzmäßig, was die Menschen aus dem ewigen Gesetze abgeleitet
haben.'"[3] „So sind also alle Beziehungen in den von Gott geschaffenen
Dingen, seien sie bedingter oder notwendiger Art, dem ewigen Gesetze
unterworfen."[4] Die Teilnahme an diesem Gesetze ist je nach der Natur
verschieden. Sie geschieht allgemein dadurch, daß Gott der ganzen
Schöpfung die Prinzipien ihrer Bethätigung einprägt[5].

„Alle Geschöpfe nehmen am ewigen Gesetze teil. Durch seine Ein=
prägung besitzen sie die Hinneigung zu den ihnen eigenen Bethätigungen

[1] Vgl. P. Heinrich, Die soziale Befähigung der Kirche, Berlin 1891, S. 147.
[2] 1. 2. 93, 1 c.   [3] 1. 2. 93, 3 c.   [4] 1. 2. 93, 4.
[5] Cf. 1. 2. 93, 5 c.

und Zwecken. Gegenüber den übrigen Wesen unterliegt das vernünf=
tige Geschöpf in vornehmerer Weise der göttlichen Providenz, indem es
selbst an der Vorsehung teilnimmt in der Fürsorge für sich und für andere
Dinge. So partizipiert dasselbe an der ewigen Vernunft selbst, durch
die es eine natürliche Neigung zum angemessenen Akt und Ziel hat.
Diese Teilnahme des vernünftigen Geschöpfes am ewigen Gesetze heißt
lex naturalis."[1] Von lex als einer vernünftigen Vorschrift kann bei
den unvernünftigen Geschöpfen nur in analoger Weise die Rede sein[2].
In eigentlicher Weise spricht man von Naturrecht nur beim Menschen.
Dasselbe ist primär in der lex aeterna, sekundär in dem natürlichen Ur=
teil der menschlichen Vernunft enthalten. Sobald etwas nicht in der ge=
hörigen Ordnung ist, widerspricht es dem Naturrecht[3]. „Was daher gegen
die Vernunftordnung ist, ist im eigentlichen Sinne gegen die Natur des
Menschen, insofern er Mensch ist."[4]

Die lex aeterna wurde den Menschen noch auf eine andere Weise
vermittelt, nämlich durch das positiv göttliche Gesetz. Es enthält sowohl
die Hauptsätze des Naturrechts, die es klar und bestimmt vor Augen
stellt, als auch manche positive Bestimmungen, die sich im Naturrecht
nicht finden[5].

Analog bildet das Naturrecht auch einen Bestandteil des ius humanum,
dessen anderer Bestandteil positive Bestimmungen sind, die, um Recht zu
sein, mit dem Naturrecht übereinstimmen müssen bezw. ihm nicht wider=
sprechen dürfen[6].

Nun ist aber nach der Einteilung der römischen Juristen: Ius aut
naturale est aut civile aut gentium[7], auch bei Thomas noch von einem
dritten Rechte, dem ius gentium, die Rede. Allein das enthält keinen
Widerspruch zu dem Gesagten, sondern bezeugt nur die enge Verbindung,
die zwischen dem Naturrecht und dem positiv menschlichen Rechte besteht.
Das ius gentium ist nämlich kein eigenes, für sich bestehendes Recht, es
ist jener Teil des positiven Rechts, der notwendige Schlußfolgerungen
aus dem Naturrecht enthält[8].

Wenn daher das ius gentium an der einen Stelle als zweiter Teil
des Naturrechts, an der andern als erster Teil des positiven Rechts er=
scheint, so ist der Unterschied nur ein formaler; beide Teile fallen in=
haltlich zusammen.

---

[1] 1. 2. 91, 2 c.   [2] Cf. 1. 2. 91, 2 ad 3.   [3] 1. 2. 71, 6 ad 4.
[4] 1. 2. 71, 2 c.   [5] Cf. 2. 2. 57, 2 ad 3.
[6] Cf. 1. 2. 57, 2 c et ad 2.   [7] Ibid. 3 b.
[8] Vgl. dazu die vorzügliche Darlegung von Cathrein a. a. O. S. 439 ff.

Zum positiven Recht zählt Thomas das ius gentium, wenn er sagt: „Es gehört zum Begriff des menschlichen Gesetzes, daß es vom Natur=recht abgeleitet sei . . ., und insofern teilt man das positive Recht in das ius gentium und das ius civile.“[1]

Die Hauptsache muß jedoch der Nachweis bilden, daß und inwie=weit das ius gentium zum ius naturale gehört. „Naturrecht ist das=jenige, wozu die Natur den Menschen hinneigt. Nun kann man aber eine doppelte Natur im Menschen unterscheiden, eine animalische, welche ihm mit den Tieren gemeinsam ist, und eine menschliche, welche ihm als Menschen eigen ist, d. h. insofern er mit seiner Vernunft Schändliches und Ehrbares unterscheidet. Die Juristen aber nennen Naturrecht nur das, was sich aus der Neigung der Natur ergiebt, die dem Menschen mit den Tieren gemeinsam ist, wie die Verbindung von Mann und Weib, die Er=ziehung der Kinder u. a. Dasjenige Recht aber, das aus der eigentlich menschlichen Natur folgt, insoweit der Mensch vernünftig ist, nennen die Juristen ius gentium, weil es bei allen Völkern in Gebrauch ist, wie z. B. daß man die Verträge halten müsse, daß die Gesandten bei den Feinden sicher seien u. s. w. Beide Arten von Recht begreift Aristoteles hier unter dem Naturrecht.“[2] Von diesem aristotelischen Naturrecht heißt es aber weiter oben: „Naturrecht ist das, was überall dieselbe Fähigkeit und Kraft in der Leitung zum Guten und in der Abwehr des Bösen besitzt. Dies ist deshalb der Fall, weil die Natur als Ursache dieses Rechts überall und immer dieselbe ist. . . . Das Naturrecht besteht nicht im Be=lieben oder im Nichtbelieben, d. h. es stammt nicht aus menschlicher Meinung, sondern aus der Natur (des Menschen).“[3] „Naturrecht ist, was seiner Natur nach zu etwas anderm in entsprechendem Verhält=nis steht. Dies kann aber in zweifacher Weise der Fall sein: einmal un=bedingt, wie dem Männlichen seinem Begriffe nach in Bezug auf die Zeugung ein Verhältnis zum Weiblichen zukommt, dem Vater in Bezug auf die Ernährung ein Verhältnis zum Kind. Zweitens kann etwas von Natur einem andern entsprechend sein, nicht nach seinem Wesen einfachhin, sondern mit Rücksicht auf eine sich daraus ergebende Folgerung, wie das Privateigentum; an sich betrachtet, gehört dieser Acker dem einen nicht mehr als dem andern; aber mit Rücksicht auf den vorteilhaften An=bau und die ungestörte Pflege des Ackers erscheint es angemessen, daß er dem einen gehöre, und nicht (auch) einem andern, wie Aristoteles zeigt. Die Apprehension kommt nicht nur den Menschen, sondern auch den Tieren zu. Das Naturrecht in der ersten Auffassung ist uns daher mit

---

[1] 1. 2. 95, 4 c.   [2] 5 eth. 12 b.   [3] Ibid.

den Tieren gemeinsam. Von dem Naturrecht in diesem engern Sinne
unterscheidet sich das ius gentium. Jenes, sagt der Rechtsgelehrte, ‚ist allen
Lebewesen, dieses nur den Menschen gemeinsam‘. Denn etwas erfassen
mit der Erwägung der Folgerungen, ist nur Sache der Vernunft. Darum
ist dies den Menschen natürlich wegen seiner vernünftigen Natur, die es
vorschreibt. Deshalb sagt der Rechtslehrer Gaius: ‚Was die natürliche
Vernunft für alle Menschen festgestellt hat, das wird überall gleichmäßig
eingehalten und heißt ius gentium.‘" [1]

Nur wo das Naturrecht mit den römischen Juristen bewußt im
engern Sinne aufgefaßt wird, zählt das ius gentium nicht dazu. „Im engsten
Sinne wird das auf den Menschen allein Bezügliche nicht zum Naturrecht gezählt, wenn es auch eine Vorschrift der natürlichen
Vernunft ist, sondern nur die Aussprüche der Vernunft über das dem
Menschen mit den Tieren Gemeinsame. Und so ist jene Definition zu
verstehen: Naturrecht ist dasjenige, was die Natur alle Lebewesen
gelehrt hat." [2] So gewiß aber die Vernunft zur Natur des Menschen
gehört, so gewiß gehören die unmittelbaren Vernunftschlüsse, welche den
Inhalt des ius gentium ausmachen, zum Naturrecht. Sie sind ein dic-
tamen rationis naturalis und kein willkürliches Anhängsel an das Naturrecht im engsten Sinne. „Sind die Vordersätze gegeben, dann ist die
Schlußfolgerung unausweichlich. ... Deshalb muß alles, was sich
aus dem Naturrecht wie eine Schlußfolgerung ergiebt, Naturrecht sein;
wie aus der obersten Regel: ‚man darf keinem ungerechterweise schaden‘,
folgt: ‚man darf nicht stehlen‘. Das gehört aber zum Naturrecht." [3]

Das Gleiche ergiebt sich, wenn man das ius gentium im Zusammenhang mit dem positiven Recht betrachtet. „Zum ius gentium gehören
jene Sätze, welche aus dem Naturrecht nach Art von Schlußfolgerungen
aus obersten Grundsätzen hergeleitet sind, wie gerechter Kauf und Verkauf u. a., ohne das ein menschliches Zusammenleben nicht möglich ist;
es gehört das zum Naturrecht, weil der Mensch von Natur ein gesellschaftliches Wesen ist. Hingegen gehören jene Sätze, welche nach Art von
partikulären Bestimmungen aus dem Naturrecht gezogen sind, zum ius
civile, insofern jeder Staat seinem Zustande entsprechende Bestimmungen
trifft." [4]

„Manche Sätze werden von den allgemeinen Prinzipien des Naturrechts nach Weise von Schlußfolgerungen abgeleitet, wie der Satz: ‚man
solle nicht töten‘, sich als Schlußfolgerung ergiebt aus dem Grundsatze:

---

[1] 2. 2. 57, 3 c.   [2] 4 sent. 33, 1, 1 ad 4.
[3] In 5 eth. 12 c.   [4] 1. 2. 95, 4 c.

‚man solle keinem Schlimmes zufügen'; andere Sätze aber nach Weise einer Bestimmung; so sagt das Naturrecht: ‚Wer sündigt, soll gestraft werden'; daß er aber so oder anders gestraft wird, ist eine Ergänzung des Naturrechts. In beiderlei Sinn sind Sätze im positiv menschlichen Gesetze niedergelegt. Aber jene der ersten Auffassung gehören zum Inhalt des menschlichen Gesetzes, nicht als ob sie erst nach Aufstellung des= selben Rechtskraft erlangt hätten, sie haben dieselbe vielmehr schon durch das Naturrecht. Die Sätze der zweiten Ordnung dagegen erhalten ihre Rechtskraft nur durch das menschliche Gesetz." [1] Die erstgenannten Sätze bilden aber nach Obigem das ius gentium. Es ist somit der erste Teil des positiven Gesetzes, welcher notwendige Schlußfolgerungen aus dem Naturrecht enthält.

Aus dem bisher Gesagten ergiebt sich:

1. Das Naturrecht im engsten Sinne umfaßt alle jene Lebens= äußerungen, welche sich aus der animalischen Natur, wie sie Menschen und Tieren gemeinsam ist, ergeben. Diese Gemeinsamkeit bezieht sich nur auf die Thatsache als solche. Die Art des Vollzugs ist infolge der ver= nünftigen Natur des Menschen fundamental verschieden. Auch zeigt sich wegen der gleichen Ursache der Kreis der Bethätigungen, die zum Natur= recht in diesem Sinne gehören, beim Menschen sofort erweitert. Es ge= hören dazu alle jene Bethätigungen, welche unmittelbar mit der ver= nünftigen Natur gegeben sind, wie das Streben nach Wahrheit und das gesellschaftliche Leben, d. h. es gehört zu den obersten Grundsätzen des Naturrechts, die Unwissenheit zu beseitigen und den Nächsten nicht zu schädigen [2].

2. Nimmt man das Naturrecht nicht in jener engsten Fassung, so bildet das ius gentium den zweiten Teil des Naturrechts. „Das ius gentium ist in gewissem Sinne dem Menschen natürlich, insofern er vernünftig ist. Vom Naturrecht leitet es sich her nach Weise eines Schlusses, welcher von den ersten Prinzipien nicht weit entfernt ist. Daher herrschte darüber unter den Menschen auch leicht Übereinstimmung. Hingegen unterscheidet es sich hauptsächlich von jenem Naturrecht, das allen animalischen Wesen gemein= sam ist." [3] Mögen die Völker noch so sehr in ihren übrigen Gesetzes= bestimmungen abweichen, die aus dem Naturrecht unmittelbar abgeleiteten Grundsätze sind fast bei allen gleich. Daher kommt denn auch der Name ius gentium.

3. Zwischen dem ius gentium, als erstem, allgemeinem Teil des posi= tiven Rechts, und dessen zweitem Teil, den Einzelbestimmungen, besteht

---

[1] 1. 2. 95, 2 c.   [2] Cf. 1. 2. 94, 2 c; 95, 2 c.
[3] 1 2. 95, 4 ad 1.

nach Entstehung und Inhalt ein fundamentaler Unterschied. Das ius gentium besteht aus notwendigen Schlußfolgerungen aus den obersten Prinzipien; eine veränderte Anwendung erscheint deshalb als Ausnahme. Die Einzelbestimmungen entfernen sich weiter von der Evidenz des Natur= rechts; sie können deshalb leicht fehlerhaft sein; nach Ort und Zeit unter= liegen sie einem großen Wechsel[1].

4. Zum ius gentium gehört nach Thomas auch die Privateigen= tumsinstitution. Damit ist sofort der Haupteinwand gelöst, den man folgender Stelle entnehmen zu können glaubt: „Die Gemeinsamkeit der Besitzgüter wird dem Naturrecht zugewiesen, nicht weil das Naturrecht etwa befiehlt, es solle nur Gemeinbesitz bestehen und aller Privatbesitz ausgeschlossen sein, sondern weil die Scheidung des Besitzes nicht durch das Naturrecht, sondern nach menschlicher Übereinkunft, welche zum posi= tiven Recht gehört, sich vollzieht. . . . Daher ist das Privateigentum nicht gegen das Naturrecht, sondern nur dem Naturrecht hinzugefügt durch Hinzufindung der menschlichen Vernunft."[2]

Was hier unter Naturrecht zu verstehen ist, wurde unter 1. erklärt. Es wird, im engsten Sinne gefaßt, beschränkt auf die animalische Natur. Dieses Naturrecht sagt nicht, es müsse Sonderbesitz bestehen, es sagt über= haupt nichts über die Art des Besitzes. Es sagt nur, daß alle Anteil an den Gütern der Erde haben, verhält sich aber im übrigen rein negativ.

Wie das „Hinzufügen" und „Hinzufinden" zu verstehen ist, wurde unter 2. erklärt. Es resultiert aus der vernünftigen Menschennatur. Das iuri naturali superadditur per adinventionem rationis humanae ist ohne Zweifel dasselbe wie derivatur ex lege naturae sicut conclusio ex principiis[3]. Daß dies keine falsche Interpretation sei, bezeugt Thomas selbst an der oben (S. 262 f.) angeführten Stelle[4]. Er beruft sich dort ausdrücklich auf die Stelle der „Politik" des Aristoteles, wo dieser die Notwendigkeit des Privateigentums darthut. Thomas selbst benützt in 2. 2. 66, 2c die Aristotelische Beweisführung. Danach ist aber das Sondereigentum keine willkürliche, nur auf menschlichem Gesetze beruhende, sondern eine natur= notwendige Institution. Und zwar bezieht sich das so aufgefaßte ius gentium nicht nur auf die Konsumtions=, sondern auch auf die Produktions= mittel[5].

---

[1] Cf. 1. 2. 94, 4 c; 95, 2 ad 3; 4 et 5 c; 5 eth. 12 c; vgl. oben S. 114 f. 140.
[2] 2. 2. 66, 2 ad 1; cf. 1. 2. 94, 5 c; 4 sent. 33, 2, 2, 1 c.
[3] 1. 2. 95, 2 et 4 c; cf. I, 60, 2 c: Intellectus enim cognoscit principia naturaliter; et ex hac cognitione causatur in homine scientia conclusionum, quae non cognoscuntur naturaliter ab homine, sed per inventionem vel doctrinam.
[4] Cf. 2. 2. 57, 3 c.   [5] Cf. ibid. 12, 10 c.

II.
Gründe für die Notwendigkeit des Privateigentums.

Aus dem dargelegten Begriff des ius gentium ergiebt sich, daß Thomas die Notwendigkeit des Privateigentums nicht im absoluten Sinne versteht, daß also der Kommunismus in jeder Form undenkbar und undurchführbar sei. Thomas will nur die moralische Unmöglichkeit des Kommunismus bei dem dermaligen Zustande der menschlichen Natur beweisen. Damit ist nicht ausgeschlossen, daß kommunistische Einrichtungen auch durchgeführt werden können. Die Durchführung ist möglich entweder infolge höchster Selbstentsagung, oder — und für die Allgemeinheit nur — durch größten äußern Zwang, was auf die Dauer unhaltbar ist. Welches sind nun nach Thomas die Gründe für die Notwendigkeit des Privateigentums?

„Ein Zweifaches steht dem Menschen bezüglich der äußern Dinge zu: einmal die Befugnis, solche zu erwerben und zu verwalten. Und in diesem Betracht ist es dem Menschen erlaubt, Privateigentum zu besitzen. Ja, es ist zum menschlichen Leben notwendig aus drei Gründen:

1. Jeder ist viel angelegentlicher besorgt um das, was ihm allein gehört, als um das, was ihm mit allen oder vielen gemeinsam ist. Denn da jeder Widerwillen gegen die Arbeit hat, überläßt er andern die Sorge um das Gemeinsame, wie es bei einer Vielheit von Dienern zu geschehen pflegt.

2. Die Verwaltung der menschlichen Verhältnisse geht geordneter vor sich, wenn jeder Einzelne selbst für einen bestimmten Bereich zu sorgen hat; Verwirrung würde entstehen, wenn jeder alles Mögliche unterschiedlos besorgen wollte [1].

3. Friede und Ruhe wird unter den Menschen besser bewahrt, wenn jeder mit seinem Besitze zufrieden ist. Wir sehen ja, daß da zu häufig Streit entsteht, wo mehrere etwas gemeinsam und ungeteilt besitzen." [2]

Man sieht, und es wird sich weiterhin noch deutlicher zeigen, es sind lauter wirtschaftliche Gründe. Von den beiden Elementen, welche die Wirtschaftswissenschaft enthält, finden wir das technische vorwiegend im zweitangeführten, das psychologische oder moralische im erst- und letztangeführten Grunde vertreten. Sobald wir auf die letztern Gründe näher eingehen, kommen wir auf einen Fundamentalgegensatz der beiden Weltanschauungen, auf die Lehre von der Erbsünde [3] einerseits und die

---

[1] Die Fassung des Nachsatzes ist mangelhaft. [2] 2. 2. 66, 2 c.
[3] Der Kommunismus, jetzt die Ausnahme, wäre ohne die so eingetretene Unordnung, namentlich die Gefahr der Uneinigkeit, die Regel gewesen; cf. I, 98, 1 ad 3.

optimiſtiſche Milieu=Anſicht andererſeits. Die ſozialiſtiſchen Haupttheoretiker
von heute ſind ja nachgerade daran, letztere Anſicht ganz bedeutend zu
revidieren. Vollſtändig könnte das leider am beſten die ſozialiſtiſche Praxis
beſorgen. Dieſe würde zeigen, daß die Begeiſterung für das Geſamtwohl,
das allgemeine Solidaritätsgefühl, die Zurückdrängung des Selbſtintereſſes,
das Schweigen aller Leidenſchaften, das Ende aller Verbrechen auch mit
dem ſozialiſtiſchen Kommunismus noch nicht gekommen wäre, ſelbſt wenn
er alles in Hülle und Fülle böte, wie man verheißt. Die Geſchichte der
Zukunft kennen wir noch nicht, aber wenn die Geſchichte der Vergangen=
heit auch noch etwas gilt, dann erſcheinen alle jene Vorſtellungen als
Illuſionen. Berichtet nicht die ganze Geſchichte von gegenſeitigen An=
klagen der Menſchen? Wir leſen von Völkern und einzelnen Menſchen,
die in den verſchiedenartigſten und darunter in den günſtigſten äußern
Verhältniſſen ſich befanden. Aber auch ihre Geſchichte begleitet wie ein
Schatten die Leidenſchaft. Wird das durch die Beſeitigung des Privat=
eigentums anders werden? Bleibt nicht, von anderm abgeſehen, die
materielle Güterwelt, mit der ſo gerne die Selbſtſucht ſich verbindet, fort=
beſtehen? Den Hang zum Schlimmen zu paraliſieren, iſt am wenigſten
gerade der ſozialiſtiſche Kommunismus geeignet mit den verwickelten
Aufgaben, die er an die Geſellſchaft ſtellt, dem vielfachen Zwang und
den mannigfachen Anforderungen, die er dem Einzelnen für das Gemein=
weſen auferlegt, und der Schrankenloſigkeit, der er das Privatleben preis=
giebt. Am allerwenigſten aber vermag das der materialiſtiſche Sozialismus,
der die Tugend und die Selbſtentſagung verſpottet. Wie ſoll eine Lehre,
die ſyſtematiſch die Genußſucht predigt, die ſinnlichen Leidenſchaften be=
zähmen, Luſt zu widerwärtiger Arbeit und Opferwilligkeit gegen den
Nächſten und die Geſellſchaft einflößen können? Die conditio sine qua non,
die Verbeſſerung des Menſchen iſt alſo nicht zu erwarten, ſondern eher
das Gegenteil. Damit fallen aber alle Einwendungen, welche der Sozialismus
gegen jene pſychologiſchen Gründe vorbringt.

Prüfen wir jedoch auf der oben angegebenen Grundlage mit Heran=
ziehung des Kommentars zur „Politik“ des Ariſtoteles im einzelnen die
Argumente für das Privateigentum und gegen den Kommunismus.
Durch die Bekämpfung von Platos „Staat“ hat Ariſtoteles die erſte
wiſſenſchaftliche Widerlegung des Kommunismus geliefert. Solange die
Menſchen Menſchen ſind, werden ſeine Gedanken Geltung behalten gegen=
über dem Kommunismus in jeder Form. Thomas ſchließt ſich bei dieſer
Beweisführung Ariſtoteles an.

„Da der Staat eine Gemeinſchaft iſt, ſo fragt es ſich notwendig
in erſter Linie, ob unter den Staatsbürgern alles oder nichts gemein ſein

solle, oder einiges, anderes aber nicht. Aristoteles schließt einen der drei
Fragepunkte aus. Denn man kann unmöglich behaupten, die Bürger
hätten nichts miteinander gemein. Und dafür hat er zwei Gründe:
1. Der Staat selbst ist eine Art Gemeinschaft. Es wäre daher gegen das
Wesen des Staates, wenn seine Bürger gar keine Gemeinschaft hätten.
2. Die Bürger müssen offenbar wenigstens in Bezug auf den Ort Gemein=
schaft haben, denn die Einheit des Ortes bedingt die Einheit des Staates.
Mitbürger heißen eben diejenigen, welche als Genossen in einem Staate
wohnen. Daher müssen sie rücksichtlich des Ortes Gemeinschaft haben.

„Die zwei andern Fragepunkte läßt er noch in der Schwebe, nämlich
ob es im Interesse des Staates, der nach einer guten Verfassung strebt,
liegen kann, daß in allem Gemeinschaft bestehe, was möglicherweise
gemeinsam sein kann, oder nur in einigen Dingen, in andern aber
nicht. . . . Möglich aber ist die Gemeinschaft der Kinder, der Weiber
und des Besitzes für die Bürger untereinander, wie in Platos ‚Staat‘.
Denn dort behauptet Sokrates, es gehöre zur besten Staatsordnung, daß
die Besitzungen aller Bürger und ebenso alle Frauen allen gemeinsam sein
sollen. . . . Es fragt sich nun: Verdient hierin die gegenwärtig bestehende
Ordnung oder die in Platos ‚Staat‘ den Vorzug?“ [1]

„Soll also unter denen, die nach der besten Staatsverfassung streben,
Gütergemeinschaft bestehen oder nicht? . . . Man kann diese Frage ganz
für sich betrachten. . . . Aristoteles unterscheidet die Arten, nach denen
man möglicherweise im Güterbesitz Gemeinschaft haben kann. Dabei stellt
er drei Arten fest: 1. Jeder besitzt ein Grundstück als Eigentum. Der
ganze Ertrag aber wird als Gemeingut zusammengethan und unter alle
verteilt, wie das einige Völkerstämme thaten. 2. Es ist umgekehrt Grund
und Boden Gemeingut; die Bestellung erfolgt gemeinsam. Der Boden=
ertrag aber wird unter die Bürger zur individuellen Verwendung eines
jeden verteilt. Auch diese Art bestand bei einigen Barbarenvölkern in
Kraft. 3. Grundstücke so gut wie Ertrag sind Gemeingut — und diese Art
muß nach der Ansicht des Sokrates durch das Gesetz festgelegt werden.“ [2]

Die zweite der hier aufgestellten Arten des Kommunismus, die
übrigen Produktionsmittel außer Grund und Boden mit eingerechnet,
finden wir im sozialistischen Kommunismus wieder.

Die sozialistischen Schriftsteller wissen von der kommunistischen Gesell=
schaft so Vieles und Vortreffliches zu berichten, daß man glauben sollte,
sie hätten dieselbe schon leibhaftig geschaut. Sobald aber die Gegner
kritisch einsetzen wollen, werden die Voraussetzungen in den Nebel der

---

[1] 2 pol. 1 c—e.   [2] 2 pol. 4 a.

Entwicklung gehüllt. Man könne da nichts Bestimmtes sagen. Fragen
nach Distribution, Berufswahl 2c. müsse man der Zukunft überlassen.
Der Sozialismus habe jetzt nicht die F o r m e n , sondern die T e n d e n z e n
aufzuweisen [1]. Es wurde schon gezeigt, daß die Tendenz der ökonomischen
Entwicklung nicht notwendig im Sozialismus endet. Doch abgesehen
davon, bleibt jedenfalls der Kommunismus als bestimmtes Ziel. Nun
bringt aber dieser ganz gewiß bestimmte Formen mit. So zahlreich diese
an sich sein mögen, sobald sich der Kommunismus sozialistisch nennt,
d. h. insbesondere die Gleichheit aller verwirklichen soll, schmilzt ihre
Zahl bedeutend zusammen. Erweisen sich nun bei näherm Zusehen alle
denkbaren Formen als für die Dauer und die Allgemeinheit undurch=
führbar, dann ist auch das Ziel selbst nicht zu realisieren. Die Frage
nach den Formen muß also noch nicht aus Bosheit und Dummheit
gestellt werden. Oder darf das nur geschehen, wenn man die sozialistischen
Zustände phantastisch ausmalt, wie Bebel und Stern, nicht aber, wenn
man nüchtern den Grundbedingungen der Verwirklichung nachgeht?

A. Wirtschaftlichkeit und Sozialismus.

Wir haben oben gehört: „Jeder ist viel angelegentlicher besorgt
um das, was ihm allein gehört, als um das, was ihm mit allen oder
vielen gemeinsam ist." [2] Es gilt da der Satz: „Was man gerne thut,
thut man aufmerksamer und beharrlicher." [3] Was die Kommunisten auf=
stellen, „ist nicht nur dem Staate nicht nützlich, sondern fügt ihm den
größten Schaden zu. Wir sehen ja, daß man die geringste Sorgfalt
(valde parum) auf das verwendet, was Gemeingut vieler ist. Dagegen
bekümmern sich alle sehr genau um das, was ihnen gehört. Um das
Gemeingut ist man weniger besorgt oder nur insoweit, als es den Ein=
zelnen berührt. So ist die Sorge aller geringer, als sie wäre, wenn
die Sache im Eigenbesitz eines jeden sich befände. Indem nämlich jeder
denkt: das wird schon ein anderer thun, sind alle nachlässig; ähnlich
wie bei den Dienstleistungen durch die Dienerschaft viele den Dienst oft
schlechter versehen, weil jeder erwartet, ein anderer werde es schon be=
sorgen" [4]. Kurz, „das Eigene lieben und pflegen die Menschen mehr als
das Gemeinschaftliche" [5].

Das Selbstinteresse ist sonach ein Hauptgrund für das Privat=
eigentum und gegen den Kommunismus. Die Vertreter des letztern werden

---

[1] Vgl. K a u t s k y , Das Erfurter Programm S. 141 ff.; „Neue Zeit" IX [2], 758;
L i e b k n e c h t s Ausführungen zum Programm auf dem Parteitag zu Halle (1890)
S. 200; die Debatten im Deutschen Reichstag vom 31. Januar bis 7. Februar 1893.
[2] 2. 2. 66, 2 c.   [3] 1. 2. 4, 1 ad 3.   [4] 2 pol. 2.   [5] Ibid.

hier einwenden, Thomas predige einmal Selbstentsagung und dann wieder
Selbstliebe. Indes die Selbstliebe braucht Thomas nicht zu predigen, da
sie jedem Menschen angeboren ist. Nur gar zu leicht überschreitet sie die
rechte Grenze, und deshalb sucht sie Thomas einzudämmen, nicht aber
zu vernichten, denn das wäre unsinnig und vergeblich. Wenn er von
den wirklichen Menschen spricht und den Verhältnissen, die ihrer Natur
angemessen sein sollen, so muß er sie nehmen als Menschen, die sich
selbst mehr als alle andern Menschen lieben. Das ist auch an und für
sich nichts Schlimmes, weil etwas Naturgemäßes. „Von Natur verlangt
jedes Wesen nach dem Guten, und es kann für sich etwas nur als ein
Gut erstreben; denn das Übel ist gegen den Willen, wie Dionysius sagt.
Einen lieben heißt aber einem Gutes wollen. . . . Daher liebt jeder not=
wendig sich selbst, und es ist unmöglich, daß sich jemand im eigentlichen
Sinne haßt." [1] Mit der Anerkennung der Selbstliebe ist aber die Zurück=
weisung der Selbstsucht wohl zu vereinbaren. Aristoteles und Thomas
werden noch nicht in den Verdacht kommen, Eigentumsfanatiker zu sein
oder unmoralische Behauptungen aufzustellen, wenn es heißt: „Es läßt
sich nicht leicht sagen, was für ein angenehmes Gefühl es ist, wenn
jemand etwas sein Eigentum nennt. Diese Befriedigung hat ihren Grund
in der Selbstliebe, die den Menschen veranlaßt, sich selbst Gutes zu
wünschen. Denn die Liebe, die jemand zu sich hegt, ist nichts Grund=
loses, sondern etwas Natürliches. Manchmal jedoch unterliegt jemand,
der sich selbst liebt, gerechtem Tadel. Was aber in solchem Falle getadelt
wird, ist nicht die Selbstliebe an sich, sondern eine Übertreibung der=
selben. So werden auch die Habsüchtigen getadelt, während doch alle in
gewisser Weise den Besitz lieben. Die Habsüchtigen erfahren eben nur
insoweit Tadel, als ihre Liebe zu den Besitzgegenständen die rechten
Grenzen überschreitet. Diese Freude am eigenen Besitz beseitigt das Gesetz
Platos." [2] Von einer Verteidigung des Egoismus kann deshalb (und
es wird sich später noch deutlicher zeigen) bei Thomas nicht die Rede
sein, er behauptet nur das Vorhandensein der Selbstliebe, die zwar leicht
zu Ausschreitungen neigt, aber in den notwendigen Schranken gehalten,
eine wohlthätige Kraft ist.

Der oben genannte Vorwurf wendet sich gegen den Sozialismus.
Er predigt seinen Anhängern heute die übertriebenste Selbstsucht, ver=
heißt ihnen wenig und leichte Arbeit, viel Genuß und die größte Frei=
heit und müßte, wenn er durchgeführt werden sollte, soweit das Gemein=
wesen in Frage kommt — und wie selten kommt das nicht in Frage? — die

---

[1] 1. 2. 29, 4 c; cf. 27, 3 c.   [2] 2 pol. 4 c.

schwerste Selbstentsagung fordern. Wenn ferner, wie er behauptet, die Verhältnisse antreiben, dann geschieht das doch tausendmal eher in einer Gesellschaft mit Privateigentum, als in einer kommunistischen Gesellschaft. Nicht grell genug kann ja Marx ausmalen, wie der Kapitalist vom Heißhunger nach Gewinn über die Erdkugel gejagt wird. Wird die Selbstliebe und die aufgestachelte Selbstsucht oder nur die Richtung, in der sie wirkt, sich ändern? Erwägen wir das im einzelnen!

Die Sorge und das Selbstinteresse, von dem bisher die Rede war, erstreckt sich auf das ganze Gebiet wirtschaftlicher Bethätigung, geht also nach drei Richtungen.

1. Wird dadurch die möglichste Kraftanstrengung veranlaßt.

2. Wird dadurch die ertragreichste Produktion ermöglicht, indem jeder sich bemüht, mit den geringsten Kosten (an Arbeit und Kapital) den höchsten Nutzen (möglichst viele und gute Leistungen) zu erzielen.

3. Wird sich die Konsumtion in den rechten Grenzen halten, indem jeder haushälterisch mit seinem Besitz umgeht.

1. Der notwendige Arbeitsaufwand. Normen der Verteilung.

Das Gegenteil von alledem wird im Kommunismus der Fall sein. Vor allem fehlt hier der notwendige Antrieb zur Arbeit. „Da jeder Widerwillen gegen die Arbeit hat, überläßt er andern die Sorge für das Gemeinsame.“ [1] Die zwei Thatsachen, daß der Mensch von Natur träg und bequem ist, und die Früchte der Natur und Kultur nur nach schweren und unangenehmen Anstrengungen reifen, nimmt der Sozialismus sehr leicht. Es braucht nicht auf die Erziehung der Jugend und unkultivierter Völker zur Arbeit hingewiesen zu werden, das redliche Streben der heutigen Arbeiter, die Arbeitszeit zu verkürzen, und die haltlosen Verheißungen eines kaum nennenswerten Arbeitstages im Zukunftsstaat beweisen, daß man die Arbeit nicht als eine bloße Liebhaberei, sondern als eine Mühsal betrachtet, eine Mühsal, die freilich zum Segen der Menschheit ausschlägt. Die idealen Motive werden stets ihren Ehrenplatz behaupten, aber um für die Dauer, für alle, auch träge Menschen und für alle, auch die beschwerlichsten Arbeiten wirksam zu sein, muß sich noch ein anderer Anreiz zu ihnen gesellen, das ist der materielle Gewinn. „Den Geist trägt die Zuversicht des Erfolges, aber das schwache Fleisch will auch durch die Zuversicht des Gewinnes gestützt sein, und in jeder Arbeit wirken Geist und Fleisch zusammen.“ Dies gilt besonders von den niedern Hand- und Hilfsarbeiten, deren Erfolg in weiter Ferne steht. „Man kann aus Begeisterung für das Wohl der Menschheit predigen und

---

[1] 2. 2. 66, 2 c.

lehren, nicht aber Holz sägen und Steine klopfen."[1] Die Maschinen
haben vielfach eine Formveränderung, aber nicht die Beseitigung der
mit der Arbeit verbundenen Mühe herbeigeführt.

Aber wendet man ein: Arbeiten heute nicht neun Zehntel im Dienste
anderer[2], von denen sie, wie Marx zeigt, niemals den vollen Ertrag ihrer
Arbeit erhalten? Sie sind demnach heute weniger interessiert als im
Zukunftsstaat, wo sie wissen, daß auch sie zur Allgemeinheit gehören, der
ihre Arbeit zu gute kommt. „Nichts hindert aber auch eine sozialistische
Organisation, wenn sich dieselbe aus der kapitalistischen Gesellschaft heraus
entwickelt, die altbewährte Triebkraft des privaten Egoismus, durch welche
die Maschine der freien Konkurrenzwirtschaft in Gang gehalten wurde,
in das Gefüge der neuen Gesellschaft mit hinüberzunehmen." Man „geht
von der absurden Voraussetzung aus, daß die Sozialisten von vorn=
herein auf gewisse Prinzipien der Verteilung eingeschworen seien"[3].

Zunächst ist darauf zu erwidern, daß es, wie früher gezeigt, noch
viele selbständig wirtschaftende Eigentümer giebt. Aber auch die übrigen
in Privat= und Staatsbetrieben beschäftigten Personen sind an der Weise
ihrer Arbeit wohl interessiert. In beiden Arten von Unternehmungen hat
man zu unterscheiden zwischen einfachen Arbeitern und Beamten oder
Betriebsleitern. Beide Kategorien wissen, daß ihre Anstellung nur so
lange dauert, als ihr Verhalten den gestellten Bedingungen (Gewandt=
heit, Fleiß und Sorgfalt) entspricht; dann wird aber auch die Beschäf=
tigung meistens eine dauernde sein. Vielfach bestehen unter den Arbeitern,
immer aber unter den Beamten Abstufungen des Ranges und Lohnes[4].

---

[1] W. H. Riehl, Die deutsche Arbeit, Stuttgart 1861, S. 237.

[2] So auch J. St. Mill, Grundsätze der politischen Ökonomie, übersetzt von
A. Soetbeer, 3. deutsche Ausgabe, Leipzig 1869, I, 213 f.

[3] „Der sozialistische Akademiker" II, 7, Art. „Egoismus und Sozialismus"
von K. Schmidt.

[4] „So ist die ‚Nivellierung' keineswegs in dem Maße in der modernen Fabrik
eingetreten, wie ursprünglich vorausgesehen wurde. Im Gegenteil, gerade in den
vorgeschrittensten Fabrikindustrien findet man häufig eine ganze Hierarchie differen=
zierter Arbeiter und demgemäß auch ein nur mäßiges Solidaritätsgefühl zwischen
den verschiedenen Gruppen derselben" (Bernstein in der „Neuen Zeit" XVI[2], 232).
Von den englischen Arbeitern sagt Sidney Webb: „Zwar besteht heute innerhalb
jeder Schicht ein hoher Grad von Beweglichkeit und viel Beweglichkeit auch zwischen
den Schichten, aber die gesellschaftlichen Schranken werden noch aufrecht gehalten.
Familien von Maurern lassen z. B. ihre Mitglieder nicht gern in die von Stein=
trägern hineinheiraten. Nichts ist mehr unenglisch als die Vorstellung von einem
‚klassenbewußten Proletariat'" (Der Sozialismus in England geschildert von eng=
lischen Sozialisten, deutsche Originalausgabe von H. Kurella, Göttingen 1898,
S. X).

Es ist also ein Vorwärtskommen möglich. Wo das der Fall ist, sind die Einzelnen fast so eng mit dem Betrieb verknüpft, als sei es ihr eigener. Die einzig wirksame, am meisten gerechte und am wenigsten lästige Arbeitskontrolle ist nur möglich, wo entweder der persönlich inter= essierte Unternehmer den Betrieb selbst leitet — und hier stellen sich Arbeit und Arbeiter im allgemeinen am besten — oder wo erfahrene, pflichttreue Beamten seine Stelle versehen. Solche Beamten werden sich aber nur dort finden, wo eine aufsteigende Rangordnung besteht und die ganze Stellung etwas Auszeichnendes und Sicheres hat. Mit dem Wesen des demokratischen Sozialismus läßt sich das nicht vereinbaren[1].

Das wirft aber auch schon einiges Licht auf den andern Einwand bezw. auf die entsprechende Verteilung im sozialistischen Staat, gewiß eines der wichtigsten Probleme, die von ihm Lösung heischen. Nach den Sozialisten freilich hat die Frage „bei weitem nicht die Wichtigkeit, die ihr so vielfach beigemessen wird"[2]. Aber schon die Thatsache, daß nicht nur „utopistische", sondern auch marxistische Sozialisten verschiedene von= einander abweichende Grundsätze der Entlohnung aufstellen, beweist, daß die Sache nicht so einfach ist, als man sie hinzustellen beliebt. Still= schweigend ist damit wenigstens zugestanden, daß jede Verteilungsnorm ihre Schwierigkeiten hat. Am bequemsten ist dann die Mahnung an die Gegner, sie sollten sich nicht die Köpfe der zukünftigen Sozialisten zer= brechen, diese würden schon wissen, was sie zu thun hätten, wenn einmal die Zeit für sie kommt.

Die Verteilung kann nun geschehen einfach mit Berücksichtigung der Individuen (kommunistisches Prinzip), und dies in zweifacher Weise:

1. Nach der Kopfzahl, d. h. jeder erhält gleich viel Genußmittel.

2. Nach dem Bedürfnis, d. h. jeder erhält so viel Genußmittel, als er oder die Gesellschaft für notwendig erachtet.

Wird dagegen irgendwie die Arbeit berücksichtigt (individualistisches Prinzip), dann ist eine vierfache Art der Verteilung denkbar:

1. Nach der Arbeitszeit, d. h. das Quantum an Genußmitteln, das dem Einzelnen zufällt, mißt sich an der Größe der Arbeitsdauer.

2. Nach der Arbeitsart (in Kombination mit der Arbeitszeit), d. h. die Quantität der dem Einzelnen zukommenden Genußmittel richtet sich nach dem Maße der durch die Arbeit verursachten Unlust.

3. Nach der Arbeitsleistung, d. h. jeder erhält denselben Wert in Genußmitteln zurück, um den er den gesellschaftlichen Reichtum ge= mehrt hat.

---

[1] Vgl. M. Haushofer, Der moderne Sozialismus, Leipzig 1896, S. 149 f.
[2] Kautsky, Das Erfurter Programm S. 155.

Schaub, Eigentumslehre.   18

4. Nach dem Fleiße, d. h. der Grad der Mühe, die jemand auf=
gewendet hat, entscheidet über die Menge der Genußmittel.

a) Die Kopfzahl.

Die beiden erstgenannten Normen haben unmittelbar mit der Arbeit
nichts zu thun. Sie verhalten sich deshalb in Bezug auf den Antrieb
zur Arbeit vollständig gleichgültig. Oder sollte der Gedanke, daß die
einzelne Arbeit wie ein Tropfen im Meere verschwindet, daß ein Weniger
oder Mehr der einzelnen Arbeit ohne Einfluß auf den Anteil vom Gesamt=
produkt bleibt, den Arbeitenden zu einem möglichst hohen Arbeitsaufwand
veranlassen? Allein jene Maßstäbe sind „streng kommunistisch" und darum
für den Sozialismus besonders erwägenswert.

Die Verteilung nach der Kopfzahl hält nicht nur Bellamy, sondern
auch Kautsky nicht für unmöglich. „Uns persönlich", so schreibt er in
Richters Jahrbuch, „erscheint das kommunistische System der Verteilung
nach Individuen sympathischer als das individualistische der Verteilung
nach Arbeitsstunden; denn letzteres, fürchten wir, dürfte den Egoismus
auch in die sozialistischen Gemeinwesen verpflanzen, während ersteres
kommunistische Gefühle erwecken muß. Die Produktivität der Arbeit scheint
mir das eine ebenso (wenig!) zu gewährleisten wie das andere." [1] Auch
im „Erfurter Programm" [2] hält Kautsky noch an dieser Möglichkeit fest.
Hier verlangt er von den Gegnern den Nachweis, „daß diese Gleichheit
mit dem Fortgang der Produktion unter allen Umständen unvereinbar
sei". Obwohl gewöhnlich dem angreifenden und fordernden Teil, also
hier dem Sozialismus, die Beweislast zufällt, haben die Gegner jenen
Nachweis schon geliefert, er ist sogar schon in der Beweisführung des
Aristoteles gegen Platos Staat enthalten; denn wenn sich auch die
Produktion geändert hat, so sind doch die Menschen Menschen geblieben.
Von den „verschiedensten Umständen, wie Pflichtgefühl, Ehrgeiz, Wett=
eifer, Gewohnheit, Anziehungskraft der Arbeit u. s. w." [3], zu denen der
Sozialismus seine Zuflucht nimmt, wird noch die Rede sein. Kautsky
selbst sagt an der vorerwähnten Stelle: „Ich glaube kaum, daß das
genügen dürfte. Und so wird denn, wenn alle andern Mittel erschöpft
sind, nichts anderes übrigbleiben, als den bei den unangenehmen Arbeiten
Beteiligten eine größere Summe von Genußmitteln zuzuerkennen als den
andern." [4] Dazu kommt aber noch eine andere Schwierigkeit. Sollen die
Kinder und die Greise, die Kranken und Arbeitsunfähigen dasselbe

---

[1] Jahrbuch für Sozialwissenschaft und Sozialpolitik, 2. Jahrgang 1881, S. 91.
[2] S. 160.   [3] A. a. O.   [4] „Jahrbuch" S. 94.

Quantum Genußmittel erhalten wie die Arbeitenden? Der Wetteifer würde in diesem Fall wahrscheinlich nicht größer und die Zahl der Arbeitsunfähigen nicht geringer werden.

b) Das Bedürfnis.

Von dem Bedürfnis, als Verteilungsnorm, erkennt man an: „Für den Anfang ist es nicht zu gebrauchen." [1] Dagegen kann nach Marx, der den Sozialismus vom Utopismus gereinigt hat, selbst aber in die fernste Zukunft schaut, die kommunistische Gesellschaft „in einer höhern Phase" auf ihre Fahnen schreiben: „Jeder nach seinen Fähigkeiten, jedem nach seinen Bedürfnissen!" Er stützt seine Hoffnung darauf, daß dann „die Arbeit nicht nur Mittel zum Leben, sondern selbst das erste Lebensbedürfnis" ist, und daß „alle Springquellen des genossenschaftlichen Reichtums voller fließen" [2].

Die Gründe, nach welchen das Bedürfnis im Anfang als Maßstab des Genusses unzulässig ist, bleiben auch für später bestehen, und sie sind durchschlagend, wie K. Schmidt zutreffend zeigt: „Wenn das Wesen einer sozialistischen Gesellschaft verlangen würde, daß jeder aus dem gemeinsam produzierten Gütervorrat so viel aneignen dürfte, als seine naturellen Bedürfnisse ihm als wünschenswert erscheinen lassen, oder, was schon verständiger wäre, daß dem Einzelnen von Gesellschafts wegen, je nach Alter und Geschlecht, das Notwendige zugeteilt würde, dann allerdings würde der Stachel des materiellen Egoismus, der heute den Fleiß aller Produzenten so wirksam anspornt, innerhalb der sozialistischen Produktionsweise ziemlich erlahmen; die Gesellschaft müßte sich auf das Solidaritätsbewußtsein ihrer Mitglieder verlassen, und wer kann sagen, ob dieses Solidaritätsbewußtsein dann genügend stark entwickelt sein wird, um den sozialen Bau zu tragen? Wenn jeder von dem materiellen Reichtum je nach Bedürfnis nehmen darf, wer garantiert da, daß nicht gepraßt und verschleudert wird, bis allgemeine Verarmung eintritt? Und auch wenn die Gesellschaft jedem nach Maßgabe des Bedürfnisses das Seinige anteilen würde, wäre die Gefahr einer Verarmung nicht ganz ausgeschlossen. Denn es würde der enge Zusammenhang zwischen Arbeitsleistung und dem Gütererwerb der Einzelnen fehlen, welcher heute

---

[1] A. a. O. S. 90.
[2] „Zur Kritik des sozialdemokratischen Parteiprogramms", aus dem Nachlaß von K. Marx veröffentlicht in der „Neuen Zeit" XI[1], 557. — Die Kritik betrifft den Programmentwurf, der im wesentlichen auf dem Einigungskongreß in Gotha (1875) als Programm angenommen wurde.

dafür sorgt, daß alle Nerven der Produzenten bei der Arbeit sich an=
spornen. Faulenzerei und ökonomischer Rückgang könnten die Folge sein." [1]

Mit den streng kommunistischen Normen wird also trotz aller Konsequenz
und Sympathie nichts anzufangen sein. Man wird sich wohl oder übel
den individualistischen zuwenden müssen. Und so wird die von der
Eigentumsordnung her verhaßte Ungleichheit auch im Sozialismus ihr
Wesen treiben.

c) „Der volle Arbeitsertrag."

Die übrigen Verteilungsgrundsätze sind Lohnformen, stehen also
mit der Arbeit in engerm Zusammenhang und nehmen prinzipiell Bezug
auf die Gerechtigkeit. Sie sind aber teils nur weniger ungerecht als
jene, teils undurchführbar und können darum auch nicht als Sporn der
Arbeit in Betracht kommen.

Eine Hauptanklage des Sozialismus gegen die heutige Gesellschafts=
ordnung besagt, hier werde die Arbeit nicht voll entschädigt. Marx stellt
nicht die Forderung auf, daß der Arbeiter den vollen Arbeitsertrag er=
halten solle, wohl aber die Behauptung, daß er ihn nicht erhalte, obwohl
er ihm gemäß der wirtschaftlichen Bedeutung der Arbeit (allein wert=
bildend) und den Rechtsanschauungen der heutigen Zeit gebühre. Nun
sollte man nach den heftigen Angriffen auf den Kapitalismus erwarten,
im Sozialismus stehe nach Beseitigung der Plusmacher dem vollen
Arbeitsertrage nichts mehr im Wege. Aber weit gefehlt. Wenn auch
vom sozialistischen Wunderland sonst nichts bekannt ist, so zeigen sich
doch schon in deutlichen Umrissen Gestalten, die ein ganzes Netz von
Zollschranken über das ganze Land legen, um allerorts ein nicht un=
bedeutendes Quantum Mehrwert abzufangen.

Hören wir hierüber Marx selbst: „Was ist ‚Arbeitsertrag'? Das
Produkt der Arbeit oder sein Wert? Und im letztern Fall der Gesamt=
wert des Produkts oder nur der Wertteil, den die Arbeit dem Wert
der aufgezehrten Produktionsmittel neu zugesetzt hat? ‚Arbeitsertrag' ist
eine lose Vorstellung, die Lassalle an die Stelle bestimmter ökonomischer
Begriffe gesetzt hat. . . . Nehmen wir zunächst das Wort ‚Arbeitsertrag'
im Sinne des Produkts der Arbeit, so ist der genossenschaftliche Arbeits=
ertrag das gesellschaftliche Gesamtprodukt. Davon ist nun ab=
zuziehen: Erstens: Deckung zum Ersatz der verbrauchten Produktions=
mittel. Zweitens: Zusätzlicher Teil für Ausdehnung der Produktion.
Drittens: Reserve= oder Assekuranzfonds gegen Mißfälle, Störungen durch
Naturereignisse ꝛc. Diese Abzüge vom ‚unverkürzten Arbeitsertrag' sind

---

[1] K. Schmidt a. a. O.

eine ökonomische Notwendigkeit, und ihre Größe ist zu bestimmen nach
vorhandenen Mitteln und Kräften, zum Teil durch Wahrscheinlichkeits=
rechnung, aber sie sind in keiner Weise aus der Gerechtigkeit kalkulierbar.
Bleibt der andere Teil des Gesamtprodukts, bestimmt, als Konsumtions=
mittel zu dienen. Bevor es zur individuellen Teilung kommt, geht hiervon
wieder ab: Erstens: Die allgemeinen, nicht zur Produktion
gehörigen Verwaltungskosten.... Zweitens: Was zur ge=
meinschaftlichen Befriedigung von Bedürfnissen bestimmt
ist, wie Schulen, Gesundheitsvorrichtungen 2c.... Drittens: Fonds
für Arbeitsunfähige 2c., kurz, für was heute zu der sogenannten
offiziellen Armenpflege gehört." Genug, der Gesamtabzug im Zukunfts=
staat könnte sich neben dem sog. Gesamtmehrwert von früher schon sehen
lassen.

Wie soll aber der Rest des Gesamtprodukts verteilt werden? Wenn
das Prinzip der Gerechtigkeit auch nicht im Sinne des „unverkürzten
Arbeitsertrags" zur Durchführung kommt, so soll doch nach Marx im
Anfang der kommunistischen Gesellschaft „das gleiche Recht" im „bürger=
lichen" Sinne in Anwendung kommen; danach „ist das Recht der
Produzenten ihren Arbeitslieferungen proportional; die Gleichheit besteht
darin, daß an gleichem Maßstab der Arbeit gemessen wird". „Der eine
ist aber physisch oder geistig dem andern überlegen, liefert also in derselben
Zeit mehr Arbeit oder kann während mehr Zeit arbeiten; und die Arbeit,
um als Maß zu dienen, muß der Ausdehnung oder der Intensität nach
bestimmt werden, sonst hörte sie auf, Maßstab zu sein." [1]

d) Die Arbeitszeit.

Die Arbeitszeit schlechthin wäre neben der Verteilung nach der Kopf=
zahl das einfachste, aber auch ungerechteste und darum für die Produktion
unwirksamste Prinzip. Es berücksichtigt nur den rein äußerlichen Umstand
der Dauer. Man könnte einwenden, die Gesellschaft verlange in der Arbeits=
zeit den höchstmöglichen Fleiß. Wie will man aber feststellen, wie viel
jeder jeweils leisten kann? Und wie will man diese Leistung durchsetzen,
wenn jeder gleich belohnt wird? Weder Zwang noch Solidaritäts=
bewußtsein werden sich da stark genug erweisen.

Umgekehrt könnte man für jede Branche bestimmte Leistungen vor=
schreiben, die innerhalb einer genau festgesetzten Zeit zu vollziehen wären.
Diese Norm ist noch weniger möglich als die vorausgehende. Denn wer
ist im stande, für die tausenderlei Berufe mit ihren vielfach wechselnden

---

[1] Marx a. a. O. S. 565 ff.

Beschäftigungen die einzelnen Leistungen genau abzugrenzen? Dazu müßte jedesmal das Maß der Leistung ziemlich niedrig angesetzt werden, damit auch die minder Tüchtigen und Geschickten der Anforderung entsprechen könnten. Für die Befähigtern wäre das kein besonderer Ansporn.

Man kann aber auch, anstatt eine bestimmte Leistung in genau abgegrenzte Zeitteile einzuschnüren, für alle Produkte die durchschnittlich notwendige Arbeitszeit feststellen und mit deren Hilfe an den vorgelegten Leistungen die Arbeitszeit ablesen. Und so, glauben die meisten modernen Sozialisten, werde im Anfang des Zukunftsstaates die Verteilung gehand=habt werden. Auf das Individuum wird hier schon Rücksicht genommen, aber immer noch in sehr einseitiger Weise. Alle Arbeitsarten, namentlich körperliche und geistige [1], werden gleichwertig nebeneinander gestellt. Hier wird nicht mehr wie oben bei Marx qualifizierte Arbeit auf einfache reduziert. Vielmehr werden die Leistungen in jedem Berufe gleich gelohnt.

Um die gesellschaftlich=notwendige Arbeitszeit als Maßstab verwenden zu können, muß sie zuerst festgestellt sein. Nach Bebel ist alles, was mit der Sozialisierung der Gesellschaft zusammenhängt, kinderleicht. „Wie viel jedes einzelne Produkt an gesellschaftlicher Arbeitszeit zur Herstellung bedarf, ist leicht zu berechnen." [2] Das hat aber doch seinen Haken. „Es ist wichtig," sagt Marx, „den Umstand im Auge zu behalten, daß, was den Wert bestimmt, nicht die Zeit ist, in welcher eine Sache produziert wurde, sondern das Minimum von Zeit, in welchem sie produziert werden kann, und dieses Minimum wird durch die Konkurrenz festgestellt. Man nehme für einen Augenblick an, daß es keine Konkurrenz mehr gebe, und folglich kein Mittel, das zur Produktion einer Ware erforderliche Arbeitsminimum zu konstatieren, was wäre die Folge davon?" [3] Wenn auch der Wertbestimmung durch die Konkurrenz nicht einzig die Arbeit zu Grunde liegt, so tritt doch auch, soweit dies der Fall ist, die Konkurrenz im sozialistischen Gemeinwesen außer Wirksamkeit. Es fehlen hier aus=reichende Anhaltspunkte, die gesellschaftlich=notwendige Arbeitszeit objektiv festzustellen. Ist nicht eine Konkurrenz in entgegengesetzter Richtung nahe=liegend, d. h. die Arbeitszeit möglichst niedrig zu halten? Wer ent=

---

[1] Vgl.: „ . . . Straßenkehrer, das ist eine sehr nützliche Thätigkeit, die für uns ebenso nützlich ist und die wir deshalb ebenso belohnen wie irgend eine wissenschaft=liche Thätigkeit" (Bebel im Reichstag am 6. Februar 1893). „Ich bin verwundert, daß Bebel einen Unterschied zwischen geistiger und körperlicher Arbeit machte; das war bisher bei uns nicht üblich; außerdem steht es nicht im Programm. Die höhere Leistung des Einzelnen ist nicht sein Verdienst" (Frankfurter Parteitag, Protokoll S. 73).

[2] Bebel a. a. O. S. 362.   [3] Marx, „Elend" S. 41.

II. Gründe für die Notwendigkeit des Privateigentums.   279

scheidet? Die Majorität, ein offizielles Arbeitsamt, beliebig zusammen=
setzbare Kommissionen von Sach= und Fachverständigen? Bei der Kompliziert=
heit des ganzen Wirtschaftsorganismus geben alle diese Formen zu vielen
Zufälligkeiten und Intriguen Raum.

Die Erzeugnisse der Landwirtschaft, mancher Kunsthandwerke, der
Kunst und Wissenschaft lassen sich überhaupt nicht an der Elle der Arbeits=
zeit messen. Wo bleibt dieser Maßstab bei Berufen, die keine Produkte
einzuliefern haben, wie bei der großen Zahl der Dienstleistungen, beim
Transportgewerbe, den Reparaturarbeiten? Man erwidert: Beziehen nicht
die heutigen Beamten, Lehrer u. s. w. ein festes Gehalt? Allein der
Vergleich hinkt; denn es besteht, wie schon oben bemerkt, ein ungeheurer
Unterschied zwischen der ganzen sozialen Stellung der heutigen und der
sozialistischen Beamten und Angestellten. Die Sozialdemokratie kann ihren
Beamten keine feste Stellung und keine aufsteigende Lohnskala gewähren,
das hieße eine Beamtenaristokratie schaffen. Sie kann auch die Ämter nicht
mit der entsprechenden Autorität bekleiden, das ginge gegen die Gleich=
berechtigung [1]. Von dem Verantwortlichkeitsgefühl wird unter solchen Um=
ständen nicht viel übrigbleiben und die Absetzung nicht sonderlich empfunden
werden.

Da der materielle Gewinn nicht durchgreifend genug wirken kann,
hat man auf ideale Gesichtspunkte hingewiesen. Man vergißt, daß der
sozialistische Staat selbst das erste Ideal jedes Gemeinwesens, die Gerechtig=
keit, grob vernachlässigt durch die Gleichbewertung aller Arbeitsarten. Auf=
fallend aber ist, daß der materialistische Sozialismus auf dem wirtschaft=
lichen Gebiete nicht einmal die nächstliegende ökonomische Bedingung,
das Interesse, brauchen kann, sondern ein idealistisches Schwungrad
erhofft, das die wirtschaftlichen Räder und Rädchen in Gang bringen
und erhalten soll.

e) Gesellschaft und Individuum.

Die gleiche Entlohnung gründet sich auf das Grundprinzip des So=
zialismus (als Extrem des Individualismus) selbst und verdient daher
auch eine prinzipielle Würdigung. Man sagt:

1. In Bezug auf die Arbeit: „Die Gesellschaft läßt nur gesellschaft=
lich nützliche Arbeit verrichten, und so ist jede Arbeit für die Gesellschaft
gleichwertig."[2]

2. In Bezug auf das Individuum: „Nur in der Gesellschaft ist die
Entwicklung des Einzelnen möglich." „Was also immer einer ist, das

---

[1] Vgl. Bebel a. a. O. S. 340.   [2] A. a. O. S. 367.

hat die Gesellschaft aus ihm gemacht."[1] „Ohne die moderne Gesellschaft existieren keine modernen Ideen. . . . Für die neue Gesellschaft kommt hinzu, daß die Mittel, die jeder für seine Ausbildung in Anspruch nimmt, das Eigentum der Gesellschaft sind. Die Gesellschaft kann also nicht verpflichtet sein, das besonders zu honorieren, was sie erst möglich gemacht hat und ihr eigenes Produkt ist."[2]

3. Kann jeder auch deshalb nicht über Benachteiligung klagen, weil alle nacheinander verschiedenartige Arbeiten zu besorgen haben[3].

Gegen den erst angeführten Grund ist einzuwenden: Wenn auch alle Arbeit nützlich ist, so ist sie doch nicht gleich nützlich nicht nur in Rücksicht auf die eventuelle stoffliche Qualität, die ja allerdings Eigentum der kommunistischen Gesellschaft ist, sondern auch in Rücksicht auf die Art der Arbeit und der Verarbeitung. Das braucht nicht bewiesen zu werden. Was aber nützlicher ist, ist auch wertvoller. Und darum wird die Gesellschaft die verschiedenen Produkte bei Abgabe an die Konsumenten verschieden taxieren.

Das πρῶτον ψεῦδος des Sozialismus liegt aber in dem zweit= erwähnten Grunde. Gegenüber dem Individualismus mit seiner Ver= herrlichung des einzelnen Menschen ist gewiß der nachdrückliche Hinweis auf die gesellschaftliche Natur des Menschen und alle die Vorteile, welche der Mensch dem gesellschaftlichen Verkehr verdankt, am Platze. Aber der Sozialismus überschritt die rechte Grenze und geriet in das entgegen= gesetzte Extrem. Bei näherm Zusehen ergiebt sich auch, daß die Worte Bebels ebenso einseitige Parteischlagworte sind wie die Robinsonaden des Liberalismus und seine Hymnen auf die Selbstherrlichkeit des Menschen. Das Erste und Wichtigste für den Menschen ist seine Existenz. Diese verdankt er in letzter Instanz, ja seiner Seele nach unmittelbar der Schöpfer= macht Gottes. Seine leibliche Existenz schuldet er unmittelbar seinen Eltern. Diese sind aber noch nicht die ganze Gesellschaft. Nicht anders steht es mit seinen Kräften und Fähigkeiten.

„Ist jemand von der Natur so stiefmütterlich bedacht worden," sagt Bebel, „daß er bei dem besten Willen nicht zu leisten vermag, was andere leisten, so kann ihn die Gesellschaft für die Fehler der Natur nicht strafen. Hat umgekehrt jemand durch die Natur Fähigkeiten erhalten, die ihn über die andern erheben, so ist die Gesellschaft nicht verpflichtet, zu belohnen, was nicht sein persönliches Verdienst ist."[4] Wie durch die Parteibrille alles verkehrt erscheint! Es ist doch noch keine Strafe, wenn

---

[1] A. a. O. S. 366.   [2] A. a. O. S. 366 f.
[3] A. a. O. S. 367.   [4] A. a. O. S. 365.

man einen nicht so hoch entlohnt als einen andern, der größere Begabung und Geschicklichkeit an den Tag legt. Dagegen würde es — abgesehen von der nicht realisierbaren Bedingung eines über Erwarten hohen Lohnes für alle — einer Strafe gleichkommen, wollte man die größere Befähigung genau auf die gleiche Stufe stellen wie die geringere. In einer normalen Gesellschaftsordnung wird der weniger Begabte sich nicht zurückgesetzt fühlen, wenn der besser Beanlagte einen höhern Lohn erhält. Jeder fordert eben nur das, was gerecht, d. h. den Leistungen angemessen ist. Wenn die Fähigkeiten auch nicht sein persönliches Verdienst sind, wer giebt der Gesellschaft das Ausbeutungsrecht darauf? Die Gesellschaft hat ihm die Fähigkeiten nicht verliehen; einmal in seinem Besitze, gehören sie vor allem ihm, und die Gesellschaft hat nur mittelbar Anspruch auf sie.

Aber erhält der Einzelne nicht seine ganze Ausbildung in der Gesell= schaft? Die Gesellschaft kann nur ausbilden, was da ist. Trotz aller Fähigkeiten und gesellschaftlich günstigen Bedingungen wird es aber der Einzelne nicht weit bringen, wenn er sich nicht selbst anstrengt. Gerade in der sozialistischen Gesellschaft wird sich das zeigen. Denn da alle Berufe gesellschaftlich und wirtschaftlich gleichstehen, wird sich eben keiner den großen Anstrengungen unterziehen wollen, welche manche Berufe oder die Vorbereitung dazu fordern. Jedenfalls kann die Gesellschaft nur einen Teil der Leistungen beanspruchen; einen Teil steuern aber auch heute die Gesellschaftsmitglieder bei. Bedeutende Verbesserungen sind ja wünschenswert und auch erreichbar. Oder läßt sich wirklich behaupten, die Einzelnen behielten heute ihr Wissen und Können für sich? Der Mensch will besonders in geistiger Beziehung auch mitteilen. Aber er will das mit einer gewissen Freiheit thun, er will sich nicht alles von der Gesellschaft regelrecht wegnehmen und dann irgend einen Teil zudiktieren lassen. Übrigens kommt nach allem die Gesellschaft besser weg, wenn sie das Mehr der Leistungen nicht für sich allein beansprucht, sondern dasselbe mit dem Betreffenden teilt. Der Sozialismus kann das allerdings nicht. Damit zeigt er sich aber auch als den größten „Tyrannen" und „Ausbeuter", den die Welt je gesehen.

Wenn aber die Gesellschaft so sehr auf ihr Recht pocht, hat sie die Ideen selbst hervorgezaubert oder entsprechendes Entgelt dafür geleistet? Keines von beiden. Die meisten Gedanken stammen aus der Vergangen= heit. Aber gegen die ins Nichts versunkene Welt ist in einer materia= listischen Gesellschaft kaum eine Dankesgesinnung angebracht. Haben nun die vergangenen Generationen der abstrakten Gesellschaft das geistige Erbe als Wuchergut hinterlassen, insofern jedes Individuum jeweils den ganzen Überschuß abliefern muß? Bei der ganzen Gedankenarbeit von

früher und heute ist die Gesellschaft, wie schon früher betont, die wichtigste
Bedingung, aber eigentliche Ursache und Träger sind immer die einzelnen
Individuen. Auch vollzieht sich in einer normalen gesellschaftlichen Ordnung
die Erziehung und Ausbildung in engern Kreisen, hat deshalb mit der
großen Gesellschaft nur mittelbar zu thun. Und ähnlich fließen auch die
Früchte wieder der Gesellschaft zu. Die Eltern, Lehrer 2c. sind nicht so
profitsüchtig wie die abstrakte Gesellschaft Bebels, für sich fordern sie wenig
oder nichts von der heranwachsenden Generation, sie verlangen nur, daß
sie auch ihrerseits sich gesellschaftlich nützlich erweise. Und das ist eminent
christlich gedacht. Alle haben alles von Gott. Ihrerseits sollen sie sich
wieder bestreben, andern mitzuteilen („allen alles zu werden"), aber ohne
Beeinträchtigung ihrer Freiheit.

Wenn dann weiter gesagt wird, die Ausbildung vollziehe sich nicht
nur in der geistigen Atmosphäre, sondern auch mit den Mitteln der
Gesellschaft, so läßt sich doch fragen: Woher hat denn die Gesellschaft die
Mittel genommen? Wer giebt ihr das Recht des Monopolbesitzes? Ist es
nicht die höchste Ungerechtigkeit, den Einzelnen im Namen aller ihr Eigentum
zu nehmen und keinem seine Existenz und Freiheit garantieren zu können?

Damit keiner zu kurz komme, sagt man, würden die Arbeiten alter=
nierend besorgt werden. Dieser Vorschlag ist aber ebenso wie der andere,
die unangenehmen Arbeiten höher zu entlohnen, wie sich später zeigen
wird, undurchführbar. Ersteres würde auf die Arbeitsfreude, letzteres
auf die Berufsfreude nur ungünstig einwirken. Es ist gewiß berechtigt,
die Unannehmlichkeit bei der Entlohnung zu berücksichtigen, aber damit
ist nur ein Teil der Gerechtigkeit erfüllt. Begabung und Geschicklichkeit
wären immer noch prinzipiell davon ausgeschlossen.

f) Die Leistung.

Wollte man wirklich nicht nur die Quantität, sondern auch die Quali=
tät der Arbeit vollkommen berücksichtigen, dann erst würde die Arbeit
zu ihrem richtigen Werte kommen. Dadurch würde die Arbeit gerecht
belohnt und die Arbeitslust im allgemeinen angeregt. Allein

1. entspricht diese Art der Entlohnung nicht dem demokratischen
Prinzip. Es würden sich bald große Ungleichheiten herausstellen. Der
Sozialismus hat aber das entgegengesetzte Bestreben.

2. Läßt sich, wie bereits gezeigt, die gesellschaftliche Arbeitszeit nicht
feststellen.

3. Dazu käme noch die weit größere Schwierigkeit, die einzelnen
Branchen gegenseitig zu ihrem Werte und zur allgemeinen Zufriedenheit
genau abzuschätzen.

2. Das Sparprinzip und die Unternehmungslust in der sozialistischen Wirtschaft.

Das Eigentum spornt nicht nur zu höchster Kraftentfaltung an, es bewirkt auch die beste Verwendung der Anstrengung sowie des erzielten Ertrags und überhaupt eine allgemeine Wirtschaftlichkeit. Zwang und Kontrolle erweisen sich hier gegenüber den Einzelnen wie den in Gruppen vereinigten Mitgliedern der sozialistischen Gesellschaft noch un= wirksamer.

Man sagt:

1. Ist nicht der rationelle Großbetrieb wirtschaftlich viel wirksamer als der Mischmasch des heutigen Systems?

2. Bemerkt Schäffle: Es „ließe sich der Vorschlag machen, den Zentral= direktionen, Vorständen und gemeinen Produzenten durch ein kombiniertes Prämiensystem allgemein den Impuls auf die Erreichung des höchsten Gebrauchswerts zu geben"[1].

3. Im Sozialismus fällt das Gemeinwohl mit dem Privatwohl zusammen. Das Solidaritätsgefühl, der Wetteifer und Ehrgeiz verbürgen eine hinreichende Wirtschaftlichkeit.

Auf den ersten Einwand ist zu erwidern: Ein großer Teil der Klein= betriebe, namentlich in der Landwirtschaft, ist leistungsfähiger (besonders auch in Rücksicht auf die Qualität der Produkte), ein anderer Teil min= destens ebenso leistungsfähig als die Großbetriebe. Durch die plötzliche Beseitigung auch der bezeichneten Kleinbetriebe ginge ein riesiges Kapital zu Grunde, ohne daß ein besserer Ersatz zu schaffen wäre. Dagegen verliert der Sozialismus einen moralischen Faktor, gegen den alle tech= nischen Vorteile nicht aufkommen können, von dem sogar ihre Durch= führung großenteils abhängt, nämlich das Selbstinteresse. Denn Prämien kann der demokratische Sozialismus seinen Beamten nicht gewähren, wie Schäffle selbst zeigt[2]. Diese Prämien müßten, um wirksam zu sein, je nachdem steigen. Dadurch würde entweder eine große Ungleichheit entstehen, oder es müßte ein häufiger Wechsel eintreten. Daß es in letzterm Fall trotz der Prämien mit der Wirtschaftlichkeit nicht hervor= ragend gut bestellt wäre, ist leicht einzusehen. In vielen Fällen ließe sich auch gar nicht berechnen, wieviel Nutzen dem Staate aus der größern Wirtschaftlichkeit zuwuchs.

Die letzten Auskunftsmittel sind immer die mehr idealen Motive. Sie wurden bereits gewürdigt. Gemeinwohl und Privatwohl fallen wohl in gewissem Sinne zusammen, aber in dem Sinne, auf den es hier

---

[1] Bau und Leben des sozialen Körpers, 1. Aufl., Tübingen 1878, III, 484.
[2] Vgl. Die Aussichtslosigkeit der Sozialdemokratie S. 26 f.

ankommt, auch ziemlich weit auseinander (analog wie beim andern Extrem
des liberalen Laisser faire). Die Gesellschaft nimmt eben alles durch größere
Wirtschaftlichkeit Erworbene oder Ersparte — der Einzelne kann seinen
Anteil unter der Lupe betrachten.

Durch Zwang und Kontrolle könnte man höchstens die gröbere
Materialverschleuderung verhindern, nicht aber die viel wichtigere, aber
auch weniger bemerkbare allmähliche Verschleuderung und noch weniger
die positive Leistungsfähigkeit erreichen. Der Unternehmer und Kaufmann
von heute müssen, wenn sie sich auf die Dauer halten wollen, ein scharfes
Auge auf die Qualität haben. Die sozialistischen Leiter der Produktion
und der Magazine sind ungleich weniger interessiert.

Den sozialistischen Verwaltungsräten würden insbesondere drei Auf=
gaben zufallen, das Bestehende im besten Zustand zu erhalten, nach Ort
und Zeit Erweiterung und Verengerung der Produktion eintreten zu
lassen und eine Erhöhung und Vervollkommnung des Standes der ganzen
Wirtschaftsordnung herbeizuführen. Man wird nicht sagen, daß die
heutigen Eigentümer in Ausübung dieser Funktionen säumig sind. Soll
allen innern und äußern Gefahren der Verderbnis vorgebeugt werden,
sollen alle Schäden sofort bemerkt und ausgebessert werden, wie viel Sorg=
falt, Genauigkeit und Umsicht ist bei den tausenderlei Produktionsmitteln
und Produkten notwendig! Es ist eine „Kleinigkeitskrämerei", wie sie
nur der Eigentümer, der auch den Schaden zu tragen hat, leistet. Dasselbe
gilt in betreff der Erweiterung und Verengerung der Produktion. Nur
der Eigentümer, der selbst das Risiko trägt, wird dauernd alle Umstände
nach Ort, Zeit und Material in Rechnung ziehen. Gerade in dieser
Beziehung zeigt sich ein großer Unterschied zwischen den Eigentümern und
den Staatsbeamten, die doch eine ganz andere Stellung einnehmen als
die künftigen sozialistischen.

Wer aber soll im sozialistischen Staat die Verantwortung für die
Durchführung neuer gewagter Projekte übernehmen? Die Beamten? Sie
würden wohl die Last durch allgemeine Abstimmungen auf die Masse
abzuwälzen suchen. Aber damit ist die Sache nur verschlimmert. Das
Volk müßte sich wieder auf Autoritäten stützen; aber die Gelehrten sind
in solchen Dingen gewöhnlich sehr uneinig. Wie viele Gelegenheiten, Arbeits=
mittel und =material zu verschwenden oder aber infolge schlimmer Er=
fahrungen von weitern Problemen abzustehen! Solche Unternehmungen
erfordern oft nicht bloß ein ökonomisches Risiko, sondern auch einen un=
geheuern Aufwand von Lebenskraft, Zähigkeit, Geduld und Ausdauer
und im sozialistischen Staate wegen der Größe des Unternehmens noch
ein moralisches Risiko. Die sozialistische Gesellschaft könnte nicht derartig

hohe Prämien aussetzen, wie sie solche Unternehmungen verlangen. Wer
sie aber im Auftrage der Gesellschaft übernimmt, käme leicht in die
Gefahr, im Falle des Mißlingens vor ein Volksgericht gestellt zu werden,
was doch heute keinem Unternehmer passiert. „Wer wollte sich außer=
gewöhnlichen Anstrengungen und Opfern unterziehen, wer unter den denk=
bar ungünstigsten Verhältnissen leben und thätig sein, wenn es kein
Wagen und kein Gewinnen mehr giebt, wenn ein zugleich allwissender
und allmächtiger Staat jeden Schritt vorschreibt, reglementiert und kon=
trolliert? Freiheit ist die Lebensluft für alle wirkliche Kultur, die materielle
wie die geistige; die Unterbindung der Freiheit würde unausweichlich
einen Rückgang der Kultur nach sich ziehen.“[1] Darum sind ja auch die
Staatsbetriebe nur möglich, wo die Schablone und das Monopol herrscht,
und fast alle Staatsunternehmungen sind nur die Fortführung von
Privatunternehmungen.

Ganz das Gleiche, was von den Neueinrichtungen, gilt von den
großen und vollständigen Umgestaltungen der vorhandenen Produktion.
Hier wie dort kommt vor allem auch das Erfinden in Frage, das in der
sozialistischen Gesellschaft geradezu Sport werden soll. Ein altes Sprich=
wort sagt: Die Not ist die Mutter der Erfindungen, und die modernen
Strikes bestätigen es für die Arbeiter oft in unliebsamer Weise. Not, die
den Einzelnen drückt, oder großer zu hoffender Erfolg würden in der
sozialistischen Gesellschaft den Geist nicht zu Erfindungen antreiben. Das
Interesse der Erfindung wäre für den Erfinder ein minimales. Wer
giebt den Erfindern das oft reichlich erforderliche Material? Der sozia=
listische Staat kann doch nicht jedem Beliebigen damit dienen, und die
Kombinationsgabe ist auch großenteils nicht an akademische Zeugnisse
gebunden. Wer prüft die Erfindungen auf ihren Wert? Bekanntlich sieht
man vielen Erfindungen nicht sofort an, ob sie einen großen Kosten=
aufwand rechtfertigen. Soll das alles durch die von geschickten oder un=
geschickten Rednern bearbeitete Menge entschieden werden? Bei dem Ganzen
würde entweder viel experimentiert werden, oder man würde sich auf
wenig einlassen; in diesem Falle würde vielfach Willkür herrschen und
auf den vielgerühmten Fortschritt verzichtet werden müssen.

Ausgerottet würde freilich auch dann das Selbstinteresse nicht, es
würde sich nur für die jeweils gegenwärtige und zukünftige Gesellschaft
in unangenehmer Weise äußern. Heute scheuen die Eigentümer vor
Mühen und Opfern nicht zurück, wenn sie auch wissen, daß sie davon
wenig oder gar keinen Nutzen mehr haben. Sie thun es aus Liebe zu

---

[1] v. Hertling, Naturrecht und Sozialpolitik, Köln 1893, S. 24 f.

ihren Kindern. Soweit der Sozialismus ein Eigentum an Konsumtions=
mitteln bestehen läßt und das Familienleben nicht unmöglich macht, wäre
jene Sorge nicht ausgeschlossen. Anders aber steht es mit den Produktions=
mitteln. Hier fehlt das unmittelbare Interesse. Man hat dem Bürger
des Zukunftsstaates viel Genuß und wenig Arbeit verheißen. Es werden
jetzt große Abzüge von dem ohnehin zu hoch eingeschätzten Ertrag gemacht
werden müssen. Man wird ihm neuerdings eine glänzende Zukunft zeigen.
Aber was nützt ihm die schöne Zukunft, wenn er sie nicht erlebt? Lang
genug schon mußte er auf die golbenen Berge des Sozialismus warten.
Er wird für die Gegenwart Genuß verlangen, und vom materialistischen
Standpunkt nicht mit Unrecht. Sollte die Befürchtung eitel sein, bei der
Sorge für die Gegenwart werde die Zukunft und der Fortschritt zu kurz
kommen? Man weist auf die Verschuldung der heutigen Staaten und
Kommunen und den gewissenlosen Raubbau mancher Aktiengesellschaften
hin. Aber das beweist gerade für das Privateigentum. Wo der Besitz
ein persönlicher ist, wird der Eigentümer aus Rücksicht auf die Zukunft
in der Regel schonend damit umgehen und eine Verschuldung möglichst
vermeiden oder zu beseitigen versuchen. Dagegen scheint mit zunehmender
Größe der Gemeinschaft die Rücksicht auf die kommenden Generationen
abzunehmen. Es ist leicht möglich, daß das „Solidaritätsgefühl" jenes
Bestreben noch ergänzt, daß die einzelnen Branchen ihre Leistungen mög=
lichst groß darstellen, möglichst viel Lohn aus dem Gesellschaftsfonds zu
erringen suchen. Man hat schon oft behauptet, im sozialistischen Staate
würden keine Ungerechtigkeiten gegen das Eigentum vorkommen. Die
Erfahrung zeigt das Gegenteil. Von dem gemeinsamen Gute zu nehmen,
macht man sich weniger ein Gewissen als von dem im Privatbesitz
befindlichen. Zahlreiche diesbezügliche Sprichwörter und entsprechende
drakonische Strafen beweisen das.

B. Ordnung und Sozialismus.

1. Die Unklarheit der sozialistischen Theorie und die Schwierigkeiten der sozialistischen Praxis.

„Die Verwaltung der menschlichen Verhältnisse", sagt Thomas, „geht
geordneter vor sich, wenn jeder Einzelne selbst für einen bestimmten
Bereich zu sorgen hat." [1] Der Sozialismus dagegen behauptet, man müsse
alle Funktionen der Eigentümer, die sich auf die Produktion (Zirkulation
und Distribution) beziehen, auf die Gesamtheit übertragen, nur so komme
Plan und Ordnung in die gesellschaftlichen Verhältnisse. Mit dieser Be=

---

[1] 2. 2. 66, 2 c.

hauptung verknüpfen die Sozialisten so viele Verheißungen, daß man
glauben sollte, sie hätten die zukünftige Gesellschaftsordnung schon leib=
haftig geschaut. Wenn aber jemand fragt, wie soll das alles verwirklicht
werden, beginnen sie in Rede und Presse gegen die Mißstände des
Kapitalismus loszuziehen mit dem Schlußrefrain: Und eine solche Ordnung
wagt man zu verteidigen. Es wird nicht eher anders werden, als bis
der Sozialismus den morschen Kapitalismus ablöst, alle andern sozialen
Heilmittel sind bedeutungslos u. s. w. Die Fähigkeit des Sozialismus
zu einer Reorganisation der Gesellschaft ist damit[1] so wenig bewiesen
wie mit dem beliebten Spott auf die Gegner. Wo man jene Frage
wirklich zu beantworten versucht, erklärt der betreffende Autor die jeweilige
Auskunft als seine „persönliche Auffassung", ist aber höchst erbost, wenn
jemand an seinem Optimismus ernstlich Kritik übt. Die Unsicherheit und
Mannigfaltigkeit der „persönlichen Auffassungen" in wichtigen Punkten
ist aber so groß, daß sich gar nicht ermessen läßt, welche Fülle von
Verwirrung dadurch in der Wirklichkeit hervorgerufen würde („esset autem
confusio").

Wenn nun die Gegner aus den bekannten obersten Leitsätzen des
modernen Sozialismus die sachgemäßen Konsequenzen ziehen, indem sie
bei Einzelheiten alle denkbaren Möglichkeiten gelten lassen, dann heißt
es: Die Gegner wissen natürlich besser, was wir wollen. Jedenfalls sind
die Nichtsozialisten berechtigt, nach Beweisen für die glänzenden Ver=
heißungen zu fragen; denn diese sollen ja einmal allen zu teil werden.
Wir können freilich nicht wissen, wie dies und jenes Detail im sozialistischen
Zukunftsstaat sich gestalten wird, aber darauf kommt es auch gar nicht
an, sondern auf das große Ganze. Und hier werden keine derart wesent=
lichen und fundamentalen Verschiebungen stattfinden, die alle und jede
Schlußfolgerung unmöglich machen[2]. Was der Gegner verlangt, ist kein
genaues Bild des Zukunftsstaates, sondern nur die ernstliche Erwägung
der Eventualitäten, unter denen die Verwirklichung und der Bestand des

---

[1] Abgesehen von dem übertreibenden Räsonnieren fällt den Gegnern die An=
erkennung der Kritik nicht einmal schwer; was ihnen dagegen gerade nach so herber
Kritik von Vergangenheit und Gegenwart hart ankommt, ist der Schluß auf eine
ungetrübte Zukunft.

[2] Noch wertloser von seiten der revolutionären Richtung ist die Ausrede von
den etwa noch erfolgenden großen Veränderungen. Stand ja noch vor kurzer Zeit
nach Engels und Bebel die große Revolution nahe (1898) bevor. Ja, die „Ent=
wicklung" in den Zukunftsstaat wäre schon längst vollzogen, wenn man die politische
Macht hätte erobern können. Das war schon das Ziel der Kämpfe von Marx im
Jahre 1848.

Sozialismus sich als möglich erweist, ohne mit der Natur des Menschen in Widerstreit zu kommen.

Suchen wir, um zu einer richtigen Schlußfolgerung zu gelangen, die sozialistischen Obersätze klar zu stellen!

1. Der Sozialismus will die Fehler der kapitalistischen Ordnung, insbesondere die Anarchie der Produktion, die Überproduktion und die Krisen, vermeiden.

2. Der Sozialismus will deshalb alle Produktionsmittel in den Besitz der Gemeinschaft überführen. Alle produktiven und dienstlichen (d. h. zu entlohnenden) Leistungen gehen daher von der Gesamtheit aus („Produktion für das Gemeinwesen und unter der Kontrolle des Gemeinwesens", „für und durch die Gesellschaft betriebene Produktion"). Der Einzelne erhält und besitzt nur Konsumtionsmittel.

3. Die Verwaltung ist deshalb zentralistisch organisiert. Die bestehenden bezw. zu bildenden Genossenschaften, Gemeinden und Bezirke treiben keine oder nur in geringem Maße selbständige Wirtschaft, sie sind nur Zwischenstationen von und zur Zentralstelle.

4. Es herrscht allgemeiner Arbeitszwang, und zwar muß nach den Vulgärsozialisten jeder eine bestimmte körperliche Arbeit verrichten.

5. Es besteht allgemeine Gleichheit. In Konsequenz ist nach den nämlichen Sozialisten jeder zu allen Ämtern wahlfähig und wählbar. Der Gewählte erlangt mit dem Amt keine Autorität, da der Sozialist keine Autorität anerkennt — außer der Majorität der abstimmenden Genossen, und diese Majorität entscheidet über alles. Nach andern weniger konsequent denkenden Sozialisten (namentlich E. Bernstein) kann man festangestellte Beamte nicht entbehren, werden die Entscheidungen hauptsächlich parlamentarisch getroffen werden.

2. Die Organisation der sozialistischen Produktion. Die Bedarfsbestimmung.

Um sein Versprechen einzulösen, muß der Sozialismus vor allem die schwerst gerügten Übelstände des Kapitalismus vermeiden. Dies ist nur möglich, wenn die Produktion unter Aufsicht der Gesellschaft sich vollzieht. Nur so ist ein Überblick über die Gesamtproduktion und -konsumtion und eine Feststellung und Verteilung des Produktenquantums für jeden einzelnen Gewerbezweig möglich. Die Gesamtproduktion richtet sich unter anderm nach der Zahl der in der Produktion beschäftigten Arbeiter. Diese Zahl ist schwankend. Sie hängt davon ab, wie viele Arbeiter das Transportgewerbe, die Magazinarbeiten, die Leitung und Buchführung der Produktion und Distribution und die übrigen Dienste erfordern, ferner davon, wie viele krank und arbeitsunfähig sind, wo die

Erziehung der Jugend aufhört und die Ruhe des Greisenalters anfängt. Zuerst müßte für die notwendigen, dann für die weniger notwendigen u. s. w. Bedarfsartikel gesorgt werden. Schon die ungefähre Bedarfs=bestimmung der notwendigen Gebrauchsgegenstände ist nicht leicht. Der Ausfall der Ernte, die Dauer des Winters, widrige Naturereignisse, bedeutende Betriebsunfälle, verfehlte Unternehmungen werden auch im sozialistischen Staate jeder Vorausberechnung spotten. Dazu kommt aber eine noch viel beweglichere Größe, die verschiedenartige und wechselnde Neigung der Individuen. Sie wird schon bei Bestimmung der not=wendigen, noch mehr aber bei Feststellung der weniger notwendigen Bedarfsartikel eine große Rolle spielen.

Es sind nun drei Fälle möglich:

1. Der Sozialismus läßt jedem die Freiheit der Wahl. Diese wird dann wie heute nur durch die Kaufkraft des Individuums be=schränkt. Für die Gemeinschaft aber hätte das eine Über= und Unter=produktion zur Folge. Die Verwirrung wäre sicher viel größer als heute, wo Produzent und Kaufmann die Marktverhältnisse und die Wünsche und Launen der Kunden mit der Aufmerksamkeit von Interessierten ver=folgen. Es bleibt deshalb nur die Alternative: Beschränkung der Frei=heit in der Bedarfswahl oder Fehlerhaftigkeit der Produktion in ver=mehrter Auflage. Die Einschränkung der Freiheit läßt nun eine schroffere oder mildere Form zu.

2. Die sozialistische Zentralleitung bestimmt, was und wieviel produziert werden soll. Sie berücksichtigt dabei die Zahl der Individuen und vielleicht auch die Verschiedenheiten der einzelnen Landsmannschaften. Außer den notwendigen werden noch insoweit andere Konsumtions=gegenstände produziert, als Arbeitskräfte vorhanden sind. Den einzelnen Bezirken wird dann von der Gesamtproduktion ein bestimmtes Teil=quantum zugewiesen. Die Freiheit der Wahl wäre damit vollständig beseitigt. Jedem wäre im allgemeinen seine Ration zugeschnitten.

3. Es wird statistisch auf die Angaben der Individuen hin der Einzel= und Gesamtbedarf festgesetzt und danach die Produktion eingerichtet. Diesen Modus halten die heutigen sozialistischen Schriftsteller für an=gängig. Er ist aber nur gemilderter Zwang und führt zu vielen Un=annehmlichkeiten für den Einzelnen sowohl wie für die Gesamtheit. Zunächst wird jedem zugemutet, alle Bedarfsgegenstände für einen Monat oder für ein Jahr (für viele Betriebe ginge es nicht anders) genau aus=zurechnen und öffentlich aufzeichnen zu lassen. Es wäre immerhin nur Wahrscheinlichkeitsrechnung. Denn mit dem Wechsel der Umstände, der Meinung und Stimmung wird manches von dem Bestellten unnötig

oder nutzlos, manches Nichtbestellte notwendig oder erwünscht. Die Zentral=
leitung aber hätte, wenn sie dem verschiedenartigen Geschmacke nur einiger=
maßen entgegenkommen wollte, eine unübersehbare Reihe von Muster=
karten und Rubriken aufzustellen. Welche Arbeit die Aufnahme und
brauchbare Zusammenstellung der Zahlen machen würde, davon kann
sich leicht eine Vorstellung machen, wer weiß, wieviel Arbeit eine Volks=
zählung erfordert, bei der es sich nur um wenige und leicht zu notierende
Punkte aus dem Volksleben handelt. Den Schwierigkeiten entsprechend
müßte eine ungeheure Schreiber= und Beamtenschar ganz allein für die
Bedarfsbestimmung aufgestellt werden. Damit niemand zu viel verlangt,
müßte zuvor berechnet werden, wie viel von der Gesamtproduktion auf
den Einzelnen durchschnittlich trifft. Je nachdem jemand viel oder wenig
Arbeit zu leisten vorhat, müßte ein Minimum und Maximum des
Einzelbedarfs vorgeschrieben werden.

Angenommen, die Statistik erledige alles rasch und präzis, die
Produktion funktioniere dementsprechend, muß nun der Besteller die von
ihm bestellten Bedarfsgegenstände nehmen oder nicht? Im erstern Fall
würde der Zwang lästig empfunden, im letztern Fall würde die Frei=
heit der Wahl die ganze mühevolle Statistik über den Haufen werfen;
andererseits würden Klagen über Nichtberücksichtigung der Wünsche laut
werden, das Übel der Über= bezw. Unterproduktion wäre wieder da. Dazu
erwäge man die Schwankungen in der ganzen sozialistischen Gesellschaft,
einer Gesellschaft besitzloser Individuen.

Auch wäre bei dem ganzen System ein Fortschritt nicht leicht
möglich. Die Gesellschaft könnte nicht wie die heutigen Produzenten das
Risiko auf sich nehmen und an den verschiedensten Punkten der Gesamt=
wirtschaft mit Neuheiten hervortreten, die sich vielleicht nicht bewähren.
Der Fortschritt geht immer von Einzelnen aus, die sozialistische Gesell=
schaft hat zunächst immer das Gros zu berücksichtigen. Und nicht nur
gegenüber den Individuen, auch gegenüber den einzelnen Bezirken und
Gemeinden müßte man in Konsequenz des Alleigentums und der Gleich=
berechtigung schablonenhaft verfahren.

Den anarchischen Kapitalismus durch den uniformen, freiheitsfeind=
lichen Sozialismus ersetzen wollen, hieße nur an die Stelle eines Übel=
standes einen andern, größern Übelstand setzen.

3. Der sozialistische Wirtschaftsbetrieb.

a) Groß= und Kleinbetrieb. Neuordnung.

Dem jährlichen oder monatlichen Bedarf gälte es dann jeweils die
Produktion anzupassen. Es wäre das wahrscheinlich keine leichte Aufgabe,

da der Bedarf bei den wechselnden Neigungen in den einzelnen Produktions=
perioden sehr ungleich ausfallen würde. Sofort wird sich die Frage er=
heben: Was ist nützliche, produktive Arbeit im Sinne des Sozialismus?
Bei den für die leibliche Existenz notwendigen Bedarfsgütern wäre ein
Streit wenigstens über das Was ausgeschlossen. Ein ernstlicher Meinungs=
kampf aber würde bezüglich der entbehrlichen Produkte und noch mehr
bezüglich der rein geistigen Arbeit entstehen. Bebel scheint alle rein
geistigen Beschäftigungen den Mußestunden zuweisen zu wollen. Was
bei dilettantischer Nebenbeschäftigung in Kunst und Wissenschaft heraus=
kommt, ist klar. Die so pomphaft eröffnete Berliner Arbeiterbildungs=
schule ist keine gute Vorbedeutung.

Der theoretische Meinungskampf würde vielleicht noch überboten
durch einen großen Kleinkrieg bei der praktischen Durchführung. Die
Parole lautet hier im allgemeinen Großbetrieb. Nun bestehen aber viele
Kleinbetriebe, die durchaus lebensfähig, teilweise dem Großbetrieb über=
legen, teilweise nicht durch ihn zu ersetzen sind. Wäre es nicht eine
Kapitalvergeudung und ein wirtschaftlicher Produktionsfehler zugleich, hier
radikal vorzugehen und besonders in der Landwirtschaft? Wollte man
aber den landwirtschaftlichen und teilweise auch den gewerblichen Klein=
betrieb bestehen lassen, welchen Übervorteilungen wäre die Gesellschaft
ausgesetzt in Bezug auf Arbeit, Arbeitsmittel und Ertrag, welch lästiger
Kontrolle der Wirtschafter? Und gesteht nicht der Sozialismus selbst
wenigstens für den Kleinbetrieb zu, daß seine „Grundlage das Eigentum
des Arbeiters an seinen Produktionsmitteln bildet"? Soll nun der Klein=
betrieb selbständig neben dem Kollektivbetrieb stehen? Durch Bezug von
Material und Ablieferung der Produkte würden sich weitgehende rechnerische
Konsequenzen ergeben. An dem antikollektivistischen Bauernschädel wird
die Sozialdemokratie nach der siegreichsten Revolution zerschellen! [1] Ver=
gegenwärtigt man sich die Gewerbzweige und Dienstleistungen im einzelnen,
so läßt sich erst die Unsumme von Schwierigkeiten ahnen, alles das von
einer Zentralstelle aus übersehen und in letzter Linie leiten zu können.

b) Die Einweisung der Arbeitskräfte.

Die vollen Schwierigkeiten werden sich aber erst zeigen, wo es sich
um die Einweisung der Genossen in die verschiedenen Arbeitszweige
handelt. Nach Bebel müssen alle, auch die Frauen und Kinder, irgendwie
an der körperlichen Arbeit teilnehmen. „Jeder entscheidet, in welcher Thätig=
keit er sich beschäftigen will, die große Zahl der verschiedensten Arbeits=

---

[1] Schäffle, „Die Aussichtslosigkeit" S. 26.

gebiete trägt den verschiedensten Wünschen Rechnung."[1] Kautsky urteilt über diese Freiheit der Arbeitswahl etwas kühler: „Was wird geschehen? Die unangenehmen Gewerbe werden plötzlich vereinsamt sein, die Räder werden stille stehen, die Hochöfen ausgeblasen sein und `niemand mehr für die Bekleidung und Ernährung der Menschen sorgen. Dagegen wird sich alles den leichten und angenehmen Gewerben hingeben. Um dies zu verhüten, erläßt das Gemeinwesen ein Gesetz, daß nur derjenige in einem Gewerbe arbeiten dürfe, der Proben seiner Leistungsfähigkeit ab= gelegt. Dazu ist es in vollem Maße berechtigt; allein es erreicht dadurch bloß, daß die jetzt lebende Generation ihre gewohnten Beschäftigungen fortsetzt." Den Mitgliedern der heranwachsenden Generation könne man aber nicht verbieten, sich einem Beruf zu widmen, zu dem sie Neigung fühlen. „Im freien Volksstaate wäre solch ein Zwang nicht realisierbar."[2] Mit der Leistungsfähigkeit hat es aber schon bei den ersten Gruppen sein Bedenken. Viele werden im freien Volksstaate eine Arbeit übernehmen müssen, die sie früher nicht betrieben haben. Viele andere werden trotz ihrer bisherigen Leistungsfähigkeit zu andern Beschäftigungen übergehen wollen. Überdies wird es schwer sein, die Leistungsfähigkeit für die ver= schiedensten Gewerbe festzustellen, besonders wenn, wie bei unangenehmen Arbeiten, der Einzelne ein Interesse daran hat, als unbrauchbar zu erscheinen. Da die Leistungsfähigkeit keinen Ausgleich zwischen den ver= schiedenen Branchen herbeiführen kann, muß man sich auf andere Mittel besinnen. Da kommt zunächst „die gleiche Anziehungskraft jeder Arbeit" in Betracht. Man wird „zunächst danach streben, den Arbeitsprozeß der unbeliebten Gewerbe so angenehm als möglich zu gestalten. . . . Aber die Technik hat ihre Grenzen. . . . Zu der Anziehungskraft w ä h r e n d des Arbeitsprozesses muß man daher auch die Anziehungskraft i n f o l g e desselben gesellen. Vielleicht, daß man etwas erreichen wird, wenn man die öffentliche Meinung darauf hinlenkt, in den bei den unangenehmen Arbeiten Beschäftigten Menschen zu sehen, die sich um das Gemeinwesen besonders verdient machen. . . . Aber ich glaube kaum, daß das genügen dürfte. Und so wird denn, wenn alle andern Mittel erschöpft sind, nichts anderes übrigbleiben, als den bei den unangenehmen Arbeiten Be= teiligten eine größere Summe von Genußmitteln zuzuerkennen als den andern"[3].

Auf die moralischen und sozialen Bedenken und Folgen dieser Methode wurde schon oben hingewiesen. Hier muß noch auf die technisch=ökonomische Unzweckmäßigkeit aufmerksam gemacht werden. Nehmen wir an, es stellt

---

[1] Bebel a. a. O. S. 343.
[2] „Jahrbuch" S. 92.   [3] A. a. O. S. 94.

sich bei der Anmeldung zur Arbeit die gewiß nicht überraschende That=
sache heraus, daß für gewisse Arbeitszweige wenige, für andere gar
keine Bewerber sich finden. Man setzt deshalb für letztere Branchen den
gesellschaftlichen Durchschnittslohn entsprechend hinauf. Damit der zu
verausgabende Gesamtlohn nicht überschritten wird, muß man dafür den
Lohn anderer und jedenfalls der überfüllten Branchen herabsetzen. Nun
strömen die Arbeiter aus den verschiedensten Gewerben den höher ge=
lohnten Branchen zu. In den einen wird sich jetzt vielleicht eine Über=
füllung, in den andern immer noch eine gewisse Leere zeigen. Nun muß
der Lohn abermals hinauf= und herabgesetzt werden, aber nicht bloß
hier, sondern in allen Branchen, aus denen zu viele Arbeiter abströmten
oder noch überzählige vorhanden sind. Und das nähme kein Ende, zumal
da die allgemeine Wanderfreiheit (Besitzlosigkeit) und andere Motive zum
Wechsel der Beschäftigung und zur Verschärfung des Lohnkampfes veranlassen
würden. Die Gesellschaft würde fortwährenden Erschütterungen und häufig
bis zum letzten Ende ausgesetzt sein. Den Arbeitern würde die Liebe
und Freude an ihrer Arbeit fortwährend verdorben. Solche, die wirklich
Freude an ihrem Berufe hätten, sähen ihr Lohnquantum beständig ge=
fährdet. Der sozialistische Arbeitsmarkt hätte in gewisser Hinsicht Ähnlich=
keit mit der modernen Börse. Aber hier handelt es sich unmittelbar doch
nur um Waren, dort um den lebendigen Arbeiter. So plausibel dieses
Ausgleichsystem erscheinen mag, der Sozialismus kann sich nicht darauf
einlassen, wenn er nicht von vornherein seine Existenz aufs Spiel setzen
will. Von dem Prinzip der Leistungsfähigkeit wäre hier ebenfalls wenig
zu bemerken.

Dieses Lohnsystem hat immer noch etwas Antikommunistisches an
sich. Andere Sozialisten wie Bebel scheuen nicht die vollen kommunistischen
Konsequenzen. Danach darf an dem Prinzip des gleichen Lohnes für
alle Arbeitsarten nicht gerüttelt werden, auch wenn das zu Zwangs=
maßregeln führt. Wie Kautsky, so hofft auch Bebel einen Ausgleich in
der Arbeitswahl von den technischen Verbesserungen und der moralischen
Macht der öffentlichen Meinung bezw. dem Gemeinsinn und dem Ehr=
geiz. Das letzte Mittel, auf das sich Bebel besinnt, ist die zwangsweise
Abwechslung in der Arbeit. „Sollten sich die nötigen Kräfte freiwillig
nicht finden, so tritt für jeden die Verpflichtung ein, sobald die Reihe
an ihn kommt, sein Maß Arbeit zu leisten. Da giebt's keine falsche
Scham und keine widersinnige Verachtung nützlicher Arbeit." [1] Dem
müßte jedenfalls auch in Bezug auf die leichtern und die höher geschätzten

---

[1] Bebel a. a. O. S. 367.

Arbeiten eine Abwechslungsmöglichkeit entsprechen. Bebel begründet dieses Verfahren mit der Fähigkeit des Menschen zu verschiedenartiger Thätigkeit, mit der stets leichtern Erlernbarkeit derselben, mit der großen Bildungsmöglichkeit im sozialistischen Staate und schließlich mit dem Bedürfnis nach Abwechslung.

Allein das Prinzip, das Bebel hier aufstellt, durchzuführen, ist nicht nur höchst unzweckmäßig, sondern auch unmöglich. Jedenfalls kommt die Gesellschaft schlecht weg, wenn heute dieser, in der nächsten Woche jener im Verwaltungsrat sitzt, wenn einer so viele Beschäftigungen übernehmen muß, als das Jahr Monate oder gar Wochen hat. Die künftigen Sozialisten werden wahrscheinlich auch nicht alle Genies wie Michel Angelo, Leonardo da Vinci u. a. sein. Von Natur hat allerdings fast jeder die Anlage für verschiedene, ja im Keime für fast alle Berufsarbeiten. Viele Berufe verlangen aber, wenn etwas geleistet werden soll, den ganzen Mann. Dazu gehören nicht bloß wissenschaftliche und künstlerische, sondern sogar viele mühevolle landwirtschaftliche Arbeiten (Gärtnerei, Weinbau 2c.). Die Maschinenbetriebe fordern geschulte Kräfte; hier umzutauschen, hat wenig Zweck. Selbst Kautsky, nach dessen Ansicht der Sozialismus danach trachten wird, „die Berufe überhaupt aus der Welt zu schaffen", muß zugestehen: „Das Maschinenwesen ist nicht so entwickelt, daß es nicht auch im sozialistischen Staate Beschäftigungen geben würde, die man nicht dilettantisch betreiben, sondern zu seinem Berufe machen müßte, sollte etwas darin geleistet werden." [1] Soweit bei solcher Umgrenzung das Bedürfnis nach Abwechslung vorhanden ist, kann ihm bei der heutigen Ordnung ebensogut Rechnung getragen werden.

Durch eine andere Frage, die damit zusammenhängt, wird der Wirrwarr noch vermehrt: Kann jeder arbeiten, wann, wie lange und an welchem Orte er will? Bebel beantwortet sie mehr zu Gunsten [2], Kautsky mehr zu Ungunsten der individuellen Freiheit [3]. Wie aber steht es näherhin mit dem Ort der Arbeit? Die privatwirtschaftlichen Zustände bewirken ein gewisses Beharren besonders der ländlichen Bevölkerung an Ort und Stelle. Die volle Verwirklichung des Prinzips der Gleichberechtigung öffnet dem Sozialisten die Welt, macht ihn aber auch heimatlos. Wie für die unangenehmen Arbeiten, müßte auch für die weniger beliebten Gegenden und Orte der Lohn höher gehalten werden. Da der Bedarf ein genaues Arbeitsprogramm vorschreibt, müssen auch alle Reise- und Wanderpläne vorgesehen werden.

---

[1] „Jahrbuch" S. 93.   [2] Vgl. Bebel a. a. O. S. 363.
[3] Vgl. „Das Erfurter Programm" S. 167.

Nach alledem hat die vielgerühmte Statistik Aufgaben zu bewältigen, von denen selbst ein geschäftsgewandter Bourgeois keine Ahnung hat.

c) Verbesserung der Technik und Verkürzung der Arbeitszeit.

Wo die Thätigkeit der Statistik am Ende ist, da fangen die Räder der Maschine sich zu drehen an. Neben der Statistik ist die Maschine das Mittel, wodurch der Sozialismus das irdische Glück endgültig herbeiführt. Wo und sobald sich im Volksstaat ein Hindernis zeigt, wird eine Maschine erfunden, die es radikal beseitigt. Hatten die Bourgeois am Ende des vorigen Jahrhunderts wegen ihrer großartigen Ideen der Vernunft göttliche Ehren erwiesen, so kann bei der nächsten Revolution der Maschine ähnliches widerfahren. Ist ja doch die Maschine das Grundprinzip aller Kultur und Wissenschaft, aller Kunst und Philosophie. Mit der großen Sozialrevolution wird aber erst das eigentliche Zeitalter der Maschine, das goldene Zeitalter anbrechen. Alle unangenehmen und schweren Arbeiten werden verschwinden, die Arbeitszeit auf ein Minimum reduziert und Reichtümer und Genußmittel in Hülle und Fülle hergezaubert werden.

Nun ist aber auch im Sozialismus das erste, was zu einer neuen Maschine erforderlich ist, ihre Erfindung. Wie sehr im Volksstaat nicht nur die Erfindung, sondern auch die Einführung neuer Maschinen erschwert ist, wurde oben auseinandergesetzt. — „Die Technik hat ihre Grenzen." Sie wird ebensowenig alle unangenehmen Arbeiten aus der Welt schaffen — sie vermehrt sie zum großen Teil —, wie es ihr gelingen wird, die Arbeitszeit auf zwei bis drei Stunden zu beschränken. Wenn wirklich so viel erfunden würde, dann würde die fortwährend sich verändernde Technik der sozialistischen Gesellschaft eine ungeheure Arbeitslast auferlegen. Man denke nur an die vielen Neubauten und Neueinrichtungen, die unternommen werden sollen, an die große Zahl der übrigen nichtproduktiven Arbeiten (Verkehr, Dienstleistungen c.), schließlich daran, daß die Arbeitslust gering, das Streben nach Genußmitteln aber groß ist, so kann man sich in etwa vorstellen, was es mit der Verkürzung der Arbeitszeit auf sich hat.

Aber, sagt man, im Zukunftsstaat müssen alle arbeiten, und viele der heutigen Arbeiten werden überflüssig. Wo die sozialistischen Agitatoren „von der Verteilung des Eigentums reden, schrumpft unter ihrer Feder die Zahl der Besitzenden auf das allergeringste Maß zusammen (‚die obern Zehntausend'). Da nun die Müßiggänger doch nur unter den Besitzenden zu suchen sind, so kann nach dieser Schilderung die Zahl der Nichtsthuer nur sehr gering sein. Wie stimmt es nun damit, daß

dieselben Agitatoren an andern Stellen die Zahl der heutigen Müßig=
gänger ins Ungeheure anwachsen lassen?" [1] Der ausfallenden Arbeiten
sind nicht so viele, und soweit sie ausfallen, werden sie reichlich auf=
gewogen durch die Zahl der notwendig aufzustellenden Beamten und
Schreiber.

4. Die sozialistische Distribution.

Das Hauptproblem der Verteilung wurde schon oben erörtert. Um
nicht zu verwirren, mußten die übrigen Aufgaben der Verteilung, die mit
der Bedarfsbestimmung unmittelbar oder mittelbar zusammenhängen und
ihre ohnehin bedeutenden Schwierigkeiten noch vermehren, hierher zurück=
gestellt werden. So ist es vor allem schwer, eine entsprechende Unter=
scheidung zwischen Produktions= und Konsumtionsmitteln
zu treffen. Es läßt sich wohl sagen, was ausschließlich Produktionsmittel
ist, aber es giebt keine Konsumtionsmittel, die nicht auch Produktions=
mittel sein können. Da eine natürliche Grenze nicht vorhanden ist, muß
die Abgrenzung nach Zweckmäßigkeitsgründen geschehen. Zieht
man die Grenze zu eng, so nähert man sich dem strengen Zwangs=
kommunismus. Läßt man aber den Privatbesitz von Konsumtionsmitteln
in weiterm Umfang zu, so führt das zu unabsehbaren wirtschaftlichen
Konsequenzen. Man könnte vielleicht verlangen, selbst Gegenstände, die
vor allem Produktionsmittel sind, den Einzelnen zur Verfügung zu stellen.
So könnte jemand oder mehrere zusammen ihre Mußestunden mit privater
Maschinenarbeit ausfüllen wollen. Andern könnte an dem Besitze eines
Hauses, eines Gartens, von Privatsammlungen, an Mitteln zu wissen=
schaftlichen, künstlerischen und kunstgewerblichen Arbeiten gelegen sein.
Alle diese Besitzmittel würden aber die Einzelnen in die Möglichkeit ver=
setzen, die andern „auszubeuten" und der gesellschaftlichen Produktion
ins Handwerk zu pfuschen [2]. Die Menschen sind in dieser Beziehung sehr
findig. Gewährt man größere Besitzfreiheit, so kommt man mit den kom=
munistischen Grundsätzen in Konflikt; schränkt man die Besitzmöglichkeit ein,
so kommt man zu unerträglichem Zwang für das Individuum, zu un=
günstigen wirtschaftlichen Resultaten für die Gesellschaft.

Mit der Verschiebbarkeit der Grenzen ist noch ein anderer Mißstand
verbunden. Wenn es nämlich einer Majorität einfiele, eine Beschränkung
eintreten zu lassen, sei es aus sachlichen oder persönlichen Gründen, so
wären die bisherigen Eigentümer plötzlich expropriiert. Die Entschädigung
würde von derselben Majorität und wahrscheinlich nicht zu hoch bemessen

---

[1] Cathrein, Der Sozialismus S. 148.
[2] A. a. O. S. 114 f.; Haushofer a. a. O. S. 122 f.

werden. Unzufriedenheit darüber und Verstimmung wegen des Verlustes des liebgewordenen Besitztums wären die Folge bei der Minorität.

Die Preisbestimmung ist viel schwieriger als die Feststellung der gesellschaftlich notwendigen Arbeitszeit, weil dort nicht nur dieses Zeitquantum, sondern auch die Verschiedenartigkeit der Arbeiten und die Mannigfaltigkeit der Stoffqualität mitzurechnen sind. Aus der Löhnung läßt sich deshalb kein Schluß ziehen für die Preise. Die Arbeiten in einer Branche sind schon verschieden zu bewerten, besonders wo es auf Geschick oder Sorgfalt ankommt; noch größere Wertdifferenzen zeigen die Arbeiten verschiedener Gewerbe. Die Wertberechnung verschieden qualifizierter Arbeit, der der Sozialismus durch die gleiche Entlohnung auswich, hier fordert sie in ihrer ganzen Kompliziertheit eine korrekte Lösung. Dazu kommt noch die genaue Abschätzung des Werts der Stoffqualität. In manchen Fällen, z. B. bei Vergebung von Wohnungen, seltener Gegenstände, könnte man vielleicht die Konkurrenz walten lassen. Aber die meisten Produkte, insbesondere die beliebig vermehrbaren, müßten für das ganze Gebiet des Volksstaates genau und einheitlich taxiert werden. Willkür und Fehler, die bei der Taxation vorkommen, können die ganze Gesellschaft beunruhigen.

Um Fehler in der Distribution zu vermeiden, müßte die Zentralleitung fortwährend über den Vorrat und Bedarf an den Zwischen- und Unterstationen unterrichtet werden. Den Verderb und Mangel an Waren möglichst zu vermeiden, wird nur durch den selbstinteressierten Warenbesitzer möglich sein.

Für Ansetzung der Lohnhöhe und der vielgestaltigen und unübersehbaren gesellschaftlichen Aufwendungen wäre eine genaue Berechnung des Gesamtbudgets ebenso schwierig als notwendig.

5. Unzweckmäßigkeit der sozialistischen Zwangsgemeinschaft.

Nach alledem wird Hauptprodukt und Fundament der sozialistischen Wirtschaftsordnung Papier und Tinte sein. Ganze Ströme von Tinte und ganze Berge von Papier sind notwendig. Und dennoch werden unbekannte und unberechenbare Größen übrigbleiben, Größen, auf die es gerade ankommt; denn auch der Zukunftsstaat soll doch zunächst für Menschen und nicht für Maschinen existieren. Die psychologischen Thatsachen und Konflikte lassen sich nicht statistisch auf Durchschnitte zurückführen und nicht durch Maschinen abwiegen oder beseitigen. Das menschliche Sehnen kann nicht mathematisch berechnet und durch die Erzeugnisse aller Maschinen nicht befriedigt werden. Mit so äußern Mitteln das Glück des Menschen, den Himmel auf Erden begründen wollen, ist eine

von der ganzen geschichtlichen Erfahrung verurteilte Thorheit. „Ich er=
achte es für eine materialistische Übertreibung," sagt Herkner, „wenn der
Kommunismus annimmt, die Menschheit werde dem Ideale wirtschaftlicher
Vollkommenheit alles zum Opfer bringen. Die wirtschaftliche Verfassung
wird immer unterthan bleiben den obersten Interessen der Menschen, und
diese sind, sobald der notwendige Lebensunterhalt gedeckt ist, durchaus nicht
mehr ökonomischer Art."[1] Der Sozialismus „begeht den fast wahnwitzigen
Fehler, das Glücksproblem lediglich als wirtschaftliche Verteilungsfrage
aufzufassen, während jede Minute Familienglück, jede Stunde frommer
Andacht, jede Sekunde schöpferischen Denkens, jeder Abend Geselligkeit,
jedes Wort heitern Verkehrs, jedes Streben nach Liebe, Freundschaft und
Achtung der Mitmenschen, jede Stunde des Behagens der Wiedergenesung,
jeder Trost beim Sterben auf das Gegenteil hinweist"[2].

Die Privateigentumsordnung durch den schablonenhaften Sozialis=
mus ersetzen wollen, ist unzweckmäßig und für die Dauer unmöglich —
unzweckmäßig; denn an die Stelle des „Mehrwerts" der heutigen Eigen=
tümer müßte ein erhöhter Abzug für die schreibenden, organisierenden und
kontrollierenden Beamten treten. Der ganze Wirtschaftsbetrieb wäre schlaff
und matt, die innere Triebfeder kann durch alle äußern Zwangsmittel
nicht ersetzt werden. Der Eigentümer lebt in der Gegenwart und Zukunft,
die Statistik des sozialistischen Vielschreibers in der Vergangenheit[3]. Dieser
beachtet nur die großen Zahlen, jener ist ein Kleinigkeitskrämer. Der
Sozialismus ist deshalb schon und noch mehr, weil er zu sehr der Freiheit
der Bedarfs= und Arbeitsbestimmung widerspricht, für die Dauer unmög=
lich. Lieber nehmen die Menschen die kapitalistische Überproduktion in
Kauf als einen solchen Freiheitsraub.

Der moderne Sozialismus hat von der Kritik seiner kommunistischen
Vorgänger manches gelernt. Aber trotz aller Klauseln wurde kein einziger
der frühern Einwände gegen den Kommunismus beseitigt, trotz aller Klauseln
bleibt von den großen Schlagworten „Freiheit, Gleichheit, Brüderlich=
keit" nichts übrig als eine kleinliche Zwangsgleichheit, und daran wird
der Sozialismus wie jedes kommunistische System früher oder später
scheitern.

C. Friede und Sozialismus.

Wir haben gesehen, die sozialistische Ordnung läßt sich nicht durch=
führen, ohne die Gerechtigkeit und die Freiheit aufs schroffste zu verletzen.

---

[1] A. a. O. S. 317.   [2] Schäffle a. a. O. S. 42.
[3] Es gilt da, was Engels bei einer andern Gelegenheit bemerkt: „Die
Statistik ist hier notwendiges Hilfsmittel, und sie hinkt immer nach" (Ein=
leitung zu den „Klassenkämpfen" S. 3).

Unzufriedenheit mit dieser „Ordnung" und Streit der „Ordner" und Geordneten untereinander wäre die Folge. Jede dauernde Ordnung muß mit dem Frieden vermählt sein. „Das Heil der Gesellschaft besteht in der Ordnung und dem Frieden, welcher nach Augustinus die Ruhe der Ord=nung ist."[1] Das erste Erfordernis jeder Gesellschaftsordnung ist der Friede[2]. Darum tadelt Aristoteles den Phaleas von Chalcedon, der es unterließ, zu den Umgestaltungen, die er vorschlug, auch die Mittel anzugeben, durch die in seinem Staate der Friede und die Eintracht erhalten werden könnte[3].

Nun ist nach Thomas Privatbesitz eher geeignet, den Frieden zu erhalten, als Gemeinbesitz. Aber, wenden die Sozialisten ein, dreht sich nicht der meiste Streit um das Eigentum? Man schlage nur die Gesetz=bücher nach und beachte die Statistik der Gerichte. Das leugnet Thomas gar nicht (frequentius iurgia oriuntur)[4]. Aber die Sozialisten vergessen bei diesem Einwand, wie schon gesagt, daß auch im Volksstaat an dem Grundverhältnis des Menschen sowohl zur äußern Güterwelt als zu den Mitmenschen nichts geändert wird. Oder wird der Zukunftsbürger nicht mehr nach Besitz und vielleicht nach fremdem Besitz streben? Warum sollen keine Verletzungen der Gerechtigkeit von seiten Einzelner und der Gesellschaft vorkommen? Wird der Meinungsstreit geringer sein, weil die Aufgaben verwickelter und schwieriger sind? Das vom Gesetz Platos Gesagte gilt auch vom modernen Sozialismus. „Oberflächlich erscheint es gut. Aus zwei Gründen scheint es sich zu empfehlen: 1. Wegen zu erhoffender segensreicher Folgen eines solchen Gesetzes für die Zukunft. Die Kunde, unter den Bürgern solle alles gemeinsam sein, vernimmt man mit Freude in der Erwartung einer wunderbaren Freundschaft aller zu allen. 2. Wegen der Übel, von denen man annimmt, sie würden durch dieses Gesetz beseitigt werden. Man führt Klage über die Übel, die in den heutigen Staaten vorkommen, wie die gegenseitigen Täuschungen bei Verträgen, die Urteile über falsche Eide, die Kriechereien der Armen gegenüber den Reichen, als ob das alles daher käme, daß der Güter=besitz kein gemeinschaftlicher ist. Wenn aber jemand genauer zusieht, so wird er erkennen, daß diese Dinge nicht deshalb vorkommen, weil kein Gemeineigentum besteht, sondern wegen der menschlichen Bosheit. Denn wir sehen, daß die, welche etwas in Gemeinschaft besitzen, viel mehr in Streit liegen als die, deren Besitz gesondert ist. Aber da es nur wenige

---

[1] I, 103, 2 ob. 3.   [2] Cf. de reg. princ. I, c. 5 et 15.
[3] Cf. 2 pol. 8 d—f.
[4] Cf. 1. 2. 75, 4 c: Avaritia praeparat materiam litigio, quod plerumque est de divitiis congregatis.

giebt, die gemeinsamen Besitz haben, im Verhältnis zu den Privateigen=
tümern, kommen weniger Streitfälle bezüglich des Gemeinbesitzes vor.
Würde aber allgemein Gemeinbesitz bestehen, dann wären der Streitig=
keiten viel mehr."[1] „Die Folge einer solchen Anordnung` würde nicht
die Einheit des Staates sein, wie Sokrates wollte (die „Solidarität"
der Sozialisten), sondern die Zwietracht."[2] „Wir sehen, daß solche, die
bestimmte Güter gemeinschaftlich besitzen, oft Streitigkeiten miteinander
haben, wie bekanntlich solche, die eine gemeinschaftliche Reise machen.
Häufig streiten sie miteinander über die Ausgaben für Speise und Trank
bei der Abrechnung. Wegen einer Kleinigkeit geraten sie manchmal hinter=
einander und beleidigen sich gegenseitig in Wort und That. Beständen
unter allen Bürgern Gemeinbesitz, so würde es unter ihnen sicherlich sehr
viele Streitigkeiten geben."[3] „Gemeinbesitz pflegt die Ursache von Streit
zu sein; die nichts gemeinsam besitzen, wie die Spanier und Perser,
scheinen wenig zu streiten, dagegen die, unter denen Gemeinbesitz besteht.
Deshalb kommen auch unter Brüdern Zwistigkeiten vor."[4] Wenn Freunde
und Brüder bei Gemeinbesitz so leicht in Streit geraten, um wie viel mehr
die einzelnen Gruppen im freien Volksstaat, die einander größtenteils
fremd gegenüberstehen?

Ja, werden die Sozialisten entgegnen, der Sozialismus ist ebenso=
wenig mit der Gütergemeinschaft weniger Personen wie mit dem Kom=
munismus Platos zu vergleichen. Jene befinden sich mitten in der Ord=
nung des Privateigentums und können sich deshalb von den egoistischen
Gefühlen und Schrullen nicht frei machen, welche diese Ordnung mit
sich bringt. Gegenüber dem Kommunismus Platos läßt der Sozialismus
gerade an jenen Gütern Privateigentum zu, über die dort am meisten
Streit entstehen würde, nämlich an den Konsumtivgegenständen. Das
scheint verblüffend einfach. In Wahrheit steht die Sache für den moder=
nen Sozialismus eher noch ungünstiger. An der Spitze des Staates
von Plato sollten Männer stehen, die einen ungemein langen Bildungs=
gang durchgemacht hatten. Dagegen liegt in der Lossagung des Sozialis=
mus von aller Autorität und der vollständigen Gleichberechtigung aller
der Anlaß zu endlosen Streitereien. Oder glaubt man denn, mit den
gleichgültig wie herbeigeführten Majoritäten sei aller Streit erledigt und
alle Schwierigkeiten im einzelnen beseitigt?

---

[1] 2 pol. 4 d.   [2] Ibid. b.
[3] Ibid.; vgl.: „Man sollte also mit dieser Gründerei (von Genossenschaften)
aufhören, zumal dadurch teilweise sehr starke Differenzen und heftige Auseinander=
setzungen unter den Genossen verursacht worden sind" (Berliner Parteitag, Proto=
koll S. 238).   [4] Cg. III, c. 132.

Viele nehmen nur gezwungen am sozialistischen Glücke teil. Tausende von Eigentümern und ihre Nachkommen werden der neuen Gesellschaft nicht genug Dank wissen für die Befreiung von der Last des Eigentums. Die Begeisterung der frühern Genossen aber wird in helle Flammen aufschlagen, wenn sie jetzt vernehmen, daß wie alles, so auch der Sozialismus Zeit brauche, zuerst müsse der kapitalistische Schutt weggeräumt werden 2c.

Dazu kommt, daß der Sozialismus die Ungerechtigkeit, mit der er begonnen, verewigen will durch seine gleiche Lohntaxe. Verletzte Gerechtigkeit ist aber gefährlicher als unbefriedigter Hunger. Die andern Grundsätze der Entlohnung dagegen bringen eine Unsumme von Schwierigkeiten und von Möglichkeiten der Benachteiligung mit sich. „Im kommunistischen Staate des Sokrates werden gegenseitige Anklagen, Täuschungen und andere Übel sich finden, die Sokrates dem heutigen Staate vorwirft. Die Bürger werden miteinander streiten, daß sie nicht die gleiche Arbeit leisten und nicht den entsprechenden Ertrag erhalten, und über vieles andere, wenn auch Sokrates glaubte, diese Übel hätten in einem kommunistischen Staate keinen Platz."[1] Auch der Sozialismus wird die Erfahrung machen: „Nicht lange kann sich halten, was den Wünschen vieler zuwiderläuft. Die Furcht ist ein schwaches Fundament."[2]

Man denke ferner an die Vergebung der Ehrenstellen und Arbeiten (bei voller Gleichberechtigung der Individuen und unbeschränkter Vollmacht der Gesamtheit), an die Bedarfsbestimmung u. s. w. Nicht viel besser als mit den mehr individuellen steht es mit den allgemein gesellschaftlichen Angelegenheiten. Fortwährend werden nach den verschiedenen Beziehungen große Fragen zu entscheiden sein, die meisten verbunden mit tausenderlei Nebenfragen — Nebenumständen für die große Gesellschaft, von höchstem Interesse für die einzelnen Individuen und Gruppen. Wird es da gelingen, Parteiung und Unzufriedenheit, persönliche und lokale Interessenpolitik fernzuhalten? Wird eine starke Minorität sich den Beschlüssen der Majorität einfach fügen? Wird nicht bei der einschneidenden Bedeutung aller Fragen ein Meinungskampf toben, der die ganze Gesellschaft zerklüftet und verwirrt?

„Wenn jeder sich mit seinem Eigentum beschäftigt, nicht aber mit dem eines andern, entstehen keine Streitigkeiten unter den Menschen. Sie pflegen vorzukommen, wenn viele eine Sache zu verwalten haben, wo jeder über das, was geschehen soll, anderer Meinung ist."[3] „Man muß nicht nur die Zahl der Übel berücksichtigen, die sich bei den Kom-

---

[1] 2 pol. 5 c   [2] De reg. princ. I, c. 10.   [3] 2 pol. 4 c.

munisten nicht vorfänden, sondern auch die Zahl der Güter, die ihnen abgingen. Einige Übel muß der Gesetzgeber in Kauf nehmen, um nicht größere Güter zu verlieren. So viele Güter werden durch das Gesetz Platos ausgeschlossen, daß eine solche Gesellschaftsordnung unmöglich erscheint."[1]

III.
Gründe für das Erbrecht.

Ähnliche Gründe wie für das Eigentum sprechen auch für eine fast allgemein mit dem Eigentum verbundene Institution, das Erbrecht; es garantiert den wirtschaftlichen Fortschritt und die Stetigkeit der gesell= schaftlichen Entwicklung. „Zwei Umstände veranlassen den Menschen am meisten, für andere angelegentlich zu sorgen und dieselben am meisten zu lieben. Der eine Umstand ist der eigene und ausschließliche Besitz. Darum sind die Menschen, wie oben gezeigt wurde, um die eigenen Angelegenheiten mehr besorgt als um die gemeinsamen. Der andere Umstand ist die besondere Liebe, welche man zu jemand hat, eine Liebe, die sich mehr gegen einen zeigt, den man in besonderer Weise liebt, als gegen einen, den man zugleich mit vielen andern liebt."[2] Damit ist ein Grundirrtum des Sozialismus zurückgewiesen. Während Thomas von dem konkreten Menschen ausgeht und an die natürlichen gesellschaftlichen Verhältnisse anknüpft, nimmt der Sozialismus den Menschen als abs= traktes Klassenwesen bezw. als Genossen des großen Staates und sucht ihn mit diesem schematisch=mechanisch zu verbinden. Der Erfolg der individuellen Thätigkeit wird dadurch sozusagen vollständig zerstäubt, damit aber das Pflichtbewußtsein und der Eifer. Eine ernstliche Selbst= verwaltung läßt die notwendig straffe Zentralisation und das Prinzip der Gleichberechtigung nicht recht aufkommen, die erste und wichtigste Institution, die Familie, soll einem rationalistischen Ökonomismus zum Opfer fallen. Jedenfalls hat das Erbrecht und sein Ansporn zum Arbeiten und Haushalten sehr geringe Bedeutung. Man wird weder auf das persönliche noch auf das gesellschaftliche Eigentum jene Genauigkeit und Sparsamkeit, jenen Fleiß und Eifer verwenden, wie dies in der privat= rechtlichen Ordnung geschieht[3].

---

[1] Ibid. 4 d.   [2] 2 pol. 3.

[3] Cf. 1. 2. 105, 2 ad 2: Lex non statuit, quod mulieres succederent in bonis paternis, nisi ex defectu filiorum masculorum. Tunc autem necessarium erat, ut successio mulieribus concederetur in consolationem patris, cui grave fuisset, si eius haereditas omnino ad extraneos transiret.

Das Erbrecht ist ähnlich wie das Eigentum eine unmittelbare Schluß=
folgerung aus dem Naturrecht. „Unter der Sorge für die Nachkommen=
schaft nach der ersten Intention der Natur versteht man die Erzeugung,
Ernährung und Erziehung bis zur Mündigkeit. Die weitere Sorge aber,
die Hinterlassung einer Erbschaft und anderer Güter betreffend, scheint
zur zweiten Intention des Naturrechts zu gehören." [1] „Es gehört zum
Naturrecht, daß die Eltern für die Kinder erwerben und die Kinder die
Erben der Eltern sind." [2] „Der Besitz ist zur Führung des natürlichen
Lebens bestimmt; da das natürliche Leben, das im Vater nicht ewig
erhalten werden kann, durch eine Art Nachfolge mit Rücksicht auf die
Artähnlichkeit im Sohne erhalten wird, so ist es naturgemäß, daß der
väterliche Besitz auf den Sohn übergeht." [3] „Die Eltern lieben die Kinder,
weil sie gleichsam ein Teil ihres eigenen Lebens (aliquid eorum) sind." [4]
„Wer Vater ist, will den Nutzen der Kinder." [5] „Der Grund allein, daß
jemand von einem andern das Leben hat, giebt ihm ein Recht auf das
väterliche Erbe." [6] Sind keine Kinder als Erben da, dann kommen die
übrigen Verwandten [7]. Doch hat der Erblasser in allen Fällen ein
wenigstens teilweise freies Verfügungsrecht [8].

Durch die Institution des Erbrechts kommt in die Gesellschaft eine
gewisse Kontinuität und Stabilität. „Wenn der, dem restituiert werden
muß, gestorben ist, so muß seinem Erben restituiert werden, da dieser mit
jenem als eine Person gerechnet wird." [9] „Die Erbgüter sind stabiler
Besitz." [10] Die Arbeit ist mehr das umgestaltende, Geschichte machende,
das Eigentum und das Erbrecht mehr das konservative, historische Element
in der Gesellschaft. Beide stehen in engster Wechselbeziehung. Das Erb=
recht fördert die Arbeit, und die Arbeit muß die Möglichkeit geben, etwas
zu vererben.

Im Gewande des Sittenrichters erhebt der Sozialismus gegen das
Erbrecht die bittersten Vorwürfe [11]. Auch Thomas ist es nicht unbekannt,
daß wegen der Erbschaft mancher Streit entsteht. Über den Mißständen,
die sich erheblich reduzieren lassen, übersieht man vollständig das Kultur=
fördernde des Erbrechts. Es fehlt am Verständnis für historisch=organische,
d. h. naturgemäße Entwicklung.

---

[1] 4 sent. 33, 2, 2, 1 ad 1; cf. 42, 2, 2 ob. 3.
[2] 4 sent. 33, 2, 2, 1 c; cf. 2. 2. 101, 2 ad 2.   [3] Cg. III, c. 123.   [4] 8 eth. 12 e.
[5] In Matth. 6, 9.   [6] 3 sent. 10, 2, 1, 1 ad 2; in Ioan. 10, 12.
[7] Cf. 4 sent. 42, 2, 1 ad 7: Propinquus iure propinquitatis debet succedere;
cf. ad 4; 2. 2. 63, 1 c.   [8] Cf. 3 sent. 10, 2, 1, 1 c et ad 1.
[9] 2. 2. 62, 5 ad 3.   [10] In Eph. 1, 19; cf. in Ps. 36, 18.
[11] Vgl. Bebel a. a. O. S. 418 f.

IV.

Einige besondere Schwierigkeiten bei Verwirklichung des modernen Sozialismus.

Die Gründe, welche Thomas für die Unmöglichkeit des Kommunismus anführt, werden noch verstärkt durch die Berücksichtigung einiger spezifischer Schwierigkeiten, die sich dem modernen Sozialismus in den Weg stellen. Wenngleich dieselben im Vorausgehenden schon mehrfach angedeutet wurden, so verdienen sie doch wegen ihrer Wichtigkeit, eigens herausgestellt zu werden. Als solche Schwierigkeiten kommen in Betracht:

1. der Übergang zum sozialistischen Wirtschaftssystem,
2. das Postulat der Internationalität,
3. das Prinzip des Materialismus und der Autoritätslosigkeit.

1. Wenn das Inganghalten des sozialistischen Wirtschaftsbetriebs an sich bereits unübersehbare Schwierigkeiten bietet, so gebührt hierin der Übergangsperiode entschieden der Vorrang. Nach Marx scheint der Übergang zum Sozialismus ziemlich einfach. Wenn die wenigen Kapitalmagnaten die ganze Bevölkerung expropriiert haben, wird ihre Herrschaft vollständig unerträglich, die kapitalistische Hülle wird gesprengt, die Expropriateurs werden expropriiert. Es folgt eine kürzer oder länger dauernde Diktatur des Proletariats, bis alle die Räder und Rädchen im Gange sind, und dann geht die ganze Wirtschaftsmaschine automatisch weiter.

Bebel, Stern und die andern sozialistischen Schriftsteller, welche die Vorzüglichkeit des Zukunftsstaates so trefflich zu schildern wußten, kümmerten sich um den Weg dahin fast gar nicht. Das wird sich nach ihnen alles schon von selbst geben. Was man den Gegnern nicht zugestand, das wird man nachgerade Bernstein einräumen müssen. Seine hierher gehörige Kritik ist uns schon bekannt, sie braucht nur noch näher ergänzt zu werden. Nach der Statistik „ist in den 13 Jahren zwischen der Gewerbezählung von 1882 und der von 1895 die Zahl der selbständigen Geschäftsleiter in der Industrie von rund 1 861 000 auf 1 774 000, d. h. um 87 000 gefallen, d. h. um noch nicht fünf Prozent. Nehmen wir für die nächsten 13 Jahre selbst eine verdoppelte Proportion des Rückgangs an, und so steigend von Epoche zu Epoche, so würden wir im Jahre 1908 noch mit 1 600 000, im Jahre 1921 mit 1 280 000 selbständigen Geschäftsleitern resp. Betrieben zu rechnen haben". 1882 wurden zusammen 40 000 Groß= und Mittelbetriebe gezählt. Wenn diese sich auch bis 1921 um 4000 verringern würden, so steigen dafür von den 600 000 verschwindenden Kleinbetrieben mindestens 24 000 in die Zahl der Mittel= und

Großbetriebe auf. „Die handwerksmäßigen Betriebe ganz ausgenommen . . ., hätte im Jahre 1921 in der Industrie allein die ‚Gesellschaft‘ in Deutschland mit gegen 60 000 Groß= und Mittelbetrieben zu thun.“

„Weiß man, was das heißt? Die Zahl ist sehr leicht niedergeschrieben und noch leichter ausgesprochen. Aber man versuche es einmal ernsthaft, sich ihre sozialpolitische Bedeutung vorzustellen, sich klar zu machen, was dazu gehört, die Leitung von sechzigtausend Betrieben unter die direkte Kontrolle der ‚Gesellschaft‘ zu nehmen. Diese Zahl allein, zu der aber noch die mindestens ebenso große, wenn nicht sehr viel größere der Mittel= und Großbetriebe in der Landwirtschaft kommt, läßt erkennen, auf wie lange hinaus es nicht viel mehr als eine Abstraktion sein kann, zu sagen, die ‚Gesellschaft‘ produziert. Selbst wenn die Gesellschaft nur mit den Groß= und Mittelbetrieben zu thun hätte, setzte die direkt für sie geleitete Produktion eine Verwaltungsmaschine voraus, von deren Umfang und Ausbildung selbst die heutige Post= und Eisenbahnverwaltungen nur eine schwache Vorstellung geben, und die man . am allerwenigsten in einer bewegten Zeit aus dem Boden stampfen kann. Eine Übertragung, bei der aber mit der Verantwortung auch Rechte übertragen werden müssen, ist unumgänglich, ob es sich nun um private Produzentengruppen oder öffentliche Körper handelt.“ [1]

Dem privaten Wirtschaftssystem steht eine lange und reiche Erfahrung zur Seite, der Kommunismus muß sich zunächst aufs Probieren verlegen. Ist das an sich schon auf wirtschaftlichem Gebiete eine ganz heikle Sache, so noch mehr bei Lösung so gewaltiger Aufgaben, in einer Zeit, in der das Prinzip des Privateigentums und des Kommunismus in Theorie und Praxis im heftigsten Kampfe liegen. Der eher gangbare evolutionäre Weg, d. h. die allmähliche Eroberung der wirtschaftlichen Macht durch wirtschaftliche Mittel (Genossenschaftswesen) kann wohl zu einer Überspannung des Genossenschaftsgedankens, nicht aber zum zentralistischen Sozialismus führen. Die politische Revolution aber führt, ob blutig oder unblutig, zu unabsehbaren Konsequenzen und Konflikten, die dem Wesen der politischen Revolution entsprechend rasche Lösung heischen. Auf welchen Gebieten soll einstweilen Privateigentum bestehen bleiben? Soll die Abtretung des Eigentums durch Gewalt und Chikane erzwungen werden? Soll eine angemessene oder willkürliche Entschädigung eintreten, und worin soll diese bestehen? In welchem Verhältnis übernimmt der Staat, der Kreis, die Gemeinde die vielgestaltigen Schulden und Forderungen? Wie soll der öffentliche Betrieb organisiert werden

---

[1] „Neue Zeit“ XV [2], 139 f.

und wie sollen die verschiedenen nebeneinander bestehenden Betriebs=
weisen in Rücksicht auf Produktion und Distribution in das dem Ganzen
entsprechende Verhältnis gesetzt werden? Frage drängt auf Frage, die
Lösung einer Frage ruft eine Reihe anderer hervor. Will man sich der
ohne Zweifel bedeutenden Erfahrungen der bisherigen Eigentümer und
Beamten versichern, so wird man große Rücksichten üben müssen. Die
Arbeiter der verschiedenen Betriebe werden höhere Löhne fordern, werden
aus= und einwandern wollen. Sobald man den Privaten, Genossen=
schaften, Gemeinden, Provinzen noch einige Selbständigkeit läßt, werden
auch diese und nicht die Gesamtheit die Arbeit entlohnen, es werden
sich in diesem Fall für das Ganze äußerst komplizierte Verhältnisse und
zwischen den einzelnen Gebieten große Verschiedenheiten und Interessen=
konflikte ergeben. Das sind keine juristischen Spitzfindigkeiten, sondern
ungemein weitgehende Fragen, und die Lösung auf politischem Wege
drängt, wie gesagt, zu raschen Entschlüssen.

2. An den Staatsgrenzen hört aber der wirtschaftliche Verkehr nicht
auf. Ein geschlossener Handelsstaat ist heute undenkbar. Die modernen
Staaten, in denen der Sozialismus zunächst verwirklicht werden soll,
sind vollständig in die Weltwirtschaft verflochten. Die in Betracht kommenden
ungeheuern Summen könnten wohl durch veränderte Wirtschaftsweise be=
deutend herabgemindert werden, sicher bliebe immer noch ein hoher Prozent=
satz als Rest übrig. Wird nun die sozialistische Wirtschaftsorganisation in
e i n e m Staate durchgeführt, dann bleibt immer die Abhängigkeit vom
Weltmarkt, damit die Konjunktur, die Konkurrenz, die Überproduktion,
die Krisen — also alles das, was man doch von Grund aus beseitigen
will. Die Konsequenz ist eine i n t e r n a t i o n a l e Organisation.
International! welche Ziffern und Verschiedenheiten spricht man mit
diesem Worte aus! Die zahlreichen, über einen weiten, vielgestaltigen
Raum verteilten Völker mit ihren religiösen, sprachlichen, moralischen,
rechtlichen Verschiedenheiten, mit ihrer verschiedenen historischen Ent=
wicklung, ihrem unterschiedlichen Besitz an Kulturmitteln, ihrer ungleichen
wirtschaftlichen Kulturstufe sollen alle dem einen großen Staatenbund
einverleibt werden. Es sollen, um Über= und Unterproduktion zu meiden,
der ungeheure Bedarf, die Ein= und Auswanderung, die Größe des natür=
lichen Reichtums und der Produktion gebührend berücksichtigt werden....

3. Das den modernen Sozialismus charakterisierende folgenreiche
Prinzip des M a t e r i a l i s m u s und der A u t o r i t ä t s l o s i g k e i t ist,
wie es auf innere Widersprüche hinausführt, an sich nur eine Negation,
die Negation einer höhern Macht, höherer Gesetze, eines höhern Zieles.
Auf reine Negationen läßt sich aber kein positiver Aufbau stellen. Sowenig

mit der Kritik des heutigen Systems der Sozialismus schon notwendig gegeben ist, so und noch weniger ist mit der Leugnung einer höhern sittlichen und rechtlichen Ordnung in die staatlichen, gesellschaftlichen und wirtschaftlichen Verhältnisse ein geordneter Zusammenhang und ein fester Zusammenhalt gebracht.

Der Materialismus schließt prinzipiell jede innere Verpflichtung aus. Ideales Streben, worauf das menschliche Herz angelegt ist, und das sich auch bei Anhängern des Materialismus finden kann und findet, z. B. als Eifer und Sorge für das Gemeinwohl, erscheint vom materialistischen Standpunkt aus als Inkonsequenz. Auf materialistischem Boden fehlt den mehr idealen Tendenzen Nahrung, Licht und Luft. Die Grenzen für ihre Wirksamkeit werden sich deshalb recht verengern. Kommt dazu noch, wie gezeigt, ein ungünstiges Verteilungssystem, und werden gar die familiären Rücksichten beseitigt (vgl. S. 52), dann bleibt nur Zwang übrig, Zwang in einer Ausdehnung, die geradezu ungeheuerlich erscheint, wenn man bedenkt, daß, abgesehen von allen andern Funktionen, auch die gesamte Wirtschaftsorganisation dem Gemeinwesen zufällt.

Wie stimmt dazu das Prinzip der Autoritätslosigkeit? „Das ist eben der große Vorzug," sagt Bebel, „daß wir keine Autorität besitzen. Wenn bei uns eine Autorität besteht, dann ist das die selbsterworbene Autorität der einzelnen Personen, das ist die Autorität, die der Einzelne sich selbst erwirbt durch seine Thätigkeit, durch seine Fähigkeiten, durch seine Opferwilligkeit, durch die Hingabe für die Sache. Keine andere giebt es; eine künstliche, eine gemachte Autorität kennen wir nicht. Und die Parteigenossen, die einen Mann vor sich zu haben glauben, der ihre Interessen voll und ganz vertritt, übertragen ihnen selbstverständlich die Vertrauensstellungen, die sie zu vergeben haben, und nur insofern kommen diese in eine gewisse autoritative Stellung. Aber wie wenig diese autoritative Stellung von entscheidender Bedeutung ist, sehen Sie auf jedem unserer Parteitage." [1]

Die Sozialisten übertragen gern einzelne Züge aus dem heutigen Parteileben (den Einfluß der Führer, die Disziplin der Massen, den Eifer mancher Genossen für die Partei) auf den sozialistischen Staat in spe, was offenbar vollständig verfehlt ist. Was haben denn die sozialistischen Führer heute für praktische Aufgaben zu lösen? Kritik zu üben vor einer großen Menge Unzufriedener[2]. Was heißt da Autorität?

---

[1] Rede im Reichstag vom 3. Februar 1893 (die bekannte „Zukunftsstaat"-Debatte).

[2] Man beachte unter dieser Rücksicht die oft wiederkehrende Redewendung von den „bewährten" Grundsätzen, die „von Erfolg zu Erfolg" führten.

Anders, wenn es sich darum handelt, die großartigen Versprechungen selbst einzulösen. Das fordert bei den überaus großen Schwierigkeiten keine geringe Selbstzucht und nicht wenig Opfer. Da mindestens einem großen Teil der selbsteigene Antrieb dazu fehlen wird, werden die Führer großer Machtbefugnisse bedürfen [1]. Wenn nun „die selbsterworbene Autorität" schon heute „von wenig entscheidender Bedeutung" ist, wie erst im Zukunfts= staat?[2] Autorität ist hier die Majorität. Jedenfalls stützen sich da die Männer der Autorität auf ein sehr schwankendes und darum schwaches Fundament. Sie sollen hinwiederum den Angehörigen der Majorität, von denen ihre eigene Autorität vollständig abhängt, gebieten.

Heute, wo die sozialdemokratischen Verhandlungen und Beschlüsse mehr akademische Bedeutung haben, zeigen sich schon große Meinungs= verschiedenheiten und Wechsel der Majoritäten, sobald man sich von der reinen Negation auf bestimmte konkrete Gebiete, wie z. B. die Agrar= frage, begiebt. So sprach sich eine Nürnberger Parteiversammlung über die Beschlüsse des Breslauer Parteitags unter anderm folgendermaßen aus: „Die Parteiversammlung spricht die Ansicht aus, daß die Klärung der Anschauungen über die so wichtige Agrarfrage in der Partei noch lange nicht weit genug gediehen sind, um eine einfache Ablehnung zu rechtfertigen. Und der Umstand, daß der jüngste Parteitag sich in aus= gesprochensten Gegensatz zu der Entscheidung des vorjährigen gesetzt hat, und es nicht ausbleiben wird, daß ein kommender Parteitag voraus= sichtlich abermals eine andere Stellung einnehmen wird, kann nur dazu dienen, daß durch solch schroffe Widersprüche die Autorität der höchsten Partei=Instanz vermindert, dem Ansehen der Partei in weiten Bevölkerungskreisen Abbruch gethan wird und die Parteigenossen selbst verwirrt werden."[3]

---

[1] Vgl. Bebels Antikritik gegen Katzenstein in der „Neuen Zeit" XV [1], 330: „Kann sich denn Katzenstein keine Verbindung freier, normal entwickelter Menschen vorstellen, die das Vernünftige und Selbstverständliche thun, weil das allein ihr ge= sellschaftliches Leben ermöglicht, wobei sich Allgemein=Interesse und persönliches Interesse vollkommen decken?" Vorstellen wird sich Katzenstein das wohl auch können. Da er aber von ideologischem Denken etwas angesteckt ist, wird ihm eine solche phantastische Wiederspiegelung der Zukunft durchaus nicht genügen.

[2] Vgl.: „Es ist ja überhaupt Mode geworden, jeden Abgeordneten dafür, daß er gewählt ist, sofort ins sozialdemokratische Verbrecheralbum zu stecken" (Frankfurter Parteitag, Protokoll S. 130). „Die schlauen Berliner, die zwar immer die Autorität bei andern bekämpfen, selbst sie aber verlangen, wir sollen ihnen alles glauben, wir sollen alle ihre Sätze, weil sie sie aufstellen, für richtig anerkennen, sie sind für uns eben nichts weniger als Autoritäten" (Haller Parteitag, Protokoll S. 66 f.).

[3] „Vorwärts" vom 23. Oktober 1895, Nr. 248.

Auf die wunderliche Scheu der Sozialisten vor dem Worte Staat[1] wurde schon hingewiesen. Vom heutigen Staat kannte man bisher offiziell nur die Polizeibeamten, die sich im Zukunftsstaat bezw. der Zukunftsgesellschaft in „Festordner" verwandeln. Die „Gesellschaft", die alles thun und ordnen sollte, war ein zusammengesetzter Widerspruch, d. h. eine Vorstellung, in der alle Vorteile eines extrem zentralistischen Sozialismus mit fast allen Vorteilen des Anarchismus verbunden wurden. An dieser Vorstellung wurde dann der Gegenwartsstaat gemessen. Bernstein hat auch den so gearteten Begriff der „Gesellschaft" in das Antiquitätenkabinett modern-sozialistischer Schlagworte verwiesen und den Staatsbegriff wieder auf den Thron gehoben (vgl. auch S. 53).

„Wer ist nun ‚die Gesellschaft'? Es liegt auf der Hand, daß eine territoriale Abgrenzung der Verwaltungsgebiete eine unabweisbare Notwendigkeit ist," mit Rücksicht sowohl auf den Raum wie auf die Zahl.

Die großen Fortschritte in der Technik ermöglichen wohl eine Überwindung der räumlichen Entfernungen. Aber „die Tendenz der Bodenbewirtschaftung geht dahin, immer mehr Arbeit in den Boden zu stecken, die Betriebe immer mehr örtlich zu fixieren". So leicht die Beförderung, „die Produktionsanstalten und mit ihnen ein großer Prozentsatz der Bevölkerung bleiben im wesentlichen territorial gebunden. Daneben wächst die Bevölkerung und verwickelt sich mit der wachsenden Bevölkerung (infolge der gleichzeitig wachsenden Arbeitsteilung) das ganze Wirtschaftsgetriebe. . . . Mit der Vervollkommnung der Technik nimmt diese Differenzierung noch zu. Damit wachsen aber auch die Aufgaben der Verwaltung, und dies um so mehr, je mehr Betriebszweige von ihr übernommen, in öffentliche Dienste verwandelt werden". „Zehn, hundert Menschen können zur Not über alle sie betreffenden Angelegenheiten gemeinsam beraten und beschließen, bei tausend ist eine direkte Beratung aller Einzelheiten schon physisch unmöglich, bei zehntausend könnten immer nur die wichtigsten Punkte durch direkte Beratung geregelt werden. Aber es handelt sich nicht um Zehntausende, sondern um Millionen von Menschen."

---

[1] Vgl. u. a. Liebknecht auf dem Parteitag zu Halle (Protokoll S. 167): „Die sozialistisch organisierte Gesellschaft ist gar kein Staat mehr. Der ganze Staatsbegriff ist ein reaktionärer Begriff." — Bebel im Reichstag (3. Februar 1893): „Hätte er (der Abgeordnete Bachem) diese Studien (in der sozialistischen Litteratur) gemacht, so konnte er gar nicht die Frage nach dem sozialdemokratischen ‚Zukunftsstaat' stellen, und zwar aus dem sehr einfachen Grunde, weil wir überhaupt keinen sozialdemokratischen ‚Zukunftsstaat' haben wollen." Noch kurz vor der Bernsteinschen Kritik steht für Bebel das Verschwinden des Staates fest: „Sein Aufhören ist ebenso sicher, als daß zweimal zwei vier ist" („Neue Zeit" XV[1], 329; vgl. ebenda X[1], 87).

Anders, wenn es sich darum handelt, die großartigen Versprechungen selbst einzulösen. Das fordert bei den überaus großen Schwierigkeiten keine geringe Selbstzucht und nicht wenig Opfer. Da mindestens einem großen Teil der selbsteigene Antrieb dazu fehlen wird, werden die Führer großer Machtbefugnisse bedürfen. Wenn nun „die selbsterworbene Autorität" schon heute „von wenig entscheidender Bedeutung" ist, wie erst im Zukunfts= staat?[2] Autorität ist hier die Majorität. Jedenfalls stützen sich da die Männer der Autorität auf ein sehr schwankendes und darum schwaches Fundament. Sie sollen hinwiederum den Angehörigen der Majorität, von denen ihre eigene Autorität vollständig abhängt, gebieten.

Heute, wo die sozialdemokratischen Verhandlungen und Beschlüsse mehr akademische Bedeutung haben, zeigen sich schon große Meinungs= verschiedenheiten und Wechsel der Majoritäten, sobald man sich von der reinen Negation auf bestimmte konkrete Gebiete, wie z. B. die Agrar= frage, begiebt. So sprach sich eine Nürnberger Parteiversammlung über die Beschlüsse des Breslauer Parteitags unter anderm folgendermaßen aus: „Die Parteiversammlung spricht die Ansicht aus, daß die Klärung der Anschauungen über die wichtige Agrarfrage in der Partei noch lange nicht weit genug gediehen sind, um eine einfache Ablehnung zu rechtfertigen. Und der Umstand, daß der jüngste Parteitag sich in aus= gesprochensten Gegensatz zu der Entscheidung des vorjährigen gesetzt hat, und es nicht ausbleiben wird, daß ein kommender Parteitag voraus= sichtlich abermals eine andere Stellung einnehmen wird, kann nur dazu dienen, daß durch solch schroffe Widersprüche die Autorität der höchsten Partei=Instanz vermindert, dem Ansehen der Partei in weiten Bevölkerungskreisen Abbruch gethan wird und die Parteigenossen selbst verwirrt werden."[3]

---

[1] Vgl. Bebels Antikritik gegen Katzenstein in der „Neuen Zeit" XV¹, 330: „Kann sich denn Katzenstein kein Verbindung freier, normal entwickelter Menschen vorstellen, die das Vernünftige und Selbstverständliche thun, weil das allein ihr ge= sellschaftliches Leben ermöglicht, wobei sich Allgemein=Interesse und persönliches Interesse vollkommen decken?" Vorstellen wird sich Katzenstein das wohl auch können. Da er aber von ideologischem Denken etwas angesteckt ist, wird ihm eine solche phantastische Wiederspiegelung der Zukunft durchaus nicht genügen.

[2] Vgl.: „Es ist ja überhaupt Mode geworden, jeden Abgeordneten dafür, daß er gewählt ist, sofort ins sozialdemokratische Verbrecheralbum zu stecken" (Frankfurter Parteitag, Protokoll S. 130). „Die schlauen Berliner, die zwar immer die Autorität bei andern bekämpfen, selbst sie aber verlangen, wir sollen ihnen alles glauben, wir sollen alle ihre Säze, wie sie sie aufstellen, für richtig anerkennen, sie sind für uns eben nichts weniger als Autoritäten" (Haller Parteitag, Protokoll S. 66 f.).

[3] „Vorwärts" vom 23. Oktober 1895, Nr. 248.

Auf die wunderliche Scheu der Sialisten vor dem Worte Staat[1]
wurde schon hingewiesen. Vom heutige Staat kannte man bisher offi=
ziell nur die Polizeibeamten, die sich im Zukunftsstaat bezw. der Zukunfts=
gesellschaft in „Festordner" verwandel. Die „Gesellschaft", die alles
thun und ordnen sollte, war ein zusammengesetzter Widerspruch, d. h.
eine Vorstellung, in der alle Vorteile eins extrem zentralistischen Sozialis=
mus mit fast allen Vorteilen des Anarchismus verbunden wurden. An
dieser Vorstellung wurde dann der Gegenwartsstaat gemessen. Bernstein
hat auch den so gearteten Begriff der Gesellschaft" in das Antiquitäten=
kabinett modern=sozialistischer Schlagwor verwiesen und den Staatsbegriff
wieder auf den Thron gehoben (vgl. ach S. 53).

„Wer ist nun ‚die Gesellschaft'? Es liegt auf der Hand, daß eine
territoriale Abgrenzung der Verwaltungsgebiete eine unabweisbare Not=
wendigkeit ist," mit Rücksicht sowohl af den Raum wie auf die Zahl.

Die großen Fortschritte in der Tecnik ermöglichen wohl eine Über=
windung der räumlichen Entfernungen. Aber „die Tendenz der Boden=
bewirtschaftung geht dahin, immer meh Arbeit in den Boden zu stecken,
die Betriebe immer mehr örtlich zu fixieren". So leicht die Beförderung,
„die Produktionsanstalten und mit ihen ein großer Prozentsatz der
Bevölkerung bleiben im wesentlichen terrorial gebunden. Daneben wächst
die Bevölkerung und verwickelt sich mt der wachsenden Bevölkerung
(infolge der gleichzeitig wachsenden Arbeitteilung) das ganze Wirtschafts=
getriebe. . . . Mit der Vervollkommnun der Technik nimmt diese Dif=
ferenzierung noch zu. Damit wachsen aer auch die Aufgaben der Ver=
waltung, und dies um so mehr, je mef Betriebszweige von ihr über=
nommen, in öffentliche Dienste verwavelt werden". „Zehn, hundert
Menschen können zur Not über alle e betreffenden Angelegenheiten
gemeinsam beraten und beschließen, bei ausend ist eine direkte Beratung
aller Einzelheiten schon physisch unmöglic bei zehntausend könnten immer
nur die wichtigsten Punkte durch direkte xeratung geregelt werden. Aber
es handelt sich nicht um Zehntausende, sondrn um Millionen von Menschen."

[1] Vgl. u. a. Liebknecht auf dem Paeitag zu Halle (Protokoll S. 167):
„Die sozialistisch organisierte Gesellschaft ist garkein Staat mehr. Der ganze Staats=
begriff ist ein reaktionärer Begriff." — Beb im Reichstag (3. Februar 1893):
„Hätte er (der Abgeordnete Bachem) diese Stun (in der sozialistischen Litteratur
gemacht, so könnte er gar nicht die Frage nach de sozialdemokratischen ‚Zukunfts=
stellen, und zwar aus dem sehr einfachen Gr weil wir überhaupt keinen so
demokratischen ‚Zukunftsstaat'
Kritik steht für

Unzählige kleine, völlig autonome Gemeinwesen, wie sie der Anarchismus will, sind bei den heutigen Verkehrsmöglichkeiten ganz undenkbar. „Diese sprechen durchaus für große Territorialgemeinschaften. Es läßt sich kein Grund absehen, warum in der Zukunft die großen, geschichtlich entstandenen Nationen aufhören sollen, administrative Einheiten zu bilden." [1]

„Man mag sich die Dezentralisation der Verwaltung noch so weit entwickelt vorstellen, immer wird ein großer Rest von gesellschaftlichen Aufgaben übrigbleiben, auf die der Begriff der Selbsttätigkeit der Gesellschaft nicht mehr paßt.... Sie wird ständige Ämter... haben müssen, ausgearbeitete Normen für die Grundsätze ihres Betriebs, und sofern nicht die sozialistische Gesellschaft den Dilettantismus zum leitenden Prinzip erhebt, facherprobte Beamte, die unter der Bedingung tadelloser Führung auf längere Zeit eingestellt werden. Weiter muß sie natürlich auch Organe der Kontrolle über diese und andere Ämter haben. Wer soll nun über all das und die nötig werdenden Änderungen bestimmen? Das Volk selbst?" Aber abgesehen von der großen Menge Detailfragen sehr spezieller Natur, müßte für alle wichtigern Verwaltungsmaßregeln dem glücklichen Bürger der Zukunft alle Sonntage ein Fragebogen vorgelegt werden, bei dem ihm Hören und Sehen vergehen würde. Je größer aber Umfang und Notwendigkeit der Information, desto geringer wird, wie die Erfahrung zeigt, wegen der Größe des Gemeinwesens das Verantwortlichkeitsgefühl sein [2]. Man müßte also den Bevollmächtigten, d. h. Beamten, große Befugnisse übertragen und könnte allgemeingültige Vorschriften, d. h. Gesetze, nicht entbehren. „Die Zahl der Menschen, um die es sich da handelt, die Größe des Raumgebietes, das sie einnehmen, die wachsende Zahl der Zweige, in die die Produktion sich differenziert, und die große Zahl, Vielfältigkeit und Ausdehnung der Produktionseinheiten — all das macht eine automatische Harmonisierung aller Individualinteressen zu einem überall und in jeder Hinsicht gleichmäßig sich bewährenden Gemeininteresse zu einer großen Unwahrscheinlichkeit." Der das Gesellschaftsinteresse als solches vertretende Verwaltungskörper war bisher und ist heute der S t a a t . Demnach „kann der Verwaltungskörper der Gesellschaft der absehbaren Zukunft sich vom gegenwärtigen Staate nur dem Grade nach unterscheiden" [3]. Dieser Staat kann ebensowenig eine unbedingte Arbeitspflicht, wie ein unbedingtes Arbeitsrecht zum Prinzip erheben [4]. Er hat außer den wirtschaftlichen noch andere bedeutende Funktionen wahrzunehmen und kann insbesondere auch die Strafrechtspflege nicht entbehren [5].

---

[1] „Neue Zeit" XV², 104.   [2] A. a. O. S. 105.
[3] A. a. O. S. 140.   [4] A. a. O. S. 141.   [5] A. a. O. S. 106.

Um aber bei der riesigen Ausdehnung des Staatswesens und der geringen Bedeutung des Individuums ihm gegenüber der Bureaukratie keine zu große Macht einzuräumen, sind Zwischenorgane wichtig und faktisch unumgänglich. Solche Zwischenorgane sind die Genossenschaft, die Gewerkschaft, die Orts=, Distrikts= und Provinzialvertretung. Mit letztern hat sich die deutsche sozialistische Litteratur bisher noch wenig befaßt. Diesen Selbstverwaltungskörpern fällt die Übernahme des größten Teils der jetzt vom Staate und von Privaten erfüllten Funktionen zu. Durch sie kann auch der Selbstverantwortlichkeit und Interessiertheit des Individuums Rechnung getragen werden.

Die vorstehende Kritik trifft den Marxismus sowohl in seinem Ausgangspunkt (fundamentaler Umsturz der gegenwärtigen Ordnung), wie in seinem Zielpunkt (Herbeiführung des zentralistischen Kommunismus). Der Sozialismus hielt sich bisher gerade deshalb für befugt, die Privateigentumsordnung von Grund aus zu bekämpfen, weil er allein die Fähigkeit besitze, die bestehenden Mißstände zu beseitigen und die denkbar größten Vorteile herbeizuführen. Nach der Auffassung Bernsteins dagegen würden all die gerügten Übelstände (Anarchie der Produktion, Krisen, Ungleichheit, Autorität) weiter bestehen, würde man nie zum zentralistischen Kommunismus, der einzigen Möglichkeit zu ihrer Beseitigung, gelangen. Denn mag auch Bernstein an der Möglichkeit des Kommunismus festhalten, so liegen in seiner Kritik selbst die besten Beweismittel gegen diese Möglichkeit, insofern die aufgeführten entgegenwirkenden Tendenzen aller Voraussicht nach sich in Zukunft eher verstärken als verringern.

V.

Die Ungerechtigkeit des modernen Sozialismus.

Nachdem die Unmöglichkeit des Sozialismus feststeht, kann erst die Rechtsverletzung, die er zur Voraussetzung hat, vollständig erkannt werden. Zwar denken auch die mehr revolutionären Führer heute weniger blutig als die Agitatoren der alten Internationale. Aber darauf kommt es nicht so sehr an, sondern auf den Widerstand und die Schwierigkeiten, die sie bei ihren Experimenten antreffen, und auf das Drängen der revolutionären Masse, die sie beherrschen oder von der sie beherrscht werden. Wer garantiert, daß nicht die extremern Elemente wie noch immer die Oberhand gewinnen? Wer giebt in jedem Fall dem Sozialismus das Recht zur Expropriation? „Der Rechtsgrund“, sagt Bebel, „ist derselbe, der er immer war, wenn es sich um Veränderungen und Umgestaltungen handelte, das Gemeinwohl. Die Quelle des Rechts ist nicht

der Staat, sondern die Gesellschaft, die Staatsgewalt ist nur der Kommis
der Gesellschaft, der das Recht zu verwalten und auszumessen hat" [1].
Hat nicht die Minorität der Gesellschaft bisher jeden Raub als zum Besten
des „Gemeinwohls" geschehend erklärt? So kann denn auch der Sozialis=
mus die vorzunehmende Expropriation als „die sittlich reinste und groß=
artigste Maßregel" erklären. Allein auch „die Gesellschaft" ist an Recht
und Unrecht gebunden. Sie kann sich von den obersten Grundsätzen des
Rechts nicht nach Willkür dispensieren. Es ist ein innerer Widerspruch,
das Gemeinwohl durch Schürung des Klassenhasses und offenbare Un=
gerechtigkeit fördern zu wollen.

Aber der Sozialismus begeht sofort ein zweites Unrecht. Da er den
Einzelnen vollständig an die Gesellschaft ausliefert, könnte er nur dann
mit einem Schein von Recht auftreten, wenn er den Mitgliedern der
Gesellschaft mit Sicherheit eine menschenwürdige Existenz verbürgen könnte.
Je weniger ihm das möglich ist, desto verwerflicher ist sein Vorgehen.
Damit sind wir beim tiefsten naturrechtlichen Grund, von dem die ganze
Beweisführung getragen ist, angekommen. Der Mensch hat das Recht
und die Pflicht, für seine Existenz= und Unterhaltsmittel zu sorgen. Darin
darf ihn niemand, auch nicht ein großer Teil der Gesellschaft, hindern.
„Das natürliche Streben ist darauf angelegt, daß jedes Wesen für den
notwendigen Lebensbedarf Vorsorge trifft; die Tiere, die nicht zu jeder
Jahreszeit den notwendigen Lebensbedarf finden können, sammeln infolge
eines bestimmten natürlichen Instinkts das, was sie zum Leben brauchen,
in der Zeit, in der es sich finden läßt, und bewahren es auf, wie be=
kanntlich die Bienen und Ameisen. Die Menschen bedürfen vieler Dinge
zur Erhaltung ihres Lebens, die sich nicht jederzeit vorfinden. Es ist
deshalb dem Menschen angeboren, den notwendigen Bedarf zu sammeln
und aufzubewahren." [2]

Nun könnte das Gesagte auch gegen die Bettelorden eingewendet
werden. Thomas erkennt an sich die Berechtigung des Einwands voll=
ständig an, aber er zeigt zugleich, daß es in jener Beziehung deshalb
nicht gelte, weil es auch Menschen geben müsse, die zur Vervollkommnung
ihrer selbst und anderer sich ganz und gar mit geistigen Dingen be=
schäftigen [3]. Allein auch diese dürfen nur dann die freiwillige Armut
wählen, wenn ihnen die Möglichkeit, auf erlaubte Weise Unterhalts=
mittel zu erlangen, verbleibt. „Das Gut des eigenen Unterhalts ist so
notwendig, daß es durch kein anderes Gut ersetzt werden kann; denn
kein anderes Gut darf der Mensch vorschützen, um sich den Lebens=

---

[1] Bebel, Die Frau und der Sozialismus S. 336.   [2] Cg. III, c. 131.
[3] Cf. ibid. 134.

unterhalt zu entziehen." [1] In dem nämlichen Sinne heißt es im Anschluß an das Obige: „Alle haben das Verlangen nach den Mitteln ihrer Existenz, insofern alle zu sein begehren. Nun aber wird durch den Besitz an äußern Gütern das menschliche Leben erhalten. Wie also durch das Naturrecht jeder verpflichtet ist, sein Leben zu erhalten, so auch den äußern Besitz." [2]

Ähnlich muß den Eltern die Möglichkeit bleiben, ihre Kinder zu er= nähren und zu erziehen; denn das ist eine naturrechtliche Pflicht. „Die Beziehung zur Nachkommenschaft besteht nicht nur in ihrer Erzeugung, sondern auch in ihrer Erziehung, welche die ganze Lebensgemeinschaft zwischen Mann und Frau in der Ehe zum Zwecke hat, da die Eltern von Natur aus für die Kinder erwerben, nach 2 Kor. 12, 14 und in dieser Weise ist in der Nachkommenschaft als dem ersten Zweck (der Ehe) ein zweiter eingeschlossen." [3] „Die Beständigkeit, die in der eigenen Person nicht gewahrt werden kann, wird in der Nachkommenschaft zu erhalten gesucht, zu deren Unterhalt Besitz notwendig ist." [4] „Durch die Eltern muß für die Kinder in ihrem ganzen Leben gesorgt werden durch pflichtmäßigen Erwerb der notwendigen Unterhaltsmittel." [5]

Der Kommunismus nimmt dem Einzelnen die Möglichkeit, sich selbständig den Lebensbedarf zu erwerben, ohne ihm irgend eine Garantie ausreichender Versorgung zu bieten. Der Kommunismus ist deshalb nicht nur für die Dauer unmöglich, sondern auch höchst ungerecht. Noch mehr ist dies der Fall gegenüber den Kindern, Kranken und Invaliden. Der Sparsinn, die Arbeitsfreude und der Opfermut, der heute Eltern und Kinder verbindet, fällt im Sozialismus konsequent weg. „Wie die Gesell= schaft für ihre Jugend die Sorge übernimmt, so auch für ihre Alten, Kranken und Invaliden. Wer durch irgend einen Umstand arbeitsunfähig geworden ist, für diesen tritt die Gesamtheit ein" [6] — wenn es ihr möglich ist. Man kann die gesellschaftlichen Zustände dadurch nicht ver= bessern, daß man den historisch=natürlichen Organismus der Gesellschaft in Atome zerschlägt und diese beliebig zusammenballt. Die Berliner Vernunft neigt in ihrem dürren Mechanismus zu viel gefährlichern Experimenten, als je die Pariser Vernunft im Sinne hatte. Mögen der Welt die Erfahrungen eines ökonomischen Oberrationalismus erspart bleiben!

---

[1] Ibid. c. 133.   [2] Ibid. c. 131.   [3] 4 sent. 31, 1, 2 ad 1.
[4] In Iob 1, 13—19.   [5] 4 sent. 33, 2, 2, 1 c.
[6] Bebel a. a. O. S. 418.

Drittes Kapitel.
Die materiellen Güter. Reichtum und Armut.

I.
Der Mensch und die materielle Güterwelt.

Wie sind die materiellen Güter zu taxieren? Die Antwort auf diese
Frage wird je nach der Weltanschauung verschieden lauten.

Die Stoiker glaubten, nur die Tugend, nicht aber die äußern Dinge
unter die Güter des Menschen rechnen zu dürfen[1]. „Allein das ist eine
unvernünftige Annahme; denn da der Mensch aus Leib und Seele besteht,
so ist das, was zur Erhaltung des leiblichen Lebens beiträgt, ein Gut
des Menschen; allerdings nicht das größte, da der Mensch einen schlechten
Gebrauch davon machen kann.“[2]

Aus der Annahme der Stoiker „ergiebt sich folgerichtig, daß die
zeitlichen Übel für den Menschen keine Übel sind“[3]. Übrigens erwecken
die genannten Philosophen mit ihrer Behauptung von vornherein Miß=
trauen, „da sich in ihrem Thun das Gegenteil kundgiebt; denn sie ver=
langen und suchen solche Dinge als Güter“[4].

Eine andere Ansicht „sieht nur die äußern Güter, verkennt dagegen
die Güter des Geistes, d. h. die wahren Güter des Menschen, die ihn
glücklich machen“[5]. Auch der Sozialismus ist bei der Überschätzung der
materiellen Güter beteiligt. Der Erde und ihren Früchten singt er
Lobeshymnen entsprechend seiner materialistischen Auffassung.   -

Nur die theistische Weltanschauung bietet eine befriedigende Orien=
tierung. Danach ist Gott das höchste[6] und allumfassende[7] Gut, die causa
efficiens und die causa finalis (causa et finis)[8] aller geschöpflichen Güte,
d. h. die Geschöpfe erhalten von Gott nicht nur die ihnen innewohnende
objektive Güte, auch die subjektive Güte aller Dinge für uns wird
bestimmt durch die Rücksicht auf Gott, das höchste Gut und letzte Ziel.
In ersterer Beziehung gilt: „Alles ist oder scheint gut nur, insofern es
irgendwie an der Ähnlichkeit mit dem höchsten Gute, welches Gott ist,
teilnimmt.“[9] Nach dem Grade der Ähnlichkeit richtet sich die Rang=
ordnung der Güter. Für uns stuft sich der Wert der Güter ab nach
dem Maße, in welchem sie uns Gott, unserm letzten Ziel, näher bringen

---

[1] Cf. in Iob 1, 20.   [2] 1. 2. 59, 3 c; cf. 1 eth. 12 b.
[3] 2. 2. 125, 4 ad 3.   [4] 10 eth. 13 e.   [5] Ibid. 13 d.
[6] Cf. I, 6, 1 ad 2 et 2 o.   [7] Cf. I, 60, 5 ad 1.
[8] Cf. I, 6, 4; 2. 2. 23, 2 ad 1; 27, 3 c.   [9] I, 105, 5 c.

oder näher bringen können. Dinge, die uns vom höchsten Gut entfernen, sind für uns nur Scheingüter[1]. An sich führen alle Dinge zu Gott hin; die Ursache des Mißbrauchs liegt nicht an ihnen, sondern am Unverstand derer, die sie mißbrauchen[2]. Die einfachste Einteilung ist die in äußere, leibliche und seelische Güter, wobei sich jedes niedere Gut auf das ihm übergeordnete als sein Ziel richtet[3]. Sehr wichtig ist sodann die Ein= teilung in weltliche (irdische) oder zeitliche (vergängliche) und in geistliche (bona spiritualia), himmlische oder ewige Güter[4]. Mit dem allgemeinen Ausdruck „zeitliche Güter" werden oft nur die materiellen Güter bezeichnet.

Wenn auch die letzte Kategorie, sind die äußern Dinge wirkliche Güter, „die wir als Hilfsmittel der Tugend gebrauchen können"[5]. Sie sind notwendig für die verschiedensten Lebensbedürfnisse[6]. Es war deshalb ein Irrtum, wenn die Sekte der Apostoliker behauptete, „nur die könnten selig werden, welche nichts besitzen"[7]. „Das Streben nach äußern Dingen ist keine Sünde; denn der Mensch verlangt von Natur danach, sowohl weil sie ihm von Natur unterstellt sind, als auch weil er durch sie sein Leben erhält, weshalb sie auch das Vermögen (sub= stantia) des Menschen genannt werden."[8] „Jeder Bedürftige sucht seiner Not abzuhelfen."[9] Deshalb darf man auch um zeitliche Güter beten[10]. Auch „ist es natürlich, wenn man Schaden in zeitlichen Dingen fern= änhalten sucht"[11].

Noch mehr aber hat man sich vor einer Überschätzung der zeitlichen Güter zu hüten. Schon „die Peripatetiker, d. h. die Anhänger des Aristoteles, machten geltend, die äußern Güter seien die geringsten Güter, gleichsam in der Mitte stünden die des Körpers, die Hauptgüter des Menschen aber seien die Güter der Seele, durch die der Mensch gut ist"[12]. Diesem Verhältnis muß dann auch die Sorge, sie zu erhalten, und die Furcht, sie zu verlieren, angemessen sein[13]. Die äußern Güter

---

[1] Cf. 2. 2. 23, 7 c; 45, 1 ad 1.   [2] I, 65, 1 ad 3.
[3] Cf. 2. 2. 73, 3 c; 85, 3 ad 2; 104, 3 c; 118, 5 c; 152, 2 c; 186, 7 c; 1 eth. 12 b.   [4] Cf. 1. 2. 114, 10 c; 2. 2. 11, 4 c.   [5] Cg. III, c. 141.
[6] Cf. 2. 2. 76, 2 c; 118, 1 c; 142, 1 c et ad 2; cg. III, c. 131 et 132; de malo 13, 2 ad 8; in Iob 2, 4; 10 eth. 13 a; 2. 2. 188, 7 c: Manifestum est enim, quod ad exteriora et corporalia opera vitae activae indiget homo copia exteriorum rerum.
[7] In Matth. 10, 9; noch größer ist der Irrtum der Manichäer, die alle materiellen Güter als von einem bösen Prinzip herstammend und deshalb als schlimm betrachteten (cf. in Col. 1, 16).
[8] 2. 2. 118, 1 ob. 1.   [9] 2. 2. 118, 1 ad 3.
[10] Cf. 2. 2. 83, 6; 4 sent. 15, 4, 4, 2.   [11] 2. 2. 19, 3 ad 3.
[12] 1 eth. 12 b.   [13] 2. 2. 125, 4 c et ad 3.

find ferner, wie schon gesagt, nur Mittel zum Zweck[1]. Sie bilden zu=
sammen mit den Gütern des Leibes die bona secundaria, im Gegensatz
zu den bona principalia der Seele[2]. Die vernünftige Seele hat etwas
Unendliches im Vergleich zum Körper. Darum ist auch das körperliche
Gut verschwindend im Vergleich zum Gute der Seele[3]. Die äußern
Güter heißen auch Glücksgüter (bona fortunae)[4]. „Denn unbeabsichtigter=
weise und ohne Mitwirkung der Vernunft werden sie zu teil. . . . In
der Erlangung von Reichtum spielt das Glück die größte Rolle.“[5]

„Die innern Güter, die vom Willen und freien Entschluß abhängen,
sind viel eigentlicher Güter des Menschen als die Güter außer ihm.“[6]
„Es ist bekannt, daß die äußern Güter und auch die auf den Körper
bezüglichen innern Güter, da sie stofflich und körperlich sind, an sich der
Veränderung unterworfen sind, die Güter der Seele aber nur in außer=
wesentlicher Weise.“[7] „Die zeitlichen Reichtümer sind eitel, weil sie in
Dingen bestehen, die niedriger sind als der Mensch, die geistlichen aber
bestehen in Gott, d. h. in der Anschauung Gottes . . . ebenso sind sie
bleibend, während jene in sich vergehen und weggenommen werden können,
diese aber nicht (Matth. 6, 19).“[8] Weil hinfällig, sind die zeitlichen Dinge
gleichsam für nichts zu achten[9]. „Wenn in denselben auch das Glück
bestehen würde, so würde das keinen großen Trost bieten wegen der Kürze
der Zeit.“[10] „Denn auch jene, welche in ihrem Leben des größten
(äußern) Glückes sich erfreuten, beschließen es mit dem Tod als Ende.“[11]
„Augustinus (De civ. Dei): ‚Nichts ist dauernd, worin man an ein Ende
kommt, und alle die begrenzten Zeiträume der Einzelnen sind nicht wenig,
sondern nichts im Vergleich mit der unbegrenzten Ewigkeit.‘“[12]

„Je vollkommener man das höchste Gut besitzt, desto mehr liebt man
es und achtet alles andere gering; denn je mehr man es besitzt, desto
mehr erkennt man es; deshalb heißt es: ‚Die mich essen, hungern immer‘
(Eccli. 24, 29). Beim Streben nach Reichtum und jeder Art von zeit=
lichen Gütern ist es gerade umgekehrt. Denn sobald man sie hat, werden
sie verächtlich, und verlangt man nach andern, was Joh. 4, 13 angedeutet
ist, wo der Herr sagt: ‚Wer von diesem Wasser trinkt (gemeint sind die
zeitlichen Dinge), dürstet wieder‘, und zwar deshalb, weil deren Unge=
nügen erkannt wird, sobald man sie besitzt.“[13] Vermögen so die zeitlichen

---

[1] Cf. in Iob 8, 12.   [2] Cf. 1 eth. 12b et 16a; cg. III, c. 133.
[3] 1. 2. 2, 6c; cf. 2. 2. 36, 2c.   [4] Cg. III, c. 31 et 37.
[5] Ibid. c. 30.   [6] Ibid. c. 90.   [7] 1 eth. 16b.
[8] In Hebr. 10, 34; cf. in Phil. 3, 19; in Psalm. 33, 11; caten. in Luc. 1, 53.
[9] Cf. in 1 Cor. 7, 31.   [10] In Iob 16, 23.   [11] Ibid. 3, 14; cf. 14, 5.
[12] Serm. III, de mortuis; cf. 1. 2. 31, 5c.   [13] 1. 2. 2, 1 ad 3.

Güter (auch in ihrer Gesamtheit) den Menschen nicht zu sättigen, so erregt auf der andern Seite ein gewisses Übermaß Ekel, so sehr man sie auch vorher erstrebte[1]. Der materielle Reichtum ist eine Krone aus falschem Gold[2]. Die Entziehung von Zeitlichem ist daher die geringste Strafe[3]. „Eine Einbuße an geistlichen Gütern ist immer eine Strafe, dagegen ist der Verlust von zeitlichen Dingen oft keine Strafe, sondern ein förderliches Heilmittel, wie ein bitterer Trank keine Strafe, sondern ein Mittel zur Gesundung des Leibes ist.“[4]

Die zeitlichen Dinge haben nicht nur geringen Wert, sie können für uns sogar schädlich werden. Der Irrtum der Manichäer, welche behaupteten, die geschaffenen Dinge seien an sich schlecht, ist allerdings zurückzuweisen. „Die vorhandenen Dinge wären keine Geschöpfe Gottes, wenn in der Welt eine Sünde an sich bestünde; ‚denn alles, was Gott geschaffen hat, ist gut‘ (1 Tim. 4, 4 [Basil.]).“[5] Darum ermahnte der göttliche Heiland, die Habe „nicht als böse wegzuwerfen, sondern zu verteilen, und es wird niemand verdammt, der Zeitliches besitzt, sondern wer es mißbraucht“ (Basil.)[6]. Die materiellen Güter erweisen sich als unheilvoll, wenn sie um ihrer selbst willen gesucht oder zu schlechten Zwecken verwendet werden[7]. Auch hier ist Grundsatz: „Was an sich gut ist, würde nicht durch Mißbrauch zum Schlimmen für den Menschen ausschlagen, wenn nicht im Menschen eine gewisse Mißordnung vorhanden wäre.“[8] „Die äußern Dinge und auch die körperlichen dienen als Werkzeuge der Tugend, welche der rechte Weg zur Erreichung der Seligkeit ist für die, welche die genannten Güter gut gebrauchen. Für die, welche sie schlecht anwenden, sind sie Werkzeuge der Schlechtigkeit, welche zum Verderben führt. Desgleichen sind auch die jenen Gütern entgegengesetzten Übel, wie Schwachheit, Armut u. a., manchen zum Fortschritt in der Tugend, andern aber zur Vermehrung der Bosheit, je nach dem verschiedenen Verhalten zu denselben.“[9] „Der Mensch ist mitten hineingestellt zwischen die Dinge dieser Welt und die geistlichen Güter, welche die ewige Seligkeit ausmachen. Je größer nun die Anhänglichkeit nach der einen Seite ist, desto weiter entfernt er sich von der andern, und umgekehrt. Wer also ganz und gar den Dingen dieser Welt anhängt, so daß er in ihnen sein Ziel erblickt, indem sie für ihn Beweggrund und Regel seines Thuns bilden, büßt die seelischen Güter vollständig

---

[1] Cf. cp. IV; 1. 2. 33, 2 c; caten. in Luc. 14, 16.
[2] Serm. VI, de mortuis; cf. Serm., de festo Stephani.   [3] Cf. cg. III, 141.
[4] 4 sent. 46, 1, 2, 3 c.   [5] Caten. in Luc. 12, 33; cf. ibid. in Ioan. 1, 9.
[6] Ibid. in Luc. 18, 22.   [7] Cf. 1. 2. 18, 2 ad 1; 4 c.
[8] Cg. III, c. 141.   [9] Op. II (compend. theol.), c. 173.

ein. . . . Um zu dem bezeichneten Ziel zu gelangen, ist es aber nicht notwendig, daß der Mensch alle Güter der Welt vollständig aufgiebt; denn er kann durch deren Gebrauch, solange er in ihnen nicht sein Ziel erblickt, zur ewigen Seligkeit gelangen."[1] „Manche Leidenschaften ziehen aus dem Verhältnis mit den äußern Gütern selbst, welche Gegenstand der Leidenschaften sind, wie die Liebe und die Begierde nach Geld und Ehre, eine bedeutende Widerstandskraft gegen die Vernunft."[2] Insofern „sind die zeitlichen Dinge Staub, der blind macht; so nach Augustinus: ,Ich verlor mich in Zeitliches und wurde blind'"[3]. „Das leidenschaftliche Verlangen, wodurch der Mensch sein Ziel in zeitliche Dinge verlegt, ist das Gift der Liebe zu Gott. Aber die Erlangung der zeitlichen Güter, nach welchen der Mensch in Beziehung auf Gott verlangt, ist ein Mittel, das die Unvollkommenen zur Liebe Gottes hinführt, nach Psalm 48, 19: ,Er lobpreist dich, wenn du ihm Gutes thust.'[4] Um die Liebe Gottes zu vermehren, ist das erste Mittel die Trennung des Herzens vom Irdischen. Das Herz kann nicht vollkommen nach zwei Seiten hin gerichtet sein. Niemand kann daher Gott und die Welt zugleich lieben. Je mehr unser Sinn von der Liebe zum Irdischen entfernt wird, desto mehr wird er in der Liebe zu Gott befestigt. Darum sagt Augustinus: ,Das Gift der Liebe ist die Begierde im Erwerb und Besitz der zeitlichen Dinge. Die Vermehrung der Liebe ist gleichbedeutend mit der Verminderung der Begierde; die Vollkommenheit der Liebe ist der Ausschluß jeder Begierde, da diese die Wurzel aller Übel ist.' Wer also immer die Liebe zu Gott vermehren will, gehe darauf aus, die Begierden zu vermindern."[5] „Wer also angetrieben wird, das Irdische und die Welt zu lieben, wird vom Geiste der Welt getrieben. . . . Niemand kann als Endziel Gott und die Welt lieben. . . . Der fleischliche Mensch begreift nicht, was des Geistes Gottes ist (1 Kor. 2, 14). Wie eine belegte Zunge den guten Geschmack nicht erkennt wegen der Verdorbenheit der Säfte, so hat die von der Verdorbenheit der Welt angesteckte Seele keinen Geschmack für die himmlischen Dinge."[6] Es wäre aber thöricht, sein Ziel in der Welt zu suchen, „in welcher alle als Fremdlinge wandeln und niemand als Besitzer zurückbleibt, sondern wo zu jedem Menschen gesagt wird (Eccli. 29, 34): Geh hinweg, mache dem Kommenden Platz"

---

[1] 1. 2. 108, 4 c; cf. in Iob 1, 8.   [2] 2. 2. 129, 2 c.

[3] Serm. domin., in Quinquag. (evang.); cf. caten. in Matth. 6, 24.

[4] 1. 2. 99, 6 ad 1.

[5] Op. IV, introd. 3; cf. 2. 2. 83, 9 ad 3; 1 sent. 10, 1, 4 c; in Hebr. 5, 14.

[6] In Ioan. 14, 17; 2. 2. 46, 2 c; 1 ad 2; caten. in Luc. 6, 20.

(Aug.)[1]. „Was nützt es dem Menschen, wenn er die ganze Welt gewinnt, an seiner Seele aber Schaden leidet?" (Matth. 16, 26)[2]. Wir sollen deshalb besitzen, als ob wir nicht besäßen, d. h. „nicht das Herz an die vergänglichen Dinge hängen"[3]. Wenn daher die Sünder mehr besitzen als die Gerechten, was meistens der Fall ist, so sind sie deshalb noch nicht glücklicher. „Nach der Lehre des Glaubens sind die zeitlichen Güter, welche Unwürdigen zukommen, nach der gerechten Anordnung Gottes entweder zu ihrer Besserung oder zu ihrer Verdammnis bestimmt. Diese Güter sind gleichsam nichts im Vergleich mit den zukünftigen Gütern, welche den Guten vorbehalten sind."[4]

Die vorstehende Beurteilung der materiellen Güterwelt unterscheidet sich nicht nur von der rein natürlichen Schätzung, wie sie ganz richtig Aristoteles giebt, sondern auch von der des Alten Bundes[5]. Es ist die Auffassung des Evangeliums, die den Wert und Unterschied der zeitlichen und ewigen Güter erst in vollkommener Weise erkennen ließ.

Kritische Würdigung.

Eine Diskussion über die Bewertung der zeitlichen Güter ist nur durch Vergleichung der beiderseitigen Weltanschauungen möglich. Und da besteht, wie bereits gezeigt wurde, ein solcher Gegensatz, daß an eine prinzipielle Verständigung in den Konsequenzen nicht zu denken ist. Es kann da, wie die praktische Politik zeigt, eine Menge zufällig gemeinsamer Postulate geben, aber sie gehen auf einen ganz verschiedenen Standpunkt zurück[6].

Die Frage ist deshalb hier eigentlich nur die, ob die Folgerungen aus der Weltanschauung logisch sind, was kaum zu bestreiten ist. Thatsächlich erhebt auch der Sozialismus nach dieser Richtung gegen die katholische Lehre keinen Vorwurf.

---

[1] Caten. in Luc. 11, 6; cf. in Col. 1, 12; caten. in Matth. 27, 8; in Luc. 16, 13: „Der Reichtum ist uns fremd, weil er außer unserer Natur ist und weder mit uns entsteht noch vergeht (Ambros.)"; in 2 Cor. 5, 6; in Hebr. 11, 13.

[2] Cf. in Matth. 16, 26; caten. ibid.; caten. in Marc. 13, 35; ibid. in Luc. 16, 24; ibid. in Ioan. 2, 15. [3] In 1 Cor. 7, 30. [4] 2. 2. 36, 2 c. [5] Vgl. auch S. 75.

[6] Nebenbei die allgemeine und vielleicht nicht ganz überflüssige Bemerkung, daß Thomas als Theolog und nicht als Nationalökonom schreibt, daß also Erwägungen sittlicher Art einen großen, solche wirtschaftlicher Art einen geringen Raum einnehmen. Die ziemlich ausgedehnten Erörterungen über das Ordensleben erklären sich aus der hohen Bedeutung der vollkommenen Nachfolge Christi und aus den Bestrebungen und Kämpfen jener Zeit. Alle Ausführungen, mögen sie auf das Leben in der Welt oder im Kloster, im Klerikal- oder Laienstand sich beziehen, stehen auf dem einen Fundament der christlichen Weltanschauung.

Was die materielle Nichtigkeit jener Konsequenzen angeht, so spricht
der gesunde Menschenverstand und die Auffassung der verschiedensten
Völker für den weiten Abstand der materiellen von den geistigen Gütern.
Rein sinnlich genommen sind die zeitlichen Güter recht armselig.
Durch den rasch vorübergehenden Genuß, den sie gewähren, bieten sie
einen schlechten Ersatz für die Mühe, die es kostet, sie zu erlangen. Die
größte Gütermenge kann das Sehnen des Menschen nicht befriedigen,
dagegen erregt das Übermaß leicht Überdruß. Die menschliche Natur ragt
eben über die sinnliche Sphäre hinaus. Deshalb gewähren die zeitlichen
Dinge schon höhern Genuß, wo sie Gegenstand der Vernunft sind,
soweit sie der Vernunft gedankliches Material oder Hilfsmittel der Erkenntnis liefern. Aber gerade diese eigentlich menschliche Beziehung
weist auf höhere und höchste Güter hin. Wenn die stumpfe Materie, die
ihrer Natur entsprechend nur schwache Strahlenbrechungen des Geistes
aufnehmen kann, den verschiedensten Wissenschaften einen so großen Reichtum
an Gedanken darbietet, wie hoch muß dann der menschliche Geist stehen,
der die Gedankenbilder erkennt [1], und wie unendlich erhaben die Sonne
der Geister sein, die alles durchleuchtet? [2] Und da soll eine Weltanschauung
genügen, die an der Materie haften bleibt! Gewiß, auch der Sozialismus
schätzt geistiges Streben hoch nicht infolge, sondern trotz seines Materialismus.
Aber diesem entsprechend bleibt sein Streben der Materie verschrieben,
fehlt ihm bei aller geistigen Regsamkeit der hohe Schwung und Ernst.
Zudem berücksichtigt er zu einseitig den Verstand. Der Wille, an den so
oft der Entscheid zwischen sinnlichen und geistigen Gütern herantritt,
ermangelt gegenüber den Leidenschaften machtvoller Motive, um so mehr,

---

[1] Darin der Kern von Wahrheit des von Marx oft wiederholten Ausspruchs
Hegels: „Selbst der verbrecherische Gedanke eines Bösewichts ist großartiger und
erhabener als die Wunder des Himmels" („Neue Zeit" IX, 14).

[2] Vgl. aus den beiden schönen Dedikationsreden zur Catena aurea: Fons
sapientiae, unigenitum Dei verbum, praesidens in excelsis, per quod pater sa-
pienter fecerat et suaviter disposuerat universa ..., diffuderat .. radios suos,
sapientiae videlicet suae indicia, super omnia opera, quae creavit, quodam vero
ampliore privilegio imaginem propriam hominum animabus impresserat. ... Sed
quid est hominis anima in tam immensa creatura, ut divinae sapientiae vestigia
possit comprehendere ad perfectionem? Ferner: Rerum opifex Deus solo suae
bonitatis intuitu cuncta in esse producens, naturalem boni amorem omnibus
indidit creaturis, ut dum unaquaeque res bonum sibi conveniens naturaliter amat
et appetit, quadam conversione mirabili in suum recurrere demonstretur auctorem.
Sed in hoc praefertur ceteris rationalis natura, quod ipsum universalem bonitatis
fontem per sapientiam intueri potest et per charitatis amorem suaviter degustare:
unde fit, ut sapientiae bonum, quo ad ipsum fontem bonitatis accedimus, omnibus
humanis bonis secundum rectae rationis iudicium praeferatur.

als man theoretisch ein höheres Ziel und Streben verhöhnt, dagegen die irdischen Genüsse in gebundener und ungebundener Rede lobpreist.

Aber nicht nur vernünftige Erwägung, auch die Stimme der Völker spricht den zeitlichen Gütern einen geringen Wert zu. Tausende von Sprichwörtern ließen sich aus allen Zungen dafür anführen. Überall gilt der freiwillige Verzicht als etwas Edles, wird die Mitteilung der zeitlichen Güter nicht nur als nützlich, sondern auch als sittlich gelobt. Dagegen ist der Hang zum irdischen Besitz, der Geiz und die Habsucht überall nicht nur wegen der egoistischen Abschließung, sondern auch als in sich verabscheuungswürdig gebrandmarkt (vgl. auch S. 132). Vom Standpunkt des Materialismus fehlt dafür ein ausreichender Erklärungsgrund.

Schon die Hingabe zeitlicher Güter um der Ehre willen beweist die Macht der Ideologie. Ganz unleugbar aber tritt ihre Macht dort hervor, wo von dem Verzicht keine Rückgabe in irgend welcher Form auf Erden zu erwarten ist, ja wo man vielleicht Entbehrungen und Schmach dafür eintauscht[1]. Beispiele im kleinen bietet genugsam das Leben jedes wahren Christen. Beispiele großen Stils aber verzeichnen die Annalen der Kirche in allen Jahrhunderten in großer Zahl.

II.
Reichtum und Armut.

Nächst der Bewertung der materiellen Güter überhaupt haben von jeher die beiden entgegengesetzten Besitzverhältnisse, Reichtum und Armut, eine verschiedene Beurteilung gefunden. Die Größenverhältnisse haben sich zwar fortwährend geändert, die Begriffe selbst sind geblieben, indem arm der genannt wird, der nichts oder nicht viel[2], reich dagegen, der viel und mehr als andere besitzt[3]. Was nach Thomas von Armut und Reichtum zu halten sei, ist nach dem Vorausgehenden unschwer zu erraten. Zum Teil war davon schon die Rede, und im übrigen brauchen die allgemeinen Grundsätze nur erweitert und spezialisiert zu werden.

„Es giebt, wie der Philosoph sagt, einen Reichtum zweierlei Art, einen natürlichen und einen künstlichen. Zum natürlichen Reichtum gehören die Dinge, durch die den natürlichen Bedürfnissen des Menschen abgeholfen wird, wie Speise und Trank, Kleider, Verkehrsmittel, Wohnungen u. dgl. m. Der künstliche Reichtum, wie das Geld, ist an sich kein Hilfsmittel der Natur; vielmehr erfand die menschliche Kunst dasselbe

---

[1] Cf. in Hebr. 11, 24—26. 33.   [2] Cf. in Psalm. 36, 14; ibid. 39, 18.
[3] Vgl. Roscher a. a. O. § 9.

zur Erleichterung des Austauschs, indem es gleichsam als Wertmaß der verkäuflichen Dinge dienen soll." [1]

Was verdient den Vorzug, Reichtum oder Armut? Macht der Reichtum glücklich, die Armut unglücklich? „Offenbar kann das Glück des Menschen nicht in dem natürlichen Reichtum bestehen. Denn dieser wird er= worben zum Unterhalt der menschlichen Natur; das letzte Ziel des Menschen kann er also nicht sein; vielmehr bezieht er sich auf den Menschen als sein Ziel. Darum steht alles dazu Gehörige in der Natur= ordnung unter dem Menschen, für den es geschaffen ist, nach Psalm 8, 8: ‚Alles hast du seinen Füßen unterworfen.' Der künstliche Reichtum aber wird nur erworben wegen des natürlichen; denn ohne die Möglich= keit, mit ihm die notwendigen Bedarfsmittel zum Leben kaufen zu können, würde er nicht erworben; ihm kommt deshalb noch viel weniger der Charakter des letzten Zieles zu." [2] Außerdem sind die Reichtümer wie die zeitlichen Güter überhaupt unbeständig und in Gewinn und Verlust von äußern Umständen abhängig [3]. „Zur erfolgreichen Führung (ad felicitatem) des werkthätigen Lebens, das in äußern Bethätigungen besteht, trägt der Reichtum als Hilfsmittel bei. Denn wie der Philosoph sagt: ‚wirken wir durch Freunde, durch Reichtum und bürgerliche Macht wie durch Werkzeuge'." [4] „Der Reichtum ist insoweit gut, als er die Übung der Tugend fördert. Wird aber jenes Maß überschritten, so daß die Übung der Tugend gehindert wird, so ist er nicht mehr zu den Gütern, sondern zu den Übeln zu rechnen." „Die Armut dagegen ist, soweit sie das aus dem Reichtum entspringende Gute, nämlich die Unterstützung anderer und den eigenen Unterhalt, hindert, an sich ein Übel." „Die Armut ist nicht an sich gut, sondern nur insoweit sie von den Hindernissen für die geist= lichen Bestrebungen freimacht; nach dem Maße der Befreiung von den genannten Hindernissen richtet sich das Maß ihrer Güte. Das ist allen äußern Besitzverhältnissen gemeinsam, da sie in dem Maße Güter sind, in welchem sie zur Tugend beitragen, nicht aber an sich." [5]

„Der Reichtum ist, sofern er auf die Veredlung des Geistes bezogen wird, ein Gut für den Menschen, nicht aber an sich; deshalb hindert nichts, daß die Armut besser ist, wenn man durch sie auf ein voll= kommeneres Gut hingeordnet wird. . . . Und da weder Reichtum noch Armut noch ein anderer Besitzstand an sich ein Gut für die Menschen ist, sondern nur sofern der Besitz auf den Nutzen des Geistes bezogen wird, so hindert nichts, daß jedes der genannten Vermögensverhältnisse

---

[1] 1. 2. 2, 1 c.   [2] Ibid.   [3] Cf. cg. III, c. 30.
[4] 2. 2. 186, 3 ad 4; cf. 188, 7 c; cg. III, c. 133.
[5] Cg. III, c. 133.

einen Mißstand im Gefolge haben kann, wenn sie nicht vernunftgemäß
vom Menschen benützt werden; deshalb sind sie jedoch nicht einfach als
Übel zu betrachten, sondern nur der schlechte Gebrauch derselben."[1] Die
Armut kann als Mittel zu größerer Vollkommenheit erwählt werden.
„Deshalb muß nicht, wo größere Armut ist, auch größere Vollkommen-
heit sein; im Gegenteil, es kann die höchste Vollkommenheit mit großem
Reichtum zusammenbestehen; denn von Abraham, dem gesagt wurde:
‚Wandle vor mir und sei vollkommen‘, lesen wir, daß er reich war."[2]

Der Reichtum ist einwandfrei, „wenn der Vermögensbesitz ein gerechter ist, wenn man in ihn nicht das Ziel seines Willens verlegt
und wenn man davon einen richtigen Gebrauch zu seinem und anderer
Nutzen macht"[3]. Beachten wir hier besonders die zweite Bedingung!

„Der Reichtum verhält sich zum Hauswesen nicht wie das letzte
Ziel, sondern wie ein Werkzeug (cf. pol. 1, 5 et 7). Der letzte Zweck
des Hauswesens besteht vielmehr in einem guten häuslichen Zusammenleben."[4] „Etwas anderes ist es, den Reichtum als Herr, und etwas
anderes, ihn als Diener zu besitzen. Es besitzt ihn als Herr, wer ihn
gut gebraucht und Frucht davon hat. Jener aber ist ein Knecht des
Reichtums, der keine Frucht von ihm hat."[5] Dem erstern „bietet er die
Möglichkeit, viel Gutes zu wirken"[6]. „Deshalb verdammt der Apostel
die Reichen nicht, sondern er giebt ihnen eine bestimmte Regel, wie sie
den Reichtum anwenden sollen, indem er sagt: ‚Den Reichen dieser Welt
gebiete, nicht hoffärtig zu sein und ihre Hoffnung nicht zu setzen auf
die Unsicherheit des Reichtums, sondern auf den lebendigen Gott, der
uns alles reichlich darbietet zum Genusse, wohl zu thun, reich zu werden an
guten Werken, gern zu geben, mitzuteilen‘ (1 Tim. 6, 17), und: ‚Glücklich
der Reiche, der ohne Fehl befunden wurde, und der nicht dem Golde
nachhing und auf Gold und Schätze seine Hoffnung setzte‘ (Eccli. 31, 8)."[7]

---

[1] Cg. III, c. 134.

[2] 2 2. 185, 6 ad 1; cf. quodl. 4, 24 ad 3; in Iob 1, 3; in Phil. 4, 12:
Sicut .. est bonus dux, qui in quolibet exercitu operatur secundum exigentiam
eius: et coriarius, qui ex quolibet corio facit optimos sotulares, sic ille perfectus
est, qui scit uti quolibet statu, ut si sit in magno non elevetur et si in minimo
non deiciatur. . . . In utroque (in paupertate et abundantia) est periculum, quia
ex abundantia erigitur animus contra Deum, ex paupertate deicitur. Et ideo
dicitur (Prov. 30, 8): „Paupertatem et divitias ne dederis mihi." Sed Apostolus
loquitur melius, quia virtute in utroque scit uti, et hoc ubique, i. e. in omni
loco, negotiis, statibus et conditionibus institutus sum (2 Cor. 6, 4). „In omnibus
exhibeamus nosmetipsos sicut Dei ministros."

[3] Cg. III, c. 127.   [4] 2. 2. 50, 3 ad 1; cf. 1. 2. 108, 3 ad 4.

[5] In Matth. 6, 24.   [6] Quodl. 10, 12 ad 2.   [7] Cg. III, c. 127.

Aber der Reichtum bringt viele Sorgen, Gefahren, Versuchungen und Täuschungen mit sich, welche die Armut ganz oder teilweise aus= schließt. „Das erste, was der Reichtum mit sich bringt, ist die ängstliche Sorge. . . . Das zweite ist die Anhänglichkeit an den Reichtum, welche durch dessen Besitz vermehrt wird. Darum sagt Hieronymus: ‚Da die im Besitz befindlichen Reichtümer schwer verachtet werden, sagte der Herr nicht: es ist unmöglich, daß ein Reicher in das Himmelreich ein= geht, sondern: es ist schwierig.‘ Das dritte aber ist die eitle Groß= thuerei oder Überhebung, die der Reichtum erzeugt. . . . Das erste dieser drei Hindernisse kann nicht vollständig vom Reichtum genommen werden, sei er nun groß oder klein. Denn der Mensch muß sich irgendwie um den Erwerb und die Erhaltung der äußern Dinge kümmern." [1]

Diese Sorge ist auch an sich nichts Schlimmes, sondern etwas ganz Natürliches. Aber unter dem Einflusse des Reichtums wird sie leicht übertrieben. „Ein im Überfluß vorhandener Reichtum drängt überflüssige Sorgen auf, durch die der Sinn des Menschen sehr zerstreut und ge= hindert wird, sich vollständig dem Dienste Gottes hinzugeben." [2]

Was die unvernünftige Liebe zum Reichtum angeht, so „besitzen viele Reichtum, ohne ihn zu lieben, viele besitzen, lieben und vertrauen auf denselben. Die, welche besitzen, ohne zu lieben, können ins Himmel= reich eingehen" [3].

„Aber der im Besitz befindliche Reichtum ist an sich dazu angethan, die vollkommene Liebe zu Gott zu verhindern, indem er den Geist voll= ständig einnimmt und zerstreut. Deshalb heißt es Matth. 13, 22: ‚Die Sorge um die Welt und die Verführung des Reichtums ersticken das Wort Gottes'. . . . Es ist deshalb schwierig, im Reichtum die Liebe zu bewahren; darum sagt der Herr: ‚Schwer geht ein Reicher in das Himmel= reich ein.‘ Dies gilt von dem, der Reichtum besitzt; denn von dem, dessen Neigung am Reichtum hängt, ist das nach der Erklärung des Chryso= stomus unmöglich, indem er hinzusetzt: ‚Es ist leichter, daß ein Kamel durch ein Nadelöhr gehe, als daß ein Reicher ins Himmelreich eintrete.‘ Darum wird der Reiche nicht schlechthin glücklich genannt, sondern ‚der ohne Makel erfunden wurde und dem Gelde nicht nachhing‘; und dies, weil er eine schwere Sache vollbrachte; deshalb wird hinzugefügt: ‚Wer ist dieser? und wir werden ihn loben. Denn Wunderbares that er in seinem Leben‘, daß er nämlich inmitten des Reichtums den Reichtum nicht liebte." [4] „Infolge des Besitzes an irdischen Dingen wird der Sinn zur

---

[1] 2. 2. 188, 7 c.   [2] Ibid.; cf. caten. in Marc. 4, 18.

[3] In Matth. 19, 24; cf. caten. in Marc. 10, 24.

[4] 2. 2. 186, 3 ad 4; cf. op. XVIII, c. 7; in Matth. 19, 21 sqq.

Liebe zu denselben angereizt. Augustinus sagt: ‚Das Irdische wird hef=
tiger geliebt, wenn man es bereits besitzt, als wenn man erst danach
strebt. Warum anders ging jener Jüngling betrübt hinweg, als weil er großen
Reichtum besaß? Denn etwas anderes ist es, nicht einverleiben zu wollen,
was man noch nicht hat, und bereits Einverleibtes loszureißen. Jenes
verschmäht man als etwas Frembes; dieses dagegen wird wie ein Glied
abgeschnitten.‘ Und Chrysostomus sagt: ‚Das Hinzukommen von Reichtum
entzündet eine größere Glut, und die Begierde wird heftiger.‘" [1]

Weiter „ist übergroßer Reichtum die Veranlassung zur Überhebung"[2].
„Die Tugendlosen verachten wegen ihres hervorragenden Güterbesitzes
die andern und fügen ihnen Unrecht zu. Sie fallen in dergleichen Übel,
weil es nicht leicht ist, ohne Tugend die Glücksgüter maßvoll zu tragen. . . .
Da sie glauben, andere einfachhin zu übertreffen, welche sie nur an Reich=
tum übertreffen, verachten sie dieselben." [3] „Der Rechtschaffene wird wegen
der zeitlichen Güter nicht hochmütig, wegen der Übel nicht kleinmütig." [4]

Vor den oben bezeichneten Gefahren schützt die Armut wenigstens
teilweise. Allein auch die Armut ist nicht von Gefahr frei. Sie kann an
den Übeln des Reichtums mehr oder minder teilnehmen, sie kann die Ver=
anlassung zu andern Übeln werden, wie zum Stehlen, Lügen, zur Kriecherei
und sogar zum Meineid[5]. Aber das ist nur der Fall bei der erzwungenen
Armut, die selbst leidenschaftlich nach Reichtum strebt[6]. Solche Armen
sind ähnlich zu beurteilen wie die Reichen, die an ihrem Besitz hängen[7].

Ganz anders die freiwillig (dem Geiste, der Gesinnung nach)
Armen[8], wozu nach der Lehre Jesu alle gehören müssen, die in das Himmel=
reich eingehen wollen. Die freiwillige Armut besteht darin, daß man ent=
weder freiwillig auf allen zeitlichen Reichtum oder das Streben danach
verzichtet, oder daß man sich wenigstens von zu großer Anhänglichkeit an
die materiellen Güter freihält[9]. „Die Vollkommenheit des Menschen
besteht darin, daß er mit Verachtung des Zeitlichen dem Geistigen nach=

---

[1] 2. 2. 186, 3 c; cf. in Matth. 19, 22; caten. in Matth. 13, 22; 19, 22;
in Marc. 10, 22; in Luc. 18, 24; in Psalm. 51, 7; op. XVIII, c. 7.

[2] III, 40, 3 ad 1.   [3] 4 eth. 9 g.   [4] Caten. in Matth. 5, 45.

[5] Cf. III, 40, 3 ad 1; cg. III, c. 131.

[6] Cf. cg. III, c. 134.   [7] Cf. 2. 2. 186, 3 ad 2.

[8] Die Stelle Matth. 5, 3 wird gewöhnlich in dem weitern Sinne aufgefaßt,
also pauperes spiritu = humiles, qui se aestimant pauperes. Illi enim sunt vere
humiles, qui se pauperes aestimant non solum in exterioribus (bonis), sed etiam
in interioribus; Psalm. 39, 18: ‚Ego autem mendicus sum et pauper‘; contra
illud Apoc. 3, 17: ‚Dicis, quod dives sum et locupletatus et nullius egeo: et
nescis, quia tu es miser et miserabilis et pauper et caecus et nudus‘ (in Matth. 5, 3;
cf. caten. ibid.).   [9] Cf. in Matth. 5, 3; 2. 2. 184, 7 ad 1; 186, 3.

strebt, wie deutlich aus dem Worte des Apostels hervorgeht: ‚Ich ver=
gesse, was hinter mir liegt, und strenge mich an nach dem, was vor
mir liegt. . . . So viele von uns nun vollkommen sind, lasset uns so
gesinnt sein' (Phil. 3, 13). Das Kennzeichen der Unvollkommenen
ist es, nach zeitlichen Gütern zu verlangen, jedoch mit Beziehung auf
Gott; das der Verkehrten, in die zeitlichen Güter ihr Ziel zu ver=
legen." [1] Der Verzicht auf zeitlichen Besitz bildet den ersten der drei
evangelischen Räte. „Indem der Herr den Rat immerwährender Armut
giebt, schickt er voraus: ‚Wenn du vollkommen sein willst', und dann setzt
er hinzu: ‚Gehe hin und verkaufe alles, was du hast.'" [2] „Das ist der
Unterschied zwischen Rat und Gebot, daß das Gebot eine Notwendigkeit
auflegt, der Rat aber dem Belieben dessen anheimgestellt wird, an den
er sich richtet. Deshalb sind angemessenerweise im Neuen Gesetze, dem
Gesetze der Freiheit, zu den Geboten noch Räte hinzugefügt; nicht aber
im Alten Gesetze, dem Gesetze der Knechtschaft. Die Gebote müssen darum
als bezüglich solcher Handlungen gegeben verstanden werden, die zur Er=
reichung des Zieles, d. i. der ewigen Seligkeit, notwendig sind, ein Ziel,
worauf das Neue Gesetz unmittelbar hinweist und hinleitet. Die Räte dagegen
müssen solche Forderungen stellen, durch die der Mensch besser und un=
gehinderter das bezeichnete Ziel erreichen kann. Der Mensch ist aber so
zwischen die Weltdinge und die geistlichen Güter gestellt, in denen die
ewige Seligkeit besteht, daß je mehr er den einen ergeben, desto mehr
von den andern abkommt, und umgekehrt. Wer deshalb ganz und gar an
den Dingen der Welt hängt, so daß sie ihm als Ziel gelten und für
ihn Grund und Regel seiner Handlungen bilden, fällt vollständig von
den geistlichen Gütern ab. Eine derartige Verkehrung der Ordnung wird
durch die Gebote beseitigt. Allein um zum genannten Ziele zu gelangen,
ist nicht notwendig, daß man auf die Güter der Welt vollständig ver=
zichtet; denn man kann die Dinge dieser Welt gebrauchen, wenn man in
denselben nur nicht sein Ziel sucht. Leichter aber wird es gelingen, wenn
man den Gütern dieser Welt vollständig entsagt, und das ist der Grund
für die evangelischen Räte." [3]

Das Grundprinzip des Christentums ist die Liebe zu Gott. „Die
Liebe Gottes aber wird durch die Verminderung der Begierde ver=
vollkommnet, die Begierde und die Liebe zum Reichtum wird durch den
Verzicht darauf vermindert oder auch vollständig aufgehoben." [4]

---

[1] 1. 2. 99, 6 c.   [2] 1. 2. 108, 4 ad 1.

[3] 1. 2. 108, 4 c; cf. op. XVII, c. 6; cg. III, c. 139; in Hebr. 8, 6; 12, 1.

[4] Op. XVII, c. 6; cf. 2. 2. 186, 3 c et ad 4.

Mit der Befolgung der Räte ist nicht die Vollkommenheit selber
schon gegeben, „aber sie disponieren zur Vollkommenheit, die darin
besteht, daß man sich Gott widmet. Das zeigen ausdrücklich die Worte
des Herrn, mit denen er die Armut anrät: ‚Wenn du vollkommen sein
willst, gehe hin, verkaufe, was du hast, und gieb es den Armen …
und komm und folge mir nach‘, indem er gleichsam seine Nachfolge
als das Leben der Vollkommenheit hinstellt“ [1]. „Deshalb sagt Hieronymus
bezüglich jener Stelle bei Matthäus (‚Ecce nos reliquimus‘, c. 19, 27): „Da
es nicht genügt, zu verlassen, fügt Petrus hinzu, was vollkommen ist:
‚Und wir sind dir nachgefolgt.‘“ Ambrosius aber sagt bezüglich der
Stelle bei Lukas 5, 27: ‚Folge mir nach!‘: ‚Er befiehlt, nicht körperlich,
sondern geistig nachzufolgen‘, dies geschieht durch die Liebe. Aus der
Sprechweise selbst erhellt also, daß die Räte Mittel zur Erreichung des
Zieles sind, da es heißt: ‚Wenn du vollkommen sein willst, gehe hin,
verkaufe‘ u. s. w., als ob er sagen würde: Wenn du dies thust, wirst
du dies Ziel erreichen.“ [2] „Über die Stelle Matthäus 19, 21: ‚Wenn du
vollkommen sein willst‘ u. s. w., sagt Origenes: ‚Wer an Stelle des
Reichtums die Armut wählte, um vollkommen zu werden, wird nicht
in demselben Moment, wo er seine Güter den Armen austeilt, ganz vollkommen, sondern von diesem Tage an beginnt das Nachdenken über Gott
ihn zu allen Tugenden zu führen.‘“ [3] „Die Vollkommenheit des christlichen
Lebens besteht nicht wesentlich in der freiwilligen Armut, die Armut
verhält sich nur wie ein Werkzeug zur Bethätigung der Vollkommenheit
des Lebens.“ [4]

An Einwendungen hat es natürlich nicht gefehlt, aber gerade in
dem von Hause aus reichen Thomas fand die freiwillige Armut den
eifrigsten Verteidiger.

Es würde hier zu weit führen, die hauptsächlich auf schiefen Erklärungen
der Heiligen Schrift und des Naturrechts beruhenden Einwendungen
und die Gegengründe im einzelnen namhaft zu machen. Die Angriffs-
weise des modernen Rationalismus ist auch von der des frühern verschieden. Der Materialismus unserer Zeit, mag er nun liberal oder
sozialistisch gefärbt sein, will in erster Linie produzieren. Das Menschsein,
welches das Christentum in den Vordergrund stellt, kommt dort trotz
allen Humanismus erst in zweiter Linie. Wer nicht unmittelbar oder
doch mit Händen greifbar an der Produktion beteiligt ist, ist ein unbrauch-
bares Mitglied der Gesellschaft, er ist „unproduktiv“ und hat somit jede

---

[1] Cg. III, c. 130; cf. op. XVII, c. 6; cf. quodl. 4, 24 ad 2.
[2] 2. 2. 184, 3 ad 1.   [3] 2. 2. 186, 1 ad 3; cf. 2c.
[4] 2. 2. 185, 6 ad 1; cf. 184, 7 ad 1; op. XVII, c. 18.

Duldung verwirkt. Über die hohe Bedeutung idealer und besonders ideal=
religiöser Bestrebungen nicht nur für den Einzelnen, sondern auch für
die ganze Gesellschaft kann man mit dem Materialismus nicht streiten.
Er sieht am Klosterleben nur die vorgekommenen Fehler und hat höchstens
ein anerkennendes Wort für die große Kulturarbeit, welche die Klöster
nach der Völkerwanderung leisteten.

Die freiwillige Armut ist eine **Emanzipation des Geistes** von
der Materie[1]. „Eine solche Armut ist also lobenswert, wenn der Mensch,
von den irdischen Sorgen befreit, freier den göttlichen und geistlichen
Dingen sich hingiebt, jedoch so, daß die Möglichkeit eines erlaubten Unter=
halts, wozu nicht viel erforderlich ist, bleibt. Je weniger Sorge (sollicitudo)
die Lebensweise in der Armut macht, desto lobenswürdiger ist die Armut,
nicht aber je größer die Armut ist."[2] „Es stimmt aber mit der rechten
Vernunft überein, auf den Reichtum zu verzichten, um der Betrachtung
der Weisheit zu obliegen. Das thaten auch, wie wir lesen, einige Philo=
sophen. So sagt Hieronymus: ‚Der Thebaner Krates, zuvor der reichste
Mann, entledigte sich, da er zum Studium der Philosophie nach Athen
zog, einer großen Masse Goldes; er glaubte, er könne nicht zugleich Reich=
tum und Tugend besitzen.' Um wie viel mehr ist es vernunftgemäß, alles
zu verlassen, um Christus nachzufolgen!"[3]

Allein nicht nur die Entsagenden selbst machen einen vorteilhaften
Tausch, Himmlisches für Irdisches erwerbend, auch für die **Gesellschaft**
erweist sich das Opfer der freiwilligen Armut höchst nützlich. Sie erleuchten
das Volk durch wahre Weisheit und unterstützen es durch ihr Gebet. Das
etwa empfangene Zeitliche erstatten sie in höhern, geistlichen Gütern
reichlich zurück. Ihr Beispiel regt auch andere zur Tugend an, hält sie
von der übertriebenen Anhänglichkeit an den Reichtum zurück[4].

Von überragender Bedeutung für die ganze Menschheit ist das **Bei=
spiel des Gottessohnes** selbst. „Die Aufgabe der christlichen Religion
besteht vorzüglich darin, die Menschen vom Irdischen weg auf Geistiges
hinzulenken. Deshalb lehrte der Urheber und Vollender des Glaubens,
Jesus, bei seinem Erscheinen in der Welt in Wort und That die Gläubigen
die Verachtung der weltlichen Dinge durch die That; denn sagt Augustinus
in seinem Buche De catechizandis rudibus: ‚Alle irdischen Güter ver=
achtete der Mensch gewordene Herr Jesus, um zu zeigen, daß sie zu ver=

---

[1] Cf. in Matth. 19, 21; caten. in Matth. 13, 45: Venditis enim rebus nostris,
nullum aliud pretium maius accipimus quam nos ipsos, quia talibus implicati,
nostri non eramus (Aug.).   [2] Cg. III, c. 133.
[3] 2. 2. 186, 3 ad 3.   [4] Cg. III, c. 135.

achten seien, alle irdischen Übel ertrug er, die er zu ertragen befahl, so
daß weder in jenen das Glück gesucht, noch in diesen ein Unglück ge=
fürchtet würde. Geboren von einer Mutter, die, obgleich sie ohne Be=
rührung mit einem Manne empfing und stets Jungfrau blieb, doch einem
Zimmermann verlobt war, löschte er jeden Schein fleischlichen Ruhmes
aus. Geboren in der Stadt Bethlehem, die unter allen Städten Judäas
die geringste war, wollte er nicht, daß jemand auf die Vornehmheit des
irdischen Staates sich etwas einbilde. Der ist arm geworden, dem alles
gehört und durch den alles erschaffen wurde, damit keiner, der an ihn
glaubt, es über sich gewinne, sich zu überheben wegen irdischen Reich=
tums. Er wollte von den Menschen nicht zum Könige gemacht werden,
weil er den Weg der Demut zeigen wollte. Es hungerte, der alle speist,
und es dürstete, durch den jeder Trunk erschaffen wird; von der Reise
ist ermüdet, der sich uns selbst als Weg zum Himmel darbot; es wurde
gekreuzigt, der unsere Leiden beendigte; gestorben ist, der die Toten auf=
erweckte. Ebendasselbe lehrte er durch sein Wort. Denn beim Beginn
seiner Predigt verhieß er nicht irdische Königreiche, wie im Alten Bunde,
sondern den Büßenden das Himmelreich; seinen Jüngern stellte er als
die erste Seligkeit die Armut im Geiste auf, worin, wie er lehrte, der
Weg zur Vollkommenheit besteht, indem er auf die Anfrage des Jünglings
erklärt: „Wenn du vollkommen sein willst, gehe hin, verkaufe alles, was
du hast, und gib es den Armen, dann komm und folge mir nach!"
Auf diesem Wege folgten ihm seine Jünger nach, die, im Zeitlichen
besitzlos, durch geistliche Tugend alles besaßen. Denn mit dem Besitz von
Nahrung und Kleidung waren sie zufrieden."[1] „Wie er den Tod des
Leibes auf sich nahm, um uns das Leben des Geistes zu verleihen, so
ertrug er die leibliche Armut, um uns geistige Reichtümer zuzuteilen,
nach 2 Kor. 8, 9: ‚Ihr kennet die Gnade unseres Herrn Jesu Christi, daß
er um euretwillen arm geworden, da er reich war, damit ihr durch seine
Armut reich würdet.'"[2]

Kritische Würdigung.

Die Ausführungen über das in Frage stehende Thema hängen so
eng mit der Bewertung der materiellen Güter überhaupt zusammen, daß
alle prinzipiellen Einwände dorthin zu richten sind. Unabhängig davon
scheint dem Sozialismus gegenüber nur ein Einwand einer nähern Prüfung
zu bedürfen. Wenn Reichtum und Armut Gefahren mit sich bringen,

---

[1] Op. XVII, c. 1; cf. c. 15; III, 40, 3 b et c; 51, 2 ad 4; cg. IV, c. 55.
[2] III, 40, 3 c; cf. in Ioan. 12, 6 et 13, 29.

warum räumt man dann nicht damit auf? Darauf ist zunächst zu erwidern, daß auch hier mit einer radikalen Formel noch keine Lösung
gegeben ist. Bisher that der Sozialismus das gerade Gegenteil, setzte
er seine ganze Hoffnung darauf, daß die Reichen immer reicher, und die
Armen immer ärmer würden. Die Fabeln vom Zukunftsstaat boten dem
Armen wenig Trost, verbitterten ihm vielmehr die Gegenwart, um so
mehr, je nichtssagender jede Verbesserung in der Gegenwart dargestellt
wurde und je weiter der schöne Zukunftsstaat zurückwich. Für die Gegenwart und Zukunft aber langt man gemäß der Theorie von den Umschlägen schließlich beim Gegenteil an, nämlich bei der Konstatierung,
daß es mit dem sozialistischen Staat noch gute Weile habe und daß auch in
der Gegenwart schon viele, nicht unbedeutende Verbesserungen zu erreichen seien. Wäre es aber überhaupt möglich, jene Gleichmacherei zu
verwirklichen? Wäre es für die Gesellschaft vorteilhaft, jedem eine von
Armut freie Existenz zu garantieren, keinem aber zu gestatten, über eine
bestimmte Mittelgrenze hinaus Besitz zu erwerben? Durch eine derartige
Schablonisierung und Unterbindung aller Verantwortlichkeit und Initiative
würde man der Gesellschaft selbst den größten Schaden zufügen. Reichtum und Armut haben für die Einzelnen und für die Gesamtheit trotz
mancher Gefahren auch manche Vorteile im Gefolge. Die Armut erhält
wirtschaftlich tüchtig, sei es, daß sie abschreckend oder anspornend wirkt.
Der Reiche aber wird bei freier Initiative großartige Unternehmungen
und manches Risiko auf sich nehmen können, wo dem Gemeinwesen die
Energie und die Mittel fehlen. Dagegen werden die gesellschaftsfeindlichen
Tendenzen von Reichtum und Armut auf ein Minimum reduziert werden,
wird ein breiter Mittelstand bestehen, wo die christlichen Grundsätze in
Geltung sind. Das Christentum beseitigt den schroffen Gegensatz zwischen
arm und reich grundsätzlich und thatsächlich. Beide stehen einander gleich.
Beiden ist das ungebührliche Streben und Hängen am Besitz untersagt.
Die Reichen haben schwere Pflichten gegen die Armen, aber auch kraftvolle Impulse, sie zu erfüllen. Für die Armen wird die Möglichkeit des
Emporkommens geschaffen. Allen Armen aber, insbesondere den Aller-
ärmsten, die auf die Hilfe anderer angewiesen sind, bietet das Christentum einzigartigen Trost und Kraft.

Welcher Idealismus des Strebens, welch heilsames Öl für die Wunden,
welche die rohe Profit- und Genußjagd der Gesellschaft schlägt, welch
herrliches Beispiel zur Dämpfung der Besitzgier, zur Kräftigung der
Opfergesinnung, zum Ausgleich der sozialen Gegensätze liegt nicht schließlich
allein in dem freiwilligen Verzicht besonders von seiten der Reichen
auf irdischen Besitz! Es ist ein Hinaustreten über die materiell-sinnliche

Sphäre. Wenn man das Opfer, das für die sinnliche Natur in einem solchen Verzichte liegt, beachtet, so würde eine einzige derartige That die Freiheit des Willens und die Macht der Ideologie beweisen.

Viertes Kapitel.
Der Erwerb des Eigentums.
I.
Die sittlichen Grundsätze des Erwerbs.
1. Die Sorge um die zeitlichen Güter.

Um die sittlichen Grundsätze des Erwerbs zu finden, brauchen die Prinzipien für die Beurteilung der Güterwelt überhaupt nur entsprechend auf das Erwerbsleben angewendet zu werden. Was sich durch die ganze thomistische Gedankenreihe gleichsam als Orientierungslinie hindurchzieht, ist die Forderung, daß die materiellen Güter niemals um ihrer selbst willen gesucht werden. Sie sind die geringwertigsten Güter, die sich auf höhere Güter und in letzter Instanz, wenigstens implicite, auf das höchste Gut als ihren Zweck beziehen.

Teilweise hängt mit dieser Forderung eine zweite zusammen, wonach man die übertriebene Sorge für die zeitlichen Dinge zu meiden hat. „Die ängstliche Sorge (sollicitudo) bezeichnet eine gewisse Unruhe; Isidor sagt: ‚Bekümmert ist, wer unruhig ist.‘“[1] Die Sorge steht in Beziehung zur Klugheit[2]. „Da aber Gegenstand der Klugheit Einzelheiten sind, die eintreffen und nicht eintreffen können, um die sich die menschlichen Thätigkeiten gruppieren, so kann die Gewißheit der Klugheit nicht so groß sein, daß jede Sorge verschwindet.“[3] „Der Mensch muß sich irgendwie um den Erwerb oder die Erhaltung der äußern Dinge bekümmern.“[4] Wenn schon die, welche nach Vollkommenheit streben, nicht ganz frei sind von Sorge, so noch weniger die in der Welt Lebenden. „Denn es ist klar, daß man für die äußern und körperlichen Arbeiten des geschäftigen Lebens einer Menge äußerer Dinge bedarf.“[5] Die Nachlässigkeit, der diesbezügliche Gegensatz von Sorge, ist ein Fehler[6]. „Es ist ein vollständig unvernünftiger Irrtum, wenn manche glauben, der Herr habe ihnen jede Sorge um den Lebenserwerb verboten. Erfordert ja jede Thätigkeit Sorgfalt; wenn also der Mensch sich um zeitliche Dinge nicht kümmern darf, folgt, daß er nichts Zeitliches thun darf; das zu befolgen, ist weder möglich noch vernünftig. Denn Gott hat für jedes Ding die Thätigkeiten nach seiner Eigenart vorgesehen. Der Mensch be-

---

[1] 2. 2. 47, 9 ob. 1. [2] Cf. 2. 2. 47, 9. [3] Ibid. ad 2.
[4] 2. 2. 188, 7 c. [5] Ibid. [6] Cf. 2. 2. 54, 2.

steht aber aus einer geistigen und leiblichen Natur. Er muß deshalb
körperlich thätig sein und Geistiges erstreben. Er ist um so vollkommener,
je mehr er sich Geistigem widmet. Nicht darin also besteht die Weise
menschlicher Vollkommenheit, körperlich nicht beschäftigt zu ´sein. Da viel=
mehr die körperlichen Thätigkeiten auf die Erlangung des notwendigen
Lebensunterhalts Bezug haben, vernachläffigt, wer dieselben unterläßt,
sein Leben, das jeder zu erhalten verpflichtet ist. Von Gott in Ange=
legenheiten, in denen man sich selbst durch eigene Thätigkeit helfen kann,
Hilfe zu erwarten, mit Unterlaffung der eigenen Thätigkeit, ist die Sache
eines Thoren, der Gott versucht. Die göttliche Providenz trifft nicht so
Vorsorge, daß sie unmittelbar alles selbst vollzieht, sondern so, daß sie
die Dinge zur eigenen Thätigkeit antreibt, wie früher gezeigt wurde.
Man darf also von Gott nicht in der Weise Hilfe erwarten, daß man
jede eigene Thätigkeit, durch die man sich helfen kann, unterläßt, das
widerspricht der Anordnung Gottes und seiner Güte. Aber wenn es auch
an uns ist, thätig zu sein, so steht es doch nicht in unserer Macht, daß
unsere Thätigkeit ihren Zweck erreicht. Wegen der möglichen Hinderniffe
unterliegt der schließliche Erfolg, den jeder von seiner Bethätigung hat,
der Bestimmung Gottes. Der Herr befiehlt also, wir sollen uns nicht
kümmern um das, was nicht bei uns steht, um den Erfolg unserer
Thätigkeit. Aber er verbot uns nicht, bekümmert zu sein um das, was
uns angeht, um unsere Arbeit. Wer auf sein Thun Sorgfalt verwendet,
handelt deshalb nicht gegen das Gebot des Herrn, sondern wer um das
bekümmert ist, was eventuell kommen kann, auch wenn er seine Arbeit
verrichtet, so daß er die notwendige Thätigkeit unterläßt, um derartigen
Eventualitäten entgegenzuarbeiten, deren Nichteintreten wir von der Vor=
sehung Gottes erwarten müssen, durch die auch die Vögel und Pflanzen
ernährt werden. Eine solche Bekümmernis führt zu dem Irrtum der
Heiden, welche die göttliche Providenz leugnen. Daher schließt er, wir
sollten nicht in peinlicher Unruhe für den Morgen leben (Matth. 6, 34).
Dadurch verbot er nicht, zur rechten Zeit das für morgen Notwendige
aufzubewahren, sondern nur, sich um zukünftige Ereignisse zu ängstigen
unter Verzweiflung an der göttlichen Hilfe, oder schon heute mit einer
Sorge im voraus sich zu beunruhigen, womit man sich erst morgen be=
schäftigen muß. Denn jeder Tag hat seine Sorge; deshalb fügt er
hinzu: ‚Es genügt jedem Tag seine Plage‘ (Matth. 6, 34)."[1] „Es ist
zu beachten, daß der Herr im Evangelium nicht die Arbeit, sondern
die Angst des Geistes für den notwendigen Lebensbedarf verbot; denn

---

[1] Cg. III, c. 135; cf. caten. in Matth. 6, 26; 2. 2. 83, 6 ad 2; 188, 7 c.

er sagte nicht: Arbeitet nicht! sondern: ‚Seid nicht bekümmert!‘, was er
a minori beweist. Wenn durch die göttliche Providenz die Vögel und
Lilien ernährt werden, die von untergeordneter Bedeutung sind und keine
Werke vollbringen können, wodurch die Menschen den notwendigen Lebens=
unterhalt erwerben, um so mehr wird er für die Menschen vorsorgen, die
von höherer Art sind, und denen er die Fähigkeit verlieh, durch eigene
Anstrengungen den Lebensunterhalt zu gewinnen, so daß es nicht not=
wendig ist, sich in ängstlicher Sorge für den notwendigen Bedarf abzu=
grämen.“[1] Die überflüssige Sorge ist auch indirekt durch die Bitte um
unser tägliches Brot verboten. „Es giebt viele, die nie zufrieden sind
mit dem, was sie besitzen, sondern immer noch mehr wollen. Das ist
unmäßig. Das Verlangen muß sich nach dem Bedürfnis richten. Darum
heißt es Sprichw. 30, 8: ‚Reichtum und Armut gieb mir nicht, sondern
gieb mir das zum Leben Notwendige 2c.‘ Das zu meiden, ermahnte er
uns mit den Worten: ‚Unser tägliches Brot‘, d. h. das für einen Tag
oder für eine (bestimmte) Zeit.“[2] „Der Herr verbot nicht die notwendige,
sondern nur die ungeordnete Sorge. Eine vierfache Unordnung hat man
in der Sorge für das Zeitliche zu meiden: 1. Dürfen wir in dasselbe
weder unser Ziel verlegen noch Gott dienen wegen des notwendigen
Bedarfs von Nahrung und Kleidung. Deshalb heißt es: ‚Sammelt
euch nicht Schätze‘ u. s. w. 2. Dürfen wir nicht um das Zeitliche be=
sorgt sein unter Verzweiflung an der göttlichen Hilfe; daher sagt der
Herr: ‚Euer Vater weiß ja, daß ihr alles dieses bedürfet.‘ 3. Darf die
Sorge keine vermessentliche sein, so daß man glaubt, man könne den
notwendigen Lebensbedarf durch seine Sorgfalt erwerben, ohne die gött=
liche Hilfe; dies verwirft der Herr mit dem Hinweis, daß der Mensch
zu seiner Körpergröße nichts hinzusetzen kann. 4. Ist es verfehlt, wenn
der Mensch die Zeit der Sorge vorwegnimmt, d. h. wenn er jetzt um
das bekümmert ist, was nicht zur Sorge der jetzigen, sondern zur Sorge
der zukünftigen Zeit gehört; deshalb sagt er: ‚Seid nicht bekümmert
um den Morgen!‘“[3]

„In dreifacher Weise kann die Sorge um das Zeitliche unerlaubt
sein: 1. Wegen des Gegenstands der Sorge, wenn wir das Zeitliche
gleichsam als Ziel suchen. . . . 2. Wegen des übermäßigen Eifers, der
auf die Beschaffung des Zeitlichen verwendet wird, wodurch der Mensch
vom Geistlichen, dem er vor allem zu dienen hat, abgezogen wird; des=
halb heißt es Matth. 13, 22: ‚Die Sorge der Welt erstickt das Wort.‘

---

[1] Cg. III, c. 135. [2] Op. VII, quarta petitio.
[3] 1. 2. 108, 3 ad 5; cf. in Matth. 6, 19 et 26; 2. 2. 55, 6 et 7c et ad 2;
caten. in Luc. 12, 22. 27.

3. Wegen übertriebener Furcht, wenn jemand fürchtet, wiewohl er seine Schuldigkeit thue, werde er am Notwendigen Mangel leiden; das weist der Herr aus drei Gründen ab: 1. wegen der großen dem Menschen ohne eigene Sorge von Gott verliehenen Güter des Leibes und der Seele; 2. wegen des Schutzes, den Gott für die Tiere und Pflanzen ohne die menschliche Thätigkeit hat, sowie es ihrer Natur angemessen ist; 3. wegen der göttlichen Providenz, um deren Unkenntnis willen die Heiden um den Erwerb der zeitlichen Güter als der Hauptsache besorgt waren. Daher schließt er, unsere Sorge müsse vor allem den geistlichen Gütern gelten, mit der Hoffnung, auch die zeitlichen Dinge würden uns in der Not zukommen, wenn wir unsere Schuldigkeit gethan haben." [1]

„Es ist dem Menschen angeboren, sich um das zum Leben Notwendige zu kümmern. In dieser Sorge stimmen andere Lebewesen mit dem Menschen überein; daher heißt es Sprichw. 6, 6—8: ‚Gehe hin zur Ameise, du Fauler, und betrachte ihre Wege und lerne Weisheit! Sie hat keinen Führer, noch Lehrmeister, noch Herrn, und doch bereitet sie im Sommer ihre Speise, und sammelt in der Ernte ihren Vorrat.' [2] Darum „sagt Augustinus: ‚Wenn wir einen Diener Gottes Vorsorge treffen sehen, damit ihm nicht das Notwendige abgeht, urteilen wir nicht, er sei um den Morgen bekümmert; denn der Herr selbst würdigte sich wegen des Beispiels, eine Privatkasse zu haben; und in der Apostelgeschichte lesen wir, der notwendige Lebensbedarf sei wegen drohender Hungersnot vorgesehen worden. Der Herr tadelt es also nicht, wenn man sich die bezeichneten Dinge nach menschlicher Weise erwirbt, sondern wenn man sich deswegen dem Dienste Gottes entzieht'" [3].

„Manchmal bedeutet die Sorge so viel als fleißiger Erwerb dessen, was mangelt, und das ist empfehlenswert und der Nachlässigkeit entgegengesetzt; manchmal aber bedeutet es die Angst der Seele mit dem Mangel an Hoffnung und Furcht wegen der Erreichung dessen, um das man sich Sorge macht, und diese verbietet der Herr." [4]

Die christliche Auffassung von der göttlichen Vorsehung wurde schon früher dargelegt [5]. Auch bezüglich der Hilfe in zeitlichen Dingen fand festes gläubiges Vertrauen, wenn man seine eigene Schuldigkeit that, sich noch immer belohnt. Mit scheinbar negativen Beispielen wird hier nichts bewiesen, da, wie die vorausgehenden Darlegungen zeigten, verschiedene Bedingungen in Betracht kommen. Dagegen sind positive Beispiele und besonders hervorragende auffallender Hilfe oder Strafe, wie sie die Heilige

---

[1] 2. 2. 55, 6 c; cf. caten. in Matth. 6, 26.   [2] 1. 2. 108, 3 ob. 5.
[3] 2. 2. 55, 7 ad 3.   [4] In Phil. 4, 6.   [5] Vgl. S. 142 f.

Schrift und die spätere Geschichte in großer Zahl enthalten, durchaus be=
weiskräftig. Der Gedanke an die göttliche Vorsehung bewahrt vor über=
mäßiger Erwerbsgier und Hartherzigkeit wie vor Neid und trostloser
Verzweiflung. Zu wissen, daß über der Veränderlichkeit der materiellen
Welt und der gesellschaftlichen Verhältnisse ein gütiger Vater alle unsere
Geschicke kennt und lenkt, hat etwas überaus Friedigendes und Trost=
volles. Die geistige Natur des Menschen erhält so einen innern Halt,
sie wird der Veränderlichkeit der Materie möglichst entrissen und sich selbst
gegeben [1]. Der Gedanke an die Vorsehung ist zugleich eminent gesell=
.schaftsfördernd. Er läßt bei den Armen keine Bitterkeit über die gesell=
schaftlichen Ungleichheiten aufkommen und legt den Reichen eine schwere
Verantwortung auf. Er begeistert zu den härtesten Entsagungen für das
Wohl der Mitmenschen. Als widerchristlicher Gegensatz dazu eine ruhelose
Hast, ein verzweiflungsvolles Jagen, ein Raub am Innenleben des Menschen,
an den Herzwurzeln wahren Glückes, kurz eine Veräußerlichung und
damit Erniedrigung des ganzen Menschen. Die kapitalistische und
sozialistische Denkweise führt wieder, wenn auch in anderer Form, zu dem
eisernen Fatum des Heidentums zurück. Der Bourgeois des „Kapital"
wirft den Menschen ruh= und rastlos in das Wirtschaftsgetriebe. Profit ist
seine Losung, der Mensch hat ihm nichts zu bedeuten — und Marx findet
das ganz in der Ordnung [2]. Soll doch durch die Opfer einer brutalen
Erwerbsjagd die schöne Zukunft verwirklicht werden! Und wenn diese
auch nicht käme, der Kapitalist muß „naturgesetzlich" so handeln. Denn
nicht der Mensch, sondern die Produktion und die Wirtschaft gilt. Die
niedersten Leidenschaften und das Unheil, das sie in der Gesellschaft an=
richten, werden so als ökonomisches Müssen erklärt oder gar im Lichte
des künftigen Sozialismus noch glorifiziert. Leider war bisher das große
Glück der großen Zukunft immer noch auf weite Entfernungen der er=
werbssüchtigen Hast voraus und ist es noch immer. Der Zuwachs an
materiellen Gütern, den diese etwa bringt, steht in keinem Verhältnis
zu der Zerstörung an individuellem und sozialem Glück. Auf die Dauer
birgt jene Hast sogar die Gefahr der Vernichtung ihrer eigenen Werke
in sich, wofür die Geschichte wiederum vollgültige Beweise liefert.

---

[1] Cf. in Hebr. 6, 18 sq.

[2] Vgl. u. a. „Kapital" III [1], 241 f.: „Was ihm (Ricardo) vorgeworfen wird,
daß er, um die ‚Menschen' unbekümmert, bei Betrachtung der kapitalistischen Pro=
duktion nur die Entwicklung der Produktivkräfte im Auge hat — mit welchen
Opfern an Menschen und Kapitalwerten immer erkauft —, ist gerade das Bedeutende
an ihm. Die Entwicklung der Produktivkräfte der gesellschaftlichen Arbeit ist die
historische Aufgabe und Berechtigung des Kapitals. Eben damit schafft es unbewußt
die materiellen Bedingungen einer höhern Produktionsform."

2. Die Habsucht.

Die Wurzel der übertriebenen Sorge ist hauptsächlich die Habsucht. Sie ist zugleich die Wurzel der Ungerechtigkeit, ja im Grunde jeder Sünde. „Avaritia bezeichnet nach seiner ersten Bedeutung die ungeordnete Liebe zum Geld. Avarus ist nämlich nach Isidor (etym.) so viel als avidus aeris. Damit stimmt überein, daß avaritia auf griechisch φιλαργυρία heißt, gleich Geldliebe. Da nun das Geld ein besonderer Gegenstand ist, ist die Habsucht nach der ersten Bedeutung auch ein besonderes Laster. Aber wegen einer gewissen Ähnlichkeit wurde der Name ausgedehnt zur Be= zeichnung der untergeordneten Begierde nach allen beliebigen Gütern, und insofern ist die Habsucht (Gier) eine allgemeine Sünde, weil in jeder Sünde durch das ungeordnete Verlangen eine Hinwendung zu irgend einem vergänglichen Gut enthalten ist. Daher sagt Augustinus: ‚Die Habsucht im allgemeinen besteht darin, daß jemand nach mehr, als sich gehört, verlangt; die Habsucht im engern Sinne wird gewöhnlich Geldliebe (amor pecuniae) genannt.‘“ [1]

Bewegt sich die Bedeutung des Wortes cupiditas in umgekehrter Richtung wie die von avaritia (vom Allgemeinen zum Besondern), so sind beide Wörter sachlich fast gleichbedeutend [2]. Dies zeigt insbesondere die Er= klärung der wichtigen, vielerörterten Stelle 1 Tim. 6, 10: Radix enim omnium malorum est cupiditas. „Nach einigen kann man Gier in drei= fachem Sinne auffassen: 1. Als ungeordnetes Verlangen nach Reich= tum, und in diesem Sinne ist es eine spezielle Sünde. 2. In der Be= deutung des untergeordneten Verlangens nach jedem zeitlichen Gute, und so aufgefaßt, umschließt es alle Arten von Sünden, da in jeder Sünde eine ungeordnete Hinwendung zu einem zeitlichen Gute liegt. . . . 3. Im Sinne einer Neigung der verdorbenen Natur, wie sie sich in ungeordneter Weise richtet auf vergängliche Güter, und in dieser Auffassung sagt man, sei die Gier die Wurzel aller Sünden, ähnlich der Wurzel des Baumes, die ihre Nahrung aus der Erde zieht; denn in diesem Sinne wurzelt in der Liebe zum Zeitlichen jede Sünde.“ [3]

„Die Habsucht als spezielle Sünde (um die es sich hier handelt) ist das ungezügelte Verlangen nach zeitlichen Dingen, die im menschlichen Leben zur Verwendung kommen und die alle in Geld abgeschätzt werden können.“ [4] Mit Rücksicht auf das Nehmen (Erwerb) und Geben (Gebrauch)

---

[1] De malo 13, 1 c; I, 63, 2 ad 2; 2. 2. 118, 2 c et 5 ad 2; 2 sent. 21 expos.
[2] Vgl. L. Schütz, Thomas=Lexikon, 2. Aufl., Paderborn 1895, S. 74 f. 199.
[3] 1. 2. 84, 1 c; cf. in 1 Tim. 6, 10; 2 sent. 22, 1, 1 ad 7 et 42, 2, 3 ad 1; 1. 2. 77, 5 ad 1; in Rom. 7, 7.
[4] I, 63, 2 ad 2; vgl. sub 3.

hat die Geldgier ein doppeltes Gesicht (Habsucht und Geiz). Auch im e n g e r n
Sinne ist die Habsucht die Wurzel aller Übel. An der oben erwähnten
Stelle spricht der Apostel nicht von der Begierde im allgemeinen, sondern
speziell von der Gier nach Besitz, „deutlich redet er dort gegen die,
welche, ‚da sie reich werden wollen, in Versuchungen und Fallstricke des
Teufels geraten, da die Habgier die Wurzel aller Übel ist‘. Er spricht
demnach ersichtlich von der Begierde in dem Sinne von ungeordnetem
Verlangen nach Reichtum. Danach ist zu sagen: Die Begierde als spezielle
Sünde wird Wurzel aller Sünden genannt im Vergleich zur Wurzel
des Baumes, welche den ganzen Baum mit Nahrung versieht. Wie wir
sehen, erwirbt der Mensch durch den Reichtum die Möglichkeit, jede Sünde
zu begehen und jeden sündigen Wunsch zu erfüllen" [1]. Scheinbar besteht
ein Widerspruch zwischen dem Satze: Initium omnis peccati superbia
(Eccli. 10, 15), und dem andern: Radix omnium malorum cupiditas. Allein
„jede Sünde hat zwei Seiten, die Hinwendung zu einem vergänglichen
Gute und die Abwendung vom unvergänglichen Gute". Für die Hin=
wendung ist das Prinzip die B e g i e r d e im allgemeinen, für die Ab=
wendung der S t o l z im allgemeinen. Aber auch als s p e z i e l l e S ü n d e n
sind sie Wurzel bezw. Anfang [2]. „Beim Erwerb aller zeitlichen Güter
will der Mensch eine besondere Vollkommenheit und Auszeichnung er=
langen. In dieser Beziehung wird daher der Stolz, als das Verlangen
nach Auszeichnung, Anfang der Sünde genannt. Mit Rücksicht auf die
Ausführung kommt zuerst das, was Gelegenheit bietet, alle Wünsche der
Sünde zu erfüllen, oder dem die Aufgabe der Wurzel zukommt, d. h. der
Reichtum." [3] Das gilt natürlich cum grano salis. Denn manche Sünden
haben ihre Wurzel in andern Lastern [4].

Je nachdem die Habsucht als Gegensatz der Gerechtigkeit oder Frei=
gebigkeit auftritt, ergiebt sich ein wichtiger Unterschied. „Die Habsucht
erscheint als maßloses Streben (immoderantia) nach Reichtum in zwei=
facher Art: 1. unmittelbar als Bezug und Aufbewahrung von Reichtum
durch ungehörigen (ultra debitum) Erwerb von Geld, d. h. durch Weg=
nahme oder Zurückhaltung fremden Besitzes; die Habsucht tritt so in
Gegensatz zur Gerechtigkeit. . . . 2. Erscheint sie als Übermaß der innern
Anhänglichkeit an den Reichtum durch zu große Liebe, Sehnsucht oder
Freude, wenn man auch nicht vorhat, fremdes Eigentum zu rauben; in
diesem Sinne ist die Habsucht der Freigebigkeit entgegengesetzt, welche

---

[1] 1. 2. 84, 1 c; cf. in 1 Tim. 6, 10; op. IV, de nono praecepto legis.
[2] De malo 8, 1 ad 1; cf. in 1 Cor. 11, 18.
[3] 1. 2. 84, 2 c; cf. 3 ad 1; 4 ad 4.
[4] 1. 2. 84, 1 ad 3.

jene Neigungen mäßigt."[1] Als Gegensatz zur Gerechtigkeit ist die Hab=
sucht — von nicht vollwertigen Handlungen abgesehen — immer Tod=
sünde, dagegen nicht immer als Gegensatz zur Freigebigkeit. Hier gilt:
„Wenn die Habsucht derart Liebe und Begierde nach zeitlichen Gütern
genannt wird, daß in ihnen das Ziel gesucht wird, dann ist sie immer
eine Todsünde. Sich einem geschaffenen Gute als Ziel zuwenden, bewirkt
eine Abwendung vom unvergänglichen Gute, welches das letzte Ziel sein
muß; denn es kann nicht mehrere letzte Ziele geben. Wenn dagegen die
Habsucht ungeordnete Liebe und Begierde nach Gütern dieser Welt in
allgemeiner Redeweise genannt wird, dann ist die Habsucht nicht immer
eine Todsünde."[2]

Käme nur in Betracht, daß der Mensch durch die Habsucht sich zum
Knecht der geringwertigsten Güter macht, so würde die Habsucht als die
größte Sünde erscheinen. Allein die Sünde wird nur materiell durch die
Hinwendung zu einem untergeordneten Gute, formell aber durch die Größe
und Bedeutung des Gutes selbst bestimmt, wogegen das schlechte Ver=
halten des Menschen sich richtet. Man kann deshalb die Habsucht nicht
einfachhin die größte Sünde nennen[3]. Wenn der Apostel die Habsucht
Götzendienst nennt, so ist der Vergleich nicht zu pressen. „Die Habsucht wird
mit der Abgötterei wegen einer bestimmten Ähnlichkeit, die sie mit ihr
hat, verglichen. Wie sich der Götzendiener der materiellen Kreatur unter=
wirft, ähnlich auch der Habsüchtige, aber doch nicht in der gleichen Weise.
Der Götzendiener erniedrigt sich vor dem materiellen Geschöpf, um ihm
göttliche Ehre zu erweisen, der Habsüchtige aber, indem er es leiden=
schaftlich erstrebt, und zwar zur Verwendung, nicht zur Verehrung."[4]

Wenn man aber den Accent auf die Güter (der Seele und des
Nächsten) legt, die durch die Habsucht mittelbar oder unmittelbar miß=
achtet werden, kann man wohl sagen: „Es giebt nichts Frevelhafteres
als den Habsüchtigen." „Es ist nichts verkehrter, als das Geld zu lieben:
denn wer dies thut, dem ist seine eigene Seele feil." (Eccli. 10, 9. 10)[5].
„Die Geldgier vertreibt jegliche Liebe; die geldgierige Seele fürchtet auch
nicht, um etwas Geringes zu Grunde zu gehen, und es findet sich keine
Spur von Gerechtigkeit in einem solchen Herzen, in welchem die Habsucht
ihre Wohnung aufgeschlagen hat. Der treulose Judas, trunken von diesem
Gifte, ist in seiner Gewinnsucht so dummgottlos, daß er den Herrn und

---

[1] 2. 2. 118, 3 c.

[2] De malo 13, 2 c; cf. ad 1—4; 2. 2. 24, 8 ad 2; 118, 4 c et ad 3.

[3] Cf. 2. 2. 118, 5 c.   [4] 2. 2. 118, 5 ad 4; cf. in Matth. 6, 24; in Phil. 3, 19.

[5] Cf. 2. 2. 118, 5 ob. 1; in Ioan. 12, 6.

Meister verkauft" (Leo)[1]. Die Habgier wird so zur unmittelbaren Ursache (causa finalis) von Verrat, Betrug, Intrigue, Meineid, peinlicher Sorge, Gewalt und Hartherzigkeit[2].

Aber auch ohne diese häßlichen Beigaben ist die Habsucht ein niedriges Laster. Sie drückt den Geist zur Erde[3]. „Cicero sagt: ‚Nichts verrät einen so beschränkten und kleinlichen Geist, als das Geld zu lieben.'"[4] „Sie sucht nur den eigenen Gewinn, ohne viel auf die Ehre zu geben."[5]

„Die Begierde geht ins Endlose. Jeder Weise muß aber einem Ziele zustreben, keiner darf sich auf einen endlosen Weg begeben. ‚Der Hab=süchtige bekommt nicht Geld genug' (Pred. 5, 9). ‚Wehe euch, die ihr Häuser zu Häusern, Äcker zu Äckern schlagt!' (Jf. 5, 8.) Die Begierde wird des=halb nie gesättigt, weil das Herz des Menschen zur Aufnahme Gottes geschaffen ist. Darum sagt Augustinus (Confess. l. 1): ‚Du hast uns für dich geschaffen, o Herr, und unruhig ist unser Herz, bis es ruht in dir.' Was geringer ist als Gott, kann es nicht erfüllen." Deshalb sind auch „die Habgierigen beständig in Sorge, Neues zu erwerben, den Besitz zu bewachen. ‚Die Sattheit des Reichen läßt ihn nicht schlafen' (Pred. 5, 11)"[6].

Eine gefährliche Folge des endlosen Strebens ist die schwere Heil=barkeit der Habsucht. Von allen Leidenschaften hatte sich der reiche Jüng=ling freigehalten, die Fessel der Habsucht vermochte er nicht zu brechen[7]. „Die Erfahrung lehrt, daß das Alter und jede andere Schwäche oder Defekt den Menschen habgierig machen, weil es ihm scheint, er bedürfe mehr. Deshalb verlangt er leidenschaftlicher nach äußern Dingen, durch die man der menschlichen Not zu Hilfe kommt. Ein Grund ist, weil die natürlichen Neigungen nicht leicht zurückgedrängt werden. Die Neigung zur Habsucht ist aber größer als die zur Verschwendung. Beweis dessen ist die größere Zahl derer, die das Geld lieben und aufbewahren, als die es gerne ausgeben. Die natürliche Neigung aber ist jene, die sich bei den meisten findet. Die Natur neigt eben zum reichlichen Besitz, insofern dadurch das menschliche Leben erhalten wird."[8] Allein sowohl für die Greise wie für alle andern bleibt das oberste Prinzip menschlichen Handelns bestehen: „Die natürlichen Neigungen sind nach der Vernunft zu regeln, der in der menschlichen Natur die Herrscherrolle zukommt. Wenn des=halb die Greise wegen der natürlichen Schwäche begieriger nach dem

---

[1] Caten. in Matth. 26, 14 sqq.; cf. in Luc. 16, 22 sqq.
[2] Cf. de malo 13, 3; 8, 1 c; 2. 2. 55, 8; 118, 8; 2 sent. 42, 2, 3.
[3] Cf. de malo 13, 2 ob. 7.　　[4] 2. 2. 118, 5 ob. 1.
[5] 2. 2. 55, 8 ad 2.　　[6] Op. IV, de nono praecepto legis.
[7] Cf. caten. in Marc. 10, 17 sqq.
[8] 4 eth. 5 a; cf. 2. 2. 118, 5 ad 3; 119, 3 c.

Rückhalt äußerer Dinge verlangen, wie jeder Bedürftige seiner Not ab=
zuhelfen sucht: so sind sie doch nicht von einer Schuld freizusprechen,
wenn sie das rechte Maß der Vernunft bezüglich des Reichtums über=
schreiten." [1]

Das bisher Gesagte hatte zunächst das einzelne Individuum als
Wirtschaftseinheit im Auge. Aber schon hier zeigte sich, wie die un=
günstigen Folgen des vielgepriesenen „Erwerbstriebs" nicht auf das
Individuum beschränkt bleiben, sondern sich auch häufig auf die Nachbar=
gebiete erstrecken. Dadurch entstehen Konflikte mit der Gerechtigkeit, der
wichtigsten Tugend für ein gedeihliches Wirtschaftsleben. Das gilt sogar
noch für die Bourgeoisepoche und wird nicht weniger gelten im Zukunfts=
staat. Denn wie die rastlos arbeitende Gesetzgebung, wie die großen und
kleinen Schwindel, wie die kolossale Bewucherung in allen Wirtschafts=
sphären zeigt, ist ein großer Teil der Menschheit trotz aller Kultur noch
nicht zur genauen Erkenntnis des Mein und Dein gekommen. Dennoch
ist an der Gerechtigkeit oder Ungerechtigkeit die moderne Kultur nicht
spurlos vorübergegangen. Wenn der Börsenjobber Tausende von Werten
erbeutet, so geschieht das in nobler Weise, während der „Wilde" nicht
einmal einige Stück Vieh rauben kann, ohne an dem Besitzer seine
Roheit zu zeigen.

Indessen, wird die Habsucht und damit die Ungerechtigkeit im Zu=
kunftsstaat nicht verschwinden? Gewiß, nach den Versicherungen vieler
Sozialisten. Aber ist denn der zukünftige Staatsbürger so reich mit Gütern
ausgestattet, daß er keine Ursache, und so vernünftig, daß er keinen Ge=
danken hat, nach mehr zu streben, vielleicht auch auf Kosten anderer oder
der Gesellschaft, zumal bei der vollständig materialistischen Denkweise?
— Es sind die Rousseauschen Träumereien, aus der Vergangenheit in
die Zukunft verlegt.

Allein da wird der Sozialismus einwenden: Was helfen all eure
schönen Grundsätze, wenn man nicht danach lebt? Der Sozialismus würde
vollständig recht haben, wenn eben dieses Wenn jene Realität besäße, die
er ihm zuschreibt. Aber wie in gar vielen Fällen, handelt man hier nach
dem Grundsatz: Im trüben ist gut fischen. Wie man alle Gegner des
Sozialismus als e i n e reaktionäre Masse verschrie oder verschreit, um
alle Dummheiten und Schlechtigkeiten irgend einer Gruppe der Gesamt=
heit aufzubürden, so wird dem Christentum das Verhalten von Leuten
zugerechnet, die selbst mit dem Christentum nichts zu thun haben wollen.
Diese Methode ist sehr bequem und taktisch sehr vorteilhaft. Aber sie ist

---

[1] 2. 2. 118, 1 ad 3.

nicht logisch und ehrlich. Thatsächlich ist die Kategorie derer, die sich von
ungerechtem und schmutzigem Erwerb vollständig frei halten, doch eine
ganz bedeutende, und es gab Zeiten, wo dies noch mehr der Fall war.
Von der Habsucht hielt man sich weniger frei. Jedoch ist auch in dieser
Beziehung der Einfluß des Christentums ein ganz gewaltiger. Man darf
hier nicht nur jene herrechnen, die sich nie eine diesbezügliche Verfehlung
zu Schulden kommen ließen, sondern darf sogar jene nicht außer acht
lassen, welche christlichen Grundsätzen abhold sind, aber dennoch ihrem
Einfluß sich nicht ganz entziehen können. Dagegen haben sich materia=
listische Grundsätze durch Entfesselung der Habsucht und der Rücksichts=
losigkeit ihres Strebens noch immer gesellschaftsfeindlich erwiesen. Im
sozialistischen Staat würde, wie schon gesagt, die Tendenz bleiben; nur
die Formen würden wechseln. Für heute müßte der Sozialismus sogar
das Lob der Habsucht singen, da sie der stärkste Hebel der Vermögens=
konzentration, d. h. der Vorbedingung des Zukunftsstaates ist.

3. Die Gerechtigkeit.

Schon bei der Begriffsbestimmung wurde gezeigt, das Eigentums=
recht müsse wie alle Rechte, wenn es auf diesen Titel Anspruch mache,
sich auf die Gerechtigkeit stützen. Ohne diese fehlt dem Besitz der innere
Halt, ist ein friedliches Zusammenleben nicht möglich. „Die Menschen
können nicht friedlich miteinander leben, wenn einer den Besitz des
andern wegnimmt." [1] Die Gerechtigkeit ist daher offenbar die erste und
wichtigste Tugend beim Eigentumserwerb. Kommen dabei sowohl die
distributive wie die kommutative Gerechtigkeit in Betracht, so ist, nament=
lich in unserer heutigen, auf Arbeitsteilung und Tausch beruhenden
Wirtschaftsweise, die kommutative Gerechtigkeit vor allem wichtig. Wenn
nach Aristoteles die legale Gerechtigkeit die herrlichste Tugend und be=
wunderungswürdiger als Abend= und Morgenstern ist [2], so ragt auch
die Gerechtigkeit, wie sie die einzelnen Gesellschaftsglieder verbindet, unter
den andern moralischen Tugenden aus einem zweifachen Grunde her=
vor: „1. Wegen des Gegenstands (ex parte subiecti); dieser gehört
nämlich dem höhern Teil der Seele, dem vernünftigen Strebevermögen,
d. h. dem Willen an, während die übrigen moralischen Tugenden im Gebiet
des sinnlichen Strebevermögens mit seinen Leidenschaften als Gegenstand
(materia) dieser Tugenden sich befinden. 2. Wegen der Beziehung (ex
parte obiecti); die andern Tugenden lobt man nur mit Rücksicht auf das
Wohlverhalten des Tugendhaften selbst, die Gerechtigkeit dagegen mit

---

[1] 1. 2. 105, 2 ob. 1.　　[2] Cf. in 5 eth. 2 d; 2. 2. 58, 12 c.

Rücksicht auf das Wohlverhalten zu andern; und so ist die Gerechtigkeit
gewissermaßen, wie man sagt, das Gut eines andern. Deshalb sagt
Aristoteles: ‚Notwendig sind die größten Tugenden jene, die andern am
nützlichsten sind; dahin gehört die Tugend, andern Gutes zu erweisen;
darum ehrt man auch die Tapfern und Gerechten am meisten; denn die
Tapferkeit ist andern nützlich im Krieg, die Gerechtigkeit aber sowohl im
Krieg wie im Frieden.'" [1] „Wenn auch die Freigebigkeit vom Eigenen
giebt, so geschieht dies doch mit Rücksicht auf die Trefflichkeit (bonum) der
eigenen Tugend; die Gerechtigkeit dagegen giebt dem andern, was sein
ist, gleichsam mit Rücksicht auf das Gemeinwohl; zudem wird die Ge=
rechtigkeit gegen alle eingehalten, die Freigebigkeit dagegen kann sich nicht
auf alle erstrecken." [2]

Dennoch hat den eigentlich positiven Nutzen auch der Gerechtigkeit
das handelnde Individuum. Denn dadurch, daß es einem andern nur
das giebt, was ihm gehört, oder ihm keinen Schaden zufügt, „verschafft
es sich einen (moralischen) Nutzen, sofern es freiwillig und gern das
Schuldige leistet" [3]. Erlaubterweise kann nur das zurückbehalten und mit
gutem Gewissen Eigentum genannt werden, was rechtmäßig erworben
wurde [4]. Alles ungerechte Gut muß wieder ausgeliefert werden, sei es
dem Eigentümer oder dessen Erben, oder, wenn das nicht möglich ist,
in Form von Almosen. Das siebente Gebot verbietet, den Nächsten wie
immer in seinem Sachbesitz zu schädigen [5]. Das göttliche Gesetz verbietet
auch das ungerechte Verlangen danach [6].

Christus warnte uns vor der Ungerechtigkeit im Erwerb, „indem
er uns um unser und nicht um fremdes Brot bitten lehrt" [7].

Die ungerechte Aneignung oder Beschädigung fremden Gutes ist
eine sehr gefährliche Sünde, da keine Verzeihung ohne Schadenersatz mög=
lich ist, dem Schuldigen aber dieser Entschluß schwer fällt [8].

Durch das siebente Gebot wird zwar nicht die jeweilige Eigentums=
formation, wohl aber das redlich erworbene Eigentum von Gott selbst
geschützt, bezw. Frevel dagegen bestraft. Das Eigentum wird so wie alle
Lebensbedingungen mit dem idealen Urgrund alles Seins und Rechts in
Beziehung gebracht. Dadurch wird das Eigentum eine Thatsache des
Gewissens und nicht der (auf verschiebbare Kanonen oder Majoritäten
sich stützenden) Macht. Wo alles Recht zu Menschensatzungen degradiert

---

[1] 2. 2. 58, 12 c.   [2] Ibid. ad 1; cf. in Hebr. 11, 33.   [3] 2. 2. 58, 3 ad 1.
[4] Cf. quodl. 3, 19; caten. in Matth. 5, 6: Qui iustitiam diligit, tutissime
omnia possidet (Chrys.).   [5] Cf. 2. 2. 122, 6 ad 2.
[6] Cf. op. IV, de nono praecepto legis.
[7] Op. VII, quarta petitio.   [8] Op. IV, de septimo praecepto legis.

wird, da steht und fällt auch das Eigentum mit diesen. Es giebt eben
nur einen festen Halt in der ganzen sittlichen Weltordnung. Es ist
die verwerflichste Verkehrung derselben, wenn man sich auch für den
ungerecht erworbenen Besitz mit Heuchlermiene auf die Heiligkeit des
Eigentums beruft und dadurch den Hohn der Nichtbesitzenden her=
vorruft.

Nur eine Gesellschaft, worin die Grundsätze der Gerechtigkeit ein=
gehalten werden, hat auf die Dauer Bestand. Das gilt sowohl vom
Kapitalismus als auch vom Sozialismus. Würden sich alle Klassen, be=
sonders aber die Großkapitalisten, von Übervorteilungen und Bewuche=
rungen freihalten, so würden schon die Hälfte der Klagen gegen die
Eigentumsordnung verstummen. Das konsequent sozialistische Gleichheits=
prinzip bezw. die Unmöglichkeit, den Forderungen der Gerechtigkeit nur
einigermaßen zu genügen, wird auch den Sozialismus, wie bereits
gezeigt, auf die Dauer unmöglich machen. Wenn Engels meint, im Zu=
kunftsstaat würde nicht gestohlen werden, so mag das insofern richtig
sein, als der Einzelne nicht viel zum Stehlen besitzt; aber wer hindert
Betrügereien und Diebereien am Gesamteigentum? Jedenfalls nicht die
theoretisch proklamierte Unfreiheit des Willens.

II.

Erwerbsarten.

1. Die Okkupation.

Bei der Frage, wie Eigentum rechtlich erworben werden könne,
kommt der Natur der Sache nach zunächst der vielumstrittene ursprüng=
lichste Titel der Aneignung in Betracht. Der Liberalismus ist Anhänger
der Arbeitstheorie. Sein Schüler, der Sozialismus, las mit ihm diese
Theorie in die Wert= und Eigentumsbildung hinein und heraus. Aber
wie früher schon hervorgehoben wurde, läßt sich weder das Kapital und
noch viel weniger der Grund und Boden und seine Erzeugnisse einfach
in Arbeit auflösen. Wenn ein Stamm irgendwo, sagen wir friedlich, sich
niederließ, von welchem Zeitpunkt an hat er sich dieses Gebiet erarbeitet?
Genügt die Arbeit einer mehr oder minder erkennbaren Umgrenzung?
Und innerhalb des Stammes — ist der schon Eigentümer, der sich einen
Stock schneidet, oder erst der, welcher ihn künstlich verarbeitet? Man
mag den Erwerbstitel Arbeit dehnen, wie man will, allein kann er
nimmermehr befriedigen. Die Arbeitstheorie mag dem Liberalismus be=
sonders deshalb gefallen haben, weil durch sie dem Menschen eine Art
Schöpferkraft zugeschrieben wird. Der Mensch als Schöpfer seines Eigen=

tums (und überhaupt aller Werte) ist auch Schöpfer des Rechts, er ist selbstherrlich und sein Eigentum ein absolutes, er kann damit schalten und walten, wie er will, bis der Sozialismus es wegzunehmen versucht. Da die „aufgehäufte Arbeit" sich selbst nicht schützen kann, ruft man den Staat als Schützer seines „Rechts" an. Aber, erklären die Sozialisten, wir stützen uns ja gerade auf die Arbeitstheorie. Und dieselbe Theorie wendet sich, sobald der Sozialismus verwirklicht werden soll, auch gegen ihn. Weil in sich falsch, führt die Arbeitstheorie immer zu Widersprüchen.

Ohne der Arbeit etwas zu vergeben, nimmt Thomas die Okkupation als ursprünglichsten Erwerbstitel an. Es finden sich dafür nur Andeutungen bei ihm. „Was niemals Eigentum eines andern war, wie Perlen und Edelsteine, die sich am Meeresstrande finden, und ähnliches, geht in den Besitz des Okkupierenden über; dasselbe Verhältnis waltet ob bezüglich der vor alters in die Erde vergrabenen Schätze, wofür kein Besitzer vorhanden ist, außer es müßte der Finder nach Staatsgesetz dem Herrn des Ackers, wenn der Fund auf fremdem Acker geschah, die Hälfte geben." [1] Manchen erscheint die Okkupation als zu einfach — man kann sich das Eigentumsrecht nicht ohne Notariat vorstellen — und als zu gefährlich, als ob die Menschen scharenweise von irgend einem Planeten her auf die besten Stücke Erde losgestürmt seien. Thatsächlich ging die Besitzergreifung der Erde, ausgehend von der Urfamilie, ganz allmählich vor sich. Thomas denkt da, wie sich gleich zeigen wird, viel nüchterner und historisch richtiger. Auch der Einwand, durch die Besitzergreifung sei den andern Menschen die Möglichkeit des Eigentumserwerbs genommen worden, war den Alten wohlbekannt. Thomas vergleicht mit Cicero und Basilius die Okkupation der Erde mit der Besitzergreifung der Plätze im Theater. „Wer vorher zum Schauspiel kommt, um andern einen Platz bereit zu halten, handelt nicht unerlaubt; dies ist nur dann der Fall, wenn er sie ausschließen will. So handelt auch der Reiche nicht unerlaubt, der sich zuerst in den Besitz einer Sache setzt, die von Anfang an Gemeingut war, und davon auch andern mitteilt; aber er handelt unrecht, wenn er andere rücksichtslos vom Gebrauch jener Sache ausschließt. Darum sagt Basilius: ‚Warum hast du Überfluß, jener aber bettelt, wenn nicht, damit du den Lohn für eine gute Verteilung erlangst, jener aber mit dem Preis der Geduld gekrönt werde?'" [2]

Der Sucht, maßlos zu okkupieren, wehrten schon äußere Schwierigkeiten. Grund und Boden aber war noch ebenso im Überfluß vorhanden wie das Wasser, aber auch so wertlos. „Im Anfange der Menschheit

---

[1] 2. 2. 66, 5 ad 2.　　[2] 2. 2. 66, 2 ad 2.

war der Besitz von Grund und Boden wegen der geringen Bevölkerung nicht so wertvoll wie der der Tiere, und besonders nicht im Orient, wo auch heute noch wenige Bewohner sind im Vergleich zur Ausdehnung des Gebiets." [1] „Der Hauptbesitz der Alten war Vieh." [2] „Bei den Alten bestand der Reichtum besonders in Vieh; von diesem (pecus) hat deshalb nach Augustinus das Geld (pecunia) seinen Namen." [3] Die Okkupation war noch Jahrtausende möglich, und sie ist es noch heute, selbst in hochkultivierten Gegenden. Auch wenn die ganze Erde okkupiert ist, ist den Menschen ohne Ar und Halm die Erwerbsgelegenheit nicht genommen.

Die Okkupation ist keine bloße Machtfrage, sie geschieht vielmehr auf Grund des Naturrechts, nach welchem der Privatbesitz als notwendig erscheint; mit andern Worten, die Okkupation ist eine Schlußfolgerung aus dem Naturrecht. Den Einwand, die Okkupation knüpfe sich an eine äußere Thatsache, kann man auch den andern Erwerbsarten entgegenhalten. Ohne äußere Thatsache geht es beim Erwerb äußerer Güter nun einmal nicht ab. Aber nicht die äußere Thatsache begründet das innere Recht oder den Rechtstitel, sondern der allgemeine Rechtssatz, der die Möglichkeit und Erlaubtheit des Vollzugs jener Thatsache ausspricht [4]. „Wenn man diesen Acker schlechthin betrachtet, liegt kein Grund vor, warum er mehr diesem als jenem gehören solle; wenn man ihn aber betrachtet in Rücksicht auf den gedeihlichen Anbau und die ungestörte Pflege, so liegt eine gewisse Angemessenheit vor, daß er dem einen und nicht dem andern gehöre." [5] Nun aber kann der Acker ursprünglich nur durch Okkupation in das Eigentum jemands übergehen. Also ist die Okkupation ein rechtmäßiger Erwerbstitel.

Die Okkupation schließt die Arbeit nicht aus, sondern ein. Die Arbeit kann aber nicht für sich allein der ursprünglichste Erwerbstitel sein.

Weiter soll nicht bestritten werden, daß die Okkupation überall durch die staatliche Gesetzgebung umgrenzt wurde. Allein diese bildet nicht den innern Grund für die Rechtsgültigkeit [6]. Im Anfang gab es überhaupt noch keinen Staat. Der gesetzgeberische Wille des Stammvaters und der ersten Familienhäupter war, um rechtsgültig zu sein, ebenso an das Naturgesetz gebunden wie der spätere Staat. Thatsächlich wurde der

---

[1] In Iob 1, 3.

[2] Cf. 2. 2. 117, 2 ad 2: Antiqui, quae habebant, in pecoribus habebant.

[3] In Iob 29, 6.

[4] Vgl. Cathrein, Moralphilosophie I, 446; H. Pesch, Liberalismus und Sozialismus und christliche Gesellschaftsordnung I, 333.   [5] 2. 2. 57, 3 c.

[6] Ein staatliches Obereigentum weist Thomas zurück, cf. quodl. 12, 24 ad 1.

Titel der Okkupation auch überall anerkannt. Nur der ärgste Staats=
sozialismus könnte ihn prinzipiell ausschließen.

Die positiven Gesetze gehen sogar noch weiter als das Naturrecht,
indem sie auch einen Eigentumserwerb auf Grund der **Präskription**
(Verjährung) zulassen. Die kirchlichen Gesetze dulden diesen Erwerb nur,
wenn er bona fide geschieht. Bezüglich der Präskription mala fide „besteht
ein Gegensatz zwischen dem bürgerlichen und kanonischen Recht, da nach dem
staatlichen Recht eine solche Ersitzung gültig ist, während sie es nach dem
kanonischen Recht nicht sein kann. Der Grund dieses Gegensatzes liegt
in dem verschiedenen Zweck, den der staatliche Gesetzgeber verfolgt; er
will nämlich den Frieden unter den Bürgern wahren und befestigen,
der gestört würde, wenn die Präskription nicht gültig wäre. Denn jeder,
der wollte, könnte kommen und sagen: dieser Besitz war einmal mein
Eigentum. Der Zweck des kanonischen Rechts aber geht auf den Frieden
der Kirche und das Heil der Seelen. Niemand kann aber in der Sünde
gerettet werden, noch für die Beschädigung oder Wegnahme fremden
Gutes ohne Rückerstattung Buße thun. Demnach gilt: Wer im guten
Glauben Besitz präskribiert, ist nicht zur Restitution verpflichtet, auch wenn
er nach der Verjährung erfährt, es sei fremder Besitz gewesen. Denn
das Gesetz kann einen für seinen Fehler und seine Nachlässigkeit an seinem
Besitz strafen und denselben einem andern geben und verleihen. Wer
aber wissentlich eine fremde Sache in Besitz nimmt, ist verpflichtet, den
Fehler gut zu machen und für den angerichteten Schaden durch Rück=
gabe Genugthuung zu leisten“ [1].

2. Die Arbeit.

Schon bei der Okkupation freier Naturgaben geht es nicht ohne
Arbeit ab. Welch eminente Bedeutung aber der Arbeit im gesamten
Wirtschaftsleben zukommt, zeigte die Erörterung der Wertlehre. Der
menschliche Bedarf und die Zufuhr der Natur entsprechen sich nicht, und
zudem hat die menschliche Nachfrage bei gleichbleibendem Angebot von
seiten der Natur die Tendenz, zu steigen. Der Mangel der beiderseitigen
Natur zwingt also den Menschen, zu arbeiten. Aber ihre Vorzüge er=
lauben ihm das auch. Zwar fehlen ihm die Werkzeuge und Waffen, die
Schutzmittel und Fertigkeiten, womit die Tiere meistens sogar von Anfang
an ausgestattet sind, findet er nicht wie diese das fertige Material vor.
Dennoch überragt er die Tierwelt in unendlicher Weise durch den Besitz
der Vernunft und der Hand. Jene giebt ihm die Befugnis, über alle

---

[1] Quodl. 12, 24 c; cf. 4 sent. 41, 1, 5, 1 ad 2.

Geschöpfe zu herrschen, diese die Möglichkeit, die erkannten Zwecke in die Materie einzuführen. „Die Hände sind dem Menschen gegeben an Stelle aller Werkzeuge, die den Tieren zum Schutze, zum Angriff oder zur Bedeckung (cooperimentum) gegeben sind, denn alles das verschafft sich der Mensch durch die Hand." [1] Anstatt der naturwüchsigen Hilfs= und Schutzmittel „hat der Mensch Vernunft und Hände, mit denen er sich Waffen und Schutzmittel und was er sonst zum Leben braucht, in zahllosen Arten herstellen kann. Daher heißt die Hand auch Werkzeug der Werkzeuge. Das entsprach auch viel mehr der vernünftigen Natur, welche zahlloser Auffassungen fähig ist, so daß sie die Möglichkeit besitzt, zahllose Werkzeuge herzustellen" [2].

Da ein Mensch aber nicht allen Erfordernissen gewachsen ist, so veranlassen eben dieselben Bedürfnisse nicht nur die Arbeit, sondern auch, wie noch genauer zu zeigen sein wird, das gesellschaftliche Leben und die gesellschaftliche Arbeit (Arbeitsteilung) [3].

Das Gleichgewicht der Bedürfnisse und Kräfte ist ein Beweis für eine zwecksetzende Ursache. „Nichts auf Erden geschieht ohne Grund. Das zeigt sich besonders deutlich darin, daß alle Dinge eine ihrer Bethätigungs= weise entsprechende Veranlagung besitzen. Die natürlichen Anlagen der Dinge sind deshalb offenbar nicht ohne Ursache, sondern wegen eines festgesetzten Zweckes. In diesem Sinne heißt es: ‚Der Mensch wird zur Arbeit geboren wie der Vogel zum Flug.' Da die Bewegung, welche die Natur des Vogels erfordert, das Fliegen ist, braucht er seiner Natur nach geeignete Vorrichtungen zum Fliegen: Flügel und Federn. Der Mensch aber, der Vernunft besitzt, mit der er durch eigene Arbeit alle notwendigen Hilfsmittel sich verschaffen kann, kommt ohne alle die Hilfs= mittel, welche die Natur den andern Lebewesen gab, zur Welt, d. h. ohne Kleidung, ohne Waffen 2c., Dinge, welche er sich durch eigene Arbeit mittels der Vernunft herstellen konnte." [4]

Nach dem Darwinismus, auf den der Sozialismus schwört, muß es ganz merkwürdig erscheinen, daß allein der Mensch, der sich im Kampf ums Dasein über alle andern Wesen emporarbeitete, schutz= und hilf= loser als diese zur Welt kommt und lange Zeit braucht, um zu einiger Selbständigkeit zu gelangen.

Ist der einzige Zweck der Arbeit die Produktion und der Güter= erwerb? Das ist wohl der nächste und für die Menschheit im ganzen naturnotwendige Zweck, aber nicht der einzige. Schon bei dem erstgenannten

[1] 3 anim. 13 b; cf. 2. 2. 187, 3 ad 1.

[2] I, 91, 3 ad 2; cf. 1. 2. 5, 5 ad 1; de reg. princ. I, c. 1; op. XIX, c. 5; quodl. 7, 17 c.   [3] Cf. de reg. princ. I, c. 1.   [4] In Iob 5, 7.

Zweck darf, wie überall, die Beziehung zum letzten Ziel nicht außer acht gelassen werden. Die Arbeit erhält so eine höhere Weihe, sie ist nicht mehr rein physische, sondern sittliche That. Aber auch unmittelbar kann der Arbeit ein mehr oder minder hoher sittlicher Charakter zukommen, insofern durch sie das Leben erhalten, der Müßiggang gemieden, die körperlichen Strebungen gezügelt und die Mittel beschafft werden, um andern Wohlthaten zu erweisen. Ehe das Gesagte durch Thomas näher erläutert werden soll, sei kurz auf die Unterscheidung der Ausdrucksweise aufmerksam gemacht. Unter labor manualis versteht Thomas „jede Thätigkeit, durch die sich die Menschen erlaubterweise den Unterhalt verschaffen, geschehe sie nun mit den Händen, den Füßen oder der Zunge. Denn von den Nachtwächtern, Läufern und ähnlichen Kategorien, die von ihrer Arbeit leben, sagt man: Sie leben von ihrer Hände Arbeit. Da die Hand das Werkzeug der Werkzeuge ist, wird unter Handarbeit jede Thätigkeit verstanden, wodurch man sich erlaubterweise den Unterhalt erwerben kann" [1]. Die Weise, in der Thomas vom labor manualis redet, bezeugt, daß ihm das opus manuale im allgemeinen identisch ist mit dem opus corporale [2].

„Die eigentlich körperliche Arbeit hat einen vierfachen Zweck. Der erste und Hauptzweck ist der Erwerb des Unterhalts; deshalb wurde dem ersten Menschen auch angekündigt: ‚Im Schweiße deines Angesichtes sollst du dein Brot essen' (Gen. 3, 19). An zweiter Stelle erscheint als Zweck die Beseitigung des Müßiggangs, der viele Übel mit sich bringt. ... Der dritte Zweck ist die Bezähmung der Begierde, insofern dadurch der Körper abgehärmt wird. ...[3] Viertens soll die Arbeit das Almosengeben ermöglichen; daher heißt es (Eph. 4, 28): ‚Wer gestohlen hat, stehle jetzt nicht mehr, vielmehr arbeite er, mit seinen Händen Gutes wirkend, damit er etwas habe zur Mitteilung an den Notleidenden.'" [4]

---

[1] 2. 2. 187, 3 c; im weitesten Sinn faßt er labor manualis quodl. 7, 17 c: Manus, quia ad plurima opera necessaria est, dicitur organum organorum in 3 de anima; et ideo per operationem manualem intelligitur non solum, quod manibus fit, sed quodcumque officium homo agit, de quo licite possit victum acquirere, sub labore manuum comprehenditur. Non enim videtur rationabile, quod magistri artis mechanicae possint vivere de arte sua, et magistri artium liberalium non possint vivere de arte sua. Similiter et advocati possunt vivere de patrocinio, quod praestant in causis, et similiter est de omnibus aliis licitis occupationibus. Dagegen unterscheidet er an anderer Stelle (2. 2. 187, 3 ad 1, ob. 2; cp. XIX, c. 5, 5 et 7) die Arbeit der architecti, advocati, iudices, doctores, praedicatores, communi bono servientes ausdrücklich vom labor manualis.

[2] Cf. 2. 2. 122, 4 ad 3; 187, 3 ob. 2; op. XIX, c. 5; in Eph. 4, 28.

[3] Ohne die Sünde wäre die Arbeit nicht mühevoll, sondern nur angenehm gewesen, cf. I, 102, 3 c; 2 sent. 17, 3, 2 ad 7.   [4] 2. 2. 187, 3 c.

Ist die Arbeit nach diesem vierfachen Zweck auch notwendig? „In=
sofern die Arbeit auf den Erwerb des Lebensunterhalts gerichtet ist,
ist sie als notwendig geboten, weil notwendig zur Erreichung jenes Zweckes.
Denn was sich auf einen Zweck bezieht, erhält von diesem den Charakter
der Notwendigkeit, so daß es insoweit notwendig ist, als ohne es der
Zweck nicht möglich ist. Wer daher keinen andern Unterhaltsbezug hat, muß
körperlich arbeiten, mag er welch Standes immer sein. — Das beweisen
die Worte des Apostels: ‚Wer nicht arbeiten will, soll auch nicht essen‘,
mit andern Worten: mit der Notwendigkeit muß jemand körperlich (manibus)
arbeiten, als er essen muß. Könnte deshalb jemand, ohne zu essen, sein
Leben hinbringen, so wäre er nicht gehalten, zu arbeiten. Und die nämliche
Bewandtnis hat es mit denen, die keinen andern erlaubten Unterhalts=
bezug haben. Denn es kann nicht so aufgefaßt werden, als könne jemand
etwas thun, was zu thun nicht erlaubt ist. Daher wird man finden, daß
der Apostel die körperliche Arbeit nur befohlen habe, um die Sünde derer
auszuschließen, die auf unerlaubte Weise ihren Unterhalt gewannen. Denn
zunächst gebietet der Apostel die körperliche Arbeit, um den Diebstahl fern=
zuhalten, wie aus Eph. 4, 28 erhellt: ‚Wer stahl, stehle nun nicht mehr,
vielmehr arbeite er mit den Händen wirkend.‘“ [1] Die körperliche Arbeit
ist (ähnlich wie die Fortpflanzung) für die Menschheit als Gattung ein
naturrechtliches Gebot, nicht aber für jeden Einzelnen, da in der Gesell=
schaft auch andere Berufsarten notwendig sind. Für den Einzelnen wird
die körperliche Arbeit zur Pflicht, wenn er nichts zum Leben hat oder
nur auf unerlaubte Weise seinen Unterhalt gewinnen kann [2]. „Ferner (ist
die Arbeit notwendig), um die Begierde nach fremdem Gut aus=
zuschließen; in diesem Sinne heißt es 1 Thess. 4, 11. 12: ‚Möget ihr mit
euern Händen arbeiten, wie wir euch geboten haben, und ehrbar wandeln
denen gegenüber, welche draußen sind!‘ Schließlich um schändliche Be=
schäftigungen nicht aufkommen zu lassen, durch die manche ihren
Unterhalt erwerben; so sagt er: ‚Denn wir haben euch, da wir bei euch
waren, das anbefohlen: wenn einer nicht arbeiten will, so soll er auch
nicht essen. Wir haben nämlich gehört, daß einige unter euch unstet
wandeln, indem sie nichts arbeiten, sondern geschäftig thun‘, d. h. nach
der Glossa ordinaria: ‚die durch verabscheuungswürdige Sorge sich das
Notwendige verschaffen‘. ‚Denselben gebieten wir und ermahnen sie, daß sie,
still arbeitend, ihr Brot essen sollen (2 Thess. 3, 10—12)‘. ... Insofern
aber die körperliche Arbeit die Beseitigung des Müßiggangs oder
das Abhärmen (maceratio) des Körpers bezweckt, ist sie, an sich

---

[1] Ibid.
[2] Cf. in 2 Thess. 3, 10; 2. 2. 187, 3 ad 1; op. XIX, c. 5; quodl. 7, 17 c.

Zweck darf, wie überall, die Beziehung zum letzten Ziel nicht außer acht gelassen werden. Die Arbeit erhält so eine höhere Weihe, sie ist nicht mehr rein physische, sondern sittliche That. Aber auch unmittelbar kann der Arbeit ein mehr oder minder hoher sittlicher Charakter zukommen, insofern durch sie das Leben erhalten, der Müßiggang gemieden, die körperlichen Strebungen gezügelt und die Mittel beschafft werden, um andern Wohlthaten zu erweisen. Ehe das Gesagte durch Thomas näher erläutert werden soll, sei kurz auf die Unterscheidung der Ausdrucksweise aufmerksam gemacht. Unter labor manualis versteht Thomas „jede Thätigkeit, durch die sich die Menschen erlaubterweise den Unterhalt verschaffen, geschehe sie nun mit den Händen, den Füßen oder der Zunge. Denn von den Nachtwächtern, Läufern und ähnlichen Kategorien, die von ihrer Arbeit leben, sagt man: Sie leben von ihrer Hände Arbeit. Da die Hand das Werkzeug der Werkzeuge ist, wird unter Handarbeit jede Thätigkeit verstanden, wodurch man sich erlaubterweise den Unterhalt erwerben kann" [1]. Die Weise, in der Thomas vom labor manualis redet, bezeugt, daß ihm das opus manuale im allgemeinen identisch ist mit dem opus corporale [2].

„Die eigentlich körperliche Arbeit hat einen vierfachen Zweck. Der erste und Hauptzweck ist der Erwerb des Unterhalts; deshalb wurde dem ersten Menschen auch angekündigt: ,Im Schweiße deines Angesichtes sollst du dein Brot essen' (Gen. 3, 19). An zweiter Stelle erscheint als Zweck die Beseitigung des Müßiggangs, der viele Übel mit sich bringt.... Der dritte Zweck ist die Bezähmung der Begierde, insofern dadurch der Körper abgehärtet wird...[3] Viertens soll die Arbeit das Almosengeben ermöglichen; daher heißt es (Eph. 4, 28): ,Wer gestohlen hat, stehle jetzt nicht mehr, vielmehr arbeite er, mit seinen Händen Gutes wirkend, damit er etwas zur Mitteilung an den Notleidenden.'" [4]

---

[1] 2. 2. 187, 3 c; im weitesten Sinn faßt er labor manualis quodl. 7, 17 c: Manus, quia ad plurima opera necessaria est, dicitur organum organorum in 3 de anima; et ideo per operationem manualem intelligitur non solum, quod manibus fit, sed quodcumque officium homo agit, de quo licite possit victum acquirere, sub labore manuum comprehenditur. Non enim videtur rationabile, quod magistri artis mechanicae possint vivere de arte sua, et magistri artium liberalium non possint vivere ex arte sua. Similiter et advocati possunt vivere de patrocinio, quod praestant in causis, et similiter est de omnibus aliis licitis occupationibus. Dagegen unterscheidet er an anderer Stelle (2. 2. 18.... 1. ob. 2; op. XIX, c. 5, 5 et 7) die Arbeit der architecti, advocati .... praedicatores, communi bono servientes ausdrücklich ....

[2] Cf. 2. 2. 122, 4 ad 3; 187, 3 ob. 2; op. X....

[3] Ohne die Sünde wäre die Arbeit nicht .... gewesen, cf. I, 102, 3 c; 2 sen 17, 3, 2 ad 7 ....

Ist die Arbeit nach diesem vierfachen Zweck auch notwendig? „In=
sofern die Arbeit auf den Erwerb des Lebensunterhalts gerichtet ist,
ist sie als notwendig geboten, weil notwendig zur Erreichung jenes Zweckes.
Denn was sich auf einen Zweck bezieht hält von diesem den Charakter
der Notwendigkeit, so daß es insoweit notwendig ist, als ohne es der
Zweck nicht möglich ist. Wer daher keinen andern Unterhaltsbezug hat, muß
körperlich arbeiten, mag er welch Stand immer sein. — Das beweisen
die Worte des Apostels: ‚Wer nicht arbeiten will, soll auch nicht essen‘,
mit andern Worten: mit der Notwendigkeit muß jemand körperlich (manibus)
arbeiten, als er essen muß. Könnte deshalb jemand, ohne zu essen, sein
Leben hinbringen, so wäre er nicht gehalten zu arbeiten. Und die nämliche
Bewandtnis hat es mit denen, die keinen andern erlaubten Unterhalts=
bezug haben. Denn es kann nicht so aufgefaßt werden, als könne jemand
etwas thun, was zu thun nicht erlaubt ist. Daher wird man finden, daß
der Apostel die körperliche Arbeit nur befohlen habe, um die Sünde derer
auszuschließen, die auf unerlaubte Weise ihren Unterhalt gewannen. Denn
zunächst gebietet der Apostel die körperliche Arbeit, um den Diebstahl fern=
zuhalten, wie aus Eph. 4, 28 erhellt: ‚Wer stahl, stehle nun nicht mehr,
vielmehr arbeite er mit den Händen wirkend.‘ [1] Die körperliche Arbeit
ist (ähnlich wie die Fortpflanzung) für die Menschheit als Gattung ein
naturrechtliches Gebot, nicht aber für den Einzelnen, da in der Gesell=
schaft auch andere Berufsarten notwendig sind. Für den Einzelnen wird
die körperliche Arbeit zur Pflicht, wenn er nichts zum Leben hat oder
nur auf unerlaubte Weise seinen Unterhalt gewinnen kann [2]. „Ferner (ist
die Arbeit notwendig), um die Begierde nach fremdem Gut aus=
zuschließen; in diesem Sinne heißt es 1 Thss. 4, 11. 12: ‚Möget ihr mit
euern Händen arbeiten, wie wir euch geboten haben, und ehrbar wandeln
denen gegenüber, welche draußen sind!‘ Schließlich um schändliche Be=
schäftigungen nicht aufkommen zu lassen, durch die manche ihren
Unterhalt erwerben; so sagt er: ‚Denn wir haben euch, da wir bei euch
waren, das anbefohlen: wenn einer nicht arbeiten will, so soll er auch
nicht essen. Wir haben nämlich gehört, daß einige unter euch unstet
wandeln, indem sie nichts arbeiten, sondern geschäftig thun‘, d. h. nach
der Glossa ordinaria: ‚die durch verabscheuungswürdige Sorge sich das
Notwendige verschaffen‘. ‚Denselben gebieten wir ... ... nen sie, daß sie,
still ar... ... ... Insofern
aber ... ... ggangs oder
de ... ... ut, ist sie an sich

...; op. XIX, c. ... quodl. 7, 17c

betrachtet, nicht notwendig geboten, da auf vielfach andere Weise als
durch körperliche Arbeit das Fleisch in Zucht gehalten und ebenso der
Müßiggang gehoben werden kann.... Insofern die körperliche Arbeit
das Almosengeben ermöglichen soll, ist sie nicht als notwendig ge=
boten, man müßte denn in einem bestimmten Fall notwendig Almosen
zu geben verpflichtet sein, ohne sonstwie die Mittel zur Unterstützung der
Armen erhalten zu können." [1]

Kritische Würdigung.

Liberalismus und Sozialismus machen sich in rein wirtschaftlicher
Beziehung, wie schon gezeigt wurde, einer Überschätzung der Arbeit aber
nach entgegengesetzter Richtung schuldig. Beide vernachlässigen trotz ihres
Materialismus die materiellen Bedingungen der Arbeit. Der Liberalismus
rückt dann zu sehr die Initiative des Individuums in den Vordergrund.
Er beachtet nicht, daß der Erwerb von Eigentum nur in der Gesell=
schaft möglich ist, und daß eine fester stehende Anerkennung desselben
nur statthat, wenn die Gesellschaft überhaupt ein über ihr stehendes Recht
anerkennt. Der Sozialismus verfällt dem entgegengesetzten Extrem. Nach
ihm verhält sich der Mensch zur Arbeit mehr passiv. Durch die Arbeit
geschah die Entwicklung vom Tierreich ins Menschentum. Die Arbeit muß
ihm durch die fortschreitende Technik den Genuß aller möglichen Erden=
güter und damit sein höchstes Glück ermöglichen. Das alles ist aber nur
durch gesellschaftliche Arbeit möglich. Der Gesellschaft gebührt des=
halb die Frucht der Arbeit. Letzterer Gedanke weist auf eine wesentliche
Lücke in der liberalen Anschauung hin. Aber die Verbesserung ist eine
Verschlimmbesserung, indem sie das Individuum vollständig den Launen
einer übersouveränen Gesellschaft unterwirft. Nicht nur der dem Einzelnen
zufallende Ertrag wird von der Gesellschaft bestimmt, sondern auch die
Arten von Arbeiten, denen überhaupt ein Ertrag zufällt; es sind die
sog. produktiven Arbeiten, deren Umfang nach der beschränkt materia=
listischen Anschauung sich in engen Grenzen hält. Soweit die geistige
Arbeit nicht deutliche Beziehungen zum materiellen Erwerb aufweist,
wird ihr von der Gesellschaft kein Lohn zu teil. Nun sind aber viele
Arbeiten, die mit der Wirtschaft selbst unmittelbar nichts zu thun haben,
auch für eine gedeihliche gesellschaftliche und wirtschaftliche Entwicklung
wichtiger als manche rein ökonomische Unternehmungen. Allein darüber
ist mit dem Sozialismus keine Verständigung zu erzielen.

---

[1] 2. 2. 187, 3 c; cf. op. XIX, c. 5; quodl. 7, 17; in Thess. 4, 14; in
Eph. 4, 27; in 2 Thess. 3, 10 sqq.; cg. III, c. 135.

Man wirft dem Katholizismus eine Unterschätzung der Arbeit vor.
Relativ mag dies gegenüber der Überschätzung des Liberalismus[1] und
Sozialismus[2] der Fall sein. Allein hinter der theoretischen Übertreibung
steckt, wie die tägliche Erfahrung zeigt, thatsächlich oft eine praktische
Geringschätzung. Um sich oder wenigstens seine Nachkommen von der
Plage der Arbeit zu befreien, werden möglichst rasch Reichtümer zu er=
raffen gesucht. „Wer die Habgier Liebe zur Arbeit nennen würde, weil
die Menschen aus Habgier arbeiten, würde diese nicht recht bezeichnen;
denn die Habsüchtigen suchen die Arbeit nicht als Ziel, sondern als Mittel
zum Ziel; als Ziel suchen sie vielmehr den Reichtum."[3] Erst das Christen=
tum brachte eine richtige Wertschätzung aller, auch der niedrigsten Arbeit[4].
Vorher war die körperliche Arbeit allgemein verachtet. Es bedurfte weiterhin
vieler Anstrengungen der „faulen Mönche", die germanischen Völker von
der Kriegsarbeit zur friedlichen Kulturarbeit zu erziehen[5]. Allerdings
kamen auch Leute ins Kloster, die sich von der Arbeit frei machen wollten,
ja es gab Mönche, welche behaupteten, Mönche dürften nicht arbeiten.
Beides weist Thomas mit Augustinus entschieden zurück[6].

Aber bereits die Erwägung, daß die Arbeit nicht Selbstzweck, sondern
nur Mittel zum Zweck sei, warnt vor einseitiger Übertreibung. Erst der
eigentliche Zweck kann wie überall eine richtige Bewertung der Arbeit
vermitteln. Nach dem Sozialismus kann unmittelbarer Zweck sein innere
und äußere Kultur, mittelbarer Zweck nur der äußere Erfolg. Mit dem
erstgenannten Zweck könnte Thomas einverstanden sein[7], wenn die Kultur
wirklich nach ihrem ganzen Umfang und im richtigen Verhältnis in
Betracht käme. Auch der materielle Erfolg ist nicht zu unterschätzen. Aber

---

[1] „Die Arbeit selbst, deren veredelnden Einfluß bürgerliche Ökonomen und
Moralisten so gern schildern, wurde für die Proletarier zunächst eine Quelle weiterer
Erniedrigung, nicht Erhebung. . . . Zeit zu leben, sich zu bilden, gönnt das Kapital
dem Proletarier nicht, wenn es nicht muß. Wo es keine Schranken findet, da läßt
es die Arbeit bis zu völliger Erschöpfung fortsetzen" (Kautsky a. a. O. S. 189).
[2] „Was wir sind und haben, sind und haben wir durch die Arbeit.
Der Arbeit verdanken wir alles" (Liebknecht, Was die Sozialdemokraten sind
und was sie wollen, Berlin 1891, S. 9).   [3] 2. 2. 19, 3 c.
[4] Vgl. S. Weber, Evangelium und Arbeit, Freiburg 1898, S. 3 ff.
[5] Wo das Christentum einem modernen Heidentum Platz machen muß, beginnt
wieder die „große Arbeit" beutegieriger Helden der Spekulation höher geschätzt zu
werden.   [6] Cf. quodl. 7, 18 c; 2. 2. 187, 4 c; in Matth. 6, 25.
[7] In Ioan. 15, 1: Cum colere sit studium impendere, dupliciter aliquid
colimus, vel ut id, quod colimus, melioretur, et hoc modo colimus agrum vel
aliquid tale. Alio modo ut nos melioremur per ipsum. Et hoc modo homo colit
sapientiam. Für die Verbindung beider Zwecke vergleiche man das weiter oben
über Zweck und Notwendigkeit der Arbeit Gesagte.

er ist für sich allein weder des Menschen würdig, noch bietet er ein volles Äquivalent für die Daner und Unlust der Arbeit. Manche mögen sich vielleicht durch äußere Ehren für längere Zeit entschädigt halten. Aber die meisten und darunter recht viele mühevolle Arbeiten können nur durch materielle Güter vergolten werden. Die rasch vorübergehenden Genüsse, welche diese ermöglichen, stehen nicht im Verhältnis zur Mühe.

Nur das Christentum weist die höhere Beziehung der Arbeit auf, giebt ihr den eigentlich sittlichen Wert. Letztes Ziel derselben ist das letzte Ziel des Menschen überhaupt, und das ist ein wahrhaft würdiges und an kraft- und trostvollen Motiven für den Willen reiches Ziel. Der Gedanke an die Erlösung aus Mühe und Not und an eine überreiche Vergeltung wirkt ganz anders als der Hinweis, als Menschheitsatom an dem großen (vergänglichen) Kulturbau mitgewirkt zu haben. Die Arbeit in christlicher Auffassung, ob geistig oder körperlich, bedeutend oder gewöhnlich, packt den ganzen innern Menschen, d. h. vor allem auch den Willen. Jetzt braucht der Mensch nicht Unlust, Opfer und Anstrengung ängstlich gegen die Kürze der Zeit und der Mittel, die ihm zum Genießen zur Verfügung steht, abzuwägen. Die Anstrengung muß ihm noch dazu dienen, den Leib der Vernunft und den höhern Zwecken dienstbar zu machen. Auf den eigenen Genuß weiß er zu Gunsten des Nächsten zu verzichten. Kann es eine schönere sittliche That geben als das höchste Ziel im Auge, für das nächste Ergebnis der Arbeit gleich den Nächsten mit zu berück- sichtigen. Man bedarf auf christlichem Standpunkte nicht der höchst ungleich- artigen und unzuverlässigen epikureischen Gleichungen.

Daß von hier aus das beschauliche Leben ceteris paribus höher ge- schätzt wird als das werkthätige, ist selbstverständlich [1]. Jenes bringt dem höhern Ziele näher. Beide Lebensarten sind aber nicht vollständig zu trennen [2]. Das kontemplative hat die Tendenz, dem Nächsten und der Gesellschaft sich nützlich zu erweisen, und das aktive Leben sucht die Wurzeln seiner Kraft im kontemplativen Leben. Man braucht nicht gleich zu befürchten, daß ein übergroßer Teil der Menschheit das kontemplative Leben wählt. Wenn man denen, welche sich der Betrachtung Gottes und seiner Werke widmen, Faulheit vorwirft [3], so kann man das ebenso gegen- über denen, die sich mit philosophischen oder irgendwie wissenschaftlichen Studien abgeben. Waren Plato und Aristoteles faul und für die Mensch- heit unnützlich? Haben Bernhard von Clairvaux und Thomas von Aquin

---

[1] Cf. op. XIX, c. 5; 2. 2. 182, 1 c.

[2] Cf. 2. 2. 179, 1 c; 2 ad 2.

[3] Op. XVII, c. 16: Non est otiosus, qui verbo Dei tantum studet, nec pluris est, qui extra operatur, quam qui studium cognoscendae divinitatis exercet.

ihre und die kommende Zeit weniger intensiv und ungünstiger beeinflußt als Heinrich IV. und Friedrich II.? Was immer über die materiell=sinnliche und technisch=wirtschaftliche Sphäre hinausragt, vermag in der materialistischen Anschauung keine Heimstätte und keine Norm der Be=urteilung zu finden.

Der Christ verzichtet auf die thöricht=stolze Überschätzung der Arbeit, wie sie der Liberalismus und Sozialismus pflegen. Er ist sich seiner Abhängigkeit von den notwendigen Vorbedingungen der Arbeit, der eigenen Arbeitsfähigkeit und Fruchtbarkeit der Natur und dem, der beide ge=schaffen, voll bewußt. Nur durch die Verbindung mit dem Schöpfer, der den Menschen in die Arbeit eingewiesen, ist sie segensreich. Unter dieser Rücksicht wird die Gesellschaft, die weitere Bedingung einer gedeihlichen Arbeit, nicht zu kurz kommen.

3. Vertragsformen.

In unserm heutigen, auf Arbeitsteilung und Tausch beruhenden Wirtschaftsleben kommt der eigentlichen Okkupation nur eine ganz unter=geordnete Bedeutung zu. Die Arbeit aber, auch wo sie mit eigenen Arbeitsmitteln geschieht, wird hauptsächlich auf marktfähige Produkte ver=wendet. An die Stelle der Produktion für den eigenen Bedarf (Natural=wirtschaft) ist die Produktion für andere (Geldwirtschaft, Weltmarkt) ge=treten. Der vertragsmäßige Austausch vermittelt aber nicht nur die Produkte, er verbindet auch die Produktionselemente. Führt schon das Auf= und Niederwogen der Menschenalter beständige Veränderungen und Verschiebungen in den Besitzverhältnissen herbei, so unvergleichlich mehr die fortwährende Ausgleichung in den Mitteln der Produktion und Kon=sumtion. Jederzeit befindet sich ein großer Teil des Volksvermögens auf Reisen und manchmal recht abenteuerlichen Reisen. Nicht nur die sog. Mobilien, auch der immobile Besitz geht heute „spazieren" und zwar ziemlich rasch auf dem Blitz des Drahtes.

Nichts wichtiger daher als die Grundsätze und Regeln des Tausch=verkehrs und ihre Beobachtung. Ein Teil der Gerechtigkeit bezieht sich speziell auf den Austausch und hat von ihm den Namen (iustitia commu-tativa). Sie fordert ein Verhältnis des tantum — quantum und regelt so die verschiedenen ökonomischen Vertragsformen. Ein Vertrag entsteht durch die ausdrückliche oder stillschweigende Zustimmung über Leistung und Gegenleistung [1]. Er begründet ein rechtlich verbindliches Verhältnis (debi-tum legale) im Unterschied von dem moralischen Sollen (debitum morale), wie es die Dankbarkeit, die Freundschaft, die Freigebigkeit, der Anstand

---

[1] Cf. 2. 2. 78, 2 c; 4 sent. 27, 2, 1 c.

mit sich bringen [1]. Doch müssen, damit die rechtliche Verpflichtung der Verträge von der öffentlichen Autorität anerkannt werde, im besondern Fall auch die gesetzlich vorgeschriebenen Formen eingehalten werden [2]. Auch hier ist (wie schon hervorgehoben) die Anerkennung eines Naturrechts, an dem das positive Gesetz Norm und Halt findet, von der größten Bedeutung. Wo nur Opportunitätsgründe zur Einhaltung der privaten und öffentlichen Verträge veranlassen, da ist kein gedeihliches gesellschaftliches Zusammenleben möglich, da wird Recht zur Willkür. Das Lächeln des negierenden, auf thönernen Füßen menschlicher Macht oder Ohnmacht stehenden Positivismus imponiert deshalb so wenig wie sein schließliches Ideal, der sozialdemokratische Zukunftsstaat.

a) Kauf und Verkauf.

Von diesem Vertrag war schon bei Darlegung der Wertlehre ausführlich die Rede. Hier seien nur einige kurze Bemerkungen nachgetragen.

Im Kauf und Verkauf zeigt sich die Natur des Vertrags am deutlichsten. „Mit der Bezeichnung Kauf und Verkauf sind alle nicht unentgeltlichen Verträge gemeint." [3] „Beim Austausch wird dem Einzelnen eine Gegenleistung zu teil für eine von ihm erhaltene Sache, wie das am augenscheinlichsten beim Kauf und Verkauf sich zeigt, bei dem in erster Linie das Wesen des Austauschs sich findet." [4] In diesem allgemeinen Sinne heißt es: „Zur Erhaltung der menschlichen Gesellschaft trägt am meisten die Thatsache bei, daß sich die Menschen durch Kauf und Verkauf die Besitzgegenstände, die sie bedürfen, mitteilen." [5]

Unter dem in einer Gegend zu einer bestimmten Zeit üblichen Tauschwert darf niemand, auch die Kaufleute nicht, zu kanfen und über dem Tauschwert nicht zu verkaufen suchen. Teurer, als man einkaufte, kann man verkaufen, „entweder weil man die Sache verbesserte, oder weil der Preis nach der Verschiedenheit von Ort und Zeit sich änderte, oder wegen der Gefahr, der man sich aussetzt, indem man eine Sache von einem Ort an einen andern transportiert oder transportieren läßt" [6]. Für den Kaufmannsgewinn kommen in der Regel nur die beiden letzten Bestimmungsgründe in Betracht. Wo der Handel angeht, da beginnt die Konjunktur und das Risiko. Wer diesem Geldgewinn nachgeht, muß kundig sein, „was die Menschen besitzen, was davon im Preise am höchsten steht,

---

[1] Cf. 1. 2. 99, 5 c; 2. 2. 23, 3 ad 1; 78, 2 ad 2; 80, 1 c; 102, 2 ad 2; 106, 1 ad 2; 4 ad 1; 114, 2 c.   [2] Cf. 4 sent. 36, 1, 5 c.
[3] 2. 2. 100, 1 ad 5.   [4] 2. 2. 61, 2 c.
[5] 1. 2. 105, 2 ob. 3.   [6] 2. 2. 77, 4 ad 2.

wo um den höchsten Preis verkauft wird und in welcher Weise, z. B. zu welcher Zeit und unter welchen Umständen. . . . Wer daraus Geld ge= winnen will, muß wissen, was davon am teuersten ist und an welchen Orten, da in einzelnen Gegenden manche Waren im Überfluß vorhanden sind, so daß er dort kauft, wo Überfluß besteht, und dort verkauft, wo die Waren gesucht sind"[1]. Das kaufmännische Risiko ist ein sehr unter= schiedliches. Der binnenländische Handelsverkehr ist sicherer als der über= seeische. Dieser wirft aber auch höhern Gewinn ab[2].

Für viele ist der Handel die Veranlassung zu Prellerei und Wucher, wovon die staatliche Gesetzgebung nur die gröbern Formen bestrafen kann. Das göttliche Gesetz bestraft jede Art Ungerechtigkeit[3].

b) Arbeit und Lohn.

Wird nicht das Eigentum, sondern nur der Gebrauch einer Sache verkauft, dann kommt ein Miet= bezw. Pachtvertrag zu stande. Ein solcher Vertrag ist selbstverständlich nur möglich, wo der Gebrauch vom Eigentum der Sache getrennt und darum für sich verkauft werden kann[4]. Da Miete und Pacht eine Art Kauf (Kauf der Nutzung) sind, gelten für sie dieselben Normen des Tauschwerts und Preises wie vom eigentlichen Kauf. Gewisse Schwierigkeiten bringt aber ein besonders gearteter Miets= vertrag mit sich, nämlich der Lohn= oder Arbeitsvertrag, durch den ein Arbeiter die Nutzung seiner Arbeitskraft verkauft.

Wenn auch der Arbeitsvertrag heute eine unvergleichlich bedeuten= dere Rolle spielt als jemals früher, so ist er doch nichts spezifisch Neues. Ein Arbeitsvertrag liegt überhaupt allen persönlichen Diensten, die nach freier Übereinkunft geleistet werden, zu Grunde, also auch der Mühe= waltung der Advokaten, Ärzte u. s. w. „Wer Kenntnisse besitzt und kein Amt annahm, durch das er verpflichtet ist, andern seine Kenntnisse nutz= bar zu machen, kann erlaubterweise einen Preis für seine Lehre oder seinen Rat annehmen, nicht als ob er damit die Wahrheit oder die Kenntnisse verkaufe, sondern indem er seine Mühewaltung verdingt."[5] „Wenn auch die Rechtswissenschaft etwas Geistiges ist, so geschieht ihre Anwendung doch durch körperliche Bemühung. Daher ist es erlaubt, als Entgelt dafür Bezahlung anzunehmen, sonst dürfte kein Künstler durch seine Kunst etwas verdienen."[6]

---

[1] 1 pol. 9 b.   [2] Cf. ibid. c.
[3] Cf. 2. 2. 77, 1 ad 1; 4 c et ad 3; cf. quodl. 2, 10 ad 2.
[4] Cf. 2. 2. 78, 1 c; quodl. 3, 19 c.
[5] 2. 2. 100, 3 ad 3; cf. 4 sent. 25, 3, 2, 2 c et ad 8.
[6] 2 2. 71, 4 ad 2; cf. c et ad 3.

Sowohl äußere Umstände wie der Einfluß des Christentums be=
günstigten im Mittelalter den Stand der Entlohnung. Das Herkommen,
das sich so herausbildete, war eine starke Schutzmacht. Als aber der
Geldpreis bedeutend zu sinken begann, und das Geld immer mehr die
alten Naturalien verdrängte, wurde das Herkommen arbeiterfeindlich;
verderblicher jedoch wurde die wachsende Profitgier, die den Lohn noch
herabsetzte[1]. Der Weltmarktspreis, die Konkurrenz, sagte man, bestimmt
den Preis aller Waren, also auch der Ware Arbeit. Der Weltmarkts=
preis verlangte natürlich ein beständiges Sinken bezw. Niederhalten
des Arbeitslohnes. Hier glaubte man am meisten sparen zu können.
Der wirtschaftliche Wettkampf geschah großenteils auf Kosten der Ar=
beiter[2]. Der Lohn wurde auf ein so niederes Niveau herabgedrückt, daß
die Arbeiter gerade noch existieren konnten. Wie immer, fand sich zur
Praxis auch die rechtfertigende Theorie. Es war ein Axiom der National=
ökonomie, daß es so sein müsse (Lohnfondstheorie). Mit dem „ehernen
Lohngesetz“ gab man der von Lassalle eingeleiteten Bewegung die schärfste
Waffe in die Hand. Aber die Thatsache, daß man auch von Partei
wegen jenes „Gesetz“ schon längst fallen ließ, beweist, daß der Weltmarkt
mit sich reden läßt. Vielfache Erfahrung hat sogar gezeigt, daß jene
Länder und Industrien am billigsten arbeiten, welche die Arbeit am
teuersten bezahlen[3]. Hohe Löhne sind kein Nationalunglück. Die Arbeiter
werden dadurch (ökonomisch) nicht bloß leistungsfähiger, sondern auch
kauffräftiger. Schritt für Schritt mit dem Steigen des Lohnes bildet sich
die ganze Lebenshaltung der einzelnen Arbeiterschichten um. Die neuen
Bedürfnisse werden bald zu notwendigen, an denen man zäher festhält
als an den von Natur notwendigen, der Nahrung, Kleidung und Heizung.
Es bildet sich so in den verschiedenen Arbeiterkategorien eine neue Art
Herkommen, der sog. standard of life, unter den sie sich nicht hinabdrücken
lassen. Wenn einmal alle Berufsstände organisiert sind, dann wird nicht
leicht wieder eine Ausbeutung stattfinden, wie sie nur in einer atomisierten
Gesellschaft möglich war, worin der Polizeistaat jeden Zusammenschluß
vereitelte. Im dunkeln Mittelalter wären die kapitalistischen Ungeheuerlich=
keiten, wie sie Marx schildert, undenkbar gewesen. Für viele Berufe war
die genossenschaftliche Organisation sogar in mustergültiger Weise gelöst.

---

[1] Vgl. für England „Kapital“ I, 684: „Aus ihrem goldenen Zeitalter, wie
Thornton richtig sagt, stürzte die englische Arbeiterklasse ohne alle Zwischenübergänge
in das eiserne.“

[2] Vgl. Lassalle a. a. O. S. 26.

[3] Vgl. L. Brentano, Über das Verhältnis von Arbeitslohn und Arbeits=
zeit zur Arbeitsleistung, 2. Aufl., Leipzig 1893.

Wie bei jedem gegenseitig belastenden Vertrag müssen auch beim Arbeitsvertrag die Normen der Gerechtigkeit eingehalten werden. „Lohn gebührt einem Arbeitenden in zweifacher Weise. Erstens als Schuld der gesetzlichen Gerechtigkeit, wenn ein Vertrag besteht zwischen dem Arbeiten= den und dem, für den die Arbeit geschieht, so daß der Arbeiter den andern zum Zahlen zwingen kann. Zweitens als Schuld der freund= schaftlichen (moralischen) Gerechtigkeit; wenn jemand einem andern mit seiner Arbeit einen Freundschaftsdienst erweist, dann gehört es sich, daß dieser ihm in seiner Weise vergilt, wenn man ihn auch nicht gerichtlich dazu anhalten kann. Es sind die zwei Arten der Gerechtigkeit, die der Philosoph („Ethik‘, 8. B.) unterscheidet." [1] „Verdienst und Lohn beziehen sich auf das nämliche. Lohn heißt eine Entschädigung, die einem als Gegenleistung für Mühe und Arbeit, gleichsam als Preis derselben er= stattet wird. Wie daher die Hingabe des gerechten Preises für eine von einem andern erhaltene Sache ein Akt der Gerechtigkeit ist, so ist auch die Zahlung des Lohnes für Mühe und Arbeit ein Akt der Gerechtig= keit. Die Gerechtigkeit ist aber nach dem Philosophen eine bestimmte Gleichheit." [2] „Der Lohn bedeutet eine Gleichheit der Gerechtigkeit; darum sagt auch der Apostel: ‚Dem Arbeitenden wird der Lohn nach Gebühr zugerechnet.‘" [3] „Der Lohnunterschied richtet sich nach dem Unterschied in der Arbeit." [4] „Ein Austausch (communicatio) findet im eigentlichen Sinne dann statt, wenn durch gegenseitige Leistungen der eine dem andern etwas schuldig wird; so wird z. B. infolge der Thatsache, daß jemand im Wein= berg eines andern arbeitete, dieser zum Schuldner des erstern, in dem Maße, als dessen Arbeit wert ist (in tanto, quantum valet). Hier giebt die kommutative Gerechtigkeit die Norm an." [5] Der Ausgleich ist ein Quantitätsverhältnis, in welchem nicht nur die Zeit und die Menge, sondern auch die Qualität der Arbeit berücksichtigt werden muß. „Der Lohn richtet sich nach der Qualität." [6] „Wo die Arbeit vorzüglicher ist, soll auch der Lohn vorzüglicher sein." Die Arbeit kann aber wegen ver= schiedener Umstände vorzüglicher sein, unter anderm wegen der Art der Arbeit (ex specie operis) und der Größe der Arbeit (ex quantitate laboris). Hinsichtlich des erstgenannten Unterschieds „wird der höher gelohnt, der eine wertvollere (dignior) Arbeit verrichtet, wie der Betriebsleiter gegen= über dem Handarbeiter, mag jener auch körperlich weniger arbeiten" [7].

---

[1] Op. XIX, c. 7; cf. 1. 2. 114, 1 ob. 3.

[2] 1. 2. 114, 1 c; cf. cg. III, c. 149; in Hebr. 11, 6.

[3] III, 49, 6 c; cf. in 1 Cor. 3, 9.   [4] In 1 Cor. 3, 10.

[5] 3 sent. 33, 3, 4, 5 ad 2.   [6] In Hebr. 2, 2.   [7] In 1 Cor. 3, 8.

Der Ausgleich beim Lohn ist aber kein bloß technisches Verhältnis wie die Amortisation einer Maschine. Der Arbeiter ist eben keine Maschine, sondern eine freie menschliche Persönlichkeit. „Es ist ein Gebot des Natur=recht3, daß der Mensch von seiner Arbeit lebt. Denn der Arbeiter ist seines Lohnes wert. Dies wurde vom Schöpfer dem Menschen eingeräumt: ‚Im Schweiße deines Angesichts sollst du dein Brot essen‘ (Gen. 3, 19).“ [1] Nach Thomas kann aber die unterste Lohngrenze nicht das äußerste physische Existenzminimum sein, da der Mensch nicht bloß für sich allein lebt, und da er, wie Thomas anderwärts [2] zeigt, nicht bloß leben, sondern auch anständig leben will und soll. Andere Anhaltspunkte giebt Thomas bei Besprechung des Advokatenhonorars an. Die Advokaten dürfen für den geleisteten Rechtsschutz und Rat ein Entgelt fordern ebenso wie die Ärzte und andere Personen für ihre Mühewaltung, da sie hierzu an sich nicht verpflichtet sind [3], und da jeder von seiner Arbeit leben darf [4]. Nur sollen sie gemäßigte Forderungen stellen „mit Berücksichtigung der Lage der Personen, der Geschäfte, der Arbeit und der heimischen Ge=pflogenheit. Wenn sie aber unredlicherweise übermäßig etwas auspressen, sündigen sie gegen die Gerechtigkeit“ [5]. Diese Rücksichten müssen selbst=verständlich nicht bloß die Arbeitnehmer, sondern auch die Arbeitgeber üben.

Die Vorenthaltung des gerechten Arbeitslohnes ist eine himmel=schreiende Sünde und steht so in einer Reihe mit dem Mord. Das siebente Gebot „verbietet jede ungerechte Wegnahme; viele Gründe müssen uns bestimmen, dasselbe zu beobachten. Ein Grund liegt in der Schwere der Sünde; sie wird nämlich dem Mord gleichgeachtet. Eccli. 34, 25 ff.: ‚Das Brot der Armen ist das Leben des Armen; wer ihn darum bringt, ist ein Mörder‘; und weiterhin an derselben Stelle: ‚Wer Blut vergießt und seinen Taglöhner betrügt, sind Brüder‘“ [6]. Ferner soll die Lohnzahlung nicht verschoben werden. Thomas macht den Einwurf: „Wie ein Lohn=arbeiter seine Arbeit vermietet (locat operas suas), so vermieten auch andere ihr Haus oder andere Gegenstände. Es ist aber nicht notwendig, daß der Mieter sofort den Preis für das vermietete Haus bezahlt. Es scheint demnach zu hart gewesen zu sein, wenn befohlen wird: ‚Der Lohn des Taglöhners soll bei dir nicht bleiben bis an den Morgen.‘“ [7] Darauf erwidert Thomas: „Die Taglöhner, die ihre Arbeit vermieten, sind Arme, die durch ihre Arbeiten den täglichen Unterhalt erwerben; daher ordnete das Gesetz weise an, daß ihnen sogleich der Lohn aus=bezahlt werde, damit ihnen nicht der Lebensunterhalt abginge. Jene

---

[1] Quodl. 12, 29 ob. 2; cf. in 1 Cor. 9, 9.   [2] Cf. in Matth. 6, 11; 1 eth. 1 a.
[3] Cf. 2. 2, 71, 4 c.   [4] Cf. op XIX, c. 7.   [5] 2. 2. 71, 4 c.
[6] Op. IV, de septimo praecepto legis.   [7] 1. 2. 105, 2 ob. 6.

dagegen, die andere Dinge vermieten, pflegen reich zu sein und bedürfen nicht so sehr des Mietpreises für den täglichen Unterhalt. Es waltet also in beiden Verhältnissen nicht dieselbe Rücksicht ob."[1]

Noch andere Gesichtspunkte liegen in dem eben Gesagten beschlossen, die auch in den modernen Arbeiterschutz= und Arbeiterversicherungsgesetzen mehr und mehr Berücksichtigung fanden. Die ganze Existenz des Arbeiters und seiner Familie beruht auf der Arbeitskraft des Arbeiters und ist nicht von seiner Person zu trennen. Muß er seine Arbeit unter hygienisch und sittlich ungünstigen Umständen verrichten, so leidet darunter seine ganze Persönlichkeit (Sonntagsruhe, Maximalarbeitszeit, Gesetze für Schutz der Gesundheit, des Lebens und der Sittlichkeit). Findet er keine Arbeit, wird er krank, invalid, altersschwach, stirbt er, so fehlt ihm oder der Familie auch die Einnahmemöglichkeit (private und staatliche Versicherung). Teilweise ist schon Vorsorge getroffen. Die Witwen= und Waisenver= sorgung steht auch schon auf der Tagesordnung. Das schwierigste und, wie es scheint, solange die Arbeiter nicht organisiert sind, im großen und ganzen unlösbare Problem bleibt die Arbeitslosenversicherung. Auch für andere wichtige Institutionen, wie Arbeiterausschüsse, Einigungsämter, Schiedsgerichte u. s. w., bleibt die Organisation das erste und letzte Wort.

Ein anderes Postulat ist die Durchdringung der öffentlichen Meinung mit sozialem Reformeifer. Der Sozialismus hat in diesem Punkte die Arbeitersache sehr geschädigt. Anstatt an die gegebenen Thatsachen anknüpfend eine schrittweise Hebung der Arbeiterklasse anzustreben, schürte man den Klassenhaß, hielt man den Arbeitern unerreichbare Phantome vor, entriß man ihnen die wahren Ideale und gab ihnen dafür ein Bündel hochtrabender Phrasen und Hypothesen.

c) Das Gelddarlehen.

Wir haben schon gesehen, daß alle Funktionen des Geldes (Tausch= mittel, Wertmaßstab, Wertaufbewahrer und Zahlungsmittel) in engster Beziehung zum Austausch stehen. Geld als Geld fungiert nur in der Zirkulationssphäre, es ist kein Produktionsmittel. Um zu produzieren, muß man sein Geld fortgeben. Das Geld ist ein Kunstmittel des Verkehrs. Weil alle ökonomischen Werte durch das Geld bezogen werden können, hat man den Reichtum überhaupt Geld genannt. Das Geld bildet nur den künstlichen Reichtum eines Landes im Gegensatz zum natürlichen Reichtum (den Mitteln der Produktion und Konsumtion), der jenem logisch und historisch vorausgeht. An sich unfruchtbar, kann das Geld in

---

[1] Ibid. ad 6.

einem bestimmten Stadium des Wirtschaftslebens den natürlichen Reich=
tum in Fluß bringen, zweckmäßig lösen und verbinden helfen und so
zur Erweiterung und Potenzierung der Produktion beitragen. Auch hier
wirkt das Geld nur als äußere und indirekte, nie als innere und direkte
Ursache der Produktion.

Diesem Verhältnis entspricht die kirchliche Gesetzgebung. Einen in nern
Grund, von Gelddarlehen Zins zu erheben, erkennt die Kirche bis heute
nicht an. Dagegen hat sie von jeher sog. äußere Zinstitel gelten
lassen. In der Naturalwirtschaft des Mittelalters diente das geliehene
Geld „in der Regel — und die Regel war, daß jeder Produzent die
nötigen Produktionsmittel selbst besaß — nur zu Zwecken unproduktiver
Ausgaben" [1]. Im Laufe der Zeit ist aber das Verhältnis gerade ein
umgekehrtes geworden. Heute ist das Produktivdarlehen die Regel, das
Konsumtivdarlehen die Ausnahme, und da die Gesetze immer für die
Regel gelten, muß auch die Anwendung der kirchlichen Zinslehre heute
eine andere sein als früher. Die Lehre selbst hat sich nicht geändert.
Die folgenden Aufstellungen von Thomas sind deshalb keine überwundenen
Irrtümer.

„Zins für ausgeliehenes Geld zu nehmen, ist an sich ungerecht, weil
etwas verkauft wird, was nicht vorhanden ist; das ist offenbar eine
Ungleichheit, die der Gerechtigkeit widerspricht. Um das klar zu erkennen,
muß man erwägen, daß es Dinge giebt, deren Gebrauch ihr Ver=
brauch ist. So verbrauchen wir den Wein, wenn wir ihn zum Trinken
gebrauchen, und das Getreide, wenn wir es zum Essen benützen. In
derlei Dingen darf deshalb der Gebrauch nicht von der Sache getrennt
in Anrechnung gebracht werden; wem die Nutzung überlassen wird, dem
wird damit auch die Sache überlassen. In solchen Dingen wird deshalb
durch das Darlehen das Eigentum übertragen. Wer darum den Wein
verkaufen wollte und getrennt davon die Nutzung des Weines, würde
dieselbe Sache zweimal verkaufen, oder er würde das verkaufen, was
nicht existiert; er würde daher offenbar eine Sünde der Ungerechtigkeit
begehen. Aus dem gleichen Grunde begeht eine Ungerechtigkeit, wer Wein
oder Getreide ausleiht, indem er eine zweimalige Rückleistung sich aus=
bedingt, die eine als Rückgabe der gleichen Sache, die andere aber für
den Gebrauch (usus), welche man Zins (usura) nennt. Es giebt aber
auch Dinge, deren Benutzung nicht ihr Verbrauch ist; so ist z. B. die
Benutzung des Hauses seine Bewohnung, nicht aber seine Zerstörung.
Darum kann in solchen Dingen jedes von beiden getrennt überlassen

---

[1] Kautsky, Das Erfurter Programm S. 59.

werden, so wer einem andern das Eigentum an seinem Hause überträgt
unter Vorbehalt des Gebrauchs für eine bestimmte Zeit; oder umgekehrt,
wer einem die Benutzung des Hauses überläßt unter Vorbehalt des
Eigentums für sich. Deshalb kann man erlaubterweise einen Preis für
den Gebrauch des Hauses annehmen und außerdem das vermietete Haus
beanspruchen, wie es thatsächlich bei der Vermietung eines Hauses ge=
schieht. Das Geld jedoch ist nach dem Philosophen hauptsächlich zur Be=
werkstelligung des Austauschs eingeführt; danach ist der eigentliche und
hauptsächliche Gebrauch des Geldes sein Verbrauch, d. h. seine Entfernung
(vom Benützer), insofern es im Tauschverkehr ausgegeben wird. Aus
diesem Grund ist es an sich unerlaubt, für die Benützung des ausgeliehenen
Geldes einen Preis, d. h. Zins, zu fordern; und wie man überhaupt
verpflichtet ist, andern ungerechten Erwerb zurückzuerstatten, so muß man
auch das Zinsgeld zurückgeben." [1]

Irrigerweise glaubten manche den Grund der Verschiedenheit in
einem andern Punkt zu finden. „Manche sagen, ein Haus und ein Pferd
werden durch ihre Verwendung abgenützt, und dafür kann man ein
Entgelt annehmen; das Geld aber wird nicht abgenützt. Allein dieser Grund
ist nichtig. Denn danach könnte man gerechterweise für ein vermietetes
Haus keinen höhern Preis annehmen, als die Abnützung ausmacht." [2]

Ebensowenig darf für das Darlehen ein anderes in Geld schätzbares
Entgelt gefordert werden [3]. Es besteht im allgemeinen nur der Rat, nicht
das Gebot, zu leihen. Wer aber leiht, muß es unentgeltlich thun [4]. Da=
gegen steht nichts im Wege, daß der Borger dem Entleiher aus freien
Stücken für den Freundschaftsdienst einen höhern Betrag zurückerstattet,
als er erhält. Das darf aber nicht auf Grund eines ausdrücklichen oder
stillschweigenden Vertrags erwartet werden [5].

Überall dort, wo der Gebrauch des Geldes nicht sein Verbrauch
ist, darf dieser Gebrauch wie der aller andern Güter verkauft werden.
Primär ist die Verwendung des Geldes das Ausgeben. Aber „es ist
noch eine sekundäre Verwendung des Geldes möglich, wenn man z. B.
das Geld zum Schaugepränge oder zur Stellvertretung eines Pfandes
überläßt; einen solchen Gebrauch des Geldes kann man erlaubterweise
verkaufen" [6].

---

[1] 2. 2. 78, 1 c; cf. ad 5; de malo XIII, 4 c et ad 5; 3 sent. 37, 1, 6 c;
op. IV, de septimo praecepto legis; in psalm. 14, 5.

[2] De malo XIII, 4 ad 4; cf. 3 sent. 37, 1, 6 c.

[3] Cf 2. 2. 78, 2 ad 3 et 4; de malo XIII, 4 ad 13

[4] Cf. 2. 2. 78, 1 ad 4.   [5] Cf. de malo XIII, 4 ad 10; 2. 2. 78, 2 ad 2.

[6] 2. 2. 78, 1 ad 6; de malo XIII, 4 ad 15.

Von dem Grundsatz, vom Geld als solchem keinen Zins zu nehmen, giebt es keine Ausnahme, Geld erzeugt kein Mehrgeld. Dagegen kann, wie schon gesagt, durch äußere Umstände eine Berechtigung zum Bezug einer bestimmten Zinsquote entstehen. So erkennt Thomas ausdrücklich den Zinstitel des damnum emergens und wenigstens implicite den des lucrum cessans an. „Wer ein Darlehen giebt, kann ohne Sünde in den Vertrag mit dem Darlehensempfänger die Entschädigung für den Schaden aufnehmen, durch den ihm etwas entgeht, was ihm zukommen sollte; denn diese Forderung heißt nicht den Gebrauch des Geldes verkaufen, sondern den Schaden meiden, und möglicherweise meidet der Darlehens= empfänger einen größern Schaden als der Darlehensgeber. Deshalb gleicht der Empfänger des Darlehens den Schaden des andern aus." [1] Wie durch das Ausleihen, so konnte auch infolge verzögerter Rückgabe dem Aus= leiher ein Schaden erwachsen. „Infolge der Hingabe des Darlehens kann dem Darleiher in zweifacher Weise ein Schaden an seinem Besitz er= wachsen. Erstens dadurch, daß ihm das Geld zur bestimmten Frist nicht zurückerstattet wird; in diesem Falle ist der Darlehensempfänger zur Ver= gütung (interesse) verpflichtet. Zweitens kann er einen Schaden erleiden innerhalb der festgesetzten Zeit; in diesem Falle ist der Darlehensempfänger nicht zur Vergütung verpflichtet. Der Ausleiher mußte sich vorsehen, daß ihm kein Schaden entstehe. Wer ein Darlehen erhielt, braucht keinen Schaden zu tragen wegen der Unverständigkeit des Darleihers. Ähnlich ist es ja auch beim Kauf. Wer eine Sache kauft, zahlt gerechterweise so viel dafür, als sie wert ist; nicht aber so viel, als der Verkäufer dadurch geschädigt wird, daß er sie entbehren muß." [2]

Wenn man für den Schaden eine Vergütung fordern darf, ist es dann nicht erlaubt, für den entgehenden Gewinn, der ja auch ein Schaden ist, einen Ersatz zu verlangen? Bis zu einem gewissen Grade ist diese Folgerung in jenem Zugeständnis eingeschlossen, und der Sinn der thomistischen Darlegungen schließt sie auch nicht unter allen Umständen aus. Allein der Schaden, von dem hier die Rede ist, bedeutet eine Ein= buße von dem, was man bereits besitzt, während der Gewinn sich auf einen künftigen Besitz bezieht, einen Besitz, dessen Größe nicht genau be= stimmt werden kann, einen Besitz, der nur durch Umsicht und Fleiß und, namentlich in früherer Zeit, nicht so einfachhin zu machen ist. Scheinbar verwirft Thomas den Zinstitel des entgehenden Gewinnes überhaupt [3].

---

[1] 2. 2. 78, 2 ad 1.
[2] De malo XIII, 4 ad 14; cf. 2 2. 78, 3 c.
[3] Vgl. Cathrein a. a. O. S. 314.

Die zweite Art, nämlich die Vergütung eines wirklichen Schadens, wurde bereits erwähnt.[1] „Die Ersetzung des Schadens, den man darin erblickt, daß von dem Gelde kein Gewinn gemacht wird, kann nicht in den Vertrag aufgenommen werden, weil man nicht verkaufen darf, was man noch nicht hat, und an dessen Besitz man auf vielerlei Weise gehindert werden kann."[2]

Letzteres Moment ist wohl zu beachten. In dem Maße, in welchem der Gewinn aufhört, ein unsicherer zu sein, wird er auch beim Darlehensvertrag in Rechnung kommen dürfen. Daß in diesem Fall seiner Anerkennung als berechtigter Zinstitel vom thomistischen Standpunkt nichts im Wege steht, zeigt der Sinn anderer Stellen. „Man kann in zweifacher Weise Schaden erleiden: Erstens durch die Wegnahme seines in Händen befindlichen Besitzes; ein solcher Schaden muß immer durch eine gleichwertige Entschädigung vergütet werden; wer z. B. einem durch Zerstörung seines Hauses einen Schaden zufügt, ist zu so viel verpflichtet, als das Haus wert ist. Zweitens kann der Schaden darin bestehen, daß man gehindert wird an der Erwerbung eines Gegenstandes, auf dessen Besitz man erst zustrebte. Ein solcher Schaden braucht nicht nach dem gleichen Werte vergütet zu werden; denn der virtuelle Besitz ist weniger wert als der aktuelle. Wer aber auf dem Wege zum Erwerb ist, besitzt den Erwerbsgegenstand erst virtuell oder potentiell. Würde die Entschädigung so ausfallen, daß er denselben aktuell besitzt, so würde ihm der Schaden nicht einfach, sondern vielfach ersetzt; das gehört aber nicht zur notwendigen Restitution. Jedoch ist er zu einer solchen Entschädigung verpflichtet, wie sie dem Verhältnis der Personen und der Geschäfte entspricht."[3] „Wer die Saat unterwühlt, ist nicht zu so viel verpflichtet, als die Frucht des Ackers wert sein wird, sondern zu so viel, als ein so eingesäter Acker wert zu sein pflegt, da die Erreichung der Ackerfrüchte noch durch viele Ursachen gehindert werden kann. Analog verhält es sich mit dem Gläubiger, dem eine Schuld nicht zur rechten Zeit zurückerstattet wird. Denn der Schuldner ist nicht verpflichtet, so viel zurückzugeben, als Gewinn hätte gemacht werden können, sondern nach der Schätzung des Gewinnes, der gemacht zu werden pflegt nach Gegenrechnung der Arbeit und auch der widrigen Umstände, die sonst beim Gewinnbezug in Betracht kommen können, da der Gewinn nicht bloß durch das Geld verursacht wird, sondern (auch) durch Aufwand von Fleiß und Mühe."[4]

Ohne Zweifel haben wir hier implicite eine Anerkennung des lucrum cessans. Die Wahrscheinlichkeit, einen Gewinn zu machen, war im Mittel-

---

[1] Vgl. S. 362 Zit. 1.   [2] 2. 2. 78, 2 ad 1.   [3] 2. 2. 62, 4 c.
[4] 4 sent. 15, 1, 5, 2 ad 4; cf. 2. 2. 62, 4 ad 1 et 2.

alter nicht so groß. Mit dem Grade der Sicherheit des Gewinnes ent=
steht oder wächst auch die Berechtigung des Zinsbezugs.

Man hat aus der Zinslehre folgern wollen, Thomas anerkenne nur
die Arbeit als wertbildendes Prinzip. Mit Unrecht, wie schon aus den
eben zitierten Stellen hervorgeht. Die eine oder andere Stelle läßt aller=
dings bei isolierter Betrachtung jene Deutung zu, so wenn es heißt:
„Aller Nutzen, der dem Empfänger des Darlehens aus dem geliehenen
Geld und über dasselbe hinaus zufällt, hat seinen Grund in dem Fleiß
dessen, der das Geld mit Scharfsinn verwendet hat; ich darf aber nicht
den Fleiß des andern zum eigenen Vorteil verkaufen, wie ich auch nicht
für den Unverstand des andern büßen muß.“ [1] „Wie schon gesagt, giebt
es Dinge, deren Gebrauch ihr Verbrauch ist, die nach dem Recht keinen
Nießbrauch haben. Wenn derartige Güter (wie Geld, Getreide, Wein
u. s. w.) durch Wucher ausgepreßt wurden, so ist der Wucherer nur
so viel zu restituieren verpflichtet, als er erhielt, weil das durch derlei
Dinge Erworbene nicht die Frucht dieser Dinge, sondern des menschlichen
Fleißes ist.“ [2]

Zur Erklärung dieser Sätze genügt das bereits Gesagte. Das Geld
konnte wohl auch im Mittelalter eine Bedingung des Erwerbs sein (habet
rationem materiae) [3]; diese Bedingung zu setzen, das Geld gewinnbringend
zu verwenden, war aber damals nicht so einfach und leicht wie heute.
Die Hauptsache (causa principalis [4] — habet rationem causae activae) war
nicht das Geld (causa instrumentalis), sondern der Scharfsinn (sagaciter
uti) und der Fleiß (industria et labor). Mit dem Gelde verhält es sich
nach Thomas wie mit Getreide und Wein. Ist man etwa schon ein An=
hänger der Arbeitstheorie, wenn man es für unbillig erklärt, außer dem
Preis für das Getreide und den Wein noch einen Extraprofit zu fordern
mit Rücksicht auf einen etwaigen Gewinn, den der Käufer macht?

Daß Thomas die Arbeit nicht als allein wertbildend ansieht, zeigt
ein Blick auf die Dinge, die beim Gebrauch nicht verbraucht werden.
Während das Geld nur Mittel= oder Hilfsursache der Produktion sein
kann, sind jene Dinge unmittelbar aktive und der Arbeit im Produktions=
prozeß koordinierte Ursachen. „Wer das Haus oder den Acker eines andern
erwuchert hätte, wäre nicht nur zur Rückgabe des Hauses oder Ackers,
sondern auch der daraus gewonnenen Früchte verpflichtet; denn sie sind
die Früchte von Dingen, deren Eigentum einem andern zusteht, und des=
halb sind sie diesem geschuldet.“ [5] Hier könnte jemand einwenden, Thomas

---

[1] 3 sent. 37, 1, 6 ad 4.   [2] 2. 2. 78, 3 c.
[3] Cf. ibid. ad 1; quodl. 3, 19 ad 1.   [4] Cf. 2. 2. 78, 3 ad 3.
[5] Ibid. c.

abstrahiere von der Arbeit, was natürlich ebensowenig zutrifft, da nach ihm in solchen Fällen die Arbeit und die Kosten, soweit sie notwendig und zweckmäßig sind, in Ansatz gebracht werden dürfen bezw. müssen.

Da das Geld das Mittel zur Erlangung der Produktionselemente und damit des mit diesen erzielten Gewinnes sein kann, so kommt ihm diesbezüglich eine gewisse Ähnlichkeit mit den eigentlich produktiven Gütern zu. Ein bereits angeführtes Beispiel ließ das deutlich erkennen. Unzweideutig tritt dies beim Gesellschaftsvertrag hervor. Beim Darlehen über= nimmt der Darlehensuchende, beim Gesellschaftsvertrag behält der Darleiher das Eigentum, die eventuelle Verwendung für Zwecke der Produktion und das Risiko — und daher auch den etwaigen Gewinn. „Wer Geld aus= leiht, überträgt das Eigentum dem Darlehensempfänger, daher haftet dieser mit eigener Gefahr für das Geld und ist verpflichtet, dasselbe voll= ständig zurückzustellen. Mehr darf darum der Ausleiher nicht fordern. Wer aber sein Geld einem Kaufmann oder Produzenten nach Art eines Gesellschaftsvertrags anvertraut, überträgt demselben n i c h t das Eigentum an seinem Gelde, sondern das verbleibt ihm. In diesem Fall macht der Kaufmann auf die Gefahr des Gebers hin mit dessen Geld Geschäfte, oder arbeitet damit der Produzent. Hier kann jener erlaubterweise einen Teil des aus dem Unternehmen entspringenden Gewinnes als von s e i n e r Sache verlangen.“ [1] „Je mehr jemand bei Handelsgeschäften zum gesell= schaftlichen Kapital beitrug, desto größer ist der Teil (des Gewinnes), den er erhält.“ [2]

Fünftes Kapitel.
Besitz und Verwendung des Eigentums.
I.
Allgemeines.
1. Die Gemeinsamkeit des Gebrauchs.

Mit dem rechten und gerechten Erwerb ist erst eine Seite der auf das Eigentum bezüglichen Pflichten erfüllt; beim Antritt des Besitzes harren deren weitere. Die Hauptregel für die Verwaltung und Ver= wendung des Eigentums liegt schon in den Grundsätzen für den Erwerb ausgesprochen, für den der Besitz und Gebrauch der zeitlichen Güter wohl nächster, aber nicht letzter Zweck sein darf. Die zeitlichen Güter sind für ihren Besitzer bona utilia [3] oder sie sollen es wenigstens sein.

---

[1] 2. 2. 78, 2 ad 5.   [2] 5 eth. 6 c; cf. 8 eth. 14 d.
[3] Cf. I, 5, 6 c et ad 2; 2. 2. 117, 3 c.

Der Begriff des utile ist aber nicht gleichbedeutend mit Ziel, sondern mit Weg, Mittel zum Ziel [1]. „Der Gebrauch (usus) geschieht mit den Mitteln zum Ziel." [2] Die Bestimmung darüber hängt zunächst und vorzüglich vom Willen ab als dem ersten Beweger. „Der Gebrauch ist im eigentlichen Sinne ein Akt des Willens." [3] „Alles, was für irgend einen Zweck nützlich ist, kann gut und schlecht gebraucht werden." [4] „Es ist tugendhaft, das, was man schlecht gebrauchen kann, gut zu gebrauchen." [5] Der gute Wille und die rechte Beziehung zum letzten Ziele hängt ab von der Liebe zu Gott (charitas). Sie ist der Maßstab und die Norm für die Schätzung und Verwendung aller Dinge. Damit hängt eine andere Regel enge zusammen. Der Mensch erstrebt das letzte Ziel nicht als Einzel=, sondern als Gesellschaftswesen. Der Gebrauch des Eigentums kann daher nicht ohne Rücksicht auf die sozialen Beziehungen stattfinden. Nach Thomas ist es strenge Pflicht, sie zu berücksichtigen. Außer der Befugnis des Erwerbs und der Verwaltung „steht dem Menschen betreffs der äußern Dinge weiterhin deren Verwendung zu; und in dieser Beziehung darf der Mensch jene Dinge nicht als eigene, sondern als gemeinsame besitzen, d. h. er muß dieselben in der Not anderer gern (de facili) mitteilen. Darum sagt der Apostel: ‚Den Reichen dieser Welt befiehl, gern zu geben und mitzuteilen von ihren Gütern u. s. w.'" [6]

„Die zeitlichen Güter, die dem Menschen von Gott übertragen werden, gehören ihm in Bezug auf das Eigentum; aber in Bezug auf den Gebrauch haben sie nicht nur ihm zu gehören, sondern auch andern, denen damit ausgeholfen werden kann, insofern ihr Besitzer daran Überfluß hat. Deshalb sagt Basilius: ‚Wenn du bekennst, sie (nämlich die zeitlichen Güter) von Gott erhalten zu haben, ist Gott ungerecht, wenn er uns die Güter ungleich verteilt? Warum hast du Überfluß, jener aber bettelt? Deshalb, damit du dir das Verdienst einer guten Verteilung (bonae dispensationis merita) erwerbest, jener aber mit dem Preis (braviis) der Geduld ausgezeichnet werde. Es ist das Brot der Hungrigen, das du zurückhältst (tenes), das Kleid des Nackten, das du im Zimmer verwahrst, der Schuh des Unbeschuhten, der in deinem Besitz vermodert, das Geld des Dürftigen, das du vergraben hast. Daher

---

[1] Cf. I, 62, 9 ad 2; 1. 2. 16, 3 c; 1 sent. 31, 2, 1 ad 5.

[2] Cf. 1 sent. 1, 4, 2 c; 31, 2, 1 ad 5; 2 sent. 44, 1, 1 ad 5.

[3] 1. 2. 16, 1 c. Da der Wille eine Vernunftfähigkeit ist, wäre es absurd, bei den unvernünftigen Wesen von einem Gebrauch zu reden (cf. ibid. 2).

[4] 4 eth. 1 f.   [5] 2. 2. 117, 1 c.   [6] 2. 2. 66, 2 c.

begehst du so viele Sünden, als du geben könntest.' In dem nämlichen
Sinne spricht sich Ambrosius aus."[1] „Von Gott erhalten wir alles;
was wir das Meinige und Deinige nennen, sind leere Worte.
Wenn du von deinem Hause sprichst, so hast du ein Wort gesprochen, das
keine Bedeutung hat; denn auch die Luft, der Boden und der Mauerstein
gehören dem Schöpfer, auch du selbst, der das Haus gebaut hat. Wenn
aber auch der Gebrauch dir gehört, so ist er zweifelhaft, nicht nur wegen
des Todes, sondern auch wegen der Veränderlichkeit der Dinge. Du be=
sitzest deine Seele nicht, wie kann der äußere Besitz dir gehören?
Der Herr will aber, daß dieses dein gehöre, was dir für deine
Brüder anvertraut wurde; es wird aber das Deinige, wenn du es
für andere ausgeteilt hast. Wenn du aber das Deinige übermäßig
für dich verwendest, so ist es schon Fremdes geworden. Aber wegen
der Begierde nach Reichtum führen die Menschen vor Gericht Prozesse
(Chrys.)."[2]

Wenn es heißt: Der Gebrauch muß ein allgemeiner sein, so
ist das nicht so zu verstehen, daß der Eigentümer seinen Besitz mit jedem
Beliebigen teilen muß; in diesem Fall wäre das Eigentumsrecht illu=
sorisch. Nur der in der äußersten Not Befindliche hat ein striktes Recht
auf Unterstützung aus fremdem Eigentum. Die Anteile, die beim all=
gemeinen Gebrauch in Frage kommen, sind sehr verschieden. Nach zwei
Gesichtspunkten kann die Anteilnahme erfolgen: 1. nach der Freund=
schaft mit dem Eigentümer, 2. nach der Not der Empfänger.
Wo beide Beziehungen gemischt sind, muß nach den Regeln der Klugheit
die Zuteilung erfolgen.

„Da der Gebrauch des Reichtums dazu bestimmt ist, den Bedürf=
nissen des gegenwärtigen Lebens entgegenzukommen (ein Entgegenkommen,
das geordnet sein muß), so weicht offenbar derjenige von der Tugend
ab, der den Reichtum nicht zu jenem Zweck gebraucht oder ihn schlecht
verwendet. Die Ordnung der Hilfeleistung muß eine doppelte Rücksicht
beachten: 1. Die Personen, die unterstützt werden, und hier muß
man zuerst für sich, dann für seine Angehörigen und schließlich für
die Fernerstehenden (extraneis) sorgen. 2. Die Größe der Not, und
hier muß die Ordnung dahin gehen, daß man eher der absoluten
Not (Gefahr für die Existenz) abhilft als der bedingten, die dann
vorliegt, wenn man etwas zur schicklichen Bewahrung seines Standes
notwendig hat."[3]

---

[1] 2. 2. 32, 5 ad 2.   [2] Caten. in Luc. 6, 30.
[3] 4 sent. 15, 2, 1, 4 c.

2. Die Ordnung der Charitas.

Da die Ordnung der Selbst= und Nächstenliebe das Fundament ist, auf dem beide Beziehungen fußen, so muß zunächst jene Ordnung ge= nauer umschrieben werden. Die Selbst= und Nächstenliebe stehen sich nicht als Gegensätze gegenüber, auch nicht als getrennte Beziehungen. So mag sie allenfalls die moderne Ethik auffassen (Egoismus — Altruismus). Das Christentum vereinigt beide in einer höhern Einheit, der Liebe zu Gott.

Lieben im allgemeinen heißt einem Gutes wollen[1]. „Die Liebe ist die erste Bewegung des Willens und jedes Strebevermögens."[2] „Der eigentliche Gegenstand der Liebe ist ein Gut. . . . Wo daher die besondere Beschaffenheit eines Gutes in Betracht kommt, hat auch die Liebe eine besondere Beschaffenheit. Nun kommt aber dem göttlichen Gute als Gegenstand der Seligkeit eine besondere Gutseigenschaft zu; daher ist die Liebe der Charitas (amor charitatis) als die Liebe dieses Gutes eine besondere Liebe."[3] Die Charitas ist nicht jedwede Liebe zu Gott, sondern jene Gottesliebe, wodurch er als der Gegenstand unserer Selig= keit geliebt wird. Die Richtung darauf erhalten wir durch Glaube und Hoffnung[4]. „Die Charitas (die Liebe der Gnade) liebt Gott über alles in höherm Sinne als die Natur. Denn die Natur liebt Gott über alles als Ursprung ·und Ziel des natürlich Guten; die Charitas aber, insofern er Gegenstand der (übernatürlichen) Seligkeit ist und zwischen dem Menschen und Gott eine geistliche Freundschaft besteht."[5] Sowohl von seiten des Objekts, des letzten Zieles, das auf alle mensch= lichen Handlungen bestimmend einwirkt, als auch von seiten des Sub= jekts, des menschlichen Willens, dessen erste und Hauptäußerung die Liebe ist, ist die Liebe zu Gott Wurzel, Ziel und Form aller übrigen Tugenden. „Die Charitas ist die einzige Tugend, welche über alle andern gebietet. Sie ist die Mutter aller Tugenden und hat ihre Beschaffen= heit von dem ihr eigenen Gegenstand, dem höchsten Gute, auf das sie (allein)[6] unmittelbar gerichtet ist, dann auch von ihrem Subjekte, dem Willen, der allen andern Kräften befiehlt. Darum wird nur die Chari= tas das gemeinsame Ziel aller rechten Willensthätigkeiten genannt."[7]

„Durch die Charitas werden die Akte aller andern Tugenden auf das letzte Ziel geordnet; danach giebt sie den Thätigkeiten aller andern Tugenden die rechte Form: und insofern heißt sie Form der Tugenden."[8]

---

[1] Cf. 1. 2. 46, 2 c: Amamus enim aliquem, in quantum volumus ei inesse aliquod bonum.   [2] I, 20, 1 c; cf. 1. 2. 26, 1 c.
[3] 2. 2. 23, 4 c.   [4] 1. 2. 65, 5 ad 1.
[5] 1. 2. 109, 3 ad 1; cf. ibid. ad 3; 65, 5 c.   [6] Cf. 2. 2. 23, 6 et 7.
[7] 2 sent. 38, 1, 2 ad 5.   [8] 2. 2. 23, 8 c.

Da jede Tugend ihren Wert durch die Beziehung auf das letzte Ziel erhält, diese aber nur durch die Liebe zu Gott möglich ist, so kann ohne dieselbe zwar eine unvollkommene Tugend, aber keine vollkommene und im eigentlichen Sinne wahre Tugend bestehen[1]. Durch die Todsünde wird die Liebe Gottes, mit ihr aber jegliche übernatürliche Tugend aus=geschlossen[2]. Die noch fortbestehenden natürlichen Tugenden entbehren des rechten Zieles; sie sind deshalb in Beziehung auf dieses wertlos. Die Seele lebt nur durch die Liebe Gottes, ohne diese Liebe ist sie geistig tot[3]. Auch für die Tugenden, die bei der Verwendung des Eigentums in Betracht kommen, ist deshalb die Liebe zu Gott von fundamentaler Bedeutung.

Dies wird sich noch deutlicher zeigen, wenn man sie in ihrem Ver=hältnis zur Selbst= und Nächstenliebe betrachtet. „Gott wird geliebt als Ursprung des Gutes, auf das sich die Liebe der Charitas gründet; sich selbst liebt der Mensch mit übernatürlicher Liebe wegen der Teilnahme an diesem Gute. Den Nächsten aber liebt man wegen der Mitanteilnahme an demselben. Letztere ist als Vereinigung in der Ordnung auf Gott die Ursache der Liebe. Wie nun die Einheit vorzüglicher ist als die Ver=einigung, so ist die Teilnahme am göttlichen Gute eine vorzüglichere Ursache zur Liebe als die Vereinigung eines andern mit ihm in dieser Teilnahme. Deshalb muß der Mensch aus übernatürlicher Liebe mehr sich als den Nächsten lieben. Beweis dafür ist, daß der Mensch keine Sünde begehen darf, um den Nächsten von einer Sünde freizuhalten, weil das im Widerspruch mit der Seligkeit steht."[4]

„Aus dem Gebote (Levit. 19, 18 und Matth. 22, 39): ,Liebe deinen Nächsten wie dich selbst!' ergiebt sich, daß die Liebe des Menschen zu sich selbst das Vorbild für die Nächstenliebe ist. Das Musterbild ist aber immer vorzüglicher als das Abbild. Darum muß der Mensch aus übernatürlicher Liebe sich selbst mehr lieben als den Nächsten."[5] „Daher nennt man auch den Freund das andere Ich."[6] „Eine bestimmte Einheit (unio, des Wesens, der Gesinnung ꝛc.) ist die Ursache der Liebe. Diese Einheit ist eine wesentliche in Bezug auf die Selbstliebe; in Bezug auf die Liebe zu andern ist sie eine Einheit durch Ähnlichkeit."[7]

Die Charitas als Liebe der Gnade baut auf der natürlichen Grund=lage weiter. „Von Natur verlangt alles nach dem Guten, und kann etwas

---

[1] Cf. ibid. 7 c.   [2] Cf. 1. 2. 71, 4 c.

[3] Cf. 1 sent. 17, 1, 1 c; op. IV, init. 2; cg. III, c. 139.

[4] 2. 2. 26, 4 c.

[5] Ibid. b; 32, 9 ob. 3: Maxime homo est sibi propinquus.

[6] 1. 2. 28, 1 c.   [7] Ibid. ad 1; cf. 2. 2. 25, 4 c.

nur unter der Rücksicht des Guten verlangen. . . . Die Selbstliebe ist des=
halb notwendig, und der Selbsthaß ist im eigentlichen Sinne unmöglich." [1]
„Von Natur liebt jedes Ding sich selbst." [2] „Jeder liebt sich selbst am
meisten." [3] Der Selbstmörder begeht deshalb „eine so große Sünde, weil
er sich selbst schadet, dem er die größte Liebe zu leisten hat" [4]. Aber nicht
jede Selbstliebe verträgt sich mit der Charitas. Es ist da ein dreifaches
Verhältnis möglich: „1. Die Selbstliebe ist der Charitas entgegengesetzt,
wenn man in der Liebe, die den eigenen Vorteil sucht (amor proprii boni),
das Ziel erblickt. 2. Sie ist in der Charitas eingeschlossen, wenn man sich
wegen und in Gott liebt. 3. Sie ist von der Charitas unterschieden, aber
ihr nicht entgegengesetzt; so, wenn man sich selbst wegen des eigenen Vor=
teils liebt, jedoch in diesen Vorteil nicht sein Ziel verlegt." [5] Die Selbst=
liebe muß der höhern, geistigen Natur des Menschen und ihrem Ziel ent=
sprechen. „Die Selbstsüchtigen verdienen Tadel, insofern sie an sich ihre
sinnliche Natur lieben, der sie gehorchen; das ist nicht die wahre Selbst=
liebe nach der vernünftigen Natur, wonach man nach den zur Vervoll=
kommnung der Vernunft gehörigen Gütern verlangt." [6] „Der Mensch soll
sich selbst lieben. Das thut der Sünder nicht, nach Psalm 10, 6: ‚Wer die
Ungerechtigkeit liebt, haßt seine Seele.'" [7] „Als die eigentliche und wahre
Ursache der Sünde ist die Hinwendung zu einem vergänglichen Gute
anzusehen. Jeder diesbezügliche sündige Akt wurzelt in dem ungeordneten
Verlangen nach einem zeitlichen Gute. Dieses Verlangen geht aber aus der
ungeordneten Selbstliebe hervor. . . . Sonach ist die ungeordnete Selbst=
liebe die Ursache jeder Sünde." [8]

Ähnlich wie beim Erwerb tritt auch, wie noch näher darzulegen ist,
bei der Verwendung des Eigentums die Selbstsucht in recht häßlichen,
für die Mitmenschen und die Gesellschaft überhaupt unangenehmen Formen
auf. Die Selbstsucht führt ebenso zur Zerreißung der Gesellschaft, wie
die Gottesliebe zu deren Einigung [9]. In der Gottesliebe ist die Nächsten=
liebe eingeschlossen und umgekehrt [10]. „Das Ziel, worauf die Liebe zum
Nächsten sich bezieht, ist die Liebe zu Gott." [11] „Zur Nächstenliebe treiben
uns vier Gründe an: 1. Die Liebe zu Gott, denn so heißt es

---

[1] 1. 2. 29, 4 c.   [2] 2. 2. 64, 5 c; cf. 1. 2. 77, 4 ad 1.
[3] 2. 2. 184, 3 c; cf. 9 eth. 8 d; op. XVIII, c. 14.
[4] 2. 2. 64, 5 ad 3.   [5] 2. 2. 19, 6 c.
[6] 2. 2. 25, 4 ad 3; cf. 9 eth. 8 c.   [7] Serm., dom. III. p. Epiph.
[8] 1. 2. 77, 4 c; cf. 5 c; 29, 4 c; 84, 2 ad 3; de malo 8, 1 ad 19. Vgl.
auch oben S. 336 f.   [9] Cf. 1. 2. 73, 1 ad 3.
[10] Cf. 2. 2. 23, 2 ad 1; 25, 1 c; 1. 2. 99, 1 ad 2.
[11] 2. 2. 44, 2 c; cf. 66, 6 c; op. XVIII, c. 1 et 13.

1 Joh. 4, 20: ‚Wenn einer jagt, ich liebe Gott, und haßt seinen Bruder, der ist ein Lügner‘.... 2. Das Gebot Gottes. Bei seinem Scheiden legte Christus seinen Jüngern unter allen andern Geboten besonders dieses Gebot ans Herz, indem er sagte: ‚Das ist mein Gebot, daß ihr einander liebet‘ u. j. w. (Joh. 15, 12).... 3. Die Gemeinschaft der Natur. In dieser Beziehung heißt es: ‚Jedes Wesen liebt seinesgleichen‘ (Eccli. 13, 19). Da alle Menschen die gleiche Natur haben, müssen sie einander lieben. Der Haß gegen den Menschen ist nicht nur gegen das Gebot Gottes, sondern auch gegen das Naturgesetz. 4. Der damit verknüpfte Nutzen: Alles, was dem einen gehört, ist durch die Liebe auch für den andern nützlich....“ [1]

„Das göttliche Gesetz intendiert die Liebe zum Nächsten. Denn es muß eine Einheit der Gesinnung bestehen zwischen denen, die ein und dasselbe gemeinsame Ziel haben. Die Menschen haben aber ein und dasselbe letzte Ziel der Seligkeit gemeinsam, das ihnen von Gott angewiesen ist. Sie müssen deshalb durch gegenseitige Liebe verbunden sein. — Wer jemand liebt, liebt auch die, welche von ihm geliebt werden, und die, welche mit ihm verbunden sind. Die Menschen werden aber von Gott geliebt. Ihnen hat er den Genuß seiner selbst als letztes Ziel zugedacht. Wer also ein Freund Gottes wird, muß auch des Nächsten Freund werden. — Da der Mensch von Natur ein Gesellschaftswesen ist, so braucht er die Hilfe anderer Menschen, um sein Ziel zu erreichen; dies wird aufs angemessenste ermöglicht durch die gegenseitige Liebe unter den Menschen. Deshalb wird uns durch das göttliche Gesetz, das die Menschen auf ihr Ziel hinrichtet, die gegenseitige Liebe unter uns geboten. — Um seinen religiösen Verpflichtungen nachzukommen, braucht man Ruhe und Frieden. Die dem Frieden gefährlichen Tendenzen werden vorzüglich durch die gegenseitige Liebe ferngehalten. Da nun das göttliche Gesetz die Menschen zur Übung der Religion auffordert, muß die gegenseitige Liebe unter den Menschen eine Konsequenz des göttlichen Gesetzes sein. — Das göttliche Gesetz wurde dem Menschen gegeben zur Unterstützung des natürlichen Gesetzes. Nun ist es aber allen Menschen natürlich, sich gegenseitig zu lieben; Beweis dessen ist, daß jeder Mensch seinem auch unbekannten Nebenmenschen aus natürlichem Antrieb zu Hilfe kommt, indem er ihn z. B. über einen falschen Weg aufklärt, ihn vom Fall aufrichtet u. s. f., gleich als sei ein Mensch des andern Genosse (familiaris) und Freund. Deshalb wird im göttlichen Gesetz die gegenseitige Liebe unter

---

[1] Op. IV, de dilectione proximi.

den Menschen befohlen. — Daher heißt es: ‚Das ist mein Gebot, daß
ihr einander liebet‘ (Joh. 15, 12). ‚Wir haben ein Gebot von Gott, daß,
wer Gott liebt, auch seinen Bruder lieben soll‘ (1 Joh. 4, 21). Das zweite
Gebot heißt ja: ‚Du sollst deinen Nächsten lieben wie dich selbst‘
(Matth. 22, 39).“ [1]

„Wir müssen den Nächsten w a h r h a f t lieben wie uns. Das ist der
Fall, wenn wir ihn w e g e n s e i n e r s e l b s t und nicht unsertwegen lieben.“
„Ferner müssen wir ihn i n d e r r e c h t e n O r d n u n g lieben, b. h. so,
daß wir ihn nicht mehr oder gleich Gott lieben.“ „Unsere Nächstenliebe
muß w i r k s a m sein. Denn man liebt sich nicht nur, sondern sucht sich
auch eifrig Güter zu verschaffen und die Übel zu vermeiden. So muß
man auch gegen den Nächsten handeln. ‚Wir wollen nicht lieben mit
Wort und Zunge, sondern in der That und Wahrheit‘ (1 Joh. 3, 18).“
„Wir müssen ihn b e h a r r l i c h lieben, wie man auch sich beharrlich liebt.
‚Zu jeder Zeit liebt der Freund, und der Bruder wird in der Not er=
probt.‘ Wir müssen ihn g e r e c h t und h e i l i g lieben, b. h. wir dürfen
ihn nicht zum Sündigen lieben, denn auch sich selbst darf man so nicht
lieben, da man dadurch Gott verliert.“ [2]

Die Selbstliebe geht zwar der Nächstenliebe vor, aber nicht in alle=
weg. Denn auch hier ist die Güterordnung zu wahren. Danach muß
das eigene körperliche Wohl dem geistigen Wohl, die eigenen äußern
Güter den körperlichen Gütern des Nächsten nachgesetzt werden [3].

Zu lieben hat man a l l e, Freunde und Feinde, Gerechte und
Sünder, einzelne aber auf b e s o n d e r e W e i s e [4]. Es ist unvernünftig,
wenn manche behaupten, bezüglich der Zuneigung seien alle gleich zu
lieben, bezüglich der äußern Werke aber sei ein Unterschied zu machen.
„Denn die Zuneigung der Charitas als Liebe der Gnade ist ebenso=
wenig ungeordnet als die natürliche Liebe oder die Zuneigung der Natur.
Beide haben ihren Ursprung in der göttlichen Weisheit.“ Wie die natür=
liche Zuneigung, so „muß auch die Zuneigung der Gnade, b. i. der Chari=
tas, mit dem äußern Handeln im Einklang stehen. Zu denen, welchen
wir mehr Wohlthaten erweisen müssen, müssen wir auch eine stärkere
Zuneigung haben“ [5]. Müssen wir aber die Bessern oder die mit uns
enger Verbundenen mehr lieben? In Bezug auf Gott, den Gegenstand
der charitativen Liebe, ist die Liebe zu erstern höher zu stellen. „Aber die

[1] Cg. III, c. 117.   [2] Op. IV, de dil. prox.; cf. op. XVIII, c. 13.
[3] Cf. op. XVIII, c. 13.   [4] Cf. cp. IV, de dil. prox.; in Col. 1, 4.
[5] 2. 2. 26, 6 c; cf. 2. 2. 44, 8 ad 3: Ex hoc ipso, quod dicitur: ‚Diliges
proximum tuum‘, datur consequenter intelligi, quod illi, qui sunt magis proximi,
sunt magis diligendi.

Intensität der Liebe richtet sich nach dem Verhältnis, in dem sie zu uns stehen. Deshalb liebt der Mensch die Näherstehenden intensiver in Bezug auf das Gut, wegen dessen er sie liebt, als die Bessern in Rücksicht auf das höhere Gut." Dazu kommt, daß die Liebe der Charitas nicht immer dieselbe ist, die Näherstehenden können besser werden als die derzeit Bessern, das Verhältnis zu den Näherstehenden aber bleibt stets das gleiche. Dort ist auch nur die Freundschaft der Charitas, hier dagegen noch andere Titel der Freundschaft[1]. Gegenüber denen, mit welchen wir enger verbunden sind, richtet sich die Liebe nach der Art der Verbindung. „Die Liebe der Verwandten ist auf die Gemeinschaft des natürlichen Ursprungs begründet, die Liebe der Bürger auf die Gemeinschaft des Staates, die der Soldaten auf die Kriegskameradschaft. Deshalb gebührt den Verwandten eine größere Liebe, wo die natürlichen Güter in Betracht kommen. Wo es sich dagegen um den Verkehr unter den Mitbürgern handelt, muß man diesen den Vorzug geben, wie in Kriegsangelegenheiten den Mitsoldaten. . . . Wenn wir aber eine Gemeinschaft mit der andern vergleichen, dann ist offenbar die Gemeinschaft des natürlichen Ursprungs die erste und unveränderlichste, weil sie sich auf unser Wesen selbst bezieht. Die andern Gemeinschaften sind erst hinzugekommen und können auch wieder entfernt werden. Deshalb ist die Freundschaft zwischen den Verwandten fester; aber die andern Freundschaften können vorzüglicher sein, je nach der Art der Freundschaft." [2]

II.
Die Weise der Verwendung des Eigentums.

1. Die Sorge für sich und die Seinigen.

Nach diesen Vorbemerkungen wird der Satz, der Gebrauch des Eigentums soll gemeinsam sein, im einzelnen nicht schwer anzuwenden sein. Zunächst darf und muß der Mensch für sich und die Seinigen sorgen. Wie die Selbstliebe der Nächstenliebe überhaupt, so geht auch die Sorge für sich selbst der Sorge für andere vor. Die Sorge für sich selbst beim Erwerb, die für die Begründung der Notwendigkeit des Eigentums so bedeutsam ist, wird bei dessen Verwendung nicht negiert, sondern nur eingeschränkt, wenn auch mehr als die Sorge für den Erwerb[3]. Die materiellen Güter sind zum Leben notwendig. Eine Zuwendung von

---

[1] 2. 2. 26, 7 c.　　　[2] 2. 2. 26, 8 c.

[3] Wie früher (S. 348) angedeutet, soll schon bei der Erwerbsthätigkeit die Absicht mitwirksam sein, durch den Erwerb andern sich nützlich erweisen zu können.

seiten anderer kann nur erwarten, wer selbst außer stande ist, für sich zu sorgen. Es obliegt deshalb dem Menschen die strenge Pflicht, für sich und seine Angehörigen zunächst den zum Leben und dann auch zum standesgemäßen Leben notwendigen Unterhalt vorzusehen [1]. Die natürliche Pflicht verbindet das Schicksal der Familienangehörigen und überhaupt jener, deren besondere Sorge einem obliegt, ganz enge mit der Sorge für die eigene Person.

„Nach der rechten Ordnung der Liebe müssen wir mehr die uns enger Verbundenen lieben; für die, welche wir mehr lieben, müssen wir auch mehr sorgen." [2] „Wer für die Seinigen und vor allem für die Hausgenossen keine Sorge trägt, hat den Glauben verleugnet und ist schlechter als ein Ungläubiger" (1 Tim. 5, 8) [3]. „Alle Umstände gleich= gesetzt, müssen wir mehr für die näher Verwandten sorgen." [4] Wenn darum der Freigebige lieber für andere Aufwendungen macht als für sich, und für seine Person mehr den geistlichen Nutzen sucht, „so ist es doch auch in zeitlichen Dingen nicht Sache des Freigebigen, so für andere be= dacht zu sein, daß er darüber sich und die Seinigen vollständig vernach= lässigt. Daher sagt Ambrosius: ‚Jene Liberalität verdient Billigung, daß du deine nächsten Anverwandten nicht vernachlässigst, wenn du sie darben siehst'" [5]. „Der Philosoph sagt: ‚Der Freigebige wirft nicht den eigenen Besitz weg, um damit andern einen Dienst zu erweisen.'" [6] „Die natür= liche Neigung geht auch dahin, daß man mehr für sich als für andere sorgt." [7]

Die Verschwendung ist deshalb gegen die Natur. „Wer das, was er notwendig braucht, ausgiebt, untergräbt seine eigene Existenz (dissipator propriae substantiae)." [8] Die Verschwendung „besteht in der ungebührlichen Vernichtung oder Verprassung des eigenen Vermögens, d. i. des eigenen Reichtums. . . . Verschwender bedeutet so viel als Ver= derber, insofern der Mensch durch die Vernichtung des eigenen Reichtums, wovon er leben soll, sein eigenes Sein zu zerstören scheint, das durch den Besitz von Gütern erhalten wird" [9]. Der Verschwender giebt, wo es nicht notwendig oder angemessen ist [10]. „Wenn es notwendig ist, giebt der Freigebige in bestimmten Fällen mehr als der Verschwender." [11]

---

[1] Cf. 2. 2. 32, 6 c; 4 sent. 15, 2, 49, 1.
[2] Quodl. 4, 15 b.   [3] Cf. 2. 2. 32, 6 ob. 3; 44, 8 ad 2.
[4] 2. 2. 32, 9 ad 2; cf. 31, 3 ad 1; in Hebr. 8, 11.
[5] 2. 2. 117, 1 ad 1; cf. 32, 9 ad 2.   [6] 2. 2. 117, 1 ad 2.
[7] Ibid. ob. 1.   [8] 2. 2. 32, 6 ob. 2.
[9] 4 eth. 1 e; cf. 2. 2. 119, 1 c; 2 eth. 7 c.
[10] Cf. 2. 2. 119, 2 ad 2.   [11] Cf. ibid. ad 3.

Dazu kommt, daß mit der Verschwendung gewöhnlich die Genuß=
sucht verbunden ist. „Da sie doch einmal übermäßige Ausgaben machen,
scheuen sie dieselben auch nicht für Zwecke der Genußsucht, wozu die
Begierlichkeit des Fleisches mehr hinneigt, da sie keine Freude an den
Vorzügen der Tugenden haben, suchen sie sinnliche Genüsse für sich. Auf
diese Gründe hin sagt der Philosoph: ‚Viele Verschwender werden genuß=
süchtig.‘" [1] „Wir nennen geradezu solche Menschen Verschwender, die
unenthaltsam leben und ihren Reichtum für Schmauserei und Unsittlichkeit
aufwenden." [2] „Der Verschwender sündigt nicht nur gegen sich, indem
er die Güter vergeudet, von denen er leben sollte, sondern auch gegen
andere: durch Aufwendung des Besitzes, womit er andern an die Hand
gehen sollte." [3] Der Gegensatz zur Habsucht [4] und zum Geiz schließt nicht
aus, daß sie zugleich in einer Person sich finden [5]. „Manchmal entsteht
die Verschwendung aus der Habgier; so wenn jemand einen großen ver=
schwenderischen Aufwand macht, um dadurch die Gunst gewisser Leute
zu angeln, von denen er Reichtum erwartet." [6] Umgekehrt „kommt es
vor, daß jemand zuviel ausgiebt und deshalb ein Verschwender ist, zu=
gleich aber auf unmäßigen Erwerb ausgeht, sei es aus einer Art Zwang,
indem ihm bei seinen unmäßigen Ausgaben die eigenen Mittel aus=
gehen und er sich gezwungen sieht, ungebührlich zu erwerben, d. h. hab=
süchtig zu sein, sei es wegen seiner schlimmen Geistesverfassung. Da er
nämlich nicht wegen des Guten giebt, ja die Tugend geradezu verachtet,
ist es ihm gleichgültig, woher und wie immer er erwirbt" [7].

Im allgemeinen „scheint nach dem Wort des Philosophen der Ver=
schwender weit besser zu sein als der Habgierige" [8]. „An sich betrachtet
ist die Verschwendung eine geringere Sünde als der Geiz, und zwar aus
einem dreifachen Grunde: 1. Weil der Geiz weiter von der entgegen=
gesetzten Tugend abweicht; die Freigebigkeit zeigt sich nämlich mehr im
Geben, was der Verschwender übertreibt, als im Nehmen und Zurück=
halten, worin der Habsüchtige übers Ziel schießt. 2. Weil der Verschwender
vielen nützlich ist, denen er giebt; der Geizige aber nützt keinem, nicht
einmal sich, wie Aristoteles bemerkt [9]. 3. Weil die Verschwendung leicht
heilbar ist sowohl dadurch, daß sie mit dem Alter abnimmt, da dieses
der Verschwendung entgegen ist, als auch dadurch, daß er leicht ins
Elend gerät, wenn er viel vergeudet. In der so eingetretenen Armut
hören die übermäßigen Ausgaben von selbst auf; schließlich auch, weil

---

[1] 2. 2. 119, 1 ad 3.　　[2] 4 eth. 1e.　　[3] 2. 2. 119, 3 ad 1.
[4] Vgl. auch oben S. 336 ff.　　[5] 1. 2. 72, 8 ad 3.
[6] 2. 2. 119, 2 ad 1; vgl. oben S. 171.　　[7] 2. 2. 119, 1 ad 1.
[8] 2. 2. 119, 3b.　　[9] Cf. 2. 2. 119, 3 ad 1; 4 eth. 4c.

er leicht auf den Weg zur Tugend gebracht werden kann wegen der
Ähnlichkeit seines Verhaltens mit ihr. Der Geizige dagegen ist, wie
früher gezeigt, nicht leicht zu heilen." [1] „Wenn dagegen einer aus Genuß=
sucht maßlosen Aufwand macht, so bedeutet das schon viele Sünden.
Deshalb sind auch nach Aristoteles solche Verschwender schlechter (als
Geizige)." [2]

2. Die Mitteilung des Eigentums an andere.

Viel notwendiger als die Pflichten der Selbstliebe ist es, die Pflichten
gegen den Nächsten hervorzuheben und die Anteilnahme, die ihm der
Eigentümer an seinem Besitz zu gewähren hat, festzustellen. Schon die
vorausgehenden Bemerkungen über die Verschwendung und den Geiz
lassen für diese Beziehung bereits die fundamentale Bedeutung erkennen,
welche der ihnen entgegengesetzten Tugend, nämlich der Freigebigkeit
bei der Verwendung des Eigentums, zukommt. „Der gute Gebrauch des
Besitzes ist die Tugend der Freigebigkeit." [3] Beim Gebrauch des Eigentums
hat man weniger eine zu geringe Sorge für sich als eine starre Ab=
schließung gegen den Nächsten zu beklagen. Der Hauptgrund liegt darin,
daß man zu sehr am Besitz hängt. Die Tugend der Freigebigkeit hält
die übertriebene Liebe zu den materiellen Gütern fern und bewirkt, daß
man leicht vom Besitz mitteilt [4]. Sie macht darum für die andern Tugenden,
die beim Austausch der äußern Güter in Betracht kommen, die Bahn
frei und ist deren Voraussetzung [5]. Die Freigebigkeit selbst beachtet direkt
nicht das Verhältnis zum Nächsten, sondern die Beziehung zum Besitz [6].
Sie ist die rechte Mitte beim Einnehmen und Ausgeben [7], zwischen Geiz und
Verschwendung [8]. Sie macht vom Besitz den rechten Gebrauch [9]. „Näherer
Gegenstand der Liberalität sind die innern Leidenschaften, durch die der
Mensch am Gelde hängt. Deshalb gehört es vor allem zur Bethätigung
der Liberalität, daß der Mensch durch die ungeordnete Anhänglichkeit
an den Besitz von keinem angemessenen Gebrauch sich abhalten läßt. Es
giebt aber einen zweifachen Gebrauch des Besitzes, einen für die eigene
Person, der die Ausgaben und den Aufwand umfaßt, und einen zweiten
für andere, d. h. für Geschenke (dationes) an andere. Liberal sein heißt
darum, sich durch die übertriebene Liebe zum Besitz weder von den an=
gemessenen Ausgaben noch von den angemessenen Geschenken abhalten

---

[1] 2. 2. 119, 3 c.   [2] 2. 2. 119, 3 ad 2.
[3] 2. 2. 117, 3 b; cf. 4 eth. 1 f.   [4] Cf. 2. 2. 117, 2 c.
[5] Cf. 2. 2. 117, 2; 32, 1 ad 4; 4 sent. 15, 2, 1, 3 c et ad 3.
[6] Cf. 2. 2. 117, 5 ad 3.   [7] 2 eth. 8 d; 4 eth. 1 b; 2. 2. 117, 2.
[8] 2 eth. 7 c.   [9] Cf. 2. 2. 117, 3.

lassen."[1] Wenn auch der Freigebige die materiellen Mittel erwerben und bis zum günstigen Zeitpunkt bewahren soll[2], so besteht die Liberalität mehr im Geben als im Annehmen[3], wie der Gebrauch des Geldes nicht im Besitz, sondern im Ausgeben besteht[4]. Es kommt nicht so sehr auf die Quantität des Gegebenen an als auf die Leichtigkeit, mit der man sich vom Besitz trennt[5]. Die Liberalität dämpft die Besitzgier und den Schmerz in Verlustfällen[6]. Die Freigebigkeit ist nicht leicht zu üben. „Leichter ist es, Fremdes nicht zu nehmen, als Eigenes geben. Denn wer Eigenes giebt, schneidet gleichsam ein Stück dessen ab, was ihm ein= verleibt ist."[7]

Geht die Liberalität über das gewöhnliche Maß hinaus, dann spricht man von Hochherzigkeit (magnificentia)[8]. Sie giebt sich kund für große Zwecke zur Ehre Gottes, das allgemeine Wohl u. a.[9] Sie hält sich wie die Liberalität ebenso von Knauserei wie von Protzentum fern[10] und erwägt wie jene genau die Umstände, also vor allem das Verhältnis der Ausgaben zum eigenen Vermögen und zur Größe des Zweckes[11]. Die rechte Übung beider Tugenden erfordert daher große Klugheit und Selbstbeherrschung[12]. Im allgemeinen pflegen Besitzer von ererbten Ver= mögen liberaler zu sein als solche von erarbeiteten[13]. „Die Freigebigen werden am meisten geliebt, weil sie sich in Bezug auf die materiellen Güter, auf die gemeinhin das Hauptstreben der Menschen gerichtet ist, am nützlichsten erweisen; ebendeshalb werden sie auch berühmt."[14] „Der Philosoph sagt: ‚Die Tapfern und Gerechten werden am meisten geehrt, und nach ihnen die Freigebigen.‘"[15]

„Der Freigebige wird nicht leicht reich, da er weder zum Nehmen noch zum Zurückhalten geneigt ist, wohl aber zum Weggeben in Ge= schenken oder Ausgaben, und da er auf das Vermögen nicht als solches, sondern nur um des Gebens willen Wert legt. . . . Die gewöhnlichen Leute klagen das Schicksal an, von dem sie das Vermögen abhängig glauben (cui attribuunt divitias), weil nicht die reich sind, die es am meisten verdienen, d. h. die Freigebigen, welche andern mitteilen. Aber Aristoteles sagt, das sei ganz natürlich, da es nicht möglich sei, daß

---

[1] 2. 2. 117, 3 ad 3; cf. 4 eth. 1 b.
[2] Cf. 2. 2. 117, 3 ad 2; 4 ad 3; 4 eth. 2 f.　　　[3] Cf. 2. 2. 117, 1 ad 1.
[4] Cf. 2. 2. 117, 4 c.　　[5] Cf. 2. 2. 117, 1 ad 3; 2 ad 1; 4 eth. 2 h.
[6] Cf. 2. 2. 123, 4 ad 2; 4 eth. 1 a.　　[7] 4 eth. 1 l.
[8] Cf. 2 eth. 8 e; 4 eth. 6 b et d; 1. 2. 60, 5 c.　　　[9] Cf. 4 eth. 7 g.
[10] Cf. 4 eth. 7 k; 2. 2. 135, 2 c.
[11] 2 eth. 8 e; 4 eth. 2 c—f; 6 b et f; 7 b.
[12] Cf. 2. 2. 117, 4 ad 1.　　　[13] Cf. ibid.; 4 eth. 2 i
[14] 2. 2. 117, 6 ad 3; 4 eth. 1 n.　　　[15] 2. 2. 117, 6 b.

jemand Geld (Reichtum) besitze, der auf den Besitz nicht viel Sorge ver=
wende, wie es auch nicht möglich ist, andere Dinge zu besitzen, wenn
man sich nicht darum kümmert." [1]

Wenn auch die Freigebigkeit mit der Nächstenliebe direkt nichts zu
thun hat, so doch sehr viel indirekt. Je weniger jemand den materiellen
Besitz liebt, desto mehr wird er den Nächsten lieben und ihm von seinem
Besitz mitteilen. Die Freigebigkeit wird so zur **Gutthätigkeit** (beneficentia). Diese „ist ein Akt der Freundschaft und folglich der Liebe" [2].
„Wie die Freundschaft oder Liebe die erwiesene Gutthat unter der Rück=
sicht des Guten überhaupt auffaßt, so sieht die Gerechtigkeit darin
die Rücksicht des **Gebührenden** (debiti); die Barmherzigkeit dagegen
hat dabei die Rücksicht, das **Elend** oder den **Mangel zu heben**,
im Auge." [3] Die Rücksicht, ob und wie man einem verpflichtet ist, be=
gründet aber einen großen Unterschied in der Auffassung der Gutthat.

„Es giebt ein doppeltes **Sollen** (debitum), eines nach der Regel
der Vernunft und eines nach der Regel des Rechts. In dieser Weise
unterscheidet der Philosoph ein doppeltes Gerechtes, ein **moralisches**
und ein **legales.** Die moralische Verpflichtung ist wieder eine zwei=
fache. Die Vernunft gebietet nämlich eine Leistung entweder als **not=
wendig**, so daß ohne sie die Ordnung der Tugenden nicht bestehen
kann, oder nur als **nützlich** zur bessern Bewahrung der Tugend=
ordnung." [4] „Eine eigentliche Verpflichtung (gegen andere — rationem
debiti) legt unter den Tugenden nur die Gerechtigkeit auf." [5] Die rechtliche
Forderung (debitum legale) ist eine Verpflichtung der strikten Gerechtig=
keit, die gesetzlich erzwingbar ist. Das moralische Sollen im **engern**
(strengern) Sinne ist die Verpflichtung einer der Gerechtigkeit verwandten
Tugend, z. B. der Dankbarkeit [6]. Diese Verpflichtung ist nicht durch ein
Rechtsgesetz geboten, sondern durch das Sittengesetz, dessen Endzweck
die Liebe ist (daher **debitum charitatis** im Gegensatz zum
debitum iuris) [7]. Das moralische Sollen im **weitern** Sinne enthält
keine eigentliche Verpflichtung, sondern nur ein Angemessensein. Es
gehört zu den Aufgaben freier Tugendübung.

---

[1] 4 eth. 2 k et l.

[2] 2. 2. 31, 1 c; cf. ibid. 4 b: Beneficentia est executio benevolentiae (i. e.
charitatis).

[3] 2. 2. 31, 1 ad 3.

[4] 1. 2. 99, 5 c; cf. 2. 2. 23, 3 ad 1; 78, 2 ad 2; 80, 1 c; 102, 2 ad 2;
106, 1 ad 2; 114, 2 c.

[5] 1. 2. 99, 5 ad 1.   [6] Cf. 1. 2. 60, 3 c et ad 1.

[7] Cf. 2. 2 188, 4 ad 4.

a) Pflichten der Gerechtigkeit.

In Rücksicht auf die strenge Gerechtigkeit kann einem auf zweifache Art etwas geschuldet sein: einmal wegen der Not, die, wie Ambrosius sagt, alles gemeinsam macht. Ferner entsteht eine Verpflichtung durch eine materielle und geistige Leistung[1] oder Schädigung[2]. Die Rückerstattung hat in beiden Fällen nach der ausgleichenden Gerechtigkeit zu geschehen[3]. Auch wenn der Eigentümer nicht aufzufinden oder schon gestorben ist, muß die Sache ausgeliefert werden, sei es an die Erben oder, wenn dies unmöglich ist, zu guten Zwecken[4]. Die Restitution darf nicht ver= schoben werden. „Dadurch, daß man die fremde Sache gegen den Willen des Eigentümers zurückbehält, hindert man ihn am Gebrauch seines Eigentums und fügt ihm so ein Unrecht zu. Es ist aber bekanntermaßen nicht erlaubt, auch nur für kurze Zeit in der Sünde zu verharren."[5] „Zurückbehalten, was einem andern gehört, hat denselben Charakter des Schadens wie ungerechte Wegnahme."[6] Ohne Restitution giebt es keine Verzeihung bei Gott[7].

Würden diese Grundsätze wieder allgemein befolgt, wie vieles in unserer Gesellschaft würde sich zum Guten wenden! Wie viel Unrecht, wie viele Schulden werden heute nicht oder erst spät beglichen! Wie viele Produzenten gehen daran zu Grunde! Wie ungünstig wirkt das auf den Kredit und die Preise ein!

Es bleiben noch die Pflichten gegenüber der Not des Nächsten zu erörtern. Nicht jede, sondern nur die äußerste Not (extrema necessitas), bei der das Leben auf dem Spiel steht, macht alles gemeinsam. Das Nehmen vom fremden Eigentum ist eine Art Notwehr gegen den An= greifer Hunger. Es gelten da die allgemeinen Sätze: „Die Not ist dem Gesetze nicht unterthan."[8] „Not kennt kein Gebot."[9] Der durch= schlagende Grund für den Satz: In der äußersten Not ist alles gemein= sam, ist der, daß naturrechtlich das Recht auf die Existenz dem Eigentumsrecht vorgeht. Der erste Zweck der materiellen Güter ist die Er= haltung des menschlichen Lebens. Sobald das Eigentum die diesbezüg= lichen Rechte nicht anerkennen wollte, würde es zum Unrecht. „Die Be= stimmungen des menschlichen Rechts können das Naturrecht oder das

---

[1] Cf. 2. 2. 187, 4 c.   [2] Cf. 4 sent. 14, 1, 1, 5 c.
[3] Cf. 2. 2. 62, 1—4.
[4] 2. 2. 62, 5 ad 3; 4 sent. 15, 1, 5, 4 ad 1: Quando incertus est dominus rerum ablatarum, pauperes sunt haeredes.
[5] 2. 2. 62, 8 c.   [6] 2. 2. 66, 3 ad 2.
[7] 2. 2. 62, 6; 4 sent. 15, 1, 5, 1 c.
[8] 1. 2. 96, 6 c; cf. 2. 2. 147, 3 ad 2.   [9] III, 80, 8 c.

göttliche Recht nicht aufheben. Nun sind aber nach der natürlichen, durch die göttliche Vorsehung festgesetzten Ordnung die niedern Dinge dazu bestimmt, der Not des Menschen abzuhelfen. Daher hindert die aus dem menschlichen Recht hervorgehende Verteilung und Aneignung der Dinge nicht, daß mit ihnen der menschlichen Not abzuhelfen sei." [1] Je nach der Art der Not und der Möglichkeit, zu geben, ist, wie wir noch sehen werden, die Pflicht der Mitteilung mehr oder minder schwer. In der äußersten Not hat der Eigentümer die strenge Pflicht, zu geben, der in Not Befindliche das strikte Recht, zu fordern oder zu nehmen. Wenn offenbar Zeichen der äußersten Not vorliegen, „ist man sicher verpflichtet zu geben und sündigt, wenn man nicht giebt. Davon spricht Ambrosius, wenn er sagt: ‚Gieb dem vor Hunger Sterbenden Nahrung! Wenn du es nicht thust, hast du gemordet'" [2]. „In der äußersten Not ist alles gemeinsam; es ist deshalb keine Sünde, wenn man die Sache eines andern nimmt, die durch die Not Gemeingut geworden ist." [3] „Wenn die Not so offenbar und dringend ist, daß man zweifellos der zusetzenden Not mit den gerade gegenwärtigen Mitteln abhelfen muß (z. B. wenn einer Person Gefahr droht und auf andere Weise keine Hilfe möglich ist), in diesem Fall kann man erlaubterweise mit fremdem Eigentum seiner Not abhelfen, mag man es offen oder geheim wegnehmen; dies fällt nicht in eigentlicher Weise unter den Begriff des Diebstahls oder Raubes." [4] Ebenso darf man in Ermanglung eigener Mittel andern mit fremdem Eigentum zu Hilfe kommen [5].

Man kann nicht einwenden, der Begriff der äußersten Not sei dehnbar. Thomas unterscheidet wohl zwischen schwerer und äußerster Not [6]. Er fordert für die letztere evidente Zeichen (evidentia signa extremae necessitatis) [7]. Der Notleidende ist nur dann berechtigt zu nehmen, „wenn die Not so evident und drängend ist, daß im Augenblick zweifellos mit den gerade vorfindlichen Mitteln geholfen werden muß" [8]. Kann seiner Not auf andere Weise abgeholfen werden, so hat dies zu geschehen (si non inveniat, qui sibi dare velit). Wo es ohne Gefahr geschehen kann, hat der Wille des Eigentümers nachgesucht zu werden (si tamen fieri potest sine periculo requisita domini voluntate) [9].

---

[1] 2. 2. 66, 7 c.
[2] Quodl. 8, 12; cf. 2. 2. 32, 7 ob. 3; 4 sent. 15, 2, 1, 4 ad 3.
[3] 2. 2. 66, 7 b; cf. 4 sent. 15, 2, 1, 4 ad 2.
[4] 2. 2. 66. 7 c; cf. 6 ad 1; 7 ad 2.
[5] Cf. 2. 2. 62, 5 ad 4; 66, 7 ad 3; 110, 3 ad 4; quodl. 12, 29.
[6] Cf. 2. 2. 66, 7 ob. et ad 1.
[7] Quodl. 8, 12; cf. 4 sent. 15, 2, 1, 4 ad 4.   [8] 2. 2. 66, 7 c.
[9] 2. 2. 32, 7 ad 3; cf. 31, 3 ad 3.

b) Pflichten der Liebe.

An die Pflichten der Liebe denkt man vor allem, wenn von dem sozialen Charakter des Eigentums die Rede ist. Sie sind zum Teil streng verpflichtend. An die Stelle des äußern Rechts tritt hier das Gewissen und bis zu einem gewissen Grade auch die öffentliche Meinung richtend ein. Je mehr der Einzelne und die Gesellschaft vom Geiste der christlichen Nächstenliebe erfüllt sind, desto besser wird es mit der Erfüllung der hier darzulegenden Pflichten stehen. Der Mangel an Nächstenliebe einer gottentfremdeten Welt und der an die Stelle getretene Mammonsdienst sind für das Entstehen und Anwachsen des Sozialismus nicht die letzte Ursache.

Alle hier in Betracht kommenden Tugenden gehen auf die Barmherzigkeit und Dankbarkeit zurück, die selbst wieder ihren Grund in der Liebe haben. Während die Gerechtigkeit im eigentlichen Sinne zunächst nur einen Ausgleich der äußern Leistungen (aequalitas rerum) anstrebt, kommt es hier vor allem auf die innere Gesinnung (aequalitas voluntatum) an [1].

„Wie die Wohlthat mehr im Affekt als im Effekt besteht, so besteht auch die Vergeltung mehr in der Gesinnung.“ [2] „Auch der Arme ist nicht undankbar, wenn er thut, was er kann.“ [3] „Der Philosoph sagt: ‚Gegenüber den Bessersituierten soll die Gegenleistung in der Ehre, gegenüber dem Notleidenden in materieller Gabe bestehen.‘“ [4] Wie bei der Spendung der Wohlthaten, ist auch bei der Vergeltung der rechte Zeitpunkt — nicht zu früh und nicht zu spät [5] — einzuhalten. „Die Vergeltung der Dankbarkeit schätzt die Wohlthat nach dem Willen des Wohlthäters. Von seiner Seite erscheint besonders das anerkennenswert, daß er die Wohlthat ohne Entgelt mitteilte, wozu er nicht verpflichtet war. Für den Empfänger der Wohlthat ist es deshalb eine Ehrenschuld, ein Gleiches zu thun. Seiner Leistung scheint aber nur dann die Absicht des Entgelts zu fehlen, wenn er über die Quantität der erhaltenen Wohlthat hinausgeht; wenn er nämlich weniger oder gleichviel zurückgiebt, scheint er es nicht freiwillig zu thun, sondern zurückzuerstatten, was er erhielt. Die Vergeltung des Dankes tendiert deshalb immer nach einer dem Vermögen entsprechenden größern Gegengabe.“ [6]

Nach Gott kann den Eltern nicht nur nicht mehr zurückgegeben werden, als man empfangen hat, jede Gabe bleibt vielmehr weit zurück,

---

[1] Cf. 2. 2. 106, 6 ad 3. [2] 2. 2. 106, 3 ad 5; cf. 6; 107, 1 ad 3.
[3] 2. 2. 106, 3 ad 5. [4] Ibid. [5] 2. 2. 106, 4.
[6] 2. 2. 106, 6 c.

hat man doch das Sein und Leben von ihnen[1]. „Im Augenblick der
äußersten Not wäre es eher erlaubt, die Kinder zu verlassen als die
Eltern, die man unter keinen Umständen verlassen darf wegen der
Verpflichtungen der erhaltenen Wohlthaten, wie das ·der Philosoph
zeigt."[2]

Die (heutzutage so häufige) Undankbarkeit ist die Vernachlässigung
einer sittlichen Verpflichtung und deshalb immer sündhaft[3].

c) Das Almosengeben.

Besonders wichtig sind die Pflichten des Eigentümers gegenüber dem
Notleidenden und Armen. Sie sind mit den Pflichten der Gerechtigkeit
verwandt. „Die Dinge, woran man Überfluß hat, sollen nach dem Natur=
recht für die Armen verwendet werden."[4] Allein da die Bestimmung für
die Grenze des Überflusses nach Ort, Zeit und Personen schwankend ist,
kann die Mitteilung an die Armen nur teilweise gesetzlich fixiert werden.
Im übrigen muß sie, soll nicht ein despotischer Staatssozialismus alles
bis ins Einzelne reglementieren, der Thätigkeit freier Liebe überlassen
werden. Sagt das Naturrecht: In der Not ist alles gemeinsam, so geht
das christliche Sittengesetz noch weiter und sagt: „Der Liebe ist alles
gemeinsam"[5] — das Eigentum und die Not. Wo die Liebe die fremde
Not gleichsam zur eigenen macht, erscheint sie als Tugend der Barm=
herzigkeit. „Augustinus sagt: ‚Die Barmherzigkeit ist das Mitleid unseres
Herzens mit fremdem Elend (misericordia est alienae miseriae in nostro
corde compassio), wodurch wir angetrieben werden, wenn es irgendwie
möglich ist, zu helfen.'"[6] „Barmherzig heißt jemand, weil er gleichsam
ein mitleidendes Herz hat (misericors dicitur aliquis quasi habens miserum
cor), indem ihn fremdes Elend derart in Trauer versetzt, als ob es sein
eigenes wäre; infolgedessen wird er das fremde Elend zu verscheuchen
suchen wie sein eigenes."[7] „Da sich die Trauer und der Schmerz auf
ein eigenes Übel richtet, so wird man über fremdes Elend in dem Maße
Trauer und Schmerz empfinden, in welchem man es als sein eigenes auf=
faßt. Dies kann aber in doppelter Weise geschehen. 1. Durch die Einigung
der Stimmung; das geschieht durch die Liebe. Da nämlich der Liebende
den Freund als sein eigenes Ich betrachtet, hält er auch dessen Leid für
sein eigenes, und so wird ihm das Leid des Freundes so schmerzlich sein

---

[1] Cf. ibid. ad 1.   [2] 2. 2. 31, 3 ad 4.   [3] 2. 2. 107, 1.
[4] 2. 2. 66, 7 c.   [5] Cf. caten. in Ioan. 14, 2; 1 Cor. 13, 4; in Hebr. 13, 16.
[6] 2. 2. 30, 1 c; cf. in Matth. 5, 6.
[7] I, 21, 3 c; cf. 95, 3 c; 1. 2. 35, 8 c; 2. 2. 30, 2 c; 4 sent. 46, 2, 1, 1 c;
in Hebr. 2, 17; 13, 1.

wie sein eigenes. Daher führt der Philosoph unter den übrigen Äuße=
rungen der Freundschaft auch die Mittrauer mit dem Freunde an; und
der Apostel sagt: ‚Freuet euch mit den Fröhlichen und weinet mit den
Weinenden.‘ 2. Wird fremdes Elend zum eigenen durch sachliche Zu=
sammengehörigkeit, wenn nämlich das Leid gewisser Personen uns nahe
geht, so daß es von ihnen zu uns kommen kann. Deshalb sagt der
Philosoph: ‚Die Menschen haben mit denen Mitleid, die mit ihnen ver=
bunden sind oder die sich in ähnlicher Lage befinden. Ihr Urteil
baut auf die Thatsache, daß ihnen Ähnliches passieren könne.‘ Das ist
auch der Grund, warum Greise und Verständige, welche die Möglichkeit,
in Leid zu geraten, erwägen, und Schwache und Furchtsame mitleidiger
sind. Im Gegensatz dazu sind solche, die sich für glücklich und so mächtig
halten, daß kein Übel ihnen zustoßen könne, nicht so mitleidig.“ [1] Das
Werk der Barmherzigkeit ist das Almosen. „Almosengeben heißt Barm=
herzigkeit üben (Aug.).“ [2] „Das Almosengeben kann materiell ohne Liebe
(charitas) geschehen, aber formell Almosen geben, d. i. wegen Gott, gern,
schnell und überhaupt in der gebührenden Art, geht nicht ohne Liebe.“ [3]
Das Almosen ist ein Gott dargebrachtes Opfer [4]. Der Almosengeber soll
sich zuerst selbst Gott zum Opfer bringen [5]. In dieser Gesinnung wird
er auch dem Empfänger mehr als die bloß materielle Gabe bieten. Der
Wille, nicht die Quantität, ist auch hier die Hauptsache [6], daher das Lob
der Witwe [7]. Selbst die geringste Gabe, ein Becher kalten Wassers, wird
reichlich belohnt werden [8]. Wer dagegen aus Ruhmsucht giebt, hat bereits
seinen Lohn [9].

„Die Barmherzigkeit ist eine Leidenschaft in uns; eine Leidenschaft
ist aber nur dann lobenswert, wenn sie von der Vernunft geregelt
wird.“ [10] Die Barmherzigkeit kann weit über die Gerechtigkeit hinaus=
gehen, aber sie darf nicht mit ihr in Widerspruch geraten [11]. „Gerechtig=
keit ohne Barmherzigkeit ist Grausamkeit, Barmherzigkeit ohne Gerechtig=
keit ist die Mutter der Zuchtlosigkeit.“ [12] „Unter allen Tugenden gegen=
über dem Nächsten ist die Barmherzigkeit die vorzüglichste.“ [13] „Augustinus

---

[1] 2. 2. 30, 2 c; cf. ad 2 et 3; 4 sent. 46, 2, 1, 1 c; in Iob 31, 18 sqq.
[2] Caten. in Luc. 11, 41; cf. 2. 2. 32, 1 c.   [3] 2. 2. 32, 1 ad 1.
[4] Cf. 2. 2. 30, 4 ad 1; 32, 1 ad 2; 4 sent. 15, 2, 2, 2 c.
[5] Cf. in 2 Cor. 8, 3.   [6] Cf. 2. 2. 32, 4 c; 4 sent. 15, 2, 2, 3 c.
[7] Cf. 2. 2. 32, 4 ad 3; caten. in Marc. 12, 43 sq.; in Luc. 21, 1 sqq.
[8] Cf. caten. in Matth. 10, 42; in Marc. 9, 40.
[9] Cf. caten. in Matth. 6, 2 sqq.
[10] 4 sent. 46, 2, 1, 1 ad 2; cf. 15, 2, 1, 1 ad 4; 2. 2. 30, 3 c et ad 3.
[11] Cf. I, 21, 3 ad 2; 4 sent. 46, 2, 2, 2 c.
[12] In Matth. 5, 6.   [13] 2. 2. 30, 4 c.

sagt: ‚Weit besser und menschlicher und dem Gefühl der Gottesfürchtigen entsprechender hat Cicero im Lob auf Cäsar gesprochen, wo er sagt: Keine von deinen Tugenden ist mehr der Bewunderung und Anerkennung wert als die Barmherzigkeit.'" [1]

„Das Almosen besteht nicht nur in der Spendung von Geld, sondern auch in andern dem Nächsten wegen Gott geleisteten Diensten." [2] Von den Mängeln des Nächsten, denen durch das Almosen abgeholfen werden soll, „befinden sich die einen auf seiten der Seele, worauf sich die geist = lichen Almosen beziehen; die andern auf seiten des Leibes, wofür die leiblichen Almosen bestimmt sind" [3]. „Die geistlichen Almosen ver = dienen den Vorzug vor den leiblichen: 1. weil das geistliche Geschenk vorzüglicher ist als das körperliche....; 2. weil der Geist, dem man zu Hilfe kommt, edler ist als der Leib....; 3. weil die geistlichen Akte vortrefflicher sind als die körperlichen. Beide Arten von Almosen können aber auch für einen bestimmten Fall in Vergleich kommen, worin das leibliche Almosen dem geistlichen vorgeht; so ist einer, der dem Hunger = tod nahe ist, mehr zu nähren als zu lehren; wie es nach Aristoteles für den Bedürftigen ‚besser ist, bereichert zu werden, als zu philosophieren', obwohl letzteres an sich besser ist." [4] „Wenn es auch an Geld mangelte, so fehlt doch nicht die Möglichkeit, Almosen zu geben. Und wenn auch hinsichtlich der leiblichen Almosen jede Fähigkeit abginge wegen Mangels an Mitteln und körperlicher Gebrechlichkeit, so würde doch nicht die Mög = lichkeit hinsichtlich der geistlichen Almosen fehlen, da man Rat geben oder wenigstens beten könnte; und wenn auch jede Möglichkeit abginge, so würde der volle Wille genügen." [5]

„Da die Nächstenliebe ein Gebot ist, so muß notwendig alles unter das Gebot fallen, ohne das die Nächstenliebe nicht fortbestehen kann. Aufgabe der Nächstenliebe aber ist es, dem Nächsten nicht nur Gutes zu wünschen, sondern auch zu thun nach 1 Joh. 3, 18: ‚Lieben wir nicht mit Wort und Zunge, sondern in That und Wahrheit.' Um aber jemand Gutes zu wollen und zu thun, müssen wir ihn in der Not unterstützen; dies geschieht durch Spendung von Almosen, letztere ist daher Gebot. Da aber die Gebote für Tugendhafte gegeben werden, muß das Almosengeben in dem Maße unter das Gebot fallen, als es ein notwendiger Tugend = akt ist, d. h. als es die rechte Vernunft verlangt, wonach man die Verhältnisse des Almosengebers und =empfängers zu berücksichtigen hat. Für den Geber kommt als Aufwandquelle für Almosen sein Über = fluß in Betracht nach der Stelle bei Luk. 11, 41: ‚Gebet von dem, was

---

[1] Ibid. 3 b.   [2] 4 sent. 15, 2, 1, 2 ad 4.   [3] 2. 2. 32, 2 c.
[4] 2. 2. 32, 3 c; cf. ad 1; 4 sent. 15, 2, 3, 3 c et ad 1.   [5] 4 sent. 15, 2, 1, 2 ad 4.

euch übrig ist.' Ich verstehe den Überfluß nicht in Hinsicht auf ihn allein, d. h. was über das für ein Individuum Notwendige hinausgeht, sondern auch in Hinsicht auf andere, deren Sorge ihm obliegt. . . . Auf seiten des Empfängers ist irgend eine Not erfordert, sonst hätte das Almosen= geben keinen Grund. Aber da nicht ein jeder allen Bedürftigen helfen kann, so verpflichtet nicht jede Not unter einem Gebot, sondern nur jene, ohne deren Nichtberücksichtigung der Notleidende nicht am Leben erhalten werden kann. . . . So ist also Gebot, vom Überfluß Almosen zu geben und dem in der äußersten Not Befindlichen; sonst ist Almosengeben Rat, wie für alle bessern Werke Räte gegeben sind." [1] Die äußerste Not ist hier, wo es sich um die moralische Verpflichtung handelt, etwas weiter zu fassen. Das Gebot gilt auch für den Fall, in dem „wahrscheinliche Zeichen für bevorstehende äußerste Not" (signa probabilia extremae necessitatis futurae) [2] oder „augenscheinliche und drängende Not" (evidens et urgens necessitas) [3] vorliegt, aber weder der Notleidende selbst noch eine näher befreundete oder reichere Person ihm helfen kann [4]. Im übrigen ist es Pflicht, vom Überfluß mitzuteilen [5], aber die bestimmte Zuwendung steht im allgemeinen frei [6]. Doch soll auch eine gewisse Ordnung eingehalten werden, indem die Bedürftigern [7], besonders die Witwen und Waisen [8], die Näherstehenden [9], die Würdigern [10] und die im Dienste des Gemeinwohls Stehenden [11] unter sonst gleichen Voraussetzungen vorgehen. Bei der Erwägung der Überflußquote soll der Eigentümer nicht alle mög= lichen künftigen Eventualitäten vorschützen [12]. Wie die Obergrenze des Not= wendigen, d. h. die Linie, von der an Almosen gegeben werden muß, so

---

[1] 2. 2. 32, 5c.   [2] 4 sent. 15, 2, 1, 4 ad 4.   [3] 2. 2. 32, 5 ad 3.
[4] Cf. 2. 2. 71, 1 c; 32, 5 ad 3.
[5] Cf. 2. 2. 32, 5 c; caten. in Luc. 3, 11; 11, 41; 4 sent. 15, 2, 1, 4 ad 4: Ein superfluum ist dann vorhanden, quando habet homo multa, quibus non indiget neque ad sustentationem vitae suae et suorum neque ad decentem status sui conservationem, etsi pauperes extremae necessitatis non compareant. Neque oportet occasionem futurae necessitatis praetendere ultra probabilia signa futurae necessitatis, quia haec est superflua sollicitudo, quam Dominus prohibet Matth. 6, 34: ‚Nolite solliciti esse' etc.
[6] Cf. 2. 2. 66, 7 c; cg. III, c. 132; quodl. 6, 12 ad 1: Non semper peccat mortaliter, quotiescunque non dat pauperi qui superfluum habet, sed quando necessitas imminet. Quando autem sit talis necessitas, quod obliget ad peccatum mortale, non potest ratione determinari, sed committitur prudentiae et fidei dispensantis; unde si bona fide dat, quando sibi videtur expedire, immunis est a peccato, alioquin mortaliter peccat.   [7] Cf. 2. 2. 32, 3 ad 1; 81, 6 ad 2.
[8] In Iob 24, 3; 31, 16 sqq.   [9] Cf. 2. 2. 32, 9 c; 71, 1c.
[10] Cf. 2. 2. 32, 3 ad 1; 9 c.   [11] 2. 2. 32, 9 c.
[12] 2. 2. 32, 5 ad 3; 4 sent. 15, 2, 1, 4 ad 4.

ist auch die Untergrenze, d. h. die Linie, bis zu der Almosen gegeben werden
kann und darf, wechselnd und bis zu einem gewissen Grade dehnbar. „Man
spricht in zweifacher Weise von einem Notwendigen: 1. in der Weise, daß
ohne dasselbe die Existenz unmöglich ist; von diesem Notwendigen darf
durchaus kein Almosen gegeben werden, z. B. wenn jemand im Augenblick
der Not nur so viel hätte, daß er, seine Kinder oder andere Angehörige
dabei bestehen könnten. Von diesem Notwendigen Almosen geben, heißt sich
und den Seinigen das Leben nehmen." Es ist nur erlaubt mit Rücksicht auf
das Gemeinwohl. „2. Kann das als notwendig bezeichnet werden, ohne das
kein anständiges Leben geführt werden kann nach dem Rang (conditio)
und Stand (status) der eigenen Person und der übrigen Personen, für
die man zu sorgen hat. Die Grenze dieses Notwendigen ist keine unteilbare
Linie; sondern nach vielen Zugaben kann noch nicht gesagt werden, die
Grenze dieses Notwendigen sei überschritten, und nach vielen Abzügen bleibt
noch so viel, daß man ein Leben, wie es sich für seinen Stand schickt,
führen kann. Von dem Notwendigen in diesem Sinne Almosen geben,
ist gut, es fällt nicht unter das Gebot, sondern unter den Rat. Es wäre
aber nicht in der Ordnung, wenn man von den eigenen Gütern so viele
Abzüge für die Zuwendung an andere machen würde, daß mit dem
Überrest ein Leben, wie es der eigene Stand und die vorkommenden
Geschäfte erfordern, nicht geführt werden könnte. Denn niemand darf
unanständig leben. Davon giebt es aber drei Ausnahmen: 1. wenn
jemand seinen Stand ändert, z. B. durch Eintritt in einen Orden. . . .
2. Wenn das, was man sich entzieht, wenn auch zum anständigen Leben
notwendig, leicht zu ersetzen ist, so daß nicht die größte Unschicklichkeit
daraus entsteht. 3. Wenn für eine Privatperson die äußerste Not oder
auch für den Staat eine große Bedrängnis eintreten würde." [1] „Wer
mehr giebt als andere in seinen Verhältnissen, sündigt nicht; wer aber
schlechthin über sein Vermögen giebt, giebt übermäßig." [2]

Nach dem Vorgang der Heiligen Schrift und der Kirchenväter legt auch
der hl. Thomas die Pflicht des Almosengebens wiederholt und dringend
nahe. Die nicht Almosen geben, werden mit der Hölle bestraft [3], sie sind
gleich dem übermütigen Reichen [4], dem faulen Knechte [5], den thörichten
Jungfrauen [6], dem unfruchtbaren Baume [7]. Auf der andern Seite hebt
er aber auch unter Rücksicht auf dieselbe Autorität den großen geistigen
Nutzen für den Almosengeber hervor. Die Barmherzigen erlangen Barm=

---

[1] 2. 2. 32, 6 c; cf. 117, 1 ad 2; 4 sent. 15, 2, 4, 1 c.
[2] In 2 Cor. 8, 3.   [3] Cf. 2. 2. 32, 5 b; caten. in Luc. 16, 22 sqq.
[4] Cf. caten. in Luc. 12, 16 sqq.   [5] Cf. caten. in Matth. 25, 14 sqq.
[6] Cf. ibid. 25, 1 sqq.   [7] Cf. caten. in Luc. 13, 6 sqq.

herzigkeit [1]. „Unter allen Opfergaben haben die Almoſen großen Wert nach Hebr. 13, 16." [2] Die guten Werke bereiten und reinigen das Herz [3]. Die Gutthäter leihen gleichſam auf Zinſen [4], ſammeln ſich Schätze für den Himmel [5]. Das Gute, das ſie den Armen thun, erweiſen ſie gleichſam Gott ſelbſt [6]. „Das beſitzen wir wahrhaft und ohne Furcht vor Verluſt, was wir den Armen geben." [7]

III.

Kritiſche Würdigung.

Mit dem Axiom: der Beſitz ſoll ein privater, der Gebrauch ein gemein= ſamer ſein, iſt die Syntheſe zwiſchen einem einſeitigen Individualismus und einem extremen Sozialismus gefunden. Schon Ariſtoteles hatte Plato gegenüber dieſe Löſung des Dilemmas als den richtigen Ausweg empfohlen. Aber während ihm Thomas bei der Begründung der Notwendigkeit des Privateigentums Schritt für Schritt folgen kann, geht er hier, wo es ſich um den Gebrauch, den poſitiv wichtigſten Punkt, handelt, weſentlich über ihn hinaus. Nach Ariſtoteles war die Gemeinſamkeit ziemlich be= ſchränkt. Sie umfaßte nur die engern Freunde. „Den Heiden blendete das Glänzende, das der Freigebigkeit anhaftet; der Quell der chriſtlichen Wohlthätigkeit aber, die göttliche Tugend der Liebe, war ihm verborgen." [8]

Ganz anders, als Ariſtoteles ſich vorſtellt, ſucht das moſaiſche Geſetz und das Chriſtentum jenes Prinzip zu realiſieren. Doch prüfen wir zuerſt die Einwendungen, die hier von gegneriſcher Seite zu erwarten ſind. An der Spitze marſchiert da der liberale Ladenhüter, das Chriſtentum nähre den Bettel. Das ſei aber etwas Unmoraliſches. Die Beſitzloſen ſeien ferner vom guten Willen der jeweiligen Eigentümer abhängig, alſo einem ganz unberechenbaren Faktor. Was helfe da das Prinzip von der Gemein= ſamkeit des Gebrauchs? Weiterhin führe die Privatinitiative in dieſer Be= ziehung zu einer großen Verſchwendung in der Volkswirtſchaft. Die Ge= ſamtheit könne leichter, umfaſſender und nachhaltiger Hilfe bringen als die zerſtreuten Privaten.

Dieſen Vorwürfen wird ſchon die Hauptwurzel abgeſchnitten durch die Richtigſtellung falſch gedeuteter Vorausſetzungen. Nach Thomas iſt die Teilnahme am Gebrauch des Eigentums weder vollſtändig in das Belieben des Beſitzers geſtellt, noch muß ſie unrationell und für die

---

[1] Cf. caten. in Matth. 5, 7.   [2] In Phil. 4, 18.
[3] Cf. caten. in Matth. 6, 5. 21; 9, 13; in Marc. 7, 3; in Luc. 11, 41.
[4] Cf. caten. in Matth. 5, 42.   [5] Ibid. 6, 19 sqq.   [6] Ibid. 25, 24 sqq.
[7] Serm., dom. I. p. Epiph. (evang.); cf. in Phil. 1, 19.
[8] Franz Walter, Das Eigentum nach der Lehre des hl. Thomas von Aquin und des Sozialismus, Freiburg 1895, S. 62 f.

Teilnehmer demoralisierend geübt werden. Auch birgt das Christentum so treffliche Motive, daß in einer christlichen Gesellschaft auch die vollständig freie Mitteilung nicht erlahmen wird.

Zunächst ist festzustellen, daß nach Thomas die Anteilnahme am Gebrauch des Eigentums bis zu einem gewissen Maß und Grad von der staatlichen Gesetzgebung geregelt werden kann und soll. Die Weise, wie dies geschieht, wechselt natürlich mit dem verschiedenen Stande der Volkswirtschaft. So werden z. B. heute durch Armensteuer, durch die verschiedenen Arbeiterversicherungen die besitzenden Klassen gesetzlich herangezogen. Ferner gehören hierher die staatlichen und gemeindlichen Einrichtungen und Anstalten, soweit die Mittel vorwiegend durch Vermögens- oder Einkommensteuern aufgebracht werden und die Teilnahme für alle teilweise oder vollständig unentgeltlich ist. Wir wissen, daß da noch vieles zu reformieren ist, daß einer hochprozentigen indirekten Steuer oft eine geringe progressive Einkommens- oder Vermögenssteuer gegenübersteht, und daß hier durch die Schaffung eines nicht zu karg bemessenen steuerfreien Minimums, die Beseitigung mancher Gebühren u. a. zu Gunsten der minder Bemittelten noch vieles gethan werden kann. Kommt es ja vielfach vor, daß die Gesamtheit den Großkapitalisten, die ihre Arbeiter zu schlecht löhnen, in der Armensteuer ein Geschenk machen muß. Man erinnere sich auch der Zuckerprämien u. a.

Aber auch, wo die Teilnahme mehr vom freien Willen abhängt, braucht man nicht gleich an allgemeinen Bettel zu denken. Die Mitteilung an Anverwandte und Freunde, die nach Thomas zunächst in Betracht kommt, wird von diesen kaum drückend empfunden. Auch für Personen, die nicht so nahe stehen, können die verschiedensten Formen der Teilnahme am Eigentumsgebrauch statthaben, ohne die Betreffenden zu demütigen, man denke nur an die großen kirchlichen Stiftungen, an die hundertfältigen Wohlfahrtseinrichtungen, an freiwillige Lohnerhöhung und Gewinnbeteiligung ohne eigennützige Nebenabsichten, günstige Beleihungen und manchmal auch nur die Anweisung von Arbeit.

Der Bettel ist die ultima ratio und sollte in einer wohlgeordneten Gesellschaft nur ausnahmsweise vorkommen; „denn so heißt es Deut. 15, 4: ‚Ein vollständig Notleidender und Bettler soll nicht unter euch sein.'"[1] Damit „wird den Reichen verboten, so geizig zu sein, daß infolgedessen irgendwer aus Not zu betteln gezwungen wird. Das bürgerliche Gesetz aber bestraft gesunde Bettler, die nicht wegen eines (sonstigen) Nutzens (utilitatem, andere Handschriften debilitatem) oder aus Not betteln"[2].

---

[1] 2. 2. 187, 5 ob. 3.   [2] Ibid. ad 3.

Das Gesetz nimmt dabei an, was auch in einem gesunden gesellschaftlichen Organismus der Fall ist, daß jeder Arbeitsfähige auch Arbeit findet[1].

Widerspricht Thomas hier als Mitglied eines Bettelordens sich nicht selbst? Nur wenn er behaupten würde, es dürfe überhaupt nicht gebettelt werden, wäre das der Fall. Nun fragt es sich aber, ist das Betteln an sich schon unehrenhaft? Dann dürften auch nicht für in Not geratene Denker und Dichter und ebensowenig für strikende Arbeiter Sammlungen veranstaltet werden. Man verweist auf den Zweck. Das betont auch Thomas: „Bezüglich des Bettelns kann zweierlei in Betracht kommen: einmal der Akt des Bettelns selbst, und dieser bringt eine gewisse Verdemütigung mit sich. Denn jene scheinen die niedrigsten unter den Menschen zu sein, welche nicht nur arm, sondern so bedürftig sind, daß sie von andern ihren Lebensunterhalt annehmen müssen; in dieser Beziehung betteln manche aus Demut in lobenswerter Weise, wie sie auch andere niedrige Werke auf sich nehmen, gleichsam als wirksamste Arznei gegen den Stolz, den sie entweder in sich oder durch ihr Beispiel in andern auslöschen wollen.... Zweitens kann das Betteln mit Rücksicht auf den Gegenstand, den man durch Betteln erwirbt, in Betracht kommen, und diesbezüglich kann jemand aus zwei Gründen zum Betteln veranlaßt werden: entweder aus Sucht, Reichtum oder seinen Lebensunterhalt müßig zu erhalten; ein solcher Bettel ist unerlaubt; oder aus Not oder eines Nutzens wegen. Aus Not bettelt, wer den notwendigen Unterhalt nur auf diesem Wege erhalten kann; wegen eines Nutzens, wer etwas Nützliches unternehmen will, das er ohne Almosen der Gläubigen nicht ausführen kann; wie man z. B. Sammlungen veranstaltet zum Bau einer Brücke, einer Kirche oder für andere Werke, die zum gemeinsamen Nutzen bestimmt sind; z. B. auch die Scholaren, damit sie dem Studium der Wissenschaft obliegen können. In diesen Grenzen ist das Betteln Welt= wie Klosterleuten erlaubt."[2] Thomas leugnet deshalb keineswegs, daß das Betteln verdemütigend sei; er leugnet nur, daß es an sich schon schimpflich sei[3]. Die Ratio, warum einzelne Orden allein von den Almosen der Gläubigen leben wollen, ist eine ähnliche wie die der freiwilligen Armut überhaupt. Die Mönche könnten dafür, daß sie dem Volke in Lehre, Predigt, Gebet, Opfer geistliche Güter verschaffen, zeitliche Güter rechtmäßig beanspruchen; aber um auch das größte Opfer zu bringen, betteln sie ihren Unterhalt[4]. Thomas ist keineswegs blind für

---

[1] Vgl. Kautsky a. a. O. S. 201: „Im Mittelalter war die Armut so gering, daß die öffentliche (namentlich kirchliche) und private Wohlthätigkeit genügte, mit ihr fertig zu werden."   [2] 2. 2. 187, 5 c.   [3] 2. 2. 187, 5 ad 3.
[4] Cf. 2. 2. 187, 5 ad 5; 4 c ad 2; 87, 1—3 c; 4 ad 3.

die Gefahren, die damit verbunden sein können. Wenn schon die frei=
willige Armut, so betrachtet er noch mehr das Betteln nur ausnahms=
weise unter bestimmten diskreten Rücksichten als zulässig[1].

Die Reichen dürfen es, wie schon gesagt, gar nicht so weit kommen
lassen, daß die Armen betteln müssen, und die Arbeitsfähigen sollten
normalerweise keinen Notpfennig brauchen. Letzteres geschieht, wenn die
Grundsätze des gerechten Erwerbs eingehalten werden, ersteres, wenn die
Gesellschaftsmitglieder ihrer Zusammengehörigkeit sich bewußt sind. Das
Christentum hat die kräftigsten Motive, um die Gerechtigkeit und
Liebe, diese organisierenden Triebkräfte der Gesellschaft, wirksam zu er=
halten. Die wurzellose sozialistische Brüderlichkeit bietet keinen Ersatz dafür.

Auch die private Armenpflege kann unter der Institution des
Privateigentums so organisiert werden, daß den Armen wirksam geholfen
und jede unrationelle Verschwendung ausgeschlossen wird. Die Hauptsache
ist die, daß heute der Notleidende nicht in jeder Sorge vor das öffentliche
Amt laufen muß und nicht vollständig von dessen Ermessen abhängig
ist. Im Sozialismus ist jeder an den Staat oder Selbstverwaltungs=
körper angewiesen. Aber, wendet man ein, im sozialistischen Staat hat
auch jeder das Recht, zu fordern. Erwägt man auch die Konsequenzen?
Wird dann der Vater Staat nicht zu sehr mit Rechtsforderungen bestürmt
werden? Wird man in gesunden Tagen sparen, wenn der Staat für
jeden sorgen muß? Werden die Beamten Not und Mißbrauch immer
richtig beurteilen und überall gleichmäßig behandeln? Hat der sozialistische
Staat immer die notwendigen Mittel für die Notleidenden? Diese Fragen
mußten bereits früher verneint werden. Das thomistische System ist
ebensoweit von der sozialistischen Allversorgungsanstalt wie von dem abs=
trakten Rechtsstaat entfernt. Es macht den Armen von dem Belieben und
den Mitteln einer einseitigen Bureaukratie wie von der Willkür der
Reichen unabhängig. Es giebt der Privatinitiative einen Spielraum und
zugleich mächtige Impulse zur Bethätigung.

Der Kommunismus des Gebrauchs, wie ihn Thomas versteht, ist
schon im mosaischen Gesetz enthalten. „Für das Eigentum ist es,
wie der Philosoph sagt, am besten, wenn bei getrenntem Besitz der Gebrauch
teils gemeinsam ist, teils gemeinsam wird durch den Willen der Eigen=
tümer. Im Gesetz war diesbezüglich eine dreifache Anordnung getroffen:
Erstens der Besitz selbst war unter die Einzelnen verteilt nach Num. 33, 53 f.:
‚Ich habe euch das Land zum Besitz gegeben, verteilet es durch das Los
unter euch.‘“ Sofort waren noch andere Bestimmungen hinzugefügt, um

---

[1] Cf. 2. 2. 187, 5 c.

eine künftige Besitzunordnung fernzuhalten. „Zweitens bestimmte das Gesetz,
daß für bestimmte Gegenstände der Gebrauch ein gemeinsamer sei, und
zwar einmal bezüglich der S o r g e dafür; denn es ist Gebot: ‚Wenn du
den Ochsen deines Bruders oder sein Schaf sich verirren siehst, sollst du nicht
vorübergehen, sondern deinem Bruder sie zurückführen‘, und analog mit
andern Besitzgegenständen; ferner bezüglich der Frucht; denn es war
allgemein jedermann gestattet, den Weinberg des Freundes zu betreten und
erlaubterweise Trauben zu essen, nur durfte man keine mit fortnehmen (extra
deferre); speziell mit Rücksicht auf die Armen aber, daß ihnen die Garben,
die man vergessen, und die zurückbleibenden Früchte und Trauben überlassen
würden, wie Lev. 19, 9 f. und Deut. 24, 19 ff. vorschreiben; ebenso war
der Zuwachs des siebenten Jahres nach Exod. 23, 11 und Lev. 25, 4 ff.
Gemeingut. Drittens bestimmte das Gesetz eine Mitteilung, welche durch
die Eigentümer selbst geschehen sollte, und zwar eine ganz unentgeltliche;
darauf bezieht sich Deut. 14, 28 f.: ‚Im dritten Jahre sollst du einen
andern Zehnten absondern. . . . Und es kommen der Levit, der Fremdling,
die Waise, die Witwe . . . und sie sollen essen und satt werden‘; ferner
eine entgeltliche Mitteilung durch Verkauf und Kauf, Pacht und Miete,
Leihe und Hinterlegung, Übertragungsformen, für die sämtlich im Gesetz
bestimmte Vorschriften sich finden.“ [1] „Wie der Apostel sagt: ‚hat, wer
den Nächsten liebt, das Gesetz erfüllt‘, da alle Vorschriften des Gesetzes
vorzugsweise auf den Nächsten sich beziehen und .den Zweck haben, die
Menschen zu gegenseitiger Liebe zu führen. Die Liebe aber veranlaßt die
Menschen, sich gegenseitig ihre Güter mitzuteilen nach 1 Joh. 3, 17:
‚Wer seinen Bruder Not leiden sieht und sein Herz vor ihm verschließt,
wie bleibt die Liebe Gottes in ihm?‘ Darum beabsichtigte das Gesetz,
die Menschen daran zu gewöhnen, sich leicht ihre Güter gegenseitig mit=
zuteilen, wie auch der Apostel den Reichen befiehlt: ‚gern zu geben und
mitzuteilen‘. Es ist aber nicht leicht mitteilsam, wer es nicht ertragen
kann, daß der Nächste von seinem Eigentum ein wenig nimmt ohne
großen Schaden für ihn. Daher bestimmte das Gesetz, daß der in den
Weinberg des Nächsten Eintretende dort Trauben essen dürfe, nicht aber
solche mit fortnehmen, um damit nicht die Zufügung großen Schadens
zu veranlassen, wodurch der Friede gestört würde. Dieser wird unter
ordentlichen Leuten (inter disciplinatos) wegen der Entnahme von Kleinig=
keiten nicht gestört, vielmehr wird dadurch die Freundschaft noch mehr
befestigt und die Menschen daran gewöhnt, gerne mitzuteilen.“ [2] „Die
Absicht des Gesetzes war, durch seine Vorschriften die Menschen dahin

---

[1] 1. 2. 105, 2 c; cf. 2. 2. 87, 1 c.   [2] 1. 2. 105, 2 ad 1.

zu erziehen, daß sie gegenseitig in der Not sich gern unterstützen, da
dieses das trefflichste Mittel ist, die Freundschaft zu beleben. Eine der=
artige Bereitwilligkeit, zu helfen, forderte aber das Gesetz nicht nur für
die unentgeltlichen und vollständig freiwilligen Gaben, sondern auch für
die gegenseitige Leihe. Denn diese Unterstützung kommt häufiger vor und
ist für die meisten notwendig. Nach vielfacher Richtung fordert es die
Bereitwilligkeit für diese Hilfeleistung. 1. Sollte man gern bereit sein,
ein Darlehen zu geben, und sich nicht durch das nahende Nachlaßjahr
davon abschrecken lassen; vgl. Deut. 15. 2. Sollte man den Darlehens=
empfänger nicht mit Zinsen belästigen, oder auch indem man irgend=
welche zum Leben notwendige Pfänder annahm; hatte man sie aber an=
genommen, dann sollten sie sogleich zurückerstattet werden. Denn es heißt
Deut. 23, 19: ‚Du sollst deinem Bruder nicht auf Zins leihen‘; und
24, 6: ‚Du sollst den obern und den untern Mühlstein nicht zum Pfand
nehmen; denn so hat er dir seine Seele (Leben) verpfändet‘; und Exod. 22, 26:
‚Wenn du von deinem Nächsten das Oberkleid zum Pfand genommen, sollst
du es ihm vor Sonnenuntergang wieder zurückgeben.‘ 3. Sollte man die
Schuld nicht zur Unzeit zurückfordern nach Exod. 22, 25: ‚Wenn du Geld
leihest meinem armen Volke, das bei dir wohnt, sollst du es nicht drängen
wie ein Bedränger‘; und in demselben Sinne wird befohlen: ‚Wenn du
etwas einforderst von deinem Nächsten, was er dir schuldet, sollst du
nicht in sein Haus gehen, ihm ein Pfand zu nehmen, sondern draußen
sollst du stehen bleiben, und er soll dir bringen, was er hat‘; einmal,
weil das Haus der sicherste Zufluchtsort eines jeden ist, weshalb es einem
lästig fällt, in seinem Hause angegangen zu werden (invadatur); dann
auch, weil das Gesetz dem Gläubiger nicht gestattet, ein beliebiges Pfand
zu nehmen, vielmehr dem Schuldner die Freiheit läßt zu geben, was er
weniger brauchte. 4. Bestimmte das Gesetz, daß im siebenten Jahre die
Schulden sämtlich nachgelassen werden sollten. Man konnte annehmen
(probabile enim erat), daß jene, die das Darlehen leicht zurückgeben
konnten, dies vor dem siebenten Jahre thun würden und den unentgeltlich
Darleihenden nicht hintergehen würden. Wenn sie aber vollständig zahlungs=
unfähig waren, so war ihnen aus demselben Grunde die Schuld zu er=
lassen mit derselben Liebe, mit welcher ihnen wegen ihrer Not von neuem
zu geben war.“ [1]

Daß man in der Kirche von Anfang an die Gemeinsamkeit
des Gebrauchs betonte, ist bekannt. „Auch sagte nicht einer, daß etwas
von dem, was er besaß, sein sei, sondern sie hatten alles miteinander ge=

---

[1] Ibid. ad 4.

mein.... Es war kein Dürftiger unter ihnen." [1] Wenn schon der
Einzelne seinen privaten Besitz als Gemeingut betrachten sollte, so galt
das kirchliche Gut von jeher als Gemeingut [2] und darum, wenn auch
nicht allein, so doch vorzüglich als Gut der Armen [3]. Die Kleriker, welche
Kirchengut verschwenden, sündigen deshalb ungemein schwer [4]. In der
Not dürfen sogar für Loskauf der Gefangenen und in andern Bedräng=
nissen der Armen die kirchlichen Gefäße verwendet werden [5]. Thatsächlich
war im Mittelalter für die Armen nicht schlecht gesorgt. Der kirch=
liche Sinn rief Stiftungen aller Art für jede menschliche Not ins Leben [6].

Nicht weniger bedeutsam als für das Gebiet der charitativen Für=
sorge im engern Sinne war die Thatsache des kirchlichen Besitzes auch
für das Erwerbsleben. Die Bedingungen, unter welchen auf kirchlichen
Gütern gearbeitet wurde, waren anerkanntermaßen für die Beschäftigten
günstige [7]. Besonders zu beachten ist dabei der indirekte Einfluß auf die
adeligen Güter und das gesamte Wirtschaftsleben. Wenn nach Kautsky
die Tendenzen entscheiden, so ist gerade das Jahrhundert, in dem Thomas
lebte, in wirtschaftlicher Beziehung ein glückliches zu nennen. Dementgegen
ergriff gegen Ausgang des Mittelalters durch verschiedene Einflüsse ein
heidnischer Erwerbsgeist weite Kreise. Die Reformation unterband dann
wenigstens im Prinzip die christliche Charitas durch Verwerfung der
Lehre von den guten Werken und führte gleichzeitig zur Säkulari=
sation des Kirchengutes, die dem Staat bis auf den heutigen Tag noch
nirgends auch in materieller Beziehung besondern Gewinn, den Armen
dagegen und den untern Schichten überhaupt großen Schaden und nur
wenigen Freibeutern Bereicherung brachte [8].

Wer die Vorgänge der neuesten Zeit aufmerksamer beachtet, wird
finden, daß sich trotz allen noch vorhandenen und teilweise noch fort=

---

[1] Act. Ap. 4, 32. 34.   [2] Cf. op. XVII, c. 14; XIX, 7; 2. 2. 87, 4 ad 1.
[3] Cf. 2. 2. 185, 7 c et ad 4; 119, 3 ad 1; 87, 1 ad 4.
[4] Cf. 2. 2. 119, 3 ad 1; quodl. 6, 12.   [5] 2. 2. 185, 7 ad 3.
[6] Vgl. G. Ratzinger, Geschichte der kirchlichen Armenpflege, 2. Aufl., Freiburg
1884; „Historisches Jahrbuch" (der Görres=Gesellschaft) XIX, 288 ff., Art. „Privat=
wohlthätigkeit im Mittelalter" von W. Schmitz; daselbst weitere Litteratur.
[7] Vgl. E. Michael, Geschichte des deutschen Volkes seit dem 13. Jahr=
hundert bis zum Ausgang des Mittelalters, Freiburg 1897, I, 12 ff.
[8] Vgl. für England „Kapital" I, 686 f.: „Einen neuen furchtbaren Anstoß
erhielt der gewaltsame Expropriationsprozeß der Volksmasse im 16. Jahrhundert
durch die Reformation und, in ihrem Gefolge, den kolossalen Diebstahl der Kirchen=
güter. Die katholische Kirche war zur Zeit der Reformation Feudaleigentümerin
eines großen Teils des englischen Grund und Bodens. Die Unterdrückung der Klöster
u. s. w. schleuderte deren Einwohner ins Proletariat. Die Kirchengüter selbst wurden

schreitenden Mammonismus auch wieder intensiv und extensiv bedeutende und wachstumsfähige Tendenzen zur Verallgemeinerung des Eigentums= gebrauchs geltend machen. Immer mehr scheint man sich seiner sozial= politischen Pflichten bewußt zu werden, stärker und stärker regen sich charitative Bestrebungen der verschiedensten Art [1], öfter und öfter kommen Mitteilungen über mannigfaltige und teilweise großartige Stiftungen und Wohlfahrtseinrichtungen [2], über Vereine mit enormen Leistungen für ideale Zwecke zum Wohl des ganzen Volkes. Rechnet man noch dazu die großen Opfer für die Missionierung und Kultivierung ferner Länder, die nicht gering zu schätzenden unbekannten Privataufwendungen, dann wird man auch in der Gegenwart erstarkende Tendenzen nach dem christ= lichen Ideal sehen und für die Zukunft nicht bloß fürchten (die gegen= teiligen Tendenzen), sondern auch hoffen dürfen.

Sechstes Kapitel.
Gesellschaft und Staat und Eigentum nach Thomas.

I.
Der Mensch ist ein gesellschaftliches Wesen. Das Gemeinwohl.

Die bisherige Erörterung ging vornehmlich vom einzelnen Indi= viduum aus, sei es, daß sein Recht auf die notwendigen Subsistenzmittel hervorgehoben wurde, sei es, daß die Rechte und Pflichten des einzelnen Eigentümers gegenüber seinen Mitmenschen in Betracht kamen. Schon hier kam trotz allem Individualismus der Sozialismus, soweit dieser

---

großenteils an raubsüchtige königliche Günstlinge verschenkt oder zu einem Spott= preis an spekulierende Pächter und Stadtbürger verkauft, welche die alten erblichen Unterfassen massenhaft verjagten und ihre Wirtschaften zusammenwarfen. Das ge= setzlich garantierte Eigentum verarmter Landleute an einem Teil der Kirchenzehnten ward stillschweigend konfisziert. ‚Pauper ubique iacet‘, rief Königin Elisabeth nach einer Rundreise durch England. Im 43. Jahre ihrer Regierung war man endlich gezwungen, den Pauperismus offiziell anzuerkennen durch Einführung der Armen= steuer." Für die Neuzeit bietet Italien ein ähnliches Bild.

[1] Vgl. die verschiedenen charitativen Zeitschriften und Jahresberichte über charitative Bestrebungen.

[2] Vgl. besonders die Zeitschriften „Arbeiterfreund", „Arbeiterwohl", „Soziale Praxis" 2c. — Zwecks gegenseitiger Anregung und größerer Konzentrierung ihrer Bestrebungen schlossen sich neuestens fast alle bekanntern deutschen Wohlfahrtsvereine zu einem Verband zusammen. — Eine eigene Gruppe (XVI) der Pariser Welt= ausstellung 1900 wird den gewaltigen Fortschritt auf dem Gebiet der Arbeiter= Wohlfahrt seit 1889 hervortreten lassen.

Ausdruck im Sinne des Gegensatzes zu jenem Begriff erlaubt ist, zu seinem Rechte. Betrachtet man aber das Eigentum in seinem Pflichtverhältnis zur Gesellschaft, so werden für seine soziale Bedeutung neue Beziehungen und Motive hervortreten.

„Eine Gesellschaft ist nichts anderes als eine Vereinigung von Menschen zur Erreichung eines bestimmten Zweckes. Je nach der Verschiedenheit des Zweckes, den eine Gesellschaft erreichen soll, müssen die Gesellschaften unterschieden und beurteilt werden, da das Urteil über jede Sache vorzüglich vom Zwecke herzunehmen ist. Daher unterscheidet der Philosoph (,Ethik', 8. B.) verschiedene Vereinigungen, die nichts anderes sind als Gesellschaften mit verschiedenen Pflichten, wodurch die Menschen miteinander in Beziehung stehen, und nach diesen Beziehungen unterscheidet er die Freundschaften z. B. derer, die zusammen erzogen werden, die zusammen Handel oder irgend ein anderes Geschäft treiben." [1]

Oberster Grundsatz ist hier das bei Thomas so oft wiederkehrende Axiom: „Der Mensch ist seiner Natur nach ein gesellschaftliches Wesen." [2] „Seiner Natur nach ist der Mensch ein soziales und politisches Wesen, mit vielen zusammenlebend (in multitudine vivens), mehr als irgend ein anderes Lebewesen, wie das natürliche Bedürfnis beweist. Den andern Wesen bereitete nämlich die Natur Speise, Haarbedeckung, Mittel zur Verteidigung, wie Zähne, Hörner, Krallen, oder wenigstens Schnelligkeit für die Flucht. Dem Menschen dagegen fehlt eine solche natürliche Ausrüstung. Allein an ihrer Statt ist ihm die Vernunft verliehen [3], unter deren Leitung er sich alles das durch die Arbeit seiner Hände bereiten kann. Die Herstellung alles dessen vermag aber ein einziger Mensch nicht zu leisten. Ein einziger Mensch wäre für sich nicht im stande, ein auskömmliches Leben zu führen. Es ist deshalb dem Menschen natürlich, in großer Gemeinschaft (in societate multorum) zu leben. Den andern Wesen ist ferner das natürliche Streben nach allem, was für sie nützlich oder schädlich ist, eingepflanzt, wie das Schaf von Natur den Wolf als seinen Feind erkennt [4]. Viele Tiere erkennen mit natürlichem Geschick bestimmte Pflanzen als Heilmittel und anderes zum Leben Notwendige.

---

[1] Op. XIX, c. 3.

[2] Cf. cg. III, c. 117. 128. 129. 131. 147; I, 96, 4 c; 2. 2. 109, 3 ad 1; 114, 2 ad 1; in 1 Cor. 11, 1; caten. in Luc. 10, 27; III, 65, 1 c; 1 eth. 1a etc.; bei Aristoteles ist der Mensch ein ζῷον πολιτικόν, bei Thomas ein animal sociale et politicum.

[3] Der Mensch ist daher vor allem ein animal rationale, eine freie Persönlichkeit. Daher die Berechtigung des Individualismus, wenn er nur durch die Berücksichtigung der sozialen Anlage ergänzt wird. Vgl. auch den Eingang zu de reg. princ. I, c. 1. 　[4] Cf. I, 101, 2 ob. 2.

Der Mensch dagegen hat von dem zum Leben Notwendigen nur f_0 im allgemeinen eine natürliche Erkenntnis. Durch die Vernunft vermag er von den allgemeinen Prinzipien zur Erkenntnis der zum menschlichen Leben erforderlichen Einzelkenntnisse zu gelangen. Unmöglich kann ein einziger Mensch das alles durch seine Vernunft leisten. Es ist deshalb für den Menschen notwendig, mit vielen zusammenzuleben, damit einer vom andern unterstützt wird und verschiedene verschiedenes durch ihre Vernunft aufzufinden trachten, z. B. einer in der Heilkunst, ein anderer in diesem, ein anderer in jenem Fache (Arbeitsteilung und =vereinigung). Das liegt auf flacher Hand infolge der Eigentümlichkeit des Menschen, sich der Sprache bedienen zu können, wodurch ein Mensch andern seine Vorstellung vollständig mitteilen kann [1]. Die andern Wesen bezengen gegenseitig ihre Leidenschaften allgemeinhin, wie der Hund seinen Zorn durch Bellen, andere Tiere ihre Leidenschaften auf andere Weise. Der Mensch ist also mitteilsamer als jedes andere Gesellschaftswesen, wie der Kranich, die Ameise und Biene. In Erwägung dessen sagt Salomon Pred. 4, 9: ‚Besser ist, daß zwei zusammen sind als einer; denn sie haben doch den Vorteil ihrer Gesellschaft.'‘ [2]

Der erste Motor für das menschliche Gesellschaftsleben ist demnach die N o t. Allein sie erscheint nicht als rein äußerer Zwang oder als Nützlichkeitsberechnung, sie ist vielmehr getragen von einer n a t ü r l i c h e n L i e b e u n d Z u n e i g u n g. „Infolge einer allgemeinen Liebe ist von Natur jeder Mensch der Freund jedes andern Menschen, nach Eccli. 13, 19: ‚Jedes Wesen liebt seinesgleichen.'‘ [3] Auf dieser natürlichen Grundlage baut das göttliche Gesetz weiter. Das natürliche Hilfsbedürfnis und Freundschaftsverhältnis erhält durch die c h r i s t l i c h e N ä c h s t e n l i e b e eine höhere, ja die höchste Weihe [4]. „Von allem, was dem Menschen zum Nutzen gereicht, sind es vorzüglich andere Menschen. Der Mensch ist aber von Natur ein gesellschaftliches Wesen; denn er bedarf vieler Dinge, die durch einen nicht hergestellt werden können. Der Mensch muß deshalb durch das göttliche Gesetz angewiesen werden, sich nach der Ver=nunftordnung gegen seine Mitmenschen zu verhalten. — Zweck des gött=lichen Gesetzes ist die Anhänglichkeit des Menschen an Gott. Darin wird aber einer vom andern gefördert sowohl in Hinsicht auf die Erkenntnis als auch in Hinsicht auf das Thun [5]. Die Menschen helfen sich gegenseitig in der Erkenntnis der Wahrheit, und einer ermuntert den andern zum

---

[1] Cf. cg. III, 147; 1 pol. 1 u.   [2] De reg. princ. I, c. 1.
[3] 2. 2. 114, 1 ad 2.
[4] Cf. cg. III, c. 117; caten. in Luc. 10, 27; in Marc. 11, 1.
[5] Cf. cg. III, c. 147.

Guten und hält vom Bösen zurück; daher heißt es: ‚Eisen wird durch Eisen geschärft, und ein Mensch schärft den Blick seines Freundes‘ (Sprichw. 27, 17).“ [1] — Das Ziel des Menschen ist Gott; um sich an der Erreichung ihres Zieles nicht zu hindern, müssen die Menschen friedlich zusammenleben. Dies ist nur möglich, wenn einer dem andern das Seine giebt, d. h. durch Einhaltung der Gerechtigkeit. Besser aber wird der Friede bewahrt durch die Gottes= und Nächstenliebe. „Denn wer einen liebt, giebt ihm freiwillig und gern, was er muß, und giebt ihm noch freigebig hinzu.“ [2]

Von der göttlichen Providenz „erhalten die Dinge nicht nur ihre eigene Güte, sie sollen auch andern Ursache der Güte werden“ [3]· „Je mehr eine thätige Kraft an der göttlichen Güte teilnimmt, desto mehr ist sie bestrebt, auf andere so viel als möglich einzuwirken.“ [4]

„Aus zwei Gründen kann der Mensch isoliert leben: 1. weil er die menschliche Gesellschaft wegen der Wildheit seines Geistes nicht ertragen kann, und das ist raubtiermäßig; 2. weil er ganz und gar göttlichen Dingen sich widmet, und das geht über das Vermögen des Menschen hinaus.“ Daher sagt der Philosoph: „Wer mit andern keinen Verkehr hat, ist ein Tier oder ein Gott, d. h. ein göttlicher Mann.“ [5] Und doch sind auch sie in gewissem Sinne Gesellschaftswesen; denn während jener der Gesellschaft den größten Schaden zufügt, erweist ihr der andere den größten Dienst als Wegweiser zu idealen Zwecken [6].

„Jeder ist Mitglied einer Gemeinschaft (pars societatis), und einem jeden befahl Gott das Heil des Nächsten an (mandavit de proximo suo, Eccli. 17, 12). . . . Man soll also nicht nur für sich, sondern um jedes Mitglied seiner Gemeinschaft besorgt sein.“ [7] „Da der Mensch ein gesell= schaftliches Wesen ist, muß ein Mensch dem andern das leisten, ohne das die menschliche Gesellschaft nicht erhalten werden kann.“ [8] „Die menschliche Gesellschaft kann aber nur erhalten werden dadurch, daß einer dem andern hilft. Es ist demnach den Menschen natürlich, einander in ihren Nöten zu helfen.“ [9] Wahrhaftigkeit, Vertrauen, Freundlichkeit sind durch die gesellschaftliche Natur geforderte Pflichten [10].

Doch hier handelt es sich vor allem um Betonung der Verbindlichkeit gegenüber der Gemeinschaft, und da gilt der oft variierte Grundsatz: „Das allgemeine Wohl ist besser (melius, divinius) als das besondere

---

[1] Cg. III, c. 128.   [2] Ibid.   [3] 4 sent. 45, 3, 2 ad 1.
[4] I, 106, 4 c.   [5] 2. 2. 188, 8 ad 5; cf. 172, 4 c; 1 pol. 1 t.
[6] Cf. 2. 2. 188, 8 ad 4.   [7] In Hebr. 3, 13.
[8] 2. 2. 109, 3 ad 1.   [9] Cg. III, c. 131.
[10] Cf. 2. 2. 109, 3 ad 1; 114, 2 ad 1.

Wohl des Einzelnen." [1] „Eine Pflicht der Liebe, die zwischen den Menschen bestehen muß, ist es, daß man auch das Gut eines einzigen Menschen wahrt. Aber viel besser und göttlicher ist es, wenn dies für das ganze Volk und für den Staat geschieht. . . . Göttlicher heißt es, weil es mehr an die Ähnlichkeit mit Gott hinanreicht, der die letzte Ur=sache aller Güter ist." [2] „Das Volkswohl ist besser als das des Einzelnen; denn die Güte und Vollkommenheit des Ganzen überragt die Güte und die Vollkommenheit des Teils." [3] Daher „ist nach der rechten Vernunft das Gemeinwohl dem Privatwohl vorzuziehen: deshalb ist jeder Teil durch eine Art Naturantrieb auf das Wohl des Ganzen gerichtet" [4]. „Jeder Teil liebt von Natur mehr das Gemeinwohl des Ganzen als sein besonderes Privatwohl: es läßt sich das aus der Bethätigung er=kennen; jeden Teil beseelt nämlich vor allem das Bestreben zu einer dem Ganzen förderlichen gemeinsamen Thätigkeit. Ein Beweis dafür sind die politischen Tugenden, wodurch die Bürger für das Gemeinwohl in bestimmten Fällen den Verlust an Eigentum und Personen ertragen." [5] Deshalb „darf nicht wegen des Gutes eines Einzelnen das Gut vieler vernachlässigt werden, da das Gut der Vielheit immer göttlicher ist als das eines Einzelnen" [6]. „Augustinus sagt: ‚Das Wort: Die Liebe sucht nicht das Ihrige, ist so zu verstehen, daß sie das Gemeinsame dem Eigenen vorzieht.‘ Das gemeine Wohl aber verdient jederzeit von jedem mehr geliebt zu werden als das eigene." [7]

„Das Gute oder Schlimme, das man sich durch seine Thätigkeit zuzieht, strömt auf die Gemeinschaft über." [8] „Man muß erwägen, daß jeder, der in einer Gesellschaft lebt, irgendwie ein Teil oder Glied der ganzen Gesellschaft ist. Jeder, der an dem Wohl oder Wehe irgend eines Mitglieds der Gesellschaft arbeitet, **zieht damit die ganze Gesell=schaft in Mitleidenschaft,** wie der, welcher die Hand verletzt, zugleich den Menschen verletzt." [9] Der Selbstmörder fügt deshalb nicht nur sich, sondern auch der Gemeinschaft ein Unrecht zu [10]. „Wer das gemeinsame Wohl vieler sucht, sucht damit sein eigenes Wohl aus zwei Gründen: 1. Weil das eigene Wohl nicht ohne das gemeinsame Wohl der Familie, des Staates bezw. Reiches bestehen kann. Deshalb sagt Valerius Maximus von den alten Römern: ‚Sie wollten lieber arm in einem reichen Staate, als reich in einem armen Staate sein.‘ 2. Da der Mensch ein Teil der Familie oder des Staates ist, muß er bei

---

[1] Cg. III, c. 146; cf. c. 17. 69; 2. 2. 39, 2 ad 2; 152, 4 ad 3; 1 pol. 1 b etc.
[2] 1 eth. 2 g.   [3] Cg. I, c. 41.   [4] Op. XVIII, c. 13.   [5] 2. 2. 26, 3 c.
[6] Cg. III, c. 125.   [7] 2. 2. 26, 4 ad 3.   [8] 1. 2. 21, 3 ad 3; cf. ad 1 et 2.
[9] Ibid. c.   [10] Cf. 2. 2. 64, 5 c; 59, 3 ad 2.

der Erwägung seines Privatwohls davon ausgehen, was für das Wohl der Gesellschaft zuträglich ist. Den guten Zustand der Teile schätzt man nach ihrer Beziehung zum Ganzen; denn so sagt Augustinus: ,Schimpflich ist es für jeden Teil, dem Ganzen nicht zu entsprechen.'" [1] Damit wird die Wahrheit, die der Auffassung der Man= chesterleute sowohl wie der der Sozialisten zu Grunde liegt, anerkannt.

Das Ziel der Gesellschaft ist dasselbe wie das des menschlichen Lebens überhaupt [2], ihre Thätigkeit und Stärke trägt aber einen eigenen Charakter. „Das Ganze hat selbst eine Thätigkeit, die nicht den Teilen, sondern nur dem Ganzen zukommt, z. B. der Kampf eines ganzen Heeres; das Ziehen eines Schiffes ist die Thätigkeit der Menge, welche das Schiff zieht." [3] „In allen Beschäftigungen, die von mehreren betrieben werden können, hat deren Vereinigung einen großen Nutzen (plurium societas multum prodest); deshalb heißt es Sprichw. 18, 19: ,Der Bruder, der vom Bruder unterstützt wird, ist wie eine feste Stadt', und Pred. 4, 9: ,Besser ist, daß zwei zusammen sind als einer; denn sie haben doch den Vorteil ihrer Gesellschaft.'" Den meisten Nutzen hat die Vereinigung vieler (societas multorum) für wissenschaftliche Bestrebungen [4].

„Da der Mensch von Natur ein soziales Wesen ist, d. h. ein solches, das zum Leben vieles bedarf, was es selbst nicht herstellen kann, folgt, daß der Mensch von Natur der Teil einer Vielheit ist, durch die ihm Hilfe für ein auskömmliches Leben wird. Diese Hilfe soll ihm zweierlei ermöglichen: 1. Die zum Leben notwendigen Mittel, ohne die das gegen= wärtige Leben nicht geführt werden kann, und dazu verhilft dem Menschen die häusliche Gemeinschaft, der er angehört. Denn jeder Mensch erhält von seinen Eltern Dasein, Ernährung und Erziehung. Und ähnlich helfen die einzelnen Familienangehörigen sich gegenseitig zur Beschaffung der zum Leben notwendigen Mittel. 2. Wird dem Menschen von einer Ge= meinschaft, deren Mitglied er ist, zu einer vollkommen ausreichenden Lebens= führung verholfen, d. h. einer Lebensführung, bei der der Mensch nicht bloß lebt, sondern auch auskömmlich lebt (bene vivat), im Besitze alles dessen, was zum Leben hinreicht. In dieser Weise kommt dem Menschen von der staatlichen Gemeinschaft, der er angehört, Hilfe, und

---

[1] 2. 2. 47, 10 ad 2.
[2] Cf. 1. 2. 100, 6 c: Finis autem humanae vitae et societatis est Deus. „Wie das Einzeldasein des vernünftigen Geschöpfes, so ist auch die Gesellschaft nicht herrenlos; sie ist eine göttliche Domäne, wie ihre wesentliche Organisation eine Schöpfung Gottes ist" (Th. Meyer, Die Arbeiterfrage und die christlich= ethischen Sozialprinzipien, Freiburg 1891, S. 9).
[3] 1 eth. 1 a.   [4] Op. XIX, c. 3.

zwar nicht bloß in Bezug auf materielle Dinge, insofern es im Staate
viele Gewerbe giebt, die für ein Haus nicht hinreichend möglich sind,
sondern auch in Bezug auf das moralische Gebiet, insofern (z. B.) freche
junge Leute, welche die väterliche Mahnung nicht zu bessern vermag,
durch die öffentliche Autorität mittels Furcht vor Strafe gezügelt
werden." [1]

Der Mensch ist aber nicht nur ein Staats=, sondern auch ein Welt=
bürger. „Es besteht eine natürliche Freundschaft unter denen, die zusammen
einem Volke angehören, insofern zwischen ihnen Gemeinschaft der Sitten
und der Lebensweise besteht. Am meisten natürlich ist jene Freundschaft,
die zwischen allen Menschen gegenseitig besteht wegen der Gleichheit der
Natur. Darum loben wir die Philanthropen, d. i. die Menschenfreunde,
da sie die dem Menschen natürliche Pflicht erfüllen, wie das am klarsten
gelegentlich Verirrungen auf dem Wege zu Tage tritt. Jeder wird auch
einen Unbekannten und Fremden (extraneus) über seine Verirrung be=
lehren, da ein Mensch dem andern gleichsam Familiengenosse und Freund
ist." [2] Durch Aufschluß über Ursprung, Ziel und Erlösung hat das
Christentum den Gedanken der allgemeinen Verbrüderung in einzigartiger
Weise gehoben, gefördert und befestigt.

II.
Familie und Eigentum.

Schon mehrfach wurde die Beziehung zwischen Eigentum und
Familie hervorgehoben. So wenig wie der Einzelne kann die Familie
ohne materielle Mittel existieren. Das Eigentum ist nicht Ziel, aber not=
wendiges Mittel der häuslichen Gemeinschaft und zugleich ein Band,
das die einzelnen Familienmitglieder fester verknüpft. „Offenbar steht die
Familie in der Mitte zwischen dem Individuum und dem Staat oder
Reich; denn wie das Individuum ein Teil der Familie ist, so diese ein
Teil des Staates oder Reiches." [3] „Der Reichtum verhält sich zur Öko=
nomie (Hausverwaltung) nicht wie das letzte Ziel, sondern wie ein
Mittel." [4] „Das letzte Ziel der Ökonomie ist vielmehr das nach jeder
Beziehung gute Leben in der Familie." [5] „In Bezug auf die Anordnung
besonderer häuslicher Angelegenheiten können auch Schlechte sich fürsorg=
lich erweisen, nicht aber in Bezug auf das nach jeder Beziehung gute
Familienleben, wozu vor allem ein tugendhaftes Leben gehört." [6]

---

[1] 1 eth. 1 a.   [2] 8 eth. 1 c.
[3] 2. 2. 51, 3 c.   [4] 1 pol. 8 a; cf. 10 d.
[5] 2. 2. 51, 3 ad 1.   [6] Ibid. ad 2.

III.

Staat und Eigentum.

1. Notwendigkeit und Ziel des Staates und der Staatsregierung.

„Wie der Mensch ein Teil der Familie ist, so ist die Familie ein Teil des Staates. Der Staat aber ist nach Aristoteles eine vollkommene Gemeinschaft." [1] Unter den menschlichen Gemeinschaften besteht eine ge= wisse Abstufung, „die letzte ist die Gemeinschaft des Staates, welche die Auskömmlichkeit des menschlichen Lebens zur Aufgabe hat. Daher ist sie unter allen menschlichen Gemeinschaften die vollkommenste" [2]. „Der Mensch ist von Natur ein staatsbürgerliches Wesen. Daher wünschen die Menschen in Gemeinschaft zu leben und nicht isoliert zu sein, wenn auch der eine oder der andere nicht so sehr darauf angewiesen wäre, daß sie ein staatliches Leben führten. Aber groß ist der gemeinsame Nutzen eines gesell= schaftlichen Zusammenlebens, und zwar nach zwei Beziehungen: 1. für ein gutes Leben, wozu jeder seinen Teil beiträgt; wir sehen ja, wie in jeder Kommunität der eine mit dieser, der andere mit jener Leistung der Gemeinschaft dient und wie sie alle zusammen glücklich leben. Dieses Gutleben ist vor allem Zweck des Staates oder der Staatskunst sowohl im allgemeinen mit Bezug auf die Gesamtheit als auch im besondern in Bezug auf die Einzelnen. 2. Ist das gemeinschaftliche Leben auch wegen des Lebens selbst nützlich, da von den Angehörigen einer Gemeinschaft einer dem andern in der Erhaltung des Lebens und in Todesgefahr beispringt. Das ist der Grund, warum die Menschen sich vereinigen und an der staatlichen Gemeinschaft festhalten, weil schon das Leben an sich, abgesehen von anderm, was sie thun, um gut zu leben, etwas Gutes und Schätzenswertes ist, außer es hätte jemand in seinem Leben sehr hart

---

[1] 1. 2. 90, 3 ad 3; cf. cg. III, c. 98. Die in wirtschaftlicher Beziehung vor= wiegend in Betracht kommende civitas ist der mittelalterliche Stadtstaat (vgl. neuestens M. Maurenbrecher, Thomas von Aquinos Stellung zum Wirtschaftsleben seiner Zeit, Leipzig 1898, 1. Heft, S. 38 ff.). Dabei lehnt sich Thomas teilweise an die Heilige Schrift an, wo besonders Jerusalem in den Vordergrund tritt (cf. in Hebr. 13, 10; auch als Bild „das himmlische Jerusalem": cf. in Gal. 4, 24; in Hebr. 13, 4), und an Aristoteles, dem besonders Athen vorschwebt. Aber dieser Stadtstaat ist in Analogie viel mehr mit unserm Territorialstaat als mit der modernen Stadtgemeinde zu vergleichen (cf. civitas aut regnum; civitas vel regnum: 1. 2. 100, 2 c; 105,·1 c; 2. 2. 47, 10 ad 2; 48 c; 51, 1 et 3 c; op. XIX, c. 3; de reg. princ., passim; civitas vel gens: 1. 2. 105, 2 ad 3; man kann also in diesen Fällen (es handelt sich nicht nur um rein politische, sondern auch um wirtschaftliche Fragen) das von der civitas Gesagte leicht auf das regnum etc. übertragen. Bei dem „Sich=selbst= genügen" des Staates hat Thomas fast ausschließlich die civitas im Auge.

[2] 1 pol. 1a; cf. 1. 2. 90, 2 c.

und grausam zu leiden." [1] „Jene Gemeinschaft wird vollkommen sein, die
so eingerichtet ist, daß der Mensch alles zum Leben Notwendige in hin=
reichendem Maße besitzt; diese Gemeinschaft ist aber der Staat. Denn
zu seinem Wesen gehört es, daß sich in ihm alles vorfinde, was zu einer
bestimmten Zeit für das menschliche Leben ausreicht. Deshalb besteht er
aus mehreren Gruppen von Häusern (vicus = sowohl Straße als Dorf) [2],
in deren einer das Schmiedehandwerk, in der andern die Weberei u. s. w.
betrieben wird. Der Staat ist demnach offenbar eine vollkommene Ge=
meinschaft." [3]

Ist der Staat notwendig, dann auch die Staatsregierung. „In
allen Dingen, denen ein bestimmtes Ziel gesetzt ist, und worin man so
oder anders vorgehen kann, ist eine lenkende Kraft notwendig, durch die
man geradeswegs zum rechten Ziel gelangt." „Da von den vielen Menschen
jeder für das sorgt, was für ihn angemessen ist, so würde die Gesell=
schaft nach verschiedenen Richtungen auseinandergehen, wenn nicht jemand
da wäre, der für das Wohl der Gesellschaft Sorge trüge. . . . Denn das
Eigene fällt nicht mit dem Gemeinsamen zusammen. Das eigene
Interesse trennt, das gemeinsame einigt. Aber die Ursachen von verschie=
denen Wirkungen sind verschieden. Daher muß neben der Kraft, die zum
eigenen Wohle eines jeden antreibt, eine andere vorhanden sein, die zum
Gemeinwohl vieler hinbewegt." [4] „Das zeigt auch die Erfahrung. Denn
Länder (provinciae) oder Staaten, die nicht von einem regiert werden,
haben unter Zwistigkeiten zu leiden und schwanken friedlos hin und her,
so daß die Klage des Herrn durch den Propheten erfüllt wird: Viele
Hirten haben meinen Weinberg zerstört. Im Gegensatz dazu erfreuen sich
Länder und Staaten, die unter der Regierung eines Königs stehen,
des Friedens, blühen durch Gerechtigkeit und sind mit reichlichen Mitteln
beglückt (affluentia rerum laetantur)." [5]

„Die beste Regierungsform ist die Einherrschaft; das ergiebt
sich aus dem Zweck der Regierung, dem Frieden. Denn der Friede und
die Einheit der Unterthanen ist der Zweck des Regierenden. Einer ist aber

---

[1] 3 pol. 5 d.   [2] Vgl. Maurenbrecher a. a. O. S. 41 f.   [3] 1 pol. 1 r.
[4] De reg. princ. I, c. 1; cf. in Hebr. 3, 4: Diversa non coniunguntur nisi ab
aliquo uno, sicut patet de domo artificiali; auch im Paradies hätte eine bestimmte
Herrschaft bestanden, cf. I, 96, 4 c. — „Herrschen ist seiner Natur nach ausbeuten."
„Wo keiner beherrscht wird, weil alle an der Regierung teilnehmen, giebt es selbst=
verständlich keine Herrschaft" (Liebknecht, Was die Sozialdemokraten sind und
was sie wollen S. 11). Wir sind noch nicht im sozialistischen Staat und doch hat
Vollmar „als Genosse sich zu fügen" (Liebknecht auf dem Erfurter Parteitag,
Protokoll S. 243). Der Anarchismus ist klarer und konsequenter, wenn auch absurder.
[5] De reg. princ. I, c. 2.

eine viel geeignetere Ursache der Einheit als viele." [1] Thomas meint jedoch
mit der Einherrschaft nicht die absolute Monarchie oder gar die Tyran=
nis [2]. Wie jede andere, so kann auch die Königsherrschaft ausarten [3], und
dann ist sie die schlimmste Herrschaft [4]. Die Ausartung der Vielherrschaft,
die nur das Wohl der Armen sucht, ist die wenigst schlechte Regierungs=
form; aber die Vielherrschaft wird auch am leichtesten verkehrt [5]. Da=
gegen läßt sich die Monarchie so einrichten, daß sie die Vorteile der
andern Regierungsformen in sich vereinigt und der Gefahr eines Um=
schlags in die Tyrannis vorgebeugt ist. „Bezüglich einer guten Regie=
rungsordnung in einem Staate oder Volke ist zweierlei zu beachten:
1. daß alle irgendwie an der Regierung teilnehmen; denn dadurch
wird der Friede in einem Volke bewahrt, und alle lieben und schätzen,
wie Aristoteles sagt, eine solche Ordnung. 2. Kommt die besondere Art
der Regierung oder Herrschaft in Betracht. Von den verschiedenen Staats=
verfassungen, die der Philosoph anführt, sind besonders die Monarchie
zu nennen, wobei einer in der rechten Weise regiert, und die Aristokratie,
d. i. die Herrschaft der Vornehmsten, wobei wenige in der rechten Weise
regieren. Die beste Regierungsform besteht in jenem Staate oder Reiche,
wo einer als Herrscher über alle in der rechten Weise aufgestellt ist,
unter dem wieder andere in der rechten Weise regieren. Nehmen ja doch
an einer solchen Regierung alle teil, da alle sowohl wählbar als wahl=
fähig sind. Hier findet sich jede Regierungsform in der rechten Mischung:
das Königtum, insofern einer herrscht, die Aristokratie, insofern viele in
der rechten Weise vorstehen, die Demokratie, d. i. die Volksherrschaft,
insofern die Vorsteher aus dem Volke gewählt werden können und dem
Volke die Wahl der Vorsteher zusteht." [6] „Die Königsherrschaft ist so
einzurichten, daß dem Könige die Versuchung zur Tyrannis entzogen ist.
Zugleich dürfte seine Herrschaft so einzuschränken sein, daß er nicht leicht
auf den Abweg der Tyrannis geraten kann." [7]

Die obrigkeitliche Gewalt (welches immer ihre Form) ist notwendig,
sie ist eine Anordnung Gottes; man darf ihr daher nicht widerstreben [8].
Aber „jede menschliche Gewalt steht unter der Gewalt Gottes, und
keiner menschlichen Gewalt darf man gegen Gott gehorchen, nach Apostel=
geschichte 4, 19: Man muß Gott mehr gehorchen als den Menschen" [9].

„Alle Staatsverfassungen, in denen die Regierenden den gemeinen
Nutzen erstreben, entsprechen der absoluten Gerechtigkeit, alle Regierungs=

---

[1] Cg. IV, c. 76.   [2] Ibid. c. 1 et 3.   [3] Cf. 1. 2. 105, 1 ad 2.
[4] Cf. 8 eth. 10 c; de reg. princ. I, c. 3.   [5] Ibid. e.
[6] 1. 2. 105, 1 c.   [7] De reg. princ. I, c. 6.
[8] Cf. in Rom. 13, 2 et 5.   [9] In Rom. 13, 2.

formen, in welchen nur der Nutzen der Regierenden erstrebt wird, sind
fehlerhaft und die Verkehrung der rechten Staatsverfassungen."[1] „Je
mehr die Regierung vom Gemeinwohl abweicht, desto ungerechter ist sie."[2]
„Die Fürsten der Erde sind von Gott bestellt, nicht daß sie ihren eigenen
Gewinn suchen, sondern daß sie den gemeinen Nutzen des Volkes be=
fördern. Das Verhalten mancher Fürsten rügend, heißt es Ez. 22, 27:
„Ihre Fürsten in ihrer Mitte sind wie Beute raubende Wölfe, um Blut
zu vergießen, Seelen zu verderben und gierig nach Gewinn zu haschen.'"[3]
„Vorzüglich ist der anzuklagen, der zwar das Ansehen des Gesetzes ver=
tritt, aber das Gesetz übertritt" (Chryf.)[4].

Worin besteht aber das Gemeinwohl? Um diese Frage genügend
beantworten zu können, ist zunächst nach dem letzten Ziele des Staates
zu forschen[5]. Aristoteles glaubt es in einem tugendhaften Leben gefunden
zu haben. So hoch dasselbe zu stellen ist, so ist es nach Thomas nur
Mittel zum letzten Ziel. „Da der Mensch durch ein tugendhaftes Leben
dem letzten Ziele nachstrebt, das in der Anschauung Gottes besteht, . . .
muß die menschliche Gesellschaft denselben Zweck haben wie der einzelne
Mensch. Der letzte Zweck der gesellschaftlichen Vereinigung (multitudinis
congregatae) ist also nicht, nach der Tugend zu leben, sondern durch ein
tugendhaftes Leben zur Anschauung Gottes zu gelangen."[6] Welches
aber der Weg zur wahren Glückseligkeit ist, und welches die Hindernisse
auf demselben, wird aus dem göttlichen Gesetze erkannt, dessen Erklärung
(doctrina) Aufgabe der Priester ist. Durch das göttliche Gesetz belehrt,
muß das Bestreben (des Herrschers) vorzüglich dahin gehen, daß die ihm
untergebene Gemeinschaft gut lebt. Dieses Bestreben verteilt sich auf drei
Aufgaben: 1. die Einrichtung des guten Lebens in der untergebenen
Gemeinschaft, 2. die Erhaltung desselben, 3. die Hebung desselben auf
ein höheres Niveau. . . . Zur Einrichtung des guten Lebens im Staate
ist dreierlei notwendig:

1. das Volk in der Einheit des Friedens zu befestigen,

2. das durch das Band des Friedens geeinte Volk zu einem guten
Handeln hinzuleiten,

---

[1] 3 pol. 5 g; cf. de reg. princ. I, c. 1.

[2] De reg. princ. I, c. 3.

[3] Op. XXI (de reg. Iud.); cf. in Philipp. 1, 1; 8 eth. 10 c et d.

[4] Caten. in Matth. 23, 4.

[5] Cf. 2 pol. 1 a: Secundum quod homines diversimode existimant de fine
vitae humanae, secundum hoc diversimode homines existimant de conversatione
civitatis.

[6] De reg. princ. I, c. 14.

3. muß durch den Fleiß des Regierenden eine hinreichende Menge der zum guten Leben erforderlichen Bedarfsgegenstände vorhanden sein." [1]

Für uns kommen hauptsächlich die erste und dritte Forderung in Betracht, die nichts anderes sind als die Bedingungen oder Voraus= setzungen für das Gutleben.

2. Das Sich-selbst-genügen des Staates.

Ebensowenig wie für die Familie kann für den Staat die An= sammlung von Reichtum das letzte Ziel sein. Der Regent wäre dann nur ein großer Ökonom[2]. Auch müßten dann alle, die zum Erwerb von Reichtum miteinander Geschäfte machen, zu einem Staate gehören[3]. „Nun besteht aber der Staat nicht wegen des Reichtums als seines Zieles, da der Reichtum selbst Mittel für einen Zweck ist." [4]

Wie sehr aber Thomas die materielle Grundlage des Staates beachtet und schätzt, zeigen die Merkpunkte, die er für die Neueinrichtung eines Staates aufstellt. „Der Begründer eines Staates oder Reiches kann keine Menschen und Wohnplätze und sonstige Hilfsmittel zum Leben neuer Art schaffen, er muß sie nehmen, wie sie in der Natur vorhanden sind, ähnlich wie die Handwerke das Material ihrer Thätigkeit der Natur ent= nehmen, wie der Schmied das Eisen, der Maurer das Holz und die Steine für den Gebrauch ihres Handwerks verwenden. Der Begründer eines Staates oder Reiches muß deshalb zunächst ein geeignetes Territorium answählen, dessen gesundes Klima zur Erhaltung des Lebens der Be= wohner beiträgt, dessen Fruchtbarkeit zum Unterhalt ausreicht, dessen

---

[1] De reg. princ. I, c. 15. Zur Erhaltung des guten Lebens gehört:
1. cura de successione hominum et substitutione illorum, qui diversis officiis praesunt (gute Beamte und passender Ersatz der durch Alter u. f. w. unfähig gewordenen);
2. ut suis legibus et praeceptis, poenis et praemiis homines sibi sub- iectos ab iniquitate coerceat;
3. ut multitudo subiecta contra hostes tuta reddatur.
Zur Hebung des guten Lebens gehört:
1. in singulis, quae praemissa sunt, si quid inordinatum est, corri- gere;
2. si quid deest, supplere;
3. si quid melius fieri potest, perficere.
(Vgl. H. Pesch a. a. O. S. 458.)
[2] Die Ansicht des Merkantilismus.
[3] Cf. de reg. princ. I, c. 14.
[4] 3 pol. 7 e; gegen die Auffassung der klassischen Nationalökonomie vom „Nationalreichtum", gleichbedeutend mit dem Reichtum weniger Internationalen und der Volksarmut.

reizende Umgebung zur Freude stimmt, dessen befestigte Lage gegen feindliche Einfälle sichert. Fehlt von den erwähnten Umständen der eine oder andere, dann ist das Territorium um so geeigneter, je mehr und je notwendigere von den bezeichneten Eigenschaften es besitzt." [1] „Nichts trägt zur Gesund=heit einer Gegend neben der Reinheit der Luft mehr bei als gesundes Wasser. Es giebt noch ein anderes Kennzeichen, aus dem sich die örtliche Gesundheit erkennen läßt, wenn nämlich die Gesichtsfarbe der Bewohner einer Gegend eine frische ist, wenn die Bewohner körperlich stark und harmonisch gebaut sind, wenn sich in der Gegend viele und muntere Kinder und viele Greise finden. Wenn dagegen das Aussehen der Menschen schlecht, ihr Körper schwach und ihre Glieder erschöpft oder siech erscheinen, wenn wenige und kränkliche Kinder und noch weniger alte Leute vor=handen sind, dann kann kein Zweifel sein, daß die Gegend tödliches Unheil mit sich bringt." [2]

Damit der Staat wirklich selbständig ist, müssen in demselben die verschiedensten Berufsarten vorhanden sein. Es fordert das, wie schon gesagt, der nächste Zweck des Staates, das Sich=selbst=genügen [3].

Der erste notwendige Teil des Staates ist eine ausreichende ackerbau=treibende Bevölkerung [4]. Vermag der Staat selbst den hauptsächlichsten Bedarf zu stellen, dann bleibt er zugleich bewahrt vor den Nachteilen, die den Handelsvölkern drohen. „Auf zweifache Art wird einem Staate der nötige Gütervorrat (affluentia rerum) ermöglicht: 1. Durch die Frucht=barkeit des Territoriums, welches alles vollauf hervorbringt, was der menschliche Lebensbedarf erfordert. 2. Durch die Ausübung des Handels, durch den das zum Leben Notwendige von verschiedenen Seiten dem Staate zugeführt wird. Daß aber die erstere Art angemessener ist, kann klar bewiesen werden. Denn es steht etwas um so höher, je mehr es sich selbst genügt, da das Bedürfnis nach etwas anderm einen Mangel be=kundet. Das Sich=selbst=genügen besitzt aber der Staat im vollern Sinne, dessen umliegendes Territorium für den notwendigen Lebensbedarf hin=reicht, als jener, der auf die kaufmännische Zufuhr aus andern Staaten angewiesen ist. Denn höher steht der Staat, wenn er seinen Gütervorrat aus dem eigenen Territorium zieht, als wenn er übervoll an Handels=leuten ist. Dies scheint auch sicherer zu sein. Denn infolge von Kriegs=ereignissen und verschiedenen Schwierigkeiten der Verkehrswege kann die Zufuhr leicht gehemmt werden, und dann wird der Staat wegen Mangels an Lebensmitteln überwältigt. Ebenso ist es für das bürgerliche Leben

---

[1] De reg. princ. I, c. 13.   [2] II, c. 2.   [3] 1 pol. 1 r.
[4] Cf. de reg. princ. II, c. 3.

zuträglicher. Denn der Staat, der zu seinem Unterhalt viele Handels=
leute notwendig hat, muß das beständige Zusammenleben mit Fremden
dulden. Der Verkehr mit Fremden verdirbt aber nach der Ansicht des
Aristoteles meistens die Sitten der Bürger, da die unter andern Gesetzen
und Gewohnheiten erzogenen Fremden vielfach anders handeln müssen,
als es unter den Bürgern Sitte ist. Und so wird, indem die Bürger
zu ähnlichem Thun veranlaßt werden, das bürgerliche Zusammenleben
gestört. Wenn dann weiter die Bürger selbst Handelsgeschäfte betreiben,
wird den meisten Lastern der Zutritt eröffnet. Denn da das Streben
der Handelsleute es hauptsächlich auf den Gewinn absieht, wird durch
die Ausübung des Handels die Leidenschaft in die Herzen der Bürger
gepflanzt, wodurch im Staate alles feil und an Stelle der geraubten
Treue für Betrügereien Platz gemacht wird, wo jeder mit Verachtung
des Gemeinwohls nur den eigenen Vorteil sucht, wo der Tugendeifer
nachläßt, da die Ehre, der Preis der Tugend, allen angeboten wird.
In einem solchen Staate wird daher das bürgerliche Zusammenleben
notwendig korrumpiert werden.... Aber die Handelsleute dürfen nicht
vollständig aus dem Staate ausgeschlossen werden, da sich nicht leicht
ein Territorium findet, das einen so reichlichen Vorrat an allen zum
Leben notwendigen Mitteln aufweist, daß es nicht auf anderweitigen
Bezug angewiesen wäre. Andererseits würden die Dinge, woran man an
einem Orte Überfluß hat, vielen zum verderblichen Übermaß, wenn sie
nicht durch die Thätigkeit der Handelsleute anderswohin gebracht werden
könnten. Ein vollkommener Staat wird sich daher der Kaufleute in mäßiger
Weise bedienen." [1]

3. Gerechtigkeit und Friede im Staate. Besteuerung und Mittelstandspolitik.

Wie schon betont, besteht ein Haupterfordernis für die gedeihliche
Existenz des Staates in der Erhaltung der Eintracht und des Friedens
unter den Bürgern [2]. Der Friede „ist das Hauptgut der Gesellschaft (in
multitudine sociali)" [3]. „Das gesellschaftliche Wohl (bonum multitudinis)
besteht in der Ordnung und im Frieden, der die Ruhe der Ordnung
ist, wie Augustinus sagt." [4] „Friede bedeutet die geordnete Eintracht
(ordinata concordia)." [5] „Der Regent des Staates erstrebt durch seine
Thätigkeit den Frieden, der in der geordneten Eintracht der Bürger be=

---

[1] De reg. princ. II, c. 3.
[2] Cf. de reg. princ. I, c. 15; cg. IV, c. 76; I, 103, 3 c.
[3] De reg. princ. I, c. 5.   [4] I, 103, 2 ob. 3.
[5] 2 Tim. 2, 22.

steht."[1] „Unter denen, die ein Ziel haben, muß Einheit in der Richtung auf das Ziel bestehen; deshalb sind auch im Staate die Menschen durch Eintracht verbunden, um das Staatswohl zu erreichen."[2] Durch den Frieden verschmilzt die Menge zur Einheit[3]. „Innerhalb, der Staaten herrscht Eintracht, wenn man bezüglich des Nützlichen übereinstimmt, so daß man dasselbe liebt und allgemein das thut, was man für nützlich hält."[4] „Die Eintracht bezieht sich auf Dinge von größerer Bedeutung, denn durch Streitfragen untergeordneter Natur wird sie nicht gestört."[5] Je größer die Eintracht, desto stärker der Staat. „Kleine Dinge werden deshalb durch Eintracht größer, und die größten gehen durch Zwietracht zu Grunde, weil die Kraft um so stärker ist, je mehr sie geeint ist, da= gegen durch eine Spaltung gemindert wird."[6] „Augustinus sagt: ‚Durch das Laster des Streits und Neids werden verderbliche Zerwürfnisse unter den Menschen genährt, wodurch die Gesellschaft und das Leben vernichtet wird (consumitur societas et vita).'"[7] In Auslegung der Stelle 1 Kor. 11, 18 sagt die Glosse: „‚Das erste Übel ist die Zwietracht, die Wurzel der übrigen (unde cetera oriuntur); denn wo Zwietracht besteht, ist nichts Rechtes.' Aber widerspricht dem nicht die Stelle Eccli. 10, 15: ‚Der Anfang jeder Sünde ist der Stolz', und 1 Tim. 6, 10: ‚Die Wurzel aller Übel ist die Begierde'? Darauf ist zu erwidern, daß diese Stellen von den persönlichen Sünden einzelner Menschen sprechen, deren erste in Bezug auf die Ab= wendung der Stolz, in Bezug auf die Zuwendung die Begierde ist. Die Glosse dagegen spricht hier von den gesellschaftlichen Sünden (de peccatis multitudinis), deren erste die Zwietracht ist, wodurch die Strenge der Zucht gelöst wird."[8] Die Einheit der Eintracht ist aber, wie geeigneter später zu zeigen sein wird, nicht Einerleiheit.

„Der Friede ist indirekt (negativ) ein Werk der Gerechtigkeit, insofern sie hinwegräumt, was ihm im Wege steht; direkt (positiv) da= gegen ist er ein Werk der Liebe, da seine Ursache nach seinem eigentlichen Wesen die Liebe ist. ‚Die Liebe', sagt Dionysius, ‚ist die einigende Kraft.' Der Friede ist aber die Einheit der Strebungen (unio appetitivarum inclinationum)."[9] „Friede und Eintracht können unter den Menschen durch die Vorschriften der Gerechtigkeit nur dann hinreichend erhalten werden, wenn überdies die Liebe unter ihnen begründet wird. Durch die Gerechtig= keit wird genügend Vorsorge getroffen, daß einer dem andern nichts in den Weg legt (non inferat impedimentum), nicht aber dafür, daß einer

---

[1] Cg. III, c. 146.   [2] Ibid. c. 151.   [3] Cf. I, 11, 2 ad 1.
[4] 9 eth. 6 c.   [5] Ibid. d; cf. 2. 2. 29, 3 ad 2.
[6] 2. 2. 37, 2 ad 3.   [7] In Gal. 5, 15.   [8] In 1 Cor. 11, 18.
[9] 2. 2. 29, 3 ad 3; cf. 180, 2 ad 2; in Hebr. 10, 26; 12, 14.

von andern mit Gegenständen, deren er bedarf, unterstützt wird; denn
es kann jemand die Unterstützung eines andern notwendig haben in
Dingen, wozu ihm rechtlich (per iustitiae debitum) niemand verpflichtet
ist; oder aber man (der Schuldner) kommt der etwa bestehenden Ver=
pflichtung nicht nach. Es mußte also, um die Menschen zur gegenseitigen
Unterstützung zu bewegen, noch das Gebot gegenseitiger Liebe hinzu=
kommen, demzufolge einer den andern auch unterstützt, wo er ihm rechtlich
nicht verpflichtet ist.“ [1] Daraus läßt sich die hohe Bedeutung erkennen,
die im gesellschaftlichen und staatlichen Leben der Religion zukommt, welche
die Liebe unter den Menschen unmittelbar intendiert.

Der Staat hat es unmittelbar mit der Gerechtigkeit zu thun. Die
allseitige Durchführung der Gerechtigkeit ist bedingt durch gute Gesetze,
eine gute Regierung (Verwaltung, Gerichtsbarkeit) und rechtschaffene Bürger.
Auch „der Zweck des Gesetzes ist das Gemeinwohl; denn sagt Isidor:
,Das Gesetz darf nicht zum Privatvorteil, es muß vielmehr zum gemein=
samen Nutzen der Bürger gegeben sein‘“ [2]. „Der Zweck des menschlichen
Gesetzes ist der Nutzen der Menschen, wie - auch der Rechtsgelehrte es
ausspricht.“ [3] „Der Philosoph sagt: ,Der Wille jedes Gesetzgebers geht
dahin, die Menschen gut zu machen.‘“ [4] „Da jeder Mensch ein Mitglied des
Staates ist, so kann einer nicht rechtschaffen sein, wenn er sich nicht im
rechten Verhältnis zum Gemeinwohl befindet; und die rechte Existenz
des Ganzen ist nur möglich, wenn es aus Teilen besteht, die im rechten
Verhältnis zum Ganzen stehen. Unmöglich kann es mit dem Gemein=
wohl des Staates gut stehen, wenn die Bürger nicht tugendhaft sind,
wenigstens jene, die regieren sollen.“ [5] Allein das staatliche Gesetz reicht
nicht einmal aus, die Forderungen der Gerechtigkeit genügend zu wahren.
Denn es erfaßt nur das äußere Verhalten und nur die gröbern Ver=
fehlungen. Nur das göttliche Gesetz vermag in wirksamer Weise von innen
heraus anzutreiben und einen vollen Ausgleich herbeizuführen [6]. „Die Ge=
rechtigkeit, welche (direkt) auf das Gemeinwohl abzielt (iustitia legalis),
ist eine von der auf das Privatwohl gerichteten Gerechtigkeit (iustitia
particularis = iustitia distributiva et commutativa) verschiedene Tugend;
deshalb wird auch das gemeine Recht vom Privatrecht unterschieden.“ [7]
„Stets hat das Ganze den Vorzug vor den Teilen und bildet deren

---

[1] Cg. III, c. 130 (ed. Uccellii, Romae 1878); vgl. H. Pesch a. a. O. S. 136.
[2] 1. 2. 96, 1 c; 90, 2.   [3] 1. 2. 95, 3 c.
[4] Ibid. 92, 1 b; cf. c.   [5] Ibid. 92, 1 ad 3.
[6] Cf. ibid. 96, 2 c et ad 3; 2. 2. 77, 1 ad 1; 78, 1 ad 3; de malo XIII,
4 ad 6; quodl. 2, 10 ad 2.
[7] 1. 2. 60, 3 ad 2; cf. 2. 2. 58, 6 c; 61, 1 c et ad 4.

Ziel."¹ „Deshalb ist es Pflicht für den rechtschaffenen Bürger, sich für das Heil des ganzen Staates der Todesgefahr auszusetzen."²

„Wie Teil und Ganzes in gewissem Sinne dasselbe sind, so gehört auch der Besitz des Ganzen im gewissen Sinne dem Teil: Wenn daher von den gemeinsamen Gütern eine bestimmte Summe an die Einzelnen verteilt wird, so erhält jeder in gewissem Sinne, was sein ist."³ Die distributive Gerechtigkeit verteilt die Güter und Lasten nach den Leistungen⁴; sie erstrebt nicht wie die kommutative Gerechtigkeit gleiche, sondern verhältnismäßige Teile⁵. „Wenn gemeinsame Gelder des Staates oder einzelner Menschen verteilt werden müssen, so muß die Zuteilung vom Gemeingut nach jenem Verhältnis geschehen, nach welchem sie selbst zum Gemeingut beigetragen haben. So erhält z. B. bei Handelsgeschäften jemand einen um so größeren Anteil, eine je größere Summe er zum gesell= schaftlichen Unternehmen beischoß. Im Staate erhält jemand um so mehr von den gemeinsamen Gütern, je größere Dienste er der Gemeinschaft leistet."⁶ „Wie bei den Spendungen privater Personen Maß zu halten, Verschwendung aber schuldbar ist, so muß auch bei der Verteilung von gemeinen Gütern Maß gehalten werden. (Auch) das ist Aufgabe der distributiven Gerechtigkeit."⁷

Für jeden, besonders aber für den modernen Staat mit seinen riesigen Aufwendungen und Schulden ist das System der Besteuerung überaus wichtig. Die Fragen der distributiven Gerechtigkeit, also auch der Be= steuerung, sind selbstverständlich viel schwieriger und verwickelter als die der kommutativen Gerechtigkeit. Außerdem müssen auch finanz=technische Rücksichten beachtet werden. „Denen, die große Sorge auf den gemeinen Nutzen verwenden, wie den Fürsten, den Soldaten u. a., ist das Volk tributpflichtig (stipendia victus debentur)."⁸ „Die Unterthanen sind von Rechts wegen verpflichtet, den Fürsten ihre Gerechtsame zu leisten. ‚Man brachte dem Könige einen, der ihm zehntausend Talente schuldig war' (Matth. 18, 24). Und ‚gebet dem Kaiser, was des Kaisers' (Matth. 22, 21)."⁹ Thomas unterscheidet zwei Arten von Abgaben, eine allgemeine (tributum), „die dem Fürsten zufließt für die allgemeine Regierung, wodurch er das Vaterland in Friede und Ruhe leitet", und eine besondere (vectigal) für die Teilnahme an besondern Einrichtungen des Staates, z. B. die Abgabe an bestimmten Orten für Waren zum Unterhalt und Schutz der Straßen¹⁰.

---

¹ Cg. III, c. 69; cf. I, c. 70; 1 eth. 1a.
² I, 60, 5c; cf. 2. 2. 26, 3c; 31, 3 ad 2.   ³ 2. 2. 61, 1 ad 2.   ⁴ Cf. 5 eth. 6c.
⁵ Cf. I, 21, 1c; 1. 2. 60, 3 ad 3; cg. III, c. 142; 5 eth. 10c; 3 sent. 33,
3, 4, 5 ad 2; 4 sent. 46, 1, 1, 1c.   ⁶ 5 eth. 6c.   ⁷ 2. 2. 61, 1 ad 1.
⁸ 2. 2. 87, 1c.   ⁹ In Rom. 13, 7.   ¹⁰ Cf. ibid.

Die Fürsten dürfen Tribut annehmen „gleichsam als Lohn für ihre Arbeit" [1]. Aber „die Fürsten können in zweifacher Weise beim Erheben von Abgaben sündigen: 1. Wenn sie nicht auf den Nutzen des Volkes, sondern nur auf den Raub seiner Güter bedacht sind. Darum heißt es Ezech. 34, 3: ‚Ihr aßet die Milch und kleidet euch mit der Wolle, und was feist war, schlachtetet ihr; aber meine Herde habt ihr nicht geweidet.' 2. Wenn sie mehr nehmen, als das Gesetz, welches eine Art Vertrag zwischen Fürst und Volk ist, bestimmt und als das Volk zu leisten vermag" [2]. „Wenn die Fürsten gewaltsam mehr erpressen, als recht ist, so ist dies Raub und Freibeuterei. Deshalb sagt Augustinus: ‚Nimm die Gerechtigkeit weg, was sind dann die Königreiche weiter als große Raubnester? und die Räuberbanden, was sind sie anders als kleine Königreiche?' Und Ezech. 22, 27 heißt es: ‚Ihre Fürsten in ihrer Mitte sind wie Beute raubende Wölfe.' Deshalb sind sie zur Restitution ver= pflichtet wie Räuber. Ja, sie sündigen um so viel schwerer wie Räuber, als sie gefährlicher und allgemeiner gegen die öffentliche Gerechtigkeit handeln, als deren Wächter sie gesetzt sind." [3]

In dem Antwortschreiben an die Herzogin von Brabant giebt Thomas auch einige positive Fingerzeige über die Erhebung von Abgaben. „Manchmal haben die Fürsten keine ausreichenden Einkünfte, um das Land zu schützen, und zu vernünftigen Erfordernissen. In diesem Falle ist es gerecht, daß die Unterthanen das leisten, wodurch der gemeine Nutzen ermöglicht wird. Daher legen in manchen Ländern die Herrscher nach altem Herkommen ihren Unterthanen bestimmte Abgaben auf. Wenn dieselben nicht übermäßig sind, können sie ohne Sünde gefordert werden; denn nach dem Apostel leistet keiner Kriegsdienst um eigenen Sold. Des= halb können auch die Fürsten, welche dem gemeinen Besten dienen, vom Gemeingut leben und für die gemeinsamen Angelegenheiten entweder die hierfür bestimmten Einkünfte verwenden, oder wenn keine da sind, bezw. die vorhandenen nicht ausreichen, die von Einzelnen aufgebrachten Summen. Der gleiche Grund liegt vor, wenn ein unvorhergesehener Fall eintritt, in welchem es gilt, für das gemeine Beste oder zur Wahrung der Stellung des Fürsten Mehraufwendungen zu machen, wofür die eigentlichen Ein= künfte oder gewohnten Abgaben nicht genügen, z. B. wenn Feinde das Land angreifen oder ein ähnlicher Fall eintritt. In solchen Zeiten könnten die Fürsten erlaubterweise außer den gewöhnlichen Auflagen von ihren Unterthanen noch etwas weiteres fordern zum gemeinen Besten. Wenn

---

[1] Ibid.; cf. 2. 2. 102, 2 ad 3.
[2] In Rom. 13, 7.   [3] 2. 2. 66, 8 ad 3.

sie aber über das gesetzlich Bestimmte hinaus aus bloßer Habsucht etwas fordern wollten, oder wegen ungeordneter und übermäßiger Ausgaben, so ist ihnen das absolut nicht erlaubt." Ungerechte Eintreibungen durch die Beamten sind zu restituieren. „Die Beamten aber haben Sie deshalb schwerer zu strafen, damit sich die übrigen von ähnlichen Handlungen für die Zukunft frei halten." [1]

Analog verhält es sich mit der Sorge für die kommutative Gerechtigkeit. Die Regierenden sind als Wächter der Gerechtigkeit aufgestellt [2]. „Das Gerechte liegt in der Mitte zwischen Verlust und Gewinn. Wenn man über die Mittellinie im Zweifel ist, nimmt man seine Zuflucht zum Richter, was dasselbe ist, als nähme man zur Gerechtigkeit (iustum) selbst seine Zuflucht. Denn der Richter muß gleichsam die lebendige Gerechtigkeit sein dadurch, daß sein Geist vollständig von der Gerechtigkeit beherrscht wird." [3]

Wie schon gesagt, kommt es nicht darauf an, daß der Staat möglichst reich sei, sondern daß er möglichst tüchtige Bürger habe. Eine der wichtigsten Bedingungen hierzu ist eine derartige Verteilung des Reichtums, daß Not und Überfluß gleichmäßig gemieden werden. Eine gesunde Mittelstandspolitik wird nicht nur den Bürgern, sondern auch dem Staate als Gesamtheit zum größten Vorteil gereichen. „Man hat (bei Einrichtung des Staates) dafür zu sorgen, daß für die Einzelnen die nach Stand und Stellung erforderlichen Mittel vorhanden sind; sonst könnte kein Reich oder Staat Bestand haben." [4] „Da durch die Regellosigkeit des Besitzes die meisten Staaten zu Grunde gehen, wie der Philosoph sagt, wandte das (mosaische) Gesetz zur Regelung des Eigentums ein dreifaches Heilmittel an: eines, wonach der Besitz nach der Kopfzahl gleichheitlich verteilt wurde; in diesem Sinne heißt es Num. 33, 54: ‚Vielen sollt ihr ein ausgedehnteres und wenigen ein beschränkteres Land geben.‘ Das zweite Heilmittel verhindert die dauernde Veräußerung des Besitzes, sieht vielmehr für eine bestimmte Zeit dessen Heimfall an die frühern Eigentümer vor, damit keine Mißordnung in der Besitzverteilung eintrete. Ein drittes Heilmittel zur Fernhaltung einer solchen Mißordnung regelt die Erbfolge dahin, daß zuerst die nächsten Angehörigen in den Besitz der Verstorbenen eintreten. . . . Zur Unterscheidung der Besitzanteile verordnet das Gesetz ferner, daß die Erbinnen Männer aus ihrem Stamm heiraten." [5] „Wie der Philosoph sagt, ‚trägt die richtige Verteilung (regulatio) des Besitzes viel zur Erhaltung des Staates oder Volkes bei‘. Deshalb war

---

[1] Op. XXI (de reg. Iud.).   [2] 2. 2. 62, 7 c et ad 3; 66, 8 ad 3.
[3] 5 eth. 6 h.   [4] De reg. princ. I, c. 13.
[5] 1. 2. 105, 2 c.

es, wie er selbst sagt, in vielen heidnischen Staaten Gesetz, daß jemand seinen Besitz nur bei nachgewiesenem eigenen Schaden verkaufen konnte. Wenn nämlich der Besitz allgemein verkauft werden kann, können alle Besitzungen leicht in wenige Hände kommen; und dann wird notwendig ein Staat oder Gebiet entvölkert werden. Darum traf das Alte Gesetz, um dieser Gefahr vorzubeugen, die Bestimmung, daß einerseits den mensch= lichen Bedürfnissen abgeholfen werde, indem es die Besitzveräußerung für eine bestimmte Zeitdauer zugab, andererseits aber jener Gefahr vorbeugte durch das Gebot, der verkaufte Besitz habe an einem bestimmten Zeit= punkt an den Verkäufer wieder heimzufallen. Es traf diese Bestimmung, um die Unordnung in der Verteilung zu verhindern und immer dieselbe Gebietsscheidung in den Stämmen zu erhalten."[1]

Die Regierung darf die Unterthanen nicht aussaugen lassen, um von den Ausbeutern selbst höhere Abgaben zu erzielen. Sie macht sich in diesem Fall der Teilnahme an deren Räuberhandwerk schuldig[2]. „Wenn durch die Nachlässigkeit der Fürsten die Räuber zunehmen, sind sie zur Restitution verpflichtet; denn die Einkünfte, die sie beziehen, sind gleichsam die Besol= dung dafür, daß sie die Gerechtigkeit auf Erden aufrecht erhalten."[3]

Mit der von jeher im Christentum vorhandenen Tendenz nach einem ziemlich gleichmäßig verteilten Wohlstand befindet es sich im Einklang mit den besten politischen Theoretikern und Praktikern von der ältesten bis zur neuesten Zeit. Die staatliche Mittelstandspolitik ist nur e i n Weg, auf dem jene Tendenz vorschreitet. Wo ein lebendiges Christentum herrscht, da ist der Ausgleich, der durch rein moralische Beweggründe in der ver= schiedenartigsten Weise sich vollzieht, noch viel wichtiger. Erst mit dem Zurückdrängen der christlichen Grundsätze trat wieder der erschreckende Gegensatz des Mammonismus und Pauperismus hervor, wie ihn das Christentum zu Beginn seiner welterneuernden Thätigkeit vorgefunden hatte.

Kritische Würdigung.

Den Streit über das Wort S t a a t, über die N o t w e n d i g k e i t e i n e r S t a a t s r e g i e r u n g dürfen wir als erledigt betrachten.

Was die verschiedenen p o l i t i s c h e n F o r m e n angeht, so braucht es hier keine weite Auseinandersetzung, da Thomas grundsätzlich keine aus= schließt, wenn er auch an der durch Aristokratie und Demokratie ge= mäßigten Monarchie festhält. Wo die Monarchie zu Recht besteht, wäre ihre Beseitigung nicht nur ein ungerechtes, sondern auch, davon abgesehen, ein für das Gemeinwohl schädliches Beginnen. Eine größere Demokra=

---

[1] Ibid. ad 3. [2] Cf. op. XXI. [3] 2. 2. 62, 7c.

tisierung der Einrichtungen des Staates und der Selbstverwaltungskörper
ist auch in einer Monarchie möglich[1]. Starrer und für unsere bewegliche
Zeit zu schroff klingend ist sein Konservatismus auf sozialem Gebiet.
Thomas steht hier unter dem Einfluß seiner Zeit. Aber auch hier stehen
die sonst ausgesprochenen allgemeinern Grundsätze einer mit Veränderung
der Verhältnisse veränderten Auffassung ganz und gar nicht entgegen.

Über das letzte Ziel des Staates ist nur auf dem Boden der Welt=
anschauung zu diskutieren.

Der Begriff des Gemeinwohls soll dann, solange die Privat=
eigentumsordnung besteht, eine Illusion sein. Er ist es, wenn man jedes
Streben, welches das Ideal nicht vollständig erreicht, so nennt. Aber
dann sind alle irdischen Bestrebungen Illusionen. Sind der Rechtsschutz
und die Aufrechterhaltung der Ordnung im Innern, der Schutz gegen
äußere Feinde u. a. — also die Dienste des reinen Rechtsstaates — nur
dazu da, die Ausbeutung der Schwachen zu ermöglichen oder gar ver=
wirklichen zu helfen? Oder sind es nicht Veranstaltungen, an denen jeder
Staatsbürger mehr oder weniger teilnimmt? Das ist richtig, daß der
abstrakte Rechtsstaat schon an sich den besitzenden Klassen viel mehr Vor=
teil bringt als den besitzlosen. Aber diese Theorie vom Staate ist schon
längst überwunden. Der Staat hat durch eine Reihe von Maßnahmen
praktisch gezeigt, daß er den Ausbeutern wehe thun, die Ausgebeuteten
dagegen schützen und fördern kann. Wenn alle an der Regierung ge=
bührend Anteil nehmen, wie Thomas will, dann können auch die Inter=
essen des Ganzen wirksam gefördert werden. Es wird dabei nicht ohne
Kämpfe abgehen. Aber ein systematischer einseitiger Klassenkampf kann
so wenig das Ideal sein wie eine polizeiliche Regulierung.

Ein anderer Gedanke, das Sich=selbst=genügen, kann natürlich
heute nicht mehr nach Weise von Thomas festgehalten werden. Allein
dieses Postulat hat auch bei ihm nicht den Charakter einer absoluten,
sondern einer relativen Forderung. Der Grundgedanke ist geblieben[2],
wenn sich auch die Relativität mit dem Umfang des Gebiets, der Größe
der Bevölkerung, den nationalen und internationalen Verkehrsbedingungen
ganz bedeutend verschoben hat. Die Tendenz, zunächst den innern Markt

---

[1] Vgl. bezüglich der politischen Verfassungsformen v. Hertling, Kleine
Schriften zur Zeitgeschichte und Politik, Freiburg 1897, passim.
[2] Vgl. u. a. F. zu Weichs=Glon, Die Brotfrage und ihre Lösung, Leipzig
1898, S. iv. 6 und in der Zeitschrift „Das Leben" II, 283: „Die Lösung, wie ich sie
vorschlage, wäre zugleich ein bedeutungsvoller Schritt nach dem höchsten wirt=
schaftspolitischen Ziele, zum möglichsten Sich=selbst=genügen der
Völker und Staaten."

zu heben, muß gegenüber einseitigen Profitrechnungen im Auge behalten
werden. Es führt zu ungesunden Zuständen, wo man um privaten Ge=
winnes willen direkt oder indirekt zum Nachteil des Inlands für das
Ausland produziert.

Mit dem Sich=selbst=genügen hängt auch teilweise die weniger gün=
stige Beurteilung des Handels zusammen, dem Thomas überhaupt
ziemlich mißtrauisch gegenübersteht. Letzteres jedenfalls nicht ganz mit
Unrecht. Die Profitsucht, wie sie bei den handeltreibenden Schichten sich
oft findet und von da den übrigen Erwerbsarten mitteilt, ist eine Haupt=
ursache für Mißstände im Gesellschaftsleben. Die heftige Kritik vieler
früherer Sozialisten, besonders Fouriers, die Spekulationskünste der
Börse, der Wucher in manchen Zweigen des Groß= und Kleinhandels
beweisen das. Dennoch ist der Handel nicht an sich verwerflich; er kann
sogar sehr edlen Zwecken dienen (z. B. propter publicam utilitatem, ne
scilicet res necessariae ad vitam patriae desint). Auch heute dürfen über
den Leistungen des Handels (Ausgleichung der Produktion und der Preise,
kulturelle Entwicklung) seine Gefahren (öfters Korrumpierung fremder
Völker und durch Einfluß des Schachergeistes auch des eigenen Volkes)
nicht übersehen werden. Wenn weite Bevölkerungskreise, wie die letzte
Börsenenquete ergeben hat, anfangen zu spekulieren, so ist das ein un=
günstiges Symptom. — Sicher könnten viele Funktionen des heutigen
Handels und des Vermittlertums viel zweckmäßiger durch den Zusammen=
schluß der Produzenten und Konsumenten besorgt und dem Markte eine
größere Stetigkeit gegeben werden. Mit Radikalmitteln ist aber auch hier
nicht geholfen.

Das Gleiche gilt, wie schon bemerkt, von der radikalen Schaffung
eines Mittelstandes. Thomas erkennt trotz des Naturrechts oder
vielmehr diesem entsprechend die historische Bedingtheit und die Konti=
nuität des Wirtschafts= und Gesellschaftslebens an. Die Gesellschaft ist
ein änderungsfähiger Organismus, aber kein Mechanismus, den
man nach Belieben umgestalten kann. Damit ist der überragende sozio=
logische Gegensatz zwischen Thomas und dem Sozialismus ausgesprochen.
Beide betonen: Der Mensch ist ein gesellschaftliches Wesen, verstehen aber
diesen Grundsatz sehr verschieden. Der Sozialismus giebt als Gegner
des Liberalismus der Gesellschaft zu viel, hält aber als Vetter des=
selben an der atomisierten Gesellschaft fest. Das Individuum hängt
zunächst mit dem Gesellschaftsganzen und dann, soweit es angeht, mit
andern Gruppen, als Atom eines Aggregats zusammen; umgekehrt er=
kennt er keine höhere Autorität an, nicht nur ihr thatsächlicher Bestand,
sondern auch ihre innere Berechtigung stützt sich auf die minimal über

Null emporragende Macht der Individuen. Wenn auch nach Thomas
das Ganze dem Teil vorgeht, so darf dieser doch nicht in übertriebener
Weise zu Gunsten einer abstrakten Gesellschaft verkürzt werden. Der
Einzelne gehört nach Thomas zunächst engern Kreisen und in und mit
diesen dem großen Gesellschaftsganzen an. In der Erkenntnis, daß der unmittelbare Anschluß an das unübersehbare Ganze das Pflichtgefühl
ungemein abstumpft, hat sich Bernstein wieder mehr der organischen
Auffassung genähert. Allein der Sozialismus kann, wenn seine äußerst
heftige Kritik der Fehler der Privateigentumsordnung nicht eitel Dem-
agogie sein soll, nur durch eine straff zentralisierte Organisation jene
Fehler vermeiden, die extreme Gleichheit wird ebenfalls nur schwache
Einzelgenossenschaften auf wirtschaftlichem Gebiet aufkommen lassen. Den
sozialistischen Konsequenzen wird selbst die Familie, der bereits der
Liberalismus großen Schaden zufügte, zum Opfer fallen. Der Sozialismus ist als gesellschaftliche Theorie jeder Vorstellung eines organischen
Aufbaues der Gesellschaft feind; seiner Weltanschauung aber fehlt wie
der unbelebten Materie jedes organisierende Lebensprinzip.
Den durch äußern Zwang herbeigeführten Zusammenhalt des Gesellschaftsganzen mag man mit liberté, égalité, fraternité umschreiben, auf
gut deutsch bleibt nur die besonders accentuierte Gleichheit übrig.

Wahrhaft großartig wie die ganze Weltanschauung erscheint gegenüber diesem letzten Ausläufer eines kleinlichen Rationalismus die Auffassung der Gesellschaft als eines lebendigen Organismus, die Thomas
in direkter Weise seiner Sozial- und Staatslehre zu Grunde legt. Nach
ihm „ist die gesamte Schöpfung mit allen ihren Wesensabstufungen, mit
ihren vielfältigen Ordnungen physisch und geistig thätiger Kräfte ein
großartiges System von Bewegungen, dessen erste bewegende Ursache der
schaffende und ordnende Wille des Allerhöchsten und dessen Zielpunkt
wiederum Gott selbst ist, so daß die Kausal- und Finalordnung aller
Dinge in demselben göttlichen Zentrum liegt. Dieses Weltsystem von
Finalbewegungen ist aber aus ebenso vielen untergeordneten und parti-
kularen Systemen zusammengesetzt, als es verschiedene Naturwesen und
Kreise von Naturthätigkeiten giebt" [1]. „Von diesem Standpunkt aus wird
nun auch der sittliche Naturorganismus der menschlichen Gesellschaft betrachtet und als herrliches Glied, zugleich mit dem übernatürlichen Gesellschaftsorganismus der christlichen Kirche und als unzer-
trennlich mit diesem verknüpft, in jene großartige Weltharmonie ein-

---

[1] Th. Meyer, Die Arbeiterfrage und die christlich-ethischen Sozialprinzipien,
Freiburg 1891, S. 61; cf. cg. III, c. 1.

gefügt [1]. Obwohl der hl. Thomas einerseits mit Recht hervorhebt, daß der natürliche Bildungsprozeß der Gesellschaft vom Besondern zum Allgemeinen, von der Familie zur Gemeinde und zur bürgerlichen Gesellschaft und insofern von unten nach oben sich vollzieht, so kann nach ihm doch der ideale und zweckliche Zusammenhang dieses wundervollen geistigen Organismus nur dann richtig begriffen werden, wenn man sich im Geiste gleichsam in den zentralen Mittelpunkt der gesamten Weltordnung stellt. Von hier aus tritt denn auch zunächst die Autorität als wesentliches Element der Gesellschaft nach Wesen und Ursprung, nach Zweck und Aufgabe, nach ihrer Beziehung nach oben zu Gott und nach unten zu den Untergebenen ins rechte Licht. Im Wiederschein des letztern aber klärt sich in ebenso hellen Linien das vom Schöpfer beabsichtigte innere Verhältnis der organischen Teile zu einander und zur Gesamtheit. Ja es erhalten daraus sogar die Prinzipien einer gesunden Nationalökonomie und guten Verwaltung eine vielseitige Beleuchtung." [2]

Schon bei Aristoteles, erst recht klar aber beim hl. Paulus fand Thomas die „organische" Auffassung ausgesprochen [3]. Ein Organismus verlangt eine Vielheit verschiedener, von innen zusammengewachsener Teile, deren gesonderte Thätigkeit auf den gemeinsamen Zweck des gesamten Organismus hingelenkt ist [4]. Bei

---

[1] Cf. de reg. princ. I, c. 12.

[2] Th. Meyer a. a. O. S. 62 f.; cf. I, 21, 4 c; 25, 6 ad 3.

[3] Cf. in Eph. 4, 5: Cum ecclesia Dei sit sicut civitas, est aliquod unum et distinctum, cum non sit unum sicut simplex, sed sicut compositum ex diversis partibus. In Col. 1, 18: Ecclesia dicitur corpus ad similitudinem unius hominis et hoc dupliciter, sc. et quantum ad distinctionem membrorum. Eph. 4, 11: Et ipse dedit quosdam quidem Apostolos, quosdam autem Prophetas etc. Et quantum ad servitia, quae licet sint distincta, tamen unum servit alteri. 1 Cor. 12, 25: Pro invicem sollicita sint membra. Gal. 6, 2: Alter alterius onera portate etc. Item sicut constituitur unum corpus ex unitate animae, ita ecclesia ex unitate spiritus. Eph. 4, 4: Unum corpus et unus spiritus. I Cor. 10, 17: Unus panis et unum corpus multi sumus etc. Vgl. die Kommentierung zu den genannten Stellen, ferner in Rom. prol.; 12, 4 sqq.; in Eph. 5, 30; in 2 Tim. 2, 20: In domo una est una fenestra, quae est altera pulchrior. Si quis ergo quaerat, quare non tota domus est fenestra, ratio est, quia tota domus esset imperfecta; in Rom. prol.: Homines secundum divinam ordinationem diversis usibus deputantur. Für den Staat (Aristoteles) vgl. u. S. 418 ff.

[4] Vgl. „Soziale Vorträge, gehalten bei dem Wiener sozialen Vortragskurse 1894". Auf Veranlassung der Leo-Gesellschaft gesammelt und herausgegeben von F. M. Schindler, Wien 1895 (Vortrag von A. M. Weiß), S. 13 f.; A. M. Weiß, Soziale Frage und soziale Ordnung S. 261 f. 435 ff. 809 ff.; H. Pesch a. a. O. S. 56 ff. 539 f.

aller Ähnlichkeit darf selbstverständlich der Vergleich zwischen dem phy=
sischen und sittlichen Organismus nicht übertrieben werden. „In den
physischen Organismen ist alles durch die allgemeinen Gesetze des
Naturlaufs bestimmt, in den sittlichen dagegen bildet ·die Natur der
vernünftigen und freien Menschenseele ein alle Beziehungen mit=
bedingendes und gestaltendes Element (Lotze, Mikrokosmos I, 200), und
derselbe Mensch, der sich hier als Glied und Bestandteil einem höhern
Ganzen eingefügt findet, erkennt sich zugleich als Selbstzweck, als Ziel=
punkt alles dessen, was die Natur= und Menschenwelt ausmacht." [1]

Die großen Bindemittel, welche den durch die soziale Menschennatur
bedingten gesellschaftlichen Organismus zusammenhalten, sind die Ge=
rechtigkeit und die Liebe. Für den Staat kommt vorzüglich die Ge=
rechtigkeit in Betracht. Wie die organische Ansicht den Staat nicht als
eine Gesamtvielheit, sondern als eine Gesamteinheit ansieht,
so ist auch das öffentliche Recht nicht die Summe der Privatrechte,
sondern eine selbständige Einheit [2]. In der distributiven und legalen
Gerechtigkeit findet das Verhältnis des Ganzen zu den Teilen und um=
gekehrt seinen Ausdruck, in der kommutativen Gerechtigkeit das der Teile
zu einander.

Im sozialistischen Staat wird auch das unermeßliche Gebiet der
kommutativen Gerechtigkeit an den Staat übergehen, jedoch nicht ohne
dabei einen entscheidenden Qualitätswechsel zu erleiden, indem an die
Stelle der Gerechtigkeit nach den Vulgärsozialisten ziemlich rasch, nach
Marx etwas später das Prinzip der Gleichheit tritt. Selbst wenn die
mechanisch=materialistische Ansicht, wonach die Erde nur als eine große
ökonomische Produktionsanstalt erscheint, recht hätte, muß sie bestimmte
Ungleichheiten der Individuen (Fähigkeiten, Leistungen, Fleiß, Sparsam=
keit, Alter, Geschlecht 2c.) und ebenso bestimmte gesellschaftliche Unter=
schiede (verschiedene Arbeit, Stellung 2c.) anerkennen. Wenn man sagt,
der Sozialismus wolle allen nur die gleiche Basis der gleichen oder
ungleichen Entwicklung geben, so führt das konsequent zu dem unerträg=
lichsten Zentralismus und ebenfalls zur Zerstörung der Familie, ohne
auch dann vollkommen durchführbar zu sein.

Wenn man nach allzu großer Einheit des Staates strebt, wird
aus dem Staat eine Familie, aus der Familie ein Individuum. „Der Staat
muß nicht nur aus mehreren, sondern auch aus der Art, d. i. dem Beruf
nach verschiedenen Individuen bestehen. Denn aus ganz gleichen Menschen

---

[1] H. Pesch a. a. O. S. 57; vgl. Th. Meyer a. a. O. S. 44.
[2] Vgl. A. M. Weiß a. a. O. S. 810 ff.

entsteht kein Staat. . . . Der Staat ist etwas anderes als eine Allianz
mehrerer Völker für den Krieg, deren Nützlichkeit in der zahlenmäßigen
Quantität besteht, und bei der die Einerleiheit der konföderierten Glieder
nichts ausmacht. . . . Das, was eine vollkommene Einheit werden soll, ist
der Art nach verschieden. Daher findet man jedes vollkommene Ganze
in der Natur aus der Art nach verschiedenen Teilen zusammengesetzt, wie
der menschliche Körper aus Fleisch, Knochen und Sehnen. Ein aus Teilen
derselben Art zusammengesetztes Ganzes ist etwas Unvollkommenes im
Reiche der Natur, wie die Luft, das Wasser und andere unbelebte Körper.
Daher muß auch der Staat als ein vollkommenes Ganzes aus der Art
nach verschiedenen Teilen bestehen. Daher wurde auch im 5. Buch der
Ethik gezeigt, daß der Staat durch gleiche Gegenleistung, d. h. dadurch
erhalten wird, daß jedem entsprechend seinem Thun vergolten wird.
Unter Freien und Gleichen ist das notwendig. Wenn die Vergeltung
nicht dem Thun entsprechen würde, so wäre das Sklaverei." Auch im
Kommunismus müßte Ungleichheit bestehen. „Denn es muß solche geben,
die regieren, und solche, die untergeben sind. Denn es ist nicht möglich,
daß alle zugleich regieren." Und selbst, wenn es möglich wäre, daß alle
der Reihe nach regierten, bestände immer wieder Ungleichheit. „Eine be=
stimmte Ungleichheit besteht auch zwischen denen, die zugleich regieren,
da verschiedene Beamte im Staate ungleiche Ämter und Dienste ver=
sehen." „Was man als größtes Gut des Staates hinstellt, nämlich die
höchstmögliche Einheit, hebt den Staat auf." „Es ist aber auch noch
auf einem andern Wege erweislich, daß das Bestreben, eine allzu straffe
Einheit in den Staat zu bringen, nicht viel wert ist. Dadurch wird
nämlich das Sich=selbst=genügen zum Leben aufgehoben. Eine ganze
Familie kann, was sie zum Leben braucht, eher haben als ein Indi=
viduum, und ein Staat eher als eine Familie. Ja man darf erst dann
von einem Staate reden, wenn die Gemeinschaft seiner Mitglieder auch
alles zum Leben Hinreichende hat. Wenn also die Einheit im geringern
Grade dieses eher leistet, wie z. B. eine Familie eher als ein Individuum,
ein Staat eher als eine Familie, so ist klar, daß im Staate die ge=
ringere Einheit in Bezug auf die Ungleichheit der Bürger der größern
Einheit vorzuziehen ist. Denn er wird um so mehr sich selbst genügen,
je mehr verschiedene Berufsarten unter seinen Mitgliedern sich finden." [1]
In gewisser Beziehung muß allerdings wie die Familie, so der Staat
eine Einheit sein, aber nur nicht durchaus. „Die Einheit kann aber so
weit gehen, daß sie das Wesen des Staates bedroht. Dieser würde des=

---

[1] 2 pol. 1 h.

halb ein schlechterer Staat sein, da alles um so schlechter ist, je mehr
es sich der Aufhebung seiner Existenz nähert, so wenn jeder Unterschied
in den Ämtern, die zum vollkommenen Bestand des Staates notwendig
sind, aufgehoben würde. Es ist nach einem Beispiel des Aristoteles das=
selbe, wie wenn man eine Monotonie herbeiführt, d. h. alle einen Ton
singen läßt: das giebt keine Symphonie, womit der aus Ungleichen be=
stehende Staat verglichen wird." [1]

Ohne Anerkennung einer höhern Rechtsordnung kann jede neue
Majorität die Grundsätze und Beschlüsse der frühern „nach Bedürfnis ab=
ändern". Die Einzelnen aber sind hier nicht nur in politischen, sondern auch
in allen gesellschaftlichen und wirtschaftlichen Angelegenheiten vollständig
der Willkür der jeweiligen Majorität überantwortet. Widerspruch häuft
sich auf Widerspruch. Dem autonomen Individuum der sozialistischen
Ideologie steht die allseitige Fesselung der sozialistischen Ökonomie ent=
gegen, der autoritätsfreien, selbstmächtigen Majorität ihre innere Halt=
losigkeit. Die einzelnen Gesellschaftsatome verbinden und lösen sich wie
der Sand der Wüste nach Belieben, von jedem Hauch der Interessen,
der Meinungen, der Leidenschaften hin und her gejagt. Die einseitig an=
gestrebte Gleichheit müßte in Verbindung mit der Allregiererei der
Majorität die F r e i h e i t der Einzelnen derart beeinträchtigen, daß sie
nach der Periode des extremen Individualismus vollends unerträglich
wäre. Warum halten die Kleinbauern und die Kleingewerbetreibenden
so zähe an ihrem selbständigen Erwerb fest oder ringen danach? Warum
die Anstrengungen der Arbeiter um die Koalitionsfreiheit, selbst mit Ge=
fährdung ihrer wirtschaftlichen Position? Wird dieses Streben nach
ökonomisch=sozialer Unabhängigkeit verschwinden?

Die Gleichheitsidee verhindert auch die Pflege der Brüderlichkeit,
zu der dem Sozialismus im übrigen alle Voraussetzungen fehlen. Während
der Dauer des Kampfes ist ein fester Zusammenschluß nicht besonders
schwierig. Sobald das Ziel des Kampfes erreicht ist, wird der bisher
genährte O p p o s i t i o n s g e i s t eine andere und, wie die Geschichte aller
Oppositionsparteien zeigt, für die praktische Durchführung des Sozialis=
mus gefährliche Richtung einschlagen. Schon die Konsequenzen der Mei=
nungsverschiedenheiten, die heute unter den Sozialisten bestehen, lassen
sich für eine eventuelle Praxis nicht übersehen. Dazu kommen dann aber
noch die gegnerischen Ansichten. Es ist eine Illusion, von der Zugehörig=
keit zur abstrakten Zukunftsgesellschaft eine besondere Brüderlichkeit zu
erwarten. Die Brüderlichkeit wird vielleicht in zufälligen und augenblick=

---

[1] Ibid. 5 a.

lichen engern Interessengemeinschaften möglich sein; ob aber zum Heil des Ganzen und zum Wohl der einzelnen Gruppen, ist eine andere Frage.

Die Brüderlichkeit ist ein eminent christliches Prinzip, in der christlichen Weltanschauung ruhen die Wurzeln seiner Kraft. So not= wendig die Gerechtigkeit ist, so ist sie doch nicht ausreichend für ein voll= kommenes Gesellschaftsleben. Die Gerechtigkeit trennt mehr das jedem Individuum und jeder Gruppe Gehörige, als sie einigt, oder sie einigt, indem sie richtig trennt. Die gesellschaftlichen Gebilde bestehen vor allem in der Einigung. Das eigentliche Prinzip der Einigung aber ist die Liebe. Sie beseitigt zugleich die Härten der Gerechtigkeit. Die Liebe unter den Menschen zu beleben und zu erhalten, reicht die Macht des Staates und äußerer Einflüsse nicht sehr weit[1]. Sie können der Tendenz entgegenkommen, die Bedingungen, unter denen die staatsbürgerliche Freundschaft leichter möglich ist, fördern; eine dauernde Verbrüderung kann nur eine Macht herbeiführen, die vor allem den innern Menschen erfaßt: die Religion. Nur sie vermittelt dazu die notwendige Erkennt= nis und mit dieser kraftvolle Beweggründe. Sie weist auf die gemein= same Abstammung aller Menschen hin, sie stellt allen das gemeinsame Ziel vor Augen und giebt allen dieselben gemeinsamen Mittel an die Hand. Sie verweist auf die Notwendigkeit gemeinsamen Strebens und giebt zur geforderten gegenseitigen Unterstützung und Förderung die nötige Kraft und Begeisterung.

Die Sozialisten sprechen so viel von Brüderlichkeit und vernach= lässigen dabei die nächsten natürlichen Pflichten. Das Wort „Brüderlich= keit" verliert ja allen Sinn, wo man das Urbild der Brüderlichkeit, wie es in der Familiengemeinschaft besteht, frivol beseitigt[2]. Anstatt an die von der Natur gegebenen und die geschichtlich erwachsenen Bande anzu= knüpfen, zerreißt sie der Sozialismus, um an ihre Stelle eine ratio= nalistisch ausgeflügelte Zwangsgemeinschaft, teilweise vielleicht auch Interessen= und Kampfgemeinschaft zu setzen.

Wenn ferner der Sozialismus auch an der Abstammung von einem Menschenpaare festhalten würde, so würde seiner materialistischen Welt=

---

[1] Deshalb ist ein Hauptmittel des Liberalismus der Nationalitäten=(Rassen=)haß, des Sozialismus der Klassenhaß.

[2] Cf. 8eth. 121: Fratres se amant ad invicem, ex eo quod ab eisdem nascuntur. Quae enim uni et eidem sunt eadem, sibi invicem sunt quodammodo eadem. Unde cum filii sint quodammodo idem parentibus, .. identitas filiorum ad illa, id est ad parentes, facit ipsos filios quodammodo esse idem. Et inde est, quod fratres dicimus esse idem secundum sanguinem et secundum radicem et secundum alia huiusmodi. — Caten. in Matth. 5, 22.

anschauung die rechte Auffassung von der einen großen Menschheits=
familie abgehen. Von der verbrüderten Menschheit wäre ja danach
das Tierreich nur der Sippe nach geschieden. Andererseits fehlen aber
alle höhern Beziehungspunkte. Diese enthält das Christentum, indem
es über Gott, die erste Ursache und das letzte Ziel, genügend Aufschluß
giebt. Die Sünde hat freilich die ursprüngliche Beziehung zu Gott und
damit auch die Brüderlichkeit unter den Menschen gestört. Aber durch
die Erlösung wurde die wahre Brüderlichkeit wiederhergestellt[1], erhielten
wir alle die Möglichkeit, Kinder Gottes und Brüder Christi zu werden.

Dem über die Nächstenliebe Gesagten seien diesbezüglich noch einige
spezielle Stellen angereiht. „Gott wollte, daß alle Menschen von dem einen
Vater Adam abstammen, damit sie sich wie Brüder lieben. Es besteht aber
unter den Menschen eine Brüderlichkeit des Blutes und des Geistes.
‚Denn wir sind‘ (auch) nach dem Apostel ‚alle Brüder in Christus‘.“[2]
„Die christliche Liebe spricht in zweifacher Weise von Brüdern, im be=
sondern und im allgemeinen. Denn alle Christen heißen Brüder, wie
der Heiland sagt (Joh. 20, 17): ‚Gehe hin, sage es meinen Brüdern.‘
Ferner im allgemeinen, weil alle Menschen von demselben Stammvater
abstammen und durch gleiche Bande der Verwandtschaft verbunden sind,
wie es heißt (Jf. 66): ‚Sagt zu denen, die euch hassen: Unsere Brüder
seid ihr‘“ (Hier.)[3]. „Wir müssen jeden Menschen als Nächsten und Bruder
betrachten, besonders auf der Stufe des Evangeliums, wozu alle be=
rufen sind.“[4] „Der Vater aller ist der eine Gott; wir können nur da=
durch zu dem Namen von Kindern Gottes gelangen, daß wir gegenseitig
im Frieden der brüderlichen Liebe leben“ (Hil.)[5]. „Mit Recht gründete
Christus seine Kirche auf die brüderliche Liebe[6], daß sie von der Wurzel
der Liebe hervortreibend gleichsam als Saft in die Äste hinaufsteige und
zwar über die natürliche Liebe, so daß die Liebe nicht nur durch die
Gnade, sondern auch durch die Natur dauerhaft wird“ (Chrys.)[7]. Wir
werden Brüder Christi durch Adoption, indem wir gleichsam denselben
Vater mit ihm haben[8]. Die Wurzel der christlichen Brüderlichkeit ist die

---

[1] Die Sünde und die Erlösung lehren auch eine Solidarität, von der
die mechanische Ansicht keine Ahnung hat. Cf. in 2 Tim. 1, 18; in Hebr. 13, 17:
Hoc est enim maximum periculum, hominem de factis alterius rationem reddere,
qui pro suis non sufficit. 3 Reg. 20, 39: ‚Custodi virum istum, qui si lapsus fuerit,
erit anima tua pro anima illius‘.... Gregor.: Scire debent praelati, quod tot
mortibus digni sunt, quot exempla perditionis ad subditos transmittunt.

[2] Serm., dom. III. p. Epiph.   [3] Caten. in Matth. 12, 46.

[4] 2. 2. 78, 1 ad 2.   [5] Caten. in Matth. 5, 9; cf. 5, 24; 22, 40.

[6] Unter den Aposteln befanden sich drei Brüderpaare.

[7] Ibid. 4, 21.   [8] III, 23, 2 ad 2; cf. caten. in Matth. 25, 40.

Liebe zu Gott[1]. „Dadurch werden auch die Reichen und Angesehenen ermahnt, sich nicht, wenn sie Christen geworden sind, zu erheben gegen= über den Armen und Niedrigen, weil sie zugleich zu Gott sagen: Unser Vater. Das können sie aber nicht wahrhaft sagen, ohne sich als Brüder anzuerkennen" (Aug.)[2]. Gott liebt überaus die gegenseitige Liebe unter den Menschen[3]. „Lieblicher ist vor Gott ein Gebet, das nicht die Not, sondern die Brüderlichkeit emporsendet" (Chryf.)[4].

Gegenüber der lebensvollen christlichen Auffassung erscheint das mechanisch konstruierende sozialistische Gesellschafts= und Gleichheitsprinzip und die Armut der materialistischen Weltanschauung an sittlichen Binde= mitteln für die uniforme Gesellschaft ebenso unheilvoll und antisozial wie der extreme Individualismus.

Schluß.

Ideale und Illusionen.

Nennen wir Ideal ein Ziel, das den hohen Vorstellungen, die man sich von ihm macht, entspricht und das mehr oder minder erreichbar ist, Illusion ein Ziel, dem die bezeichneten Eigenschaften abgehen, dann dürfen wir nach den bisherigen Darlegungen behaupten, Thomas habe Ideale, der Sozialismus Illusionen. Wie dem Streben nach Illusionen in= folge des idealen Fonds der menschlichen Natur ideale Züge, so können dem Streben nach Idealen bei der Unvollkommenheit menschlichen Er= kennens, Wollens und Könnens mancherlei Illusionen sich beimischen. Die Hauptsache bleibt, daß die eingeschlagene Richtung selbst keine verfehlte ist.

Der moderne Sozialismus ist nicht wenig stolz, über den utopischen Sozialismus hinausgekommen zu sein. Und doch steckt auch er voller Utopien. Man hat diese nicht beseitigt, wenn' man das heutige System wissenschaftlich, die frühern utopisch nennt, wenn man mehr wie diese die Volkswirtschaft, d. h. die „objektiven Thatsachen", noch weniger aber die Psychologie, d. h. die „subjektiven Schrullen", oder die „Ideologie" beachtet, wenn man mehr die Zustände der Gegenwart kritisiert, als die Folgerungen des eigenen Systems erwägt, wenn man sich mehr als der frühere Sozialismus den interessierten Volksklassen zuwendet und alle Leiden= schaften als Stütze seines Systems und als Hebel seiner Postulate zu Hilfe ruft. Die Umwege, die der moderne Sozialismus eingeschlagen, um von der Utopie zur Wissenschaft vorzudringen, mündeten schließlich alle in die altbekannte Sackgasse des frühern Kommunismus ein.

---

[1] Cf. in 1 Cor. 5, II; in Hebr. 3, 1.   [2] Caten. in Matth. 6, 9.
[3] Cf. in Rom. 1, 30; caten. in Matth. 5, 24.   [4] In Matth. 6, 9.

Illusion ist die Vorstellung einer notwendig progressiven Kapital=
konzentration, die Geringschätzung sozialer Reformen, ideologischer Be=
strebungen, politischer und wirtschaftlicher Konstellationen; Illusion die
Meinung, den Sozialismus national oder international durchführen zu
können, die Hoffnung, auf dem Boden des Materialismus hochideale
Bestrebungen erwachsen, alle Laster und Leidenschaften verschwinden zu
sehen, die Erwartung eines allgemeinen, vollkommenen und ungetrübten
Glückes durch den sozialistischen Staat. Leider hat Liebknecht recht: „Die
falschen Ideen, die Utopien zeigen sich erst in ihrer Falschheit und Utopisterei
durch die Praxis"[1], d. h. in voller Deutlichkeit. Daher die Verleugnung
der kommunistischen Praxis verbunden mit der Illusion, ihre Durchführung
sei am leichtesten, nicht wo die Probleme am einfachsten, sondern wo sie
am verwickeltsten sind.

Während der moderne Sozialismus in seiner Weltanschauung jeder
Teleologie feindlich gegenübersteht, giebt er sich in dem engern Bereich
der Ökonomie vollständig teleologisch, d. h. „zielbewußt". Eine so geartete
Auffassung müßte Thomas, dessen System durchaus teleologisch ist, ent=
schieden ablehnen. Die finale Verursachung richtet sich nach der Final=
ursache. Die menschliche Erkenntnis und Macht hat ihre Grenzen, und
das abstrakte Kollektivwesen „die Gesellschaft", das künftig die Zügel der
Weltregierung ergreifen soll, existiert in Wirklichkeit nicht. Wo so viele
Ursachen zusammenwirken wie in der Sozialökonomie und die ver=
schiedensten Möglichkeiten offen stehen, erregt das sozialistische Zielbewußt=
sein schon an sich Bedenken, die zur Opposition sich steigern, wenn man
die nebelhaften Vorstellungen zu klären sucht, d. h. nach der Art (Möglich=
keit) der Durchführung des Kommunismus fragt. Am meisten zu bedauern
ist, daß die Zukunftsillusionen von der rechten Wegrichtung nach nähern
und entferntern Zielen ablenken, daß sie von den wahren Idealen der
Menschheit entfernen.

Bei der Kritik der heutigen Zustände, bei seinen ökonomischen Unter=
suchungen denkt und grübelt der Sozialismus ungemein viel, aber er denkt
wie aller Rationalismus seine Gedankenreihen nirgends zu Ende.
An bestimmten Stellen, wo für das System unbequeme Thatsachen oder
Konsequenzen zum Vorschein kämen, scheut er zurück. Darum die innern
Widersprüche und Inkonsequenzen, die vielen „an sekundäre Momente"
anknüpfenden Schlagworte, die einseitigen Abstraktionen, die extremen
Auffassungen, das Schwanken in Theorie und Praxis. Dadurch verliert
dann auch das Ergebnis alles sonstwie aufgewandten Scharfsinns seinen

---

[1] Reichstagssitzung vom 11. Januar 1893.

eigentlichen Wert. Die Kritik des Sozialismus kann nur in einem posi=
tiven System fruchtbar gemacht werden, das die Negationen wirklich in
Determinationen verwandelt.

An eine prinzipielle Verständigung war da leider nicht zu denken.
Erfreulicherweise boten aber die Ausführungen Bernsteins schon viel mehr
Anknüpfungspunkte, und hoffentlich geht das in der Folge noch weiter.
Hohe Gesichtspunkte, große Ideale und packende Motive, wie wir sie beim
Christentum und darum bei Thomas fanden, sind zur Lösung auch der
sozialen Frage vor allem notwendig; die Gegenwart und das scheinbar
Kleine wird dabei nicht vernachlässigt werden[1]. Was nützt alle andere
Wissenschaft, wenn man sich über das letzte und höchste Ziel im un=
klaren befindet? Wie verschieden wirkt da wahre und falsche Erkenntnis
auf das gesamte Handeln ein? Mag man in gespreizter Wissenschaftlichkeit
oder frivoler Gleichgültigkeit voller Wonne das Heinesche Maulwurfs=
lied singen:

„Es wächst auf Erden Brot genug	Ja, Zuckererbsen für jedermann,
Für alle Menschenkinder,	Sobald die Schoten platzen;
Auch Rosen und Myrthen, Schönheit	Den Himmel überlassen wir
und Lust	Den Engeln und den Spatzen."
Und Zuckererbsen nicht minder.	

Wir sind der Realität unsers Ideals sicher und wissen vor allem, daß
es einem beharrlichen Streben erreichbar ist. Unser Ideal ist auch wert,
erstrebt zu werden, ist es doch Gott selbst, der Ozean des Lichts und
der Seligkeit, der Ursprung und das Ziel alles Lebens und aller Wissen=
schaft[2]. Von hier aus erhalten auch alle übrigen Ideale ihre volle Be=
deutung und das Streben danach seinen wahren Wert.

Speziell auf ökonomischem Gebiet waren da drei Hauptpunkte zu
nennen: Allgemeinheit des Eigentumsgebrauchs, Gemeinwohl
und Mittelstand. Die Voraussetzung und die Art der Verwirklichung
dieser Tendenzen ist ganz realistisch gedacht. Fern von dem liberalen sowohl
wie von dem sozialistischen Optimismus wird an der Vervollkommnungs=
fähigkeit des Individuums und der Gesellschaft nicht minder wie der wirt=
schaftlichen Zustände festgehalten. Wie aber hier nur historisch=organische
Fortbildung förderlich ist, so verlangt die Erziehung des Individuums und

---

[1] Wir halten es mit Kautsky (a. a. O. S. 165): „Der denkende Mensch lebt
mehr in der Zukunft als in der Gegenwart; was jene ihm droht oder verspricht,
beschäftigt ihn mehr als der Genuß des Augenblicks. Nicht das Sein, sondern das
Werden, nicht Zustände, sondern Tendenzen entscheiden über Glück und Unglück
des Einzelnen und ganzer Gesellschaften." Daher die Wichtigkeit wahrer Ideale.
Cf. 1. 2. 1, 3 c.   [2] Cf. cg. III, c. 63; 1. 2. 3, 2 ad 1; 5, 4 c; in Hebr. 11, 6.

der Gesellschaft zähe Ausdauer. Die Hoffnung, alle Mißstände — und gar in revolutionär=mechanischer Weise — beseitigen zu können, bleibt Illusion. Dagegen darf sich Thomas in Übereinstimmung mit der Erfahrung von der christlichen Glaubens= und Sittenlehre, die er vorträgt, den günstigsten und wirksamsten Einfluß versprechen. Thomas weiß auch, daß viele sich dem Einfluß höherer Motive entziehen. Daher wird keine, auch noch so vollkommene Gesellschaftsordnung jeden physischen und moralischen Zwang entbehren können. Fast ausnahmslos finden wir, daß die Tendenzen, denen Thomas nachgeht, sich auf der rechten Mittellinie halten, die Synthese zwischen entgegengesetzten Einseitigkeiten sind. So auf philo= sophischem Gebiete die Auffassung der leiblich=geistigen Menschennatur (Theorie des Erkennens, Wollens und Handelns); auf theologischem Gebiete die rechte Schätzung der Güterwelt nach dem Prinzip und Ziel alles Guten, die Vereinigung der Selbst= und Nächstenliebe in der höhern Einheit der Gottesliebe [1]. Die genannten Auffassungen bringen aber sofort auch in die Volkswirtschaft ein bestimmtes Gleichgewicht. Ohne die Schaffenslust zu unterbinden, wird die Habsucht zurückgedrängt. Der private Besitz, aber pflichtmäßige gemeinsame Gebrauch des Eigentums lassen die Härten des extremen Individualismus und Sozialismus ver= meiden. Durch Förderung eines breiten Mittelstandes kommt in das Staats= und Gesellschaftsleben Gleichgewicht, Harmonie und Stetigkeit. Die Wahrung der Rechte sowohl der Gesamtheit wie der Einzelnen ist ebenso feind einem reinen Rechtsstaat wie einem extremen Staatssozialismus. Alles muß zusammenwirken: Individuum, Familie, Gemeinde, Staat, Genossenschaft, durch Beziehungen der Natur und Kultur und Pflichten des Rechts und der Sitte zu einem lebensvollen Organismus verbunden.

Es ist eine Illusion sowohl des einseitigen Spiritualismus wie Materialismus, zu glauben, das Gemeineigentum könne je auf Erden allgemeine und dauernde Einrichtung werden. Die Materie ist nach Um= fang und Leistung beschränkt. Der Geist ist universal [2]. Seine Ideen haben die Tendenz, Gemeingut zu werden. Auf geistigem Gebiete sind daher internationale Einigungen und Vereinigungen möglich, wie die

---

[1] Vgl. auch Mausbach, Die organische Einheit des Natürlichen und Über= natürlichen in der Sittenlehre des hl. Thomas von Aquin. Vortrag, gehalten auf der Generalversammlung der Görres=Gesellschaft zu Münster, veröffentlicht in der wissenschaftlichen Beilage der „Germania" vom 11. August 1898, S. 353 ff.

[2] Auch der menschliche Geist ist, wie schon gezeigt, potentiell universal. Vgl. noch 1. 2. 5, 1 c; in Phil. 2, 7; in Hebr. 2, 7: Omnis creatura corporea comprehenditur certis limitibus quantitatis, non autem rationis, sed semper plus potest in magis intelligibile. Cg. I, c. 44: Inter perfectiones autem rerum potissima est, quod

katholische Kirche, die sozialistische Theorie und die verschiedenen wissen=
schaftlichen Kongresse beweisen. Der Staat dagegen, der zunächst die
materielle Wohlfahrt bezweckt, muß seine Grenzen enger stecken. Von der
sozialistischen Propaganda bis zur praktischen Durchführung ist ein weiter
Schritt. Tritt ja heute schon auf den nationalen und internationalen
sozialistischen Kongressen eine vielgestaltige Verschiedenheit, ja Gegen=
sätzlichkeit nicht nur der Thatsachen, sondern auch der Auffassungen hervor,
sobald eine besondere wirtschaftliche Frage zur Behandlung kommt. Der
Kommunismus ist ein Vorrecht der höhern geistigen Welt. Er ist auch
für die materiellen Güter vollkommener in engern Sphären, unvollkommener
für die Allgemeinheit nur möglich, wo die idealen Einflüsse und Motive
intensiv wirksam sind. „Die geistigen Güter können zugleich im Besitz von
vielen sich befinden." [1] „Eifersucht und Streit spielen nur unter fleischlich
gesinnten Menschen eine Rolle, weil sie an materiellen Gütern hängen,
die zugleich von mehreren nicht vollkommen besessen werden können. Durch
den Besitz des einen wird der andere am vollen Besitz gehindert; daraus
entsteht Neid und weiterhin Streit. Die geistigen Güter dagegen, wonach
die geistig Gesinnten verlangen, können zugleich im Besitz von mehreren
sich befinden. Daher bedeutet das Gut des einen keinen Ausschluß für
den andern." [2] Christus giebt uns die Macht, Kinder Gottes und Erben
des Himmels zu werden. „Er fürchtete nicht, Miterben zu haben, weil
sein Erbe nicht schmal wird, wenn sie es besitzen" (Aug.) [3]. „Das geistige
(himmlische) Erbe erhalten alle zugleich vollständig." [4] „Gregor sagt:
‚Wenn auch im himmlischen Vaterlande manches in auszeichnender Weise
(excellenter) verliehen wird, so wird doch nichts isoliert besessen.'" [5] „Damit,
wie die Glosse sagt, in der gemeinsamen Freude aller die Freude
der Einzelnen größer werde. ... Denn mehr freut man sich, wenn sich viele
mitfreuen." [6] „In der himmlischen Glorie werden vor allem zwei That=
sachen die Guten erfreuen, der Genuß der Gottheit und die Gemeinschaft
der Heiligen (communis sanctorum societas). Denn der Besitz keines Gutes
ist erfreulich ohne Genossen, wie Boethius sagt." [7] „Die wesenhafte An=
schauung Gottes ist allen Seligen gemeinsam." [8] „In jener Seligkeit

---

aliquid sit intellectivum; nam per hoc ipsum est quodammodo omnia, habens in
se omnium perfectiones. 1. 2. 2, 8 c: Obiectum autem voluntatis, quae est appetitus
humanus, est universale bonum, sicut obiectum intellectus est universale verum.
Ex quo patet, quod nihil potest quietare voluntatem hominis nisi bonum universale;
quod non invenitur in aliquo creato, sed solum in Deo; quia omnis creatura habet
bonitatem participatam. Unde solus Deus voluntatem hominis implere potest.

[1] In Rom. 8, 17.　　[2] In 1 Cor. 3, 3.　　[3] Caten. in Ioan. 1, 12.
[4] III, 23, 1 ad 3.　　[5] I, 106, 4 b.
[6] In Hebr. 11, 40; cf. 1. 2. 4, 8 c.　　[7] Ibid. 12, 22.　　[8] Ibid. I, 14.

besteht die Fülle aller Güter, insofern die Seligen sich jenes Gutes er=
freuen, das die Vollkommenheit aller Güter in sich schließt." [1] „Denn
Gott giebt nichts anderes als sich selbst." [2] „Dann wird vollkommener
Friede bestehen, wenn der Wille in der Vollendung jedes Gutes ruht,
frei von jedem Übel." [3]

Nachträge.

1. Zur theoretischen Entwicklung des Sozialismus.

Selbstverständlich wäre bei der vorausgehenden Gegenüberstellung
lieber Einigendes hervorgehoben worden als Trennendes, wie es meistens
der Sachbestand forderte. Desto angenehmer berührten in Anbetracht der
ironischen Behandlung, die der Sozialismus „nach so viel Regiertem" [4]
gegenüber den Problemen der Gegenwart und der Weltanschauung an=
wandte, die mehr positiven Ausführungen Bernsteins. Betrafen
sie auch zunächst nur das soziologische Gebiet, so enthielten sie doch
bereits deutliche, der bisherigen Theorie ebenfalls widerstrebende Kon=
sequenzen für die Ideologie [5]. In letzterer Beziehung hat sich Bernstein
unterdessen ex professo geäußert. Auch hier dürfen wir den Fortschritt
bezw. Rückschritt der sozialistischen Theorie freudig begrüßen, wenn das
von Bernstein und andern Vorgebrachte auch nur Ansätze und uns
gegenüber Gegensätze sind. Kündet sich doch darin die Tendenz einer
Mehrbeachtung der über= und nebenökonomischen Thatsachen, besonders
der metaphysischen und ethischen Probleme an [6].

Bei dem Zurück handelt es sich nicht um Hegel, sondern um Kant:
„Bis zu einem gewissen Grade gilt das ‚Zurück auf Kant' meines Er=
achtens auch für die Theorie des Sozialismus." [7]

Gleich die Materie zeigt dem Materialisten gegenüber, auch wenn
er sich naturwissenschaftlich nennt, wunderliche metaphysische Mucken.
„Schließlich ist es ja auch nur der Wunsch, den Gegensatz gegen die
Offenbarungsreligionen möglichst scharf zum Ausdruck zu bringen, der
so viele an dem Worte Materialismus festhalten läßt." [8] Auch Bernstein
nimmt seine Zuflucht zum Panpsychismus: „Ohne diese Annahme wäre

---

[1] Cg. III, c. 63; cf. 1. 2. 4, 7 ad 2; in Hebr. 11, 10.   [2] In Hebr. II, 6.
[3] In Rom. 1, 7; cf. 1. 2. 5, 3; in Hebr. 12, 22.
[4] Vgl. S. 80.   [5] Vgl. S. 240.   [6] Vgl. auch S. 83.
[7] „Neue Zeit" XVI², 226. Plechanow hat keine Lust, dem Rate Bernsteins
zu folgen; er verweist vielmehr wie Stern auf den Spinozismus, den er auch bei
La Mettrie, Diderot, Feuerbach, Marx und Engels, wenn auch mehr unbewußt,
vertreten findet (vgl. a. a. O. S. 545 ff.).   [8] A. a. O. S. 228.

die Entstehung des Bewußtseins kaum anders als durch supranatura=
listischen Eingriff denkbar."[1]

Bernstein geht dann auf die Ideologie des modernen Sozialismus
ein, wobei die Begriffe „Idee", „ideal" u. a. allerdings sehr weit bezw.
verflachend aufgefaßt werden. Dabei erkennt Bernstein bis zu einem
gewissen Grad den Einfluß an, den „die Geschichte der politischen Ent=
wicklung des betreffenden Landes, die Natur und Geschichte seiner Parteien
und in hohem Grade auch die Natur und Geschichte seiner Religions=
gemeinschaften"[2] auf das Denken und Handeln des modernen Arbeiters
ausüben. Der Proletarier, wie er im Buche („Kapital") steht, ist eine
Abstraktion. „Der wirkliche Arbeiter braucht daher stets eine gewisse Zeit
und Abstraktionskraft, bis er sich völlig in die Denkweise des Proletariers
hineinlebt, den die Theorie unterstellt, da bei dieser von all jenen lokalen
oder nationalen Besonderheiten und historischen Einflüssen abstrahiert
wird, deren Einfluß er ausgesetzt ist."[3]

Am wichtigsten ist bei Bernstein zunächst die Würdigung der Ethik,
die bei Marx und Engels so schlecht wegkommt: „Mit dieser abweisenden
Haltung der Theorie steht nun die Praxis des Marxismus in anscheinend
unversöhnlichem Widerspruch. Niemand wird bestreiten können, daß das
„Kapital" überreich an Wendungen ist, denen ein moralisches Urteil zu
Grunde liegt[4]. Schon die Bezeichnung des Lohnverhältnisses als eines
Ausbeutungsverhältnisses unterstellt ein solches, da der Begriff der Aus=
beutung, wo es sich um die Charakterisierung der Beziehungen von
Mensch zu Mensch handelt, stets den Makel unberechtigter Aneignung,
der Übervorteilung, einschließt. In anerkannten Popularisierungen aber
wird der Mehrwert kurzerhand als Prellerei, Diebstahl oder auch Raub
gebrandmarkt. ... Die ökonomische Objektivität der Mehrwertslehre be=
steht denn auch nur für die abstrakte Untersuchung. Sobald es zu ihrer
Anwendung kommt, stellt sie sich vielmehr sofort als ein ethisches Problem
dar, wie denn die Masse sie auch immer wieder moralisch auffaßt."[5]

Bernstein giebt sogar zu: „Die sittlichen Begriffe sind dauernder als
diese (die wirtschaftliche) Entwicklung und bis zu einem gewissen Grade —
eben weil sie konservativer sind — auch unabhängig von ihr. Stärker als
Marx und Engels dies zugeben, gilt dies u. a. vom Begriff des Gerechten."[6]

„Die Gerechtigkeit ist denn auch heute noch ein sehr starkes Motiv
in der sozialistischen Bewegung, wie ja überhaupt keine andauernde
Massenaktion ohne moralischen Antrieb stattfindet."[7]

---

[1] Vgl. a. a. O.; vgl. auch oben S. 88.   [2] A. a. O. S. 389.
[3] A. a. O.   [4] Vgl. auch oben S. 241 ff.   [5] „Neue Zeit" XVI², 390 f.
[6] A. a. O. S. 392.   [7] A. a. O. S. 393.

In einem andern Aufsatz („Was Eleanor Marx in den Tod trieb") kommt Bernstein bezüglich des gewissenlosen Verhaltens **von Dr.** Aveling (inzwischen gestorben) zu folgender „allgemeiner Nutzanwendung": „So viel ist sicher, daß moralisch Unheilbare hinter Schloß und **Riegel** oder wenigstens unter strenge Aufsicht gehören. Die persönliche Verantwortung ist einfach ein Gebot der sozialen Vernunft — kein geordnetes Gemeinwesen mit freien Einrichtungen ist möglich, das sie nicht unterstellt. Es ist auch gar nicht abzusehen, warum ein im übrigen normal entwickelter Mensch, der weder ein Idiot noch ein ganz abnormales, einseitig entwickeltes Genie(?), sondern intellektuell durchaus ein Durchschnittsmensch ist, nicht für seine Handlungen haftbar gemacht werden soll." [1]

Auch andere Sozialisten machen neuestens auf verschiedene Unklarheiten und Lücken der (Marxschen) materialistischen Geschichtsauffassung und Weltanschauung aufmerksam. Indem wir von andern absehen, sei nur das Folgende angemerkt: „Marx hat über die Religion nicht viel gesagt, und was er davon gesagt hat, ist nicht besonders glücklich und stand nicht auf der Höhe der zeitgenössischen Forschung. Seine Meinung über diesen Gegenstand ist also nur von einem sehr begrenzten Wert. Der historische Materialismus wird so lange keine völlige Erklärung der Geschichte liefern können, als er nicht eine völlig ausreichende Theorie über die Rolle der Religion geschaffen hat." „Die Broschüre Engels' über Feuerbach beweist, daß er von der zeitgenössischen Philosophie der letzten vierzig Jahre nicht das Geringste gelesen hat." „Engels hat bekanntlich behauptet, daß er das Werk seines Freundes durch Hinzufügung einer Theorie über den **Ursprung der Familie** vervollständigte, die von Morgan herrühre. Ich glaube nicht, daß er bei diesem Zusatz eine glückliche Hand bekundet hat; denn Morgans Ideen haben bei den Gelehrten keinen besondern Anklang gefunden. Es fehlt an jedem Beweis(?), daß Marx über diese Frage dieselbe Auffassung wie Engels hatte." [2]

Es erhebt sich unwillkürlich die Frage, ob die sozialistischen Agitatoren, die immer behaupten, es aufrichtig mit dem Volke zu meinen, kein Schauspiel erblickt, von den Trümmern einer solch verschwommenen Weltanschauung aus die Arbeiter durch Spott und Hohn in ihrem Glauben wankend zu machen, von dem man selbst nur verzerrte Vorstellungen hat.

---

[1] A. a. O. S. 421.

[2] „Sozialistische Monatshefte" IV. 822, Art. „Betrachtungen über die materialistische Geschichtsauffassung" von G. Sorel.

2. Zur parteipolitiſchen Entwicklung des Sozialismus.

Die oben S. 16 ff. gegebene Überſicht über den Stand der ſozialiſtiſchen Parteibewegung in den verſchiedenen Ländern wurde Ende März, Anfang April abgeſchloſſen. Von Intereſſe ſind hauptſächlich die Reſultate der ſeither ſtattgehabten Parlamentswahlen in Deutſchland, Frankreich und Belgien.

Bei der deutſchen Reichstagswahl vom 16. Juni erhielt die ſozial= demokratiſche Partei, die in allen Wahlkreiſen Kandidaten aufgeſtellt hatte, 2 120 000 von 7 600 000 insgeſamt abgegebenen Stimmen (11 200 000 Wahlberechtigte). Gewählt wurden bei der Hauptwahl 32 (1893: 24), bei der Stichwahl in 101 Wahlkreiſen 24 Abgeordnete. Unter den nach der Wahl an den Parteivorſtand eingelaufenen Glückwunſchſchreiben ver= dient das vom Exekutivkomitee der Fabian Society Erwähnung. Letztere Vereinigung ſteht Marx zwar kritiſcher gegenüber, iſt aber doch ſtark von ihm beeinflußt. — Der diesjährige Parteitag wird vom 3.—9. Oktober in Stuttgart ſtattfinden. Jedenfalls werden die ſchwebenden grundſätz= lichen und taktiſchen Fragen zur Erörterung kommen. — Der nächſte internationale Sozialiſtenkongreß findet nicht, wie zunächſt geplant, 1899 in Deutſchland, ſondern 1900 in Paris gelegentlich der Weltausſtellung ſtatt. — Gewerkſchaftsmitglieder wurden 1897 gezählt: in 56 Verbänden 412 359 und in Lokalvereinen 6803, zuſammen 419 162; Zunahme ſeit 1893 (niedrigſte Ziffer): 189 352 = 80 %, ſeit 1896: 83 129 = 25 %.

Der Schweizeriſche Gewerkſchaftsbund zählt jetzt 14 000 Mit= glieder. Er ſucht mehr auf friedlichem Wege der Einigung und durch Beeinfluſſung der geſetzgebenden Faktoren Erfolge zu erzielen. Die Partei= bewegung iſt auch infolge der großen und kleinen und ſehr kleinen na= tionalen Vereinigungen aller europäiſchen Sprachen ſehr zerſplittert. Eine in Zürich neugebildete kroatiſche Genoſſenſchaft will durch Herausgabe einer Zeitſchrift ſowie von Broſchüren in kroatiſcher, ſlavoniſcher, ſerbiſcher und bulgariſcher Sprache für die Sozialdemokratie Propaganda machen.

Die politiſche Organiſation der däniſchen Partei umfaßt im ganzen Lande die verhältnismäßig große Zahl von 30 000 Mitgliedern. Von den nächſten Landsthingwahlen (September 1898) hofft man ein weiteres Vordringen der Linken und den Sturz des konſervativen Miniſteriums. Im gegenwärtigen Landsthing (Erſte Kammer) befinden ſich zwei ſo= zialiſtiſche Abgeordnete.

Schweden und Norwegen. Die Einführung des allgemeinen Wahlrechts, welches der norwegiſche Storthing beſchloſſen hat, hat auch die ſchon längere Zeit im Gang befindliche Wahlrechtsbewegung in

In einem andern Aufsatz („Was Eleanor Marx in den Tod trieb")
kommt Bernstein bezüglich des gewissenlosen Verhaltens von Dr. Aveling
(unterdessen gestorben) zu folgender „allgemeiner Nutzanwendung": „So
viel ist sicher, daß moralisch Unheilbare hinter Schloß und Riegel oder
wenigstens unter strenge Aufsicht gehören. Die persönliche Verantwortung
ist einfach ein Gebot der sozialen Vernunft — kein geordnetes
Gemeinwesen mit freien Einrichtungen ist möglich, das sie
nicht unterstellt. Es ist auch gar nicht abzusehen, warum ein im
übrigen normal entwickelter Mensch, der weder ein Idiot noch ein ganz
phänomenales, einseitig entwickeltes Genie (?), sondern intellektuell durch=
aus ein Durchschnittsmensch ist, nicht für seine Handlungen haftbar ge=
macht werden soll." [1]

Auch andere Sozialisten machen neuestens auf verschiedene Unklar=
heiten und Lücken der (Marxschen) materialistischen Geschichtsauffassung
und Weltanschauung aufmerksam. Indem wir von anderm absehen, sei
nur das Folgende angemerkt: „Marx hat über die Religion nicht viel
gesagt, und was er davon gesagt hat, ist nicht besonders glücklich und
stand nicht auf der Höhe der zeitgenössischen Forschung. Seine Meinung
über diesen Gegenstand ist also nur von einem sehr begrenzten Wert.
Der historische Materialismus wird so lange keine völlige Erklärung der
Geschichte liefern können, als er nicht eine völlig ausreichende Theorie
über die Rolle der Religion geschaffen hat." „Die Broschüre Engels' über
Feuerbach beweist, daß er von der zeitgenössischen Philosophie der letzten
vierzig Jahre nicht das Geringste gelesen hat." „Engels hat bekanntlich
behauptet, daß er das Werk seines Freundes durch Hinzufügung einer
Theorie über den Ursprung der Familie vervollständigte, die von
Morgan herrühre. Ich glaube nicht, daß er bei diesem Zusatz eine glück=
liche Hand bekundet hat; denn Morgans Ideen haben bei den Gelehrten
keinen besondern Anklang gefunden. Es fehlt an jedem Beweis (?), daß
Marx über diese Frage dieselbe Auffassung wie Engels hatte." [2]

Es erhebt sich unwillkürlich die Frage, ob die sozialistischen Agi=
tatoren, die immer behaupten, es aufrichtig mit dem Volke zu meinen,
kein Schamgefühl erfaßt, von den Trümmern einer solch verschwommenen
Weltanschauung aus die Arbeiter durch Spott und Hohn in ihrem
Glauben wankend zu machen, von dem man selbst nur verzerrte Vor=
stellungen hat.

---

[1] A. a. O. S. 491.

[2] „Sozialistische Monatshefte" IV, 322, Art. „Betrachtungen über die materia=
listische Geschichtsauffassung" von G. Sorel.

2. Zur parteipolitischen Entwicklung des Sozialismus.

Die oben S. 16 ff. gegebene Übersicht über den Stand der sozialistischen Parteibewegung in den verschiedenen Ländern wurde Ende März, Anfang April abgeschlossen. Von Interesse sind hauptsächlich die Resultate der seither stattgehabten Parlamentswahlen in Deutschland, Frankreich und Belgien.

Bei der deutschen Reichstagswahl vom 16. Juni erhielt die sozial=demokratische Partei, die in allen Wahlkreisen Kandidaten aufgestellt hatte, 2 120 000 von 7 600 000 insgesamt abgegebenen Stimmen (11 200 000 Wahlberechtigte). Gewählt wurden bei der Hauptwahl 32 (1893: 24), bei der Stichwahl in 101 Wahlkreisen 24 Abgeordnete. Unter den nach der Wahl an den Parteivorstand eingelaufenen Glückwunschschreiben ver=dient das vom Exekutivkomitee der Fabian Society Erwähnung. Letztere Vereinigung steht Marx zwar kritischer gegenüber, ist aber doch stark von ihm beeinflußt. — Der diesjährige Parteitag wird vom 3.—9. Oktober in Stuttgart stattfinden. Jedenfalls werden die schwebenden grundsätz=lichen und taktischen Fragen zur Erörterung kommen. — Der nächste internationale Sozialistenkongreß findet nicht, wie zunächst geplant, 1899 in Deutschland, sondern 1900 in Paris gelegentlich der Weltausstellung statt. — Gewerkschaftsmitglieder wurden 1897 gezählt: in 56 Verbänden 412 359 und in Lokalvereinen 6803, zusammen 419 162; Zunahme seit 1893 (niedrigste Ziffer): 189 352 = 80 %, seit 1896: 83 129 = 25 %.

Der Schweizerische Gewerkschaftsbund zählt jetzt 14 000 Mit=glieder. Er sucht mehr auf friedlichem Wege der Einigung und durch Beeinflussung der gesetzgebenden Faktoren Erfolge zu erzielen. Die Partei=bewegung ist auch infolge der großen und kleinen und sehr kleinen na=tionalen Vereinigungen aller europäischen Sprachen sehr zersplittert. Eine in Zürich neugebildete kroatische Genossenschaft will durch Herausgabe einer Zeitschrift sowie von Broschüren in kroatischer, slavonischer, serbischer und bulgarischer Sprache für die Sozialdemokratie Propaganda machen.

Die politische Organisation der dänischen Partei umfaßt im ganzen Lande die verhältnismäßig große Zahl von 30 000 Mitgliedern. Von den nächsten Landsthingwahlen (September 1898) hofft man ein weiteres Vordringen der Linken und den Sturz des konservativen Ministeriums. Im gegenwärtigen Landsthing (Erste Kammer) befinden sich zwei so=zialistische Abgeordnete.

Schweden und Norwegen. Die Einführung des allgemeinen Wahlrechts, welches der norwegische Storthing beschlossen hat, hat auch die schon längere Zeit im Gang befindliche Wahlrechtsbewegung in

Schweden neu belebt. Namentlich in den zahlreichen sozialistischen Fach=
vereinen wird lebhaft agitiert.

Belgien. Während die Sozialisten bei den Wahlen von 1894 (im
ganzen Lande) 334 500 Stimmen erhielten, ist das Resultat der teil=
weisen Neuwahlen von 1896: 210 609, vom Mai 1898: 323 715, also
zusammen (im ganzen Lande) 534 324 Stimmen, wovon 50 000 Stimmen
für die vereinigten Radikalen abgehen. Die Zahl der sozialistischen Ab=
geordneten beträgt 28 (vorher 29). Bei der nächsten (teilweisen) Neuwahl
1900 wird sich ihre Zahl erheblich vermehren. Im flandrischen Gebiet
wuchs die Stimmenzahl der Christlichen Demokraten („Grüne Sozialisten“).
Möge die seit einiger Zeit nicht zuletzt durch die Regierung bethätigte
und unterstützte Sozialpolitik nicht erlahmen.

In Holland verliert der Sozialistenbund an Boden. Domela
Nieuwenhuis selbst legte die Redaktion des „Recht voor Allen“ nieder
und giebt ein neues sozialistisches Blatt „De frije Sozialist“ heraus, weil
der Sozialistenbund, dem „Recht voor Allen“ gehört, auf Grund eines
Beschlusses seiner letzten Generalversammlung die parlamentarische Aktion
zwecks demonstrativer Opposition gegen die Regierung in sein Programm
aufnahm.

Bei den Wahlen in Frankreich vom 8. Mai erhielten die Sozialisten
von 8 210 000 Wählern (über 400 000 mehr als 1893; Wahlberechtigte:
10 650 000) insgesamt 840 000 Stimmen [1], 400 000 mehr als 1893,
wenn man von den damaligen Halbsozialisten bezw. Exboulangisten ab=
sieht. Die Radikalen und sozialistischen Radikalen, zwischen denen kein
großer Unterschied besteht, erhielten 314 000 Stimmen mehr. Von den ver=
schiedenen sozialistischen Parteien und Einzelkandidaten erhielten die Gues=
disten (Arbeiterpartei) in 116 (9 Pariser) Wahlkreisen 382 426 Stimmen
(1893: 247 742), die Allemanisten in 22 (15 Pariser) Wahlkreisen 42 145
Stimmen (1893: 72 241), die Blanquisten in 16 (11 Pariser) Wahlkreisen
60 906 Stimmen (1893: 30 000), die Possibilisten (nur wenige) und Un=
abhängigen 354 411 Stimmen (1893: 87 000). In der neuen Kammer=
fraktion mit 38 Abgeordneten gegen 32 der alten Kammer sind vertreten:
die Guesdisten mit 14, die Blanquisten mit 7 bezw. 9, die Allemanisten
mit 1, die Unabhängigen mit 14 Abgeordneten. Die bedeutendsten So=
zialisten wie Allemane, Deville, Guesde, Jaurès wurden nicht gewählt.
Die Wahlmanifeste waren zum Teil recht verwässert. Wie weit die

---

[1] Wegen der parteipolitischen Zersplitterung und (teilweisen) Verschwommen=
heit werden die Ziffern sehr verschieden angegeben. Obige Ziffern sind der „Neuen
Zeit“ XVI², 464 ff. entnommen. Außerdem kommen für die Gesamtübersicht in
Betracht: „Vorwärts“, „Sozialistische Monatshefte“, „Soziale Praxis“ u. a.

neuesten Einigungspläne von Jaurès, Gérault=Richard u. a. Erfolg haben,
bleibt abzuwarten; ebenso, wie weit die opportunistischen Tendenzen
gehen werden.

In Spanien erhielten die Sozialisten bei den Korteswahlen 1891:
5000, 1893: 7000, 1896: 14 000, am 27. März 1898 ungefähr 20 000
Stimmen, wovon jeweils die Hälfte auf Madrid, Bilbao und Saragossa
entfallen. Auch die Litteratur und die Vereine haben sich vermehrt. Außer
dem von Iglesias redigierten Zentralorgan „Socialista" in Madrid be=
stehen 8 Blätter.

In Italien weiß man auf die Unruhen hin keinen andern Aus=
weg als Zwangsmaßregeln auch gegenüber wirtschaftlich und sozial=
politisch segensreich wirkenden Genossenschaften und Bestrebungen.

In Rumänien befindet sich ein sozialistischer Abgeordneter im
Parlament. Mit den Parteifinanzen und der Presse steht es schlecht.

Die sozialistische Arbeiterpartei in Nordamerika machte in der
letzten Zeit unter den anglo=amerikanischen Arbeitern größere Fortschritte.
Die auch von den Anarchisten unterstützte Debssche Partei besitzt noch
keine Mittel für ihre Kolonisationsprojekte.

Berichtigungen.

S. 155, Z. 1 v. u. lies statt A. a. O. S. 70: „Kapital" S. 70.

S. 210, Z. 2 v. u. lies $\varkappa\tau\acute{\eta}\mu\alpha\tau\alpha$ statt $\varkappa\tau\eta\mu\alpha\tau\alpha$.

S. 431, Z. 9 v. o. Nach der amtlichen Statistik lauten die Zahlen: 2 105 305 . . .
7 787 090 . . . 11 440 353.

I. Namenregister.

II. Sachregister.

II. Sachregister.

Herder'sche Verlagshandlung zu Freiburg im Breisgau.

Durch alle Buchhandlungen zu beziehen:

Alberdingk Thijm, Dr. P. P. M., Geschichte der Wohlthätigkeitsanstalten in Belgien von Karl dem Großen bis zum sechzehnten Jahrhundert. Von der belgischen Akademie gekröntes Werk. gr. 8⁰. (IV u. 208 S.) *M.* 4.

Cathrein, V., S. J., Die englische Verfassung. Eine rechtsgeschichtliche Skizze. (15. Ergänzungsheft zu den „Stimmen aus Maria=Laach".) gr. 8⁰. (IV u. 124 S.) *M.* 1.60.

— **Die Aufgaben der Staatsgewalt** und ihre Grenzen. Eine staatsrechtliche Abhandlung. (21. Ergänzungsheft zu den „Stimmen aus Maria=Laach".) gr. 8⁰. (IV u. 148 S.) *M.* 1.90.

— **Der Socialismus.** Eine Untersuchung seiner Grundlagen und seiner Durchführbarkeit. **Siebente, neu durchgearbeitete und bedeutend vermehrte Auflage.** 8⁰. (XVI u. 302 S.) *M.* 2.20.

Cossa, Dr. L., Einleitung in das Studium der Wirtschaftslehre. Aus dem Italienischen nach der zweiten Auflage des Originals übertragen und herausgegeben von Dr. E. Moormeister. 8⁰. (XII u. 240 S.) *M.* 2.40.

— **Die ersten Elemente der Wirtschaftslehre.** Nach der neunten Auflage der Primi Elementi di Economia Sociale bearbeitet von Dr. E. Moormeister. **Dritte, verbesserte Auflage.** 8⁰. (VI u. 162 S.) *M.* 1.50; geb. *M.* 1.80.

Costa-Rossetti, J., S. J., Allgemeine Grundlagen der Nationalökonomie. Beitrag zu einem System der Nationalökonomie im Geiste der Scholastik. 8⁰. (VIII u. 128 S.) *M.* 1.50.

Devas, Ch. S., Grundsätze der Volkswirtschaftslehre. Uebersetzt und bearbeitet von Dr. W. Kämpfe. gr. 8⁰. (XXIV u. 522 S.) *M.* 7; geb. in Halbfranz *M.* 8.80.

Ehrle, F., S. J., Beiträge zur Geschichte und Reform der Armenpflege. (17. Ergänzungsheft zu den „Stimmen aus-Maria=Laach".) gr. 8⁰. (VIII u. 134 S.) *M.* 1.80.

Frage, die sociale, beleuchtet durch die „Stimmen aus Maria=Laach". 8⁰.
Die erstmals in den „Stimmen aus Maria=Laach" veröffentlichten Aufsätze wurden überarbeitet, ergänzt und gruppenweise geordnet und sollen in dieser Sammel=Ausgabe einem erweiterten Leserkreise zugänglich gemacht werden. — Die Hefte sind einzeln käuflich. — Bereits liegen vor:
1. Heft: Die Arbeiterfrage und die christlich-ethischen Socialprincipien. Von Th. Meyer S. J. **Dritte, vermehrte Auflage.** (IV u. 136 S.) *M.* 1.
2. Heft: Arbeitsvertrag und Strike. Von A. Lehmkuhl S. J. **Dritte, vermehrte und verbesserte Auflage.** (IV u. 62 S.) 50 Pf.
3. Heft: Die Ziele der Socialdemokratie und die liberalen Ideen. Von M. Pachtler S. J. **Dritte Auflage.** (IV u. 76 S.) 70 Pf.
4. Heft: Die sociale Noth und der kirchliche Einfluß. Von A. Lehmkuhl S. J. **Dritte, vermehrte und verbesserte Auflage.** (IV u. 88 S.) 70 Pf.
5. Heft: Das Privatgrundeigenthum und seine Gegner. Von V. Cathrein S. J. **Dritte, durchgesehene Auflage.** (IV u. 96 S.) 80 Pf.
6. Heft: Die sociale Frage und die staatliche Gewalt. Von A. Lehmkuhl S. J. **Dritte, vermehrte und verbesserte Auflage.** (IV u 80 S) 70 Pf.
7. Heft: Internationale Regelung der socialen Frage. Von A. Lehmkuhl S. J. **Dritte Auflage.** (IV u 34 S) 35 Pf.
Heft 1—7 als I. Band. (XXXIV u. 572 S.) *M.* 4.75; geb. in Leinwand *M.* 5 60; Einbanddecke 60 Pf.
8. Heft: Liberalismus, Socialismus und christliche Gesellschaftsordnung. Von H. Pesch S. J. I. Der christliche Staatsbegriff. **Zweite Auflage.** (XII S u S. 1—194) *M.* 1.60.
9. Heft: Dasselbe. II. Das Privateigenthum als sociale Institution. (IV S. u S. 195—392.) *M.* 1.60.
10. und 11. Heft: Dasselbe. III. Freiwirtschaft oder Wirtschaftsordnung? (IV S. u. S. 393—732.) *M.* 2.80.
Heft 8—11 als II. Band. (XXVI u. 732 S.) *M.* 6; geb *M.* 7; Einbanddecke 60 Pf.
Der III. Band wird das Werk von P. H. Pesch S. J. „Liberalismus, Socialismus und christliche Gesellschaftsordnung" zum Abschluß bringen.

Görres, Dr. jur. K., Handbuch der gesammten Arbeitergesetzgebung des Deutschen Reiches. Enthaltend die Arbeiter=Versicherungs= und =Schutzgesetzgebung, d. h. sämmtliche Reichsgesetze über Kranken=, Unfall=, Invaliditäts= und Alters=Versicherung, Titel VI—X der Gewerbeordnung, Gesetz betr. die Gewerbegerichte, sowie einige kleinere Gesetze, nebst den Reichs=Ausführungs=Verordnungen, Bekanntmachungen des Bundesraths, Rundschreiben des Reichs=Versicherungsamts

und Erlaſſen des Reichs-Poſtamts, nach dem neueſten Stand der Geſetzgebung, ſowie als Anhang das Reichsgeſetz betr. die Erwerbs- und Wirtſchaftsgenoſſenſchaften, die einſchlägigen Beſtimmungen aus dem Handelsgeſetzbuch, Strafgeſetzbuch, Gerichts-Verfaſſungsgeſetz u. ſ. f. Mit alphabetiſchem Sachregiſter, Präjudicienregiſter, chronologiſchem und ſyſtematiſchem Inhaltsverzeichniß ſowie einer Ueberſicht der Strafbeſtimmungen und der unmittelbar in das Civil- und Proceßrecht eingreifenden Vorſchriften der ſocialen Geſetze. Syſtematiſch geordnet und herausgegeben. gr. 8º. (XXXVI u. 766 S.) M. 8; geb. in Leinwand mit Goldtitel M. 9.20.

Hammerſtein, F. v., Kirche und Staat vom Standpunkte des Rechtes aus. gr. 8º. (XII u. 212 S.) M. 2.40.

Hertling, Dr. G. Frh. v., Auffätze und Reden ſocialpolitiſchen Inhalts. 8º. (VIII u. 258 S.) M. 2.40.

— **Kleine Schriften zur Zeitgeſchichte und Politik.** 8º. (VIII u. 574 S.) M. 5; geb. in Halbfranz M. 6.80.

Kahl, Dr. A., Die deutſche Arbeitergeſetzgebung der Jahre 1883 bis 1892 als Mittel zur Löſung der Arbeiterfrage. gr. 8º. (XII u. 128 S.) M. 1.30.

Käfer, Dr. C., Der Socialdemokrat hat das Wort! Die Socialdemokratie beleuchtet durch die Ausſprüche der Parteigenoſſen. Zweite, vermehrte und verbeſſerte Auflage. 8º. (XII u. 204 S.) M. 1.50.

Klein, C., Das Paradies der Socialdemokratie, ſo wie es wirklich ſein wird. Nach ſocialdemokratiſchen Schriften für alle beſonnenen Arbeiter dargeſtellt. Vierte Auflage. 8º. (24 S.) 10 Pf.

Périn, Ch., Chriſtliche Politik. Die Geſetze der chriſtlichen Geſellſchaften. Einzig für Deutſchland autoriſirte Ueberſetzung. 8º. (XLIV u. 766 S.) M. 6.

— **Die Lehren der Nationalökonomie** ſeit einem Jahrhunderte. Autoriſirte Ueberſetzung. 8º. (XX n. 358 S.) M. 3.

Peſch, H., S. J., Die Wohlthätigkeitsanſtalten der chriſtlichen Barmherzigkeit in Wien. Mit Titelbild. (51. Ergänzungsheft zu den „Stimmen aus MariaLaach".) gr. 8º. (VIII u. 142 S.) M. 1.90.

Ratzinger, Dr. G., Die Volkswirtſchaft in ihren ſittlichen Grundlagen. Zweite, vollſtändig umgearbeitete Auflage. gr. 8º. (XVIII u. 642 S.) M. 8; geb. in Halbfranz M. 9.80.

— **Geſchichte der kirchlichen Armenpflege.** Gekrönte Preisſchrift. Zweite, umgearbeitete Auflage. gr. 8º. (XXVI u. 616 S.) M. 8; geb. in Halbfranz M. 10.

Rundſchreiben, erlaſſen von Unſerem Heiligſten Vater Leo XIII., durch göttliche Vorſehung Papſt, **über die chriſtliche Staatsordnung.** Officielle Ausgabe, lateiniſch und deutſch. gr. 8º. (58 S.) 40 Pf.

— erlaſſen von Unſerem Heiligſten Vater Leo XIII., durch göttliche Vorſehung Papſt, **über die Arbeiterfrage.** Officielle Ausgabe, lateiniſch und deutſch. gr. 8º. (86 S.) 80 Pf.

— erlaſſen von Unſerem Heiligſten Vater Leo XIII., durch göttliche Vorſehung Papſt, **über die wichtigſten Pflichten chriſtlicher Bürger.** Officielle Ausgabe, lateiniſch und deutſch. gr. 8º. (56 S.) 50 Pf.

Schmidt, Dr. K., Die Confeſſion der Kinder nach den Landesrechten im Deutſchen Reiche. gr. 8º. (XII u. 550 S.) M. 8.

Sittel, P., Reform der Armenpflege in Elſaß-Lothringen. gr. 8º. (VIII u. 90 S.) M. 1.40.

Sozialdemokrat, der, kommt! Ein Warnungsruf an unſer Landvolk von einem alten Dorfpfarrer. Siebzehnte Auflage. gr. 8º. (24 S.) 15 Pf.

Walter, F., Das Eigenthum nach der Lehre des hl. Thomas von Aquin und des Socialismus. Gekrönte Preisſchrift. 8º. (VIII u. 228 S.) M. 2.40.

Weber, Dr. S., Evangelium und Arbeit. Apologetiſche Erwägungen über die wirtſchaftlichen Segnungen der Lehre Jeſu. gr. 8º. (VIII u. 210 S.) M. 2.50.

Weiß, Fr. A. M., O. Pr., Sociale Frage und ſociale Ordnung oder Handbuch der Geſellſchaftslehre. Dritte Auflage. In zwei Theilen. 8º. (XXX u. 1162 S.) M. 8; geb. in Halbfranz M. 11.20.

Lightning Source UK Ltd.
Milton Keynes UK
UKHW010917050119
334854UK00007B/1298/P